大国通史丛书

总主编 钱乘旦

英国通史

A History of England

钱乘旦 主编

【第五卷】

光辉岁月

——19 世纪英国

刘 成 胡传胜 陆伟芳 傅新球 著

江苏人民出版社

图书在版编目(CIP)数据

英国通史. 第五卷,光辉岁月:19世纪英国/刘成
等著. 一南京:江苏人民出版社,2016.9(2025.8重印)
　ISBN 978 - 7 - 214 - 17543 - 4

　Ⅰ.①英…　Ⅱ.①刘…　Ⅲ.①英国-历史- 19 世纪
Ⅳ.①K561.0

　中国版本图书馆 CIP 数据核字(2016)第 174283 号

书　　　名　英国通史·第五卷　光辉岁月:19 世纪英国
主　　　编　钱乘旦
著　　　者　刘　成　胡传胜　陆伟芳　傅新球
策　　　划　王保顶
责 任 编 辑　李　洁
装 帧 设 计　刘葶葶
出 版 发 行　江苏人民出版社
地　　　址　南京市湖南路 1 号 A 楼,邮编:210009
照　　　排　江苏凤凰制版有限公司
印　　　刷　江苏凤凰新华印务集团有限公司
开　　　本　652 毫米×960 毫米　1/16
印　　　张　186.25　插页 24
字　　　数　2 480 千字
版　　　次　2016 年 9 月第 1 版
印　　　次　2025 年 8 月第 5 次印刷
标 准 书 号　ISBN 978 - 7 - 214 - 17543 - 4
定　　　价　660.00 元(全 6 卷)

(江苏人民出版社图书凡印装错误可向承印厂调换)

目　录

前　言　*1*

第一篇　经济

第一章　经济政策　*3*

第二章　工业与交通　*22*

第三章　银行与金融　*47*

第四章　对外贸易　*62*

第五章　农业　*80*

第二篇　政治

第一章　议会制度改革　*101*

第二章　社会民众运动　*133*

第三章　政治体制沿革　*159*

第四章　行政制度变化　*177*

第三篇　社会

第一章　阶级对抗　*193*

第二章 城市化与城市病 220

第三章 财富与贫困 244

第四章 人口、婚姻与家庭 262

第五章 宗教与教育 282

第四篇 外交

第一章 均势外交 307

第二章 炮舰外交 319

第三章 帝国主义外交 332

第四章 大战前外交 347

第五篇 帝国

第一章 第二帝国的发展 369

第二章 巩固帝国的努力 392

第三章 第二帝国的危机 413

第六篇 思想与文化

第一章 文学 441

第二章 社会思想 464

第三章 艺术与科学 487

附录

一 地图 501

二 大事年表 507

三 参考书目 512

四 译名对照与索引 534

后 记 553

前　言

19 世纪是英国的世纪,也是自由资本主义在英国全盛发展的时期。英国在 19 世纪成为世界第一强国,开始引领世界潮流。经过 19 世纪社会各方面的变革,英国最终完成了构建现代国家的任务,从一个农业社会转型为工业社会。

19 世纪英国的经济发展受经济理论的指导,当时占主导地位的经济理论是主张自由放任的古典政治经济学。在经济自由主义思想的指导下,英国工业革命在 19 世纪突飞猛进,随着工厂制度的建立和经济结构的变化,英国建立了强大的纺织工业、钢铁工业、煤炭工业、机器制造业和交通运输五大工业部门。自由贸易政策的确立,使英国工业产品在国际市场上发挥竞争优势,为大宗工业品的输出和大宗原料、粮食的输入准备了前提。19 世纪中叶,英国成为"世界工厂"和世界贸易的中心。伦敦是世界金融中心,它不仅是世界范围内资本流通的中心,而且是世界各地短期资本投资的主要目标,一个全球性的证券市场在伦敦形成。与此同时,英国的海外投资快速增长,起先主要流向欧洲大陆,后来逐渐转向殖民地、南美以及美国。在工业经济突飞猛进的时候,英国也步入"高效农业"的时代,圈地促进了农业生产力的发展,为高效农业提供了制度保障。1846 年废除谷物法之后,英国农业加速了改良和结构调整,走上集约化道路。到维多利亚中期,英国农业进入最繁荣的时期。然而在19世纪70年代,随着英国工业垄断地位的逐步丧失,英国农业也进入困难之中,其普遍萧条状态一直持续到第一次世界大战爆发。不过,英国仍然是世界上最大的贸易和金融强国,在航运、国际银行业和金融业、海外贸易服务业方面仍占优势。煤炭、钢铁、机械工业仍在发展,造船业仍居世界首位。1870—1914年的经济衰落是相对而言的,英国仍在发展,其工业产量、世界贸易量及经济发展水平,都居于世界的前列。

19世纪的变化触动着所有人的利益,各个阶层都被卷入不同性质和内容的民众运动之中。激进主义者包括议会改革者、共和主义者、社会改良主义者、乌托邦主义者和浪漫主义者,这些不同的激进团体可能独立行动,也可能采纳或支持另一个激进团体的政治纲领或社会目标,其共同点是要求对现存制度作根本改革。议会改革是19世纪英国政治变革的一条主线,其根本目标是突破寡头政治制度,向大众民主制转变,在这个过程中,英国采用了和平变革的方式,实现了国家的平稳过渡。到19世纪下半叶,自由党和保守党竞相改革,主要是想从改革中为本党争取更多选民。

在19世纪,政党的力量凸显,为了组织全国范围的选举工作,操控本党选民,党必须加强领导力度,突出党魁个人的影响,同时着力进行地方党组织的建设。工党是工人运动的产儿,出于各自的需要,工党和工会这两股新的力量联合起来,携手走上了英国的政治舞台。

司法行政改革也是大势所趋,通过持续的司法改革,英国建立起统一的现代司法体制;警察的组建降低了治安法官的作用,乡绅对农村的统治随之削弱。到19世纪末,英国确立了中央政府、地方政府和基层行政组织三位一体的管理体制,现代政府管理机制建立起来,适应了现代工业社会的需要。

随着社会经济的变化,资产阶级的价值观念主宰了社会意识形态,他们的生活方式主导了英国社会。土地贵族在财产方面仍占极大的优势,但是到19世纪晚期,他们在政治、军事领域里逐渐失去优势。工业化创造了空前的财富,也创造了巨大的贫富差距和日益扩大的两极社会。城市化的生活方式渐成主流,人们的生活方式发生了翻天覆地的变化。19世纪缔造了第一个城市化社会,也带来严重的城市病,城市化让人们的生活更加方便,但也恶化了环境,从拥挤到疾病到犯罪猖獗,揭示了城市化这把历史大锤的正负效应。19世纪的英国仍然是一个宗教国家,从凡夫俗子到科学家、甚至进化论的支持者都是宗教的信仰者。工业化没有削弱宗教意识,宗教的影响反而加大了;然而,怀疑论甚至无神论也在悄悄地增长。在教育方面,牛津、剑桥仍然是贵族精英教育的堡垒,但中等阶级教育也得到发展,到19世纪晚期,大众教育和职业教育也有所进展。

　　19世纪的英国外交有两个基本点,一是捍卫英国的国际地位,二是保障英国的经济繁荣和对外贸易。在整个19世纪,各党派的外交政策有共同的原则,即保卫英帝国,维护强大的海军力量,保持欧洲均势。拿破仑战争让英国深刻地认识到,维持均势才能捍卫英国的安全,才能实现全球自由贸易,因此战后英国政府执行和平外交路线。然而19世纪中叶炮舰政策成为英国外交的主导,它凭借海军的绝对优势控制世界海洋,强制推行"自由贸易",迫使全世界为英国的商品打开大门。该政策的始作俑者帕默斯顿并不主张四处出击,认为在不严重涉及英国利益的情况下,英国应尽量袖手旁观;英国没有永恒的盟友,也没有永恒的敌人,英国外交必须信守英国的永恒利益。

　　尽管如此,英国在19世纪80年代的外交影响力已不能与其经济地位相比。此时,欧洲其他国家的工业化正迅速进展,英国的脆弱性越来越明显,它必须依靠外部的资源来支撑自己,一旦其他国家进入工业化,英国就受到威胁。于是英国不再将国家关系作为制定外交政策的主要考虑因素,而是全力保护帝国利益和海上通道的安全。孤立主义外交在英国单强独大时是一种明智的政策,一旦其他大国赶超上来,结盟外交就是英国的唯一选择。

　　拿破仑战争后英国成为无可匹敌的海上霸主,拥有巨大的殖民帝国,这以后它执行无形帝国政策,不以扩大版图为目标,而以贸易为第一要旨。"炮舰政策"就是以此为目标的。70年代以后,随着其他国家工业化迅速进展,英国商品面临着日益增长的竞争压力,英国于是开始改行有形帝国政策,投入争夺殖民地的激烈斗争之中。在这个争夺中,英国成为最大的赢家,但也为此付出了巨大代价,到19世纪结束时,从版图方面看,大英帝国覆盖世界,英帝国成为一个名符其实的日不落帝国。但帝国解体的过程也开始了,白人移民殖民地离心倾向日益明显,最终转变成"自治领";非白人殖民地的自我意识也在形成,到20世纪就转变成独立的要求。英布战争暴露了英帝国的虚弱,在帝国辉煌的外表下,不祥的阴影悄然聚集。

19世纪,英国的"软实力"十分强大,科学、文化、艺术都发展到历史的最高点,各种理论和学说纷纷出现,借助它的商品和炮舰传播到世界上许多地方。英国对世界历史的突出贡献集中表现在19世纪,正是在这个时代,英国走上了光辉的顶点,无论其成功还是失误,都为世界展示了第一个现代化国家的模板。

本卷主持人 刘成

2015年1月,于南京

第一篇

经 济

第一章　经济政策

　　经济理论和经济政策集中反映了同时期占统治地位的阶级的意志和经济利益,并被用来为巩固和加强统治阶级的地位服务,19世纪英国经济政策的演变清楚表明了这一点,从重商主义到自由贸易,从自由放任到国家适度干预,都受到经济理论的影响和指导。

　　19世纪英国占主导地位的经济理论是主张自由放任的古典政治经济学。在自由放任时代以前,流行的经济学理论是重商主义,它主张国家干预,执行垄断政策。重商主义理论和政策曾帮助英国成为欧洲强国,但随着工业革命的推进,重商主义变得越来越不合时宜了,于是,突破重商主义的束缚,建立新的理论,就成为新时代的需要。

　　完成这一任务的是古典政治经济学家亚当·斯密(Adam Smith),他主张政府退出经济领域,让经济完全"自由"地发展。这种经济自由主义的思想是一种工业主义的经济理论,在它的指导下,英国完成了工业革命。由于英国是第一个成功完成了工业革命的国家,因此亚当·斯密的理论产生了深远的影响,后来人们都把英国的成功归因于自由主义经济理论,认为英国的模式是标准的经济发展模式。但历史证明,英国的模式不是唯一的模式,从19世纪70年代开始,欧洲其他国家的工业化就开始摆脱英国理论和英国模式,英国模式只是一种适合英国发展的工业革命方式,它帮助英国顺利完成了工业化。

在斯密之前,已有不少人为摆脱中世纪的道德枷锁、建立适合新的社会变化的经济道德标准作出种种努力,但都没有取得实质性的成果。亚当·斯密则以他庞大的理论体系为新生的工业资产阶级提出新的道德标准,斯密认为,人类行为是由六种基本动机推动的:自爱、同情、追求自由的欲望、正义感、劳动习惯及交换,以此出发,他认为一切人的行为动机都一样,就是每个人都按照自己的利益进行判断,因此,每个人都应该有按自己的方式去行动的自由。在这样的假设下,斯密提出了著名的"看不见的手"的论断,即每个人在追求自己的利益时,都被一只无形的手引导着,去实现并非属于他原来意图的目的。斯密在《道德情操论》中写道:富人虽然贪得无厌,雇用了千百人来为其劳动,"但是他们还是同穷人一起分享所做的一切改良的成果,一只看不见的手引导他们对生活必需品作出几乎同土地在平均分配给全体居民的情况下所能作出的一样的分配,从而不知不觉地增进了社会利益,并为不断增多的人口提供生活资料。当神把土地分给少数地主时,他既没有忘记也没有遗弃那些在这种分配中似乎被忽略了的人。后者也享用着他们在全部土地产品中所占的份额。"①依据此种理论,斯密甚至怀疑那些不是出自追求自身利益的人们的行为能否有效地促进社会利益,他说:"我从来未见过那些假借为公众谋利之名的人们作出了多大的贡献。"②

1776 年,亚当·斯密出版被誉为"第一部伟大的完整的政治经济学著作"——《国民财富的性质和原因的研究》(简称《国富论》),在这部经典著作中,斯密批判了重商主义的经济思想和政策主张,系统提出了全新的自由主义的经济主张。该书的中心思想,是把看起来杂乱无章的自由市场,看成是一个具有自行调整机制的体系,商品供求和价格都按照自由竞争的内在规律运行,若是自由竞争受到阻碍,那么自动调节就会

---

① 亚当·斯密:《道德情操论》,蒋自强等译,商务印书馆,1997 年,第 230 页。
② 埃里克·罗尔:《经济思想史》,陆元诚译,商务印书馆,1981 年,第 145 页。

受影响。因此他反对高关税,反对政府对商业和市场的干涉。亚当·斯密指出:"垄断乃是良好经营的大敌,只有依靠自由和普遍的竞争,才能使良好经营普遍确立起来。自由和普遍的竞争势必驱使各个人,为了自卫而采用良好的经营方法。"①《国富论》把市场的完全自由抬高到不可逾越的地位,认为自由市场中的"经济人"是经济发展的发动机。

斯密认为人性是天生自私的,追逐个人利益是人的本能,在经济活动中,资本的"唯一目的"在于"牟取暴利",当资本家使用资本时,"既不打算促进公共的利益,也不知道他自己是在什么程度上促进那种利益,由于宁愿支持国内产业而不支持国外产业,他只是盘算他自己的安全;由于他管理产业的方式目的在于使其生产物的价值能达到最大程度,他所盘算的也只是他自己的利益。"②个人利益与社会利益是事后才达成一致的,利他是利己的产物。每个人都追求个人利益,整个社会的利益最终就客观地获得了增进,因此社会利益是追求个人利益的结果。在这种场合,像在其他许多场合一样,他受着一只"看不见的手"的指导,而"看不见的手",实际上是指"自由放任"的市场机制,这种机制要求经济在"自然"状态下发展,生产在"自由"中竞争。这就是他所设想的理想的"自然秩序",在其中,个人与社会完成了利益的最大统一。因此,政府应该创造一种自由、公平的竞争环境,以保障个人的经济活动,而国家对经济领域的任何干预都会对国家整体造成妨碍作用。

这就是"自由放任"理论。斯密说:"我们每天所需要的食料和饮料,不是出自屠户、酿酒家或烙面师的恩惠,而是出于他们自利的打算。"③因此,人出于"自身利益的考虑"而延福于全社会,他是不必为追求这种利益而感到羞愧的,因此,让每一个社会成员放手去追逐自己的利益吧,在

---

① 小罗伯特·B.埃克伦德,罗伯特·F.赫伯特:《经济理论和方法史》(第四版),杨玉生等译,中国人民大学出版社,2001年,第85页。
② 亚当·斯密:《国民财富的性质和原因的研究》下卷,郭大力、王亚南译,商务印书馆,1974年,第27页。
③ 亚当·斯密:《国民财富的性质和原因的研究》上卷,郭大力、王亚南译,商务印书馆,1972年,第14页。

自然规律的作用下,他会对公众利益作出最大的贡献!

"自由放任"理论为人们发财致富的动机提供了最好的辩词,当时,工业革命已经开始,工业资产者急于在一切领域为自己的行为寻找理论依据,斯密学说为此种需要提供了一个有力的武器,因此它一经出现,立即产生了巨大的反响。他的学说很快为工业资产者所接受,成为其正统的经济指导思想。经济自由主义表达了他们埋藏已久的强烈愿望,他们高兴地发现,在斯密那里,追求利润变成了正常的伦理,自私的动机被说成是可以造福于社会的崇高目标,千百年来基督教教义中经商可耻甚至有罪的观念被打碎了,柏拉图式的或贵族式的高雅姿态也被清除干净。那种对财富强烈追求的欲望,现在被公开释放出来,这被哈佛大学一位经济史学家叫做"解除束缚的普罗米修斯"①,正是在欲望的刺激下,人们急切地扩大生产,大大推动了工业革命的进程。

斯密的研究标志着经济学"古典"时期的开始,这个时期大致是从1776年《国富论》出版,延续到1873年约翰·斯图亚特·密尔(John Stuart Mill)之死。尽管古典经济学家们所持的观点不尽相同,但其所持的原理即自由放任理论却成为那一时期人们坚守的信条。②

19世纪初,大卫·李嘉图(David Ricardo)发展了斯密的"自由放任"思想。李嘉图是英国古典经济学家中最重要和最突出的代表者,他把劳动价值论和地租理论发展到高峰,其代表作是《政治经济学及赋税原理》,它的中心思想是经济自由主义。李嘉图赞成斯密对国家职能的看法,反对国家干预经济,他认为:经济本身具有自行调节的功能,因此应实行自由竞争。他认为国家的干预有害无益,因为"在没有政府的干预时,农业、商业和制造业最为繁荣"。③ 如果一切国家都取消对经济生活

---

① 参见大卫·兰德斯:《解除束缚的普罗米修斯》(第二版),谢怀筑译,华夏出版社,2007年。
② 小罗伯特·B.埃克伦德,罗伯特·F.赫伯特:《经济理论和方法史》(第四版),杨玉生等译,中国人民大学出版社,2001年,第83页。
③ 大卫·李嘉图:《李嘉图著作和通讯集》第八卷,寿进文译,商务印书馆,1987年,第95、123页。

的干预,各国就都可以最有效地利用自己的资源,各民族的利益就可以获得最大程度的增进。他说"在商业完全自由的制度下,各国都必然把它的资本和劳动用于最有利于本国的用途上,这种个体利益的追求很好地和整体的普遍幸福结合在一起"①,而且,"最能保障整体利益的莫过于把总资本作最有利的分配,也就是实行普遍的自由贸易"②。他说的"整体利益"指的是全世界的共同利益,换句话说,李嘉图极力主张在全世界实行自由贸易。

为论证自由贸易的优越性,李嘉图发展了斯密的国际分工理论,提出了比较成本学说或相对优势的国际分工论。李嘉图认为,最有效和最合理的国际分工原则是,各个国家应当只生产自身的自然条件比较有利的、成本比较低的商品,并用这种商品去与其他国家交换自己所需要的其他商品。这种国家利益的追求很好地与全世界的普遍幸福结合在一起,由于生产总额增加,各方都得到好处,并且因为以利害关系和互相交往的共同纽带连接在一起,因此文明世界中的各个民族就结合成一个统一体。在李嘉图看来,即使效率最低、成本最高的国家也有自己的比较优势,因而也能从贸易中获得利益。李嘉图的相对优势学说反映了当时英国在国际贸易中的地位,也反映了机器大工业的需求,它既为当时英国扩大国际市场的要求服务,也为其他国家提出了一种贸易方面的理论依据。比起亚当·斯密,李嘉图更彻底地否定政府的作用,成为经济自由主义的彻底鼓吹者。③

如果经济自由主义是古典经济学的第一块基石,那么人口原理便是古典经济学的另一块基石。1798 年,托马斯·罗伯特·马尔萨斯(Thomas Robert Malthus)出版了《人口原理》,反对戈德温(William

---

① 大卫·李嘉图:《政治经济学及赋税原理》,郭大力、王亚南译,商务印书馆,1962 年,第113 页。
② 同上书,第 294 页。
③ 亨利·威廉·斯皮格尔:《经济思想的成长》,晏智杰等译,中国社会科学出版社,1999 年,第271 页。

Godwin)和孔多塞(Marquis de Condorcet)的极端乐观主义。这两位哲学家在法国大革命的鼓舞下觉得社会邪恶即将被消除,因而描述了一个没有战争、痛苦和悲伤的世界。马尔萨斯认为戈德温-孔多塞幻想简单到令人生笑,他认为"人口的增殖力无限大于土地为人类生产生活资料的能力。人口若不受到抑制,便会以几何比率增加,而生活资料却仅仅以算术比例增加"。① "人口增殖力和土地生产力天然地不相等,而伟大的自然法则却必须不断使它们的作用保持相等,这便是阻碍社会自我完善的不可克服的巨大困难。"②因此应该控制人口,节制生育,才能保证人类的整体生存。这个思想本来是十分有见地的,提出了人类生存中一个重要的问题,但马尔萨斯赋予它极强的阶级色彩,他认为对富人来说,不存在生活资料紧缺的问题,因此富人不必节制生育,而对生活资料造成巨大压力的是穷人,穷人既懒惰又贪婪,以惊人的繁衍速度造成他们自己的贫困,因此,穷人不仅应该不生育,而且应该不结婚,只有这样才能把穷人从地球上消灭掉。"应该形成一种风气,把没有自立能力而陷于贫困看作是一种耻辱,尽管这对个人来说似乎很残酷。对于促进全人类的幸福来说,这种刺激似乎是绝对必需的……如果某些人根本没有可能自立,根本不可能养家糊口,只因可以指望得到教区的施舍,便结婚成家,那这些人就是受了不正当的诱惑,不仅会给自己和家人带来不幸,生活不能自立,而且还会不知不觉地损害同阶级的所有其他成员。一个不能养家糊口而结婚的劳教者,在某些方面可说是他所有劳动伙伴的敌人。"③因此,马尔萨斯认为现存济贫法的弊害特别大。建议"完全废除所有现行的教区法,从而使英国农民享有行动自由","尽力削弱和废除所有那些与同业公会、学徒有关的制度","为极端贫困的人设立济贫院"。④有产阶级对马尔萨斯理论十分欣赏,1834年,英国议会制定济贫法修正

---

① 马尔萨斯:《人口原理》,朱泱等译,商务印书馆,1992年,第7页。
② 同上书,第8页。
③ 同上书,第35页。
④ 同上书,第37—38页。

案,其思想基础就是马尔萨斯人口理论。关于他在自由主义传统中的地位,不仅仅拿骚·西尼尔(Nassau Senior)欢呼他为"与亚当·斯密并列的人类的恩人",在 20 世纪里,凯恩斯(John Maynard Keynes)盛赞他为"英国人文科学传统"中产生深远影响的卓越自由主义者之一。[1]

从 18 世纪末开始,工业主义与自由主义经济思想渐被英国统治集团所接受,小皮特(William Pitt the Younger)就自称是亚当·斯密的学生,并在他的某些经济政策中予以体现。不过在 19 世纪初,放任主义——特别是自由贸易尚不被多数人所接受,需要经过抗争才能实现。1840 年代,曼彻斯特学派(Manchester School)领导下的"反谷物法同盟"(The Anti-Corn Law League)通过发动议会外的群众运动,将亚当·斯密、大卫·李嘉图等古典经济学家提倡的经济自由主义从理论推向实践,迫使英国政府废除了谷物法,并最终承诺实行自由贸易的经济政策,从而使自由主义经济理论变成了国家的正统学说。在维多利亚时代,英国正式走上自由资本主义发展道路,顺利完成了工业化。

但这个趋势并没有能维持很长时间,到 19 世纪下半叶,自由资本主义走向终结。霍布豪斯(Leonard Trelawny Hobhouse)在《自由主义》一书中这样说:"19 世纪可被称为自由主义时代,但是到了这个世纪的末叶,这项伟大运动却大大地衰落了。无论是在国内还是国外,那些代表自由主义思想的人都遭到了毁灭性的失败。……它正在对自己失去信心。它的使命似乎已经完成。"[2]自由放任信条逐渐被抛弃了,并且这个过程在很大程度上是无意识的,并不是因为出现了具有挑战性的新的经济学说,而是因为经济生活本身的发展,使人们认识到自由放任有很大的问题。[3] 1873 年伯明翰市长约瑟夫·张伯伦(Joseph Chamberlain)策

[1] 安东尼·阿巴拉斯特:《西方自由主义的兴衰》,曹海军等译,吉林人民出版社,2011 年,第 320 页。
[2] 霍布豪斯:《自由主义》,朱曾汶译,商务印书馆,1996 年,第 108 页。
[3] Irving Fisher, 'Why Has the Doctrine of Laissez Faire Been Abandoned?' *Science*, New Series, Vol. 25, No. 627(Jan. 4,1907), pp. 18-27.

划领导市政改革,由市政府出面拆除贫民窟、改善居住条件、救助贫苦居民、兴办公共学校等,对社会造成了巨大的冲击。随着时间的推移,连最坚定的自由主义者也不得不接受政府在经济社会方面的多重功能,比如对工业领域的控制,在教育问题上、住宅问题上、老弱病残照顾、保证正常就业等方面发挥实质性作用。① 现实教育了人们,使人们意识到自由放任政策的实际局限性,加上 19 世纪英国文官制度的改革产生了高效且控制力强的政府,大众对之充满信心。这些都促使人们重新思考自由主义经济理论,连坚持自由主义传统的格拉斯顿(William Ewart Gladstone)自由党人都在很大程度上认识到:"自由贸易虽然为繁荣奠定了基础,但是并没有使大厦落成。"②

同时,英国的经济地位已经下降了,德国等新兴国家依靠国家力量迅速发展经济的客观事实,也使自由放任理论的至尊地位受到动摇,③1880 年代,一种新的诠释体系——"新自由主义"思潮开始在英国出现,其特点是接过自由主义旗帜,在引用进化论和伦理学观点时论证集体主义原则,对国家的职能做了新的阐释。

古典自由主义的国家观是消极的,根据这种观点,国家被看作是被动的东西,它的职能就是"警察"或"守夜人",除了维护社会秩序和保护国家安全外,国家不要管得太多。他们反对国家干预社会生活,尤其反对干预经济生活。但这种自由放任的国家观在实践中把自由变成了少数人的特权,垄断成了社会的主宰,面对严重的经济和政治危机,贫富不均、环境污染等工业化负面问题的加重,古典自由主义受到质疑,许多有责任感的学者对经济学界长期流行的自由放任主义和功利主义加以批判,创造了新自由主义学说。新自由主义主张扩大国家干预,抑制贫富差距,通过改良摆脱社会危机,缓和阶级矛盾,建设"积极性"国家,挽救

① 霍布豪斯:《自由主义》,朱曾汶译,商务印书馆,1996 年,第 16 页。
② 同上书,第 114 页。
③ 欧内斯特·巴克:《英国政治思想——从赫伯特·斯宾塞到现代》,黄维新译,商务印书馆,1987 年,第 12 页。

资本主义制度。这是一种积极的自由主义,它成为一种新的国家理论。

约翰·斯图亚特·密尔最先对"自由放任"的经济原则提出质疑,启动了从古典自由主义向新自由主义的转变。1848 年密尔出版《政治经济学原理》,这本书很快就成为《国富论》出版后读者最多的经济学著作;1859 年他又出版《论自由》,由此获得了英国最重要的自由主义哲学家的声誉。在这些书中,密尔指责功利主义将最大数人的利益等同于中等阶级的利益,而其实这个"最大多数"应该包括英国的每一个男性和女性;他还倡导包括女性在内的普选权,主张用国家的干预,来提高每一个人的利益。① 密尔认为,所有公民都享有三大自由:思想和感情的自由、追求个人志趣的自由、人与人交往和联合的自由。政府负有保障这些自由的责任,一个社会如果不能实现这些自由,它就不是一个自由的社会。②

在《政治经济学原理》这本书中,密尔还提出这样的观点:他说个人主义、自我尊重、自力更生以及自愿组织的合作协会,这些就是维多利亚中期自由主义的基本价值,因此在经济问题上,无论是消费方还是生产方,每个人都应该自由进行选择。③ 他认为政府职能增加就意味着权力的增加,结果不仅增加了整体的负担,而且事情也做不好。他认为政府的职能应该限制在:(1) 保护不能照顾自身利益的儿童和其他人;(2) 当个人对他遥远的利益作出不可补救的决定时,政府应当干预;(3) 像联合股份公司或股份有限公司这一类事务,国家应该比个人干得好;(4) 对一些需要进行法律干预的事情,比如减少工厂的劳动时间等,政府应当干预。因此尽管从出发点看,密尔提出要限制政府职能,但是他其实扩大了政府干预的领域,为政府活动开辟了更广泛的空间,因此有学者认为,"古典派经济学可以说是在约翰·密尔手中臻于完善的,也可以说是在

---

① J. Salwyn Schapiro, 'John Stuart Mill, Pioneer of Democratic Liberalism in England', *Journal of the History of Ideas*, Vol. 4, No. 2(Apr,. 1943), pp. 127 - 160.

② J. S. 密尔:《代议制政府》,汪瑄译,商务印书馆,1982 年,第 55 页。

③ H. C. G. Matthew, 'The Liberal Age(1851—1914)', in Kenneth O. Morgan ed., *The Oxford History of Britain*, Oxford University Press, 1988, p. 522.

他手中开始衰微的"①。

不过,人们一般将牛津大学教授托马斯·希尔·格林(Thomas Hill Green)看成新自由主义的奠基人。1880 年格林发表论文"论契约自由",攻击英国社会的诸多弊病。格林逝世后,他的讲义在 1883—1888 年间以《伦理学引论》和《论政治义务原则》为题发表,当即被誉为新自由主义的先驱性著作。格林最早提出"积极的"自由观和"积极的国家观",弥补了自由放任主义的弱点。他强调正确处理个人与集体的关系,认为个人权利不能脱离社会而存在,任何人不可能带着某种非社会的权利进入社会,"没有对社会成员的共同利益意识就没有权利"②。自由和法律不是对立的,任何人的自由都不应以破坏他人的自由为代价。格林主张用政府干预的自由代替放任自流的自由,他认为,既然国家的目的在于提高人们的道德水平,那么,国家就应该发挥积极的作用,用强制手段制止损害"共同善"的不道德行为。

国家干预的实质是:国家以社会共同利益的代表的身份,对违背共同利益的个人行为予以修正和调节,这也是国家统治的一种形式。为了促进道德的发展,消除愚昧、酗酒和贫穷,国家必须进行干预。格林从国家干预的原则出发,阐述了国家对土地买卖、教育、婚姻、劳动、保健等事务进行干预的合理性,并且认为国家应该通过立法保护工人的健康福利。格林认为,在资本主义竞争体系中,国家不只是裁判员,它还应该帮助能力和身体较差的运动员,使他们在竞赛中有较好的机会。格林说,这种干预不会削弱人的自由,相反,它能更好地促进人类道德。

新自由主义的另一个代表人物是伦纳德·霍布豪斯。霍布豪斯从国家与个人互为权责关系的理论出发,认为国家干预社会经济生活是国家责任命题中的应有之事,这种干预不仅是应该的,而且是必要的。1911 年霍布豪斯发表了一本不起眼的小册子《自由主义》,勾勒自由主义

---

① 夏尔·季德、夏尔·利斯特:《经济学说史》,徐卓英等译,商务印书馆,1986 年,第 410 页。
② T. H. Green, *Lectures on the Principles of Political Obligation*, Longman, 1924, p. 48. 转引自阎照祥:《英国政治思想史》,人民出版社,2010 年,第 364 页。

的演变历史,书中涉及自由观、国家观和财产观三个方面,着重阐述了三个关系,即个人自由与国家干预、经济自由与政治自由、自由和民主之间的关系。霍布豪斯认为物竞天择、优胜劣汰的恶性竞争无助于社会文明和进步,"经济个人主义为巨大的物质进步奠定了基础,但却以人民大众失去幸福为巨大代价"①。他认为以平等为基础的自由才是真正的自由,社会条件和公共福利的改进,将使个人获得更大的安全保障,因此也就增加了自由。国家应该采取积极的干涉措施,通过有效的改革为自由提供基本条件。

关于经济领域,霍布豪斯认为"国家一般说来对财产拥有某种太上皇的权力,对工业拥有监督权,而这种经济主权原则可与经济公正原则并驾齐驱,成为经济自由主义的一个同样重要的概念。因为这里就像在任何其他地方一样,自由意味着控制"②。这种"经济主权原则"使国家有权把社会财富的剩余部分,根据社会的公共需要服务于社会。为此霍布豪斯提出了国家干预的具体措施,主要有:国家掌握对土地、矿山、河流等重要生产资料的支配权,把私人占有的土地、矿山、河流收归国有;采用征收高额累进税的办法以限制私有财产的无限膨胀,缩小日益扩大的贫富差距;废除财产继承制,以避免多数人生来一无所有、少数人生来腰缠万贯的不平等观象,使社会财富从"死人之手"的控制下解放出来,转为社会财富;通过国家立法来规定工人的最低工资和最高工时,由国家承担工人的伤残、疾病、失业、老年等保险,以保障工人的生活水平,等等。

经济思想的转变直接表现在经济政策的转变中,在工业革命时期,重商主义受到冲击,自由主义指导下的自由贸易理论逐渐抬头,并成为指导帝国重建的核心思想。一般认为,1783—1815年是从重商主义向自由贸易过渡的时期,而1815—1849年是自由贸易理论全面推广并彻底

---

① 霍布豪斯:《自由主义》,朱曾汶译,商务印书馆,1996年,第95页。
② 同上书,第106页。

取代重商主义的时期，在此期间，自由贸易的理论与实践高歌猛进，英国进入全面的"自由贸易"时代。

众所周知，早在17世纪中叶英国就开始实施垄断性的商业与贸易政策，并因此与当时的强国荷兰在几十年时间里三次开战。在重商主义指导下，英国先后与西班牙、荷兰、法国在海外贸易与殖民扩张方面展开长期争夺，用战争手段赢得了海上霸权，建立起庞大的殖民帝国。但是从18世纪中期开始，重商主义受到亚当·斯密等自由主义经济学家的批判，但传统的商业政策却未在自由主义的冲击下崩溃。以自由贸易为导向的最初的一些步骤，是在法国革命爆发以前，由谢尔本勋爵（William Petty, 2nd Earl of Shelburne）和小皮特采取的，1786年，小皮特政府与法国签署英法通商条约（即《伊顿条约》Eden Treaty），在两国贸易中插入了自由贸易的因素，但法国革命爆发后，自由贸易就没有取得进展，特别是从1806年起英法互相封锁，反而强化了贸易政策中的保护主义倾向。由战争引起的农业状况导致重商主义在战后抬头，表现为1815年的谷物法（Corn Laws）。[①] 拿破仑战争时期，由于通货膨胀，谷物价格直线上升，小麦的价格有时可以达到每夸脱100先令以上，这使农业经营有利可图，于是，土地所有者投入大量资金，开发贫瘠的土地，即所谓"边际土地"，以扩大粮食生产，赚取更大的利润。战争结束后，粮食价格开始回落，不仅贫瘠土地的投资收不回来，就连一般的农业利润都维持不下去了，土地所有者感到前所未有的巨大危机。于是在1815年，由地主阶级控制的议会通过了谷物法，规定在小麦价格未达到每夸脱80先令时，不准进口外国粮食。这是一种人为抬高粮价的做法，社会各阶层都会受到损害，而只有土地所有者从中获利。谷物法深受时人的痛恨，因而被视为"阶级的立法"。

谷物法受到工厂主的强烈反对，他们认为谷物法维持了高粮价，使

---

① Frederick C. Dietz, *A Political and Social History of England*, New York: the Macmillan Company, 1927, p. 486.

英国工业品不能与欧洲大陆竞争,因此在和平到来之后,他们将不得不关闭工厂,只有废除了谷物法,英国制造商才能降低生产成本,使其有能力与欧洲竞争。他们还认为,英国市场必须向美洲和欧洲开放,并且允许欧洲人和美洲人将小麦出售到英格兰,否则这些地方都不会购买英国商品,并在保护关税下发展出自己的制造业。1820 年代,美国、俄罗斯、德意志很多邦都在实行高额保护性关税,许多地方还效仿英国实行《航海条例》(Navigation Acts),而英国的工业已高度发展,根本不需要保护,因此英国工厂主要求自由贸易,完全符合他们的利益;他们声称只有改变英国的贸易体制,为其他国家做榜样,才能改变对英国不利的局面。①

英国政府逐渐改变了重商主义政策。1821 年,商业部减少了对木材的关税,为满足造船主的要求而准备从加拿大而不是波罗的海国家进口木材。1822 年,受重农学派影响的威廉·哈斯基森(William Huskisson)出任贸易大臣,他放松了对贸易的限制,引入一系列自由主义措施,其中包括降低原材料和工业品的关税,取消进口禁令,更重要的是改革了从 17 世纪中叶起就执行的航海条例,将其条款变得简单而宽松。② 1825 年,英国政府废除了 1 100 多项关税条例,其中有一些可以追溯到 13 世纪;③同年,又取消黎凡特公司(Levant Company)对近东贸易的垄断权,这些措施为英国向自由贸易转换做好了准备。

罗伯特·皮尔爵士(Sir Robert Peel)领导的保守党政府完成了这个转变。还在 1840 年议会就成立进口关税委会员,委会员报告明确提出反对保护性关税体系。1841 年皮尔上台,开始实施更大程度的关税改革。1842 年他把海关税率降为 5%—20%之间不等,其中包括小麦进口

---

① Frederick C. Dietz, *A Political and Social History of England*, New York: the Macmillan Company, 1927, p. 487.
② R. K. Webb, *Modern England from the Eighteenth Century to the Present*, New York: Dodd, Mead & Company, 1968, pp. 169 – 170.
③ 彼得·马赛厄斯、悉尼·波拉德主编:《剑桥欧洲经济史》第八卷,《工业经济:经济政策和社会政策的发展》,王宏伟等译,经济科学出版社,2004 年,第 8 页。

税,并废除羊毛出口税;他同时推行所得税,以取代损失的关税。他还完全废除了自 1774 年来就一直执行的机器出口禁令,把半制成品的进口税减少到 10%,制成品的进口税减少到 20%。① 通过降低关税刺激了进口量,从而增加了财政收入。这一年,皮尔还恢复了 1828 年的浮动汇率,新的计算方法用来防止谷物商抬高粮价以牟取暴利。②

1842 年的改革降低了关税,但仍然维持着帝国特惠制,在 1845 年的预算中,特惠制也受到打击。政府取消了原棉和原毛进口税,帝国以外进口的木材其税率由每英担 55 先令削减到 10 先令,咖啡税从每磅 1 先令 3 便士削减到 2 便士,糖税从每英担 63 先令下降到 34 先令。同时取消或降低了对牛肉、猪肉、鱼、黄油、脂肪和奶酪的征税率,③但对谷物进口仍收取较高的进口税,以使国内谷价维持在相对较低的水平上。④ 这些措施除了增加政府的财政收入之外,还有助于降低劳动阶层的生活费用。⑤

到 1846 年,谷物法是重商主义经济政策的最后一个堡垒了,尽管在 1828 年该法已经过修改,比原来的法案要温和许多,但工业家并不满意,他们要求废除谷物法,实行完全的经济自由主义。⑥ 曼彻斯特学派在这个过程中发挥了主要作用,1839 年 3 月曼彻斯特一批工厂主成立"反谷物法同盟"(the Anti-Corn Law League),领导者有理查德·科布登(Richard Cobden)、约翰·布莱特(John Bright)等,这两人都是白手起

---

① 彼得·马赛厄斯、悉尼·波拉德主编:《剑桥欧洲经济史》第八卷,《工业经济:经济政策和社会政策的发展》,王宏伟等译,经济科学出版社,2004 年,第 11—12 页。
② R. K. Webb, *Modern England from the Eighteenth Century to the Present*, New York: Dodd, Mead & Company, 1968, pp. 267 - 268.
③ Peter Mathias, *The First Industrial Nation, An Economic History of Britain 1700—1914*, London and New York: Routledge, 2001, p. 275.
④ Francois Crouzet, *The Victorian Economy*, London: Methuen & Co Ltd, 1982, pp. 121 - 122.
⑤ Frederick C. Dietz, *A Political and Social History of England*, New York: the Macmillan Company, 1927, p. 490.
⑥ Ibid., p. 488.

家,靠个人奋斗办厂发财,他们坚信自由贸易信条,是地地道道的亚当·斯密的信徒。在他们的领导下,反谷物法的宣传鼓动发展成一个涉及广泛的群众运动,主要参加者既包括工厂主,也包括大批工人。反谷物法同盟利用群众斗争的方式制造政治压力,其常用的手段是:出版书刊小册子、散发传单、召开群众会议、进行宣传演说,还组织议会竞选活动,把支持自由贸易的人选进议会。到 1844 年,反谷物法同盟可支配的资金约有 9 万英镑。同盟雇用了 800 多名宣传员,在全国各地展开轰轰烈烈的反对谷物法运动,[①]由于其资金雄厚,活动常能达到很好的效果。同盟的宣传工作很巧妙,它对工人说:谷物法限制粮食进口,因此抬高了面包的价格,打压了工人的实际收入;它对佃农说:谷物法让粮食涨价,但对农民没有好处,因为地主用高地租拿走了全部超额利润;它对工厂主说:谷物法限制工业的发展,因为别的国家只能用粮食来交换英国工业品,谷物法限制了这种交换,也就限制了工业品出口。不少报刊也加入自由贸易大合唱,最著名的是《经济学人》(*The Economist*),该杂志连篇累牍发表文章,成为自由贸易的吹鼓手。反谷物法同盟最令人惊叹的政治行动是"制造选民",它筹集大笔资金归到本不具备选民资格的人名下,把他们制造成"选民",从而夺取某些选区的选民多数,选出事先商定的候选人。在反谷物法斗争中,曼彻斯特学派通过不懈的宣传,扭转了社会舆论,把自由主义经济学理论普及为社会理念,并最终成为主流的意识形态。

1841 年科布登当选为议员,使反谷物法运动在议会内得到了领导人。同盟的活动最终影响了许多当权者,让他们也接受了自由贸易学说,罗伯特·皮尔就是其中一人。皮尔出身于富裕的棉厂主家庭,父亲是白手起家的第一代工厂主;他后来加入托利党,却秉持着自由主义观点。1841 年他担任首相,开始领导保守党向自由贸易方向转化。1845

---

① Frederick C. Dietz, *A Political and Social History of England*, New York: the Macmillan Company, 1927, p. 489.

年爱尔兰发生大饥荒,上百万人受饿而死,更多的人出走他乡。皮尔决定放开粮价,让外国粮食自由进入英国,这是解救饥荒的唯一办法。1846 年 6 月,在辉格党和反谷物法同盟的支持下,皮尔在下院成功通过了废除谷物法议案,其后上院也以多数票通过。废除谷物法标志着英国经济政策的重大转变,重商主义大坝彻底瓦解了,经济自由主义时代终究来临,有历史学家说:"1846 年谷物法废除,就其政治和经济影响而言,比 19 世纪英国的其他任何重大事件,在许多方面都要深远得多";①马克思也说:"谷物法的废除是自由贸易在 19 世纪取得的最伟大的胜利。"②在这个过程中,保守党政府发挥了重要作用。

在接下来的 14 年中,残余的关税被一一去除;1849 年,新上任的辉格党政府以 173∶163 的微弱多数废除了臭名昭著的《航海条例》,而保护主义和旧殖民体系的最后痕迹即对英国殖民地的糖、咖啡和木材等施以"帝国特惠制"也在其后几年中被废止。1853 年的预算清除了对殖民地产品的大部分旧关税优惠制度。到 19 世纪 60 年代,"自由贸易已经成为英国政治中正统观念的核心,几乎像新教国王取得了继承权一样拥有牢固的地位。"③

19 世纪 60 年代,英国与欧洲国家签订了一系列商约。当时担任贸易部长的科布登在 1860 年与法国签订双边商约,史称《科布登-舍瓦利耶条约》(Cobden – Chevalier Treaty),有效期 10 年,这是第一个自由化双边贸易协定。④ 1863—1866 年法国与欧洲其他国家签订类似条约,从而使大多数欧洲国家加入到自由贸易的网络中。此时正是维多利亚时代的鼎盛期,它也是自由主义的鼎盛期。

但是到了 70 年代风向急速逆转,欧洲大陆经济增长速度放缓,引起

---

① Anthony Howe, *Free Trade and Liberal England*, *1846—1946*, Oxford University Press, 1997, p. 1.

②《马克思恩格斯选集》第 1 卷,人民出版社,1995 年,第 215 页。

③ 肯尼思·O. 摩根主编:《牛津英国通史》,王觉非等译,商务印书馆,1993 年,第 489 页。

④ 彼得·马赛厄斯、悉尼·波拉德主编:《剑桥欧洲经济史》第八卷,《工业经济:经济政策和社会政策的发展》,王宏伟等译,经济科学出版社,2004 年,第 35—37 页。

贸易政策调整,有些国家恢复了贸易保护政策,德国是其中第一个,它于
1879 年 7 月制定了新的税法,标志着欧洲大陆自由贸易时期结束,并逐
渐恢复到保护主义。1892 年法国采纳"梅林税则"(Meline Tariff),成为
关税改革的分水岭。1892—1914 年期间,欧洲大陆几乎一致强化了贸易
保护主义,美国也在 1890 年实行麦金莱关税法(McKinley Tariff Act),
澳大利亚则于 1906 年采取类似措施,阿根廷(Argentina)在 1891 年实行
新的关税。但英国继续实行贸易自由主义,从而与风向逆转背道而驰,
英国经济增长的速度明显放慢了,出口总价值下降,制造品进口则快速
增长。在这种情况下,工商界开始怀疑自由贸易的正当性,1880 年代发
起了反对自由贸易的运动,贸易保护主义重新抬头。1881 年创建公平贸
易联盟(Fair Trade Federation),该联盟要求调整商业政策,以征收报复
性进口关税作为互惠谈判的前提。但这些要求遭到自由主义阵营的有
力阻挠,直到 20 世纪初才产生一个新的压力集团,即约瑟夫·张伯伦
(Joseph Chamberlain)领导的关税改革运动。

张伯伦从维护帝国完整性出发,提出了建立保护性关税的理论,他
的言行对自由主义的理论和实践造成巨大冲击。张伯伦是一个工业家,
1873 年出任伯明翰市长,他对市政管理进行改革,最大的创建是建立"市
属企业",即由市政府出资,发展城市公共事业,如供水、照明、道路、交通
等。在自由主义理论盛行时,这几乎就是一场地震,因为自由主义反对
政府干预任何经济事务,"无所作为的政府是最好的政府"。张伯伦的市
政改革冲击了这种思想,收到了很好的效果。在关税改革方面,张伯伦
认为英帝国是一个共同体,只有在经济上紧密联系,才能保证帝国的永
世长存,因此,需要建立共同对外的帝国关税,以保护帝国不受到外来危
害。张伯伦的思想反映了世界变化的现实,即英国已经不能垄断世界市
场了,它正面对着后起之国的激烈竞争,因此,建立关税制是大势所趋。
但这个思想又从根本上否定了自由贸易的原则,而自由贸易已经成了英
国的立国之本,受到两大党的共同维护。1903 年张伯伦公开宣布他主张
建立保护性关税,并且辞去他在政府的职务。同年 7 月他建立"关税改

革同盟"(Tariff Reform League),宣传关税改革思想,要求关税改革。[1]
张伯伦的辞职分裂了保守党和帝国统一派的联合政府,导致该政府在
1905 年下台。

此后自由党政府上台。自由党已经有 10 年不在台上了,它面临着
一些深层的危机。在意识形态方面,新的自由主义理论家如托马斯·格
林和伦纳德·霍布豪斯等开始强调国家的积极作用,认为在创造一个真
正"自由"——即公正、平等的社会方面,国家应起主要作用。这就给自
由党提出一个问题:它应坚持传统的自由放任主义,还是接受新的、强调
国家作用的自由主义? 在政治操作方面自由党也面对困境,它原先的自
由主义立场已经被保守党接受,而且保守党比自由党更坚定地执行自由
放任政策。这就迫使自由党作出决策:它是否应该在新的方向上迈出一
步,以显示与保守党有所不同? 世界格局的变化已经使自由贸易理论很
难维持了,英国经受着严峻的挑战:其他国家已抢占国际市场,并构筑了
关税壁垒,英国是否仍应独善其身,坚持自由贸易的原则? 总之,自由党
上台时,它感到必须作出一些新姿态。由于自由党上台是因为保守党在
自由贸易问题上跌了跤,因此新姿态只能在其他方面表现出来,于是它
选择了国家干预的方向,也就是新自由主义所倡导的方向。从政治的现
实考虑,这也是可行的:上世纪末工人阶级已获得选举权,自由党希望以
新的姿态争取工人选民,因此,它在组阁后不久就开始制定社会立法,包
括工会立法、工伤保险立法、学校供应午餐的立法等等,而这些就意味着
政府介入经济领域,如 1905 年的失业工人法授权地方当局采取措施创
造就业机会,1907 年劳合·乔治支持了第一次生产普查。[2]

1908 年赫伯特·阿斯奎斯(Herbert Henry Asquith)首相加快了社
会立法的步伐,在这一年制定了"养老金法",这是英国第一个带有社会

---

[1] Donald Read, *England 1868—1914: the age of urban democracy*, London and New York: Longman, 1979, p. 459.

[2] 彼得·马赛厄斯、悉尼·波拉德主编:《剑桥欧洲经济史》第八卷,《工业经济:经济政策和社会政策的发展》,王宏伟等译,经济科学出版社,2004 年,第 554 页。

福利性质的法律;此后,政府还打算建立更广泛的社会保险体系,以解决日益尖锐的贫穷问题。但保守党坚决反对国家进行干预,用它所掌握的上院多数否决了自由党的多项法案。

由此可知,随着 19 世纪的展开,国家的干预主义角色经历了如果说不平坦却也稳步的增长过程;使经济生活遵循其"自然"过程的普遍规则出现了越来越多的例外。但直到 19 世纪下半叶仍然没有形成前后一贯的干预哲学。同时,自由主义经济原则在许多人的心中成为根深蒂固的教条,无论这样坚持会产生什么样令人沮丧的结果。[①] 尽管张伯伦有着巨大的政治影响力,但也不可能推翻自由贸易政策,直到一战爆发之时,自由贸易并未受到影响且充满活力。[②]

第一次世界大战是一个转折点,战争期间英国实行了关税保护政策。为改善国际收支状况和增加国库收入,政府在 1915 年对汽车、摩托车、轮胎、钟表、影片和乐器征收 33.3%的进口税。第一次世界大战后,英国在保护关税方面又有所进展;1929 年经济危机爆发后,英国在各国之间的关税战中情况不妙,自由贸易对英国失去了吸引力。1932 年 2 月29 日,英国政府通过《进口关税法》,规定除小麦、肉类和英国不生产或短缺的原材料外,对所有进口商品都征收进口税。该法案标志着英国正式放弃自由贸易原则,实行近一个世纪的基本国策就此结束。时任财政大臣的内维尔·张伯伦(Neville Chamberlain)私下说:只有《进口关税法》这样的政策才能拯救帝国,连保守党领袖斯坦利·鲍德温(Stanley Baldwin)都说,自由放任已经走到头,就如同奴隶贸易一样。自由贸易是英国经济政策的基石,也是英国在 19 世纪称霸世界的经济哲学,自由贸易政策的终止标志着英国的衰落,属于不列颠的时代一去不复返了。

---

① 安东尼·阿巴拉斯特:《西方自由主义的兴衰》,曹海军等译,吉林人民出版社,2004 年,第 333 页。

② Peter Cain, *Free Trade and Protectionism*, *Vol.1*, London:Routledge, 1996, p. vii.

第二章　工业与交通

　　工业革命从 18 世纪开始,到 19 世纪中叶,第一次工业革命基本完成。1856 年,英国将近 1/3 的劳动力从事制造业;[1]到 19 世纪末,全国 3/4 的人口都居住在城市,农业的地位已经无足轻重。工业以现代的机器大生产为主体,稠密的铁路网遍及全国,国民财富的很大一部分由海外投资组成。[2] 英国成为世界上最强大的工业国和贸易国,控制海上霸权,是一个殖民帝国,伦敦(London)是世界金融的中心。19 世纪的英国是一个霸权国家,它是当时世界上最富裕的国家。

　　19 世纪的英国经济发展可以划分为三个阶段:1815—1850 年是工业革命的结束阶段,工业革命在广度和深度上都得到扩展,机械化和工厂制度深入到新的部门,运输系统则由于铁路的迅速发展而得到改变。到 1830 年代,工厂制已占主流地位,英国成为工业化国家。1851 年的伦敦大博览会开启了第二个发展阶段,延续到 1873 年,这是维多利亚大繁荣时代,经济表现出巨大的活力,国民生产总值和人均国民生产都达到 19 世纪的最高水平。农业再度繁荣,服务部门发展迅速。从 1873 年开

---

[1] Robert Charles Oliver Mattews, C. H. Feinstein, John C. Odling-Smee, *British economic growth,1856—1973* , Stanford University Press, 1982, pp. 4 - 5.

[2] Francois Crouzet, *The Victorian Economy* , London: Methuen, 1982, p. 12.

始,英国经济进入第三个也是较为不利的阶段,它持续到 19 世纪末,被称为"大萧条"时期。与 19 世纪前 75 年相比,英国经济增长速度放慢,工业霸权受到新兴工业国家快速增长的挑战。从英国工业产值增长的情况可以看出 19 世纪的这三个阶段。

表 1 英国工业产值增长(单位:%)①

年份	每十年增加的百分比	年均增长速度
1810.9—1820.9	38.6	3.4
1820.9—1830.9	47.2	3.9
1830.9—1840.9	37.4	3.2
1840.9—1850.9	39.3	3.4
1850.9—1860.9	27.8	2.5
1860.9—1870.9	33.2	2.9
1870.9—1880.9	20.8	1.9
1880.9—1890.9	17.4	1.6
1890.9—1900.9	17.9	1.7

在技术改进和创新方面,英国的领导地位一直保持到 19 世纪中叶。据估计,在 1800—1839 年的 78 个重要发明中,42 个发生在英国,36 个出现在欧洲大陆和美国。② 1830 年,詹姆斯·尼尔森(James Beaumont Neilson)发明了用鼓风炉把热空气吹进熔铁炉的新方法,使冶炼每吨生铁的用煤量节省近 3 吨。在纺纱厂,自动骡机取代熟练的纺纱工人,每台织机可以使用更多的纱锭,速度也大大提高;织布方面的动力织机也代替了手工织机。最重要的突破发生于炼钢厂,1851 年贝西默酸性转炉炼钢法(Bessemer process)获得专利,60 年代平炉炼钢法(open-hearth process)又不断完善,这就使便宜的钢材可以大量生产,开始了从铁时代

---

① Francois Crouzet,*The Victorian Economy*,London:Methuen,1982,p.49.
② Ibid.,p.8.

向钢时代的转变。①

机器制造获得发展并成为主要的工业部门。1810年前后,亨利·莫兹利(Henry Maudslay)应用滑动原理发明了滑动刀架,使切削机得到重大改进,解决了制造精密圆柱体和螺丝的技术难题。后来,理查德·罗伯茨(Richard Roberts)在改造凿穴机的基础上制成了钻孔机和切削机。1821年,几位工程师制造出一部金属刨,又经罗伯茨进行改进,使其基本定型。1830年前后,罗伯茨首次制造标准型板用以复制机器零件。1835年,约瑟夫·惠特沃斯(Joseph Whitworth)发明了可量出万分之一英寸误差的螺纹规,改进了计量工作,使工程能达到相当高的精确程度。1839年,詹姆斯·内史密斯(James Nasmyth)发明蒸汽锤,促进了锻造技术的改革。另外,工程师们还制造出结构复杂的锻造机,用以锻造纺纱机上的纱锭、螺栓、锉刀等以及金属工具。1848年,理查德·罗伯茨又发明镗床。随着一系列工作母机的发明和应用,各种形状的金属加工不仅日益精确和标准化,而且能进行配套生产。于是,到19世纪40年代,一个完整的、独立的工业部门——机器制造业就发展起来了。19世纪中叶,机器制造业成为英国重要的工业部门,英国制造的蒸汽机、工作母机、火车头、农业机器等,质量优良,远销世界各地,在国际市场上占有垄断地位,并直接推动了欧洲大陆和美国的工作母机制造。在1851年伦敦世界博览会上,英国的工作母机技术显示出很高的精确性,正是在机器制造业的基础上,工业革命得以最终完成。

工厂制在18世纪形成并在19世纪广为传播,纺织、冶炼、机器制造、造纸、玻璃、制鞋和整个消费品工业都基本上完成工厂化。不过在很长一段时间内,机器大工厂仍旧不是主要的就业场所:1831年,只有10%的男性在以机器为基础的制造业部门工作,32%的男性就业于手工业和零售业。迟至1851年,也只有27%的男女劳动力就业于以技术和

① R. K. Webb, *Modern England from the Eighteenth Century to the Present*, New York: Dodd, Mead & Company, 1968, p. 280.

工厂为主导的工业中,①当然在注意到这些数字时,不能忘记农业劳动力仍旧是英国主要的劳动群体。到70年代,工厂设施已相当完整了,英国工业呈现出现代特征。在19世纪前半期,大部分工业——棉纺织业除外——仍然是小规模的,但到19世纪晚期,企业的规模迅速增长,不仅体现在雇佣工人的数量上,也体现在公司的规模和资本的数额上。② 到1871年,联合王国有23 346家工厂,雇用200万工人,家庭手工业渐被淘汰,不过大规模的企业和工厂仍然较少,直到1914年,工厂规模都是中等甚至偏小的。③

工业化完成后,英国经济结构发生变化,由传统部门向现代经济部门转移,各行业所占国民收入的比例发生了明显的变化。这个过程可分为两个方面,一是国民收入中工业比重增长,农业的地位急剧下降。1801—1907年间,农业占国民收入的比重由34%下降到6%,而工业所占比重则由28%上升到1881年的43%;如果加上与工业生产关系更为密切的贸易、交通和房屋建筑,这一比重就上升到77%。④ 二是工业劳动力比重增加,农业劳动力明显下降:1801年农业劳动力占所有劳动力总数的35.9%,到1901年下降为8.7%;同期,工业劳动力则由29.7%上升到46.3%。(见表2)1870—1900年约有30万农业劳动力离开农村,1881—1911年英格兰、威尔士的农业人口减少6%,苏格兰减少17%,农业工资劳动者减少25%。⑤ 棉纺、煤炭、钢铁业的从业人口则明

① Richard Price, *British Society, 1680—1880: Dynamism, Containment and Change*, Cambridge University Press, 1999, p. 28.

② R. K. Webb, *Modern England from the Eighteenth Century to the Present*, New York: Dodd, Mead & Company, 1968, p. 375.

③ Francois Crouzet, *The Victorian Economy*, London: Methuen, 1982, p. 81.

④ Peter Mathias, *The First Industrial Nation: An Economic History of Britain, 1700—1914*, London and New York: Methuen, 1983, p. 223; Phyllis Deane and W. A. Cole, *British Economic Growth, 1688—1959: Trends and Structure*, Cambridge University Press, 1962, pp. 168 - 169; Peter Mathias, *The First Industrial Nation, An Economic History of Britain 1700—1914*, London and New York: Routledge, 2001, pp. 223 - 225.

⑤ 克拉潘:《现代英国经济史》下卷,姚曾廙译,商务印书馆,1977年,第128页。

显增加。棉纺织业从业人口从 1880 年的 52 万人增长到 1911 年的 64.6 万人，采煤业从业人数从 1881 年的 43.7 万人增到 1901 年的 75.2 万人，钢铁工业从业人数从 1870 年的 3.9 万人增到 1907 年的 10 万人。（见表3）

表 2　1801—1911 年英国劳动力分布的估算比例
（占总就业人口的百分比）（单位：%）①

年份	农业 林业 渔业	制造业 矿业 工业	商贸 运输业	家庭服务业	公用事业和 专职人员
1801	35.9	29.7	11.2	11.5	11.8
1811	33.0	30.2	11.6	11.8	13.3
1821	28.4	38.4	12.1	12.7	8.5
1831	24.6	40.8	12.4	12.6	9.5
1841	22.2	40.5	14.2	14.5	8.5
1851	21.7	42.9	15.8	13.0	6.7
1861	18.7	43.6	16.6	14.3	6.9
1871	15.1	43.1	19.6	15.3	6.8
1881	12.6	43.5	21.3	15.4	7.3
1891	10.5	43.9	22.6	15.8	7.1
1901	8.7	46.3	21.4	14.1	9.6
1911	8.3	46.4	21.5	13.9	9.9

表 3　联合王国就业人口的分布状态（单位：百万）②

	1851	1881	1911
农业 林业 渔业	3.6	2.6	2.3
采掘业	0.4	0.7	1.2

① Phyllis Deane and W. A. Cole, *British Economic Growth*，*1688—1959*：*Trends and Structure*，Cambridge University Press，1962，p. 142；Francois Crouzet, *The Victorian Economy*，London：Methuen，1982，p. 67.

② Phyllis Deane and W. A. Cole, *British Economic Growth*，*1688—1959*：*Trends and Structure*，Cambridge University Press，1962，p. 147.

	1851	1881	1911
制造业	3.9	4.5	6.1
建筑业	0.6	1.0	1.2
商贸业	1.2	2.2	3.1
交通运输业	0.4	0.8	1.7
家庭服务业	1.5	2.4	2.2
公用事业和专职人员	0.5	0.8	1.5
所有其他	0.6	0.7	0.8
总就业人数	12.7	15.7	20.2

随着工厂制度的建立和经济结构的变化,英国建立了强大的纺织、钢铁、煤炭、机器制造和交通运输五大工业部门,到19世纪50年代取得了世界工业和贸易的垄断地位。

纺织业是英国工业革命中的主要产业,1820—1840年间,纺织业在英国国民经济中的相对重要性达到顶点,其重要性居于其他工业部门之上。它吸收了30%的工业劳动力和整个不列颠人口的14%;1830年,纺织业占到了英国国民收入的10%和出口总值的72%,到1850年仍然占有出口总值的63%。纺织业成为英国经济活动的主导部门,也是英国经济增长的引擎,这种情况直到1840年代由于铁路建设速度加快才被钢铁工业所取代。[①] 作为工业革命的摇篮,棉纺业历来受到历史学家的特别关注,罗斯托(W. W. Rostow)甚至认为它是18世纪英国经济起飞的主导部门。迪恩和科尔(Phyllis Deane & W. A. Cole)认为到1805年时,棉纺工业的净值或附加值大约占不列颠国民收入的4%—5%,十年之后,这一比例上升到7%—8%,而19世纪前半期一直维持在这一水平上。[②] 1787年,英国棉纺工业的原棉消费量为2 200万磅,半个世纪以后

---

① Francois Crouzet,*The Victorian Economy*,London:Methuen,1982,p. 191.

② Ibid. ,p. 193.

增加到 3.66 亿磅,棉纱的价格已经下降到以前价格的 1/20 左右。拿破仑战争后,棉纺织业的增长速度达到最高峰,在 1820 年代、1830 年代、1840 年代,其净产出达到整个英国总产出的 5% 还要多。[1]

棉纺织业主要以出口为导向,到 19 世纪末,出口价值占到其成品总价值的 79%。到 19 世纪中期,棉纺织工业部门中的自动织机已经获得胜利,手工织机逐渐淘汰,到 1856 年只有"数千架"手工织机在运作,而最后一批手工织机在 19 世纪 60—70 年代消失。[2]

毛纺和精纺业也是 19 世纪初期的主要制造业,在国民收入中所占比例和棉纺织业差不多。1820 年代,毛纺业的纯产值占英国国民收入的 4%—5%,19 世纪中叶以后机器梳毛机被采用,也使毛纺织业在 1860—1870 年代早期发展到顶峰,英格兰和威尔士所拥有的毛纺纱锭总数从 1850 年的 80.475 万枚增加到 1867 年的 208.7 万枚,其中 85% 在约克郡。[3] 1907 年毛纺织业总产值超过 7 000 万英镑。亚麻纺业也在不断发展,其中尤以苏格兰和爱尔兰的发展较为突出,据估计,整个联合王国的亚麻产品的总价值 1856 年是 1 510 万英镑,1859—1861 年为 1 560 万英镑,1863 年为 1 170 万英镑,1864—1867 年为 2 000—2 500 万英镑,1880—1882 年为 1 800 万英镑,到 1907 年却只有 1 230 万英镑了。[4]

虽然 19 世纪末时欧洲大陆的技术进步相当突出,但英国的纺织工业仍然远远领先于其竞争对手。它的支配地位在棉纺织工业部门尤为惊人,到 1873 年时,英国在这个领域中拥有世界纺锭总数的 3/5,比欧洲国家在 1913 年时所占的比例还要高出一半以上。虽然英国在毛纺织领域中的领先程度较之在棉纺织中要小一些,但仍然是非常巨大

① Phyllis Deane and W. A. Cole, *British Economic Growth*, *1688—1959: Trends and Structure*, Cambridge University Press, 1962, pp. 184 - 192.
② H. J. 哈巴库克、M. M. 波斯坦主编:《剑桥欧洲经济史》第六卷,《工业革命及其以后的经济发展:收入、人口及技术变迁》,王春法等译,经济科学出版社,2002 年,第 416 页。
③ 同上书,第 417 页。
④ Phyllis Deane and W. A. Cole, *British Economic Growth*, *1688—1959: Trends and Structure*, Cambridge University Press, 1962, pp. 192 - 206.

的：在 1867 年时它拥有 208.7 万枚精纺纺锭,而法国只有大约 175 万枚；同年英国拥有 7.15 万台精纺动力织机,而法国只有 2 万—2.5 万台。①

钢铁工业也是工业革命的领头羊,到 19 世纪成为英国的主要支柱产业之一。1788 年,不列颠的生铁总产量约 6.8 万吨,在 1806 年大约生产 25.8 万吨,1830 年大约 67.8 万吨。② 到 19 世纪中叶,技术得到进一步完善,高炉增高到 15—20 米,搅炼技术也得到改进。1839 年内史密斯发明的蒸汽锤能够锻造大块铁,而最重要的发明是 1829 年詹姆斯·尼尔森的热鼓风法(hot-blast process),这种方法可以把苏格兰的煤直接用于鼓风炉,燃料消耗量下降了 60%。③ 19 世纪中叶时,制铁业主要生产搅炼的熟铁,钢的产量比较小,在 1854 年还不到 10 万吨,但克里米亚战争刺激对了钢的需求,新的发明也不断出现,亨利·贝西默(Henry Bessemer)在 1856 年发明了新的冶炼法,威廉·西门子(William Siemens)在 1861 年发明了一种能更精确控制温度的高温气炉;从 1879 年开始,西德尼·托马斯(Sidney Gilchrist Thomas)和珀西·吉尔克里斯特(Percy Gilchrist)致力于发现降低磷含量的方法,后来获得成功。上述三种方法使钢得以大量廉价生产,从而取代了搅炼铁。

生铁和钢的出口量大大增加,从 1815 年的 4.9 万吨增加到 1837 年的 19.4 万吨,到 1850 年为 78.3 万吨,1852 年超过 100 万吨,而 1872 年达到了 338.3 万吨。金属和金属制品出口总值在 1814—1846 年间年均增长 3%,1846—1873 年达到 5%,金属工业在英国出口中的比例明显上升,从 1815 年的 9% 上升到 1830—1839 年的 11%,1850—1859 年的 18%。④ 19 世纪中叶,英国的制铁业达到其增长率的顶点,在 1830/

① H. J. 哈巴库克、M. M. 波斯坦主编:《剑桥欧洲经济史》第六卷,《工业革命及其以后的经济发展:收入、人口及技术变迁》,王春法等译,经济科学出版社,2002 年,第 419—420 页。
② 克拉潘:《现代英国经济史》上卷,姚曾廙译,商务印书馆,1964 年,第 67 页。
③ Francois Crouzet, *The Victorian Economy*, London:Methuen, 1982, p. 230.
④ Ibid. , p. 231.

1834—1850/1854 年间,年均生产量翻了四倍,到 1870 年代,其直接收入占不列颠国民收入的 10%。[1] 1850—1880 年,英国人主宰着世界钢铁生产,占其产量的半数左右以及世界出口的近四分之三。表 4 是不列颠钢铁工业的增长情况:

表 4　1805—1907 年间钢铁工业的增长[2]

年份	生铁产量(千吨)	总产量估价(百万英镑)	出口占总产量百分比(%)
约 1805	250	16.21	23.6
约 1818	325	9.15	29.6
1820—1824	428	11.01	21.4
1825—1829	658	17.89	16.5
1830—1834	689	13.78	22.7
1835—1839	1 150	22.72	21.5
1840—1844	1 278	19.06	28.5
1845—1849	2 000	34.44	24.1
1850—1854	2 757	35.72	38.7
1855—1859	3 526	47.06	39.5
1860—1864	4 152	54.37	40.5
1865—1869	4 904	65.02	42.1
1870—1874	6 378	113.51	40.5
1875—1879	6 381	102.44	32.8
1880—1884	8 366	122.36	37.2
1885—1889	7 661	103.47	40.1

---

[1] Phyllis Deane and W. A. Cole, *British Economic Growth*, *1688—1959: Trends and Structure*, Cambridge University Press, 1962, pp. 224 - 227.

[2] Ibid., p. 225.

年份	生铁产量(千吨)	总产量估价(百万英镑)	出口占总产量百分比(%)
1890—1894	7 285	112.20	38.5
1895—1899	8 638	122.29	36.2
1900—1904	8 639	123.85	42.0
1905—1907	9 944	142.54	50.0

从事钢铁制造业的人口也急剧增加。1851—1901 年,英国钢铁工业就业人口从 57.2 万增加到 156.9 万,占英国全部就业人口的 9.6%。[1]与钢铁工业有关的采矿、运输以及其他部门也因钢铁业的繁荣而兴旺。1882 年,英国生铁产量达到 19 世纪的顶点,之后开始下降,而它在世界上的相对地位则跌落得更明显:1870 年它占到全世界供应量的一半以上,到 1901 年只剩下 20% 了;同期英国钢的供应量也从 43% 下降到16%,钢铁产品即使在国内市场也让位给国外竞争者。[2]

采矿业在英国有很长的历史,在工业化早期起着非常重要的作用,19 世纪二三十年代以后对国民收入的贡献越来越大,19 世纪中叶以后,尤以煤炭工业更为突出。19 世纪初采煤业在国民收入中的比重只占不到 1%,19 世纪中叶不到 2%,但到 19 世纪末上升到 6%。[3] 英国煤炭产量在 1800—1830 年间增长缓慢,1830—1845 年间的 15 年里则发展最为迅速,煤产量至少翻了一番。[4] 1841 年采矿业雇用了 20 万人,1851 年时雇用了 30 万,到 20 世纪初雇用了约 50 万。到 1907 年,所有矿产加在一起占联合王国总收入的 5.5%,其中 90% 归功于煤;反观 1858 年,矿产收

[1] B. H. Mitchell, Phyllis Deane, *Abstract of British Historical Statistics*, Cambridge University Press, 1962, p. 60.
[2] Phyllis Deane and W. A. Cole, *British Economic Growth, 1688—1959: Trends and Structure*, Cambridge University Press, 1962, p. 227.
[3] Phyllis Deane and W. A. Cole, *British Economic Growth, 1688—1959: Trends and Structure*, Cambridge University Press, 1962, p. 218; Francois Crouzet, *The Victorian Economy*, London: Methuen, 1982, p. 263.
[4] Phyllis Deane and W. A. Cole, *British Economic Growth, 1688—1959: Trends and Structure*, Cambridge University Press, 1962, p. 219.

入占到全国总收入的 3.5%，煤矿开采只占其中的 60%。① 煤炭出口量也不断增长，1830 年煤炭出口为 50 万吨，占煤炭总产量的 2% 多一点，之后的 30 年以年均 9% 的速度快速增长，在 1837 年出口超过 100 万吨，1854 年达到 400 万吨。1860 年，煤炭出口量占其产量的 10%；1913 年出口近 980 万吨，占煤炭总产量的 1/3，占英国出口总值的 1/10。②

随着生产的增长和国内市场的扩大，交通运输业也出现了革命性的变化，而这种变化是从解决煤炭运输问题开始的。起初，解决煤炭运输问题的最佳办法是开凿运河，运河开凿是由私人投资的，1801—1835 年间约耗资 1 100 万英镑。③ 在 1760—1830 年间，英国建成了大规模的运河系统，此后数年间又兴起一个小高潮，到 19 世纪开始时，整个奔宁山脉（Pennine Range）已经在多处被打通，1805 年，大汇运河（Brand Tunclion）将英格兰中部与伦敦连接起来。运河是利润丰厚的经营，不过随着铁路建设热潮的出现，很多运河感到了生存压力，在 1845—1847 年间，有 948 英里的运河为铁路公司所收购或租借，比如 1846 年伯明翰运河就成了伦敦—西北铁路的下属产业。不过不列颠依然有大约 2 750 英里的独立运河和航道，④英国运河仍然是欧洲各国的典范。⑤

英国海运业发展较早，到 19 世纪，海运业中船舶的大小、速度和马力以及船舶的建造等都有了明显进步。汽船从 1807 年开始出现，但在 1860 年以前海洋运输业主要仍旧用帆船。到 1851 年，英国只有 18.5 万吨位的蒸汽船，其中大多数是木质船，却有 366 万吨位的木帆船。⑥ 经

① Phyllis Deane and W. A. Cole, *British Economic Growth，1688—1959：Trends and Structure*，Cambridge University Press，1962，p. 220.
② Francois Crouzet, *The Victorian Economy*，London：Methuen，1982，p. 265.
③ Phyllis Deane and W. A. Cole, *British Economic Growth，1688—1959：Trends and Structure*，Cambridge University Press，1962，p. 237.
④ 克拉潘：《现代英国经济史》上卷，姚曾廙译，商务印书馆，1964 年，第 491—493 页。
⑤ H. J. 哈巴库克、M. M. 波斯坦主编：《剑桥欧洲经济史》第六卷，《工业革命及其以后的经济发展：收入、人口及技术变迁》，王春法等译，经济科学出版社，2002 年，第 210 页。
⑥ Peter Mathias, *The First Industrial Nation，An Economic History of Britain 1700—1914*，London and New York：Routledge，2001，p. 286.

过半个世纪的实验,汽船在 1869 年以后逐步取得支配地位,1875 年英国有 190 万吨位的汽船和 420 万吨位的木帆船,十年以后汽船吨位增加到 400 万吨,而帆船吨位下降到 340 万吨,同时汽船的货运量是帆船的 6 倍以上。在 1885 年左右,钢制汽船取得重要进步,1890 年英国所拥有的 500 万吨位汽船中,钢制汽船为绝大多数。①

在 19 世纪初,每年用于新航运的投资额不会超过联合王国国民收入的 0.5%,可是从 1840 年代起航运业的投资率和新船的建造都开始加速,在 1845—1864 年这十几年时间里,新造船的总资产翻了一番,航运纯利润在 50 和 60 年代也发展到最高峰;②在 1875—1884 这十年中,航运纯利润超过联合王国国民收入的 5%。伦敦港在 19 世纪第一个 25 年里大规模重建。对码头和港口的建设费用在 1799—1815 年间达到 540 万英镑,而在 19 世纪前半期,英国用于港口和船坞建设的总资本额超过 800 万英镑。③ 到 1890 年为止,英国商船运输业居世界第一,1895 年英国拥有全球远洋运输船只总吨位的 73%,并支配着世界船舶市场。1900 年,60% 的新下水船只是由英国建造的。但 19 世纪末 20 世纪初,随着国际竞争的加剧,许多国家采取保护措施,使英国海洋运输在世界上所占份额从 1890 年的 63% 下降到 1902 年的 53%,外国运输市场对英国商船关上了大门。尽管如此,英国仍拥有无可争辩的优势地位,1902 年英国的轮船总吨位比德、美、挪、法、意、荷兰加在一起还要多 1/3。④

陆路交通革命表现为公路和铁路建设并很快形成公路、铁路网。18 世纪末已经形成公路网,1809 年仅收费公路信托公司(Turnpike Trusts)就支出 200 多万英镑用于公路维修;1812 和 1814 年,英格兰

① H. J. 哈巴库克、M. M. 波斯坦主编:《剑桥欧洲经济史》第六卷,《工业革命及其以后的经济发展:收入、人口及技术变迁》,王春法等译,经济科学出版社,2002 年,第 253 页。
② Phyllis Deane and W. A. Cole, *British Economic Growth*,*1688—1959*:*Trends and Structure*,Cambridge University Press,1962,p. 235.
③ Ibid. ,p. 236.
④ H. J. 哈巴库克、M. M. 波斯坦主编:《剑桥欧洲经济史》第六卷,《工业革命及其以后的经济发展:收入、人口及技术变迁》,王春法等译,经济科学出版社,2002 年,第 254—255 页。

和威尔士共支出 130 万和 145.4 万英镑用于公路建设与维护。在 19 世纪第一个 25 年,联合王国用于公路和桥梁的各项支出平均每年在 300 万—350 万英镑之间,超过国民收入的 1%。[1] 大约在 1820 年,英格兰已有近 21 000 英里的税道,19 世纪 30 年代则是收费公路的鼎盛期。[2]

铁路的兴起更加重要。1814 年,乔治·史蒂文森(George Stephenson)制造第一部蒸汽机车,不过运行速度很慢,经过改进,到 1821 年,机车性能就比较完备了。该年史蒂文森担任斯托克顿—达灵顿铁路(Stockton-Darlington Railroad)工程师,在他的主持下,筑路工程在 1825 年顺利建成。[3] 9 月 27 日,世界上第一条行驶蒸汽机车的永久性公用铁路正式通车,标志近代铁路运输业的开启。1830 年 9 月 15 日,长 48 公里的利物浦—曼彻斯特铁路(Liverpool-Manchester Railroad)通车,这是客货两用的铁路线,成为兰开夏郡(Lancashire)棉纺工业的交通动脉。该铁路采用史蒂文森设计的"火箭"式机车,速度达到每小时 29 公里。铁路运输的优越性很快就得到公认,英国进入"铁路时代"。

19 世纪 30 年代是修筑铁路的第一个高潮。据统计,1825—1835 年,议会通过 54 项铁路修筑案,其中最重要的是 1838 年开通的伦敦—伯明翰(London-Birmingham)铁路,1840 年开通的伦敦—布里斯托尔(London-Bristol)和伦敦—南安普敦(London-Southampton)铁路;1836—1837 年两年时间里又有 39 条铁路获准修建,爱尔兰不在其数。[4] 表 5 表明 1833—1840 年铁路的修建情况:

---

① Phyllis Deane and W. A. Cole, *British Economic Growth*, *1688—1959: Trends and Structure*, Cambridge: Cambridge University Press, 1962, p.238.
② H. J. 哈巴库克、M. M. 波斯坦主编:《剑桥欧洲经济史》第六卷,《工业革命及其以后的经济发展:收入、人口及技术变迁》,王春法等译,经济科学出版社,2002 年,第 204 页。
③ 林举岱:《英国工业革命史》,上海人民出版社,1979 年,第 67 页。
④ 克拉潘:《现代英国经济史》上卷,姚曾廙译,商务印书馆,1964 年,第 480 页。

表5　1833—1840年铁路法案及其实施情况[1]

年份	被授权公司数目	里程（英里）	资金（百万英镑）	铁路股份指数（1840年6月＝100）
1833	4	218	5.5	69.3
1834	5	131	2.3	67.8
1835	8	201	4.8	71.1
1836	29	955	22.9	111.1
1837	15	543	13.5	81.4
1838	2	49	2.1	91.1
1839	2	54	6.5	79.9
1840	—	—	2.5	86.4

　　至1840年，已经有约1 500英里铁道投入使用。[2] 19世纪40年代铁路公司开始合并，铁路建设进入第二个高潮，被称为"狂潮时代"。起初，一些主要的铁路干线收购辅助线路形成统一的铁路网；到1846年，议会开会期间每天至少有一条新铁路获批修建，[3]在短短的20年时间里，英国新增铁路近6 000英里，1850—1870年又有1.35万英里的铁路投入营运（见表6）。[4]

　　铁路建设吸收的资金和劳动力是空前的。据估计至19世纪30年代后期，铁路建设的投资占国民收入的2%，1835—1839年平均每年达562万英镑。19世纪40年代铁路投资比例更高，1847年7%，1845—1849年平均每年4.5%，金额为每年2 518万英镑。[5]

---

[1] R. C. O. Matthews, *A Study in Trade Cycle History: Economic Fluctuations in Great Britain, 1833—1842*, Cambridge University Press, 2011, p. 107.

[2] H. J. Dyos & D. H. Aldcroft, *British Transport: An Economic Survey From the Seventeenth century of the Twentieth*, Leicester: Leicester University Press, 1971, p. 120.

[3] 克拉潘:《现代英国经济史》上卷，姚曾廙译，商务印书馆，1964年，第489页。

[4] H. J. 哈巴库克、M. M. 波斯坦主编:《剑桥欧洲经济史》第六卷,《工业革命及其以后的经济发展:收入、人口及技术变迁》，王春法等译，经济科学出版社，2002年，第218页。

[5] B. R. Mitchell, The Coming of the Railway and United Kingdom Economic Growth, *Journal of Economic History*, 3(1964): 315-336.

表 6　英国铁路营运里程①

年份	营运里程(英里)	年份	营运里程(英里)
1843	1 952	1847	3 945
1844	2 148	1848	5 127
1845	2 441	1849	6 031
1846	3 036	1850	6 625

表 7　1800—1846 年联合王国的铁路投资②

年份	获批英里数	通车英里数	注册资本(百万英镑)	铁路资本形成总开支(百万英镑)
1800—1820	—	190		1.5
1821—1825	62	27	—	—
1826—1830	287	71	4.0	1.0
1831—1837	2 120	443	51.4	11.5
1838—1840	104	957	11.0	27.4
1841—1843	160	546	12.6	14.9
1844—1846	8 043	1 084	207.0	50.2

　　在 1838—1840 年间,用于铁路建设和铁路设备的资本额平均每年超过 900 万英镑,在 1844—1846 年间又上升到 1 650 万英镑,占国民总收入的 3％和贸易出口额的 28％。1847 年是铁路建设的最高潮年份,支出总额超过 5 200 万英镑,占国民收入总量的十分之一。1847—1849 年,每年平均开通近 1 000 英里的新铁路,而 50 年代是铁路重要性不断上升的十年。③

　　铁路就业人数从 1847 年的 5 万人增加到 1873 年的 27.5 万人,在

---

① H. J. 哈巴库克、M. M. 波斯坦主编:《剑桥欧洲经济史》第六卷,《工业革命及其以后的经济发展:收入、人口及技术变迁》,王春法等译,经济科学出版社,2002 年,第 215 页。

② Phyllis Deane and W. A. Cole, *British Economic Growth*, *1688—1959: Trends and Structure*, Cambridge University Press, 1962, p. 231.

③ Ibid., p. 232.

1860年代的繁荣期,将近1/4的国内固定资产投资用于铁路,1870年代仍然超过10％。[1] 表8是19世纪末铁路产业的发展情况：

表8 19世纪后半叶铁路产业发展情况(每十年的年均值)[2]

年份	总投资额 （百万英镑）	开通线路 （英里）	运输收入 （百万英镑）	营业利润 （百万英镑）	估算的净产值 （百万英镑）
1845—1854	20.1	587	12.6	6.5	8.9
1850—1859	10.5	397	20.1	10.5	14.3
1855—1864	13.4	474	26.9	14.1	19.2
1860—1869	18.1	514	34.6	17.6	24.4
1865—1874	18.2	366	44.9	21.8	31.0
1870—1879	18.7	255	55.4	25.3	37.3
1875—1884	19.5	242	62.9	28.6	42.3
1880—1889	16.5	225	67.4	30.9	45.5
1885—1894	15.7	204	73.5	32.1	48.7
1890—1899	19.0	176	83.2	33.8	53.4

在整个19世纪,交通运输业的飞速发展不但带动了其他工业部门特别是钢铁工业和机械制造业的发展,而且它对于促进经济的高度专业化和降低生产成本与物价水平起着非常重要的作用。[3] 它们通过不断降低运输成本而使人们流动起来,因而建立了一个真正民主的文明。

到19世纪中叶,英国以发达的纺织、采矿、炼铁、机器制造和海上运输业为支柱,成为名副其实的"世界工厂",1850年英国生产了世界工业

---

[1] Peter Mathias, *The First Industrial Nation*, *An Economic History of Britain 1700—1914*, London and New York: Routledge, 2001, p. 259; Phyllis Deane and W. A. Cole, *British Economic Growth*, *1688—1959: Trends and Structure*, Cambridge University Press, 1962, p. 239.

[2] Phyllis Deane and W. A. Cole, *British Economic Growth*, *1688—1959: Trends and Structure*, Cambridge University Press, 1962, p. 233.

[3] Ibid., pp. 239 - 240.

产品的 28％,包括煤的 60％、铁的 50％、钢的 70％、棉纺织品的 50％。1860 年代英国控制了世界贸易的 25％,在工业品的国际贸易中所占的比例更大。① 以后,它的比重虽然由于其他国家的工业发展而有所降低,但一直到 19 世纪 70 年代,英国在世界工业生产中仍占据优势。在 19 世纪前 70 年时间里,仅占世界人口 2％左右的英国,把世界工业生产的 1/3—1/2 和世界贸易的 1/5—1/4 控制在自己手中,英国国民收入暴增,1835—1841 年平均为 5.15 亿英镑,到 1851 年增加到 6.46 亿英镑,1867 年达到 9.61 亿英镑;其财富总值,从 1845 年的 40 亿英镑或人均 143 英镑,增长到 1885 年的 100 亿英镑或人均 270 英镑。② 不列颠的实际国民产值在一个世纪中增加了 14 倍,在维多利亚统治时期增加了 5 倍,1801—1901 年间平均每年增长速度为 2.7％:

表 9　19 世纪不列颠国民产值(单位:百万)③

年份	国民产值(现行价格计算)	国民产值(以不变价格计算)	
		总值	人均
1801	232	138	12.9
1811	301	168	13.2
1821	291	218	15.3
1831	340	312	19.1
1841	452	394	21.3
1851	523	494	23.7
1861	668	565	24.4
1871	917	782	29.9

① Thomas William Heyck, *The Peoples of the British Isles: A New History, From 1688 to 1870*, vol. 2, California: Wadsworth, Inc., 1992, p. 344.

② Frederick C. Dietz, *A Political and Social History of England*, London: Macmillan, 1927, p. 506.

③ Phyllis Deane and W. A. Cole, *British Economic Growth, 1688—1959: Trends and Structure*, Cambridge University Press, 1962, p. 282.

续表

年份	国民产值（现行价格计算）	国民产值（以不变价格计算）	
		总值	人均
1881	1 051	1 079	36.2
1891	1 288	1 608	48.5
1901	1 643	1 948	52.5

　　总之,到 19 世纪 70 年代,英国集权势、繁荣和财富于一身,伦敦成了世界首都,英镑成为国际通用货币。工业的发展,海上的优势,强大的海军力量,使英国在相当长时期内在世界市场中处于垄断地位,英国资本从这个地位中汲取了无数的利益。

　　但英国的工业优势并没有维持太久,工业革命完成后,新的对手很快就出现了,英国则开始衰退,可看煤和钢演变的情况:在 1871 甚至 1880 年,英国煤的产量还高于美国和德国的总和,但到 1913 年只略多于美国煤产量的一半。钢的生产也很快落到美国后面,到 1900 年又被德国超过。不仅煤、钢如此,从更大的范围看,新兴的德、美两国生气蓬勃,明显胜过了"老牌的"英、法,英国在世界工业中所占的份额从 1870 年的 32％下降到第一次世界大战前夕的 14％,又降至 1930 年经济危机前的 9％;而在同一时期,美国所占份额则分别从 23％上升到 38％,又升至 42％。①

　　1870 年以后,英国工业仍在发展,但呈现以下特点:(1) 化学、电子、汽车等新兴部门没有取代传统产业;(2) 传统工业部门没有创新,也没有投入新的资本进行改造;(3) 工业发展速度整体放缓。英国从 1820 年开始,工业生产年均增长率超过 3％,但 1880 年之后下降到 2％以下。②1873—1913 年主要工业部门的年均产值下降情况如下:采矿业从 3.6％

① 米歇尔·博德:《资本主义史 1500—1980》,吴艾美等译,东方出版社,1986 年,第 155—157 页。
② Peter Mathias, *The First Industrial Nation*, *An Economic History of Britain 1700—1914*, London and New York: Routledge, 2001, p.235.

下降到 1.9%,制造业从 2.6%下降到 2.0%,建筑业从 3.1%下降到
1.1%,煤气、电力业从 5.5%下降到 5.1%,运输业从 2.9%下降到
2.7%,商业从 2.4%下降到 2%,国内生产总值从 2%下降到 1.8%。与
其他主要资本主义国家相比,英国的发展速度下降更快,1873—1913 年
英国国内生产总值平均年增长率从 1.2%下降到 0.5%,美国从 1.9%下
降到 1.3%,德国则稳定在 1.5%;甚至连法国、意大利、瑞典等国的增长
速度也超过英国。1870 年,英、德、美在世界工业生产中所占比例分别是
32%、13%和 23%;1913 年为 9%、16%和 42%。①

表 10　世界制造业产量的相对份额②

国家	1860	1880	1900
英国	19.9	22.9	18.5
德国	4.9	8.5	13.2
美国	7.2	14.7	23.6

　　从根本上说,英国经济霸权的削弱是因为与它的两个主要竞争对手
相比,英国的生产基础削弱了,管理和组织上的四项创新加强了美国和
德国的经济基础:(1) 管理的职业化,(2) 工业的卡特尔化,(3) 生产的电
气化,(4) 生产流程的"泰勒化"(taylorization)即科学管理化。美国和德
国从这些创新中获得了最大利益,英国却动作迟缓,跟不上创新步伐,致
使在 19 世纪 90 年代开始的化学、电气工业上升时期严重落伍。1890—
1907 年,美国单位劳动生产率每年提高 2%,而英国只提高 0.1%;到
1909 年,美国的生产率是英国 15 个主要产业平均数的两倍半。1870—
1913 年,美国国内生产总值每年增长 4.9%,德国每年增长 3.9%,英国
只增长 2.6%。③ 到 1914 年美国已登上世界第一制造业国家的宝座,德

① W. Rostow, *The World Economy*, London: Macmillan, 1978, pp. 52-53.
② Paul Kennedy, *Rise and Fall of the Great Powers*, London: Unwin Hyman Ltd, 1988,
　 p. 149.
③ 赫尔曼·M. 施瓦茨:《国家与市场:全球经济的兴起》,徐佳译,江苏人民出版社,2008 年,第
　 216—217 页。

国为第二,英国则迅速下降。① 英国由工业发展带来的巨额利润并没有用于国内工业的更新换代,而是大量投资殖民地以获取巨额利润,1870年以后这种情况尤为严重,1875年英国的国外资产超过10亿英镑,1900年超过了20亿英镑。②

19世纪中期英国的工业领先地位也带来心理上的自负,当外国企业家积极创新以求迎头赶上时,英国实业家们却将过去的成功视为老本,不愿打破在管理、销售、劳资关系等方面的习惯做法。新兴工业所需要的新原料、新动力、新设施,如汽油、电力、电气设备等,都没有被英国人所重视;而电报、电话、收音机、铝制品、人造纤维、塑料等新材料方面,英国也远远落后。英国的管理水平比美国和德国落后,英国的制造业仍然采用家族制管理或合伙经营模式,企业家的第二代或第三代丢掉了企业家精神,而向往土地贵族的生活方式,工厂企业利润有许多没有用于企业再投资,而是用于置办地产或购买股票。工厂主不愿意废弃陈旧的工厂设备,而只愿意修修补补。

墨守成规和习惯的重负阻碍了科学的传播,尽管英国在科学研究方面为全世界之首,但在科学运用和劳动力培训方面,英国落后于德国和美国。英国不重视教育,不重视应用科学。1890年,第一个由国家支持科学教育的公共开支项目在英国获批准,但直到1901年仍然只有每年2.5万英镑的经费从财政部投放到大学——在自由放任政策指导下,政府把教育看成是经济问题。另一方面,高等教育只向少数人开放,并且专注于人文、神学和数学等传统学科,轻视技术和工程,现代大学体系在英国发展缓慢。③ 总之,英国的衰落有很多因素,很难用单一原因来解释。

---

① 宫崎犀一等编:《近代国际经济要览》,陈小洪等译,中国财政经济出版社,1990年,第21—22页。

② Thomas William Heyck, *The Peoples of the British Isles: A New history, From 1870 to the Present*, vol. 3, California: Wadsworth, Inc., 1992, p. 9.

③ Ibid., pp. 9 - 10.

尽管英国的经济增长放慢速度,但它的贸易和工业并没有崩溃,1914年,英国仍然是世界第三大经济体,有着第二高的人均收入水平,英国仍然是世界上最大的贸易和金融强国,在航运、银行和金融、海外贸易服务方面,它仍然占优势。[①] 也就是说,英国的衰落是相对的,其经济仍然在发展,比如煤炭工业,尽管从19世纪末开始英国煤炭业遇到了强劲的对手,主要是德国,但它在1909—1913年间仍然占世界总量的50%,并支配着利润丰厚的市场。1870年英国煤产量为1.1亿吨,1890年代增加到1.8亿吨,1913年为2.87亿吨;[②]煤炭出口量,从1890年的3 600万吨增加到1913年的1亿吨,在英国对外贸易以及世界贸易中都占有重要地位。

机械工业也显示出活力与竞争力。在纺织机械领域,英国的技术和商业优势一直保持到1914年,最大的纺织机械公司普拉茨(Platts)的生产量与整个美国产量相当,1913年英国出口的纺织机械是德国的三倍,几乎是英国总产量的一半。[③] 机车生产是机械工业的另一个重要分支,1898年出口量为600台,1908年超过了900台,与法国的总生产量差不多,而且英国机车在质量上保有优势。[④] 英国制造的蒸汽机在世界市场上的强大竞争地位一直维持到1914年,特别是在复合船用发动机、汽轮机、锅炉、小型便携式蒸汽机和农用蒸汽机等领域一直处于世界领先地位。

英国造船业仍然保有世界霸权,技术上的领先也没有受到挑战。到1860年代,联合王国每年建造和注册的船只价值超过国民收入的1%,而且从1868年开始,铁制的新帆船吨位数超过木制帆船吨位数。1870年代英国建立了世界上最大的蒸汽动力船队,20年之后,汽船吨位在海

---

① Thomas William Heyck, *The Peoples of the British Isles : A New History, from 1870 to the Presnet*, vol. 3, California: Wadsworth, Inc., 1992, p. 12.
② Francois Crouzet, *The Victorian Economy*, London: Methuen, 1982, p. 265.
③ Ibid., p. 250.
④ Ibid., p. 251.

洋上占主导。① 英国还投入大量资金兴建航运业配套设施,包括修建灯塔、灯船,扩建港口、船坞、堤岸、堆栈,置备起重机和其他装卸设备等。造船业的发展速度在 1860 和 1870 年代快于国民收入的增长速度,②1873—1900 年其增长率甚至比之前还要高,达到 3.5%。到 1890 年,英国船舶吨位数是世界其他各国的总和,可见表 11:

表 11　联合王国在世界造船业中的份额(年均)③

年份	下水总吨位(吨)		占世界下水吨位数百分比(%)
		商船	
1892—1896	1 021 000		79
1901—1905	1 394 000		59
1910—1914	1 660 000		61
		战船	
1892—1914	112 000		33

据估算,1902 年,世界船舶的 70% 都是由英国建造的;④1910 年,世界船运的 40% 由英国来承担。1870 年以后,航运业是英国唯一保持世界垄断地位的经济部门。⑤

英国汽车制造业虽然没有赶上时代的步伐,但到 19 世纪末也开始起步并获得快速发展。1896 年英国有了自己的制造汽车,到 1900 年有53 家汽车厂,尽管最大的汽车制造商戴姆勒(Daimler)⑥在 1899 年仅仅

---

① Frederick C. Dietz, *A Political and Social History of England*, New York: the Macmillan Company, 1927, p. 504.

② Phyllis Deane and W. A. Cole, *British Economic Growth, 1688—1959: Trends and Structure*, Cambridge University Press, 1962, p. 235.

③ Francois Crouzet, *The Victorian Economy*, London: Methuen, 1982, p. 253.

④ Ibid., pp. 252 - 253.

⑤ Peter Mathias, *The First Industrial Nation, An Economic History of Britain 1700—1914*, London and New York: Routledge, 2001, p. 286.

⑥ 戴姆勒(Daimler)是一家英国汽车生产商,于 1896 年在科芬特里成立,曾经生产过公车及货车,至 1960 年起成为捷豹汽车旗下品牌,并于 2008 年被福特一起卖给塔塔汽车。

生产了 150 辆汽车。1901—1905 年建立了 221 家汽车公司,1907 年生产了 1.17 万辆车,1913 年生产 3.4 万辆,已部分赶上法国,领先于德国和意大利。汽车工业中从业人员近 10 万,其中有四家公司雇员超过2 500人。摩托车生产也发展得不错,从 1899 年开始到 1908 年已获得很大成功。巴克(T. C. Barker)认为到一战前夕,英国汽车工业已赶上法国,到 1910 年汽车的出口已超过进口。[①] 此外,到 1910 年,英国出口 15万辆自行车,完全占据了世界市场。[②]

在轻工业和食品生产行业,英国也有良好的记录。比切姆(Beecham)和利华(Lever)的肥皂,吉百利(Gadbury)和弗莱(Fry)的巧克力,健力士(Guinness)和巴斯(Bass)的酿酒等品牌都是这几十年的成果,其实力家喻户晓。在此阶段,销售业也获得很大发展,托马斯·立顿(Thomas Lipton)、塞恩斯伯里(J. J. Sainsbury)和屈臣氏兄弟(the Waston brothers)将大规模零售业发展到一个全新的阶段。[③]

为了应对日益激烈的国际竞争,英国企业也采取了很多措施,第一个措施是生产者之间的联合,即建立同业公会(trade associations);第二个措施是建立卡特尔(Cartel)。从 1890 年代开始,英国许多行业开始组建卡特尔,比如 1900 年成立的"漂白剂协会"(Bleachers' Association)将 53 个公司联合为卡特尔,而 1899 年成立的布拉德福德染色商协会(Bradford Dyers)和花布印染商协会(Calico Printers Association)也都是典型事例。第三种措施是在 1880 年之后发展起来的,它将完全独立的公司合并成联合企业,[④]如 1888 年由 64 个公司组成的食盐联盟(Salt Union),1891 年由48 家漂白剂和重化工生产企业组成的联合碱业公司(United Alkali Company),1897 年由 14 家相互竞争的公司结成的英国缝纫棉线公司

① Francois Crouzet, *The Victorian Economy*, London:Methuen, 1982, pp. 256 - 257.

② Ibid., p. 256.

③ Peter Mathias, *The First Industrial Nation*, *An Economic History of Britain 1700—1914*, London and New York:Routledge, 2001, p. 373.

④ Ibid., pp. 354 - 358.

(English Sewing Cotton Company)等。在烟草行业,联合运动更激动人心,1901 年成立的帝国烟草公司(Imperial Tobacco Company),联合了13 家主要企业,拥有 1 200 万英镑资产;这反过来使 2 万个烟草零售商结成经销联盟——联合王国烟草经销商同盟(UK Tobacco Dealers' Alliance)。这些"横向一体化"是在一个简单的原则基础上建立的,即"如果你不能打败他,就加入他"。这种联合有很多优点:首先可以裁减他们之间的竞争性广告,其次可以集中研究力量,并将研究成果用于所有公司的生产,最后还可以进行有关专利权和财产方面的集中谈判。①

如果说"横向一体化"是经济不景气的产物,那么另一种形式即"纵向结合"却是大发展的产物,当在原料、物价、运费、销售渠道和利润分配等方面发生激烈竞争时,这种联合就此起彼伏。在 1888 年高峰期,有101 家公司合并成一个大公司;1880—1909 年,1 635 个公司通过合并失去独立身份,总资本达 1.07 亿英镑。1909 年,最大的 100 家公司生产了制造业净产值的 15%。②

表 12　1880—1918 年间发生的企业大并购:按类型分析③

并购种类	大并购的次数		大并购发生过程中消失的企业数目		在大并购发生过程中消失的企业价值数量	
	数量	百分比(%)	数量	百分比(%)	百万英镑	百分比(%)
水平并购	64	87	643	98	116	92
垂直并购	9	12	11	2	10	8
混合并购	1	1	1	0	0.6	0
合　计	74	100	655	100	126.6	100

值得注意的是,各种合并大多出现在纺织部门和生活消费品部门,

① Peter Mathias, *The First Industrial Nation*, *An Economic History of Britain 1700—1914*, London and New York: Routledge, 2001, pp. 358 - 359.
② Ibid. , p. 360.
③ 彼得·马赛厄斯、M. M. 波斯坦主编:《剑桥欧洲经济史》第七卷,《工业经济:资本、劳动力和企业》,徐强等译,经济科学出版社,2004 年,第 262 页。

而不是在生产资料或重工业部门。在纺织行业,合作的表现相当成功,很好地应对了国外的竞争。但在碱性金属、化工以及机械之类的生产资料行业,合作的尝试显得力有未逮,到 1912 年,美国的通用电气、西屋电气和德国的西门子公司控制了英国三分之二的电气设备生产。① 英国在采用新型组织形式上的缓慢滞后导致在时代的关键产品之一——钢铁生产上表现出明显距离。

---

① 转引自赫尔曼·M. 施瓦茨:《国家与市场:全球经济的兴起》,徐佳译,江苏人民出版社,2008年,第 221 页。

第三章　银行与金融

　　英国在成为"世界工厂"的同时,也成为世界金融中心。由于19世纪初至70年代,英国的进出口贸易占世界贸易的最大份额,加之从20年代起英国就确立了金本位制,英镑币值稳定,伦敦遂成为国际短期和长期信贷的中心,一些大银行都经营对外贸易的放款业务,成为国际贸易的主要资金来源。到19世纪中叶,伦敦正式成为国际金融中心,英镑成为各国贸易结算的主要支付手段和外汇储备,英国银行家通过资本输出起着世界银行家的作用,并使自己成为世界最大的债权人。到这个时候,英国既是"世界工厂",又是"世界贸易中心"和"世界金融中心"。

　　英国的银行体系是从17世纪末发展起来的,到19世纪初,这个体系比其他任何国家都更先进、更完善。全国性的贴现、支付网,可以使资本缺乏的地区从资本丰富的农村吸引大量资本,而这种贴现与支付体系是在18世纪最后25年中发展起来的,到19世纪20—30年代,银行信用成为支持工业大厦的支柱。[①] 在整个19世纪,英国的银行业在不断发展,银行结构也发生了巨大变化。

---

① H. J. 哈巴库克、M. M. 波斯坦主编:《剑桥欧洲经济史》第六卷,《工业革命及其以后的经济发展:收入、人口及技术变迁》,王春法等译,经济科学出版社,2002年,第290页。

19 世纪初,英国的银行体系由三个部分组成,也可将其看作一个三层的金字塔,位于顶端的是历史悠久的英格兰银行(Bank of England),在很长一段时间内,它是英格兰唯一的股份制银行,与政府有着密切的联系。从成立之日始,英格兰银行首先是政府的银行,政府大量的流动资金特别是税收都存放在这里,它同时还给政府发放贷款。早在 18 世纪,英格兰银行就发展出票据贴现业务,并且以透支形式给伦敦商人、制造商和店主等提供短期贷款。18 世纪中叶,英格兰银行凭借其资源优势及与政府的特殊关系,开始取得中央银行地位,这个地位直到 19 世纪初仍未受到挑战。不过两类私人银行逐步发展起来——伦敦的私人银行(private banks)和地方的乡村银行(country banks)。

伦敦的私人银行是金字塔的第二层,1807 年时英格兰有 73 家私人银行,到 1830 年代约有 100 家,它们都是合伙企业并且主要是家庭企业,但他们大都富有、可靠,有很高声望。银行发行私人纸币在英格兰并未被禁止,但在 18 世纪私人放弃了纸币发行,开始向多样化、专业化方向发展,如西区银行(West End banks)常常以抵押贷款的形式借钱给贵族和乡绅,更多的城市银行(City banks)则通过贴现票据、短期贷款方式进行短期金融和商业交易,有一些私人银行专门资助对外贸易或海外投资,成为后来商业银行的先驱。还有一些则充当乡村银行在伦敦的代理人,为乡村银行开展各种各样的活动。[1] 这样,我们就看到一个有机的银行系统,而英格兰银行是这个系统的核心,是可以"最后依靠"的贷款人。[2]

乡村银行在金字塔的最底层,其崛起的时间并不长。直到 18 世纪中叶,外省银行的数量并不多,但在对法战争期间增长相当迅速,1809—1810 年是鼎盛期,有 900 家乡村银行繁荣兴旺。尽管乡村银行规模不大,业务也只局限于本地,但它们大部分是乡村中唯一的信贷机构,在地

---

[1] Francois Crouzet, *The Victorian Economy*, London: Methuen, 1982, p. 319.
[2] 约瑟夫·熊彼特:《经济分析史》第二卷,杨敬年译,商务印书馆,1992 年,第 478—479 页。

方经济中发挥着重要作用。它们吸收存款,提供短期贷款,发行银行券,这些银行券是货币供应的重要组成部分。①

1800 年左右出现票据经纪人(Bill brokers),乡村银行家通过票据经纪人用他们的剩余资金对工业区的票据进行贴现,而票据经纪人成为区域间资金转移的主要中间人,伦敦则是资金流动的"大枢纽"。这种体系弥补了英格兰银行没有地方分支机构的不足,使资金可以在全国顺利流通。1825 年以后,从票据经纪人发展而来的贴现行(discount houses)开始接收从伦敦银行发来的短期资金,这使票据经纪人可以增强对风险的防范,如果他们缺乏现金,可向英格兰银行申请。②

但此时期的银行体系存在着两个基本缺陷,首先,为了保证英格兰银行的垄断权,禁止其他银行有 6 个以上的合作者,这限制了资本保有量,使它们在危机时期没有充足的货币储备来抵抗突然出现的现金提取。第二个缺陷是对银行券的发行没有规范,经济学家和银行家们都不知道怎样的钞票发行原则是正确的,但他们开始意识到将钞票发行权交给几百个独立的银行自由处理有潜在危险,不能克服经济体系的周期性动荡。③

苏格兰银行早在 18 世纪就享受到股份制的好处,苏格兰有三家老牌股份制银行——苏格兰银行(Bank of Scotland)、苏格兰皇家银行(Royal Bank of Scotland)和英格兰麻业公司(British Company),19 世纪初又有 4 家股份银行创办起来。④ 1820 年以后,苏格兰和爱尔兰的银行免遭英格兰银行的困境,因为它们不像在英格兰,只受一家股份制垄断银行来支配。苏格兰和爱尔兰的银行都可以有 6 个以上的合伙人,而

---

① Francois Crouzet,*The Victorian Economy*,London:Methuen,1982,pp. 319 - 320.
② Peter Mathias,*The First Industrial Nation*,*An Economic History of Britain 1700—1914*,London and New York:Routledge,2001,pp. 324 - 325;Francois Crouzet,*The Victorian Economy*,London:Methuen,1982,p. 320.
③ M. W. Flinn,*An Economic and Social History of Britain since 1700*,London:Macmillan,1975,p. 98.
④ 克拉潘:《现代英国经济史》上卷,姚曾廙译,商务印书馆,1964 年,第 335—336、342 页。

且往往有支行,从而增加了每个银行的资源,更容易应对危机。[1]

1825 年 7 月英国爆发第一次周期性的生产过剩危机,造成信用关系破坏,银行纷纷倒闭。1825 年 12 月,在一个星期内,3 家伦敦银行和 63 家乡村银行倒闭,[2]英格兰银行也面临挤兑危险,在法兰西银行(Bank of France)和德国银行家罗思柴尔德(Rothschild)家族的帮助下,英格兰银行才躲过了被迫关门的命运。[3]

金融危机暴露了英格兰银行体系的弱点,人们认为乡村银行发行纸币,是导致信用过度扩张的主要原因。于是在 1826 年颁布了第一个银行法案,其中禁止发行 5 英镑以下的纸钞,并授权英格兰银行在地方建立支行,增加其纸钞流通量,以限制乡村银行钞票的流通。它还允许在伦敦 65 英里以外的地方开办股份制银行(Joint-Stock bank),规定所有的入伙者都须对银行的损失负责。这项法律参照了苏格兰的股份制银行体系,既能促进股份制银行发展,又能保证英格兰银行的垄断地位。[4]但 1833 年的第二个银行法案却打破了英格兰银行的垄断权,它允许在伦敦建立股份制银行,但禁止地方银行发行纸钞,体现了将纸币发行权集中于英格兰银行的趋势。[5]

股份制银行在英格兰出现,改变了英国银行业的格局,并有利于维护银行体系的稳定。1826 年法案颁布后,十年中建立了 100 多个股份制银行,到 1841 年英格兰已经有 115 家股份制银行,它们开始接管小型乡村银行并建立了自己的支行,地方上的私人银行不断减少,股份制银行

---

[1] Mary Poovey ed. , *The Financial System in Nineteenth-Century Britain*, Oxford University Press, 2003, p. 19.

[2] R. K. Webb, *Modern England from the Eighteenth Century to the Present*, New York: Dodd, Mead & Company, 1968, p. 173.

[3] P. 金德尔伯格:《西欧金融史》,徐子健等译,中国金融出版社,1991 年,第 126 页。

[4] Mary Poovey ed. , *The Financial System in Nineteenth-Century Britain*, Oxford University Press, 2003, p. 20.

[5] Peter Mathias, *The First Industrial Nation, An Economic History of Britain 1700—1914*, London and New York: Routledge, 2001, p. 324; Francois Crouzet, *The Victorian Economy*, London: Methuen, 1982, p. 323.

支行的数量稳步增加。① 1834 年,伦敦成立了第一家股份制银行——伦敦和威斯敏斯特银行(London and Westminster Bank),但由于阻力太大,到 1844 年时,伦敦仅存在 5 家股份制银行。②

股份制银行不仅扩大了英国银行的总容量,而且使银行体系更具活力,它结束了地方垄断,并将太小或管理不善的银行淘汰出局。和小规模乡村银行相比,股份制银行可以有更多的合伙人,聚集更多的资金,发展成更大的规模,因而生存能力更强。同时,它们的利息率也比较高,有时甚至以现金账户支付,更能满足客户的需要。

但股份制银行并不能阻止经济危机的出现,1836 年和 1839 年英国遭遇两次经济危机,后一次延续到 1843 年。这两次危机引发了 19 世纪最著名的银行立法,人们普遍认为,不断的金融动荡是英格兰银行发行过多的纸币造成的,因此须限制它的发行,使纸币发行与黄金储备成比例。在首相罗伯特·皮尔的主持下,议会于 1844 年制定"英格兰银行条例"(Bank Charter Act 1844),即皮尔法案。③ 条例以法律形式明确了英格兰银行独占货币发行权的地位,奠定了现代中央银行的基础。自 1844 年 8 月 31 日起,英格兰银行划分为两个部分:发行部和银行部,使金融业务与发行业务分开;英格兰银行的纸币发行限额为 1 400 万英镑,这个部分无需提供黄金储备,但超过这一限额必须有充足的金银做保证,且白银比例不得超过 1/4。④ 法令限制了货币供应量,英格兰银行发行的纸钞成为和黄金一样的货币。到 19 世纪末,大部分乡村纸币都消失了,

---

① Peter Mathias, *The First Industrial Nation*, *An Economic History of Britain 1700—1914*, London and New York: Routledge, 2001, p. 321;克拉潘:《现代英国经济史》上卷,姚曾廙译,商务印书馆,1964 年,第 627—628 页。

② Francois Crouzet, *The Victorian Economy*, London: Methuen, 1982, p. 324.

③ Ibid., p. 326.

④ Richard Price, *British Society*, *1680—1880: Dynamism*, *Containment and Change*, Cambridge University Press, 1999, p. 81; R. K. Webb, *Modern England from the Eighteenth Century to the Present*, New York: Dodd, Mead & Company, 1968, p. 263; Mary Poovey ed., *The Financial System in Nineteenth-Century Britain*, Oxford University Press, 2003, p. 22.

最后一个发行纸币的乡村银行是萨默塞特郡(Somerset)惠灵顿的福克斯·福勒有限公司(Fox Fowler and Co. of Wellington，Somerset)。①

1844 年条例确定了英格兰银行的新地位。长期以来,英格兰银行的地位特殊,功能很多,拥有特权,但直到 19 世纪 20—30 年代,英格兰银行的董事们才最终意识到,作为中央银行,其首要职责是维持金融体系的稳定、确保国民经济的正常运行,并在危机到来时充当最后的贷款人。1844 年"英格兰银行条例"使这一功能得到强化,在 1866 年的奥弗伦德-古尔内危机(Overend & Gurney crisis)中,英格兰银行首次扮演了最后的贷款人。奥弗伦德-古尔内银行创办于 1805 年,和伦敦其他清算所一样,负责评估和贴现汇票,处理国内外银行的贷款请求。1866 年 5 月它倒闭,引发了整个金融体系的恐慌,1866 年 5 月 11 日是"黑色星期五",这一天英格兰银行贷出 400 万英镑,以维持现金流通;英格兰银行的储备金也下降到 300 万英镑。②

1844 年条例也引起诸多批评,批评者指出它在发行货币方面不够灵活,不能满足不断增长的货币需求。后来的事实证明,这些批评是正确的,英格兰银行条例过于僵硬,在后来的三次货币危机中(1847、1857、1866 年),条例都不得不暂停执行,议会允许英格兰银行发行超过条例所允许的纸币。

但"英格兰银行条例"对苏格兰没有影响,苏格兰银行仍保留着自己的纸钞发行权,但这种发行后来也融入英格兰银行的发行信用中。③

1826 年的银行法没有意识到股份制本身存在的弱点,它没有规定新银行股东的权利和义务,也没有明确股份的额度、审计的频率及性质、银

---

① Peter Mathias, *The First Industrial Nation*，*An Economic History of Britain 1700—1914* ，London and New York：Routledge，2001，p. 326.

② Mary Poovey ed. ，*The Financial System in Nineteenth-Century Britain*，Oxford University Press，2003，p. 23；Peter Mathias, *The First Industrial Nation*，*An Economic History of Britain 1700—1914* ，London and New York：Routledge，2001，p. 328.

③ M. W. Flinn，*An Economic and Social History of Britain*，London：Macmillan，1975，p. 100.

行的法律地位等,因此,和其他股份公司一样,股份制银行也处于风雨摇摆之中,很容易受到货币整体波动的影响,在运行过程中有很多就失败了。1844—1868 年成立的 291 家股份制银行中,到 1868 年只剩下 49 家。但股份制银行的数目仍在增加,到 1850 年,英格兰有 99 家股份制银行,设有 575 个营业处;1863—1866 年又创办了 108 家股份制银行,这部分归功于 1858 和 1862 年的议会立法,使股份制银行获得了有限责任的资格。伦敦的私人银行和许多地方银行在 19 世纪 60 年代都转化为有限责任公司,如巴克莱银行(Barclays Bank)在 1862 年,劳埃德银行(Lloyds Bank)在 1865 年,等等。同时,私人银行大大缩减,小型乡村银行不得不与股份制银行合并;[1]再往后,小规模股份制银行也被大银行兼并,结果使股份制银行的数量反而减少了。

尽管数量萎缩,但股份制银行的存款额却增加了,达到了银行存款总额的一半以上,私人银行受到挤压,到 1870 年代,私人银行的存款额尚不足全国总量的 1/3。[2] 银行的合并运动确保了银行业的稳定,它起于 1830 年代的苏格兰,1880—1890 年代在英格兰臻于高潮。在合并过程中,独立的银行数量减少,但支行的数目增加,苏格兰银行数目从 1830 年的 66 家减少到 1850 年的 17 家,英格兰则从 1825 年的 600 家减少到 1913 年的 70 家。[3] 1891—1902 年,有 114 个银行合并案发生;1891—1914 年,独立银行从 168 家下降到 66 家。[4] 此时,所谓五大银行——巴克莱银行、劳埃德银行、米德兰银行(Midland Bank)、区间(District)、马丁斯银行(Martins Bank)在全国设立了分行网络,将私营银行纳入其

---

① Francois Crouzet,*The Victorian Economy*,London:Methuen,1982,p. 330.

② Mary Poovey ed.,*The Financial System in Nineteenth-Century Britain*,Oxford University Press,2003,p. 22.

③ Micheal Collins,*Money and Banking in the U. K.:A History*,London:Croom Helm,1988,pp. 78 - 79.

④ Francois Crouzet,*The Victorian Economy*,London:Methuen,1982,p. 331.

中。① 到 1914 年，66 家银行中的 20 家各有 100 多个分行，其中米德兰、劳埃德和巴克莱各有 500 多。② 最大的银行在全国各地、即使在最小的城镇里都有分行，而较大的地方银行也发现需要在伦敦开设分行，以便更高效地利用它们的存款。劳埃德于 1884 年接管了两家伦敦银行，并在伦敦设立办事处，只是到 1910 年才将总部迁移到伦敦。米德兰也在 1891 年来到伦敦；1833 年建立的国民外省银行（National Provincial）也于 1864 年在伦敦开建，并拥有 122 家分支机构。通过接管伦敦银行，地方银行获得了全国性地位。③ 到 19 世纪末，非股份制银行几乎绝迹了，股份制银行成了金融市场的主力。

与此同时，银行的专业化、职业化程度越来越高。1879 年成立了英国银行家公会（Institute of Bankers），负责对银行雇员进行严格的专业培训，并给考生发放证书，到 1900 年，公会成员超过了 4 000 人。苏格兰在 1875 年、爱尔兰在 1898 年也成立了类似的组织。④

英国的银行都是专业化的银行，不同种类的银行开展不同的金融业务，不存在其他国家那种各种业务同时进行的混合银行。但到 19 世纪末，这类银行也开始建立了，即被称作"承兑商行"（accepting houses）的商业银行。伦敦在世界金融市场上的作用就是以商业银行为中心展开的，其主要功能之一就是承兑汇票。让人惊讶的是，许多商业银行有国外背景，如罗思柴尔德家族（Rothschilds）、巴林家族（Barings）、汉布罗家族（Hambros）、摩根家族（Morgans）等，它们被伦敦的世界贸易、金融中心的地位所吸引，在英国安营扎寨。伦巴底大街（Lombard Street）是伦敦金融服务中心，它不仅为英国贸易提供服务，而且为没有金融机构的

---

① Peter Mathias, *The First Industrial Nation*, *An Economic History of Britain 1700—1914*, London and New York：Routledge, 2001, p. 323.

② Charles More, *The Industrial Age*：*Economy and Society in Britain*, *1750—1995*, London and New York：Longman, 1997, p. 136.

③ Francois Crouzet, *The Victorian Economy*, London：Methuen, 1982, p. 332.

④ Mary Poovey ed., *The Financial System in Nineteenth-Century Britain*, Oxford University Press, 2003, p. 23.

海外国家提供服务。①

银行与海外的联系日趋密切,它们通过伦敦证券交易所(London Stock Exchange)替本国或外国发行证券,这给英格兰银行造成压力,因为在危急时刻规范货币市场变得困难了,现在市场的范围不仅是英国,也是整个英镑区,英格兰银行力不从心。于是,贴现银行(Discount houses)出现了。贴现行中最大的是奥弗伦德-古尔内银行(Overend & Gurney),拥有 600 万英镑的存款,另外还有 30 多家小型贴现行,也都繁荣兴盛。②

1820 年以后,随着英国国外投资的增长,有一些就专门发行外国证券,"1860—1866 年期间平均每年为 3 300 万英镑,到 1870—1874 年间年平均数则超过了 6 000 万英镑。仅在 1867—1876 的十年内,英国投放到外国有价证券上的资本,就有 5 亿英镑左右。1872 年英国在国外的投资为 11 亿镑"③。大量的海外投资和贷款所得的利息收入,成为英国重要的收入来源。

从拿破仑战争开始,伦敦便成为世界金融中心,其地位超过阿姆斯特丹(Amsterdam)、汉堡(Hamburg)和巴黎(Paris),国际贸易在这里融资和结算,外国人可以自由地贷款。1850 年以后,伦敦城作为国际金融中心的功能愈加凸现,伦敦不仅是世界范围内汇票流通的中心,而且是世界各地短期资本寻求投资的主要对象。除已经安营扎寨的外国银行外,其他许多外国银行或殖民地银行也在伦敦开设支行。1858 和 1862 年立法之后,"英外合资"银行也出现了,它们在伦敦注册,总部设在伦敦,资金和业务也大部分属于英国,却在海外运营。最早开设的是 1842 年的英印银行(Anglo-Indian banks),1850 年以后又建立其他类似的银

① Charles More, *The Industrial Age: Economy and Society in Britain, 1750—1995*, London and New York: Longman, 1997, p. 137.

② Peter Mathias, *The First Industrial Nation, An Economic History of Britain 1700—1914*, London and New York: Routledge, 2001, p. 328.

③ 门德尔逊:《经济危机和周期的理论与历史》第二卷上册,吴纪先等译,生活·读书·新知三联书店,1976 年,第 12—13 页。

行,其活动范围扩展到中国。1860 年代又出现一批"融资公司",即投资银行,其中有一些以银行作后盾,有的则完全是投机。①

英格兰银行的作用格外重要,它从国家银行转变为金本位制(gold standard system)的守护者,而金本位是伦敦世界金融中心的基石。② 英格兰银行在国民经济体系中只发挥间接作用,通过调整伦敦的货币市场,来影响全国的货币政策,此外对国家的黄金储备进行监管,充当货币受到冲击时的缓冲地带。③

伦敦在 18 世纪就是与阿姆斯特丹、巴黎齐名的世界金融中心之一,到 19 世纪,成为全世界占主导地位的金融中心。其他的金融中心由于不断变化的经济和政治环境而失去了它们的领先地位,如德国的柏林、加拿大的蒙特利尔(Montreal)、俄罗斯的圣彼得堡(St. Petersburg)、中国的上海等。伦敦保持世界金融中心地位的原因,一是英国的富裕,二是英国的稳定,三是伦敦自身的吸引力。早在 18 世纪中期,荷兰一批银行家和经纪人就在伦敦形成一个小圈子,而欧美其他地方的动荡,也使法国的胡格诺教徒(Les Huguenots)、世界各地的犹太人、德意志的罗思柴尔德和施罗德(Schroeder)家族、美国的皮博迪(Peabody)和摩根等来到伦敦。从 19 世纪中叶开始,又有很多外国银行在伦敦开设分行,如德意志银行(Deutsche Bank)、法国兴业银行(Societe Generale)、意大利信贷银行(Credito Italiano)等,其他金融机构也模仿它们,特别是纽约的投资银行和经纪公司。1860 年,只有 3 家外国银行在伦敦开设支行,到 1913 年增加到 71 家,此外还有 25 家以伦敦为基础的银行,其业务在英伦三岛以外,特别是在澳大利亚、新西兰、南非、拉美和远东。保险领域也出现类似情形,很多外国公司到伦敦来开业,从而取得进入国际市场

---

① Francois Crouzet, *The Victorian Economy*, London: Methuen, 1982, pp. 334 - 335.
② Richard Price, *British Society*, *1680—1880: Dynamism, Containment and Change*, Cambridge University Press, 1999, p. 79.
③ Mary Poovey ed. , *The Financial System in Nineteenth-Century Britain*, Oxford University Press, 2003, p. 21.

的准入证。到第一次世界大战爆发时,伦敦是全世界金融活动的枢纽和交换中心。

与此同时,一个全球性的证券市场也在伦敦形成,用黄金作为贸易交付手段的做法已经过时了,欧洲商业网络中的所有各方都在英国证券市场上寻找投资机会。1801 年 3 月 3 日伦敦证券交易所正式开张,与伦敦开放但不规范的市场相比,封闭的证券交易所却按规章行事,它有一套严格的规章制度。起初,证券交易所的规模与国债增长有直接关联,1815 年证券交易所只有 541 名股票经纪人,当时国债达到 74 499 万英镑;①1819 年国债达到 84 430 万英镑时,经纪人增加到 737 个。那以后国债就不持续增长了,但股票经纪人仍在增加,1851 年达到 906 个,1883 年超过了 2 500 名。这个时期人数增长的原因是从 1811 年开始,伦敦证券市场将业务扩展到国债之外,第一支工业股票在这一年开盘;1823 年开始兼营国外证券业务。第二年,估计有 624 家股份公司加入到伦敦证券交易所的国内外业务范围中来,经营内容从国内运河、铁路到外国金属矿产都有,包括哥伦比亚、智利、秘鲁、墨西哥和巴西等国的贷款。尽管都柏林(Dublin)和曼彻斯特(Manchester)等地也有证券交易市场,但"证券交易所"这个称谓,慢慢地用来专指伦敦证券交易所。②

1825 年,投资泡沫崩溃,证券市场突然停顿,这是 19 世纪第一次金融危机,外国证券业务枯竭,现金短缺,被吓坏了的市民挤在证券交易所和英格兰银行门口。19 世纪反复发生这样的银行危机——1825—1826、1837、1839、1847、1857、1866、1878 年。1825—1826 年的危机揭示了金融大厦的脆弱,在这一年冬天有 93 家银行倒闭。但对伦敦证券交易所而言,却产生一个建设性后果:以前分离在外的外国资金市场并入交易所,外国资金风险较大,但投资者的兴趣却在 30 年代恢复,于是又进入 19 世纪的周期性变化。

---

① Mary Poovey ed. , *The Financial System in Nineteenth-Century Britain* , Oxford University Press, 2003, p. 14.

② Ibid. , p. 15.

同时,股份公司的交易成倍增长,尤其是 1844 年新公司法颁布后,股份公司在英国金融活动中越来越重要。1844 年以前只有少数公司,包括东印度公司(East India Company)和英格兰银行有这种地位,而普通公司的合伙人需要承担公司倒闭的一切损失,因此一般来说公司合伙人应该彼此熟悉,或者是亲朋好友,人数不会多。而股份公司的投资者通常却没有特殊关系,甚至彼此不认识,数量上可以达到几百上千人,有利于形成大型企业。1844 年议会颁布"股份公司登记、注册、管理法",简化了公司申请手续但要求制定严格的规章制度,这个法案不涵盖银行,也不适用于铁路公司;1856 年通过一个新的法案,进一步简化手续,一个公司只需要向注册处(Registry Office)提交一份七位股东签署的章程便可成立。1862 年通过了一个合并法案,将 1856 年公司法的适用范围扩展到银行和保险业。① 这两项法律给了公司和股份制银行有限责任的权利,于是一些人赶紧成立新的公司,1844—1856 年有 966 家公司登记注册,1856—1862 年大约有 2 500 家,1862—1868 年则有 4 000 家,到 19 世纪末,差不多每年都有 5 000 家公司成立。

大量新的股份公司成立,给伦敦证券交易所带来了巨大的影响,公司股票在这里买进卖出,1843 年时,有将近 2 亿英镑通过伦敦证券交易所投向 900 家上市公司,到 1897 年,2.4 万家股份公司实收资本达到 13 亿英镑,是法、德两国总数的两倍,股票支数在 1853—1913 年间从不足 500 上升到 5 000 多。这些发展得益于低面额股票的发行和 19 世纪下半叶的信息技术革命:1840 年代股票面额一般是 50—60 英镑,到 1880 年代有 1 英镑的股票存在;同时,电报的发明将伦敦和英国其他城市联系起来,到 1890 年代,伦敦经纪人与格拉斯哥(Glasgow)经纪人可在两分半钟的时间里互通股票价格。海底电缆则把国际电报从伦敦发送到

---

① Mary Poovey ed., *The Financial System in Nineteenth-Century Britain*,Oxford University Press,2003,p. 16.

巴黎,然后再送到其他欧洲城市,①到第一次世界大战爆发前,伦敦与纽约(New York)之间的信息传送只需要 30 秒,当伦敦与墨尔本(Melbourne)之间的电报联系建立起来后,一个全球性证券市场就形成了。②

科布登说,全世界的商业活动都为伦敦汇票所左右,并且在很大程度上通过伦敦来融资,英国的信贷向全世界提供资本。③ 1803 年巴林银行(Barings Bank)曾帮助美国购买路易斯安那(Louisiana),1817—1819 年则向法国提供 1 000 万英镑贷款,来解决法国的战争赔款问题。另一方面,罗思柴尔德银行曾向普鲁士提供 500 万英镑贷款,给奥地利提供 100 万英镑贷款,尽管它的国内投资额却不断下降。④ 根据 1827 年一项估计,英国有 9 300 万英镑现款和一年 600 万英镑的息金投资于外国公债,包括美国的银行和运河股票。有一些法国和比利时公司一半的权益属于英国,在巴黎—鲁昂铁路上,有一半工程是由英国人进行的。⑤

1830 年代的十年中,美国是英资投资的主要对象。到 1830 年,英国大约有 600 万英镑(约合 250 万美元)的资本在美国,主要投向美国的交通和州政府公债。1834 年,英国持有 6 600 万美元的股份,1837 年持有 1.75 亿美元。许多美国股票不是通过股票交易所而是通过巴林银行和私人渠道发行的,1828—1831 年巴林家族给路易斯安那州诸家银行贷款 850 万美元,这些贷款一般都由州政府出面认购,答应用税收来支付股息。这些贷款也会有风险,比如到 1841 年,美国有 9 个州拖欠还款。⑥

---

① Mary Poovey ed., *The Financial System in Nineteenth-Century Britain*, Oxford University Press, 2003, p. 17.

② Ibid., p. 18.

③ 克拉潘:《现代英国经济史》中卷,姚曾廙译,商务印书馆,1975 年,第 27 页。

④ Peter Mathias, *The First Industrial Nation*, *An Economic History of Britain 1700—1914*, London and New York: Routledge, 2001, p. 294.

⑤ 克拉潘:《现代英国经济史》上卷,姚曾廙译,商务印书馆,1964 年,第 606—607 页。

⑥ Peter Mathias, *The First Industrial Nation*, *An Economic History of Britain 1700—1914*, London and New York: Routledge, 2001, pp. 295 - 296.

　　海外投资迅速增长,既刺激了英国商品出口,也限制了国内投资。投资起初流向欧洲大陆,后来又转向殖民地和南美,尤其是美国。英国的钱还流入其他形式的商业企业,比如地产公司、银行、航运公司等。据估计,到1875年时,英国在国外的投资至少有12亿英镑,这些钱既能对世界其他地方产生足够的影响,也给英国经济的繁荣提供了稳定的基础。[1] 到1870年,英国海外投资累计达10亿英镑;到1914年,这个数字达到40亿英镑,相当于英国年均国民收入的两倍。在19世纪中叶至第一次世界大战之间,英国公民投资资金的1/3都在海外。[2] 1873—1914年间,英国平均每年投资海外的资本占到了其国内生产总值的5%,在一战爆发前达到10%的高峰。[3] 到1913年,英国投资者在海外经济中的投资等于他们在本国经济中投放金额的一半。[4]

　　1870年以后,英镑成为国际货币,英镑等同黄金,而且在某些方面甚至比黄金更好,因为它更方便,主宰着世界贸易的英国进出口商宁愿使用英镑进行收付,而不用黄金。外国金融机构和商人相信英国有能力维持英镑对黄金的兑换,很多人认为英镑几乎没有贬值的可能性,在这种情况下,黄金在国际债务结算中只扮演次要角色。英镑票面的汇票不仅用于英国的进出口业务,也用于世界大部分地区的进出口业务,整个世界都以英镑作为国际支付的手段。英国是当时世界上最大的贸易国、国际物流的主要承运者、外国资本的最大来源;英镑在1821—1914年间坚持金本位,英国兑换和保险机构声誉卓越——所有这些因素加在一起,就把伦敦变成了世界金融中心,而且把英镑变成了国际普遍接受的世界

① R. K. Webb, *Modern England from the Eighteenth Century to the Present*, New York: Dodd, Mead & Company, 1968, p. 282.

② Charles More, *The Industrial Age: Economy and Society in Britain, 1750—1995*, London and New York: Longman, 1997, p. 139.

③ Albert Fishlow, Lessons from the Past: Capital Markets during the 19th Century and the Interwar Period, International Organization, 3(1985), pp. 384 - 439. (p. 384).

④ Michael Edelstein, *Overseas Investment in the Age of High Imperialisn*, New York: Columbia University Press, 1982, pp. 22, 27.

货币。

第一次世界大战前的国际货币秩序是金字塔形,弱小国家在塔底,发达工业国家在上层,英国在塔顶。但19世纪下半叶开始,英国逐步丧失工业垄断地位,它在国际金融体系中的垄断地位也受到挑战,到世纪交接之时,这个地位让给了美国。

第四章 对外贸易

从 19 世纪起,国际贸易额迅速增加,并且出现逐渐加快的趋势,世界连接成一个完整的国际贸易体系,在其中,英国一直占有举足轻重的地位。

早在 18 世纪,英国就在殖民地贸易和航海方面确立了霸权地位。18 世纪后半期,英国的对外贸易显著扩大了,1701 年英格兰和威尔士的进口额为 579 万英镑,到 1751 年增加到 794 万英镑,同期出口额由 624 万英镑增加到 1 242 万英镑,分别增长了 37％和 99％;到 1791 年,进口额增加到 1 769 万英镑,出口额增加到 2 143 万英镑,分别比 1751 年增长了 123％和 73％。加上苏格兰,1772 年进口额为 1 451 万英镑,出口额为 1 772万英镑。1802 年分别增加到 3 144 万英镑和 4 612 万英镑,分别增长了 117％和 160％。[①] 19 世纪中叶,工业革命完成了,机器大工业普遍建立,英国以其发达的纺织、采煤、炼铁、机器制造和海运行业确立了它的"世界工厂"地位,也成为世界贸易的中心。1801—1850 年,官方估价

[①] B. H. Mitchell, Phyllis Deane, *Abstract of British Historical Statistics*, Cambridge University Press, 1962, pp. 279 - 281.

的出口额从2 490万英镑增加到1.754亿英镑,增加了600%。[1] 1801—
1870 年英国商品的进出口额分别从3 180 万英镑和3 490 万英镑增加到
2.588亿英镑和1.996亿英镑,分别增长了7倍多和4倍多。在19世纪
的前70年里,仅占世界人口2%左右的英国,把世界工业生产的1/3—
1/2和世界贸易的1/5—1/4掌握在自己手中。[2] (见表13)

表13　1820—1870 年英国占世界工业和贸易的比重(单位:%)[3]

年份	占世界工业的比重	占世界贸易的比重
1820	50	27
1840	45	25
1850	39	22
1860	36	—
1870	32	25

　　进出口经济从18世纪以来就一直占重要地位。1821—1873年,英
国人均工业产品出口年增长率是4.4%,几乎是同期人均收入增长率的
4倍。同期,进口占国民生产总值的比重比18世纪60年代翻了一番,相
当于国民收入的25%—30%。在出口构成方面,棉、毛和麻织品在19世
纪初占出口总值的3/4左右,到19世纪末仍占40%,工业革命的象征性
产品——棉纺织品仍占出口总值的25%,铁和钢占15%,机械占7%,煤
占10%,仍旧体现"世界工厂"的往日雄姿。外国人消费英国棉纺织品总
量的80%,钢和铁的50%。至于服务业出口:1913年占英国总出口值
5.3亿英镑的将近80%。可见,英国产品中出口国外的要比国内消费的
多得多,英国如此依赖世界贸易,是一个举足轻重的贸易大国,尤其在

---

[1] 波梁斯基:《外国经济史:资本主义时代》,郭吴新等译,生活・读书・新知三联书店,1963年,
第270页。
[2] 宋则行、樊亢:《世界经济史》上卷,经济科学出版社,1998年,第191页。
[3] 库钦斯基:《资本主义世界经济史研究》,陈东旭译,生活・读书・新知三联书店,1955年,第
41页。

1876—1885 年这十年中,英国工业产品的出口占世界出口总量的大约 38%,即使到 1899 年有所下降时,仍占世界工业国家总出口的 33%,是西欧、加拿大、美国、日本和印度的总和。① 到 1860 年代为止,出口对国民收入的贡献徘徊在 15% 至 19%;之后贡献就越来越大,到 70 年代占国民收入的 25%,1914 年达到 30%。②

弗里德里希·恩格斯(Friedrich Engels)曾把英国争夺工业垄断地位的历史作过如下描述:"约在上一世纪中叶,英国是棉纺织工业的主要中心,由于对棉纺织品的需要急剧增长,那里自然就成了发明机器的地方,这些机器借助于蒸汽发动机,首先完成了棉纺织业的革命,接着完成了其他纺织工业的革命。大不列颠大片的容易开采的煤田,由于采用了蒸汽,现在已成为本国繁荣的基础。伸延很广的铁矿紧挨着煤田,便于制铁业的发展,而对发动机和其他机器的需要,更使制铁业获得了一种新的刺激。以后,在整个工业体系的这场革命中,发生了反雅各宾战争和拿破仑战争,约有 25 年,战争几乎把所有竞争国家的船只都从海上赶出去了,从而使英国的工业品在大西洋彼岸的所有市场和欧洲某些市场上获得了实际的垄断地位。当 1815 年和平恢复时,拥有使用蒸汽的工厂的英国,已经能够供应全世界,而其他国家当时还几乎不知道蒸汽机。在工业生产方面,英国已远远走在它们前面了。"③

工业革命使英国主要工业部门的产量大幅度上升,在棉纺织工业中,19 世纪 20 年代初,英国拥有的纱锭数比法国多 3—4 倍,比德国多 10 倍以上。在冶金工业中更是遥遥领先,1825 年英国的生铁产量为 59 万吨,而同年法国、俄国、美国和德国 4 国生铁产量加在一起只有 48 万吨;1850 年英国生铁产量又猛增到 229 万吨,超过同年法、美、德三国总量的

---

① Alfred Maizels, *Industrial Growth and World Trade*, Cambridge University Press, 1971, pp. 430–431.

② Richard Price, *British Society*, *1680—1880*: *Dynamism*, *Containment and change*, Cambridge University Press, 1999, p. 59.

③《马克思恩格斯全集》第 19 卷,人民出版社,1963 年,第 288 页。

1倍。在煤炭生产和蒸汽机应用方面也占有巨大优势,1850年英国煤的产量超过5 000万吨,同年法、美、德三国总产量只有英国的1/3多一点;1825年英国已有1.5万台蒸汽机,总功率37.5万马力,法国仅有328台蒸汽机,总功率0.5万马力,相当于英国的1/75,而在德国,1837年仅使用423台蒸汽机,总功率不超过7 500马力。① 19世纪头25年,蒸汽机在美国只是凤毛麟角,水力是主要的动力。1820年,英国占世界工业生产总额的一半,把其他国家远远甩在后面;以后,这个比重虽然有所降低,但到1850年仍占39%。

巨大的生产能力使产品远远超出了国内的需要,而技术进步又使劳动生产率迅速提高,产品价格也大幅度降低。1786年英国每磅棉纱的价格为38先令,1800年为9.5先令,1830年只是3先令,这就使英国廉价产品很容易输向国外,对外贸易也随之得到迅猛发展。当时英国几乎遇不到像样的竞争对手,它垄断着世界航运,贸易输出与输入都迅速增长,1854年英国第一次有准确的对外贸易记录,该年英国的净输入为1.33亿英镑,到1873年增加到3.15亿英镑,这以后,由于物价下跌,虽然其商品输入量仍急剧增加,但货币价值却徘徊在1873年水平达15年之久,以后才稳步上升,1907年达到5.53亿英镑,接着又有所下降,随后上升到1913年的6.93亿英镑。

输出值比较不规则,1840年是5 100万英镑,1873年急速增加到2.56亿英镑,其后由于物价下跌而下降,直到1900年又达到了1873年的水平。1900年以后输出价值迅速上升,1907年达到4.26亿英镑的最高额,接着又有所下降,后来又大幅上升。② 因此,有学者说,大概除了通过引进人口而不是输出商品来扩大其市场的美国以外,几乎没

---

① 门德尔逊:《经济危机和周期的理论与历史》第一卷上册,吴纪先译,生活・读书・新知三联书店,1975年,第294页。
② 马歇尔:《货币、信用与商业》,叶元龙、郭家麟译,商务印书馆,1986年,第124—125页。

有哪个工业国家不是从对外贸易中获得其初始动力的。[1] 1850 年英国在世界贸易总额中的比重达到 22%,这就意味着世界将近一半的商品交换是英国同世界各国的双边贸易。这样,19 世纪中叶,在欧美各国工业生产和对外贸易大大落后于英国的情况下,英国成了世界贸易的中心。

英国对外贸易的增长幅度比工业增长还要快。1821—1873 年英国人均商品出口额年增长率为 4.3%,是同期人均收入增长率的 3 倍左右,对外贸易被视为经济增长的"发动机"。1850—1870 年,棉纺织品的出口价值从 2 826 万英镑增加到 7 142 万英镑,铁和钢的出口价值从 540 万英镑增加到 2 350 万英镑,煤和焦炭的出口价值从 130 万英镑增加到 560 万英镑,各种机器的出口价值从 100 万英镑增加到 530 万英镑,分别增长了 1.5 倍、3.3 倍和 4.3 倍。1870 年,英国在世界贸易总额中的比重为 25%,几乎相当于法、德、美三国的总和。

表 14　1820—1870 年主要工业国家在世界贸易中的比重(单位:%)[2]

年份	英国	法国	德国	美国
1820	27	9	11	6
1840	25	11	8	7
1860	25	11	9	9
1870	25	10	10	8

从表 15 可以看出,从 18 世纪 80 年代到 19 世纪 60 年代,英国进口产品中原材料占很大比例,并且增加的幅度十分明显,基本保持在 5% 以上。这反映了英国工业革命的速度和规模,也说明工业经济的巨大优势:

---

[1] H. J. 哈巴库克、M. M. 波斯坦主编:《剑桥欧洲经济史》第六卷,《工业革命及其以后的经济发展:收入、人口及技术变迁》,王春法等译,经济科学出版社,2002 年,第 47 页。

[2] 宫崎犀一等编:《近代国际经济要览:16 世纪以来》,陈小洪等译,中国财政经济出版社,1990年,第 22 页。

表 15　英国进口贸易总额及百分比(1784—1856)①(单位:1 000 英镑)

年份	总额	制成品(%)	粮食(%)	原料(%)
1784—1786	20 386	2 144(10.5)	8 657(42.4)	9 585(47.1)
1794—1796	34 326	2 450(7.1)	16 520(48.2)	15 356(44.7)
1804—1806	50 619	1 729(3.4)	21 444(42.4)	27 446(54.2)
1814—1816	64 741	731(1.1)	27 602(42.6)	36 408(56.3)
1824—1826	56 975	892(1.6)	20 563(36.1)	35 520(62.3)
1834—1836	70 265	1 926(2.7)	20 680(29.4)	47 659(67.9)
1844—1846	81 963	3 544(4.3)	27 386(33.4)	51 033(62.3)
1854—1856	151 581	7 680(5.1)	54 469(35.9)	89 432(59.0)

表 16 表现英国各工业部门在出口构成中所占的比例:

表 16　不列颠出口构成占出口总额百分比(单位:%)②

年份	制成品出口	纺织品	金属和工程	煤
1830	91	67	11	1
1850	93	63	18	2
1870	91	56	21	3
1913	79	34	27	10

在 18 世纪初,羊毛制品占据英国出口总额的 2/3;③1770 年,棉织品的出口数量几乎可以忽略不计。但到 1815 年,棉纺纺织品——工业革命的主要产物的出口总值是羊毛制品的 2 倍,占英国出口总额的 40%,1830 年占它的一半。④ 工业革命开始后纺织品成为最重要的出口商品,

① Ralph Davis, *The Industrial Revolution and British Overseas Trade*, Leicester: Leicester University Press, 1979, p. 36.
② Peter Mathias, *The First Industrial Nation*, *An Economic History of Britain 1700—1914*, London and New York: Routledge, 2001, p. 223.
③ Bernard Semmel, *The Rise of Free Trade imperialism*, Cambridge University Press, 1970, p. 131.
④ Ibid., p. 131.

在 1816 年的出口总值中棉织品占 40%,毛织品占 22%;在 1835—1840
年,棉纱、棉布、棉袜和花边的年出口值约为 2 400 万英镑,毛织品为 600
万英镑,其他商品一共约为 2 000 万英镑——到那时,不列颠每年花在三
项主要进口原料——棉花、羊毛和木材上的费用为 2 000 万英镑,其中棉
花居首要地位。[①] 表 17 的统计表明,棉织品在出口商品类别中从工业化
开始直到 19 世纪 60 年代,一直显现增长态势,1784—1786 年它仅占出
口总额的 6.0%,但到 19 世纪初就占到了 42.3%,这一方面反映了棉纺
织业的迅速发展,同时也说明海外贸易的巨大需求,是棉纺织业迅速发
展的根本动力。

表 17　英国出口贸易总额及百分比统计表(1784—1856)[②](单位:1 000 英镑)

年份	总额	棉织品(%)	毛织品(%)	其他纺织品(%)	其他制成品(%)	粮食和原料(%)
1784—1786	12 690	766(6.0)	3 700(29.2)	1 334(10.6)	4 858(38.3)	2 032(15.9)
1794—1796	21 770	3 392(15.6)	5 194(23.9)	2 313(10.6)	8 144(37.4)	2 727(12.5)
1804—1806	37 535	15 871(42.3)	6 172(16.4)	2 788(7.4)	8 944(23.8)	3 760(10.0)
1814—1816	44 474	18 742(42.1)	7 866(17.7)	3 628(8.2)	7 783(17.5)	6 455(14.5)
1824—1826	35 298	16 879(47.8)	5 737(16.3)	3 226(9.1)	6 777(19.2)	2 679(7.6)
1834—1836	46 193	22 398(48.5)	7 037(15.2)	4 523(9.8)	8 125(17.6)	4 110(8.9)
1844—1846	58 420	25 835(44.2)	8 328(14.2)	6 349(10.9)	10 922(18.7)	6 986(12.0)
1854—1856	102 501	34 908(34.1)	10 802(10.5)	13 018(12.7)	24 363(23.8)	19 410(18.9)

　　纺织品产量的增加,使商品出口的地理方向发生明显变化,18 世纪
的英国产品主要向欧美出口,到 19 世纪中叶,欧美以外的地区吸收了英
国出口的 43%。棉织品的出口方向变化更大,1804—1846 年,欧美吸收
了其中的 92%,到 1854—1856 年却只吸收 45.7%,其余有 50.1%出口

① W. H. B. 考特:《简明英国经济史(1750 年至 1939 年)》,方廷钰等译,商务印书馆,1992 年,
　　第 86 页。
② Ralph Davis,*The Industrial Revolution and British Overseas Trade*,Leicester:Leicester
　　University Press,1979,p. 15.

到亚洲、近东和拉美,其中最大的单一市场是印度。① 因此从很大程度上说,英国占据世界贸易的很高份额,是因为控制了纺织品特别是棉制品出口的垄断权上,而没有建立制造业各部门的相对优势。② 1880 年,全世界的纺织和服装出口占工业制造品出口贸易的 55.7%,而英国占其中的 46.3%,在棉织品项目中占 80%。③

另一方面,铁的出口增长速度特别快,尤以 19 世纪 40 年代为甚,其出口量从 1829 年的 7.3 万吨增加到 1839 年的 19.1 万吨、1849 年的 55.4 万吨,最主要卖到美国。④ 联合王国输出的机器和工厂制造品价值在 1831 年只不过 10 万英镑,1837 年将近 50 万英镑;但到 40 年代后期还远不到 100 万英镑。1825 和 1833 年的海关条例中都开列禁止出口的机器项目表,这样做并不利于英国工业发展,所以在上院委员会建议下,1843 年将其废止。⑤

19 世纪上半期,英国有一半以上的工业品要靠在国外市场上销售,而国内消费的大部分原料又靠国外进口,英国对外贸易主要是用制造品换取谷物和肉类,⑥这是工业国与农业国的贸易,是一种世界性的贸易,贸易的一方渴望得到廉价原料和市场,贸易的另一方则想利用这种需求来牟利,当然,利益的天平总是向英国倾斜的,因为工业国一定压倒农业国,这就是英国的霸权。⑦ 在这个时候,英国出口商品的 93% 是制成品,进口的初级、未加工产品也是 93%。相比较,只有 7% 的进口是制成品。英国垄断了世界的经济,占到整个世界在国内生产的贸易制成品的

① N. F. R. Crafts, *British Economic Growth during the Industrial Revolution*, Oxford: Clarendon Press,1985,p. 144.

②③ Ibid..

④ 克拉潘:《现代英国经济史》上卷,姚曾廙译,商务印书馆,1964 年,第 594 页。

⑤ 同上书,第 597—598 页。

⑥ 马歇尔:《货币、信用与商业》,叶元龙、郭家麟译,商务印书馆,1986 年,第 117 页。

⑦ 赫尔曼・M. 施瓦茨:《国家与市场:全球经济的兴起》,徐佳译,江苏人民出版社,2008 年,第 211 页。

40％,1/4 的国际贸易经过英国港口。①

因此,英国的制造业严重依赖出口,尤其是主要工业部门,如纺织、钢铁等部门更加如此。根据统计数字,在 50 年代初,棉纺织品总产值为 61.4％,1899—1901 年上升到 78.8％;1850—1854 年毛纺织品中用于出口的产品占整个行业总产值的 25％,到 1870—1873 年上升到 43％。从下表可以看出,在整个 19 世纪,纺织行业在英国出口经济中所占的极重大地位:

表 18　英国主要出口商品的构成(1815—1900 年)②(单位:100 万英镑)

年份	煤炭	钢铁	小五金、刀具	机械	非金属及制品	棉织品	毛织品	麻织品	丝织品	帽子衣服	皮革制品	化学品
1815	0.1	1.1	2.2	—	1.5	20.6	9.3	1.8	0.6	—	0.6	—
1820	0.1	0.9	0.8	—	1.4	16.5	5.6	1.7	0.4	—	0.4	—
1825	0.1	1.0	1.4	0.2	1.1	13.3	6.2	2.1	0.3	1.2	0.4	—
1830	0.2	1.1	1.4	0.2	1.3	19.4	4.9	2.1	0.5	1.0	0.3	—
1835	0.2	1.6	1.8	0.3	1.7	22.1	7.2	3.2	1.0	1.2	0.4	—
1840	0.6	2.9	1.6	0.6	1.8	24.7	5.8	4.1	0.8	1.4	0.4	0.4
1845	1.0	4.1	2.5	0.9	2.0	26.1	8.8	4.1	0.8	1.7	0.4	0.6
1850	1.3	6.2	2.9	1.0	2.5	28.3	10.0	4.8	1.3	2.5	0.4	1.0
1855	2.4	10.7	3.4	2.2	2.8	34.8	9.7	5.1	1.5	4.1	0.9	1.5
1860	3.4	13.6	4.3	3.8	4.0	52.0	15.7	6.6	2.4	6.5	1.7	2.2
1865	4.5	15.4	4.1	5.2	4.3	57.3	25.3	11.7	2.2	8.2	2.1	3.1
1870	5.6	23.5	4.1	5.3	4.8	71.4	26.7	9.5	2.6	7.5	1.8	5.1

① Peter Mathias, *The First Industrial Nation*, *An Economic History of Britain 1700—1914*, London and New York: Routledge, 2001, p.229.

② B. H. Mitchell, Phyllis Deane, *Abstract of British Historical Statistics*, Cambridge University Press, 1962, pp.302-305.

年份	煤炭	钢铁	小五金、刀具	机械	非金属及制品	棉织品	毛织品	麻织品	丝织品	帽子衣服	皮革制品	化学品
1875	9.7	25.6	4.7	9.1	5.1	71.8	26.8	9.1	2.6	9.2	2.4	7.8
1880	8.4	27.2	3.9	9.3	4.8	75.6	20.6	6.8	2.7	8.1	2.1	8.8
1885	10.6	21.4	3.7	11.1	4.9	67.0	23.2	5.9	2.3	7.6	2.3	9.1
1890	19.0	31.1	4.1	16.4	7.2	74.4	24.5	6.6	2.7	8.4	2.9	12.0
1895	15.4	19.4	3.1	15.2	4.7	63.7	25.1	6.3	1.7	7.0	2.4	11.4
1900	38.6	31.6	3.6	19.6	6.0	69.8	20.2	6.2	2.1	8.0	2.4	13.1

在钢铁工业中,1850—1854 年用于出口的产品占总产值的 38.75%,到 1905—1907 年上升到 50%,[1]如下表所示:

表 19 英国钢铁和机器出口增长情况(单位:英镑)[2]

年份	铁和钢	机器
1830	1 400 000	209 000
1840	2 524 000	594 000
1850	5 350 000	1 042 000
1860	12 154 000	3 838 000

从下面这张表中可以看到一个有趣的现象,就是随着世纪的进展,纺织品、服饰等轻工产品在英国出口经济中的比例下降,钢铁、机械等重工产品的比例上升,明显变化发生在 1870 年以后,这在一定程度上反映了英国工业的转型,也反映了 1870 年以后整个欧洲工业结构的变化及所谓"第二次工业革命"的基本特征。不过到这个时候,英国工业品在世界上曾经具有的重要地位已经不复存在了:

[1] 宫崎犀一等编:《近代国际经济要览:16 世纪以来》,陈小洪等译,中国财政经济出版社,1990 年,第 109—111 页。

[2] Frederick C. Dietz, *A Political and Social History of England*, New York: the Macmillan Company,1927, p. 503.

表 20 英国商品出口的变化模式(1830—1910)①(单位:%)

主要出口商品占联合王国总出口的百分比					
	1830	1850	1870	1890	1910
棉纱和棉制品	50.8	39.6	35.8	28.2	24.4
粗纺毛纱和毛制品	12.7	14.1	13.4	9.8	8.7
亚麻纱和亚麻制品	5.4	6.8	4.8	2.5	—
丝绸	1.4	1.5	0.7	1.0	0.5
服饰	2.0	1.3	1.1	1.9	2.9
钢铁制品	10.2	12.3	14.2	14.5	11.4
机械	0.5	0.8	1.5	3.0	6.8
煤、焦炭等	0.5	1.8	2.8	7.2	8.7
陶器和玻璃	2.2	1.7	1.3	1.3	1.0
车辆	—	—	1.1	3.5	3.8
化学制品	—	0.5	0.6	2.2	4.3
电器	—	—	—	—	—

另一方面,就进口而言,原料、食品和半成品是进口的主要成分,可见下表:

表 21 1840—1910 年联合王国进口模式②

占总进口的现金价值百分比			
年份	食物、酒和烟草	原料和半成品	制成品和杂货
1840	39.7	56.6	3.7
1860	38.1	56.5	5.5
1880	44.1	38.6	17.3
1900	42.1	32.9	25.0
1910	38.0	38.5	23.5

---

① Phyllis Deane and W. A. Cole, *British Economic Growth*, *1688—1959*: *Trends and Structure*, Cambridge University Press, 1962, p. 31.

② Ibid., p. 33.

从表 21 中可以看出：在整个 19 世纪，食品的进口都维持在全国进口总值的 40% 上下，没有太大变化。但在原料和半成品方面，工业革命完成以前（1860 年代）这是英国进口的最大一头，几乎占到 60%；工业革命完成后却骤然下降，到 20 世纪初都维持在不到 40% 的水平上。相比之下，制成品的进口却发生截然相反的戏剧性变化：工业革命期间这个部门的进口几乎微不足道，但是到工业革命结束以后，这方面进口却悄然上升，到世纪末差不多占到全部进口总值的 1/4 了。原料和制成品进口一下一上，反映了英国工业地位的变化：19 世纪前 2/3 英国控制着工业霸权，它的工业生产在疯狂增长，因此对原材料的需求极其巨大；但是从 70 年代起这个霸权被丢掉了，英国也进入平静发展的时期，同时消费的欲望也不断增加，表现在进口方面，就是制成品比例加大。

英国确立"世界工厂"的地位以后，从原始资本积累时期延续下来的保护关税政策，就越来越成为英国经济发展和对外扩张的障碍，因为对外国工业品征收高额进口关税会引起这些国家的报复，结果是阻碍英国工业品的出口，而对国外原料和粮食征收高额进口税，又会引发英国国内的原料和粮食涨价，导致工业产品成本增加。这样，从 19 世纪初开始，在工业革命中成长起来的工业资产者从自身利益出发，同土地贵族、金融贵族和大垄断商人进行了近半个世纪的斗争，最终废除了贸易保护主义，取得了自由贸易政策的胜利。这个胜利使价格低廉的英国工业品可以充分发挥在国际市场上的竞争优势，为大宗工业品的输出和大量原料、粮食的输入打开了世界大门。在 1860 年的进口商品中，棉花居于首位，其次是谷物，再次为食糖、羊毛、生丝、木材、茶叶、油料、酒和黄油，这些就是位列前 10 的进口商品；第二个 10 位也全都是原料或食品，它们是牛脂、亚麻、铜、皮革、丝织品、咖啡、烈酒、烟草、大米和铁锭。[①] 可以这

---

① W. H. B. 考特：《简明英国经济史（1750 年至 1939 年）》，方廷钰等译，商务印书馆，1992 年，第 349 页。

么说：取消贸易保护措施、建立自由贸易制度，看来就是鼓励食品和原料的进口，当然也是推动工业品的出口。[1] 到 1870 年，英国的贸易总额竟达到近 5.5 亿英镑，由此可见当时的英国贸易有多么大的能量，[2]英国进入"黄金时代"。恩格斯对此作了精辟的总结："无论如何，紧接着自由贸易在英国获胜以后的那些年代，看来是证实了对于随着这个胜利而来的繁荣所抱的最大希望。不列颠的贸易达到了神话般的规模；英国在世界市场上的工业垄断地位显得比过去任何时候都更加巩固……"[3]

　　自由贸易政策的全面推行，大大增强了英国对外经济扩张的能力，使工业生产在 50—60 年代出现新的高涨。1850—1870 年间，英国的煤产量从 5 000 万吨增加到 1.12 亿吨，生铁产量从 230 万吨增加到 600 万吨，棉花消费量从 5.9 亿英镑增加到 10.8 亿英镑，都增长了 1 倍左右。[4] 这个时期正是美、德等国工业迅猛发展的时期，但一直到 70 年代，英国在世界工业生产中仍占首位，在主要工业产品生产方面还保持着垄断地位，此时英国采煤量占世界的 51.5%，生铁产量占 50%，棉花消费量占 49.2%，都是世界总量的一半左右。

　　在自由贸易的刺激下，外贸呈现巨大飞跃，这种繁荣一直持续到 1875 年，这时的出口额达到 2.4 亿英镑，进口额达到 3 亿英镑，[5]具有技术领先地位的英国面对着一个极其庞大的市场，但这个市场基本上都在欧洲之外，而大部分在亚洲和大洋洲。1839—1841 年至 1859—1861 年，联合王国对欧洲的出口价值每年上升 4.5%，对世界其他地区的出口价值则上升 5.1%，其中对亚洲出口每年增长 6.1%，对大洋洲出口每年增

---

① W. H. B. 考特：《简明英国经济史（1750 年至 1939 年）》，方廷钰等译，商务印书馆，1992 年，第 350 页。
② 肯尼迪·O. 摩根主编：《牛津英国通史》，王觉非等译，商务印书馆，1993 年，第 490 页。
③《马克思恩格斯全集》第 21 卷，人民出版社，1965 年，第 416 页。
④ 中国科学院经济研究所世界经济研究室编：《主要资本主义国家经济统计集（1848—1960）》，世界知识出版社，1962 年，第 210、213、226 页。
⑤ Peter Mathias, *The First Industrial Nation*, *An Economic History of Britain 1700—1914*, London and New York：Routledge，2001，p. 280.

长 9.9%,对北美增长 4.2%,对南美增长 2.0%,对非洲增长 4.8%。这些贸易大部分是帝国内的贸易,它降低了欧洲的重要性,1830 年,英国对欧洲的出口还占其销售收入的 48%,到 1860 年只剩下 34% 了。[1] 成千上万的英国轮船,满载着英国工业品漂洋过海,远销其殖民地和落后国家,从那里再攫取大量原料和粮食运回本国,英国就是这样来构建"世界工厂"的。

据统计,在 1850 年左右,英国控制了世界贸易量的 20%,在工业品贸易中控制了 40%;在 1860 年左右,英国控制了欧洲对外贸易量的 30%,在欧洲工业品贸易中控制了 43%。[2] 1854 年英国分享了世界制成品出口的 40%,到 1880 年超过 38%。[3] 1800 年,进出口额占国民生产总值的 19%,1850 年为 27%,1875 年为 51%,[4]这时,不列颠成为"出口经济"国。这种"出口经济"一直持续到 1914 年,外贸在国民收入中所占的比例至 1870—1880 年代达到最高峰,之后出现下降。

与世界贸易中的垄断地位相适应的是,英国从 18 世纪起就确立了海上霸权的基础,即建立世界上最庞大的商船队。早在 1815 年,英国商船吨位就已达到 220 万吨。1850 年接近 360 万吨,占世界商船总吨位的 47%;[5]1870 年上升到 569 万吨,超过美、德、荷、法、俄等国商船吨位的总和。英国以其强大的海运业,从世界各地运回廉价的原材料,再把加工好的制成品送往世界各地,由此而取得巨额的"无形收入"。到 1870 年代为止,无形收入主要来自于航运贸易,但这以后,投资于帝国和其他

---

① 彼得·马赛厄斯、悉尼·波拉德主编:《剑桥欧洲经济史》第八卷,《工业经济:经济政策和社会政策的发展》,王宏伟等译,经济科学出版社,2004 年,第 26 页。

② Peter Mathias, *The First Industrial Nation*, *An Economic History of Britain 1700—1914*, London and New York: Routledge, 2001, p. 251.

③ Phyllis Deane and W. A. Cole, *British Economic Growth*, *1688—1959: Trends and Structure*, Cambridge University Press, 1962, p. 33.

④ Peter Mathias, *The First Industrial Nation*, *An Economic History of Britain 1700—1914*, London and New York: Routledge, 2001, p. 226.

⑤ 库钦斯基:《资本主义世界经济史研究》,陈东旭译,生活·读书·新知三联书店,1955 年,第 41 页。

各地的资本收益成为无形收入的主要来源。

　　英国是自由贸易的最早倡导者,也是最早实行自由贸易的国家。但随着维多利亚盛世消逝,英国世界工厂地位的丧失,自由贸易体制不能维护英国的利益了,"出口经济"也开始瓦解。19 世纪后期开始,美国和德国的经济增长特别迅速,并建立关税壁垒来保护它们的工业;欧洲其他国家紧随其后,到 19 世纪 70—80 年代,主要的西欧国家都建立了关税保护制度,迫使英国将外贸市场主要转向自己的殖民地,销往帝国市场的额度从 1868—1872 年占外贸总量的 25%,上升到 1878—1882 年占 34%。制造业的变化最为显著,例如纺织品在帝国内的销售额从 1870 的 27% 上升到 1880 年的 37 %,生铁和半成品的铁制品从 22 % 上升到 31 %。[1] 与这种变化相对应,到世纪之交,英国在世界制成品出口中所占的比例下降到 28%;[2] 与此同时,英国出口年均增长率在 1860 年为 5.3%,1870 年为 4.4%,1890 年为 2.1%,1910 年仅为 0.7%。[3] 1895—1907 年英国对欧洲市场的出口仅增长 44%,而同期德国增长 125%,美国增长 500%;英国对英帝国的出口增长 91%,德国对英帝国的出口增长 129%,美国增长 359%。[4] 英国在世界贸易中的份额在 19 世纪中叶的鼎盛时期约占 30%,到 1913 年降至 14.1%,而美国的份额从 8.8% 上升为 11.1%,德国的份额从 9.7% 增加到 12.2%;到 1929 年,英国的份额更跌至 13.3%。[5]

　　出口下降的同时,进口却在增长,见表 22:

---

[1] 彼得·马赛厄斯、悉尼·波拉德主编:《剑桥欧洲经济史》第八卷,《工业经济:经济政策和社会政策的发展》,王宏伟等译,经济科学出版社,2004 年,第 75—76 页。

[2] Phyllis Deane and W. A. Cole, *British Economic Growth*, *1688—1959: Trends and Structure*, Cambridge University Press, 1962, p. 33.

[3] J. Wakler, *British Economic and Social History*, Plymouth: *Macdonald and Evans*, *1700—1977*, 1979, p. 277.

[4] D. H. Aldcroft, The Entrepreneur and the British Economy 1870—1914, *Economic Historical Review*, 1(1964), pp. 113 - 134.

[5] David Lake, *Power*, *Protection and Free Trade*, Ithaca, N. Y.: Cornell University Press, 1988, p. 31.

表 22　不列颠进口构成占进口总额的百分比①(单位:%)

年份	粮食、牲畜(谷类)	原料(用于纺织)	制成品
1820	31(4)	60(24)	9
1850	34(10)	59(32)	7
1870	35(9)	50(28)	15
1900	42(9)	39(16)	19
1913	37(9)	43(17)	20

从上表可以看出,进口粮食和牲畜的比例稳步上升,到 1913 年,英国市场进口了所需谷物的 55%,所需肉类的 40%;英国食品供应的一半以上是从国外进口的,其中,禽蛋的 35%、牛油的 60%、奶酪的 80%、猪肉的 44%、牛奶的 95%、羊肉的 54%、牛肉的 61%、豌豆的 56%、菜豆的 72%、燕麦的 79%、大麦的 58%、小麦的 21% 依靠进口。② 工业品进口也在增加,机械进口值 1897 年为 237.1 万英镑,1902 年增加到 476.1 万英镑,1907 年又增加到 531.2 万英镑。③

从 19 世纪后期开始,英国的商品进口多于其商品出口,英国之所以仍能保持贸易顺差,主要靠"无形贸易"——它的船运、国际银行保险业务、工程承包和管理技能。这些服务是世界很多地区所急需的,给英国带来了数以百万计的收入,并最终保住了它在国际贸易中的地位。④ 1869 年苏伊士运河开通,加强了英国的这个地位,因此控制苏伊士运河对英国来说就显得尤其重要。

英国还拥有任何其他国家无力与之抗衡的强大的商船队,19 世纪中期,占有世界商船吨位的一半左右,到 1910 年仍拥有 40% 左右,英国仍

① Peter Mathias, *The First Industrial Nation*, *An Economic History of Britain 1700—1914*, London and New York: Routledge, 2001, p. 223.

② 克拉潘:《现代英国经济史》下卷,姚曾廙译,商务印书馆,1977 年,第 151 页。

③ B. W. Clapp eds., *Documents in English Economic History*: *England since 1760*, London: G. Bell, 1976, p. 195.

④ R. K. Webb, *Modern England From the Eighteenth Century to the Present*, New York: Dodd, Mead & Company, 1968, p. 281.

然是"世界摆渡人"。英镑是绝大多数国际贸易的结算手段,伦敦是最大的国际金融中心,各国的国际贸易多少都要通过英国的银行来结算。英国的资本输出极其巨大,1886 年的资本输出收入为 4 450 万英镑,1907年为 7 956 万英镑。所有这些都使英国保住了它在世界贸易中的优势地位,因此无形贸易收入所得在平衡英国国际收支中起了重要作用:1870年英国有形贸易收支差额为 5 750 万英镑,无形贸易收入为 1.121 亿英镑,两者平衡后盈余为 5 460 万英镑;而在 1914 年,这三个数字分别为8 200 万英镑、3.17 亿英镑和 2.35 亿英镑。19 世纪 50 年代起贸易总额的平均顺差额如下表:

表 23 英国贸易总额的顺差额[1](单位:百万英镑)

年份	顺差额	年份	顺差额
1851—1855	8	1876—1880	25
1856—1860	26	1881—1885	61
1861—1865	22	1886—1890	88
1866—1870	41	1891—1895	52
1871—1875	75	1896—1900	40

尽管到 19 世纪末,英国对外贸易的整体能力正在下滑,但在整个世界上它仍然占据首位,在 1876—1885 年这十年中,英国工业产品的出口占世界出口总数的大约 38%,即使到 1899 年,仍占世界工业国家出口总数的 33%,是当时西欧、加拿大、美国、日本和印度的总和。[2] 在贸易方面,进口增加了,出口也在增加,出口年均增长率在 1873—1893 年为1.75%,1893—1913 年为 3.15%,30 年中年平均 2.14%;出口总值,从

① Phyllis Deane and W. A. Cole, *British Economic Growth*, *1688—1959: Trends and Structure*, Cambridge University Press, 1962, p. 36.

② Alfred Maizels, *Industrial Growth and World Trade: An Empirical Study of Trends in Production, Consumption and Trade in Manufactures from 1899—1959*, *with a Discussion of Probable Future Trends*, Cambridge University Press, 1963, pp. 430 - 431.

1875 年的 2.3 亿英镑增加到 1910 年的 4.3 亿英镑。[①] 英国依然是当时世界的经济强国,无论在各种工业品的产量上,还是在世界贸易中所占的比例以及经济发展的水平上,英国都居于当时世界的前列。

---

① B. R. Mitchell, *Abstract of British Historical Statistics*, Cambridge University Press, 1962, p. 283.

第五章　农　业

在工业化之前,农业就是英国最大的经济部门。而在英国工业经济突飞猛进之时,也正是英国农业的"黄金时代",农业经济一片繁荣。19世纪初,不列颠的农业和其他领域一样远远走在其他国家前面,此时,农业是英国最大的就业领域,它比任何一个工业部门对国民生产作出的贡献都要大。1801年,农业雇用了全国大约36%的劳动力,提供了大约1/3的国民收入。① 1820年前后,不管是从产值或从就业来看,农业都被工业超过了,但是与工业部门相比,农业仍然是全国第一大产业,直到19世纪中叶农业在国民收入中所占的比例才相对下降,减少到20%。可是要到19世纪末英国农业在国民经济中的贡献才萎缩到微不足道的地步,1901年时,农业在国民收入中的比例只有6%—7%。② 但农业的衰落仍然是相对的,其产量仍在增长,从纯经济角度看,农业在19世纪一直很重要,结果是大地主的政治和社会影响仍然很大。③

拿破仑战争(Napoleonic Wars)期间,农业繁荣,粮价高涨,地主和农

---

① Peter Mathias, *The First Industrial Nation*, *An Economic History of Britain 1700—1914*, London and New York: Routledge, 2001, p. 308.

② Francois Crouzet, *The Victorian Economy*, London: Methuen & Co Ltd, 1982, p. 147.

③ Ibid..

场主得到很大好处,1812 年英国小麦平均价格为每夸脱[①] 127 先令,地主租金上扬,农场主利润很高,这些都刺激了圈地和投资,所以农业是很兴盛的产业。不过,从拿破仑战争结束到 1830 年代,农业出现了短暂的萧条,1814 年初小麦价格跌到每夸脱 74 先令,使农场主陷入危境,农业变得无利可图。为拯救危局,大地主迫使议会通过 1815 年谷物法,规定只有当国内粮价达到每夸脱 80 先令时,才允许进口外国小麦,从而保护了英国的农场主免受外国竞争。这一体制在 1828 年因威廉·哈斯基森(William Huskisson)的改革而变得稍微温和一点,他引入了浮动税率[②],规定当国内小麦价格达到每夸脱 73 先令时,就允许外国小麦进口但征收 1 先令关税,当国内粮价更低时,税率则更高,当国内粮价低于 52 先令时则完全停止进口。这种保护主义的政策也运用于其他农产品。[③]

尽管有谷物法的保护和人口增加的需求,英国生产足够粮食的能力仍在下降。拿破仑战争时期小麦的生产能力过剩,到 30 年代中期都没有被消化,因此谷物法也没有拉动价格上升。1830 年,地租从战时的最高点下降了 1/3—1/2,农业工人的工资也从平均每周 18 先令下降到 10先令。1815 年小麦价格下降到 64 先令一夸脱,到 1822 年只有 43 先令,是 1792 年以来的最低点,[④]许多农场主和租户都受到沉重打击。

战争时期因农业繁荣就开垦了许多新土地,如坡地和沼泽地,现在则被抛荒或重新种草。但牲畜和肉类、黄油和奶酪的价格没有下降如此厉害,因而制奶业和畜养业并未受到太大影响,于是莱斯特(Leicester)等中部地区的土地利用又回归传统的放牧、制奶业,同样情况也出现在南部白垩山丘和高地牧场;受到爱尔兰进口燕麦的影响,区域专业化程

---

① 夸脱(quarter)是英国的重量单位,1 夸脱相当于 12.7 千克。
② 浮动税率的目标是减少谷物的进口和稳定粮价。
③ Francois Crouzet, *The Victorian Economy*, London: Methuen & Co Ltd, 1982, p. 154.
④ Peter Mathias, *The First Industrial Nation*, *An Economic History of Britain 1700—1914*, London and New York: Routledge, 2001, p. 309.

度提高了。①

在粮价下跌的压力下,地主们一方面被迫降低土地租金,另一方面寻求增加产量和降低成本的方法,希望生产性投资能够提高租金。农场主一方面通过降低农业工人的工资水平来降低成本,另一方面则使用新技术,如推广和完善轮作制、培育良种、改进种畜,使用铁制的轻型犁、施用粪便等农家肥。这些措施使农业产量大大增加,小麦产量从1801—1811年间的平均每年1100万夸脱上升到1831—1841年间的1600万夸脱,以及1841—1851年间的1800万—2000万夸脱,尽管粮价下跌了,但农业的赢利能力却恢复了。② 因此有学者认为,英国农业的现代化是在粮价波动中产生的。③ 1838年之后的几年里小麦价格恢复到60先令一夸脱,资本开始不断注入,粮价上升揭开了投资复兴的又一个序幕。

生产工具不断改进,这是农业发展的首要标志。无论是传统农业,还是近代农业,耕犁始终是农业生产中的重要工具,所以耕犁的改进就成了农具革新的首要项目。18世纪以后,由于冶铁工业进步,犁的制作大大发展,到19世纪,全铁的耕犁得到广泛应用,而且犁的制型趋于多样化和标准化。19世纪中后期,犁头渐为钢取代,为了配合动力的需要,出现了蒸汽犁及大型多犁头、双铧犁等新型耕具,④其他如整地、播种、田间管理和收获等中心农具,也得到改造或更新。在诺福克(Norfolk)的松土地带(light lands),轮作制得到扩展,轻型铁制农具降低了耕作成本,但并不适用于黏土地带。从1830年开始,在沼泽地使用蒸汽排水代替风车排水,土地因此干得更快,可以种小麦和马铃薯而不是燕麦。这

① Peter Mathias，*The First Industrial Nation*，*An Economic History of Britain 1700—1914*，London and New York：Routledge，2001，p. 309.

② Francois Crouzet，*The Victorian Economy*，London：Methuen & Co Ltd，1982，pp. 156 - 159.

③ Roderick Floud and Donald MeCloskey，ed.，*The Economic History of Britain since 1700*，*vol.1：1700—1860*，Cambridge University Press，1994，p. 97.

④ Richard Price，*British Society*，*1680—1880：Dynamism*，*Containment and change*，Cambridge University Press，1999，p. 30.

是一种高效廉价的排水手段,排水税每英亩只征收 2 先令 6 便士,而一台动力机可以管控 6 000—7 000 英亩。不过这种动力机只能用于沼泽地和肥沃黑土地带的排水,而不能用于黏土地。另一种新工具即挖沟犁(mole-ploughs)能够深挖沟渠,这种技术在 1830 年代开始使用。1843年,埃塞克斯(Essex)出现一种制砖机(tilemaking machinery),使沟渠的铺设可以高效廉价。1846 年议会通过一项法案,要求政府给地主贷款用于排水,于是在东安格利亚(East Anglian)的黏土地带(heavy lands),砖制排水系统蔚然成风。詹姆士·凯尔德爵士(Sir James Caird)认为,这个法案比谷物法更有利于农场主。① 从 1846 年到 1870 年,改造烂泥地的排水工程全面铺开,据克拉潘统计,管道排水工程的总投资达到 2 400万英镑,其中政府投入 400 万,私营公司投资 800 万,其他 1 200 万由农场主自付。②

1835—1845 年间排水技术取得重要进展,当时发明了圆柱形的排水瓦,迅速得到广泛运用。1840 年代又普遍使用人造化肥,英国农业进入一个较长稳定的繁荣期③。收割机的发明开启了农产品收割机械化的趋势,但由于英国农场主过于保守、劳动力成本低,并且英国土地大部分分散且不规整,加上沟渠纵横不适合采用收割机,因此收割机的推广很慢,到 1874 年英国只有 47% 的谷物收割使用它。④

1846 年谷物法废除后,英国农业面对外国廉价农产品的激烈竞争,迫使大量效率低下的生产者要么停业,要么改进生产方式来增加产量、降低价格。这就使英国加快了农业改良和结构调整的步伐,农场主采用更多的新技术,农业进入"高效农业"(high farming)。在高效时期,人们普遍推广新的耕作制度,采用农家肥和化肥,革新排水技术,改造黏土

① Peter Mathias, *The First Industrial Nation*, *An Economic History of Britain 1700—1914*, London and New York: Routledge, 2001, pp. 310 - 311.
② 克拉潘:《现代英国经济史》中卷,姚曾廙译,商务印书馆,1975 年,第 349 页。
③ Frederick C. Dietz, *A Political and Social History of England*, New York: the Macmillan Company, 1927, p. 499.
④ Francois Crouzet, *The Victorian Economy*, London: Methuen & Co Ltd, 1982, p. 163.

地,改革农具,实行农业机械化,加大农业投入,调整农业结构,农业出现了科学化趋势。① 农业劳动生产率提高了,农业需要的劳动力则下降了,更多的劳动力转移到其他部门。

圈地是一种结构调整,使农业创新成为可能。1760—1815 年议会颁布法案圈围土地,其间 1760—1800 年议会颁布 1 000 个圈地法案,1800—1815 年再颁布 800 个法案,圈地的速度大大加快了。此后,在 1815—1824 年间颁布 368 个,1825—1834 年间颁布 177 个。② 1801 年政府通过第一个《圈地总法案》(General Enclosure Act),将圈地程序予以简化,公地、荒野和沼泽地也更易于圈围,于是到 1801 年以后,大量未耕种土地被圈占。到 1836 年,与英格兰有关的议会圈地法案总计 5 226 个,覆盖了近 700 万英亩的土地,占整个英国总耕地面积的 1/4。③ 到 1865—1875 年,历时几百年的圈地时代终于结束了,英国土地基本被圈围。

圈地使大农场的经济优势日益显著,根据 1851 年调查,当时英格兰和威尔士农场的平均规模只有 100 英亩,超过 2/3 的农场都在 100 英亩以下。④ 到 19 世纪下半叶,平均规模并没有变化,但 100 英亩以上的大农场占农业经营土地总面积的 78.2%。⑤ 英格兰和威尔士 2 470 万英亩耕地之中,规模在 100—200 英亩的农场占地 1/4 强(655.6 万英亩),200—500 英亩的农场占地 1/3 以上(882.1 万英亩),500 英亩以上的农场占地约 1/6(395.4 万英亩),剩下 142 358 个 100 英亩以下的农场,所

① R. K. Webb, *Modern England from the Eighteenth Century to the Present*, New York: Dodd, Mead & Company, 1968, p. 280.

② Phyllis Deane and W. A. Cole, *British Economic Growth, 1688—1959: Trends and Structure*, Cambridge University Press, 1962, p. 95 页下注 1。

③ Trevor Wild, *Village England, A Social History of the Countryside*, London and New York: I. B. Tauris, 2004, pp. 27 - 28; R. K. Webb, *Modern England from the Eighteenth Century to the Present*, New York: Dodd, Mead & Company, 1968, p. 104.

④ Peter Mathias, *The First Industrial Nation, An Economic History of Britain 1700—1914*, London and New York: Routledge, 2001, p. 311.

⑤ 克拉潘:《现代英国经济史》中卷,姚曾廙译,商务印书馆,1975 年,第 339 页。

占土地只有总面积的 1/4,即 534.5 万英亩,①大农场的优势十分明显。马克思曾经引用过这样的材料:1851—1871 年,英格兰 20 英亩以下的租地农场减少了 900 多个,50—75 英亩的租地农场由 8 253 个减到 6 370 个,100 英亩以下的其他各类租地农场的情况基本相同;相反,在这 20 年间,大租地农场的数目增加了,300—500 英亩的租地农场由 7 771 个增加到 8 410 个,500 英亩以上的租地农场由 2 755 个增加到 3 914 个,1 000英亩以上的租地农场由 492 个增加到 582 个。② 在整个 19 世纪英国的农业经营中,大农场占据了 70%—80% 以上的农业经营地,而 100英亩以下的农场只占 20%—30%。

　　农场规模的扩大有助于进一步实行土地改良,采用农业机械代替劳动力,即有助于资本的投入,实行资本集约式经营。农业耕种部门中那些陈旧的、劳动密集型的耕种方法被新工具、新方法所取代,其中有两项特别重要的发展与"高效农业"密不可分。首先是化肥的使用,人造肥料在 1830 年代开始发展,维多利亚时代取得重要进展,特别是德国农业化学家李比希(Justus von Liebig)的《有机化学在农业和生理学方面的应用》一书在英国传播,奠定了农用化肥的理论基础。在反复试验的基础上,约翰·劳斯(John Lawes)在他的实验基地发明了农用化肥——过磷酸盐,1842 年投入批量生产。此后,各类化肥在英国迅速投产,19 世纪中期的大多数英格兰农场主"像专业化学家一样,大谈氮肥和磷肥",英国每年进口的氮肥达 30 万吨,足够 200 万英亩施肥之用。③ 1802 年,亚历山大·冯·洪堡(Alexander Von Humboldt)在秘鲁旅行时发现那里有大量鸟粪,1839 年英国开始以商业规模从秘鲁进口此种粪肥,到 1850 年代每年的进口量高达上万吨。但鸟粪的存量仅维持了几十年,1870 年前后已经枯竭了,于是又转而由其他产品顶替粪肥,大量人造肥料涌向

---

① 克拉潘:《现代英国经济史》上卷,姚曾廙译,商务印书馆,1964 年,第 557 页。
② 马克思:《资本论:政治经济学批判》,第一卷,中央编译局编译,人民出版社,1975 年,第 743 页脚注。
③ 克拉潘:《现代英国经济史》中卷,姚曾廙译,商务印书馆,1975 年,第 350—351 页。

市场。①

　　另一个重要进展是机械化收割,脱粒机从 1850 年代开始传播,收割机和捆束机在 1850 年以后被广泛使用。化肥和机械化帮助启动了"第二次农业革命",②它所带来的新的生产力,远远高于 17、18 世纪的古典"农业革命"。③ 在 1851—1871 年之间,英国的肉类和谷物产量迅速增加,农业劳动力却减少了 30 万人。

　　工业化技术运用于沼泽地排水和贫瘠荒地开垦等,使农业耕地总面积大幅增加。1846—1865 年耕地面积增加了 464 119 英亩,1870 年英格兰的可耕地达到 1 364.6 万英亩的空前绝后水平,小麦播种面积在 1869 年也创下 341.7 万英亩的最高纪录。④ 到 1871 年,英格兰和威尔士可耕地面积从三四十年代的 1 200 万英亩增加到 1 500 万英亩。⑤

　　农业的繁荣更深刻地体现在农业经营观念和方法的更新上。19 世纪之前,农业经营一直处于"封闭循环"状态,各种植物的种子都是农场自己预留的,肥料也以自家的粪肥为主。但到维多利亚时代情况就变了,种子和肥料都能从种子公司、市场上购得。与此同时,尽管大部分农场都是一年一租赁,但租约通常续订,租户享有相对的安全,有些农场甚至父子相传,由此就造成一种有利于试验、创新和发明的制度环境。⑥ 在这种环境中,地主和农场主都愿为更高的利润而进行投资。

　　农业投资在 1820—1850 年代之间增长了大约 70%;农业固定资本

————————

① H. J. 哈巴库克、M. M. 波斯坦主编:《剑桥欧洲经济史》第六卷,《工业革命及其以后的经济发展:收入、人口及技术变迁》,王春法等译,经济科学出版社,2002 年,第 616 页。

② Peter Mathias, *The First Industrial Nation, An Economic History of Britain 1700—1914*, London and New York: Routledge, 2001, p. 313.

③ Ibid..

④ W. H. B. 考特:《简明英国经济史(1750 年至 1939 年)》,方廷钰等译,商务印书馆,1992 年,第 191 页。

⑤ Trevor Wild, *Village England, A Social History of the Countryside*, London and New York: I. B. Tauris, 2004, p. 71.

⑥ Francois Crouzet, *The Victorian Economy*, London: Methuen & Co Ltd, 1982, p. 150.

在 1811—1820 年间每年增加 445 万英镑,1851—1860 年间则每年增加690 万英镑。[1] 农业投入推动了农业机械化,像单铧犁、双铧犁、松土机、除草机、播种机、收割机、脱粒机、割捆机等都被普遍采用,从 1850 年代起,由约翰·富勒(John Fowler)发明的蒸汽拖拉机也被推广,而 1880 年以后,自动割捆机(包括干草收割、脱粒和其他收割程序)开始运用。[2] 在1860 年代,英格兰的 1 500 万英亩可耕地中,只有约 20 万英亩是用蒸汽犁耕作的,但到维多利亚时代末期,英国已经是欧洲农业机械化程度最高的国家了。[3]

从 19 世纪五六十年代起,英国农业的全面改革开始了,农业进入"精耕时代",除广泛施肥、普遍采用收割机、切草机、打夯机等等之外,还实行排水,把沼泽地和湿土地带的积水排除,以利于耕作和提高产量。生产技术的革新带来粮食产量的大幅度提高,例如,1855 年英国每公顷小麦产量为 1 840 公斤,到 1870 年增加到 2 020 公斤。以蒲式耳[4]计算:据估计,1650 年每英亩小麦产量大约是 11 蒲式耳,1800 年约 19.5 蒲式耳,再过半个世纪提高到 34.5 蒲式耳;在 1650—1800 年的 150 年间每英亩小麦产量增加 77%,而仅在 19 世纪上半叶就提高了 79%。[5] 当时,英国农产品的单位面积产量和畜牧业的平均产量在世界上都独占鳌头,1850 年代,英国每公顷土地的小麦和裸麦产量平均为 25 公担,比法国多一倍;英国屠宰牲畜每头净得 250 公斤肉,这是法国的 1.5 倍。[6] 农、林、

---

① 彼得·马赛厄斯、M. M. 波斯坦主编:《剑桥欧洲经济史》第七卷,《工业经济:资本、劳动力和企业》,徐强等译,经济科学出版社,2004 年,第 54 页。

② H. J. 哈巴库克、M. M. 波斯坦主编:《剑桥欧洲经济史》第六卷,《工业革命及其以后的经济发展:收入、人口及技术变迁》,王春法等译,经济科学出版社,2002 年,第 607 页。

③ Richard Price, *British Society*, *1680—1880*: *Dynamism*, *Containment and Change*, Cambridge University Press, 1999, p. 30.

④ 蒲式耳(英文 Bushel,缩写 BU)是一个计量单位。它是一种定量容器,就像我国旧时的斗、升等计量容器。一蒲式耳在英国等于八加仑,相当于 36. 268 升(公制)。

⑤ Michael Turner, Agricultural Productivity in the Eighteenth Century: Evidence from Crop Yields, *The Economic History Review*, 1982(4).

⑥ 尤·瓦尔加:《世界经济危机(1848—1935)》,戴有振等译,世界知识出版社,1958 年,第128—129 页。

渔业的收入在国民总收入中从1801年的7 550万英镑增至1861年的1.188亿英镑。①

　　维多利亚中期是英国农业最繁荣的时期,而"农业的繁荣为维多利亚时代带来了稳定的社会生活,也体现了当时的社会生活特征"。② 但1870年代末英国农业状况发生了急剧变化,进入到长期的困难甚至是危机之中,而且,这"不是缓慢的衰退而是突然的灾变,它卷走维多利亚时代的社会和经济生活中许多显然巩固而可靠的要素"。③ 农业进入一个惨淡的时代:利润大幅下降,农场破产,乡村败落,最坏的情况发生在1875—1884和1891—1899年间;尽管到世纪之交,农业某些部门出现了不小的进步,但农业作为一个整体,其萧条状态一直持续到第一次世界大战爆发。

　　农业衰退主要表现为:第一,粮食价格急剧下跌,其中小麦价格最为显著。1870年代后期英国农业连年歉收,每英亩小麦产量由原先的34蒲式耳降到19蒲式耳,但粮食价格却下降了,1877年小麦平均售价是每夸脱56先令9便士,1878年降到46先令5便士,1879年是整个19世纪收成最糟的一年,但小麦价格却下跌到43先令,1883年又跌至31先令,1889年再跌至26先令4便士;1893年英国大旱,许多地方颗粒无收,但1894年的粮价竟然只有22先令10便士。④ 之后略有恢复,但到1915年的高峰期也只有37先令。见下表:

---

① Phyllis Deane and W. A. Cole, *British Economic Growth*, *1688—1959: Trends and Structure*, Cambridge University Press, 1962, p. 166, Table 37; B. H. Mitchell, Phyllis Deane, *Abstract of British Historical Statistics*, Cambridge University Press, 1962, p. 366.
② W. H. B. 考特:《简明英国经济史(1750年至1939年)》,方廷钰等译,商务印书馆,1992年,第192页。
③ W. H. B. 考特:《简明英国经济史(1750年至1939年)》,方廷钰等译,商务印书馆,1992年,第233页。
④ 蒋孟引主编:《英国史》,中国社会科学出版社,1988年,第584—585页;Peter Mathias, *The First Industrial Nation*, *An Economic History of Britain 1700—1914*, London and New York: Routledge, 2001, p. 314.

表 24 联合王国年均小麦价格①(单位:每夸脱先令)

年份	年均小麦价格	年份	年均小麦价格
1870—1874	55	1895—1899	28
1875—1879	48	1900—1904	27
1880—1884	42	1905—1909	31
1885—1889	32	1910—1914	33
1890—1894	30		

　　虽然粮食区比其他地区的萧条程度更甚,尤其是那些气候不适宜、劳动力价格高和不肥沃的沙土地区受影响最严重,但"在英国没有什么地方没有受到萧条的影响,这一点是确信无疑的"。②

　　农业衰退的第二个方面是耕地面积缩减,可耕地显著减少,1871—1901 年英国的耕地面积减少了 230 万英亩,小麦和谷物的种植面积不断减少,1874 年两者分别为 363 万英亩和 943 万英亩,1887 年则为 231 万英亩与 814 万英亩,到 1904 年再降至 137 万英亩和 695 万英亩,缩减幅度极大。麦和谷物的种植面积占耕地面积的百分比也明显下降了,70 年代在德文郡(Devon shire)曾经占 30%,在康沃尔郡(Cornwall)占 31%,到 90 年代分别降至 17% 和 19%。③ 这导致英国国内粮食生产减少,进口依赖增加,在 1811—1830 年,进口小麦只占英国消费量的 3%,1831—1850 年上升到 13%,1851—1860 年增加到 30%,1891—1895 年竟达到 79%。④ 在 1870—1874 年,英国国内生产的小麦年均产量为 5 230 万公担,到 1890—1894 年已降至 3 460 万公担。同一时期,英国进口小麦则从 4 600 万公担增加到 9 160 万公担,国内小麦消费靠本国生产来满足

---

① Francois Crouzet,*The Victorian Economy*,London:Methuen & Co Ltd,1982,p.167.

② W. D. Handcock ed.,*English Historical Documents*,*1874—1914*,London:Routledge,1977,p.209.

③ 克拉潘:《现代英国经济史》下卷,姚曾廙译,商务印书馆,1977 年,第 111—113 页。

④ 卡洛·M. 奇波拉主编:《欧洲经济史》第三卷,吴良健等译,商务印书馆,1989 年,第 382 页。

的比例由 53.4％下降至 27.4％。[1] 到 1900 年,超过 1/3 的英国肉类消费来自国外。[2]

第三,农业就业人数锐减,农业在国民经济中的地位下降。在农业衰退过程中,英国许多农场主破产,大批农业工人失业,1871—1901 年,英格兰和威尔士各类农业雇佣劳动力人数从 96.2 万人降到 62.1 万人,减少了 1/3。[3] 1851 年,10 岁以上男子中有 1/6 是农业劳动者,到 1881 年仍有近 1/10,但是到 1911 年进行人口普查时,农业劳动者的比例是 20 人中不到 1 人,有职业的人口中只有 8％从事农业活动。[4] 大量佃农没有熬过这场危机,到 1900 年许多租约化为一纸空文,有 34 万农业工人离开他们生活的农村迁移到城市或者海外。[5]

农业在经济中的重要性下降了,而农业大萧条加快了这一过程。英国农业在国民生产总值中的比重逐年下降,1856 年为 22.5％,1873 年为 14.7％,1913 年仅为 6.1％。[6] 1867—1874 年,农业在国民净收入中所占的比例是 15.7％,1875—1884 年是 11.9％,1885—1894 年是 8.7％,1895—1904 年是 6.8％,到 1925—1934 年只剩下 3.9％了。[7] 19 世纪下半叶的农业萧条剧烈地改变了土地阶级的经济地位,将农业由原来的相

---

[1] 宋则行、樊亢:《世界经济史》上卷,经济科学出版社,1998 年,第 422—423 页。

[2] Thomas William Heyck, *The Peoples of the British Isles: A New history from 1870 to the Present*, vol. 3, California: Wadsworth, Inc., 1992, p. 6.

[3] L. C. B. Seaman, *Victoria England: Aspects of English and Imperial History*, London and New York: Routledge, 1973, p. 265; Roderick Floud & Donald Mecloskey ed., *The Economic History of Britain since 1700*, vol. 2: 1860 to the 1970s, Cambridge University Press, 1981, p. 189.

[4] W. H. B. 考特:《简明英国经济史(1750 年至 1939 年)》,方廷钰等译,商务印书馆,1992 年,第 239—241 页。

[5] Thomas William Heyck, *The Peoples of the British Isles: A New history from 1870 to the Presnet*, vol. 3, California: Wadsworth, Inc., 1992, p. 6.

[6] Robert Charles Oliver Mattews, C. H. Feinstein, John C. Odling-Smee, *British economic growth, 1856—1973*, Stanford University Press, 1982, p. 176.

[7] Phyllis Deane and W. A. Cole, *British Economic Growth, 1688—1959: Trends and Structure*, Cambridge University Press, 1962, p. 298.

对衰落变成了绝对衰落。[1]

表 25　1867—1934 年农业在联合王国国民收入中所占份额[2]（农业纯收入占国民纯总收入百分比，以 10 年平均值计算）（单位：%）

年份	份额	年份	份额
1867—1874（8 年）	15.7	1890—1899	7.6
1870—1879	14.0	1895—1904	6.8
1875—1884	11.9	1900—1909	6.6
1880—1889	10.0	1925—1934	3.9
1885—1894	8.7		

英国农业危机的客观原因是恶劣的天气。1875 年秋天异常潮湿，1876 和 1877 年冬天降雨量又特别多，从 1878 年春天开始连续出现两年半的阴冷天气，使农业歉收。在英国东南部，1879 年降雨量比常年多 50%。[3] 长期不断的坏天气不仅使庄稼歉收，而且使谷物的质量低劣，1879 年来自英格兰所有的郡和威尔士 10 个郡的 435 名记者提供的报道都证明了这一点[4]。在所有各区的报道中，没有一个区的小麦和豌豆生产能超过平均的年产量。

但"农业大萧条"的根本原因是粮食进口不断增加，给农业造成巨大冲击，在高效农业的最后几年中，英国的粮食几乎可以自给自足，本国农业满足了国内需求的 4/5 还要多。1860 年代后，美国、加拿大、阿根廷、澳大利亚的粮食大量进入英国，这些地方的农业是粗放型、机械化的，生产成本低，加上 1870 年代以后航海技术大发展，运输成本降低，运输时间缩短，为大量运输谷物创造了条件，结果国外进口的小麦十分便宜，这

[1] R. K. Webb, *Modern England from the Eighteenth Century to the Present*, New York：Dodd, Mead & Company, 1968, p. 369.

[2] Phyllis Deane and W. A. Cole, *British Economic Growth, 1688—1959: Trends and Structure*, Cambridge University Press, 1962, p. 98.

[3] Trevor May, *An Economic and Social History of Britain, 1760—1970*, London and New York：Longman, 1987, p. 109.

[4] W. D. Handcock, ed., *English Historical Documents, 1874—1914*, London：Routledge, 1977, p. 209.

对粮食价格和农业利润率带来了灾难性影响:1873—1895 年间,英国小麦价格减半,牲畜价格下降 1/3,羊毛价格下降了 1/4。①

另一方面,废除谷物法使英国粮食市场完全不受关税保护,1870 年以后,大量价格低廉的外国小麦进入英国,1870—1879 年平均每年进口 5 040 万夸脱,1880—1889 年是 7 030 万夸脱,1890—1899 年是 8 590 万夸脱,1900—1909 年居然达到平均每年进口 1.026 亿夸脱②。在 1870—1890 年间,英国消费的进口小麦从总消费量的 50% 上升到接近 80%;③到 1900 年,英国小麦价格下跌了 50%。④

表 26　英国小麦和面粉纯进口量⑤(单位:百万夸脱)

年代	进口量	年代	进口量
1820—1829	1.6	1870—1879	50.4
1830—1839	3.7	1880—1889	70.3
1840—1849	10.7	1890—1899	85.9
1850—1859	19.3	1900—1909	102.6
1860—1869	33.7		

1871—1900 年间,单从美国进口的小麦和面粉就增加了 90%,肉类增加 300%,黄油和奶酪增加了 110%。⑥ 这些都证明了贸易保护主义者在皮尔废除谷物法时的悲观预见,就是英国粮食价格会下跌。在廉价农产品的冲击下,农民和土地所有者的收入普遍减少,种地变得无利可图,

---

① Trevor Wild, *Village England*, *A Social History of the Countryside*, London and New York: I. B. Tauris, 2004, p. 95.

② Trevor May, *An Economic and Social History of Britian*, *1760—1970*, London and New York: Longman, 1978, p. 107.

③ R. K. Webb, *Modern England from the Eighteenth Century to the Present*, New York: Dodd, Mead & Company, 1968, p. 368.

④ Thomas William Heyck, *The Peoples of the British Isles: A New history from 1870 to the Present*, vol. 3, California: Wadsworth, Inc., 1992, p. 6.

⑤ Francois Crouzet, *The Victorian Economy*, London: Methuen & Co Ltd, 1982, p. 160.

⑥ T. W. Fletcher, The Great Depression of English Agriculture, *The Economic History Review*, 1961(3).

甚至亏损,许多农民破产,成千上万的劳动者离开土地去城镇或到大
洋彼岸寻找工作。结果造成部分土地荒芜,有的土地被弃耕还牧,致
耕地面积减少,粮食生产量下降,引发 1873 年以后的农业危机和农业
衰落。

不过各郡、各地区萧条的程度是不同的,受损最严重的是英格兰中
部和东部,特别是埃塞克斯、萨福克(Suffolk)、剑桥(Cambridgeshire)和
赫特福德(Hertfordshire)诸郡,这些地方以黏土和重土壤为主,种植小
麦。在高效农业时代,这里的谷农都十分富裕,但 1874 年粮价下跌后,
最先受损的也是他们。在英格兰北部和西部,以牧区和高地为主的坎伯
兰(Cumberland)、威斯特摩兰(Westmorland)和约克郡(York shire)的
北赖丁(North Riding),以及以奶酪业、混合农业为主的柴郡
(Cheshire)、德文郡和萨默塞特郡,农业破产情况就不那么普遍了。①

种植其他谷物相对要好一些,随着啤酒消费的增长,大麦的种植也
能获得较高回报。1872—1913 年间,不列颠的种植面积减少了 24%,从
占总土地的 44%下降到 31%;而牧场和草地面积增长了 26%,从占总土
地的 56%上升为 69%。1867—1869 年间,蔬菜产品占英国农业产量总
价值的 45%,畜产品占 55%;到 1894—1903 年,畜产品占农业总产值的
70%,作物产品只占 30%。谷物生产不管从产量还是产值来看都呈绝对
的下降趋势,比如小麦,1867—1871 年间,英格兰小麦产值占所有谷物总
值的 43%,占农业总产量的 22%;到 1894—1898 年间,这两个数字分别
下降到 8%和 7%。英格兰耕地产出在这两个时间段中减少了 5%—
9%,而畜产量增加了 18%—20%。② 不列颠牛的数量在 1872—1913 年
间增长了 24%,从 560 多万头上升到近 700 万头,而羊则从近 2 800 万头
下降到 2 400 万头左右。

---

① Trevor Wild, *Village England*, *A Social History of the Countryside*, London and New
York: I. B. Tauris, 2004, p. 97.
② Francois Crouzet, *The Victorian Economy*, London: Methuen & Co Ltd, 1982, pp. 170 -
171.

表27　不列颠牲畜数量(单位:千头)①

年份	牛	羊	猪	马
1867	4 993	28 919	2 967	—
1872	5 625	27 922	2 772	1 258
1895	6 354	25 792	2 884	1 545
1913	6 964	23 931	2 234	1 324
1918	7 410	23 353	1 825	1 337
1939	8 119	25 993	3 767	987

与此相对应,北部和西部以及部分中部地区很早就形成畜牧业专业化,由于畜牧产品价格稳定而且牲畜饲养成本低,所以这些地区遇到的困难比较少。受益最大是乳业品地区,牛奶的进口尚不可行,而牛奶的消费量却很大,由于铁路冷藏运输的便利,牛奶易于流向大城市,牛奶价格升高。1870年后,奶酪因受外国产品竞争而价格下跌,许多农场主改行液态牛奶生产。这样,英国存栏的奶牛数在1866—1870和1906—1910年间增加了43%,牛奶产量增加了61%,牛奶生产成为英国最大的农业部门,其占农业总产量的比例从1867—1871年的12%,上升到1894—1898年的18%,同时黄油和奶酪的比例下降了。

另一部门也保持了繁荣,那就是专业化和集约化程度较高的市场园艺和水果种植。为了抵消谷物种植业的衰落,同时又能满足迅速增长的城市人口需要,农民转向水果、蔬菜、鲜花种植,使这些部门也向地区专业化方向发展。园艺业几乎不受海外竞争的影响,它的许多分支可以在不适于种植谷物的黏土和沙土上进行,因此英格兰的某些地区在被遗弃的小麦和大麦田里开辟果园,种植蔬菜、瓜果和花卉,特别是那些资金短缺、只有一小块土地的农民更是如此。1867—1913年,这个部门的种植

---

① Peter Mathias，*The First Industrial Nation*，*An Economic History of Britain 1700—1914*，London and New York：Routledge，2001，p. 444，Table 25.

面积从 6.4 万英亩增加到 36.5 万英亩;①从 1860 年代到 1890 年代,全国水果、蔬菜的总收入增加了 21%。②

园艺业主要分布在大城市周边地区如肯特郡(Kent)北部,但也在远离主要城市的新区域出现,其中最知名的是伊夫舍姆河谷地区(Vale of Evesham)。19 世纪末,由于伊夫舍姆郡和伍斯特郡(Worcester)之间开通了铁路,伊夫舍姆河谷地区成为领先的蔬果生产市场之一,③其蔬菜种植面积从 19 世纪初的 300—400 英亩增至 20 世纪初的 1 500 英亩。④ 林肯郡(Lincolnshire)和剑桥郡的沼泽地也成为重要的园艺生产市场,伦敦、曼彻斯特、伯明翰(Birmingham)等大城市都出现了专门的蔬菜和鲜花供应基地。19 世纪中叶,英国果园的面积不断增加,1873—1904 年,大果园的土地占有量从 15 万英亩增加到 25 万英亩,小果园从 1881 年的 3.7 万英亩增加到 1897 年的 7 万英亩。⑤

所以,小麦价格崩溃的结果之一,是英格兰农业结构重新调整,谷物种植转向混合农业,用于水果和园艺种植的土地面积增加,畜牧业逐渐占据优势。1830 和 1840 年代畜牧业只是种植业的副业,到 1870 年代成为主业,1871—1900 年小麦种植面积减半,而畜牧业面积增加了 400 万英亩,这种趋势一直持续到 20 世纪初,到 1913 年,英格兰用于畜牧业的土地是所有谷物种植面积的三倍多。⑥ 1866—1911 年,有 600 万英亩的土地被用作永久牧场;在 1911 年,有 1 600 万英亩的土地用于种草,只有

① Francois Crouzet, *The Victorian Economy*, London: Methuen & Co Ltd, 1982, p. 172.
② Trevor Wild, *Village England*, *A Social History of the Countryside*, London and New York: I. B. Tauris, 2004, p. 101.
③ Ibid.
④ H. C. Darby, ed., *A New Historical Geography of England after 1600*, Cambridge University Press, 1976, p. 392.
⑤ Trevor May, *An Economic and Social History of Britian*, *1760—1970*, London and New York: Longman, 1987, p. 110.
⑥ Thomas William Heyck, *The Peoples of the British Isles: A New History from 1870 to the Present*, vol. 3, California: Wadsworth, Inc., 1992, p. 6.

550万英亩种谷物,225万英亩种植绿色作物。英格兰和威尔士的牛增加了一倍,从380万头增加到590万头;羊和猪的数目也增加了。[1]

在1870—1876年,小麦、大麦和燕麦的产量占英国农业总产量的18.1%,到1911—1913年降至8.4%;与此相对应,家畜产量在1870—1876年占农业总产量的66%,1911—1913年则达到75%。1866—1875年,耕地面积占45.5%,1906—1915年只占32.5%;同期,永久性牧场的用地面积则从40.9%增加到54.4%[2]。牲畜数量增长极快,1870—1914年,马从126.7万匹增加到160.9万匹,牛从540.3万头增加到709.3万头,猪从217.1万只增加到263.4万只,只有羊的数量下降了,从2 839.8万只下降为2 428.6万只。[3]

家庭饲养也是结构调整的一个方面,1890—1914年英格兰和威尔士的家禽饲养量翻了一番。由于家禽产品难以运输,特别是难以通过铁路来运输,因此这一农业部门扎根于城市周边,以城市市场为中心。家禽饲养最集中的地区是兰开夏郡西部离利物浦和曼彻斯特不远的地方,以及棉纺织业发展迅速的小镇周围和海滨度假胜地。[4]

1870年代是英格兰乡村经济史的转折点,19世纪初,农业几乎占到国民经济产出的一半;从1870年代起农业产出开始落后于工业产出,到1880年农业只占国民生产总值的10%,雇用全体劳动人口的1/8,而且,随着进口粮食稳步增加,英国农田不再是粮食供应的主要来源。[5] 但英国农业的衰落只是相对的,是同19世纪中期以前的情况比较而言的,从整体上看,19世纪末至20世纪初,英国农业总产量还是在提高,有资料

---

[1] Peter Mathias, *The First Industrial Nation*, *An Economic History of Britain 1700—1914*, London and New York: Routledge, 2001, p. 317.

[2] Richard Perren, *Agriculture Depression 1870—1940*, Cambridge University Press, 1995, p. 11.

[3] B. R. 米切尔编:《帕尔格雷夫世界历史统计:欧洲卷1750—1993(第四版)》,贺力平译,经济科学出版社,2002年,第384页。

[4] Trevor Wild, *Village England*, *A Social History of the Countryside*, London and New York: I. B. Tauris, 2004, p. 102.

[5] Ibid., p. 95.

表明:1871—1914 年,农业产量年平均增长率仍然保持在 0.3%;[1]据英国学者安东尼·伍德计算:"在这几十年中,农业总产量增长了 8%。"[2]进入 20 世纪,英国农业又得到缓慢恢复并有所发展。

从英国经济整体而言,1870—1914 年出现了衰落趋势,但这种衰落确实是相对的。事实上,1870—1914 年英国经济仍在发展,它一方面体现在经济指数总体增长上,但更重要的是体现在经济结构和经济组织的变化上:国民经济中农业相对于工业来说发展缓慢,农业中种植业相对于畜牧业来说发展缓慢,工业中传统工业部门相对于新兴工业部门来说发展缓慢,外贸中出口增长相对于进口增长来说发展缓慢;另一方面,1870—1914 年的经济发展速度相对于 19 世纪中期来说发展缓慢,英国经济相对于德、美等国来说发展缓慢。但所有这些都是相对的,在相对衰落的背景下,英国经济仍在增长。英国的世界工厂地位受到了挑战,但英国依然是当时世界的经济强国,无论在工业品产量、还是在世界贸易中所占的比例以及经济发展水平上,英国都居于当时世界的前列。

① 杨杰:《英国农业革命与农业生产技术的变革》,《世界历史》1996 年第 5 期。
② 安东尼·伍德:《19 世纪下半叶的英国经济》,方英义译,《世界史研究动态》1986 年第 4 期。

第二篇

政　治

第一章　议会制度改革

议会改革(parliamentary reform)是 19 世纪英国政治的一条主线，其目标是实现从寡头政治制度向大众民主制度的转变。改革前的议会选举和运作机制被称为"旧制度"(the old system)，它是英国贵族寡头统治的基础①。这个制度在确立之初，即光荣革命发生以后，是当时的世界上最开放和最有包容性的政治制度，其最大的特点就是把君主一个人的统治转变成贵族集体掌握国家政权，因而克服了专制的王权。当时，英国主要的财产形式是土地，土地贵族是英国最强大的社会力量，由贵族集体掌握政权，显然是一种巧妙的安排，具有某种合理性。

"旧制度"的基石是议会选举制度。光荣革命后专制王权被克服，议会成为国家权力的中心，谁控制议会谁就控制了国家的权力，因此争夺议会就是争夺国家的权力。贵族集团作为一个特殊的阶级群体，恰恰是通过控制议会而控制了国家权力，做到这一点的奥秘就在"旧制度"。

一直到 1832 年第一次改革之前，议会选举制度基本上没有变化，保持着中世纪的许多特征。制度之"旧"主要表现在三个方面，一是选区划

---

① 光荣革命使旧议会制度又存在了 144 年。John Cannon，*Parliamentary Reform 1640—1832*，Cambridge University Press，1972，p. 25.

分和议席分配不合理,造成大量的"衰败选邑"(Rotten Boroughs)。英国
选区分郡选区和城镇选区两种,后者被称为"选邑"。1801年爱尔兰合并
之后,英国下院有658名议员,1830年的分配比例为:英格兰489名,威
尔士24名,苏格兰45名,爱尔兰100名。就郡选区而言,英格兰有40个
郡,除约克郡比较大,选送4名议员外,其余39个郡不论人口多寡、面积
大小,一律选出2名议员。城镇选区比较复杂,当时英格兰共有202个
选邑,其中195个选出2名议员,5个选出1名议员,伦敦城(City of
London)和威默斯(Weymouth)各选派4名议员;牛津大学和剑桥大学
也各选2名议员。

议席如此分配,是沿用中世纪的遗习,从13世纪起,历代君主给某
些特定的城镇颁发特许状,让他们取得向议会选送议员的特权。当时那
些城镇也许是比较繁荣的,但经过几个世纪的世态变迁,有许多已经衰
落了,其中20多个甚至成了"衰败选邑"。比如从17世纪开始,老萨勒
姆(Old Sarum)就没有人居住,只是一片田地,但它的产权所有者保留着
投票的权力,在1831年选举中,它有11张选票,可以选出两名议员![1]
与此相对照,在工业革命中发展起来的大城市,比如曼彻斯特、伯明翰、
利兹(Leeds)等,因为历史上不是选邑,不能独立地选举自己的议员,而
需要参加郡的选举,属于农村选区的一个部分,它们在1831年的人口分
别是18.2万、14.4万、12.3万。19世纪初,在英国49个大城镇中有21
个不是选邑[2]。

此外,就不列颠整体而言,英格兰议席过多,其他地区相对太少;就
英格兰而言,南部和西部议席集中,伦敦和北部议席太少,并且郡选区的
比重太小,选邑议席高度集中,大郡和小郡都只能选送两名议员,与人口
不成比例。

第二是选民资格陈旧而不合理。郡的选民资格依据1430年一项规

---

[1] 需要说明的是:当时并非实行一人一票制,11张选票不意味着11个选民,从理论上说一个人
可以拥有多张选票。
[2] Michael Brock, *The Great Reform Act*, 1973, Hutchinson & CO LTD, p. 10.

定：凡年收入 40 先令以上的自由持有农（freeholder）拥有选举权。在当时，40 先令是一笔不小的财产，可是到 18 世纪以后就不值钱了，但"自由持有农"的身份规定却排除了大量的农村人口，因为在持续三百年的圈地运动中，自由持有农大量减少，在 19 世纪初，符合这一规定的只有 18 万人左右，在 1831 年占农村人口的 4％。在苏格兰，郡选举资格更高，拥有价值 100 英镑资产的人才有选举权，因此绝大多数人被排除在选举权之外。

城镇选民资格千奇百怪，每一个选邑都有自己的选举权标准，大体上可以归为六大类：（1）自由民（Freeman）选举权，所有具有"自由民"身份的人都有选举权。"自由民"的身份因继承或做学徒而获得，也有市镇授予的荣誉，但实际标准因地而异。（2）济贫税（Scot and Lot）选举权，缴纳济贫税的人都可以是选民。（3）房地产（Burgage）选举权，某些选邑的选举权附着在房产或地产上，谁拥有这些不动产，谁就获得相应的选举权。（4）市镇团（Corporation）选举权，只有当地市镇团的成员才能选举议员，但市镇团不是选举产生的，往往由地方寡头组成。（5）自立户（Potwalloper）选举权，凡成家立业、自立门户的人都有选举权。（6）在有些地方还有自由持有农选举权，类似于郡的自由持有农标准。

在六类选邑中，实行自由民选举权的选邑中选民最多，其人数加在一起，可以占英格兰选民总数的三分之一。一个选邑可以有几种不同种类的选民资格，一个人也可能在几个选区内拥有投票资格，这就是"多重选举权"（plural votes）。选举方式是公开计票，而不是无记名投票。

各郡的选民数会有很大变化，比如 1774 年约克郡选民数是 2 万，萨默塞特郡是 8 000；1807 年前者增加到2.3 万，后者减少到 6 300。但总体上看，郡选民的人数在增加，英格兰 40 个郡的选民，在 1715 年有 15.87 万人，1754 年有 17.73 万人，19 世纪初达到 18.825 万人[1]。由于有"自由持有农"这项标准，所以农村选民比例很小，很少超过成年男子

---

[1] John Cannon，*Parliamentary Reform 1640—1832*，Cambridge University Press，1972，pp. 290 - 291.

的 10％。

各选邑选民数一般很少,在英格兰 202 个选邑中,有一半以上选邑的选民少于 300 人,50 多个选邑的选民数不到 50 人;超过 1 000 名选民的选邑有 43 个,只有 7 个超过 5 000 人。[1] 在 1754 年,布里斯托尔(Bristol)有选民 5 000 人,占成年男子人口的 33％,而临近的巴斯只有 30 名选民,占成年男子人口的 1％[2]。按照职业划分,选民中的 40％是工匠,20％是零售商,6％是商人和工厂主,14％是绅士和专业人士,14％是半技术工人和非技术工人。因此,工业化之前的城镇选民,个体生产者和店主是绝大多数。

改革前的议会选举权制度排除了所有的女性,男性中只有11％—16％的成年人有选举权[3]。尽管这个制度通过选举产生议员,但由于选举权极其狭小,因此时时散发着寡头政治的气息。

第三方面是选举方法腐败。首先,在每一次大选中,有很多选区其实是不经过竞选的,候选人的提名权掌握在当地贵族手中,如果贵族们之间没有分歧,选民的投票就只是走形式了。在 1832 年之前的历次大选中,最多只有 1/3 的选区有竞争选举[4],比如在 1761 年大选中,英格兰只有 40 个郡中的 4 个郡、202 个选邑中的 42 个选邑有竞争选举。有时候,竞争的家族会达成协议,双方各拿 1 个席位,避免开销太多的竞选费。无竞争的选举在衰败选邑中频频发生,因为这类选邑基本上就控制在一些重要人物的手中。

在需要竞争的选区,贿选就是成功的关键,竞选双方都要付出巨额的选举费用。在 1780 年大选中,查尔斯·巴罗(Charles Barrow)从伦敦

---

[1] Michael Brock, *The Great Reform Act*, 1973, Hutchinson & CO LTD, p. 20.

[2] John Cannon, *Parliamentary Reform 1640—1832*, Cambridge University Press, 1972, p. 31.

[3] Robert Pearce & Roger Stearn, *Government and Reform: Britain 1815—1918* (Second Edition), Hodder Murray, 1994, p. 14.

[4] 自由民选邑以及纳税人、自立户选举权中选民特别多的市镇共同构成一种"开放选邑",只有在开放选邑才可能出现真正的竞选。

把 150 名选民运送到格洛斯特(Gloucester)投票,支付的旅行费高达 1 500 几尼(1 几尼=1 英镑 1 先令)。到 18 世纪末,有议员抱怨说:"现在很少有人能够支付一场选举中的竞选费用。"[1]1807 年大选中,约克郡的竞选费用达到了 25 万英镑。按照惯例,候选人要承担选民的旅行和住宿费,还要"款待"选民吃喝;一张选票值多少钱明码标价,投票时一手交钱,一手交票。特别是在选邑,投票时的场面一片狼藉,竞争的双方都以酒肉争夺选民,弄得醉汉满街皆是。

选举方法也造成选举制度的种种弊病,当时实行公开投票制,选民在众目睽睽之下把选票投向哪一方,大家都看得很清楚:拿了别人的钱,自然要把选票投给买票的一方;如果选民是竞争一方的佃户或商业客户,那就不可能有任何选择。此外,暴力和胁迫事件时有发生,一些候选人雇人袭击竞争对手的支持者,有时还出现绑架选民、冒充死去的或缺席的选民进行投票的事件。

综上所述,19 世纪初的英国议会制度有三个方面问题:选举权狭小、议席分布不合理、选举方式腐败。三方面问题综合到一起,就使得这个时候的英国议会不是一个民主机构,而是贵族寡头制的工具。

按照当时的规定,议员有财产资格限制,郡选区要求年收入 600 英镑以上,选邑是 300 英镑。议员不领取薪金,只有贵族家庭出身、或者很有钱的人才会想去当议员。在这样一种议会制度下,贵族控制了选举,选出贵族子弟或贵族的亲信出任议员,达到贵族控制下院的目的。确实,在 19 世纪的前 30 年里,下院约 200 个议席是由贵族控制的;贵族通过自己的人控制下院,而贵族自己则组成上院,再由上下两院组成政府。总之,贵族控制着改革前的英国政治,这是一种贵族寡头政治,离现代民主制度相距甚远。

这种格局符合当时的财产分布情况,在农业社会,土地是财富的主

---

[1] John Cannon,*Parliamentary Reform 1640—1832*,Cambridge University Press,1972,p. 35.

要表现形式,土地贵族掌握着国家财富的最主要部分,由他们控制国家政权,体现了财产与权力的高度结合。客观地说,这种不合理的制度很适合光荣革命后英国农业社会的状况,当然也符合土地贵族的利益。贵族通过"旧制度"中的不合理方面来控制议会,以保证自己的绝对统治地位。

然而,工业化改变了社会格局,新的有产者阶级出现了,他们的财富赶上甚至超过了土地贵族,这些人要求改变权力的格局,"有产"者也应该"有权"。他们要求改革议会,主要是要求扩大选举权,通过扩大选举权,把自己也变成"有权"的阶级。① 另一方面,随着人口增加、工业城市崛起,人口在城市集中,许多人的生存状态严重恶化,他们迫切要求改变现状,通过改变议会制度,来改变自己的生存状态。于是,"旧制度"又面对一支强大的反对力量,他们就是占人口多数的劳动者,尤其是工业劳动者。工人阶级的改革运动以普选权为标志,希望通过普选权选出自己的代表,在议会中为自己争取更好的生存权利。② 总之,工业化使越来越多的英国人意识到"旧制度"的不合理,他们希望改变这个制度,由此而引发了议会改革运动。

议会改革运动在 1760 年代以"威尔克斯和自由"为触发点,形成英国政治舞台上的一支新兴力量。法国大革命爆发后,这个运动迅速发展成中下层民众联手推进的政治大动员,其激烈程度前所未有,威胁到英国现存的政治秩序。面对威胁,控制国家政权的土地贵族于 1799 年经由议会颁布《结社法》(Combination Act),禁止民众结社,对一切以改革为主旨的组织和活动实行严厉镇压,改革运动暴露在赤裸裸的高压之下,一时间曾经轰轰烈烈的民众运动很快就销声匿迹了。③

当 19 世纪开始时,议会改革运动似乎已经消失了,但它其实并没有被扑灭,而是转入地下,呈现出忽隐忽现的状态。早在世纪之初,在约克

---

① 参见钱乘旦:《试论英国各阶级在第一次议会改革中的作用》,《世界历史》1982 年第 1 期。
② 参见钱乘旦:《工业革命与英国工人阶级》,南京出版社,1992 年,第五章。
③ 参考丛书第四卷第五章:"旧制度与议会改革运动"。

郡的荒山野岭里就流传着关于"黑灯照"(The Black Lantern)的传说,一些人在黑天野地里秘密集会,讨论"取消一切赋税,享受全部权利",而且声称"某一天晚上他们会在各个地方同时举事"。[①] 1802年政府逮捕德斯帕德上校(Colonel Despard),说他在伦敦的下等酒吧中煽动工人,试图组织革命军队推翻政府,最终以谋反罪名将他处死。[②] 在1811—1812年卢德运动(Luddism)的高潮中,人们依稀可见议会改革运动的影子,比如1812年兰开夏郡(Lancashire)波尔顿(Bolton)的手织工曾向议会递交请愿书,其中说"依请愿者之见,假如下院只由人民的代表组成,它就不会只顾盟国的可疑利益,而同意把人民带进由连绵的战争所造成的苦难与饥荒中去了"。[③] 工人的请愿毫无结果,卢德运动很快就在这个地区迅猛爆发了。

如果说从世纪之初到拿破仑战争结束,运动只呈现星星点点的特征,并且基本上处于蛰伏状态,很少被人们清楚看见,那么拿破仑战争结束后情况就不同了。战后粮价高涨,时世艰辛,失业率攀升,人民的生活非常艰苦。普通民众再一次意识到痛苦的生活是由不合理的政治制度造成的,托马斯·潘恩(Thomas Paine)的理论重新苏醒,大规模的群众性议会改革运动又一次爆发了。

领导这次运动的是汉普顿俱乐部(Hampden Club),[④]虽说在运动的发动阶段中等阶级改革派起了很大的作用,比如科贝特和卡特莱特少校就是其中的主要人物,但运动参加者基本上是工人,工人阶级改革运动再次高涨。相比之下,除少数几个坚定的改革派,中等阶级基本上是沉默的。[⑤]

[①] A. Aspinall(ed),*Early English Trade Unions*,London,1949,p. 53.

[②] 参见E. P. 汤普森:《英国工人阶级的形成》,钱乘旦等译,译林出版社,2001年,第562—569页。

[③] John Dinwiddy,"Luddism and Politics in the Northern Counties",in *Social History*,1979,Vol. 4,No. 1,p. 39.

[④] 汉普敦是17世纪革命时期议会反对派领袖,参见本丛书第三卷。

[⑤] 参考钱乘旦:《工业革命与英国工人阶级》,南京出版社,1992年,第141—152页。

中等阶级改革派中，威廉·科贝特（William Cobbett）是宣传鼓动家，他的宣传推动了工人运动的发展。科贝特出身于小自耕农家庭，他对往昔"快乐的英格兰"充满怀念，在他的想象中，"快乐的英格兰"存在于农业社会，那时人与人之间温情脉脉，家长制纽带把人们联系在一起，统治者履行自己的职责，好好地照看自己的臣民；被统治者对统治者恪守自己的义务，同时也安享平和宁静的小康生活。但工业社会打破了这一切，社会的上下纽带被拧断了，工人失去保护，被放在无情的资本主义的压榨下。他认为这是个罪恶的社会，而所有的罪恶都是由不合理的议会制度造成的，因此他号召进行议会改革。在他创办的售价两便士的大众版《政治纪事》（Political Register）第一期上，他发表《告英国工人大众书》，其中说：工人的苦难是由沉重的赋税造成的，而赋税是由议会课征的，因此改变这种状态的唯一办法就是改革议会下院，让每一个直接交税的人都有选举权，并每年改选一次①。科贝特主张和平改革，当 1816 年人民的不满达到极点、火药正点燃北方工业区时，"科贝特文章的影响很快就看出来了，科贝特给读者指出受苦的真实原因——劣政，指出适当的纠正方法——议会改革，骚乱很快就很少见了"②。

约翰·卡特莱特（John Cartwright）是激进派的元老人物，1780 年他参与发起组织"宪法知识会"（Society for Constitutional Information），这个组织在英国早期激进主义运动中发挥过鼎足作用，卡特莱特就一直是这个组织中的活跃分子；他发表的《抉择》（Take Your Choice）一文，可被看作是议会改革的第一声号角。90 年代"宪法知识会""伦敦通讯会"（the London Corresponding Society）等被镇压后，卡特莱特沉寂了很长时间，但拿破仑战争结束后他再度站出来，以 80 岁的高龄行走于英格兰北方工业区，一个月内行程数百英里，几乎每天发表演讲，并且每到一地就协助组织汉普顿俱乐部，参加者几乎全都是工人阶级。

---

① *Political Register*，July 2，1816，Selections from Cobbett's Political Works，London，vol. V.，p. 11.

② Samuel Bamford，*Passages in the Life of a Radical*，New York，1967，vol. 1，p. 7.

汉普登俱乐部是和平的改革运动,从米德尔顿镇(Middleton)的活动中可以看出来。米德尔顿俱乐部每周召开两次会议,会议地点设在一个小礼拜堂内,会员每周交 1 便士会费。据俱乐部书记萨缪尔·班福德(Samuel Bamford)说,类似的组织在北、中部地区很多:"过去 30 年中,主日学校(Sunday school)已培养出那么多工人,能够在村镇的改革会议上阅读书写,或者讲演。有些还粗通诗韵,这使得他们的谈吐大受欢迎,增加了聚会的风采。通过这种种方法,起先是那些急切的听众,然后是一大批新来的热心人,就从那偏远安静的溪边茅舍中应召而来,来参加汉普顿俱乐部每周的朗读和讨论会"①。除了召开讨论会之外,各地俱乐部还散发宣传小册子,组织向议会请愿,以及彼此之间互通声气。

此时一个具有暴力倾向的"斯彭斯博爱主义者协会"(Society of Spencean Philanthropists)走上舞台,他们人数不多,但能量不小,核心人物几乎全是伦敦通讯会被镇压后残留下来的暴力翼。伦敦通讯会被镇压后,他们以托马斯·斯彭斯(Thomas Spence)为中心,接受了他带有社会主义色彩的土地公有计划。1814 年斯彭斯去世后这些人正式组成"斯彭斯博爱主义者协会",相信用暴力手段才能改变英国的政治制度。1816 年 12 月 2 日他们借召开群众大会之机发动骚乱,冲击了好几个枪械铺,夺取大量武器,并沿街鸣枪以壮声势。到达伦敦塔时,好几个人爬上墙头,挥舞三色旗,号召士兵投降。这时王家卫队赶来,驱散了群众。当晚,起事的主要领袖被捕。出庭受审时,由于政府方面只拿出一个奸细做证人,伦敦陪审团认定这是政府的圈套,因此将斯彭斯派全部释放。

但政府决定以这件事为借口对席卷全国的改革运动加以镇压。1817 年 3 月,议会中止《人身保护法》(Habeas Corpus Act),接着又颁布《反煽动性集会法》(Seditious Meeting Act),不仅点名取缔斯彭斯博爱主义者协会,而且禁止一切改革集会。许多改革派被捕,像班福德这样的和平改革派也多数入狱,汉普顿俱乐部运动很快就失败了。

---

① Samuel Bamford, *Passages in the life of a Radical*, New York, 1967, vol. 1, pp. 7 - 8.

6月9日在彭特里奇村(Pentridge)爆发了一次手工工人武装起义，有人把它叫作"英格兰的最后一次革命"。彭特里奇是诺丁汉(Nottingham)附近的一个手工织袜业村镇，曾经是卢德运动的中心之一。1817年4、5月间，北、中部工业区一些激进派秘密串联，策划发动武装起义，来改变英国的政治制度。但真正付诸行动的却只有彭特里奇和邻近几个村镇的三四百人，他们携带枪支向诺丁汉进军，但次日清晨遇到骑兵巡逻队，一枪未发就瓦解了。不久，起义的主要领袖全都被捕，3人被处死刑，11人被判终生流放。这就是历史上有名的彭特里奇工人起义，在世界工人运动史上，应该是第一次武装起义的尝试。[1]

政府的高压加上1817年的风调雨顺，使改革运动暂时消沉下去。但1818年经济情况再度恶化，人身保护法又按期恢复，这使得议会改革运动再次掀起高潮。1819年夏天，曼彻斯特、伯明翰、斯托克波特(Stockport)、利兹、设菲尔德(Sheffield)等大工业城市成了群众运动的中心，很多地方召开群众性集会，要求议会改革。7月12日，伯明翰召开了一次盛大的群众集会，会上除提出"普选、年度议会、无记名投票"等改革基本要求外，最重要的一个步骤是选出该市的"立法代理人"即人民代表，要议会承认他的合法资格，接纳他出席议会会议[2]。伯明翰的行动在全国引起巨大反响，斯托克波特等城市紧跟模仿。曼彻斯特的工人改革派决定召开一次大型集会，选出曼彻斯特的"立法代理人"。1819年8月16日，曼彻斯特周边工业村镇的6至8万名工人整齐列队，前往市中心圣彼得广场参加大会，他们的旗帜上写着各种口号，包括"年度议会"，"普选与无记名投票"，"宁要作人死，不当奴隶卖"等等。[3] 这是一次和平的集会，参会者秩序井然，热情洋溢，希望议会能听到他们的声音。但地方官已下定决心武装镇压，随着一声令下，地方义勇队和正规军蜂拥而

---

[1] 参阅 John Stevens, *England's Last Revolution*, *Pentrich 1817*, Derbyshire, 1977; *State Trial*, vol. 32.

[2] *State Trial*, New series, vol. 1, "The Trial of Edmonds and Others".

[3] *State Trial*, New series, vol. 1, cc. 192 – 195.

上,10 分钟内,"整个广场变成一片空旷……广场上到处扔着鞋帽、披肩,还有踩坏和撕碎的男女衣物,沾满血迹。……一些倒下的人……永远停止了呼吸"①。这就是震惊全国的彼得卢事件(Peterloo Massacre)。②

彼得卢事件为政府全面镇压提供了借口,托利党当局不仅以摄政王的名义对曼彻斯特市政府大加褒赏,而且立刻通过"六项法案"(the Six Acts),中止了言论、出版、集会、结社的一切自由。彼得卢事件后,斯彭斯博爱主义者发誓讨还血债,决心刺杀全体内阁大臣,成立临时政府。1820 年 2 月 23 日晚正当他们准备起事时,伦敦警察忽然闯进他们的集合地点,将其多数抓捕。这一次斯彭斯博爱主义者付出了血的代价,领头者西斯尔伍德(Arthur Thistlewood)等 5 人被判死刑,6 人被判终生流放。③ 这事件叫作"卡图街密谋"(Cato Street Conspiracy),参与起事的都是手工工人。

总之,从 1799 年议会颁布《反结社法》到这时,议会改革运动基本上是工人的运动,而且是手工工人的运动,拿破仑战争对英国的改革事业造成破坏性影响,小皮特及其门徒将改革视为国家的最大威胁,把英国政治带进了光荣革命以后最保守的一个时期。很多人不再对改革抱有希望,辉格党领袖格雷伯爵(Earl Grey)曾在 1821 年对其女婿说:改革不大可能在"我生前甚至你们这代人时期内发生"。④ 辉格党贵族多数都退回到他们各自的领地上去,不过问政治;1824—1829 年之间,议会也不再收到有关改革的请愿书。托利党一直反对议会改革,自小皮特出任首相起,该党几乎不间断掌权,他们以高压手段镇压改革运动,反对一切形式的变革。中等阶级在 19 世纪最初的 20 年间几乎无所作为,他们只在 1807 年组织过威斯敏斯特大选,把两位支持改革的候选人送进了议会。

---

① Samuel Bamford, *Passages in the life of a Radical*, New York, 1967, vol. 1, p. 208.
② 参加镇压的有跟随威灵顿公爵在滑铁卢打败拿破仑的几个团队,人们讽刺军队镇压手无寸铁的工人群众,故将事件称为"彼得卢"。
③ 参阅 John Stanhope, *The Cato Street Conspiracy*, London, 1962.
④ Michael Brock, *The Great Reform Act*, 1973, Hutchinson & CO LTD, p. 15.

这样,在 19 世纪最初 20 年中,改革的战场上就只剩下工人激进派了。

但托利党的分裂使事态出现转机,20 年代托利党内出现一个自由派,领头的是乔治·坎宁(George Canning)、罗伯特·皮尔、威廉·哈斯基森等,他们先后在政府任职,进行了一系列自由主义的改革。1827 年 2 月利物浦勋爵(Lord Liverpool)因病辞职,坎宁接任首相,托利党公开分裂成两派,以威灵顿公爵(Duke of Wellington)为首的保守派人多势众,坎宁等"自由托利党人"只是少数派。坎宁和皮尔等人已预感到改革只是个时间问题,旧制度已经失去生命力,早在 1820 年皮尔就曾预言对改革的抵制坚持不了 7 年,1822 年坎宁私下说:"改革不可避免。"①但坎宁上任后没有几个月就去世了,由威灵顿继任首相,坎宁的几位同僚如哈斯基森等退出政府,托利党公开分裂了。

《天主教解放法》(Roman Catholic Relief Act 1829)又进一步分裂了托利党。1828 年爱尔兰的天主教领袖丹尼尔·奥康内尔(Daniel O'Connell)在议会补缺选举中获胜,作为天主教徒,他不符合当选议员的资格,但排除他又可能引发爱尔兰内战。威灵顿清楚地意识到政府必须在解放天主教徒和引发爱尔兰内战中两者择一,为避免内战,威灵顿公爵政府在 1829 年通过了《天主教解放法》,使天主教徒获得了和其他基督教派别大致相等的政治权利。但这项法案激怒了托利党中的国教右翼分子,这些人从捍卫国教的立场出发,反对解放天主教徒,反对触动英国的现有制度,在他们看来,《天主教解放法》既背叛了国教,又背叛了英国的制度,因此大逆不道;他们是"极端托利派"(Ultra-Tories)。这些人也成为政府的反对派,于是就出现了一个非常有意思的现象:那些坚决反对议会改革的极端托利党人,一下子变成了改革派,他们认为《天主教解放法》之所以获得通过,是议会制度腐败的结果,威灵顿用腐败手段收买了议会,才能够达到他的目的——因此,议会必须改革。于是反改革的一个主要障碍就被扫除了,托利党反改革的力量被大大削弱。对改革

---

① Michael Brock,*The Great Reform Act*,1973,Hutchinson & CO LTD,p. 15.

阵营来说,《天主教解放法》重新唤起了他们的期待:既然自宗教改革以来就确定的国教原则可以被修正,那么其他的英国制度为什么不可以改变?受这种期待的鼓舞,改革派重整旗鼓,格雷伯爵也从他在北方的领地回到阔别已久的伦敦。

1830 年 6 月,国王乔治四世(George IV)去世,他的弟弟威廉四世(William IV)继位;乔治四世偏爱托利党、厌恶辉格党,新国王登位给议会改革提供了一个有利的时间点。

正在此时,英格兰南部农村发生了"斯温上尉"(Captain Swing)的暴动,被称为"英格兰最后一次农人暴动"。穷苦绝望的农场工人以"斯温上尉"的名义发布命令,放火焚烧粮仓、捣毁脱谷机,认为那些机器剥夺了他们的工作机会,大批大批的农业工人四处游荡,有些农场主的庄园也被烧毁了。骚动持续了一年多时间,他们对政治其实并不关心,其行动是自发的,缺乏组织性,很容易被镇压下去。但他们的行动震惊了统治阶级,因为农业工人一直被认为是最温顺的英国人。

社会动荡让辉格党焦虑不安,也让他们看到了击败托利党的机会。在辉格党政治家中,格雷伯爵具有很高的威望,他在法国革命时期就赞成改革,此后一直持改革立场。他认为在当时的情况下,除非立即进行改革,否则骚动将蔓延,还可能酿成一场革命。

1830 年 11 月格雷向威灵顿发难,在激进派、自由托利党人和极端托利派的共同支持下,辉格党击败威灵顿政府,结束了托利党近半个世纪的统治。

格雷随即组建政府,他上台后首先考虑的就是议会改革,为此他成立了一个四人委员会,由他的女婿达勒姆勋爵(Lord Durham)担任主席,负责起草议会改革方案。按他的指示,改革法必须剔除旧制度中最主要的弊病,一是废除衰败选区,二是给大城市设立议席,三是建立统一的选邑选举权标准,四是扩大选举权。1830 年 12 月 1 日委员会开始起草改革法案,1831 年 1 月 14 日将草案提交给格雷。辉格党之所以愿意改革,是希望通过改革废弃旧制度中最突出的弊端,而保持现有的政治制度,他们坚持选举权应该建立在财产的基础上,并非"天赋人权"(natural right),通过有限度的改革以平息中等阶级的不满,满足他们的部分要求,孤立并弱化工人阶级,建立贵族和中等阶级之间的政治联盟,防止法国式革命的发生。因此,委员会起草的应该是"一劳永逸的解决方案"。①当然,这里面也有党派利益,据估算,新选民必然会把选票投给辉格党人。

1831年3月1日,约翰·罗素(John Russell)勋爵向下院陈述了法案内容,主要包括:1) 调整议席分布,取消一批衰败选邑,削减另一批选邑的议席数,把这些议席分配给大城市或郡;2) 改革选举资格限制,郡选举权不变,城镇选邑统一为10英镑财产资格。

法案比人们想象的要激进,传记作家查尔斯·格雷维尔(Charles Greville)称它"确实是一个彻底的措施"。但托利党坚持反改革立场拒绝妥协,罗伯特·英格利斯(Robert Harry Inglis)勋爵在当天的辩论发言中说:"人口从来就不是我们代表权的基础,财产从来就不是我们代表权的基础。英格兰的宪政是在光荣革命时期固定下来的,从那个时候开始,国王就没有提出新建选邑的权力,可能也没有被建议使用那种权力。……我们的宪政是与时俱进的,它超越了人们的设计和计算,它不是一座建筑,而是一棵树……它最全面地代表了人们的利益……它包含:地主、商业、专业人士的权利,王室特权、贵族特权、低等阶层利益、全体人民的权利和自由……东印度、西印度、殖民地,海外公司、商业利益的权利……可以在本院找到它们的真正支持。"②

议会之外,工人激进派指责它是一个自私的法案,目的是争取中等阶级支持,而工人阶级得不到好处。中等阶级则认为:尽管法案有缺点,但它是一个良好开端,终将导致进一步的改革,因此最终也会对工人阶级有利。大多数议员都支持法案,他们的支持对于法案的通过至关重

---

① John Cannon, *Parliamentary Reform 1640—1832*, Cambridge University Press, 1972, p. 210.

② *Hansard*, HC Deb, 01 March 1831, vol 2, cc. 1090 - 1128.

要。经过激烈辩论,法案通过一读并在 3 月 21 日进行二读。3 月 23 日下院以 302∶301 票通过法案,由于只是一票多数,就很难进入委员会阶段逐条审议,于是格雷政府解散议会,提前举行大选。

在大选中反改革的议员多数都落选了,辉格党赢得 134 票多数,可见人心向背。同一法案略经修改就在下院再次获得通过,并于 9 月 22 日提交上院。然而,上院托利党贵族在威灵顿领导下于 10 月 8 日否决法案,理由是法案"结束了贵族的统治"。这样,改革法就进入白炽化斗争了。

10 月 8 日上院否决法案的当晚,德比(Derby)群众就开始闹事,与当局一连对峙了三天;随即诺丁汉、莱斯特、伍斯特(Wooster)、埃塞克斯(Essex)等地也发生骚乱,但最严重的骚乱发生在布里斯托尔,那里的军队被迫撤到郊外,群众则捣毁了市议会、市政厅、监狱、税所、海关、主教官邸等,在三天之内控制着城市。这种局面使许多有产者感到害怕,他们担心时局失控,于是就开始谈论组织"国民自卫军"(National Guard)以保护财产;工人激进组织认为有产者拿起枪无非是对付无产者的,于是就设想建立"人民自卫军"。面对这种局面,辉格党政府一方面下决心继续推进改革,以争取中等阶级的支持;另一方面严加防范,避免法国式革命的发生。

1832 年 4 月辉格党政府第三次提交法案并又一次获下院通过,但托利党继续扬言要否决法案。于是,格雷在 5 月 7 日觐见国王,要求册封足够多的改革派人士成为贵族,以确保法案在上院通过。威廉四世拒绝了这个要求,格雷政府立即宣布辞职;威灵顿则在全国的抗议声中受命组建新政府。在这种情况下,全国的改革派终于放下分歧,协同行动,全力抵抗威灵顿的组阁企图。在 5 月 9—19 日的 10 天中,全国各地共召开 200 多次群众大会,规模最大的有 10 万人参加;成千上万的人报名参加各地的改革协会,向议会递交了 300 多份请愿书,要求完成改革。一些激进派领袖开始在私下里讨论发动武装起义的可能性;中等阶级温和派则号召有产者去银行取款挤兑黄金,得到了热烈的响应:10 天之间,英格兰银行的黄金储备被取走一半。

罗伯特·皮尔表示不加入威灵顿政府,这是对威灵顿组阁的最后一个打击。5月15日,威灵顿被迫交回组阁委任书;5月18日国王作出书面保证:如果上院再次否决法案,他将册封足够的新贵族来确保法案的通过。当晚,格雷恢复首相职务,表示继续进行改革。面对这种局面,威灵顿公爵和托利党多数识时务地退却了,他们在上院表决时退出会场,让法案顺利获得通过。托利党在最关键的时刻让步以求平安,避免了一次可能的革命。1832年6月7日,改革法经国王签署后正式生效。同年,类似的改革也在苏格兰和威尔士各自获得通过。

1832年改革法主要包括选举权和议席分配两个主要内容,它由三份相对独立又类似的文件组成,分别对英格兰和威尔士、苏格兰、爱尔兰作出相关规定:[①]

关于英格兰和威尔士,法案规定:(1)扩大选举权,增加选民人数。郡选区保留年收入40先令以上的自由持有农的选举资格,增加年收入50英镑以上的租地农和10英镑以上的公簿持有农(copyholders)。城镇选区确立年值10英镑房产资格选举权,凡拥有年值10英镑的房屋、仓库、钱庄、店铺或其他建筑物并缴纳济贫税(poor rate)和估价税的人,无论是否拥有土地,都具有选民资格。1832年以前具有城镇选民资格的,依然保留选民资格。(2)调整议席分布,英格兰议席数从过去的489个减少到471个,取消56个"衰败选邑",并将30个选邑从双议席降为单议席,把这些席位分给伦敦和北部工业区的大中城市,并增加郡选区议席,视该郡居民的多少确定其议席数,不一定都是每郡2席。威尔士的议席数从过去的24个增加到29个,新增2个选邑,并调整各郡议席数。

关于苏格兰:(1)在郡选区有选举权的是年收入10英镑以上的地

---

① 有关数字主要参考了三种资料:David Douglas, *English Historical Documents*, Volume XI, Oxford University Press, 1969, pp. 341 - 358;E. J. Evans, *The Great Reform Act of 1832*, Methuen & Co. Ltd, 1983, pp. 45 - 49; H. J. Hanham, *The Reformed Electoral System in Great Britain*, 1832—1914, London, 1968, pp. 33 - 34.

主,年收入 10 英镑以上或租期在 57 年以上的租地农,或年收入为 50 英镑以上租期在 19 年以上的租地农和年收入 50 英镑的佃农。1832 年以前的选民仍保留选民资格。在城镇选区,所有房产年值为 10 英镑以上的人,无论其用途是经营、租赁、共同占有或继承,都有选举权。(2)苏格兰议席总数从过去的 45 个增加到 53 个,郡议席维持 30 个不变,城镇议席从原来的 15 个增加到 23 个,其中爱丁堡(Edinburgh)和格拉斯哥(Glasgow)各获 2 席,其他城市各 1 席。

关于爱尔兰:(1)郡选区是年值 10 英镑以上的土地所有者,或年收入 10 英镑租期在 20 年以上、及年收入 20 英镑租期在 14 年以上的租地农。城镇选举权授予所有年值为 10 英镑的房产所有者或承租人,或年收入 10 英镑的自由持有农及租地农。1832 年以前的选民保留选举资格。天主教神甫无权投票,除非他符合本法案的不动产资格。(2)爱尔兰议席总数从过去的 100 个增加到 105 个,32 郡每个郡 2 席;城镇增加 4 个席位,都柏林大学从 1 个议席增加为 2 个议席。

1832 年改革具有里程碑意义,它标志着英国从贵族制向民主制迈出第一步,并且"确定了一个现代的工业国家坚定地走在一条渐进和非暴力的道路上"[1]。改革法增加了下院的权力和声望,使其具有更大的代表性。改革法消灭了衰败选邑,贵族在下院的影响力减小。更重要的是,它继承了光荣革命以来和平变革的传统,用和平、渐进的方式完成了改革。这以后,改革就在不断进行,直至 20 世纪完全确立现代民主制度。

尽管有这些变化,改革法与未改革的制度依然有很多连续性,它是一次改良而不是突变,贵族依然维持了他们的统治权,只是在程度上有所削弱。很多选邑依然由贵族控制,1832 年以后,大约有 50% 的"口袋选邑"(Pocket boroughs,装在贵族口袋里的选邑)保留下来;在新法案下诞生的第一届下院中,70%—80% 的议员仍旧代表地主的利益,其中最

---

[1] E. J. Evans, *The Great Reform Act of 1832*, Methuen & Co. Ltd, 1983, p. 43.

大的一个群体是贵族子弟,只有不到 100 名议员是银行家、商人或工厂主。[1] 所以,"新制度"下的议会与"旧制度"下的议会在人员结构上基本相同。

10 英镑房产选举资格使中等阶级成为选民的主体,店主代替工匠成为城镇选民的最大职业团体。中等阶级当选议员的机会增大了,特别是新城镇和工业选区的中等阶级。然而,中等阶级事实上并没有获得政治上的控制权,只是分享了政治权力,成为"有权的"阶级。

工人阶级没有获得选举权,他们被排除在选民之外。新增城市选区的房产价格很低,很少有人能达到 10 英镑房产资格,比如在伯明翰,选民人数还不到人口的总数的 5%,他们主要是中等阶级。而且,在那些被取消选邑资格的地方,下层民众反而失去选举权。1832 年以后,工人选民由于工作迁徙和自然死亡等原因而不断缩减,工人阶级感到他们被"出卖了",这种怨愤后来形成了宪章运动(The Chartism)的主要推动力。

从统治者制定和通过改革法的意图以及法案内容看,1832 年改革或许谈不上是"伟大的改革"。辉格党认为改革是"捍卫和保存英国贵族的政治天职"的手段;[2]格雷本人认为,中等阶级的影响力已不可等闲视之,如果不对中等阶级作出"一些让步",那么"将很快导致共和主义和现有制度的毁灭"。[3] 他在 1830 年 11 月明确说道:"我改革的原则是防止革命"。[4] 从英国革命和法国革命的经验看,"革命"带来了"民主"或"共和主义",这是英国贵族绝对不想要的。

改革的最大意义是它用和平手段完成了自我更新,到这个时候,英

---

[1] E. J. Evans, *The Great Reform Act of 1832*, Methuen & Co. Ltd, 1983, p. 41.

[2] Harold A. Ellis, "Aristocratic Influence and Electoral Independence: The Whig Model of Parliamentary Reform 1792—1832", *The Journal of Modern History*, Vol. 51, No. 4, On Demand Supplement(Dec., 1979), p. 1276.

[3] John Cannon, *Parliamentary Reform 1640—1832*, Cambridge University Press, 1972, pp. 250 - 251.

[4] Michael Brock, *The Great Reform Act*, 1973, Hutchinson & CO LTD, p. 336.

国就算成熟了,它找到了适合自己发展的道路,不必再盲目摸索,也无须处处担忧,可以随时用改革的方式调整自己,变革已经过时的制度。这一条和平变革发展的道路是英国的特色,是在英国历史发展中稳步形成的。

1832年改革不是一次激进的改革,激进派因此大失所望,他们要求继续改革。但在以后20多年时间里,英国没有形成新的改革氛围,尽管有轰轰烈烈的宪章运动,在十多年时间里声势浩大,但改革的时机一直没有到来。其实就"改革"这种社会变革的形式而言,只有当社会大多数人都有变革的愿望、并形成巨大的社会压力时,"改革"才可能提上议事日程——1832年改革过程正说明这一点。宪章运动是一次纯粹的工人阶级改革运动,它主动与社会其他阶层划清界限,尽管它被誉为"世界上第一次广泛的、真正群众性的、政治性的无产阶级革命运动"①,但它的的确确孤军奋战,拒绝寻找同盟军,得不到社会其他阶层的同情,它自己也因为内部的意见不一而不断分裂,最终终于萎缩而消失了,没能完成进一步推动改革的使命。

但是到19世纪中期,新的改革氛围慢慢形成了,那是维多利亚的全盛期,英国已完成工业革命,社会的富裕和国家的强大已达到顶点,整个世界似乎都已经控制在英国的手里。但英国自身的问题却逐渐暴露出来,宪章运动所映射的工人阶级的反叛情绪、中等阶级激进派对国家政权继续掌握在贵族手中的厌恶,以及工业化所造成的种种问题,都严肃地呈现在每一个英国人眼前,统治集团中也有人渐渐看出这一点,并日益明白:需要进行新的改革。

罗素勋爵是辉格党集团中的佼佼者,他很早就意识到这个问题。罗素出身于辉格党世家,祖辈中不乏英国历史上的著名人物,比如在复辟时期的蒙茅斯起义(Monmouth Rebellion)中,罗素家族就有为"自由"事

---

① 列宁:《第三国际及其在历史上的地位》,《列宁全集》第29卷,人民出版社,1985年,第276页。

业献身的蒙难者。罗素自己是 1832 年改革法的主要起草人之一,在格雷内阁中担任要职。1832 年改革之后,他认为新的改革不可避免,于是在 1846 年出任首相后就试图提出新的改革方案,其中包括放宽选民财产资格等。但在这个时候提出改革却是不合时宜,辉格党认为 1832 年改革是"最后的解决方案",其党内保守派甚至说任何新的改革都会触发国家动乱。1848 年欧洲发生革命,英国宪章运动进入最后一个、也是最强烈的高潮,在这个时候进行改革,很难被统治阶级的多数所接受,因此罗素在议会多次提出议案,都被议会拒绝了。

但是保守党中也有人开始主张改革,最重要的人物是本杰明·迪斯雷利(Benjamin Disraeli)。迪斯雷利出身于中等阶级家庭,他父亲是一个改信基督教的犹太人;他年轻时曾经做过作家,对社会的不公正进行激烈的批判,小说《西比尔》曾经风靡一时。从政后他渐渐步入保守党的核心圈,成为新托利主义的主要代表。他认为社会不公正已经根深蒂固,正在吞噬英国的灵魂;他认为托利党人作为国家的天然守护者,应该充分承担起社会大家长的职责,保护社会的弱小。托利党只有这样——承担社会责任,才能继续维持自己作为一个重要党派的地位,从 1832 年改革的打击下振作起来,摆脱长期的在野命运。迪斯雷利主张新的改革,相信新的改革符合保守党的党派利益。

1859 年 2 月,短期执政的保守党政府提出改革方案,政府首相是德比伯爵(Earl of Derby),迪斯雷利是事实上的领袖。这个方案提出在保持选邑议席基本不变的前提下,增加郡的议席数量。但由于这个政府是少数派政府,地位极其不稳,所以改革其实是无法进行的。

进入 60 年代,新的改革氛围出现了,中下层改革力量再次行动,民众中的改革热情逐渐升温,他们建立了一些要求改革的群众组织,其中最有影响的是"全国改革同盟"(National Reform Union)和"全国改革联盟"(National Reform League)。

"全国改革同盟"成立于 1864 年,它是一个中等阶级组织,主要成员是曼彻斯特的商人、工厂主和激进派议员,其中有一些是反谷物法运动的主要领导人,如约翰·布莱特。联盟的分支机构很快扩展到全国,尤其是工业城镇,它试图实现中等阶级和工人阶级之间的政治合作,达到扩大选举权、实行无记名投票和平均分配议席的目的。

"全国改革联盟"于次年成立,主要成员是工人阶级和激进派左翼,得到马克思领导的第一国际等左翼组织的支持。该组织要求将选举权扩大到工人阶级,尤其值得注意的是,迄今为止一直不愿意卷入政治活动的工会运动这一次也公开表态支持改革,总部设在伦敦的五大工会纷纷发表声明,要求进行新的改革。工会态度的变化起因于工会发现在劳资发生冲突时,议会总是为有产者说话,而工会开始卷入政治活动,则标志着工会运动的新的转向。

从1866年开始,改革同盟和改革联盟经常协同行动,共同组织群众运动,到这个时候,有组织的群众组织和群众运动又形成了,中下层之间的联合行动也再次出现,改革的条件逐渐成熟。

1865年11月,被称为"改革制动器"的自由党首相帕默斯顿(Henry John Temple, 3rd Viscount Palmerston)去世,罗素勋爵接任首相,政府的实际领导人是财政大臣(Chancellor of the Exchequer)和下院领袖格拉斯顿,他决心实行改革。格拉斯顿起初属于托利党皮尔派(Peelite),曾在皮尔政府任职,后来和皮尔派中许多人一样投奔辉格党,在帕默斯顿执政时期地位不断上升,终于在帕默斯顿去世后成为辉格(自由)党的实际领导人。

格拉斯顿日渐意识到扩大选举权的重要性,在工业革命已经完成的历史背景下,人数越来越多的工人阶级却没有代表权。[1] 1864年3月11日他在议会指出:政府不能"等待工人阶级发起争取选举权的运动,不是像以前一样去制造议会运动的条件,这不是正确的态度。与此相反,如果可能,我们应该对此进行预测并用明智而富有远见的措施予以防范"。

---

[1] Malcolm Pearce and Geoffreg Stewart, *British Political History 1867—2001*, Routledge, 2002, p. 21.

格拉斯顿相信,"工人阶级没有被授予选举权并作为一个阶级行动,也没有任何理由假定,如果选举权得到温和与公平的扩大之后,他们会采取这样的集体行动"。格拉斯顿认为,"只有考虑到社会所有阶级的感觉才能消除各地的混乱现象,这样的一个阶级联盟对共同体福祉而言,将产生无法比拟的贡献"①。换句话说,他认为社会各阶级都应该有自己的代表权,为此,他赢得了"人民威廉"(The People's William)的称号,得到民众的支持。

但格拉斯顿只赞成谨慎的改革,他愿意让体面的技术工人得到选举权,但排除普通劳工及所谓的"社会残渣"。格拉斯顿从选举记录中发现,有投票权的工人多数将选票投给自由党人,②因此认定技术工人和其他体面工人也会这样做。1866 年 3 月格拉斯顿提出《人民代表权法》,打算扩大选举权,把成年男子选民数从其人口的 1/5 提高到 1/4。在 19 世纪中叶,很多人有了新房子,但这些房子达不到年值 10 英镑的选举权资格,而且许多工业城镇的房屋售价低于 10 英镑,19 世纪的房价走势趋于下降而不是上涨③。于是,格拉斯顿在议会提出 7 英镑房产选举权的标准,他强调:"此类房产持有人的周薪一般接近 26 先令(1.3 英镑),除非在特殊的情况下,农民和一般的体力工人根本拿不到这么多的钱,但是工匠和技术工人通常都可以挣到。如果将投票权给年租金 6 英镑的房产持有人,选邑的政治权力杠杆就将向工人阶级倾斜。我们不应将它看作是增加了工人阶级选民,虽然在某种程度上是这样,好像这种选民的增加只是带来危险;我们不能将它看作是特洛伊木马,里面装满了爱好破坏、抢劫和放火的士兵。我相信,我们提出的新选民是值得你们欢迎的"。④

格拉斯顿的改革方案引起不同的反响。改革同盟认为法案太狭窄,

---

① Robert Schuyler & Corinne Weston, *British Constitutional History Since 1832*, D. Van Nostrand Company(Canada), LTD. , 1957, pp. 128 - 130.

② 当时尚未实行无记名投票,所以会有选举记录。

③ H. J. Hanham, *The Reformed Electoral System in Great Britain*, 1832—1914, London, 1968, p. 16.

④ *Hansard*, HC Deb, 12 March 1866, Vol. 182, cc. 54 - 56.

不能满足工人阶级要求；布莱特等中等阶级激进派虽然愿意支持该法案，但也认为它不够充分。自由党中的"亚杜兰洞派"①（Adullamites）却认为法案会增加太多的工人选民，他们中最有影响的代表罗伯特·洛（Robert Lowe）说：工人阶级新选民是腐败和没有道德的，法案将导致现存政治体制的结束，"我们迟早将看到选民的大部分是工人阶级"，其结果是"增加腐败、胁迫和混乱"。② 洛的说法激怒了工人阶级，如果说在此之前工人中许多人对改革问题还不关心，那么洛的演说刺激了他们，让他们走上了斗争的舞台。

最后，自由党内很多议员，无论是反对议会改革，还是认为改革力度不够，或者出于对罗素和格拉斯顿个人的不满，都站在了亚杜兰洞派一边。③ 1866 年 6 月，托利党与自由党中的亚杜兰洞派合作挫败了格拉斯顿的改革议案，自由党政府辞职；保守党领袖德比勋爵组成新政府，迪斯雷利担任财政大臣。

人民于是走上前台，改革联盟和改革同盟联合起来，组织了一系列群众会议和示威游行，支持议会改革。1866 年 7 月 23 日，改革联盟在海德公园组织和平集会，警察封锁公园不让民众进入，结果演化成暴力冲突，持续了三天，最后不得不使用军队。在外郡，各地出现许多改革派集会，据说参加人数总计超过了百万人。这些情况表明改革已不可退却，不改革就不能稳定社会秩序。

保守党组建的是少数派政府，它只有在反对党的支持下才能运作。自 1832 年以来保守党长期在野，只有过三次短期执政。在这种情况下，迪斯雷利决定采用冒险策略，在议会提出了自己的改革法案，其主要内容是：英格兰城镇选区的选举资格降为缴纳 20 先令直接税并交付济贫

---

① 布莱特对自由党中辉格右翼贵族的蔑称，典故出自《圣经》，大卫等人因避难而居住在迦南的亚杜兰洞（Cave of Adullam）内。

② Robert Pearce & Roger Stearn, *Government and Reform：Britain 1815—1918*（Second Edition），Hodder Murray，1994，p. 58.

③ James Winter，"The Cave of Adullam and Parliamentary Reform"，*The English Historical Review*，Vol. 81，No. 318（Jan.，1966），p. 48.

税的房产所有人,郡选区的选举资格从 50 英镑降到 15 英镑。迪斯雷利认为这个法案可以给保守党带来政治利益,第一它会造成自由党的分裂,第二新选民出于感激会投保守党的票,第三它可以保护各郡的贵族权力,第四可以稳定社会秩序。1867 年 3 月 18 日迪斯雷利在下院演说,明确否认该法案将引致民主,他只希望把选举权扩大到一部分工人,这种有限的扩大,还会被同时增加的中等阶级选民所抵消。[1]

保守党一部分议员不欢迎这个法案,法案提出后立即有三位阁员表示辞职,因此必须在一部分自由党人的帮助下才可能通过该议案。格拉斯顿决定利用这个局面,他一方面不否决这个议案,另一方面却逐条逐句地对法案提出修改意见,试图在迪斯雷利的外壳中加进自由党的灵魂。议会辩论进行得异常激烈,几乎对每一项条款都要进行拉锯战,提出修改与反修改。最后,迪斯雷利的议案被彻底修改了,确定的文本比原来的方案要激进得多。于是出现了一种似乎不符合逻辑的现象:保守党把自由党赶下台,原因是自由党的改革方案太激进;可是经过修改的迪斯雷利改革法比格拉斯顿的方案更激进,格拉斯顿骑着保守党这匹马,跑到了 1867 年议会改革的终点。1867 年 8 月迪斯雷利改革法案最终获得通过,经国王批准后成为法律。

新法案扩大了选民范围并重新分配议席。在城镇选区,所有男性房产持有人都获得选举权,前提是持有该房产已满 12 个月;年租金 10 英镑以上并在此地住满 12 个月的房客也得到选举权。郡选举权包括:除1832 年改革法规定的选民以外,增加年值 5 英镑以上的土地持有人和租约农,及交纳 12 英镑以上地租并付清济贫税的土地租佃人。这些规定使选民人数从 110 万增加到 200 万,成年男子中有三分之一得到选举权,其中包括大量的工人阶级选民。[2] 改革使城镇选民增加 135%,工业

---

[1] Robert Schuyler and Corinne Weston, *British Constitutional History Since 1832*, D. Van Nostrand Company(Canada), LTD., 1957, pp. 130 - 133.

[2] Michael Lynch, *An Introduction to Nineteenth-Century British History 1800—1914*, Hodder Murray, 1999, p. 64.

区的选民比例尤其高,比如伯明翰选民从 8 000 人增加到 4.3 万人,工人阶级选民占据多数;但郡选民只增长了 45%,很多郡依然受贵族的控制。

在议席分配方面:取消 1 万人口以下小选邑的议席共 45 个,7 个选邑被取消资格;上述 52 个议席中,25 个分配给各郡,20 个给新设选邑,另外有 6 个选邑各增加 1 个议席,伦敦大学得到 1 个议席。1868 年,苏格兰和爱尔兰也通过了类似法案。

改革第一次使工人阶级的多数成为选民,这在英国民主化过程中具有重大意义。但选举资格仍然是以财产为依据的,选民仍然只占人口中的少数;选区分布仍然不合理,没有按照人口比例的原则来划定。农业区仍然比工业区有更大的代表性,英格兰南部和西部比其他地区有更大的代表性,比如,英格兰西南地区有 45 个议席,东北地区只有 32 个议席,但人口要比西南地区多出三倍。

改革对政党的影响很难估计,两党在选民支持率上都有得有失。自由党赢得了 1868 年大选,但从长远看,保守党可能得到更多。为了适应大量新选民的出现,两党被迫加强组织建设,以争取选民,特别是城镇选民。1867 年,保守党成立"保守党全国联盟"(The National Union of Conservative and Unionist Associations);1877 年,自由党也成立了"自由党全国同盟"(The National Liberal Federation)。

第二次议会改革没有解决无记名投票(secret ballot)问题,这意味着公开的腐败仍然盛行。尽管保守党基本上反对这个改革,自由党内部也意见不一,但"无记名投票法"(The Ballot Act 1872)最后还是在格拉斯顿第一任首相期内(1868—1874 年)获得通过。1868 年大选时出现了严重的舞弊现象,媒体大肆渲染加以曝光,政府不得已成立了一个议会调查委员会;1870 年委员会公布了调查报告,证实在大选中发生了针对人身和财产的暴力事件,很多选举是在醉酒和混乱中进行的,郡选举中存在着诸多不适当行为,地主对选民施加了太多的影响。

这个报告推动了选举方法的改革。1871 年政府提出第一个"无记名投票法"议案,但被下院否决。1872 年第二个议案获下院通过,但在上院又遭批评,罗素伯爵认为无记名投票将增加舞弊行为,包括行贿和假扮选民;还有人声称"地主对佃农的压力是合理的",①但反对者终究只是少数,无记名投票法被接受了。

无记名投票法并没有消除选举舞弊现象,在农村的效果更加有限,即便在城镇选区,工厂主对雇工也有很大影响。但从长远来看,它还是减少了地主和雇主的控制力,至少在理论上,选民可以根据自己的意愿而不是其他人的命令来选择候选人,议会选举的方法变得更加民主了。

然而大选中仍然存在着普遍的宴请和贿赂事件,很多选民如果得不到物质上的好处就不投票,有人甚至公开要价,谁出价高就把选票卖给谁。像萨德伯里(Sudbury)、雅茅斯(Yarmouth)这些地方由于腐败现象太严重了,结果被取消了选邑资格。在 1880 年之前,至少在部分选区,越来越多的人愿意用选票卖钱。②

激进派一直希望采取措施清除贿选,自由党特别希望制定反贿赂法,他们认为保守党更加富有,更愿意出高价收买选票,因此清除贿选就能降低保守党的成功几率。确实有资料表明富有的选民愿意投保守党的票,虽然这些选民在数量上无足轻重,但是他们的经济支持却很重要。③ 另一方面,保守党也认为贿选行为过分了,不希望在这方面花费钱财。因此,在格拉斯顿第二个首相任期,《选举舞弊和非法行为禁令》(The Corrupt and Illegal Practices Prevention Act,1883)通过。

法案规定了每个候选人选举费用的限额和聘用工作人员的数量,其标准根据选区的类型和选民的多少而不同。法案还禁止候选人动用交通工具运送选民,违反禁令规定者将给予罚款、拘留等处罚。候选人采

---

① http://en. wikipedia. org/wiki/Ballot_Act_1872.

② H. J. Hanham, *The Reformed Electoral System in Great Britain*, 1832—1914, London, 1968,p. 16.

③ Phillips, *Boroughs*, pp. 267 - 270;Fraser, *Urban Politics*, pp. 217 - 222;Radice, "Identification, interests and influence", pp. 519 - 530;Wright, "Bradford", pp. 159 - 163;Nossiter, *Influence*, p. 170;Vincent, *Pollbooks*, pp. 71 - 193. in Philip Salmon, *Electoral Reform at Work*, The Royal Historical Society, 2002, p. 73.

取非法行为获得议席的,一经发现即取消议员资格。

1883 年的《选举舞弊和非法行为禁令》被认为是"议会改革的里程碑",它最大程度地减少了选举中的贿赂、胁迫和冒名顶替行为。并且,任何候选人都要小心谨慎遵守法规,否则其对手将利用他们的违规击败他们。

此后,人们的注意力再次转向选举权问题。1867 年以后,政治精英作为整体接受了这样的观点,即选举权扩大是不可避免的事,因此任何一个政党都要思考新的议会改革,以便能确保自己党派的利益。

1867 年改革依然把多数男人和全部妇女排除在选举权之外,郡选区的选民资格限制要比选邑多得多。激进派过去之所以接受郡选区有限的选举权规定,是因为他们觉得农村选民会按照雇主或地主的指令投票。但 1872 年的无记名投票法颁布后,所有选民都可以按自己的意志自由投票,至少在理论上是这样。自由党就发现实行了无记名投票法后,很多过去不支持自己的选民也开始投本党的票,特别是郡选区的矿工。1867 年改革还有一个后果,就是工会实力增强,在 1874 年大选中矿工领袖托马斯·伯特(Thomas Burt)被选为议员,其原因就是矿工有了选举权。这种现象之出现,无疑归因于选举权的扩大,因此自由党和激进派都希望进一步扩大选举权。

政府内的激进派代表是伯明翰的前市长约瑟夫·张伯伦,他在格拉斯顿第二届政府(1880—1885 年)内担任贸易部大臣(President of the Board of Trade)。张伯伦和他的激进派同僚想要控制自由党,清除老式的辉格党贵族。他们认为,格拉斯顿年事已高,不再能长期担任党的领袖。议会改革是张伯伦政治战略中的最重要的部分,他认为选民的增加有利于自己改革自由党的政治目标。

经过张伯伦等人的劝说,格拉斯顿同意进行温和的议会改革。1884 年自由党提出改革方案,扩大郡选民范围。该方案在下院获通过并移交上院讨论,此时,由索尔兹伯里勋爵(Lord Salisbury)为领袖的保守党在上院占据多数席位,而索尔兹伯里本人是一个坚定的保守主义者,其主要的政治目标就是维持贵族的统治权、保护国教;他不信任工人选民。但他也不是彻头彻尾的反改革派,他觉得议会改革对保守党来说不是灾难,扩大郡选举权可能有利于自由党,但重新分配议席则对保守党有利。

张伯伦和激进派主张削减上院权力,为此在伦敦成立了一个废除上院的民主委员会,作为群众运动的基础。但民众的反应冷淡,格拉斯顿也不希望废除上院,于是,自由党与保守党进行秘密会谈,这是前所未有的,即两大党通过事先协商,再将决定提交议会。索尔兹伯里在会谈中处于强势,因为他握有上院的否决权,他主要关心议席的再分配,很多城镇选区由工人或中等阶级选民占多数,而保守党在这些选区的支持率比较低。为此,索尔兹伯里提出取消双议席选区(two-member constituencies)制度,将它们改为较小的单议席选区。通过这样的调整,就可以产生更多的中等阶级选区,保守党可以得到更多的胜选机会,从而改变保守党在选举中的不利地位。老选区的少数派地位就可能变成在新选区的多数派地位。通过协商,两党签订了"阿林顿街协定"(Arlington Street Compact),第三次议会改革的框架也基本确定了,自由党得以扩大选举权,保守党则得以重新分配议席。

第三次议会改革法由两个独立的法案组成,一是 1884 年的《选举权法》(The Franchise Act,1884),二是 1885 年的《议席重新分配法》(The Redistribution Act,1885)。两个法规均适用于整个联合王国,前者将 1867 年的选邑选举权资格扩展到郡选区,即无论城市选区还是农村选区,凡持有年值 10 英镑以上的房产、土地或财产的人,都有选举权。经过这项改革,选民人数从 300 万增加到 500 万[1]。

后者重新分配了 138 个议席,在 19 世纪,这是最彻底的一次调整。英格兰和威尔士 79 个居民人数在 1.5 万以下的选邑各失去 1 个议席,伦敦诸选区的议席从 22 个增加到 55 个,其他一些城市和郡也增加了议

---

[1] Michael Lynch, *An Introduction to Nineteenth-Century British History 1800—1914*, Hodder Murray, 1999, p. 74.

席。老的郡选区被分成单议席选区,此后,英国多数选区只有 1 个议席了,英国选区基本上不再是历史所形成的选举单位,而是人为划定的、选民数相仿的区域范围。

这次改革之后,全国大约有 2/3 的成年男子已经是选民,而之前只有 1/3。郡选民中,农业工人和矿工也有了选举权;议席的重新分配改变了选区设置,议席与人口之间产生了更紧密的联系。城市和工业区得到更多的议席,而郡范围内的选邑的席位却减少了。

这次改革还加强了"自由-劳工联盟"(Liberal-Labour)。"自由-劳工联盟"是在 19 世纪 70 年代形成的,按照约定,自由党支持劳工候选人在自由党不占优势的选区出面竞选,劳工则在其他所有选区支持自由党候选人。第三次议会改革后,由于工人阶级多数成为选民,工人集中居住的地区就成了由工人选票控制的选区,工人的投票决定竞选胜负,工会领导人很容易当选为议员。自由党为了避免和工会领导人直接交锋,就愿意把这些选区让给工会去竞选,而同时要求工会在其他选区支持自由党。这显然是一笔赚钱的买卖,因为一方面,自由党把工人选民占多数的选区让给工会,其实并没有失去什么,相反还卖了一个乖;另一方面,这笔交易能保证大量工人选票投给自由党,在与保守党的对抗中可以占据优势。这个联盟在 1874 年把 2 位工会领袖推进议会,而改革之后,到 1885 年,就增加到 13 位。

由于减少了农村的议席,并增加了郡选区的选民数,第三次议会改革还削弱了地主的影响力。1885 年以后,当地豪门在 12 个郡选区还有影响力,但作用大不如当年。政府中,贵族出身的大臣和议员人数也减少了,中等阶级的地位显著提高。改革后首次大选,工厂主和商人出身的议员人数第一次超过了地主议员。尽管贵族和中等阶级依然是政治伙伴,但后者成了支配力量。

但英国仍然没有走进民主时代:所有的妇女都没有投票权,相当一部分成年男子也不是选民,很多工人仍被排除在选举之外,他们因为工作地点经常变动,而不能成为选民。选民登记是一个特别繁琐而冗长的手续,因很多人无法确定自己是否有资格,而造成很多有资格的人没有登记。根据詹姆士·康福德教授(James Cornford)的计算,实际拥有选举权的人数大致为①:

表28 选民人数统计表(单位:人)

年份	英格兰和威尔士	苏格兰	大不列颠
1831	435 391	4 579	439 970
1833	652 777	64 447	717 224
1869	1 995 086	230 606	2 225 692
1886	4 376 624	560 580	4 937 204

表29 选民人数占总人口的比例

年份	英格兰和威尔士	苏格兰
1833	1/5	1/8
1869	1/3	1/3
1886	2/3	3/5

此外,很多人有多重投票权,比如第一次是房产持有人,第二次是地主。张伯伦有6次投票权,查尔斯·迪尔克(Charles Dilke)有9次;1910年大约有50万选民可以多次投票,结果,中等阶级的人数占成年男子总人口的20%,却是总选民数的40%。工人阶级一般只能投一次票,这种制度对工人不利。

部分郡选区的代表性很低,人口与议席之比高于其他选区,比如苏格兰的选区、英格兰北部和大部分城市;另一些选区议员比例过高,比如爱尔兰及英格兰的南部农村地区。工业选区选民数量大,结果就在制度上压低了工人阶级议员的比例;其实工人阶级很难承受选举的费用,他们无力推出很多候选人,一直到20世纪工党(Labour Party)建立,工人

① H. J. Hanham, *The Reformed Electoral System in Great Britain*, 1832—1914, London, 1968, p. 35.

候选人都是很少的。由于选举的费用很高,大选中无竞争对手的情况还是比较严重,在1880—1910年历次大选中,无竞争选举平均每年有136起;当选议员中,约20%在大选中无竞争对手。并且,英国议员不取薪金,号称是自愿为公众服务,但这样就使为生计所迫的人不可能参与竞选,对他们来说,从政是一件奢侈的事。1911年自由党提出议员年薪为400英镑,相当于一个殷实的中等阶级的收入,但议会依然控制在富人手中。

男子选举权对妇女来说尤为不公正,一些妇女受过很好的高等教育,却没有选举权。从19世纪下半叶起,有些妇女在地方选举中有了投票权,甚至还可以担任地方公职,但她们被排除在国家层面的政治活动之外,因此,妇女争取选举权运动开始高涨。1897年,在米利森特·福西特(Millicent Fawcett)夫人领导下,成立了"全国妇女选举权联合会"(The National Union of Women's Suffrage Societies);1903年,埃米琳·潘克赫斯特(Emmeline Pankhurst)夫人等牵头成立"妇女社会和政治联盟"(Women's Social and Political Union)。后者是一个激进组织,采取很多激烈行动,包括破坏设施、放火、袭击政府大臣等,这些活动造成很大的公众影响力,妇女选举权问题也成为当时英国的重大政治、社会问题。相对而言,自由党比较愿意支持妇女的选举权,但如果要保守党接受,则必须按保守党的标准制定选举资格,从而对保守党有利。于是这件事就拖延下来,一直到第一次世界大战爆发。

总之,在19世纪,经过三次议会改革,英国的议会制度发生了根本性改变,与"旧制度"已不可同日而语。改革的方向是建立民主制度,但有趣的是,至少到19世纪80年代,政治家都不愿承认这一点,"民主"到那个时候都不是一个褒义的概念,至少在英国的政治语汇中是这样。英国政治发展中最大的特点之一,是碰到什么问题解决什么问题,对政治家而言,起先进行议会改革是解决政治动荡问题——为避免激烈的群众抗争彻底粉碎英国的政治制度,统治者愿意作出某些让步,让变革的冲击波限制在最小。后来,两党更从党派的利益来考虑问题,议会改革也成了两党政治博弈的竞技场。从三次改革的过程来看,第一次是民众的抗争迫使统治者让步,改革的动力是从这里开始的。到第二次议会改革,民众的抗争与两党的利益考虑开始交织起来,统治集团已经习惯了有限度的改革,认识到改革也可能对自己有利,于是尽量让改革的结果对本集团有利。到第三次议会改革时,整个国家都习惯于改革了,改革已成为常态,到这个时候,统治集团都在考虑如何让改革对本党最有利,英国已经完全学会了缓慢而及时的改革方式;世纪之末,只剩下妇女选举权问题有待处理了,下个世纪开始之后,这个问题终于被解决,英国也完成了民主化改造。

英国式道路是和平、渐进、改革的路,这是一条由历史形成的路。英国以和平、渐进、改革的方式走进现代社会,这是最值得世界各国深刻思考的。

第二章　社会民众运动

　　19 世纪是社会运动高涨的时期,工业化带来的社会变化造成社会的分化,各种利益剧烈冲突,各种诉求也不断涌现,整个社会呈现出动荡不稳的现象。由于解决社会冲突的机制尚在形成之中,因此各种运动经常在社会表层爆发,变成浩大的群众运动,给社会带来裂痕。19 世纪最后三分之一的时间里,随着各方面改革措施的深入,及民众生活水平的整体改进,大规模的群众抗议行动才渐趋平息,诉求的表达也规范化、体制化了。可以说,到这个时候,社会整合的过程才初见成效。

　　19 世纪初英国正处在拿破仑战争中,托利党政府采用高压政策控制民众,迫使许多民众运动转入半地下状态,1811—1812 年在北方几个郡爆发的卢德运动就是其中震动最大的一次。该运动以虚构的人物卢德将军(Ned Ludd)为号召,参加运动的人因而被称为卢德派(Luddites)。卢德派经常趁夜色在乡间聚集,少则数十人,多则上百人,然后对使用机器的工厂发动攻击,破坏其机器。卢德派在行动时给每人一个代号,不暴露其真实姓名,运动的某些领导人可能是以前议会改革运动中的激进派,但由于运动的组织纪律非常严格,透露机密的人会受到严惩,因此它的内部情况基本不为人知。[1]

---

[1] George Beaumont, *The Beggar's Complaint... also, some Observations on the Conduct of the Luddites, in Reference to the Destruction of Machinery*, Sheffield, 1812, p. 125, n. 1.

运动起于诺丁汉郡,该郡制袜商使用一种生产长筒袜的机器,压低了生产成本和销售价格,因此对使用传统工艺的织袜工匠造成强烈的竞争威胁。1811 年 3 月 11 日,诺丁汉市的织袜工召开会议,当晚一批自称是"卢德将军麾下"的人就捣毁一个织袜商人的 60 架织袜机。此后运动迅速扩展,几乎每天都发生捣毁织袜机的行动,到第二年 2 月共捣毁近千架织袜机。诺丁汉郡当局动用了 400 多名巡捕来保护袜厂,并悬赏 50 英镑试图获取卢德派的行动情报,然而运动却蔓延到莱斯特郡和德比郡,只是在多数织袜商接受了工人的条件,而当局又制定严厉的镇压条例后,运动才突然停止。

兰开夏郡的卢德运动反对的是动力织布机,当地手织工受动力织布机的影响,生活水平急剧下降。1812 年 3 月当地一家大工厂被砸毁,标志着卢德运动的开始。4 月 20 日,一批卢德派袭击米德尔顿的伯顿工厂,厂主进行武装反抗,有 5 名卢德派被打死,十多人受伤;第二天,上千名卢德派围攻厂主伊曼纽尔·伯顿(Emanuel Burton)的住宅并将其放火烧掉,军队赶来镇压,又造成新的死伤。正因为兰开夏郡的卢德运动冲突极其激烈,所以史学家哈孟德夫妇在其著作中写道:"这个时期的英国史读起来像是一部内战史。"[1]至夏天,政府进行了严厉的镇压,有 8 人被处死,另有许多人被流放到澳大利亚。

约克郡是毛纺织业的中心,该郡卢德运动反对一种新出现的剪毛机。呢绒剪毛是一种技术性很强的工序,一向用手工操作,但剪毛机替代了剪毛工人的工作,夺走了他们的饭碗,因此受到强烈抵制。1812 年 2 月,卢德运动在多地爆发,赫德斯菲尔德(Hartsfield)、哈利法克斯(Halifax)、韦克菲尔德(Wakefield)、利兹都发生了捣毁剪毛机的行动。4 月 11 日,卢德派围攻威廉·卡特赖特(William Cartwright)的工厂,有 2 人被厂方开枪击伤,后又被折磨致死。4 月 18 日卡特赖特遇刺但未被击中,10 天后另一名工厂主霍斯福尔(William Horsfall)回家途中被杀。

---

① J. L. & Barbara Hammond, *The Skilled Labourer*, London & New York, 1979, p. 1.

这个案件在半年之后才被侦破,主谋就是当地的卢德派领袖乔治·梅勒(George Mellor)。由于叛徒告密,梅勒及 100 多名卢德派被捕,1813 年1 月,约克郡巡回法庭(circuit judge)开庭,64 人被判刑,其中 17 人被处死,另有 7 人被流放。在此期间,英国议会通过了《惩治捣毁机器法》(the Frame Breaking Act),规定对破坏机器的人判处死刑。运动期间,英国政府曾派遣 1.2 万名士兵到北方地区巡回镇压,这样才把卢德运动压制下去。

卢德运动是手工工人反抗工业化、反对使用机器的斗争,他们与工厂主的对立难以化解,最终爆发剧烈的冲突。在英国工业革命中,政府执行"自由放任"的经济政策,劳动者的利益完全不被考虑,这是酿成严重的社会冲突的根本原因。1812 年 2 月 27 日,拜伦勋爵(Lord Byron)在上院指出:卢德运动的原因是无与伦比的贫困状态,运动的参加者曾经是诚实而勤奋的工匠,现在却被迫参加了对自己、对家人和社区都极度危险的团体。[1] 卢德运动主要表现为经济斗争的性质,但它与工人激进主义者有一定的关联,并为拿破仑战争结束后激进主义的再次兴起培养了干部和群众。1816—1817 年间运动曾短暂复兴,但规模已没有那么大了。

20 年代,工人阶级的活动几乎都停止了,然而在表面的平静之下,工人阶级的思想经历了深刻的变化,"阶级意识"慢慢形成了,各种理论归结到一点,即工人是一个"阶级",它有独特的阶级利益。阶级意识的形成加速了议会改革运动内部的对抗与分裂,工人激进派与中等阶级激进派之间的区别更加清楚了,从"工人阶级全国同盟"(National Union of the Working Classes)的创建中,可以看出工人激进主义和中等阶级激进主义决裂的过程。

20 年代末争取天主教解放的过程中,伦敦以中等阶级为主组成"不列颠天主教同盟"(British Catholic Association),1829 年《天主教解放法》颁布

---

[1] *Hansard*,HL Deb,27 February 1812,vol 21,c.966.

后,该组织改名为"激进改革同盟"(Radical Reform Association)。后来,有一批工人激进派参加进来,工人成了同盟的多数。在 1830 年争取改革成功的岁月里,由于新成立的伯明翰政治联盟(Birmingham Political Union)只提出房产资格选举权纲领,伦敦的工人大为不满,激进改革同盟中的工人和同情工人的亨特派中等阶级决定扩大组织,联合一切激进派,反对温和改革。3 月 8 日,他们在伦敦召开了"首都政治同盟"(Metropolitan Political Union)的成立大会,由刚刚表示支持普选的爱尔兰天主教领袖奥康内尔(Daniel O'Connell)担任会议主席。这个组织宣布自己是"中等阶级和劳动阶级的政治总同盟",要对一切"有关勤劳阶级的权利和自由的问题加以探讨"。值得注意的是,尽管它宣称要争取"真正激进的改革",却没有提改革的具体要求,回避了选举权这个关键问题,所以从一开始就隐伏着两个阶级的重大分歧。①

法国七月革命使这种分歧表面化了。1831 年 4 月,伦敦成立了改革时期最主要的工人政治组织"工人阶级全国同盟",这时"合作知识促进会"(British Association for the Promotion of Cooperative Knowledge)正好解散,相当一批骨干力量并入"工盟",壮大了工盟力量。② 工盟公开宣布要对一切"有关工人阶级的权利和自由的问题加以探讨",摒弃了首都同盟关于"勤劳阶级的权利和自由"的含糊提法。工盟的目标是"为每个工人取得劳动的全部价值,以及自由支配他的劳动产品的权利"。为此,它将支持"各工人团体发动的一切公平合理的斗争,反对雇主和制造商的联合和专制"。工盟的改革纲领是"社会上从事生产的有用阶级中的聪明才智者有权占领下院的议席",为此它提出四条要求,即"年度议会,成年男子选举权,无记名投票和取消议员财产资格"。工盟的组织原则是"彻底的群众性",规定任何只要服从工盟章程的人都可以入会。它设立总委员会,管理日常事务,总委员会代表由各分会选举产生,所有会

---

① Add MSS 27822, ff. 11 - 14.

② I. J. Prothero, *Artisans and Politics in Early 19th Century*, London, 1979, ch. 14: "Reform".

员都有选举和被选举权。它规定交纳会费,不少于每月 1 便士,不多于每周 1 便士。[1]

工盟成立时,辉格党政府已公布改革方案,这个方案受到大多数改革派的欢迎。工会(Trade Unions)虽然规定不准讨论政治问题,不过也不反对提案。但工盟采取了完全不同的立场,《贫民卫报》(The Poor Man's Guardian)有一篇文章这样说:"改革法对工人一无好处,除非你们承认'中等人'——那些小老板们,会比地位优越的贵族们更喜欢牺牲自己,去改善地位不如自己的人的处境——除非他们喜欢抬高别人而拉平自己。朋友兄弟们,千万别这样想,你们当惯了猛禽的活食,现在竟还是这样:贵族之鹰和神学之鹫一直在拿你们当点心,把你们当作腐尸烂肉,但他们至少还不屑于靠你们来养活自己。……现在,他们无力独霸自己的猎物了,于是就腾出位子来,让乌鸦也来啄你们……这些贪吃的乌鸦不是你们的'中等人'又是谁呢? 他们早就在觊觎那些国家之鹰和教会之鹫了。"[2]其中反对中等阶级之意跃然纸上。

辉格党感到工人阶级的威胁更可怕,因此想拉拢中等阶级,这是他们提出改革法的基本出发点;中等阶级害怕温和的提案失败后会导致更激烈的变动,使工人阶级占据优势,因此也就更积极地支持法案。这样一来,工盟反对辉格党提案,反倒增加了提案成功的可能性,1831 年 10 月上院否决提案时,面对的就是这样一种形势。中等阶级决心要完成提案,以防止出现更激进的改革;工盟决心要毁掉提案,以促进一个更激烈的变动。于是,双方为争夺群众运动的领导权而激烈斗争,这主要表现在"全国政治同盟"(National Political Union)的成立上。

全国政治同盟是中等阶级在提案被否决后发起成立的组织,它的宗旨中除了"支持国王及其大臣……完成议会改革的伟大方案"外,还写上"关注勤劳阶级和工人阶级的利益,改善他们的状况",团结一切人,"不

---

[1] Add MSS 27822,f.37.

[2] *The Poor Man's Guardian*,July 30,1831.

分贫富"等内容①。在选举权这个关键问题上,全国政治同盟坚持中等阶级立场,反对普选权,说实行普选的时机未到。

工盟很清楚全国同盟的意图,从一开始就十分警惕。工盟的影响力在上院否决改革法案后增大起来,许多地区受它的影响起而效尤,大工业城镇尤其如此。工盟的决议及活动都刊登在《贫民卫报》上,这份报纸有很大的发行量,使工盟在外地工人中获得影响。许多地方建立工人组织,有些人还对全国同盟的领导人普莱斯说:"在几个月内全体工人将同时起义,这时就会给那些压迫他们、剥夺他们权利的暴君们一点颜色看看了,这种教训将会是前所未有的。"②

1832 年议会改革后,激进派内部的工人阶级与中等阶级彻底决裂,两者间的同盟关系宣告结束。中等阶级成了"有权的阶级",工人阶级因一无所获而感到愤怒。为改变这种无权状态,工人们决意要发动独立的群众运动,1836 年 6 月,以威廉·洛维特(William Lovett)为首的伦敦工匠成立了"伦敦工人协会"(the London Working Men's Association)。起初,伦敦工人协会与中等阶级领导的伯明翰政治联盟协力合作,迅速发动起新的改革运动,1837 年 2 月伦敦工人协会提出 6 条要求,不久就在激进派议员的帮助下,将 6 条要求改写成纲领性文件,称为《人民宪章》(People's Charter)。1838 年 5 月 8 日伦敦工协公布《人民宪章》;5月 21 日在格拉斯哥召开的 20 万人的群众大会上,宪章被接受为全国请愿活动的共同纲领,震惊世界的宪章运动拉开了序幕。

《人民宪章》的 6 项要求是:(1) 成年男子普选权,(2) 每年举行一次大选,(3) 平均选区,保证选民人数相等,(4) 取消议员财产资格,(5) 议员带薪,(6) 无记名投票。③ 6 条中最根本的一条是成年男子普选权,而所有 6 条的基本目标,是保证选出工人议员,因此这个纲领带有明显的

---

① Add MSS 27790, f. 32.
② Add MSS 27791, ff. 333 - 5.
③ 六条原则对于当时的统治者来说即使不是革命观点,也是一种危险的激进主义主张。除了第六条,其他五条均被纳入 1918 年的选举法中。

阶级性。其实,在此前的改革运动中,这 6 条都曾被明确提出过,但没有被放在一起作为纲领提出,并且只有工人改革派一直坚持普选要求,因此普选是工人激进主义的明显标志。

宪章运动是全国性的工人运动,有学者说宪章运动有四个来源,一是工人激进主义,二是北部工业区的反对新济贫法的运动,三是工厂工人要求缩短工作时间的十小时工作日运动,四是以伦敦为中心的"反印花税运动",这是工人阶级争取报刊自由的一场文化运动。

宪章运动的基本力量是手工工人,与几十年来工人激进主义的成分一样。我们从宪章派主要报纸《北极星报》上可以找到证明材料:宪章运动各级领导人和群众积极分子中,占绝对多数的是手工工人;工厂工人相当少。而且,在工业革命中受冲击越大的行业、手工工人越多的地区,宪章派力量就越大。其中最突出的是三个纺织业地区:兰开夏郡、约克郡西区、中英格兰东部。① 这些地区曾经是卢德运动和汉普顿俱乐部的中心,大机器取代了那里的大量手工工人,这些人是工业革命最大的受害者。因此,宪章运动是以手工工人为主导的工人激进运动,它与工厂工人的工会运动有明显区别。②

1838 年 5 月 21 日的格拉斯哥大会是宪章运动开始的标志,有 20 万人参加了大会。此后,全国各地都出现宪章派组织。1839 年 2 月 4 日,宪章派第一次全国代表大会在伦敦开幕,大会号召采取请愿方式,要求议会接受《人民宪章》。在大会召开的同时,请愿活动在全国开展起来,第一次请愿书有 128 万人签名,请愿书全长达三英里。

第一次请愿失败后,各地组织损失惨重,许多人认识到建立全国统一机构的必要性。1840 年 7 月 20 日,23 名宪章派代表在曼彻斯特聚会,通过了新的组织方案。这次代表会是在全国性领袖几乎全部被捕的情况下召开的,是地方一级宪章派的自发性行动。根据这个方案,各地

① J. R. Dinwiddy, *Radicalism and Reform in Britain*, *1780—1850*, London and Rio Grande: The Hambledon Press, 1992, p. 404.
② 关于这方面情况,详见钱乘旦:《工业革命与英国工人阶级》,南京出版社,1992 年。

宪章派组织将统一在一个协会中,即"全国宪章派协会"(National Charter Association)。协会成立时在全国约有 70 个分会;1841 年改组后发展得很快,到 1842 年 6 月协会已宣称有 400 多个地方分会,5 万名会员。全国宪章派协会被称为是"历史上第一个独立的工人阶级政治团体"[1],费格斯·奥康诺(Feargus O'Connor)是它最重要的领导人,有人说:如果"将他的名字和报纸除掉的话,英国 1838—1848 年的激进主义运动必将是碎片化的、地方化的,并将失去其连续性"。[2]

当然,这并不意味着宪章派代表了整个工人阶级,很多工人热衷于工会活动,而宪章派从来就没有与工会合作过,相反,工会地方组织与宪章派地方组织常常发生直接冲突。当时工人还有一些其他的运动,比如合作社(Co-operative Society)运动。

全国宪章派协会组织了第二次全国大请愿,比第一次规模更大,有 331 万人在请愿书上签名。但和平请愿再次失败,1842 年 5 月 2 日议会又一次否决请愿书,不仅如此,由于受 1842 年 8 月北方工业区罢工的牵连,1843 年 3 月前后许多宪章派领袖被捕。此后,宪章派把主要精力集中到奥康诺提出的土地计划上,这是一个具有乌托邦性质的计划,它主张集资购买土地,帮助宪章派移居农村,建立不受资本剥削的小农社会。当然,该计划不仅不能实现,反而加大了宪章派内部的分裂。

1848 年 4 月 4 日宪章派再次召开全国代表大会,并决定发动第三次全国大请愿。这次请愿书据说征集到 570 万人签名,但议会说实际的签名只有 197 万人,而且许多是冒名假造。即便如此,197 万人也是一个很大的数字了,反映了人民对宪章的热烈支持,表达了人民的呼声。此时适逢革命风暴席卷欧洲,辉格党罗素政府出于安全考虑,将维多利亚女王(Queen Victoria)送往怀特岛,任命威灵顿公爵(The Duke of

---

[1] J. Epstein, *The Lion of Freedom*: *Feargus O'Connor and the Chartist Movement*, *1832—1842*, London, 1982, p. 220. Quote from J. R. Dinwiddy, *Radicalism and Reform in Britain*, *1780—1850*, The Hambledon Press, 1992, p. 407.

[2] Dorothy Thompson, *The Chartist*, Temple Smith Ltd, 1984, p. 96.

Wellington)负责伦敦的保卫工作。

威灵顿将大炮架在伦敦桥上严阵以待,还新征了8万多人的军警。[1] 4月10日,宪章派在伦敦召开15万人的群众大会,准备组织声势浩大的集会游行,把请愿书直接送往议会。然而当宪章派发现政府已布置军队准备进行弹压时,就按照政府的要求取消了游行计划。参加大会的群众安静地散去,请愿书也被议会否决。宪章派历史上最可能发生暴力冲突的这一天,就在极度平静中过去了。1848年请愿失败后,大规模群众运动基本上结束了。

第三次请愿失败后,宪章运动中出现了新老纲领之争。奥康诺为代表的中央执行委员会坚守旧纲领,提出"简单纯粹的宪章"的口号。1850年1月,以哈尼(George Julian Harney)为首的新纲领派在伦敦代表会议上,选出了哈尼派占多数的新领导,哈尼认为:"光有普选权还不足以解放工人阶级,政治革命必须和社会变革同时并举。……从现在起,若不转到争取宪章以及更多的方向上来,宣传就不能在群众中取得成功"。[2]这样,他就提出了"宪章以及更多"的口号。7月,原来支持奥康诺的琼斯(Ernest Charles Jones)也站到哈尼这一边。1851年3月,新中央委员会在伦敦召开代表会,通过了著名的1851年新纲领。新纲领重申了宪章派历来的主张和方针策略,同时提出包括土地国有化、国家福利制度等社会性要求,使其带有一些社会主义色彩,[3]不过从本质上说,它仍然是个激进主义纲领。

1852年底,琼斯与哈尼在是否应与工会合作、是否应争取中等阶级支持等问题上发生分歧,最后琼斯从哈尼手中夺取领导权。1854年琼斯提出建立"工人议会"的主张,它有制定法律、规定工作时间、限制女工童工、禁止无理减薪或裁减人员等权力。根据琼斯的设想,这样一个"群众

---

[1] Charlotte Evers and Dave Triumph, *Britain1783—1851*, *From Disaster to Triumph?*, John Murray, 2005, p. 20.

[2] *The Red Republican*, June 22, 1850.

[3] *The Friend of the People*, April 12, 1851.

运动"最终将接管整个社会。①

　　作为工人阶级的政治运动,宪章运动最大的特点就是反对与中等阶级进行合作。1842 年以后,由于中产阶级急于废除《谷物法》,反谷物法同盟中有些人认为应争取工人阶级的支持,并在公开场合一再表示支持普选权原则,以向工人示好。洛维特等宪章派领袖被吸引,表示愿意与中等阶级合作,但受到奥康诺的反对,奥康诺夺取了运动的领导权。1848 年以后奥康诺也开始鼓吹和中等阶级合作;琼斯一开始支持奥康诺,但哈尼坚决反对。不久,哈尼夺取了全国宪章派协会的领导权,继续执行不合作路线,从而结束了奥康诺对宪章运动的长期领导。但是到 1852 年哈尼也对合作路线表示同情,结果被琼斯夺取领导权。但最后琼斯也在 1858 年开始与中等阶级合作了,他和伯明翰谷物商斯特奇(Joseph Sturge)组织了"政治改革联盟"(Political Reform League),后来又在第二次议会改革中与中等阶级结成同盟。到这个时候,作为独立的工人政治运动的宪章运动也就结束了。此后,工人运动的主流转为工会运动。

　　宪章运动以如此浩大的声势震惊世界,最后却无声无息地消失了,其目标一项也没有实现。运动失败的基本原因是作为改革运动,它不愿意联合其他力量,共同争取改革的成功。它不愿意和中等阶级合作,又对工会运动怀有敌意;它不打算采用武力夺取政权,可是又自我封闭,回避同盟军,因此无法成功地运用和平手段、仅依靠少数人的政治压力达到目的。宪章运动的失败是必然的,它的社会基础是手工工人,当工业革命最终把手工工人作为一个整体消灭之后,宪章运动也就不存在了。

　　在宪章运动后期,工人运动中出现另一个分支即合作社运动。1844年"罗奇代尔先锋合作社"(Rochdale Society of Equitable Pioneers)正式创立,这是英国历史上第一个成功的消费合作社,最初由罗奇代尔的 30名工匠创办,其中 10 人为纺织工。它标志着现代合作社运动的开端,后

---

① John Saville ed. , *Ernest Jones*: *Chartist*, London,1952, pp. 264 - 273.

来被国际社会广泛认同为"罗奇代尔原则"(Rochdale Principles)。

在工人阶级拉开宪章运动大幕的同时,中产阶级也发动了反《谷物法》运动。《谷物法》是在拿破仑战争结束后制定的,目的是人为地保持国内粮食的高价,维护地主阶级的利益。这个政策在英国工业革命正如火如荼地进行的背景下显得很不合时宜,因此受到工商业资产者的强烈反对,他们要求实行完全彻底的自由贸易,追求"自由放任"(Laissez-faire)。于是,《谷物法》问题凸显了两个阶级的激烈交锋,是工业资产阶级对贵族地主阶级的进攻。

1815 年,托利党政府颁布《谷物法》,该法案规定:当国产谷物低于每夸脱 80 先令时,禁止进口国外谷物。中等阶级对此强烈不满,1820 年,由托马斯·图克(Thomas Tooke)①起草的请愿书提交下院,提出实行自由贸易、废除保护性关税的要求。1821 年,主张自由贸易的议员威廉·哈斯基森向下院提交一份报告,提出回归 1815 年前的粮食贸易政策。1822 年《进口法》(Importation Act 1822)规定,当国内谷物价格达到每夸脱 80 先令时,可以允许谷物进口;但谷物低于每夸脱 70 先令时,则禁止谷物进口。该法案颁布后一直到 1828 年,英国的谷物价格从未达到每夸脱 80 先令。1828 年,担任贸易大臣的哈斯基森在新首相威灵顿公爵的支持下修改了《谷物法》,确定新的浮动关税:当国内谷物不高于每夸脱 52 先令时,关税为 34 先令 8 便士;当谷物价格升至 73 先令时,关税下降至 1 先令②。

这些变动没有消除城市工厂主的怨气,1832 年改革以后他们发动了声势浩大的群众运动,要求彻底废除《谷物法》。1836 年,伦敦激进派议员成立"反谷物法同盟",表示要用和平的手段废除《谷物法》。1838 年10 月,曼彻斯特的工业家成立"反谷物法协会"(Anti-Corn Law Association),该协会将反谷物法运动与废奴运动相提并论,指出《谷物

---

① 英国最早主张自由贸易的经济学家之一,是当时英国公认的金融与银行业的权威。
② C. Schonhardt-Bailey, *From the Corn Laws to Free Trade: Interests, Ideas, and Institutions in Historical Perspective*, The MIT Press, 2006, p. 9.

法》与蓄奴一样不道德,必须进行改革①。1839 年春,在理查德·科布登的建议下,曼彻斯特"反谷物法协会"改名为"反谷物法同盟"(Anti-Corn Law League),此后反谷物法运动就蓬勃发展起来,变成全国性的群众运动。运动的核心人物是科布登和布莱特,他们都是白手起家的工厂主,靠个人奋斗发财致富,坚信自由贸易信条。在两人的通力合作和领导下,反谷物法运动成为一个涉及面广泛的群众运动,主要参加者是英国工厂主,也有相当一部分英国工人参与其中。

"反谷物法同盟"总部设在伦敦,全国各地都有分会,各分会都有正常的活动,也有完整的组织结构。许多人认为:"反谷物法同盟"是英国历史上第一个压力集团,希望用群众斗争的手段造成院外压力,用政治斗争的方法达到经济目的。

为能最大限度地动员群众,运动领导人深知争取工人阶级的重要性,他们采用各种方式向工人阶级做宣传,说《谷物法》抬高了粮食价格,但压低了工人的实际收入,因为工人要把更多的钱用于买面包。因此,反对《谷物法》是雇主和雇工的共同事业,两个阶级应联合起来共同反对《谷物法》。1841—1842 年,英国政治气氛高涨,宪章派发动了第二次全国大请愿,工人阶级被充分发动起来了。这时,许多地区的自由贸易者极力拉拢宪章派,试图获取他们对"反谷物法同盟"的支持。就总体而言,宪章派对自由贸易理论是认同的,宪章派的多数领导人希望废除贸易限制,反对向生活必需品(特别是食品)征税;但他们又相信,如果废除贸易保护规定,可能不利于城市工人,因为一旦食品价格便宜后,工人的工资就会下降。此外,宪章运动从来就对中等阶级抱有深刻的不信任感,1832 年的经历让他们始终牢记自己被中等阶级所出卖,作为独立的工人阶级政治运动,宪章运动不愿与中等阶级结盟。总之,宪章派对废除《谷物法》并不热心,没有将它纳入自己的目标之中;宪章派还时时警

---

① Simon Morgan,"The Anti-Corn Law League and British Anti-Slavery in Transatlantic Perspective,1836—1846.",in *The Historical Journal*,vol 52,No 1,March 2009.

惕反谷物法运动对自己的渗透,生怕宪章运动的目标会被反谷物法运动所扭转,从而再次"为他人做了嫁衣裳",变成为工厂主利益服务的工具。因此,宪章运动对反谷物法运动采取敌视的态度,坚决不允许宪章派群众参与反谷物法同盟组织的活动,在很多地方,经常出现群众集会时宪章运动和反谷物法运动争夺工人群众的场面,甚至不惜大打出手。一般来说,宪章运动总会占上风,因为"工人"毕竟比"中等阶级"人数多。所以在这一时期,"选举权问题"或"废除《谷物法》"是英格兰各地集会的主题①。

尽管如此,反谷物法运动还是形成浩大的声势,工厂主毕竟有钱,可以调动各种资源,形成强大的宣传攻势;他们可以组织各种集会,招徕各色人物出席;他们可以办报、出小册子、散发传单、会见议员和政界其他头面人物;还可以"制造选民",就是花钱让某些人达到选举所要求的财产资格、再帮助他们登记为选民。更重要的是,科布登和布莱特先后在1841和1843年当选为议员,使反谷物法运动在议会安插了自己的喉舌,而废除《谷物法》也就会经常成为议会议事的话题,甚至成为议案在议会提出。1841年8月24日,在维多利亚女王对议会发表的训词中出现了这样的词句:"女王陛下希望你们考虑《谷物法》问题。你们要确定这些《谷物法》是否没有加剧粮食供给的自然波动,它们是否没有给贸易造成困境,扰乱市场,而且,它们是否没有降低(民众的)满意度,增加了社会民众的(粮食)匮乏"②。女王训词其实是政府政策的表示;在第二天的议会辩论中,刚当选议员的科布登抓住机会发表了著名的反谷物法演讲,他说:

"什么是面包税,它难道是针对食品和小麦的税? 它是针对人民的税!(英国)有2 000万人口依靠工资生活,而依赖公共救济生存的人约有100万。请下院注意,面包税使工人阶级多支付40%,这是与谷物自

---

① Dorothy Thompson, *The Chartists*, Maurice Temple Smith Ltd, 1984, pp. 273 - 274.
② *Hansard*, HL Deb,24 August 1841, vol 59, cc. 15 - 16.

由贸易比较而得出的。……我必须说,那些主张废除《谷物法》的人已经再三承认他们的目标,他们有权用他们的工业产品与所有其他国家的产品进行交换。与此同时,他们愿意并渴望看到取消所有的保护关税,与所有国家的所有商品进行自由交换。"①

1843年9月,在反谷物法同盟的帮助下,制帽商出身的经济学家詹姆士·威尔逊(James Wilson)出版发行《经济学人》(The Economist)杂志,成为鼓吹反《谷物法》的宣传喉舌,其主要报道内容包括:关于商业、农业和自由贸易问题的议会动向,关于民众自由贸易运动的报道等。②

为了与"反谷物法同盟"对抗,1844年2月里奇蒙公爵(Duke of Richmond)成立了"中央农业保护会"(Central Agricultural Protection Society),目的是维护《谷物法》。里奇蒙是极端的保守主义者,曾因反对威灵顿公爵的天主教解放法,而在1832年率托利党极端派加入格林的改革派政府。以里奇蒙公爵为代表的土地贵族认为,像科布登这样的工厂主,希望得到便宜的粮食,这样就可以降低工资、提高资本利润。

1845年末,由于农业歉收和爱尔兰马铃薯受灾,英国粮食严重匮乏,尤其在爱尔兰发生了大饥荒,有上百万人被饿死,同样多的人流落他乡,两者相加占爱尔兰人口总数的1/4。当时,解救饥荒的唯一办法就是放开粮价,让外国粮食自由进入英国③。"反谷物法同盟"乘机加强了活动力度,在很多地区有一定土地的自由持有农发动强大的抗议活动,在有些郡,反谷物法同盟的地方分会实际上替代了地方保守党协会的作用④。工人中也有一些反谷物法运动的支持者,1845年1月15日科布登引用一位名叫约瑟夫·肖(Joseph Shaw)的工人的话:"我希望你(科布登)能向罗伯特·皮尔先生转达一位工人对关于《谷物法》主题的话。我的观

① *Hansard*, HC Deb, 25 August 1841, vol 59 cc. 233 - 245.
② http://en.wikipedia.org/wiki/The_Economist.
③ F. W. Hirst, *From Adam Smith to Philip Snowden. A history of free trade in Great Britain*, T. Fisher Unwin, 1925, p. 23.
④ A. Seldon, ed., *How Tory Governments Fall. The Tory Party in Power since 1783*, Fontana, 1996, p. 134.

点是,《谷物法》严重伤害了工人阶级。我观察到,当食品价格高的时候,工资就低……谷物价格低,工资就高。"①可见,经过反谷物法同盟多年的活动,要求废除《谷物法》的群众基础基本具备了。

　　面对各种压力,尤其是爱尔兰大饥荒,首相皮尔决定采取行动,将废除《谷物法》正式提上议事日程。1846 年 1 月 27 日皮尔在下院发表了三个小时的演讲,详细阐述了废除《谷物法》的必要性。为了不招致强烈反对,他提出三年的缓冲期,逐步降低粮食进口税。② 但保守党多数反对自己首相的意见,本杰明·迪斯雷利和乔治·本廷克勋爵(Lord George Bentinck)等提出:废除《谷物法》会削弱土地所有者的传统权利,商业利益将摧毁英国的"领土构成"(territorial constitution)③。在同一天的上院辩论中,里奇蒙公爵提交一份来自罗斯(Ross)的请愿书,该请愿书"反对对现行《谷物法》做任何修改"。④

　　辉格党的罗素勋爵支持废除《谷物法》,他说:在英国历史上,天主教等旧制度存在了几百年,但是"我们都承认我们是这些制度消亡后的受益者;我希望现在是到了摧毁另一个制度的时候了";《谷物法》是"本世纪最有害"的一项制度,"我们所有的人今后都会为参与制定一个新的更好的(贸易)规则而感到自豪"⑤。经过几个月的激烈辩论,1846 年 5 月 15 日夜晚,《谷物法》以 329:231 的优势票决被废除。在废除《谷物法》问题上,两大党领袖居然站在一起,罗素勋爵代表辉格党阐明立场,对废除法案表示"真诚而衷心的支持"。⑥

　　废除《谷物法》议案在辉格党议员的支持下获通过,保守党的斯坦利

① John Bright and James E. Thorold Rogers eds, *Speeches on Questions of Public Policy by Richard Cobden*, *M.P.*, Vol. 1, Macmillan, 1870, p. 156. http://files.libertyfund.org/files/927/Cobden_0129.01_EBk_v5.pdf.

② *Hansard*, HC Deb, 27 January 1846, vol 83, cc. 260 – 261.

③ A. Seldon, ed., *How Tory Governments Fall. The Tory Party in Power since 1783*, Fontana, 1996, pp. 135 – 136.

④ *Hansard*, HL Deb, 27 January 1846, vol 83, c. 234.

⑤ *Hansard*, HC Deb, 09 February 1846, vol. 83, c. 602.

⑥ *Hansard*, HC Deb, 15 May 1846, vol. 86, cc. 677, 679, 689.

勋爵①(Edward George Geoffrey Smith-Stanley)退出内阁以示抗议,此举得到包括迪斯雷利在内的保守党多数议员的支持。6 月 25 日,在威灵顿公爵劝说下,上院也通过了废除法案;但同一天皮尔一项关于爱尔兰的法案却被下院否决,这是贸易保护主义者对皮尔的报复,他们联合辉格党和激进派议员共同否决了该议案。6 月 29 日,皮尔辞职,罗素组建辉格党政府。

保守党因《谷物法》问题而分裂,皮尔派议员,包括阿伯丁伯爵和格拉斯顿,支持继任的罗素勋爵,使辉格党的一党优势又维持了 20 年;在此期间,保守党执政只有 26 个月。由此看来,皮尔既是把托利党转变成保守党的缔造者,同时又分裂了保守党。皮尔派加入辉格党后,辉格党也开始向自由党转变。

迪斯雷利在 1868 年成为保守党领袖,此后就不再提出贸易保护主义主张了。1868—1870 年,反谷物法同盟的领导人之一布莱特出任英国贸易大臣;至此,两党均认可了自由贸易政策,土地贵族接受了已经变化的现实。作为直接后果,到 1886 年,谷物价格降到了 31 先令。19 世纪英国进口食品的比重在 30 年代只有 2%,到 60 年代上升为 24%,80 年代更上升到 45%,其中谷物高达 65%。英国谷物进口量在废除《谷物法》之后增速极大,如下表所示:

表 30　1830—1909 年英国进口小麦、大麦和燕麦的重量(单位:千夸脱/年均)②

年份	小麦	大麦	燕麦
1830—1839	3 743	659	1 494
1840—1849	10 667	2 182	1 834
1850—1859	19 326	3 586	3 523
1860—1869	33 697	6 894	6 990

---

① 1851 年成为第 14 代德比伯爵。

② Peter Mathias,*The First Industrial Nation：An Economic History of Britain 1700—1914*，Methuen，1983，p. 439.

年份	小麦	大麦	燕麦
1870—1879	50 406	11 088	11 938
1880—1889	70 282	14 849	14 162
1890—1899	85 890	20 921	15 436
1900—1909	102 851	21 857	16 379

与此同时,英国铁与钢的出口量迅速上升,从 1800—1809 年的 27.2 万吨,上升到 1850—1859 年的 122.5 万吨[1]。受谷物种植面积和价格等因素影响,很多农业人口移居到城镇,根据 1881 年的人口普查,农业人口比 1871 年减少了 92 250 人,城镇人口则增加了 53 496 人,因此废除《谷物法》在某种程度上加速了城镇化进程。

1852 年,英国议会发表一项原则声明,称自由贸易是英国的国策,曼彻斯特学派的理念终于被整个国家所接受。维多利亚时代是自由贸易的全盛期,"自由放任"发展到顶峰,而英国的国力也臻于极致。这种情况,在很大程度上归功于 1846 年废除《谷物法》。

另一方面,宪章运动衰落后,工会运动越来越成为工人活动的主要形式,最终取代了激进主义运动。工会运动从一开始就和激进主义不同,其宗旨是经济目标,而不是政治目的。1818 年组成的曼彻斯特各业联合会"博爱会"(Philanthropic Society)的章程里明确写道:"为维护本会或代表会议的严肃起见,任何人不得在会内提出政治、宗教问题,违者罚款",[2]这表明它只从事单纯的经济斗争,并禁止参与政治活动。尽管参加工会的人有可能也参与激进运动,但是在工会内部,却不可以讨论政治、宗教问题,其实这很好理解:因为工会最注重的就是内部团结,这是他们与资方斗争的唯一手段,而政治与宗教问题是当时英国社会纷争最激烈的两个方面,工会不愿卷入其中而造成内部分裂。

---

[1] Peter Mathias, *The First Industrial Nation: An Economic History of Britain 1700—1914*, Methuen, 1983, p. 450.

[2] J. L. and Barbara Hammond, *The Town Labour*, London, 1978, p. 211.

按照韦伯夫妇的说法，工会是一种特殊的工人结社，是"工人一种继续存在之团体，为维持或改善其劳动生活状况而设"。①工会同中世纪行会有着一定的联系，但并非由行会发展而来。最早的工会组织出现于17世纪末，而它的发展壮大却是工业革命以后的事。

18世纪下半叶工业革命已经开始了，工厂制带来工业结构上的变化，工厂中一些技术工人组织工会，目的是"在一个不断变化的工业环境中保持自己的合法地位和生活水平"，②确保自己的工作机会不受其他工人竞争。因此，早期工会是少数技术工排斥一般劳动者的组织。早期工会对政治不感兴趣，只关心自己的工资收入、工作条件以及工作机会不受竞争，具有很多中世纪互助会的特点，因而对政府不造成威胁，也没有引起雇主的强烈反弹。但是在18世纪末，面对日益高涨的激进主义运动，托利党政府于1799年颁布《结社法》，禁止一切工人结社，工会也包括在内。不过正因为工会所具有的互助会性质，在此后20年时间里，许多地方当局认为其存在有助于解决工人群众所面临的生老病死问题，因此对它的存在睁一只眼闭一只眼。

1824年，激进派弗朗西斯·普莱斯（Francis Place）在议员约瑟夫·休谟（Joseph Hume）的帮助下，说服议会废除了《结社法》，当时提出的理由是：一旦禁果不禁，就失去了神秘色彩，结社解禁后人们就不会再对它感兴趣了。但没有料到的是，《结社法》一经废除，全国立即出现了组建工会的浪潮，并且罢工四起。政府立即在1825年制定新的《结社法》，虽不像1799年《结社法》那样严厉，却也大大地限制了工会的行动。不过，工会却因此而获得了合法的生存地位。

纺纱工人组织的工会很值得关注，1829年成立的"联合王国工厂纺纱工总工会"（Grand General Union of Operative Spinners of the United Kingdom）是英国第一个全国性的工会组织，1831年解散，这是工厂工人

---

① 韦伯夫妇：《英国工会运动史》，商务印书馆，1959年，第1页。
② Henry Pelling, *A History of British Trade Unionism*, Macmillan & Co LTD, 1963，p. 14.

组建工会的最早尝试,不仅清楚地显示了工会的阶级属性,即工厂工人的群众组织;而且一成立就声势浩大,立刻具有全国性特点。后来,它还试图建立跨行业工会"全国各业劳工保护协会"(National Association for the Protection of Labour),①但因为缺乏资金,于1831年成立,到1832年就解体了。

相比之下,罗伯特·欧文(Robert Owen)领导成立的"全国大团结工会联合会"(Grand National Consolidated Trades Union)更加重要。欧文出身贫寒,年轻时只是学徒工,后来通过自我奋斗开办了苏格兰的新拉纳克纺织厂,成为工厂主。但他始终站在人道主义的立场上为工人说话,不仅在自己的工厂里为工人开设各种福利事业,包括修建宿舍、开办学校;而且构想出一套社会主义理论,试图以此来解脱工人的苦难。

欧文认为,工人苦难的根源是不合理的竞争,工厂主为追求利润,不惜用机器去和工人的劳动竞争,把工人变成了机器的奴隶。因此,要消除苦难就要消灭竞争,而要消灭竞争,就必须消灭私有制,只有在建立了生产资料的公有制之后才能彻底清除竞争的土壤,让工人摆脱无穷的苦难。他主张将工人组织在一个全国性的大团体中,社会的原则应该是互助,而不是竞争。

1834年,由欧文出面组织了"全国大团结工会联合会",这个组织号称有百万会员,但正常缴纳会费的活跃分子只有约1.6万人。尽管如此,大团结工会成立后立刻引发新一轮罢工浪潮,它支持各地的罢工活动,给罢工工人发放生活补贴,由此就更加刺激了罢工的热情,一时间罢工活动遍及全国。但它终究不可能长期资助这些罢工,罢工基金有限,一旦资金耗尽,罢工就停止了,这一波工会高潮也就过去了。"全国大团结工会联合会"只存在了10个月。②

宪章运动衰落后,工会成了主要的工人运动形式。1851年,威廉·

---

① 克拉潘:《现代英国经济史》上卷,姚曾廙译,商务印书馆,1964年,第730页。
② 同上书,第728—729页。

阿伦(William Allan)和威廉·牛顿(William Newton)将一些地方性的机械工会整合起来,建立了"技师、机械工、锻工、磨轮机工和制模工混合工会",简称"机械工人混合工会"(Amalgamated Society of Engineers),这是一种新形式的工会,被韦伯夫妇称为"新模范工会"(New Model Trade Unions),在英国工会运动史上,它是一块里程碑①。这种工会有比较严密的组织结构,成员须交纳很高的会费,只有收入高的技术工人才能入会。工会设有带薪的全职干部,主要通过与雇主谈判、而不是罢工来达到自己的目标。"机械工人混合工会"成立后,很快为其他行业所模仿,出现了一批这样的工会,比如"木工细木工混合工会"、"锅炉与铁船制造工联合会"、"棉纺纱工混合工会"、"成衣工混合工会"等。大工会在伦敦设有总部,各总部间保持经常的联系,遇有重大问题采取一致立场。由于这种工会是由技术工人组成的,控制着各行业的关键生产部门,所以不容易被雇主破坏,加上它经费充足,又不轻易发动决战式的罢工,所以能长时间地存在下去,在工人激进主义日益消沉的年代里,它成了唯一的工人斗争形式。当然,它不轻易发动罢工,再加上它以高收入的技术工人为主体力量,因此被有些人称为"工人贵族",他们应该对 50年代以后工人阶级丢失战斗精神负责。但无论如何,"新模式工会"标志着英国近代工会的形成,工会运动也成为英国劳工运动的主流。

地方性小工会也在工会运动中起很大作用。1848 年以后,各大城市内的小工会联合起来,它们以城市为单位形成"行业协商会",到 1875年,这种"行业协商会"遍及全国各地的城市,它突破了"新模式工会"的行业意识,而变成跨行业的工会组织。矿工也组建了几个地方性工会以及一个"全国矿工协会",1863 年,在矿工协会的基础上又成立"全国矿工联合会"(The National Union of Miners)。矿工工会受"新模式工会"的影响,但其成员是矿工,不是技术工种,可是矿工人数众多,采矿业在英国又特别重要,因此矿工联合会特别强大,在英国工会运动史上地位非

---

① Henry Pelling, *A History of British Trade Unionism*, Macmillan & Co LTD, 1963, p. 42.

常突出。

工会运动兴起,本主张避开政治领域,专注于工人阶级的经济利益。但工会提出的要求以及由此引发的相关冲突,必然涉及法律问题,同时工会的地位也需要法律界定。可是法律是由议会制定的,工人阶级在议会内没有代表,法律就很难体现工人阶级的意志。现实证明了这一点,1867 年,蒸汽机制造工协会下属的一个地方分会因会费问题寻求法院保护,被驳回,理由是工会不是法人团体,因此不受法律保护。当时规范劳资关系的法律《主仆法》(Master and Servant Act)偏袒雇主,若工人违反雇佣合同将面临刑事审判,而雇主违约只需按民法处理。事实让工人阶级意识到经济利益需要得到政治的支持和法律的保护;同时,在第二次议会改革后,工人阶级的一部分已经得到选举权,这就有可能用它来维护工人的经济利益。这样,工会开始卷入政治活动。

"工会代表大会"(Trades Union Congress)就是在这个背景下诞生的,它成为劳工运动的正式发言人。1868 年在曼彻斯特召开了第一次工会代表大会,以后形成制度,每年召开一次。参加工会代表大会的多数是"新模式工会",各工会在代表大会上协调立场,交换观点,使它成了工会运动的一个全国性论坛。工会也已经介入政治活动,早在第二次议会改革期间,总部设在伦敦的五大工会领导人经常在一起协商,制定共同的立场观点,在改革斗争中发出自己的声音,为改革的成功作出了贡献。70 年代,工会与自由党签订"自由-劳工联盟",工会开始派代表参加议会竞选,并且选出了工人议员。可以说,保守党的"新托利主义"和自由党的"新自由主义"都是对工会运动的一种应对,工人阶级已经成为一支政治力量了。

面对这支力量,两党相继对劳工立法进行改革,以争取工人阶级选票。根据 1871 年《工会法》(Trade Union Act 1871),工会得到了收取会费的合法权利;1875 年的《密谋与财产保护法》(Conspiracy and Protection of Property Act 1875)规定,工会罢工时采取的和平纠察(picket)行为属于合法,同年以《雇主与工人法》(Employers and

Workmen Act 1875)替代《主仆法》,将劳资关系界定为"雇佣关系",而不是"主仆关系"。在后来人眼中,1875 年这两项立法是"工会运动大宪章",它使从来就处于法律边缘上的工会运动取得了几乎完全合法的地位。这以后,工会就成为一支体制内的力量了,英国统治集团用这样一种方式,把一支原本具有很强离心力的力量,从体制外拉到了体制内。

19 世纪最后 15 年,工会运动又出现新的变化,以前的"新模式工会",因其主要由技术工人组成,越来越不能体现大多数工人的愿望,于是在英国出现一种新的工会,称"新工联主义"(New Unionism)。这种工会主要由非技术工人或半技术工人组成,它收取很低的会费,面向工人阶级底层群众,比如码头工人、运输工人、工厂女工等,它们能提供的福利待遇比较低,但人数众多,战斗力强,经常采用激烈对抗的方式,争取更高的工资或更好的工作条件,很多新工会领袖还赞同社会主义思想。"新工会"一般按产业原则组建工会,与"新模式工会"的行业组建模式基本不同。

新工会的出现,是英国工会运动史上一个重大转折,它把大多数工人都组织到工会中。19 世纪 80 年代相继出现了一批新工会,如"码头工人工会"(Dockers' Union)、"煤气工人工会"(Gasworkers Union)等。在新工会领导下,罢工活动进入新的高潮期,各种罢工此起彼伏,其中以1889 年伦敦码头工人大罢工影响最大。

码头工人要求增加工资,把每小时工资提高到 6 便士,但遭到雇主的拒绝。于是在约翰·伯恩斯(John Burns)、汤姆·曼(Tom Mann)和本·蒂利特(Ben Tillett)的领导下,码头工会决定罢工。罢工工人采用游行示威、散发宣传品等方式制造声势,向雇主施加压力;罢工得到国内外工会运动的经济支援,也得到英国公众的广泛同情。最终雇主们作出让步,满足了码头工人的复工条件。大罢工再次引起英国人对维多利亚时期英国贫穷问题的关注,被视为英国工人运动的一个里程碑。

与此同时,工会进一步卷入政治活动,1868 年,在"工会代表大会"诞生的当年就任命一个议会委员会,目的是选送工会代表进入下院。1874

年大选,两位工人候选人在自由党的帮助下竞选成功,成为英国最早的工人议员。这以后,工会在大选中一般都支持自由党,"自由-劳工联盟"逐步形成。可是从 80 年代起,自由党因爱尔兰自治问题发生分裂,工会开始反思是否还应该继续与开始衰落的自由党保持联盟关系。另一方面,作为商人、资本家的政党的自由党,不可能代表工人阶级的经济利益,双方的联盟关系并不牢固,在"自由-劳工"的框架下,大选中仍然会发生分歧。这样,工人独立参加竞选活动的尝试就开始了。

基尔·哈迪(Keir Hardie)[1]是矿工领袖,早期也是自由党的支持者,但格拉斯顿政府的经济政策让哈迪认识到,自由党不可能充分代表工人阶级的利益。1888 年 4 月,哈迪以独立劳工候选人身份参加议员选举,但未获成功,不久后就出现一个独立的工人政党,目的是帮助工人代表参加议会选举。8 月 25 日"苏格兰工党"(Scottish Labour Party)在格拉斯哥宣布成立,哈迪当选为第一书记。1892 年,哈迪再次参加大选并竞选成功,而自由党拒绝提供帮助。哈迪牢记自己是一名工人议员,第一次进入议会大厅时,他身着夹克进入会场。1893 年,在哈迪等人的努力下成立了独立工党(Independent Labour Party),并宣布其目标是保障"一切生产、分配和交换手段的集体所有制"。[2] 独立工党以苏格兰矿工为基础,代表了英国最贫穷阶层的利益,这个纲领没有得到工会代表大会的支持;在 1895 年大选中,独立工党提出的 28 名候选人全部落选,包括哈迪在内。

让人意外的是,此时事态发展让工会突然意识到自己的地位非常不稳,从法律方面来看,工会的存在是有问题的,在 1899 年的里昂斯对维尔金斯案(Lyons vs Wilkins)和次年的塔夫谷案件(the Taff Vale case)中,这种情况充分暴露出来了。1900 年 6 月,南威尔士的塔夫谷铁路公司工人罢工,要求改善工作条件,罢工在未取得任何成果的情况下宣告

---

① 哈迪在 2008 年工党年会上被评选为工党"最伟大的英雄"。http://news. bbc. co. uk/2/hi/uk_news/politics/7629992. stm.

② J. H. Stewart Reid, *The Origins of the British Labour Party*, Minneapolis, 1955, p. 63.

失败,但铁路公司却向法院提起诉讼,将"铁路员工联合会"(Amalgamated Society of Railway Servants)告上法庭。1901 年 7 月,在经历了长达 12 个月的审理后,上院作出终审判决:铁路员工联合会须支付塔夫谷公司 2.3 万英镑赔款及诉讼费,铁路公司全面胜利了。

工会受到沉重的打击,因为审判结果对工会活动造成重大威胁,判决实际上取消了工会的罢工权和纠察权,而工会离开了罢工,就什么也做不了,工会的生存权利其实就不存在了。工会意识到这种威胁不是通过司法手段可以解除的,它必须进一步进入政治领域,直到这个时候,工会才决定支持工人阶级竞选议员,而在此之前它一直反对这样做。1899年工会代表大会批准一项动议,同意召开一次特别代表会议,讨论组建工人阶级政党。1900 年 2 月会议在伦敦召开,出席会议的除全国各工会外,还有社会主义团体费边社、社会民主联盟和独立工党的代表。会议决定在议会建立独立的工人党团,在议会中采取独立的政治立场,为此,会议决定建立一个竞选组织,称"劳工代表权委员会"(Labour Representation Committee),任务是帮助和组织工人阶级候选人参加大选。在这次会议上,组建了"劳工代表权委员会"的执行委员会,由独立工党的 12 名代表、工会方面的 7 名代表、社会民主联盟的 2 名代表和费边社的 1 名代表组成。[1]

1906 年,在"劳工代表权委员会"的帮助下,29 名工人当选为议员,另有 25 名工人以自由党的名义进入议会。同一年,该委员会正式更名为"工党"(Labour Party),由此而更具备政党的性质。工党最初只吸收集体党员,其中工会会员占绝大部分,1906 年建党时,工党中的工会会员约有 90 万人,1914 年超过 150 万人。工党的经费主要来自工会捐款,这使工党与工会之间具有一种特殊关系,这种特殊关系是工党吸引选民、

---

[1] 克莱顿·罗伯茨、戴维·罗伯茨、道格拉斯·R. 比松:《英国史》(下卷),商务印书馆,2013年,第 362 页。

赢得选举和最终取代自由党的关键因素;①许多工会领袖因此认为,工会是工党的"父亲"。②但工会当初参与建党,其目标只是在议会中制定有利于工人阶级的立法,以解决工人的赔偿金、失业保险、退休金、妇女与儿童的津贴等问题,因此工党在很长时间里并没有政治纲领,它只局限于关注一些具体问题,直到 1918 年,工党才制定了一部党章,这时才明确了建立"社会主义共同体"的目标。③

在工党建党及明确其斗争方向的过程中,社会主义团体发挥了重要作用。英国的社会主义分成很多流派,包括马克思主义、费边主义、伦理社会主义、基尔特社会主义、市政社会主义、合作社社会主义等等,其中除了马克思主义,其他社会主义流派的共同特点是主张在资本主义制度的框架内,以渐进方式对资本主义进行改良,完成向社会主义的过渡。④在所有这些社会主义的流派中,费边社对工党的形成和发展影响最大。⑤

费边社(Fabian Society)得名于古罗马将军费边的迂回军事战术,它主张一点一滴地改造资本主义,和平长入社会主义。费边社总共只有一二百人,几乎都是知识分子,没有严格的组织机构和纪律约束,但这些人却成为工党的主要思想库和精英阶层的主要来源,比如,1918 年工党党章的主要起草人韦伯是当时费边社的负责人,而三次担任工党领袖的阿瑟・韩德逊(Arthur Henderson)也是费边社的主要成员。费边社的目标是:"通过把土地和工业资本从个人和阶级所有中解放出来以改组社会,并为了全民的利益将其收为社会所有。"⑥

---

① Keith Laybourn and David James (eds.), *Philip Snowden: The First Labour Chancellor of the Exchequer*, Bradford Libariesand Information Service, 1987, pp. 36 – 37.

② Bill Simpson, *Labour: The Unions and the Party*, George Allen & Unwin, 1973, pp. 61, 36, 109.

③ J. H. Stewart Reid, *The Origins of the British Labour Party*, University of Minnesota Press, 1955, Preface.

④ Martin Francis, *Ideas & Policies under Labour, 1945—1951*, Manchester University Press, 1997, p. 15.

⑤ Willard Wolfe, *From Radicalism to Socialism*, Yale University Press, 1975, p. 23.

⑥ 玛格利特・柯尔:《费边社史》,商务印书馆,1984 年,第 350、200—201、311 页。

另一个重要的社会主义团体是社会民主联盟（Social Democratic Federation）。1881 年，亨利·海因德曼（Henry M. Hyndman）组建了"民主联盟"，并于 1884 年改称"社会民主联盟"，自称信奉马克思主义，其成员最多时只有 1 000 人左右，大多数是中等阶级出身，马克思的女儿艾琳娜也曾参与其中。这个组织对工会采取敌视态度，称其为资产阶级的走狗，它内部又纷争不断，矛盾重重，得不到工人群众支持。1901 年，社会民主同盟因劳工代表权委员会拒绝接受"阶级斗争"概念而退出该委员会，很快萎缩成一个小宗派团体。

由于得到工会的支持，工党建党后发展很快，其地方组织从 1906 年的 73 个发展到 1914 年的 179 个，当 1916 年自由党陷入分裂时，工党已经具备了接替自由党并成为两大政党之一的实力。

第三章　政治体制沿革

英国政党政治在 19 世纪逐步成熟；国王权力的式微、责任内阁制的形成、现代政党的成型、党魁地位逐渐突出等，都经历了漫长的演变过程。议会改革对现代政党政治的形成至关重要，经过格拉斯顿与迪斯雷利之间的轮流执政，两党政治制度得以最终确立。

国王权力衰微是现代政治的显著特征。光荣革命后君主立宪制建立起来，国王虽然成为立宪的君主，但仍然有相当大的行政权力。国王的权力主要表现在操控议员、任命税官和其他官员的能力上，贵族院的贵族从理论上说都是国王任命的，而通过自己控制的"口袋选区"，国王还可以挑选下院候选人并使其当选议员。1782 年，在辉格党的主导下，下院通过了三个限制王权的法案：《伯克法》（Burke's Act）废除了政府和王室对闲职的任命，更加严密地监督王室使用经费（Civil List）①；《克鲁法》（Crewel's Act）禁止由王室提名的财政官员担任议员；《克拉克法》（Clerk's Act）禁止政府承包商担任议员。这些立法剥夺了国王通过恩惠拉拢议员及政府官员的手段，政治性的朝廷任命几乎成为过去，王权

---

① 议会为王室规定的预算资金。

受到极大的削弱。①

　　国王的私生活也受到政府的干预。乔治四世还是威尔士亲王的时候，于 1785 年与菲茨赫伯特夫人（Maria Anne Fitzherbert）结婚，由于菲茨赫伯特夫人是罗马天主教徒，因此根据 1772 年的皇家婚姻法（The Royal Marriages Act 1772），这个婚姻从一开始就无效。在家庭的安排和压力之下，乔治与表妹卡洛琳（Caroline of Brunswick）在 1795 年结婚，但两人的关系从一开始就不愉快，据说在结婚第二天他们就分居了，卡洛琳后来多半时间在意大利生活。② 1820 年乔治三世去世，乔治四世应继英国王位，卡洛琳回英国要求成为王后，却被乔治四世拒绝。这件事引起巨大的政治风波，伦敦到处贴满标语："王后永远是王后！把国王扔下河去！"公众拥簇着卡洛琳的敞篷马车在伦敦的繁华大街上招摇过市，使乔治四世十分难堪。愤怒之余，他要求政府制定法律剥夺卡洛琳的王后头衔，但未能成功；乔治四世以解散内阁相威胁，却也不能奏效。后来，在乔治四世加冕后不久卡洛琳去世了，这场风波才算平息：这就是历史上著名的"王后事件"。

　　1830 年乔治四世逝世，海军出身的新国王威廉四世继位，他让威灵顿公爵出任首相，但已无法使用自己的影响力帮助其获得下院多数支持。1834 年，他又不顾辉格党在下院拥有的多数席位而动用国王特权解散了墨尔本政府（First Melbourne Ministry），执意让托利党组建少数派政府。然而在 1835 年大选中，多数选民没有站在国王这一边，辉格党获得了 113 个议席多数，③托利党的皮尔政府被迫辞职。在英国历史上，这是国王第一次无法运用自己的影响力组建政府，墨尔本政府也成为最后一个被君主解散的政府。这以后，英国君主不再解散拥有下院多数席位

①　Eric J. Evans, *Political Parties in Britain*, *1783—1867*, Routledge, 1985, pp. 22 - 23.

②　Rohan McWilliam, *Popular Politics in Nineteenth-Century England*, Routledge, 1998, p. 7.

③　Colin Rallings and Michael Thrasher, *British Electoral Facts 1832—1999*, Ashgate, 2000, p. 67.

的内阁了,政府得以建立在稳定的议会多数的基础上。①

　　威廉四世于 1837 年去世,他的侄女、乔治三世的孙女维多利亚成为女王,当时刚满 18 岁。维多利亚统治时期一直延续到 1901 年 1 月 22 日她逝世为止,历时 63 年零 7 个月,是迄今在位时间最长的英国君主。在此期间,英国的君主立宪制度彻底巩固了,国王成为完全的"虚君"。

　　加冕之初,由于缺乏政治经验,维多利亚几乎完全听从辉格党首相墨尔本的摆布,并受到辉格党的强烈影响。但因为墨尔本政府未能应对日益严重的经济危机,并且在 1839 年的《牙买加政府法案》(The Jamaica Act of 1839)上遭受挫败,被迫辞职;维多利亚虽然从心底里讨厌保守党,却只好请该党党魁皮尔出面组阁。皮尔希望进一步打击辉格党,于是要求维多利亚解聘自己身边的几位辉格党侍女,遭女王拒绝,造成所谓的"寝宫危机"(Bedchamber crisis)。在这次危机中,皮尔最终未接受女王的组阁邀请,墨尔本重新回到首相位置,但墨尔本的谆谆开导使女王逐渐意识到作为英国国王,她不能感情用事,而必须履行立宪君主的职责。

　　1840 年 2 月维多利亚与阿尔伯特亲王(Prince Albert of Saxe-Coburg and Gotha)结婚。阿尔伯特是维多利亚的表兄,婚后,阿尔伯特实际成了女王的私人秘书。阿尔伯特经常告诫妻子,身为女王,她在公开场合一定要表现出超党派姿态。维多利亚和阿尔伯特有 9 个子女,他们的家庭生活被视为 19 世纪中等阶级家庭的楷模。1861 年阿尔伯特去世,这给维多利亚带来巨大打击,在以后近 10 年时间里她非常悲伤,很少在公开场合露面。在她后半段君主生涯中,她不再是"辉格党女王"了,她支持谨慎的改革和帝国政策,不喜欢自由党领袖格拉斯顿,而更偏爱保守党领袖迪斯雷利和索尔兹伯里侯爵,但无论她个人倾向如何,却再也没有重复"寝宫危机"的错误。她作为立宪的君主超脱于党派政治之外,因其严谨的生活、友善的

---

① Eric J. Evans, *Political Parties in Britain*, *1783—1867*, Routledge, 1985, pp. 24 - 25.

态度和恪尽职守的公务精神而深受人民喜爱。她在位期间,英国进入国富民强的鼎盛时代,维多利亚在位时期也因此被称为"维多利亚时代";而她之所以身载盛誉,不是因为她做了什么,而是因为她没有做什么,到维多利亚女王时期,国王成了完全的"虚君"。

与王权式微的趋势相反,英国现代政党组织在 19 世纪走向成熟。托利党和辉格党是 19 世纪英国最大的两个党,它们起源于 17 世纪的英国议会,从本质上说都赞成混合君主制,即通过国王、国教和议会来管理国家,托利党更倾向于王权的不可侵犯性,辉格党更张扬议会的权力;托利党更加保守,比辉格党更加抗拒社会的变化。

光荣革命后辉格党长期执政,托利党退守乡间,始终是在野党。小皮特执政改变了这种态势,他恢复了托利党的活力,形成所谓的"第二托利党"。尽管小皮特本人声称他不主张政党制度,①但在 19 世纪最初 30 年中以皮特及其追随者为代表的托利党和以格雷(Charles Grey)和福克斯(Charles James Fox)为首的辉格党双方,却在天主教解放、议会改革、经济改革、王室特权、内阁制、公共秩序等重大问题上,观点趋于两极化。托利党长期执政扩大了党派分歧,促进了政党意识的发展,党的目标、手段等等逐步形成。②

第一次议会改革以后,托利党和辉格党分别向保守党和自由党转变,标志着英国现代政党正式出现。1834 年 11 月,威廉四世解散墨尔本内阁并召唤威灵顿公爵组阁,威灵顿不愿应召,遂推荐罗伯特·皮尔出任首相,于是,皮尔组建了一个托利党少数派政府。12 月 18 日,皮尔在塔姆沃思选区发表演讲,这次演讲被看作是保守党的宣言书,《塔姆沃思宣言》(Tamworth Manifesto)也成了托利党向保守党转变的标志。从表面上看,皮尔是在为自己的竞选拉票,但其实皮尔是想借此机会向公众表明,他所理解的保守主义与他的前任、"旧托利党人"威灵顿有本质差异。在这次演

---

① Eric J. Evans, *Political Parties in Britain, 1783—1867*, Routledge, 1985, p. 24.

② Michael J. Turner, "Political Leadership and Political Parties, 1800—1846", in Chris William (ed.), *A Companion to Nineteenth-Century Britain*, Blackwell Publishing, 2004, p. 128.

讲中,皮尔承认 1832 年改革"开创了一个新时代",是"所有爱好和平和幸福的英国人都不能采取直接或隐蔽的手段来诋毁的";他承诺保守党将"仔细审视国家的和宗教的制度……纠正弊病,处置不公"。皮尔在宣言中明确了一项基本信条:只有通过改革,保守党才能生存,这就是新保守主义的基础。当然,皮尔的改革是温和的改革,其前提是"坚决维护现有的权力"。皮尔深深知道,他的政府能否站住,关键看紧接而至的大选结果,正如他在演讲结束时所说:"英国人民迄今保留了国王任命首相的特权,但这不是让人民盲目相信,而是要接受人民的公正评判。"①

受"皮特时代"长达 40 年的保守政策特别是 19 世纪最初 20 年"反动统治"的负面影响,皮尔领导的保守党没有在 1835 年大选中获胜,但从保守党的立场看,1830 年代是一个复兴时代,在以后三次大选中(1835年、1837 年和 1841 年),保守党渐渐削弱了辉格党的优势,最终在 1841年大选中胜出,以 367∶271 的绝对多数获胜。这次胜利的根本原因不在于民意的突变,而在于保守党自身的改变。②

从皮尔 1846 年 6 月辞职一直到 1850 年去世,他在议会的影响力依然令人难以望其项背,他的政治观点不仅被那些追随他的"皮尔派"所继承和延续,也在很大程度上影响到未来保守党和自由党的发展走向。③

随着议会改革的深入,选民人数不断增多,选民的自主意识也不断增强。在这种背景下,政党的组织工作比任何时期都更加重要,因此在1832 年议会改革以后地方党派俱乐部和政治媒体的数量和影响骤然增加,到 1841 年大选时,全国已经有数百个保守党俱乐部或协会,保守党在此次大选中获胜,主要归功于地方党组织的有效工作。④ 如果说 1832

---

① http://www.victorianweb.org/history/tamworth2.html.
② Robert Stewart, *The Foundation of the Conservative Party 1830—1867*, Longman, 1978, p. 93.
③ J. B. Conacher, *The Peelites and the party system 1846—1852*, David & Charles Publishers, 1972, p15.
④ Michael S. Smith, "Parliamentary Reform and the Electorate", in Chris William (ed.), *A Companion to Nineteenth-Century Britain*, Blackwell Publishing, 2004, p. 162.

年议会改革刺激了党的地方组织的形成,那么 1867 年议会改革则是英国近代政党组织发展的里程碑,在选民人数大量增加的现实面前,政党组织工作的重要性更加凸显,从而使两大党加大了组织建设的力度,向成熟的政党制度迈进。

迪斯雷利是皮尔之后推动托利党转变的关键人物,在他主导下完成了"新托利主义"的构建。迪斯雷利认为,保守党不应抵制选举权的扩大和社会改革的要求,而应该想办法获得新选民的支持,以此争取执政。他主张改善工人阶级的生活状况,他说:当茅屋不舒服时,宫殿就不安全,通过改善工人阶级的生活状况,可以把保守党的社会基础扩大到工人选民。他公开承认:"人民应该获得选举权,这种让步是为了让他们投提高他们利益的人的票。"①在 1867 年改革法三读的议会发言时他说:"国家制度只承认少部分人的政治权力而不顾广大人民的心声是危险的";工人阶级应该获得选举权,"如果出现了这种宪政的巨变,它将增加人民对国家的爱国心和民族感"②。到迪斯雷利时代,托利党完成了向保守党的转变。

同时,辉格党也在向自由党转变,格拉斯顿的出现是其标志。1835年 3 月,议会中的辉格党、激进派和爱尔兰议员中的奥康内尔派签订《里奇菲尔德协议》(Lichfield House Compact),目的是联合起来反对皮尔领导的保守党政府,并且推动爱尔兰改革,这项协议被有些人说成是自由党的起始,因为它扩大了辉格党的基础。不过在当时,土地贵族仍然是辉格党的主导力量。③

1865 年罗素勋爵第二次组阁,皮尔派的格拉斯顿加入进来,成为辉格党下院领袖,这以后,辉格党完成了向自由党的转变④。格拉斯顿主张

---

① T. F. 林赛,迈克尔·哈林顿:《英国保守党》,上海译文出版社,1979 年,第 18 页。

② *Hansard*,HC Deb 15 July 1867 vol 188 c. 1064.

③ http://en. wikipedia. org/wiki/Lichfield_House_Compact;Eric J. Evans,*Political Parties in Britain*,1783—1867,Routledge,1985,p. 36.

④ 格拉斯顿在自由党的位置非常有趣:他赞同必要的改革,但不是激进派,也不属于传统的辉格派阵营;他的很多好友(格兰维尔、斯宾塞、罗斯伯里、金伯里、哈廷顿)都是辉格派,激进主义者又是格拉斯顿的主要支持力量。http://www. historyhome. co. uk/peel/ireland/gladire2. htm.

自由放任的经济政策,在他的领导下,自由党逐步明确了自己的理念:放任自由的经济,支持社会改革,主张个人的自由,削减国王和教会权力,扩大选举权。对此,威廉·哈考特(William Harcourt)在1873年概括说:"自由不是让其他人去做你认为正确的事情。自由政府与非自由政府的主要区别是,一个非自由政府是竭尽所能进行干涉,而一个自由政府则除非必须就不干涉。一个专制的政府试图使所有的人遵循自己的意愿,一个自由政府只要认为符合社会安全,就允许所有人实现自己的意愿。自由党的任务就是保持这样的个人自由。"①格拉斯顿是这种古典自由主义的坚定维护者,他曾四次出任首相(1868—1874,1880—1885,1886年2—7月,1892—1894),在他执政期间,英国自由资本主义进入黄金时代。

但是到1880年代,一种"新"自由主义开始兴起,新自由主义者主张国家的积极干涉,而不是古典自由主义所强调的自助、自强与行动自由。② 到这个时候,那种认为不干涉是国家对内、对外最高原则的自由放任学说已经过时了。③

20世纪初,自由党转向"新自由主义"立场,这种立场认为不加限制的资本主义阻碍了真正的自由,主张用"积极自由"代替古典自由主义的"消极自由",即个人可以在健康、教育和福利方面得到公共方面的帮助。新自由主义也被一些人称为"社会自由主义"(Social Liberalism),赫伯特·阿斯奎斯政府在20世纪早期践行这一理念,为后来的福利国家开启了先导。或许正如霍布森所言:英国自由党从来没有在理论上或政策上承诺狭隘的自由放任的个人主义,现在的自由主义接纳国家的新概

---

① Harold Cox, *Economic Liberty*, Longmans, Green and Co., 1920, p. 170.

② W. H. Greenleaf, *The British Political Tradition. Volume II: The Ideological Heritage*, Methuen, 1983, p. 143.

③ 欧内斯特·巴克:《英国政治思想——从赫伯特·斯宾塞到现代》,商务印书馆,1987年,第12页。

念,即国家与个人生活和私营企业有关。①

议员政党化在第一次议会改革后日益凸显,比如,在1835—1837年出席议会投票的594位议员中,有294人一直支持自由党,273人始终支持保守党,投票不固定的只有27人。这种截然分明的政党分野现象在1832年以前是不太可能出现的。② 之所以出现这种现象,原因如格拉斯顿在1841年大选前指出的那样:"政党的原则对本国的突出影响已有很长一段时间了,现在几乎达到无限的程度。我认为这是真正代议体制的本质属性。"③。

1832年议会改革后,英格兰在选民人数和议会席位数方面依然占据绝对优势,比如在1835年大选时,英格兰的选票和席位数分别是491 540张和464席,而全国总数是611 137张和658席,英格兰占其中的80.43%和70.52%。保守党有较好的地方组织系统,更容易在英格兰和威尔士选区领先,从而夺取大选胜利;辉格党为取得胜利,就必须得到爱尔兰奥康内尔派和苏格兰、英格兰激进派的支持。该年大选,辉格党凭借其在1832年改革中留下的好印象,在英格兰各选区比托利党多得64席;但1837年大选保守党反超辉格党14席,在威尔士也多出6席。在苏格兰和爱尔兰,辉格党则比保守党分别多出13席和43席;1841、1847、1852年大选也大体呈现同样情况。④

如前所述,在托利党向保守党转变的过程中,皮尔起了重要作用。但保守党多数人跟不上这位锐意改革的领袖的步伐,因废除《谷物法》问题,皮尔遭到保守党内部多数人的反对,致使党内发生分裂。其后果是严重的,它使保守党在此后30年时间里处于劣势,1846年6月至1868

---

① Robert Eccleshall, *British Liberalism: Liberal Thought from the 1640s to 1980s*, Routledge, 1986, pp. 204 - 205.

② Eric J. Evans, *Political Parties in Britain, 1783—1867*, Routledge, 1985, p. 37.

③ Gladstone, *Memoranda*, pp. 135 - 137, quote in Robert Stewart, *The Foundation of the Conservative Party 1830—1867*, Longman, 1978, p. 92.

④ Colin Rallings and Michael Thrasher, *British Electoral Facts 1832—1999*, Ashgate, 2000, pp. 3 - 8.

年 12 月,保守党仅有三次短暂组阁(1852 年 2—12 月,1858 年 2 月—1859 年 6 月,1866 年 6 月—1868 年 12 月)。在这三次短暂执政时期,党的领袖是德比伯爵,但真正掌舵者是迪斯雷利;后来,在 1867—1868 和 1874—1880 年,迪斯雷利两次出任首相。

在德比和迪斯雷利第二届政府期间,皮尔派作为一个议会派别其作用已大不如以前。此时,保守党已不再坚持贸易保护主义,皮尔派中多数人又回到保守党阵营。当然,一部分皮尔的忠实信徒比如格拉斯顿,在商业政策和宗教宽容问题上与自由党更加接近,后来转向了自由党。① 此时,党派意识已非常清楚,在政党与议会关系上,政党是“议会身躯的骨中骨,肉中肉”。②

1860 年,自由党在伦敦成立了党监控制的中央总部。1877 年 5 月 31 日,自由党 95 个地方协会的代表在伯明翰召开“自由党全国委员会”的成立大会,会议决定自由党全国委员会应该在党的活动中起重大作用,由它确定党在议会内的工作,统一自由党议员的立场。大会章程规定:自由党全国委员会由两个机构组成——代表大会和总委员会,代表大会每年召开一次年会,代表由各地按人口比例选出。总委员会的职责是协助和协调地方自由党组织的工作。1881 年 1 月,自由党代表大会通过决议,推动政府实施各种改革,包括修改土地法、扩大选民范围、重新分配议席等。总委员会明确要求各选区组织对该区自由党议员施加压力,敦促他们在投票时与党保持一致。伯明翰自由党委员会明确表示:自由党所有的不忠诚议员将失去他们的议员身份。

1868 年,保守党也成立了由党监负责的“中央委员会”,两年后定名为“保守党中央总部”(Conservative Central Office)。但此时的保守党总部是“自我产生”的机构,不是由选举产生。1886 年 5 月,保守党全国大会通过新章程,确定大会的任务是做好组织协调工作,协助建立党的地

① J. B. Conacher, *The Peelites and the Party System 1846—1852*, David & Charles Publishers, 1972, pp. 7, 66.

② Eric J. Evans, *Political Parties in Britain, 1783—1867*, Routledge, 1985, p. 49.

方分会,宣传党的政治主张。

1867年,自由党在伯明翰率先进行地方党组织的代表制改革,代表由各分区委员会选出,并在会章中规定:凡捐助一先令的自由党人都可成为协会会员;协会每年举行一次会议,推选党的专职工作人员和协会执委会成员。伯明翰组织改革的成效在1868年大选中得到印证,在地方协会的统一组织、精心策划下,各分区委员会按照党总部要求进行投票,使自由党获得伯明翰全部3个议席。约瑟夫·张伯伦担任伯明翰市长后,重新改组该市的自由党组织,进一步扩大党组织的活动权限,包括:决定党的政策,提名议会候选人,提名学校董事会候选人,支持各分区候选人等。改组后的伯明翰自由党组织力量增强,不仅将伯明翰的3个议席全部保留在自由党手中,还在市议会选举中获得70个席位中的68席。伯明翰的做法为其他自由党地方组织所模仿,到1887年,地方代表制组织发展到700多个。

自从1835年颁布《市镇自治机关法》(The Municipal Corporations Act 1835)以后,地方选举就对自由党有利。在1838年曼彻斯特和伯明翰的市镇选举中,没有保守党人当选。对此,保守党并没有坐以待毙,而是加快了自身的组织建设,比如,保守党成立了"保守党商人协会"、"商人改革协会"等地方性组织,以抗衡自由党对大多数市镇议会的控制。在地方组织工作中,保守党还注意吸收工人阶级新选民,比如在1868年大选中,因得到工人选民支持,保守党有21名议员获得连任,而自由党只有13名。[1] 另外,保守党也在70年代初推广布莱德福特代表制经验,截至1875年,保守党代表制组织也达到400多个。

1860年代以后,保守党和自由党都建立了全国性的政党组织,各党议员候选人几乎全部由党的总部指定或基层组织遴选。大选结束后,各党总部很快就可以计算出自己的得票数,不必等正式结果公布就知道选举胜负。在确立和完善中央党组织的过程中,党魁和首相的产生是一个

---

[1] Eric J. Evans, *Political Parties in Britain, 1783—1867*, Routledge, 1985, p.44.

重要问题。一般来说,首相或前首相分别是执政党或反对党的党魁,但在第二次议会改革之前,党魁的产生和更替并没有得到应有的重视。党魁主要凭借出身、家产、资历和政治才干等产生,而不是选举;首相也不具有民众基础,是以国王大臣的身份而不是党魁的名义就职的。1868年,格拉斯顿率先以自由党党魁的身份发表竞选演说和组织政府,这以后首相与党魁职务才紧密联系在一起,一党在大选中获胜,该党党魁就率领本党组建政府。

迪斯雷利和格拉斯顿对英国党魁制的形成起了重要作用,1868—1886年迪斯雷利和格拉斯顿轮流执政,被称为迪斯雷利和格拉斯顿的时代。他们作为保守党和自由党的领袖,分别凭借个人的魅力,使保守党与自由党真正成为各有特色的两大政党。① 两人都是中等阶级出身,表明中等阶级已取代贵族成为国家的主要领导力量。这一时期,选民的投票意向往往不是看保守党或自由党的政策,而是根据自己对迪斯雷利和格拉斯顿两人的好恶来取舍,因此,迪斯雷利与格拉斯顿之间的个人竞争,就决定了保守党和自由党在大选中的沉浮。

迪斯雷利出身于犹太家庭,在他13岁的时候,为了躲避犹太教徒在社会和法律上的不公待遇,全家皈依英国国教。由于这样的家庭背景,他完全要靠个人的才干获得选民好感,党内很多人并不愿意迪斯雷利担任党的领袖,但他们又离不开这样一个政治"天才"。② 1837年迪斯雷利初次当选议员,不久就成为"青年英格兰"(Young England)的领导人之一,该组织反对1832年议会改革,主张开明的贵族领导工人阶级,重建国家的传统价值,回归过去的"金色英格兰",因此,他与主张改革的皮尔有很大不同。但在60年代后期成为保守党领袖后,他意识到工业化已经带来巨大的社会经济变化,保守党必须调整自己的政策以适应这些变化,才能拯救自身于危亡之中。于是,他转而遵循皮尔的改革路线。

---

① Michael Lynch, *An Introduction to Nineteenth-Century British History 1800—1914*, Hodder Murray, 1999, p. 56.
② Ibid. , p. 59.

维多利亚女王喜欢善于奉承的迪斯雷利,而讨厌严肃说教的格拉斯顿。但女王的爱憎只影响到她本人对保守党和自由党的态度,却不能阻止"人民的威廉"的长期执政。威廉·格拉斯顿出身于一个靠奴隶贸易起家的大商人家庭,曾在伊顿公学(Eton College)和牛津大学神学院(Christ Church, Oxford)就学。这位虔诚的基督教徒将自己的政治抱负与报效上帝融为一体,他精力过人、才能出众,被迪斯雷利称为没有任何缺点的人。

1832 年,年仅 23 岁的格拉斯顿成为托利党议员,与迪斯雷利一样,他也反对议会改革及 30 年代的其他改革,尤其是教会改革。所不同的是,他一直非常敬佩皮尔,在 1834—1835 和 1841—1846 年两届皮尔政府中担任贸易大臣和殖民大臣(Secretary of State for the Colonies)。1852—1855 年他在辉格党和皮尔派的联合政府中出任财政大臣,并于 1859—1865 年出任帕默斯顿政府的财政大臣,和其他皮尔派一起正式加入了自由党阵营。在他担任自由党党魁期间,自由党的原则被确定下来:自由贸易,低税收,削减不必要的公共开支,改革政府机构,最小化政府,非国教徒的选举权,反对不合理的战争。

在格拉斯顿第一届政府期间(1868—1874 年),自由主义处于高峰,七年内,格拉斯顿的改革涉及英国制度的所有方面,比如,废除军队中的买官惯例,依据才能来确定军职;颁布 1870 年《教育法》(Elementary Education Act 1870),建立国家初等教育体制;允许非国教徒进入牛津和剑桥大学;颁布 1871 年《工会法》,确定工会及其基金的合法性;颁布 1872 年《无记名投票法》(Ballot Act 1872),投票人只需在候选人名字上打钩即可;颁布 1873 年《司法法案》(Supreme Court of Judicature Act 1873),重组中央法院系统,规范和加快了案件的审理程序,等等。格拉斯顿的这些改革在当时很多人看来是冒着很大的风险的,1874 年 3 月,格拉斯顿在其日记中也承认党内存在着很大的政策分歧。

与此同时,"新托利主义"的掌门人迪斯雷利也在准备改革,他一方面指责格拉斯顿在改革的名义下败坏国家制度,另一方面又努力争取选

民的支持，试图为保守党树立"全民党"的形象。他所制定的保守党原则
包括三个方面：一是捍卫传统的国家制度，二是保护和扩大英帝国，三是
通过社会改革来提高人民的生活水平。于是在选民看来，保守党不再是
一个阶级的党，它能够代表所有阶级的利益。迪斯雷利在振兴保守党的
同时，也塑造了保守主义的新内涵。

　　1874 年大选中自由党获得 52.7％的选票，保守党只得到 43.7％选
民支持；但保守党得到 350 个议席，自由党只得到 242 个，尤其在英格兰
各选区，自由党比保守党少 109 席。反观 1868 年大选时自由党获得
61.5％的选票和 387 个议席，保守党只获得 38.7％的选票和 271 个议
席。① 对比之下可以发现，自由党依然得到多数选民的支持，但优势正在
下降；格拉斯顿的改革触犯了一部分人的利益，失去了他们的支持。

　　但改革已经是潮流，保守党与自由党在改革问题上只有形式和程度
的差异，而并非改革与反改革之别。迪斯雷利更关注本党利益，执行现
实主义路线；格拉斯顿则体现出强烈的理想主义追求，更具有全局关照。
迪斯雷利第二次执政期间（1874—1880 年）也在很多方面进行改革，比如
1874 年《工厂法》(Factory Act 1874)规定女工的周工作时间不得超过 56
个小时，1875 年《公共卫生法》(Public Health Act 1875)旨在改善卫生条
件，1876 年《教育法》(Elementary Education Act 1876)将初等教育确定
为义务教育，等等。

　　自由党和保守党的分歧主要不表现在国内事务上，而体现在外交和
帝国政策方面。1876 年，在野的格拉斯顿再度出山，攻击迪斯雷利政府
在巴尔干(Balkan)问题上处置不当。1879 年，格拉斯顿在洛锡安郡
(Lothian County)开始他的竞选活动，一周内进行 9 次演讲，每场听众都
在 2 500 人以上，最高达 2 万人，很多听众冒着大雨聆听他的演说，一站
就是两个多小时。洛锡安郡的竞选活动是英国历史上大众竞选的最早

---

① Colin Rallings and Michael Thrasher, *British Electoral Facts 1832—1999*, Ashgate，2000，
　　pp. 11 - 12.

范例之一,格拉斯顿的成功表明,这位"人民的威廉"依然受到选民的欢迎。[1] 1880 年大选中,自由党以 352：237 的绝对多数战胜保守党,再次执政;1881 年 4 月迪斯雷利去世,格拉斯顿与迪斯雷利之间的长期竞争终于告一段落。

格拉斯顿在他的第二任首相期间进行了第三次议会改革;但从这时开始直至以后的两任首相期间,他始终被爱尔兰问题所困扰,他试图与爱尔兰自治党(Irish Parliamentary Party)领袖查尔斯・斯图尔特・帕内尔(Charles Stewart Parnell)合作,提出了《爱尔兰自治法》(Government of Ireland Bill 1886),受到爱尔兰新教徒的反对,而党内以约瑟夫・张伯伦为首的帝国统一派甚至与保守党联手抵制该法案,自由党再次出现大分裂。1882 年,英国政府出兵埃及,却有悖于自由党自己的反扩张立场,使其威望受到损害。1894 年,这位老眼昏花的 86 岁老人在激烈的党内论争中退休了,由罗斯伯里勋爵(Lord Rosebury)接任首相。1898 年格拉斯顿去世,享年 89 岁,英国为他举行了国葬。

在格拉斯顿与迪斯雷利的竞争过程中,英国现代两党政治最终形成。为了组织全国范围的选举工作,操控选民进行投票,两党都加强中央的领导力度,突出党魁的个人影响,发展党鞭制度,强制本党议员服从党的决定,在议会表决中站在本党一边。另一方面,两党都加强地方党组织建设,构建组织网络,培养党工人员。在两党的严密组织系统下,个人要想竞选议员,必须得到某个政党的支持,否则就很难当选。正因为议员是在政党力量的支持下当选的,所以他必须与党的立场保持一致,否则,他在下次大选中就被剔除在外。党的宣传、组织和纪律工作成为重要的党务工作,由专职党务人员负责。政党之存在,其目的就是执政,大选胜利它就上台,大选失败它就下台;反对党在野期间也组织影子内

---

[1] 1874 年,格拉斯顿在大选中被迪斯雷利击败后辞职,并被认为从此就退休了,此时自由党有两个领袖:哈廷顿(自由党的下院领袖)和格兰维尔(自由党的上院领袖)。维多利亚女王希望由哈廷顿组阁新政府,哈廷顿希望能得到格拉斯顿的支持,格拉斯顿的态度是,如果他进入内阁就必须做首相。最后,女王被迫同意由 70 岁高龄的格拉斯顿组阁。

阁(Shadow Cabinet),随时准备击败政府,可以立即上台。政府一旦失去议会多数,它要么解散议会,举行大选;要么宣布去职,让反对党组建政府。这样,就要求本党议员坚定地按照党的指令投票,一旦背弃党的立场,就会受到责难,接受处罚,很可能丢掉政治生命。

迪斯雷利去世后由索尔兹伯里侯爵(Marquess of Salisbury)接任保守党领袖,在1885—1886、1886—1892和1895—1902年三次出任首相。保守党的阿瑟·贝尔福(Arthur James Balfour)(1902—1905年),自由党的坎贝尔-班纳曼(Sir Henry Campbell-Bannerman)(1905—1908年)和赫伯特·阿斯奎斯(1908—1915年)也先后组阁,从而延续了格拉斯顿和迪斯雷利轮流执政的传统。在20世纪刚刚来临的时候,工党成立了,工人阶级为维护自己的利益,也希望有自己的政党在议会为本阶级说话。但两大政党轮流坐庄的态势并未改变,新世纪的两大政党是工党和保守党。

两党在结构上呈金字塔形,顶端是党魁,党魁下面是党的前排议员(Frontbencher),然后是后排议员(Backbencher);前排议员在党执政时,有可能按照其在党内的威信和贡献担任内阁职务或其他职务。在18世纪,内阁还是国王的办事机构,内阁大臣主要负责王室所赋予的行政管理事务,有关公共政策的议案一般由议员个人提出,而不是由内阁集体提交议会讨论。议会的立法程序和有关制度也很少给内阁以优先权,任何议员都有权长时间发言,也可以随时提出议案、交议会讨论。在这时的议会,内阁的作用并不突出。

到19世纪,内阁逐渐成为议会的“执行委员会”,按议会的意旨管理国家。70年代以后内阁的地位日益增强,内阁和议会的关系也发生倒转,作为议会基本职能的立法权被内阁控制了,因为执政党必须占据议会多数,每逢议会投票表决,执政党就会尽一切努力保证本党议员服从党的意愿,让党的政策得以通过;结果,议会所通过的任何法案其实都是由执政党制定的,也就是政府制定的。

随着政治、经济和社会的变化,以及大英帝国的扩大,原有政府部门不够用了，一些新增机构不断出现。除原有的内政部（Home Office）、外交部（Foreign Office）、陆军部（War Office）、海军部（The Board of Admiralty）、殖民事务部（Colonial Office）、印度事务部（India Office）等等，19世纪又设立新的机构，包括贸易部（Board of Trade）、教育部（Committee of the Privy Council on Education）、爱尔兰事务部（Northern Ireland Office）、农业部（Board of Agriculture）、卫生部（General Board of Health）等。到20世纪初，内阁管辖的部一级行政机构达到20多个，其中有些大臣不进入内阁，出现内阁大臣和非内阁大臣之分。政府部门的增加扩大了首相和内阁的权力。

内阁权力扩大，使议会至上的原则逐渐被内阁至上所取代。1875年，迪斯雷利内阁不经议会讨论就借款400万英镑，购买苏伊士运河（Suez Canal）近一半的股票。财政权本是下院的专利，在这个问题上内阁也可以无视议会而独来独往，可见英国权力的重心已经转移。为保证"国家事务"被优先考虑，内阁依仗其控制的议会多数制定工作日程，使议会围绕政府工作转，据统计，1878—1887年，政府占用议会的平均时间是83％，在此后的十年中，增加到84.5％。[1] 议员个人提出的议案根本不能列入日程，极少数私议案要通过抽签才有可能在议会中讨论，并且只有在星期五才能对私议案进行二读审查，许多议案需要用很长时间才能解决，因此每年大约只有10—15件私议案获通过并成为法律。

作为一种政治手段，有些议员在发言时采取疲劳战术，以滔滔不绝的讲话干扰议会正常程序，造成政府的议案不能通过。为此，迪斯雷利政府于1877年制定《中止辩论程序法》，规定：当制止辩论的提议得到100人以上的支持时，议长（Speaker of the House of Commons）可以中止过于冗长的发言。这项法案出台后，每年动用20—40次之多；[2]1881年1月31日，议会讨论格拉斯顿政府提出的《强制法案》时，一位爱尔兰

---

[1] 罗威尔：《英国政府·中央政府之部》，上海人民出版社，1959年，第306页。
[2] 同上书，第288页。

自治派议员故意拖延时间，连续讲话 41 小时多，结果被议长中止发言。事后不久，格拉斯顿政府促使下院通过了《紧急法案》，规定在紧急情况下，首相可以要求议会对他提出的议案立即进行表决，无须经过议会辩论程序。

19 世纪后期，"委托立法"的范围进一步扩大，即在很多重大问题上议会只确定法案的原则，而将实施细则的制订工作授权给内阁或某一行政部门处理。第一次世界大战爆发时，议会通过《授权法》，授权内阁可直接发布具有法律效力的行政命令。以上这些规定形成了现代议会的特色，内阁也经常被人们说成是立法机关的"第三院"。

由于政府控制下院，19 世纪末，政府议案已很难被否决或修正，在 1906 年之前的 20 年内，只出现过 9 次修正案被通过的情况。不仅如此，议会在 19 世纪后期已经很难参与政府的决策，决策的范围越来越大，时效性越来越强，内容日益专业化，技术性要求越来越高，议员受制于专门知识的缺乏，很难做到积极有效的干预，通常情况下只能充当政府的表决机器。从理论上说，议会仍享有对政府的监督和质询权，政府大臣必须将自己所做的每一件事向议会陈述理由，如果他们不这样做，议会可以罢免他们的官职。然而，在英国近代实践中，不管内阁做了什么，几乎都未被议会所罢免，相反，内阁还掌握着解散议会的生杀权。有人戏称，议会成了内阁的御用议事会。自 19 世纪以来，内阁的权力越来越大，政府凭借下院多数，可以做任何想做的事。

综上所述，英国政党政治在 19 世纪逐步走向成熟并最终确立下来。随着议会改革的进行，为了更多地获得选民的支持，辉格党（自由党）和托利党（保守党）竞相改革。党能否组阁执政，关键看其在下院的议员数量，无论是保守党还是自由党，为了组织全国范围内的选举、操控本党选民进行投票，都必须加强中央的领导，突出党魁个人的影响力，因此它们大力发展党监制度，加强纪律建设，发展党的地方组织。若党在大选中获胜则上台，失败则辞职，政府与选举结果共进退。反对党在野期间也会组成影子内阁，随时准备在议会中击败对手并出面组阁。至此,现代政党体制在英国已经发展成熟,政党政治取代了以个人影响力为特征的贵族政治。在20世纪刚刚来临的时候,工党成立了;工党的出现是20世纪英国政治中的大事,它很快改变了英国政党政治的版图。

第四章　行政制度变化

随着政党制度的产生，在两党轮流执政和内阁共进退的原则下，政党一旦掌权，就竭力在政府各部门安插本党成员，形成上下裙带关系，政府腐败由此产生："无论哪派贵族掌权，都要将大小官职分发给在争权斗争中立下功劳的人，然后再分给朋友或者儿子的朋友等等。为了谋得官职，人们就必须攀枝依附、请人说项、拉各种关系、走各种门路，无所不用其极。"①政党一旦下台，政府部门就可能发生大洗牌，致使官吏频繁变动，既不利于行政工作的连贯性，也妨碍官员精通业务，导致效率低下。

随着工业社会的出现，政府的内外事务日益繁多，政府机构也相应增加，官员人数于是迅速膨胀，行政经费以平均每年5％的速度攀升；与此对应的是，政府中冗员充斥，贵族政治的裙带关系长期延续，腐败风气盛行。对此，刚刚跻身于政治权力圈之中的工业资产阶级十分不满，他们出于自身利益的考虑并受到功利主义哲学家边沁的影响，希望建立廉洁高效的政府，使行政管理像工业生产一样有效。文官制度改革就是在这个背景下进行的。

1848年，议会批准成立特别委员会，对行政开支进行调查。当时任

---

① 钱乘旦：《第一个工业化社会》，四川人民出版社，1988年，第186页。

财政部助理秘书的查尔斯·屈维廉(Charles Trevelyan)在向特别委员会汇报情况时,将财政部问题的症结归于文官制度本身,建议对文官队伍进行彻底整顿。他批评官员晋升中论资排辈的制度,主张高级文官要从受过大学教育的绅士或其他职业中有突出才干的人中选调,按业绩而不是资历予以提拔。由此,政府开始任命专门委员会对政府各部门进行调查,英国现代文官制度改革正式启动了。

在改革中有两个人物起了重要作用,一个是查尔斯·屈维廉,被称为英国现代文官制度的总设计师,他曾在印度殖民政府工作14年,对文官制度的弊病深有体会;他还在文官学校系统地学习过两年课程,这两方面经历为他进行文官改革奠定了实践和理论基础。另一个重要人物是格拉斯顿的秘书斯坦福·诺斯科特(Stafford Northcote),他参加了8个议会委员会的调查工作,在改革中与屈维廉通力合作,拟订了文官改革的总体方案。1853年11月23日,诺斯科特和屈维廉提交《关于建立英国常任文官制度的报告》,①也称"诺斯科特-屈维廉报告"(Northcote-Trevelyan Report),该报告成为1850—1870年间英国文官制度改革的纲领性文件。

该报告针对文官的选拔、录用、提升和级别划分等等提出一整套建议,目的是建立一种新型的常任文官制,以便在两党竞争和轮流执政的背景下,保证政府的工作效率和政策连续性。报告在人才挑选过程中引入竞争机制,建议除常务次官等少数高级官员外,其他文官通过公开考试择优录取。报告建议将文官分为高级和低级两大类。低级文官以一般中等教育水平为录取标准,录用年龄限制在17—21岁;高级文官从牛津大学、剑桥大学毕业生中招考,也可从其他工作岗位上的优秀人士中选调,录用年龄限制在19—25岁。考试注重文科基础知识,而不强调专业技能,这是针对高级文官的工作性质提出来的,因为高级文官不处理

---

① 全文参阅 Stafford H. Northcote & C. E. Trevelyan, *Report on the Organization of the Permanent Civil Service*, Stationery Office,1854。

日常杂务,只将注意力集中在政策性和原则性事务上。报告要求对文官的工作业绩进行考核,根据才能高低和勤奋程度决定是否晋升;新任文官必须从低级做起,只要他不犯大错、按部就班地例行公事,也可以得到提升。报告建议对事务官员的工资标准予以统一,以便在各部门之间进行流动。正如报告在结尾部分明确指出的,它的目的有三:一是建立录取文官的考试制度,二是根据个人勤奋与绩效决定晋升,三是对各部分文官实行统一管理,清除文官制度中的弊病。[①]

　　报告公布一年后,英国成立了民间的"行政改革协会",该协会在全国各大城市组织群众集会,发表改革宣传品。在要求改革的呼声下,1855 年 5 月 21 日,新首相帕默斯顿绕开议会,径直以枢密院(Privy Council)的名义颁布了文官制度改革的正式法令《关于录用王国政府文官的枢密院命令》。法令决定任命由三人组成的文官制度委员会(Civil Service Commission),根据候选人的年龄、身体和品德等情况进行文官初选,符合条件者参加"必要知识水准"考试,考试合格者获颁证书,然后可以分配到不同政府部门,经 6 个月的试用期后,再决定是否正式录用。这个枢密院令虽然将考核工作交给文官委员会,但各部门首脑仍然拥有提名候选人的权力,尤其是提名高级文官的权力,只要被提名的候选人没有严重问题,文官委员会一定批准通过。而且,考试内容也由文官委员会与各部门负责人商定,这就为徇私舞弊留下了空间。1870 年 6 月 4 日,格拉斯顿政府颁布第二个枢密院令。它以"诺斯科特–屈维廉报告"为基础,规定除外交部和内政部外,其他部门文官都要通过公开考试、竞争上岗。财政部还制定了两份考试细则,对高级文官和低级文官的考试分别确定不同标准。这以后,文官制度逐渐趋于完善,虽然有关文官的待遇、分级、晋升等细节还有待进一步规定,但文官制度的基本原则在这两个枢密令中确定下来,特别是第二个枢密令。[②]

① Stafford H. Northcote and C. E. Trevelyan, *Report on the Organization of the Permanent Civil Service*, Stationery Office, 1854, pp. 22 – 23.
② 中国英国史研究会编:《英国史论文集》,生活·读书·新知三联书店,1982 年,第 225 页。

外交部和内政部拒绝执行第二个枢密令,它们被称为旧制度的堡垒。尽管如此,1850—1870 年的英国文官制度改革意义非常重大,它确立了现代文官体制,巩固了英国议会改革的成果,并为欧美国家建立现代文官制度树立了榜样。不过,一直到 20 世纪上半叶,高级文官职务都基本被牛津和剑桥毕业生所垄断,因为高级文官需要具备高等精英教育背景。①

地方政府改革也是行政改革的重要方面,目的则是健全地方政府,把原来近乎没有的地方机构建立起来。一直到 1832 年议会改革之前,英国地方治理基本上沿用中世纪的管理体制,原因是英国的地方自治传统很强,即便在都铎时期,中央权力高度集中,各郡、各教区的管理权仍然掌握在当地权贵手中,贵族乡绅是地方管理的主体。光荣革命不仅没有触及地方政府问题,相反由于王权式微和枢密院权力的旁落,中央对地方的控制力还在减少,中央与地方之间更是一种协商关系而不是指令关系,中央不设地方事务部,中央政府在各地也没有下属机构,地方财政来自于地方税收,中央政府对地方行政一般不拨款,也很少干预地方事务。地方官员,尤其是教区一级的治安法官基本上是无薪任职,以当地社会的天然家长自居的地方乡绅认为管理地方事务是他们应尽的义务,对此尽心尽力。

工业革命以后社会结构发生很大变化,乡绅的地位受到动摇,农业家长制的管理体制不适应新的形势了,城市变得很重要,工厂主阶级要求进入地方管理。同时,因工业社会带来复杂的社会现象,地方管理也面对越来越多的问题需要解决,乡绅以家长身份进行管理的局面完全过时,而他们在工作中玩忽职守、编织裙带的做法也饱受诟病,建立完善的地方政府机制势在必行。

---

① Wouter Vandenabeele and Sylvia Horton, "The Evolution of the British Public Service Ethos: A Historical Institutional Approach in Explaining Change", *Ethics and Integrity of Governance-The First Transatlantic Dialogue*, Joint EGPA-ASPA Conference, Leuven (Belgium), 2 - 5 June 2005, p. 7.

　　1832 年议会改革为地方政府改革创造了契机,1833 年 2 月格雷政府任命一个特别委员会,专门调查各市镇自治机构的情况,[1]该委员会的任务是探讨"现有的市镇自治机构存在哪些弊病,应该采取哪些有效措施来解决这些弊病"。该委员会于 6 月提交抽样调查报告,其中认为:目前的市镇机构已不能适应社会现状,为改变这种状况,市镇官员应扩大遴选面,遴选的程序应该公开并接受公众监督。[2]

　　7 月,辉格党内阁成立以改革家约瑟夫·帕克斯(Joseph Parkes)为首的皇家委员会,负责调查英格兰和威尔士的市镇团。1835 年,委员会提交了长达 3 446 页的调查报告,详细列举了市镇团的种种弊端。[3] 报告结论是:英格兰和威尔士的市镇团已得不到英国人民的信任,地方政府改革势在必行。[4] 为此,格雷政府于 1835 年 6 月向议会提出了市镇改革法案,于 1835 年 9 月获通过。

　　《城市自治机关法》(The Municipal Corporation Act)主要内容包括:(1) 取消所有的市镇团,建立地方议会;(2) 地方议会由居住满三年的当地纳税人选举产生;(3) 地方议会议员任期三年,每年改选三分之一;(4) 地方议会选举市长(Mayor),任期一年,选举高级市政官(Alderman),任期 6 年;(5) 每个市镇设 1 名司库(Treasurer),定期公布账目和年度预算;(6)地方议会负责处理警务、供水、排污、道路等事务;(7) 没有议会的市镇可以申请建立市镇团。该法案适用于英格兰和威尔士的 178 个市镇,在地方政府改革过程中具有里程碑意义。[5]

　　1832 年 2 月,即在建立皇家委员会调查市镇机构之前,议会任命了

[1] Robert Pearce and Roger Stearn, *Government and Reform：Britain 1815—1918* (Second Edition), Hodder Murray, 1994, p. 90.

[2] Aas Briggs, *The Age of Improvement*, *1783—1867*, Longman, 1979, p. 277.

[3] David C. Douglas (ed.), *English Historical Documents*, XII(1), *1833—1874*, Eyre & Spottiswoode, 1956, pp. 621–627.

[4] Marjie Bloy, "Defects in Constitutions of Municipal Corporations", 11 October 2002, http://www.victorianweb.org/history/muncorp.html.

[5] 1835 年《市镇自治机关法》,全文参阅 http://www.lincolnwaites.org.uk/municipalreform.shtml.

一个调查地方济贫情况的皇家委员会。1834年,该委员会向议会提交报告认为:院外救济(outdoor relief)是造成现行济贫制度种种弊端的主要原因,因为那些受到院外救济的穷人,其生活状况比靠劳动为生的低收入阶层还要好,于是人们不愿意劳动,宁愿接受救济,救济变成了向"懒汉和罪犯发放救济金"。[1] 报告认为政府应该迫使穷人以劳动为生,因此,"劣等处置"(Less Eligibility)是救济的第一原则,即不能让接受救济者的生活水平好于低收入的劳动者。[2]

根据上述原则,英国议会于1834年8月颁布《济贫法修正案》(Poor Law Amendment Act 1834),其主要内容有:废除有劳动能力的人的院外救济;合并教区,在每个联合教区建立济贫院(Workhouses);济贫院的生活条件要低于最低收入劳动者,以防止懒人进入济贫行列;在伦敦建立济贫法委员会(Poor Law Commission),负责指导济贫事务,制定全国统一的济贫标准。

根据该修正案的原则,全国各地建立了许多济贫院。济贫院中采取苛刻的男女隔离制度,夫妻子女也概不例外;食物供应少而差,衣服是劣质的统一制服,受济贫者要从事繁重的体力劳动。这样的环境确实如同监狱,结果,济贫院收容的并不是所谓的"懒人",而是没有生活来源的老人、寡妇、残疾人、孤儿或弃婴。

新济贫法受到边沁功利主义和马尔萨斯人口论的影响,前者强调"最大多数人的最大幸福",接受救济的人不包括在"最大多数人"之列;后者主张限制人口增长,而人口增长的罪魁祸首是无所事事的穷人,需要对他们进行惩罚。在这种思想指导下,新济贫法不可能是普惠的。这个法案一直沿用到第一次世界大战结束,其间只有过几次较小的调整。但从地方政府改革的角度看,它统一了各地的济贫方式,建立了全国性

---

[1] David C. Douglas(ed.), *English Historical Documents*, *XII*(1), *1833—1874*, pp. 697 - 699.

[2] Michael Lynch, *An Introduction to Nineteenth-Century British History 1800—1914*, Hodder Murray, 1999, p. 87.

的指导机构,明确了中央和地方各自的职责,在客观上促进了地方政府改造。

19 世纪英国的城市环境很差,人口拥挤,住房奇缺,工人劳动生活条件恶劣,公共设施稀少,环境污染严重,城市人口死亡率特别高。[1] 19 世纪流行性瘟疫高发,城市公共卫生成为严重的社会问题,这个问题不仅影响到穷人,也威胁到富人的安全,因此,公共卫生改革正式提上议事日程,国家和地方政府必须承担责任。

在 18 世纪后期,已经有一些组织和个人为公共卫生问题奔走呐喊。据 1840 年一个大城市居民卫生健康状况的调查报告:在很多城市的工人居住区里,污水处理无人过问,排水和清洁工作完全谈不上,传染病和致命疾病流行肆虐,体衰力竭的幸存者成为教区和富裕阶层的沉重经济负担……报告明确指出,这些灾难是地方政府的失职或无能造成的。[2]

埃德温·查德威克(Edwin Chadwick)在公共卫生改革方面作出了突出贡献,他是世界公认的第一位"卫生思想"的倡导人。[3] 1839 年他受上议院委托主持工人卫生状况调查,三年后发表了《英国劳工人口卫生状况报告书》(The Sanitary Condition of the Labouring Population)。该报告列举了城市卫生中的恶劣状况,驳斥了抵制卫生改革的各种论调,提出了实施卫生改革的具体建议。[4] 以此为基础,皮尔政府于 1843 年设立一个皇家委员会,对城市卫生情况进行全面调查,查德威克为委员会起草了大部分报告,提出许多建议,比如,地方政府应负责供水、清洁等具体事务,中央政府负责监督,并加快公共卫生立法。在查德威克等人

[1] 在 1842 年提交议会的一份关于人口卫生条件的报告中,将曼彻斯特城市与卢特兰郡(Rutlandshire)做了平均死亡年龄的对比,劳工和技师分别是 17 岁和 38 岁;商人、农场主、放牧人分别是 20 岁和 41 岁,专业人士和绅士分别是 38 岁和 52 岁。可见城市人口寿命远低于农村人口。Michael Lynch, *An Introduction to Nineteenth-Century British History 1800—1914*, Hodder Murray, 1999, p. 93.
[2] E. 罗伊斯顿·派克编:《被遗忘的苦难——英国工业革命的人文实录》,蔡师熊等译,福建人民出版社,1983 年,第 307 页。
[3] 同上书,第 810 页。
[4] 克拉潘:《现代英国经济史》上卷,姚曾廙译,商务印书馆,1975 年,第 658 页。

的努力下,《公共卫生法》于1848年成为法律,其内容有:建立卫生部,负责全国卫生管理工作,地方政府在以下情况中也必须建立卫生委员会,包括:请愿要求建立卫生委员会的人数超过缴纳地方税人数的十分之一,或在7年中当地死亡率超过千分之二十三;各地卫生部门负责当地的供水、清洁、墓地、屠宰场、住房排污等涉及卫生的管理工作。

1848年《公共卫生法》是英国现代公共卫生制度的起点,中央卫生委员会虽然在1854年停止了工作,但相关权力被移交给内政部。截至1853年底,有284个城市申请建立卫生委员会。以后,卫生工作成为政府的日常事务,在制度层面上保证了卫生工作的开展。

地方行政改革面对的一个重要问题是各种职能机构数目繁多且管理权限重叠,19世纪60年代,地方机构除了传统的教区外,还有济贫法委员会、卫生局(某些城镇的这两个机构合二为一)、洗浴局、殡葬局、下水排污办、公路局等,1870年又设置了教育局。这些机构职能重叠,比如与公共卫生相关的部门就有卫生局、殡葬局、济贫法委员会、地方督察、工厂巡视员等。为了克服这种混乱状况,中央政府于1871年成立"地方政府部",开始在地方事务中扮演更加重要的角色,比如,中央立法对地方政府具有更大的约束力,1875年"公共卫生法"就汇集了以前颁布的30项立法,并明确规定地方政府必须执行。中央政府对地方的行政区划和机构设置也做了调整,还批准地方当局拥有借贷权。与此同时,中央政府加大了对地方的财政资助,在1832年、1870年和1900年分别是0英镑、125万英镑和1 200万英镑。财政资助的增加伴随着对地方事务的更多干预,比如,中央政府在警察、教育方面的拨款是否兑现,取决于地方部门有关工作是否符合中央的标准。尽管如此,一直到1870年代,地方事务主要还是掌握在地方政府手中,中央对于地方政府,更多的是督促而不是强制。

根据1835年的《城市自治机关法》,市镇机关是由当地选民选举产生的,选民选举地方议会,地方议会选举市镇官员。但这项立法只适用于大城市,不适用于农村地区,农村在很大程度上仍然处在地方乡绅的家长制管理下。可是中等阶级的力量日益壮大,这种情况已经不适合变化的形势了,于是在 1880 年代进行了农村行政制度改革。

1888 年《地方政府法》(Local Government Act 1888)规定设立郡和郡级市的地方政府,由郡或郡级市议会委任,郡或郡级市议会则由选民选举产生,由此,英格兰和威尔士郡一级的行政管理权从治安法官手中移交给地方议会。这一年,首都伦敦成立"伦敦郡议会",并很快成为全国最有作为的地方议会。

1894 年《地方政府法》建立都市区、农村区及教区的地方政府,其组织原则如同郡级单位,但教区设教区会议而不是议会,所有成年男女都可以参加并投票表决。通过这两项《地方政府法》的改革,地方事务管理权集中到地方议会手中,过去多重管理的现象得到纠正,民主的原则也在地方议会选举中得到确认。1933 年,英国议会通过了新的《地方政府法》,将以上诸项立法汇聚为一体。至此,全国统一的地方管理体制建立起来,形成了郡或郡级市、都市区或农村区、基层教区的三级地方机构,不过这三个层次彼此并没有上下级关系,因为各级机构都是由该级选民选举产生的。

到 19 世纪末,地方政府不仅要负责当地的法律和治安、济贫工作,还要承担公共卫生(包括污水处理、供水和医院)、教育、河流管理等任务。与此同时,地方政府开支不断增大,1803 年地方政府支出仅 500 万英镑,到 1911 年达到 1.4 亿英镑。面对日益繁重的地方事务,带薪的职员人数不断增加,地方政府也日趋官僚化,1860 年代初地方政府职员人数是 1.1 万,30 年后增加到 5.1 万,其中还不包括警察在内。地方政府改革是与两党建立地方组织的努力同步进行的,这使得地方政府的党派倾向也日趋明显化。

在 19 世纪,司法改革也逐步展开。英国法律包含着三种元素,即习惯法、普通法和衡平法。简单地说,习惯法(Customary Law)是一些自古形成的司法惯例,具有强烈的地方性;普通法(Common Law)是剔除了地区差异性以后形成的全国通用的司法惯例,这是英国整个司法制度的基础。衡平法(Equity)是对普通法的补救和修正,使司法判例尽可能符合"公平合理"的原则。在 19 世纪司法改革前,英国司法体系依然保持着普通法和衡平法的二元特性,三大中央普通法院①、大法官法院(Court of Chancery,是衡平法院)、海事法院(the Admiralty Court)等也几乎完整地保留下来。不同的法院都有一套自己的诉讼程序、审判规则和法律术语,对同一案件的审判结果可能不同。

三大普通法院包括:高等法院(也叫"王座法院",the Court of King's-bench),主要审理政治、刑事案件;高等民事法院(the Court of Common Pleas),负责受理民事案件;财政部法院(the Court of Exchequer),主管税务等经济案件。从形式上看,上述三大法庭分工明确,但实际情况并不如此,各法庭对各种诉讼案件都可以接受,当事人不仅要向律师支付酬金,还要向法院行贿纳贡,办案人员为了多得好处费,经常故意拉长审判时间。

衡平法院也是如此,法庭诉讼冗长而复杂,一件简单的案件往往需要 5 年时间才能结案,这背后隐藏着大量的金钱消耗。比如,"摩根诉克拉伦敦勋爵案"立案时间是 1808 年,16 年之后,诉讼费用高达 3 719 英镑,但案件依然处于庭审阶段。那些依据撰写文本页码多少领取薪酬的职员,为了获得更多报酬,人为将文本拉长,据说一个高明的职员可以将 6 个页码的文本拉长为 40 个页码。②

各类法庭的司法权限也界线模糊,有些案件一直到向议会上院上诉的时候,当事人才发现从一开始就选错了法庭,只好从头再来。比如,在 1844 年的"克纳特诉沃斯福德的马魁斯"一案中,因为克纳特弄错了诉讼法庭,从而使诉讼拖延了 14 年之久。③ 种类繁多的令状(Writ)④也给当

---

① 它们起源于各种王室法庭(Courts in Westminster-hall)。

② J. H. Baker, *An Introduction to English Legal History*, Butterworths, 1979, pp. 96 - 97.

③ P. S. James, *Introduction to English Law*, Butterworths, 1979, p. 34.

④ 令状是国王发布的一种书面命令,上有国王的签名,命令接受令状的人去做或不做某事。实际上,令状由大法官法院负责草拟并颁布。令状是诉讼的依据,当事人找到相应的令状,才能进入合适的诉讼程序。

事人的诉讼设置了障碍，不同的令状又有不同的诉讼程序，如果选择了不合适的令状，当事人必须撤回诉讼，否则就要败诉，审判效率低下和冤假错案也就在情理之中。不仅如此，因为不同法院自成体系，相同案件不同结果的判例时有发生，比如，普通法院经常驳回在衡平法院视为合理的诉讼请求，而衡平法院可以宣布普通法院作出的判决无效。

法律的基层执行者是治安法官(Justice of Peace)，治安法官一职是义务工作，不拿薪酬且办事清廉，但不熟悉法律知识，基本上凭个人经验办案，在执法过程中尺度的把握因人而异，独断专行在所难免。

由此可见，英国司法体系的弊端，在中央一级是职能混杂、低效腐败；在地方一级是人治、而非法治。这种制度在分散而隔绝的农业社会尚可维持，但到工业社会就格格不入。不过与其他国家相比，这时的英国司法制度还算是好的，英国有悠久的法治传统，司法过程相对独立，而且英国主要实行习惯法，有比较完善的陪审团制度。因此，英国司法改革的任务不是确立法制，而是在效率和统一问题上满足社会的需要。

1828年2月7日亨利·布鲁厄姆(Henry Brougham)在下院发表题为"普通法状况"(State of the Courts of Common Law)的长篇演说，提出对普通法进行全面改革。他在讲话中明确指出：普通法存在缺陷，需要进行改革；但由于涉及面太广，有关陈述如皮尔所言"过于笼统，不够精细"。[①] 结果布鲁厄姆的主张没有在议会中表决，他在议会辩论即将结束时指出，不改革的"危害性是毫无疑问的"，而如何修正的任务应该"留给下院去完成"。[②]

下院在1832年颁布《统一诉讼程序法》(Uniformity of Process Act 1832)，规定三大普通法院应启用同一个程序提起诉讼；1833年又颁布《不动产实效法》(Real Property Limitation Act 1833)和《民事诉讼程序法》(Civil Procedure Act 1833)，废除了几乎所有的对物诉讼和宣誓裁

---

① *Hansard*，HC Deb 07 February 1828，vol. 18，c. 248.
② Ibid.，c. 258.

判。1852 年和 1854 年颁布了两个《普通法诉讼程序法》(Common Law Procedure Act)，废除了原告根据令状选择诉讼形式的规定。这些是最早的司法改革。

但改革必须改变普通法和衡平法二元对立的状态，并统一英国的司法体系，1873 年制定的《司法权法》(the Criminal Jurisdiction Act)基本实现了这一目标。该法规定：英国设一个最高法院，下分高等法庭和上诉法庭；高等法庭再分三个审判庭，即王座法庭、大法官庭和遗嘱、离婚及海事法庭。上诉法庭接管议会上院的大部分司法权，打破了上院对上诉案件的垄断。1875 年该法实施后，废除了普通法法院和衡平法法院的区分，建立起单一的司法体系，并明确在普通法和衡平法发生抵触时，以衡平法为准。此外，法案将治安法官组成的地方法庭置于高等法庭管理之下，治安法官业余司法的性质宣告结束。1873 年《司法权法》是司法改革的重要里程碑，它统一了司法体系，简化了手续，降低了费用，克服了司法制度中的许多弊病，使司法成为国家的又一公务部门。

在《司法权法》的基础上，1883 年司法委员会制定了《最高法院规则》(The Judicature Acts and Rules of the Supreme Court，1883)，取消了民事诉讼的陪审制，同时确定了"对抗式的交叉庭审询问制"。它还授予法官单独审理案件的权力，大大提高了民事诉讼的效率，降低了成本。"对抗式的交叉庭审询问制"使律师成为法庭的主角，他们不仅要负责案件的调查取证，准备相关的法律文书，还要承担法庭陈述、答辩、质疑、反证等庭内事务，双方当事人则可以沉默不语。法官的角色是保持中立，不能主动提问，只能对诉讼双方的提议给予有效或无效的裁定。交叉询问的方式有利于澄清事实真相，作出更加公正的裁决。

在 18 世纪，法律定刑太重，但执行时又量刑太轻，小偷小摸可以定为死刑，实践中又很少按此定刑。当时的法律规定了 200 余种死刑罪责，地方治安法官出于怜悯往往不肯加以定罪，反而出现了司法漏洞。针对这个弊端，托利党政府于 1823 年提出一揽子方案，将死刑罪削减了约 100 种，根据过失大小制定合适的判刑标准，统一量刑、轻重分明，提高了法律的实用性。1837 年又将死刑罪减少到 16 个,财产犯罪不再是死刑罪。1860 年代议会连续通过 7 个法案,规定只有叛国,杀人,武装的海盗,纵火焚烧皇家造船厂、军械库或船只的罪行才可以判死刑,且不得在公共场所处决犯人。1867 年废除了刑事犯罪流放到殖民地的处罚。以上措施在很大程度上缓解了英国刑法的严酷性,也增加了法官定罪量刑的可操作性。

在司法改革的同时,警务改革也在进行。1829 年以前伦敦的警务工作分成五部分,一是在弓街的地方行政长官,他有自己的侦查队和巡逻队;二是 1792 年建立的在 7 个地方法院内负责侦查事务的警务,三是泰晤士河码头警卫,四是伦敦城巡捕,五是伦敦地区的教区警务官(parish constable)和巡夜人(night police)。中央政府支付前三个部分的警务费用,教区警务官的经费则从各个教区征收的地方税收中开支。[①] 19 世纪以后伦敦地区发案率高,原因之一就是警察力量薄弱、素质低,各警务机构权力有限,相互间又缺乏合作,当突发事件发生时往往依靠军队。针对这种情况,罗伯特·皮尔在担任内政大臣时决心予以改变,在伦敦建立一支新型、有效的警察队伍。1829 年 6 月 19 日,《大伦敦警察法》(Metropolitan Police Act 1829)正式生效。

根据该法令,伦敦地区组建统一的警察队伍,所有警察统一着装,配备蓝色燕尾服上衣,皮革硬领巾,加厚的陀螺帽(1864 年换成头盔),外加一只手摇警报器(1846 年换成口哨)。上衣领口印有一个字母,代表该警察所属的警察署,字母后面是他自己的编号。警察总部设在白厅街 4 号,因相邻有一个名叫"苏格兰场"的院子,人们于是用"苏格兰场"来称呼伦敦警察。大伦敦辖区下分若干区,每个区设立一个警署,各配 1 名警监(superintendent)和 4 名警督(inspector),每个警督手下有 4 名警佐(sergeant),每个警佐指挥 9 名警务官(constable);所有警察由警察厅长统领。1829 年大伦敦警察厅发布《警察训令》(Police Mandate),具体规定警察的工作目标、管理体制和行为准

---

① Philip John Stead,*The Police of Britain*,Macmillan,1985,p. 36.

则等。根据训令,警察工作的主要目标是"预防犯罪",警察的基本规范是文明执法和依法执法;警察必须纪律严明,服从指挥。

大伦敦警察厅建立后成效显著,据 1834 年下院调查委员会的一份报告披露,因抢劫和盗窃造成的财产损失从过去的每年 90 万英镑下降到 2 万英镑。① 此后,中央政府设法通过了若干法规,对国家的治安工作进行规范,比如 1835 年的《城市自治机关法》规定城市要建立"治安委员会"(watch committee),市长是委员会的成员,委员会应设立一支全天候的警察部队,其装备、工资、人数等由各市自己决定。② 1839 年的《郡警察法》(The County Police Act,也称《农村警察法》)试图在英格兰和威尔士各郡建立正规警察机构,由内政大臣负责制定统一的警察规章,包括警察体制、薪水、警服、装备等。③ 但 1835 和 1839 年立法都不是强制性的,因此到 1856 年之前,只有 25 个郡设立了警察机构。

1856 年"郡市警察法"(County and Borough Police Act)则是强制性的全国警察立法,该法规定:各郡、市都需建立警察部队,财政部给予经费补贴;内政大臣通过国王任命的警务监察,对郡、市警察工作进行监督。这个法规是英国现代警察制度发展过程中的另一个里程碑,它在全国范围内建立了统一的警察制度。④

总之,在 19 世纪,英国进行了全方位的司法、行政、警务改革,通过改革,不适应工业社会的旧的体制被革除了,一整套新的制度建立起来。人们的法律意识得到加强,依法治国成为共识,一系列新的立法层出不穷,标志着政府职能迅速扩展:宗教法、健康法、劳工法、教育法、经济法等等都被制定出来,成为政府施政的法律依据。到 20 世纪开始时,农业时代家长式的统治方式已经基本过去了,一种现代形式的治理模式基本定型。

---

① Philip John Stead,*The Police of Britain*,Macmillan,1985,p. 43.
② http://en. wikipedia. org/wiki/Justice_of_the_Peace.
③ Norman Chester,*The English Adminstrative System*,*1780—1870*,Clarendon Press,1981,p. 357;http://en. wikipedia. org/wiki/County_Police_Act_1839.
④ Philip John Stead,*The Police of Britain*,Macmillan,1985,p. 49.

第三篇

社　会

第一章　阶级对抗

工业革命改变了社会结构,随着传统的农业社会向工业社会转变,等级社会结构也在向阶级社会结构转变,正如《共产党宣言》所说:"整个社会日益分裂为两大敌对的阵营,分裂为两大相互直接对立的阶级:资产阶级和无产阶级。"[1]在社会变化的过程中,两大阶级逐渐意识到利益的对立,磨砺了彼此的思想锋芒,厘清了阶级关系。在此期间,资产阶级的政治经济思想逐渐主宰社会的意识形态,他们的生活方式主导了19世纪的社会,引领了社会风尚。土地贵族尽管在物质财富方面仍然占有极大的优势,但是到19世纪晚期,他们在政治、军事领域逐渐失去了优势。

工业化之前英国就有发达的手工业和商业贸易,但并不能改变农业社会的基本属性,"土地是最大的单一经济驱动力,财富的最大源泉是租金,土地也是最大的雇用者。"[2]但工业化改变了这些,到19世纪初,从事工商业的家庭远远超过了农业家庭:1801—1803年间,从事商业的家庭有205 800个,从事工业和建筑业的家庭有540 026个,从事农业的家庭

---

① "共产党宣言",《马克思恩格斯选集》第1卷,人民出版社,1972年,第251页。

② Peter Mathias, *The First Industrial Nation*, London:Methuen, 2nd, 1983, p. 29.

则下降到 32 万个。①

曼彻斯特成为世界棉业之都,连带着周围许多工业村镇,形成了庞大的棉纺织工业区(见表 31)。

表 31　1841 年兰开夏郡棉纺织厂平均规模②

城镇	工厂数量	工人数量	每家厂工人数
布莱克本(Blackburn)	49	13 829	281.4
曼彻斯特(Manchester)	115	30 316	263.6
阿什顿(教区)(Ashton)	93	22 476	241.4
博尔顿(Bolton)	55	11 965	217.5
伯里(Bury)	87	14 113	162.2
罗奇代尔(Rochedale)	77	8 084	105.5
奥尔德姆(Oldham)	201	15 947	79.3

以棉纺织业为起点,现代工业迅速发展,从煤矿开采到金属冶炼,从炼钢炼铁到机器制造,各行各业先后发生革命性变化,蒸汽机和机器制造业把英国变成了工业国家。到 1860 年,只占世界人口 2% 和欧洲人口 10% 的英国,生产了世界工业产品的 40%—50%,欧洲工业品的 55%—60%。③

工业化改变了经济地理布局,原来落后的英格兰西北部崛起为新兴工业基地,曼彻斯特、谢菲尔德(Sheffield)、利兹(Leeds)等崭露头角。曼彻斯特是"工业化奇迹"的最有力证据:1772 年,曼彻斯特和索尔福德

---

① B. R. Mitchell, *British Historical Statistics*, Cambridge: Cambridge University Press, 1988, p. 102.

② D. S. Gadian, Class Consciousness in Oldham and Other North-West Industrial Towns, 1830—1850, in R. J. Morris & Richard Rodger(eds.), *The Victorian City: A Reader in British Urban History 1820—1914*, London and New York: Longman, 1993, p. 254.

③ Trevor Mary, *An Economic and Social History of Britain,1760—1970*, London: Hodder and Stoughton,1987, p. 167.

(Salford)仅有 2.5 万人,1821 年达到 18.1 万人,到 1851 年达到了 45.5
万人。曼彻斯特的崛起使附近的港口城市利物浦(Liverpool)再度繁荣,
利物浦曾经是奴隶贸易中心,但奴隶贸易在 1807 年定为非法后它就衰
落了,而曼彻斯特的棉业崛起拯救了利物浦。在 1815—1835 年间,利物
浦新建 8 个码头,进口的原棉在 1820—1850 年间增长了 3 成,人口在 40
年代增长了 6 成。

工业化改变了工农业生产的比重。1788 年,农业占英国经济总量的
40%以上,工业和建筑业不到 21%;到 1850 年,农业的比例下降到 21%,
工业和建筑业上升到 35%,运输业从不足 12%上升到 19%。[①] 工业超
过农业,工业财富迅速增长。

工业化改变了人口就业结构。19 世纪初,近 40%的家庭务农,约
40%从事工商业;到 1841 年,英格兰和威尔士成年男性中只有 26%务
农,在苏格兰是 28%。[②] 19 世纪,在农业中就业的人口绝对数字和相对
比例都不断下降,到世纪末,大约只占劳动力总数的 10%。

表 32　19 世纪中叶英国就业人数最多的职业及就业数[③](单位:人)

职业类型	1851	1861	1871
农业工人、农场仆役、牧民	1 460 896	1 188 789	980 178
家庭仆人	1 038 791	1 106 974	1 237 149
棉业、白棉布、制造业、印刷和染色	501 565	456 646	468 142
劳工	376 551	309 883	516 605
农夫、畜牧业者	306 767	249 745	249 907
制鞋制靴工人	274 451	250 581	223 365

① B. R. Mitchell, *British Historical Statistics*, pp. 799-800.
② Edward Royle, *Modern Britain*, *A Social History 1750—1997*, 2ⁿᵈ. London&New York: Arnold,1987,p. 93.
③ Occupations:census returns for 1851,1861 and 1871, parliamentary papers. 1852—1853, 1863 and 1873,http://www. victorianweb. org/history/census. html.

续表

职业类型	1851	1861	1871
女帽工人、女装工人	267 791	250 581	301 109
煤矿矿工	219 015	246 613	268 091
木匠、细木工	182 696	177 969	205 833
军队与海军	178 773	199 905	175 217
裁缝	152 672	136 390	149 864
洗衣女、轧布者、洗衣房	114 570	101 678	75 180
呢绒布制造者	112 776	108 165	112 471
丝绸生产	104 061	79 242	94 766
铁匠	101 442	84 434	95 243
毛线生产	101 425	75 629	93 182

工业化改变了英国的社会结构,把传统的等级社会改造成现代的阶级社会。在传统的家长制等级社会中,贵族乡绅是天然的"家长",庇护和照顾下层民众,而民众则要服从上层的统治。"家长"与"民众"间有着保护与被保护的关系,同时也有"权利"与"义务"的关系。在家长制社会中,尊卑有别,各安其分,社会秩序井然,掩盖了社会矛盾的尖锐性。工业革命改变了这一切,蒸汽机把劳动力集中到城市,把农业社会中"家长"与"民众"的关系切断了,工人成了"自由"的劳动力,他们除了"做一天工,拿一天钱"之外,与工厂主没有任何关系。家长制关系一旦松弛,上下间的冲突便立刻显现,温情脉脉的家长制社会消失了,取而代之的是"阶级"社会。

在 19 世纪初,我们仍然可以看到一个金字塔形的等级社会,1803年,位于顶端的是 300 多个贵族家庭,在塔底有 134 万个底层家庭,两者之间是一个不大不小的中间阶层,即"中等阶级"。

表 33　1803 年英格兰和威尔士家庭收入分布①

		家庭数	每个家庭年收入(英镑)	总收入(英镑)
上层社会	君主	1	200 000	200 000
	贵族	—	2878 000	2 296 000
	主教	26	4 000	104 000
	男爵	540	3 000	1 620 000
	绅士	6000	1 500	9 000 000
	小乡绅	20 000	700	14 000 000
	总计	—	27 204(1.4%)	1 206(15.7%)
中间等级	工商业	230 300	288	—
	专业人员	84 340	240	—
	农业人员	284 000	134	—
	总计	—	634 000(31.6%)	196(59.4%)
下层社会			1 346 479(67%)	39(24.9%)

　　工业化改变了垂直的等级结构,把它改变成横向的阶级结构。工业和城镇发展,工厂主和工人相伴而生,使传统的以门第出身为判断标准的社会分层方法不合时宜了;而财产的区分、利益的对立成了新的划分方法,于是以横向视野、经济标尺来观察社会结构的视角出现了,这就是阶级分析方法。

　　关于 19 世纪的英国阶级社会,马克思的分析最有影响力,他在 1848 年发表的《共产党宣言》中,提出了工业革命时期资本主义社会结构的理论。他相信,当工业化遍及于整个社会时,人们最终会归并于两个阶级:工厂主和工人,也就是工业资产阶级和工业无产阶级:"我们的时代,资产阶级时代,却有一个特点:它使阶级对立简单化了。整个社会日益分

---

① Harold Perkins, *The Origins of Modern English Society 1780—1880*, London&New York: Routledge :Taylor& Francis Group, 1972, pp. 16 - 19.

裂为两大敌对的阵营,分裂为两大相互直接对立的阶级:资产阶级和无产阶级。"①他关于无产阶级历史使命和社会主义取代资本主义的理论,就是从这种分析中得出的。

社会两极分化的看法流行于当时许多人心中,政治评论家威廉·科贝特(William Cobbett,1762—1835)曾说:"我们正日益变得只有两个阶级存在了——主人及其卑贱的从属。"后来成为保守党首相的迪斯雷利在他早年当作家时也说:英国是一个"两个民族"的国家,一边是穷人,一边是富人。② 科贝特是从雇佣关系的角度来说的,迪斯雷利说的是贫富差距,他们都涉及了财产问题,但都没有意识到阶级与经济地位有关。

亚当·斯密最早觉察到这个关系,他说他所生活的时代存在着三个阶级,由其生活来源的不同而成为不同的阶级。他的学生大卫·李嘉图承续老师的说法,把三个阶级的区别阐述得清清楚楚:"劳动、机械和资本在土地上面联合使用,所生产的一切土地生产物分归社会上的三个阶级:地主、资本家和劳动者。地主有土地,资本家有耕作土地的资本,劳动者则以劳力耕作土地。"③换句话说,社会分成三个阶级:地主、资本家和工人。这是一种三阶级划分论,就 19 世纪现实而言,这种观察可能更有说服力。

19 世纪末,社会调查家查尔斯·布思(Charles Booth,1840—1916)在他 17 卷的调查报告《伦敦人的生活与劳动》中,将收入水平作为划分阶级的主要依据。他把伦敦人分为 8 类,依生活水平从低到高排列:A 为最低下的临时工、流浪者及半罪犯,B 为非常贫困的临时工,C 有断断续续的收入,D 为拥有极少经常性收入,E 为位于贫困线以上的经常性标准收入,F 工人上层,G 中产阶级下层,H 为中产上层阶级。其中 A 和 B 属于极度贫困,C 和 D 类属于"穷人",A—D 四类构成伦敦东区 35%的

① "共产党宣言",《马克思恩格斯选集》第 1 卷,人民出版社,1972 年,第 251 页。
② 钱乘旦:《第一个工业化社会》,四川人民出版社,1988 年,第 253 页。
③ 李嘉图:《政治经济学及赋税原理》,中华书局,1949 年,"原序",第 1 页。

人口,E 等级就占 42%。① 布思用详细的资料揭示了伦敦的贫困,并率先提出"贫困线"的概念。

20 世纪的英国学者更倾向于从职业性质的角度来理解阶级,比如历史学家罗伊尔(Edward Royle)认为 19 世纪中期英国有 5 个阶级,分别是"专业人员"(professional occupations)、"中间职业"(intermediate occupations)、"技术职业"(skilled occupations)、"半技术职业"(partly skilled occupations)和"非技术职业"(unskilled occupations),它们在人口中的比例如下:

表 34　1841—1881 年英格兰和威尔士社会结构
(20 岁以上成年男性百分比)②

阶级	1841	1851	1861	1871	1881
专业人员	9.4	8.5	9.1	9.9	10.2
中间职业	12.3	14.0	13.8	13.5	12.8
技术职业	20.0	20.1	21.0	20.7	21.5
半技术职业	44.1	43.2	41.8	38.4	36.3
非技术职业	14.2	14.2	14.3	17.5	18.4

然而,只从经济的角度或职业的角度理解阶级显然是不够的,自我意识也很重要。英国马克思主义历史学家 E. P. 汤普森(E. P. Thompson)对阶级的阐释非常独到,他认为"阶级是一种历史现象……当一批人从共同的经历中得出结论(不管这种经历是从前辈那里得来还是亲身体验),感到并明确说出他们之间有共同利益,他们的利益与其他人不同(而且常常对立)时,阶级就产生了"。③ 换句话说:唯以经济地位

---

① Charles Booth Online Archive:Poverty maps of London,http://booth. lse. ac. uk/static/a/4. html♯eight-tier.

② Edward Royle, *Modern Britain*, p. 89.

③ E. P. 汤普森:《英国工人阶级的形成》(上),钱乘旦等译,译林出版社,2001 年,前言,第 1—2 页。

(贫富或职业)不足以解释阶级,只有在具有共同经济地位的人认识到存在共同利益的时候,阶级才出现。因此,阶级是"形成"的。

按照汤普森的理论,如果说 18 世纪有阶级存在,那就是贵族,因为他们最清楚自己的利益,也最具有阶级意识。

贵族拥有头衔、地产和等级优势,他们无需工作,过着悠闲的生活,通过出身和财产控制着国家权力,远非其他阶层可比。英国贵族人数极少,1800 年英格兰有头衔的贵族共 267 人,到 1900 年也只有 524 人,[1]有其他名号的人不超过 2 000 个。[2] 在 1837—1886 年间新册封的 200 多名贵族中,不具有贵族家庭背景的只占 10%,[3]其他都来自贵族圈子。贵族有共同的血统、教育、追求、思想、语言、宗教和名望,[4]庞大的地产和古老的家世血缘是贵族集团相同的基础。尽管 18 世纪末雅各宾主义和激进派对贵族体制发动了攻击,但贵族保住了它的地位,财富和政治势力并没有减少。

土地是财富的体现,是贵族地位的基础。土地数量是衡量贵族身份的标准,在 19 世纪英国社会金字塔的顶端,大土地所有者仍然是权力最大也是最富裕的人。保守党领袖德比伯爵说,所谓贵族,"是这个国家中的一大批土地所有者"。[5] 理查德·科布登说:"我们是一个奴性十足的、眷恋贵族制度并受贵族驾驭的民族,仍像贵族和从男爵阶层那样看待土地。"[6]恩格斯称"贵族的权力也并不在于它有权在立法机关中获得世袭的席位,它的权力表现在完全不同的东西上面。贵族的势力就在于他的巨大地产,在于他的全部财富"。[7]

---

[1] J. V. Beckett, *The Aristocracy in England*, *1660—1914*, Oxford: Blackwell. 1986, p. 41.

[2] 相比之下,法国在 1789 年有 25 万—40 万个贵族,占人口总数的 1%—2%。参见 W. D. Rubinstein, *Britain's Century*, p. 282。

[3] W. Guttsman, *The British Political Elite*, London & New York: Basic Books, 1963, p. 113.

[4] Francois Bedarida, *A Social History of England 1851—1990*, p. 42.

[5] John J. Bagley, *The Earls of Derby*, *1845—1985*, London: Sidgwick & Jackson, 1985, p. 172.

[6] Norman Gash, *Aristocracy and People*, *1815—1865*, Arnold, 1981, p. 349.

[7] 《马克思恩格斯全集》第 1 卷,人民出版社,1957 年,第 684 页。

贵族富可敌国。1873 年有 27 名公爵,其中 4 人的地产收入在 10 万英镑以上,13 人在 5 万—10 万英镑之间。1803 年,占全国 1.4% 的贵族家庭拥有全国 15.7% 的收入;1861 年,710 个土地所有人拥有英格兰和威尔士1/4 的土地,"近 3/4 的不列颠岛集中在不到 5 000 人手中"。① 19 世纪末家产超过百万英镑的巨富中,半数以上是贵族。

一些贵族趁工业化之机投资于矿藏、码头和运河,改善交通运输业,也有人出租土地,再用所获利润扩充地产。19 世纪头号大地主诺森伯兰公爵就利用出租土地和经营工业的收入购买了 5 万英亩的沃土良田。1839 年,纽卡斯尔公爵(duke of Newcastle)一次拿出 37.5 万英镑购买土地。19 世纪中后期,贵族占全国的土地份额有所下降,但总体而言,"一流地主"和"社会首富"仍属世袭贵族。

贵族有强大的政治势力,他们牢牢地把持着从中央到地方、从政府到军队的各种职位。1843—1900 年的 10 名首相中,有 7 人是上院贵族,1 人是贵族之子,1 人是从男爵,只有格拉斯顿终生与爵位无缘。② 内阁其他职位也多被贵族所占据,19 世纪的英国内阁人数在 10—20 人之间,一些荣誉职位,如大法官、枢密大臣、侍卫大臣和掌玺大臣等,必须由大贵族领衔;再一类,像殖民大臣、印度事务大臣、苏格兰事务大臣,习惯上归贵族所有。其他几个有实权的职务,即国库大臣、外交大臣等,也多由大贵族担任,1806—1900 年的 21 名外交大臣中,只有乔治·坎宁 1 人是平民;这样,留给非贵族人员的内阁职位就寥寥无几了,1780—1820 年所有 65 名阁员中,贵族 43 人,贵族之子 14 人,贵族之孙 1 人;余下 8 人中6 人出自乡绅家庭,而且 3 人退休后进入上院。③

官运亨通的国务活动家很容易成为贵族,如乡绅出身的"平民首相"

---

① David Cannadine, *The Decline and Fall of the British Aristocracy*, New Haven: Yale University Press, 1990, p. 55.

② W. D. Rubinstein, *Britain's Century*, p. 283.

③ O. F. Christie, *The Transition from Aristocracy*, *1832—1867*, London, 1927, pp. 103 - 117.

沃波尔（Sir Robert Walpole，1676—1745）晚年成为奥福德伯爵（Earl of Orford），来自富商家庭的老皮特被封为查塔姆伯爵（Earl of Chatham，1708—1778），犹太血统的迪斯雷利在古稀之年成了比康斯菲尔德伯爵（Earl of Beaconsfield）。当时，上院中主要因为行政、外交、军事和司法等方面的功绩而获爵位的人有89个，占贵族总数的30％，当然不意味着这些新封贵族都是平民出身。[①]

贵族还牢牢地控制着下院，表现为贵族控制下院选举。1802年大选中有225名候选人靠贵族赞助进入下院，5年后增至235名。1832年议会改革后，贵族对下院的操纵并没有结束，1833年，下院中贵族的亲属仍有151人，[②]直到60年代，大约2/3的乡村议员有土地贵族的背景，1/3以上是世袭贵族，两党内阁成员中有一半是贵族。[③] 只是到1872年颁布"无记名投票法"之后，上院对选民的操纵手段才慢慢削弱。

贵族还利用上院打压下院。托利/保守党曾长期在上院占据多数，多次否决经下院通过的辉格/自由党议案。比如在1831—1832年的改革浪潮中上院否决辉格政府议案，1860年否决自由党政府的纸税法案，1893年击败格拉斯顿的第二次爱尔兰自治法案等。因此有人说：上院多年的立法记录是"一部可耻的反动历史"。[④]

贵族也在军队中占据绝对优势。英国军官是贵族化的军官，直到1871年所有军职都需花钱购买，金钱和庇护保证了职位的迁升。1800年，30％的高、中级军官拥有爵位或封号；1838年，462名陆军军官来自大贵族之家，267名来自从男爵家庭。1875年，有50％的陆军军官来自贵族阶级。[⑤]

总之，19世纪的英国贵族仍然垄断着国家各种权力，使英国具有强

① 阎照祥：《论英国贵族政治权势在近代的延续》，《历史研究》1991年第4期，第178页。

② A. Aspinall, The Personnel of Parliament of 1833, *British History Review*, 1938, p. 246.

③ Alastair J. Reid, *Social Classes and Social Relations in Britain*，*1850—1914*，Cambridge&New York：Cambridge University Press，1995，p. 8.

④ Ivor Jennings, *Party Politics*, vol. 1, Cambridge University Press, 1961, p. 93.

⑤ J. V. Beckett, *The Aristocracy in England*, p. 409.

烈的贵族化特点。恩格斯评论说:"在英国,资产阶级从来没有掌握过全权。甚至 1832 年的胜利,也还是让土地贵族几乎独占了政府所有的高级职位"。①

不过,也正是从 30 年代开始,英国中等阶级开始挑战贵族的垄断权。1832 年议会改革开启了政治变革的制动阀,使中等阶级也成为"有权的"阶级,并且在议会之外形成强大的压力集团,贵族面临严重的挑战。但贵族权力被真正削弱却始于 1867 年议会改革之后,这次改革较大程度地改变了下院的阶级成分,而剥夺贵族政治特权的立法也接踵而至,1870 年,格拉斯顿政府进行文官制度改革,用考试竞争取代了贵族庇护制。1872 年实行无记名投票,使选举中的贿选行为受到遏制。1883年颁布了《取缔选举舞弊及非法行为法》,贿选现象受到致命打击,长期以来贵族操纵选举的做法终于得到有效控制。1884—1885 年的议会改革、公学和牛津、剑桥的教育改革、专业人才跻身于社会精英队伍、文官和军队的职业化,都使得贵族政治向职业集团统治转变。② 这一切,在各个层面上削弱了贵族的力量。

贵族的血统也发生变化。1835 年,金融家亚历山大·巴林(Alexander Baring,1774—1848)被封为阿什伯顿男爵(Baron Ashburton),1856 年工厂主出身的爱德华·斯特拉特(Edward Strutt,1801—1880)成为"第一个工业贵族"。③ 19 世纪后期,保守党演变成中等阶级政党,工商企业主和金融家也能获得封赐爵位的机会。以乔治·菲利普(Sir George Philips,1766—1847)为例,他早年在曼彻斯特经营棉业销售和制造、从事股票投机,是闻名遐迩的"棉花大王"。后来他买了许多土地,每一年的工商业收入由 1812 年的 17 976 英镑减少到 1820 年的 3 693 英镑和 1829 年的 5 346 英镑,而地产收入则由 1812 年的 0,增

---

① 《马克思恩格斯选集》第 3 卷,人民出版社,1972 年,第 399 页。
② Alastair J. Reid, *Social Classes and Social Relations in Britain*, p. 8.
③ S. G. Checkand, *The Rise of Industrial Society in England, 1815—1885*, London: Longman, 1982. p. 289.

加到 1820 年的 4 066 英镑和 1829 年的 6 250 英镑。其子第二代男爵菲
利普爵士(Sir George Philips,1789—1883)娶了沃特帕克勋爵(Baron
Waterpark,1732—1804)的长女,3 个孙女也都嫁入名门。1828 年乔治
获男爵封号,他的儿子将地产扩充到 1873 年时的 6 694 英亩,地租年收
入达 10 655 英镑。[1] 随着血统如此的变化,到最后一个贵族首相索尔兹
伯里侯爵政府时,新封贵族中资本家出身的约占 1/3。[2] 在 1832—1885
年这半个世纪里有 166 人授封贵族,几乎全是乡绅出身,其中 3/4 是政
界人物,通常是议员;但在 1886—1914 年近 30 年时间里,有 200 人受封
贵族,其中来自工商业——企业家、商人、船主、媒体大亨等方面的有
1/3。[3]

贵族的经济地位也发生根本性变化。随着农业的衰落、"谷物法"被
废除、海外农产品竞争等因素出现,1879—1894 年间小麦价格下降一半,
许多农田沦为荒地,而租金在 1874—1878 和 1894—1898 年期间也平均
跌落 25%。[4] 1888 年英国地租收入共 5 900 万英镑,1901 年降为 4 200
万英镑。[5] 90 年代开始对土地征收更高的赋税,惩罚所谓"不劳而获"的
收入,贵族开始变卖地产,在 1873—1894 年之间,2/3 的诺福克
(Norfolk)乡绅因地价暴跌一半和租金猛降 45% 而卖掉了土地。[6] 所有
这些都削弱了地主的经济力量,到这时,富裕资本家的数目超过了富裕
地主的数目。

到 19 世纪晚期,贵族处于衰落的边缘,虽然贵族保持着声誉、地位
和奢侈的生活方式,但是无论在经济还是政治方面都全面失势。作为财
富源泉的土地跌价,损害了其经济基础;政治权力的丧失则使其日益显

① David Brown. From "Cotton Lord" to Landed Aristocrat: the Rise of Sir George Philip Bart,
   1766—1847. *Historical Research*, Vol. 69, Feb. 1996, pp. 62 - 82.
② G. E. Mingay, *The Rise and Fall of a Ruling Class*, Longman 1976, p. 117.
③ Francois Bedarida, *A Social History of England 1851—1990*, pp. 128 - 129.
④ Ibid., p. 126.
⑤ Robert Ensor, *England, 1870—1914*, Oxford 1963, p. 285.
⑥ M. L. Bush. *The English Aristocracy*, p. 67.

得无所事事。① 贵族的生活方式也失去了魅力,以前贵族过着两栖式的生活,在首都出席议会上院会议或从事社交活动,回到乡间则狩猎、掌管地产、兼任治安法官、成为一方领袖。现在,资产阶级的娱乐方式如海滨度假等超过了贵族式的悠闲,在引领文化时尚方面日益占上风。资产阶级的精打细算取代了贵族式的乐善好施,资产阶级的进取勤奋取代了贵族式的悠闲散漫。资产阶级用财富创造财富,贵族则将财富用于消费和聚敛地产;资产阶级强调自我奋斗,贵族强调血统和尊古;资产阶级强调工作,贵族则是有闲阶层;资产阶级崇尚节俭,贵族讲究大方豪爽;资产阶级注重物质利益,贵族相信荣誉,愿意为之献身;资产阶级指责贵族是寄生集团,贵族则以热情好客、家长式的慈善和公共责任感关心民众,睥睨资产阶级的个人主义和自私自利。② 到 19 世纪末,贵族作为一个群体走向衰落和解体,他们的集体意识和身份认同也开始崩溃。不可否认,19 世纪末的贵族作为一个整体是真的失势了。

　　中等阶级是工业化的产物,工业革命把他们放在相同的经济地位上。19 世纪初,英国仍然在土地贵族的统治下,贵族凭借其政治优势,利用国家权力来保护自己在经济上的利益,《谷物法》是其最充分的体现。英国历史学家帕金斯(Harold Perkins)说过:这项阶级的立法使中等阶级睁开了眼睛,加速了中等阶级的形成。《谷物法》颁布后,工业家通过各种途径,利用报纸杂志表达自己的不满,也逐渐认识到共同的利益。在政治上,他们参与到议会改革运动中去,要求改变贵族垄断政权的局面,废除腐败的议会选举制度;在经济上,他们要求废除谷物法,实行自由贸易;在劳资关系上,他们要求劳动力的自由买卖,废除国家在雇主与雇工之间的干涉行为。在共同利益的认同与表达中,工业家意识到他们是一个"阶级",并且比贵族更有价值。1821 年,报业主和政治作家爱德华 • 贝恩斯(Edward Baines,1800—1890)写道:"太阳底下的任何国家的

---

① Francois Bedarida, *A Social History of England 1851—1990* , p. 126.
② M. L. Bush. *The English Aristocracy* , pp,75 - 76.

人都没有比英国的中等阶级更有价值、更受尊敬和更值得尊敬。"1826年，詹姆士·密尔(James Mill，1773—1836)写道："这个国家中等阶级的价值，他们日益增长的人数和重要性已经得到了所有人的承认。"1831年，亨利·布鲁厄姆(Henry Brougham，1778—1868)在议会中说："中等阶级是这个国家的财富和智慧，是英国名称的光荣。"①

如果说李嘉图的思想标志着中等阶级共同的经济利益意识的形成，那么詹姆士·密尔的思想就表明他们的共同政治利益意识的成熟。1832年议会改革、1946年废除谷物法、50年代宣示自由贸易政策，这些都证明中等阶级已经"形成"一个阶级。工业家在与贵族、工人的对立中，发现、认识和表达了一个阶级的利益，取得了阶级的认同；"中等阶级"这个词表明他们置身于贵族和工人之间。

19世纪的中等阶级大多是不信仰国教的非国教徒，尽管非国教流派众多，包括教友会、公理会、浸礼会、卫斯理宗等，但世俗盈利活动却克服了宗教信仰上的派别纷争，把非国教徒牢牢地联系在一起，比如利兹的哲学文学学会就是在该城的非国教精英领导下、表达中等阶级主流文化的核心场所。② 18世纪下半叶曼彻斯特的"月亮会"(Lunar Society)和19世纪上半叶的"曼彻斯特学派"(Manchester School)就更是这样。

伴随着工业化和城市化进程，中等阶级崛起并逐渐成为19世纪英国的中坚力量，他们不仅在经济上挑战土地贵族，而且在政治上向贵族体制发起进攻，逐渐确立资产阶级的统治。

资产阶级(bourgeoisie)一词源于法国，财产的含义比较明显；在英国，人们更习惯使用"中等阶级"(middle classes)这个词来表达一个社会群体，而且通常使用复数，表现它自身的复杂结构。在社会学含义上，"中等阶级"指社会上层与下层之间的中间等级，在19世纪英国，它具体指处于贵族与工人这两极之间的广大阶层；它不仅具有经济的内涵，也

---

① Harold Perkins，*The Origins of Modern English Society*，p. 190.

② Martin Daunton (ed.)，*The Cambridge Urban History of Britain*，Vol. 3，Cambridge：Cambridge University Press，2000，p. 526.

包括文化的、社会的、思想状态的"中间地位"。19世纪工业社会的到来改变了传统的社会结构,①使中等阶级队伍迅速扩大,可以说,英国工业化的历史就是一部中等阶级崛起的历史。虽然迄今为止并没有完整的统计资料说明这个阶级的情况,但是从零星的资料里,我们仍然可以大致看到英国中等阶级崛起的轨迹。

中等阶级上层包括金融家、商业家和大工业家,他们是"富裕的中等阶级",他们经济条件优越,社会地位略差,因此努力向上流社会看齐,处处模仿贵族,不屑与其他中等人士为伍。他们是物质财富丰裕的象征,迫切追求相应的社会地位。其中,金融家和对外贸易商跻身于19世纪最富裕的英国人之列,他们集中在像伦敦和利物浦这样的城市,而英国商业财富最集中的地区自然是伦敦城那一平方英里的区域,那里是英国顶尖金融业和商业机构的总部所在地。外郡也有大量的商业和金融财富,船主、银行家和商人构成了这个部分的主体,他们不仅集中在利物浦和爱丁堡这样的纯商业城市,也散布在各地的制造业中心。

工业资本集中在北部,企业家至少有以下来源:一是独立的手工作坊主和工场主,二是发明家、创造家,三是一部分商人顺时应势创办工厂从而变成工业家,四是有些贵族从事炼铁、制陶、采煤等生产经营活动从而成为企业家。这些人经过工业革命的熔炉,脱掉原来各自阶层的特性,凝结成一个有着共同生产活动和利益的集团,即工业资本家集团。这个集团是英国工业化的中坚力量,他们发动了工业革命、并从中获益,成为财富上的中间等级;但相比于大土地贵族和银行家、商业家,他们的财力相对有限,他们最支持自由贸易政策,在政治上也十分活跃,要求实行资产阶级的统治。

---

① Ellen Jordan, *The Women's Movement and Women's Employment in Nineteenth Century Britain*, London and New York: Routledge, 1999. p. 27.

19世纪是新兴专业人员崛起、老专业人员扩展的世纪。[1] 在1809—1829年间去世的拥有16万—50万英镑财产的154人当中,专业人员和行政人员占22.7%。[2] 新专业人员如外科医生、机械师、建筑师、会计师和其他需要专门知识的"技术"专业人员增长十分快,例如从1841年到1911年,建筑师从1486人上升到7821人,土木工程师从833人上升到7208人,牙医从522人增长到8674人。其他如教师、护理、图书馆员等新兴专业也迅速崛起,到20世纪初,这个集团已相当庞大,在有些方面甚至比商务阶层还重要。专业人员的增长有数字可以说明:在1841、1870、1895年进入温彻斯特学院的221个随机抽样的学生中,后来有72%的人从事专业工作,其中62%的父辈就是专业人士。[3]

中等阶级下层有基本的温饱生活,有比较固定的职业和工作,但他们需要辛苦谋生,承负着极大的生存压力。传统上,中等阶级下层包括小商人,小店主;独立工匠、手艺人,尤其是个体或家庭工场主,店员;下级教士和公务员,低级专业人员如小学教师、护士、银行普通职员、公司推销员等等。[4] 这些人在中等阶级中占有极大的比例,他们与上层工人阶级的差别只是一水之隔;他们和上层中等阶级有相当大的差距,和工厂主、企业家也有很大区别。中等阶级各阶层在各地的分布是不同的,比如在谷物城镇贝弗利(Beverley),人口中7%—9%是中等阶级;在退休城镇(富裕的退休人员居住地)如立奔(Ripon)有10%—13%的中等阶级。在港口城镇赫尔和惠特比(Whitby),中等阶级比例更高,其中12%—13%是船主。传统老城镇如林肯(Lincoln)、埃克塞特(Exeter)和巴思(Bath)的中等阶级有两个群体:上层是银行家、专业人员、乡绅和有钱的退休人员,下层是店主、商人、零售商及小业主。工业城镇利兹的中

---

[1] 老专业人员指教士、律师、法官等,他们可以从腐败的"旧制度"中聚敛大量财富,但当旧制度在19世纪逐渐消失时,顶尖专业人员的收入反而下降了。所以20世纪初,最成功的律师年收入也不会超过1万英镑。参见 W. D. Rubinstein, *Britain's Century*, p. 286.

[2] Edward Royle, *Modern Britain*, p. 105.

[3] W. D. Rubinstein, *Britain's Century*, p. 287.

[4] Ibid. , pp. 290 – 291.

等阶级有:上层的企业家、大商人、银行家、退休官吏,以及医生、律师等高级专业人员;中层的普通专业人员如报刊编辑、会计师和店主;下层则是日益增多的白领职员和教师等等。①

在政治上,中等阶级经历了从默默无闻到崭露头角的过程,从中取得越来越多的发言权。中等阶级在各种社会改革中发挥主导作用,从议会改革到市政改革,从文官改革到军事改革,中等阶级无不在其中摇旗呐喊。虽然有人认为"新选民中的大部分不想去改变贵族寡头制,而只是从它那里赢得承认";②"中等阶级已经满足于他们桌上的面包屑"③。但中等阶级在改革中扩大了他们的政治发言权,1831 年,银行家、商人和工业家在议会下院只占 24%,1885 年上升到 38%;1874 年,议员中只有61 个工业家,占 9.3%;④到 19 世纪末,"下院绝大多数议员是中等阶级及其附庸们选出来的"。⑤ 富裕的中等阶级支配了下院,掌握着政治、经济实权。

中等阶级的生活方式慢慢弥散于整个社会,以前繁文缛节的华丽服饰让位于简单精干的西装革履,女性麻烦的裙服逐渐变成舒适飘逸的连衣裙;贵族俱乐部让位于中等阶级酒吧和咖啡馆,贵族社会的"社交季节"让位于大众休闲。绅士的西式燕尾服、高筒帽、文明棍成为 19 世纪男性行装的主流,女性则以裙装、小花伞、镂空手套引领服饰潮流。

中等阶级文化取得前所未有的影响力,它宣传自助、自律和个人成功,这方面的故事总是让人心神恍惚。《自助》这样的书塑造了许多白手起家的模范人物,成功人士的故事成为维多利亚中等阶级文化的重要组

① Derek Fraser & Anthony Sutcliffe(eds.), *The Pursuit of Urban History*,London:Edward Annold,1983,pp. 289 - 293.

② Evans E. J, *The Great Reform Act of 1832* , London, 1983,p. 42.

③ Paul Aderman, *Victorian Radicalism, the Middle - class Experience, 1830—1914* , Longman,1984,p. 34.

④ John Garrard et al. ,(eds.) *The Middle Class in Politics* , Farnsborough, Hampshire:Saxon House, 1978, p. 35.

⑤ 甘米奇:《宪章运动史》,苏公隽译,商务印书馆,1979 年,第 112 页。

成部分。[1] 美术馆、博物馆、音乐厅、图书馆纷纷建立起来;1823 年,伦敦的国立美术馆落成。这些场馆主要服务于中等阶级及其家属,穷人因价格昂贵而被排斥在外;1759 年开办的大英博物馆,在购买门票时甚至需要提供书面介绍信。[2]

英国贵族(包括其家庭)仅有 4 万—5 万人,中等阶级却有 400 万之众,占到全国人口的 1/6。[3] 他们越来越自信,认为自己是国家繁荣的主要贡献者。作为李嘉图的忠实信徒,他们把实业家描绘成经济的驱动力、财富的创造者,把自由主义和个人主义奉为神明。1851 年伦敦世界博览会召开时,中等阶级的乐观主义充斥社会。[4]

总之,随着 19 世纪时间的推进,中等阶级从经济到政治、从中央到地方、从文化到生活,在各个领域都逐渐主宰了英国社会,变成了名副其实的统治阶级。

作为一个阶级,工人阶级的形成最晚,他们的自我意识发展相当缓慢。直到 19 世纪上半叶,大多数工人还不是现代意义上的工厂工人,迟至 1841 年,棉纺织业中只有 39% 的成年男性在工厂里工作;在英格兰和威尔士受雇用的 618 508 个纺织工人中,只有 349 545 人是工厂工人,比例是 56.5%。绝大多数工厂规模很小,并严重依赖童工和女工。不过,我们不能否认工厂支配着纺织业,1803 年,苏格兰最大的棉纺织厂新拉纳克(New Lanark)雇用了 2 000 名工人,而最大的纺织厂主安德鲁·米尔纳(Andrew Milne)雇佣着 3 000—4 000 名工人。那些在家里工作的男性,或者以前是工厂里的童工,或者其妻子在工厂里工作。越来越多

---

① http://www.bbc.co.uk/history/british/victorians/middle_classes_01.shtml.

② Eric Hopkins, *Industrialisation and Society*, p. 92.

③ 霍布斯鲍姆认为真正的中等阶级并不庞大,用 1865—1866 年度收入看,它相当于年收入 300 英镑(即所得税标准 D 类以下)的 20 万英格兰人和威尔士人。其中,有 7 500 人年收入超过 5 000英镑,有 4.2 万人收入在 1 000—5 000 英镑之间。1871 年有 1.7 万名商人和银行家,1 700名船主,1.5 万名医生,12 000 名诉状律师,3 500 名专门律师,7 000 名建筑师,5 000 名机械师。参见 Eric Hobsbawm, *Industry and Empire: The Birth of the Industrial Revolution*. rev. ed. New York: New Press, 1999. pp. 134 - 135.

④ Francois Bedarida, *A Social History of England 1851—1990*, p. 48.

的人依赖工资为生，不再是独立的生产者。曼彻斯特统计学会
(Manchester Statistical Society)估计,1936 年曼彻斯特 64％的人口属于
"工人阶级",而在邻近的纺织城镇,工人的比例更高,在阿什顿是 81％,
在杜金菲尔德(Dukinfield)是 95％。①

表 35　1838 年英格兰西北部棉纺织厂平均规模②

城镇	城市工厂数量	工人数量	每厂工人数
斯托克波特(Stockport)	86	23 772	276.4
布莱克本	44	10 460	237.7
曼彻斯特	182	39 363	216.3
米德尔顿(Middleton)	12	2 537	211.5
威根(Wigan)	37	6 137	165.9
阿什顿	82	12 143	148.1
博尔顿	69	9 918	143.7
伯里	114	13 652	119.8
罗契代尔(Rochdale)	117	10 520	89.9
奥尔德姆	220	15 291	76.5

尽管人数众多,工人阶级的阶级意识的形成却不是一件容易的事,
它与 18 世纪末和 19 世纪初的许多重大事件相关。法国大革命初步启
发了"无套裤汉"的政治遐想,工人们(当时主要是手工工人)第一次走上
政治舞台,尽管他们自己也拿不准:是不是有资格这样做。③ 拿破仑战
争、大陆封锁和稍后的英美战事引起英国经济萧条,在 1811—1812 年可
怕的冬天,面包价格飞涨,打破了纪录。经济困境和工业苦难与法国革
命带来的激进主义融合在一起,最终以卢德运动(Luddism)和议会改革
运动的形式爆发出来,并在 1819 年 8 月 16 日的彼得卢大屠杀中达到顶

---

① Edward Royle, *Modern Britain*, pp. 102 - 104.
② D. S. Gadian, Class Consciousness in Oldham and Other North-West Industrial Towns, p. 253.
③ 参见 E. P. 汤普森:《英国工人阶级的形成》,第一章"让我们的成员无数"。

点。彼得卢屠杀加强了工人阶级的认同,它从此成为一个阶级仇恨的象征。①

19世纪20年代,阶级意识进一步发展。它受到了威廉·汤普森(William Thompson)、罗伯特·欧文这些人思想的影响,欧文不仅谴责贵族制的腐败,也谴责资本家的贪婪,而汤普森和他的同僚则在宣传一种"工人阶级政治经济学"。在1831—1832年的议会改革时期,伦敦、利兹和曼彻斯特的工人组建了他们自己的政治同盟,成为中等阶级的竞争对手。② 工人阶级独立地参与到议会改革之中,表现出工人阶级意识的成长程度。改革以后,议会在功利主义和政治经济学的鼓励下颁布的立法,尤其是1834年新济贫法,在工人眼中恰恰是"阶级立法",表明刚刚取得政治权利的中等阶级立即将剑尖指向工人阶级,于是它和中等阶级正式分手。

从30年代起,十小时工作制运动蓬勃开展。工人阶级的缩短工时委员会与家长主义的托利党改革派联起手来,共同对付他们的对手,即辉格党自由派支持的工厂主集团。工人们收集了大量证据,表明工人阶级的恶劣工作环境,将它们呈交给议会委员会,要求政府提供保护,免受"自由"市场的残酷剥削。③

所有这些事实都说明工人阶级与中等阶级是两个不同的阶级,有不同的利益;反谷物法运动和宪章运动则把两大阶级从暗中较量拉到了真枪明斗的战场,两个阶级的分野在政治社会中日益明晰地崭露出来。如恩格斯在《美国工人运动》中所说:"在欧洲各国,工人阶级经历了许多年才完全相信,他们构成了现代社会的一个特殊的、在现存社会关系下是固定的阶级"④。

阶级的迹象随处可见,从生活模式、服装、文化,甚至人的外貌也可

① Edward Royle, *Modern Britain*, p.124.
② Ibid., p.124.
③ Ibid., p.125.
④《马克思恩格斯选集》第4卷,人民出版社,1972年,第256—257页。

以让人一目了然。

工人的生存条件是恶劣的,1845 年,恩格斯在《英国工人阶级状况·导言》中说:"产业革命……把工人变成了简单的机器。"①隐藏在大工厂背后的触目惊心的事实浮出水面,暴露在世人面前,引起人们对工厂工人生活状况的普遍关注:"工厂一般是不卫生的,工厂的建筑师对于卫生和美观同样是不关心的。天花板很低,以期尽可能地少占空间,窗户狭小并且几乎经常关闭着。在纱厂里,那些细碎的飞花像云彩似的飘荡着并钻到肺里去,久而久之就造成最严重的病害。在纺麻厂里,人们使用湿纺法,那里,水汽渗透了空气并浸湿了衣服。拥挤在不流通的、夜间被烛烟污染的空气里,往往发生一种类似斑疹伤寒的传染性的热病。这种'工厂的热病'的最初的案例是 1784 年在曼彻斯特近郊被人发现的。它在很短的时间内就在大多数工业中心流行起来并造成许多工人死亡。"②工厂车间狭小拥挤,温度高,湿度大,通风差,粉尘多,废气浓,工人的劳动条件异常恶劣。

工厂工人的劳动时间长、强度大:"经常可以看到 30 或 40 个工人站在工厂上锁的大门外,带着罚款簿的人却在工厂的车间里乱转,把缺工工人的织机数目记下来。……实现这种文明抢劫的办法就是把时钟向前拨半小时。"③在依靠水力的乡间纺纱厂里,每天工作 14 至 16 小时是常见的事;在 1833 年之前,童工每天的工作时间从 14 小时到 18 小时不等,一般也要在 13.5 小时左右。④ 纺纱厂中,"1815 年,工人来回看管——按 12 小时工作日计算——两台 40 支纱锭的走锭精纺机,必须步行 8 英里。到 1832 年时,在 12 小时内相当于步行 20 英里,并且往往还要多。"⑤

---

① 《马克思恩格斯全集》第 2 卷,人民出版社,1957 年,第 281 页。
② 保尔·芒图:《十八世纪产业革命》,杨人梗等译,商务印书馆,1983 年,第 337 页。
③ 罗伊斯顿·派克:《被遗忘的苦难——英国工业革命的人文实录》,福建人民出版社,1983 年,第 42 页。
④ Colin M. Heywood, *A History of Childhood*, Polity Press, 2001. p. 132.
⑤ 马克思:《资本论》(第一卷),人民出版社,1975 年,第 453 页。

工伤事故频发。工业革命初期,由于机器设计比较粗糙,"而且几乎完全没有安全设备",不停转动的机器时常威胁着工人的身体,稍不留神就会发生事故,造成终生残疾甚至死亡。没有或者很少有赔偿,受伤者只能自认倒霉。最常见的是一个手指被压碎一节,比较少见的是整个手指、半只手,或整只手、整条胳膊被轮子卡住并且轧碎。矿道崩塌也是常见事故,井中随时都有危险,把工人活埋或者使之伤残。

工人的居住环境肮脏不堪,简陋的屋棚茅舍拥挤,或单调排列成行。1800 年以前,曼彻斯特已经有了一些带着狭窄、污秽小巷和破烂房屋的工人区;在哈德斯菲尔德(Huddersfield),街道堆积着污泥、垃圾,各种废弃物腐烂、发酵,污水洼遍地。在斯坦福(Stanford)郡,铁业区的工人在类似畜栏的简陋棚舍里居住,其肮脏程度令人难以置信。

但最令人不安的是童工、女工问题。1839 年,童工在纺织部门劳动力中的比例为:棉纺业 46%,毛纺业 50%,亚麻业 54%,丝织业 62%。[①] 服装、采矿、冶金等其他行业也使用童工。童工开始工作的年龄很小,1816—1818 年间,有 70% 以上的工人开始工作的年龄是 10 岁或以下。[②] 童工的劳动强度大,工作时间长,工作环境差,工资收入低。一些童工长期超负荷劳动,得不到足够的休息,又得不到充足的营养,所以许多人在未成年时就夭折,据 1881 年一项统计,纺织厂中 15 岁以下童工的死亡率是 15%,[③]而他们的工作时间一般都在 12 个小时以上。

在需求旺盛时,童工会被分成两班日夜开工,英格兰北部有"他们的

---

① Carolyn Tuttle, *Hard at Work in Factories and Mines*, Westview Press, 1999. p. 96.
② Douglas Galbi, *Economic Change and Sex Discrimination in the Early English Cotton Factories*, 1994. www.galbithink.org/womwork.pdf
③ David Cody, Child Labor. "October 2003. Hardwick College. May 30th, 2005. http://www.victorianweb.org/history/hist8.html

床从来不会凉"的谚语,[1]而"低矮、拥挤、满是尘土的或潮湿的工作室"以及"肮脏而闷热的空气",就是他们的隐形杀手。1803 年,在花布印染厂里,童工的工资只有成年工人的 1/3 左右,大约在 3 先令 6 便士到 7 先令之间。在利兹的丝织厂里,童工的工资最低只有每天 1 便士。因此"三个每周工资为 6 至 8 先令的 13 岁女孩,排挤了一个每周工资为 18 至 45 先令的成年男子"。[2]

女工问题也同样引人注意。女工在许多行业就业,"她们出现在铸铁业、制钉业、制绳业、铅制品制造业,也现身于衣料漂白厂、造纸厂、丝织厂和成衣厂,以及玻璃制造车间、陶器制造场、砖瓦场、煤矿井口和石料场,在这些地方,成堆的女人不是像人一样工作,而是像马一样劳作"[3]。女工的人数很多,1839 年英国的 419 560 名工厂工人中,有242 296 名妇女,超过了一半。[4] 到 1851 年,英国有 280 万名妇女受雇于人,占当时英国妇女总数的 1/4 强。[5] 女工与童工一样是廉价劳动力,"全日制女工的平均工资大约是男工平均工资的三分之一到三分之二左右"。[6] 女工与童工一样,成为恶劣的生存状况的牺牲品,"在 19 世纪 50年代早期,英国工业城镇奥尔德姆死于结核病的人数是全国平均数的 2倍。而 25—35 岁的妇女则是平均数的 3 倍"[7]。

这些情况引起了社会的注意。在工人阶级长期不懈的斗争、申诉

---

[1] Edward. P. Cheyney, *An Introduction to the Industrial and Social History of England*, New York: Mcmillain 1909, p. 246.
[2]《马克思恩格斯全集》第 23 卷,第 434 页注释 121。
[3] *Library of Congress Cataloging in Publication Data*, Schocken Books Press, 1980. p. 3.
[4] 樊亢、宋则行:《外国经济史》(近代现代)第一册,人民出版社,1965 年,第 85 页。
[5] Mary Lynn McDougall, Working-Class Women During the Industrial Revolution, 1780—1914. Renate Bridentbal, ClaudiaKoonz. *Becoming Visible Women in European History*. Boston: Houghton Mifflin Company, 1977. p. 267.
[6] E. H. Hunt, *British Labour History, 1815—1914*, Atlantic Highlands, New Jersey: Humanities Press, 1981, p. 104.
[7] Mary Lynn McDougall, Working-Class Women During the Industrial Revolution, 1780—1914. Renate Bridentbal, ClaudiaKoonz. *Becoming Visible Women in European History*. Boston: Houghton Mifflin Company, 1977, p. 261.

下,在一些社会慈善家的奔走、呼吁下,加上代表乡绅、贵族的托利党社会改革派的公开支持甚至是参与和领导,政府终于着手调查工厂问题,1844 年和 1845 年,城镇卫生委员会(Health of Towns Commission)发表《大城镇和区域状况调查第一和第二次报告》,以详尽的资料描述了以曼彻斯特为典型的大工业城市工人阶级的生活与工作状况;埃德温·查德威克的《不列颠劳动人口卫生状况报告书》也细致地叙述了英国工人阶级的生活状况。隐藏在工厂里的种种不人道行径被公之于世,这样,长达几十年的工厂立法活动开始了,有论者说:"在 19 世纪社会机构的所有发明中,工厂法是传播最广的。……或许可以这样说,它的影响即便不是无处不在,也远比公立小学或警察的存在意义要大得多。"①

最早提出对工厂进行立法干预的是曼彻斯特的医生帕西瓦尔(Dr. Percival)。1796 年 1 月 25 日,帕西瓦尔提出一份报告,其中指出:"(1)大纱厂中雇佣的儿童等人特别有遭受传染性热病的危险,这类疾病一发生,不仅会在密集于同一地方的人间、而且还在他们的家里和四邻很快地传播开来。(2)大工厂对在其中劳动的人们的健康,一般都有有害的影响。(3)夜工和延长工作日不仅会损害儿童的体力,缩短他们的寿命,还会助长其父母的懒惰。(4)工厂中雇佣的儿童一般都失去各种学习机会和接受道德与宗教教育的机会。(5)……应向议会交涉,以便获得一些合理的人道的制度,行使于所有这些工厂中的法令,如果不能通过别的办法来达到目的的话。"②报告引起了许多人的注意,包括托利党乡绅中的家长主义者,这些人后来在工厂立法中发挥了重要作用。

19 世纪的工厂立法大致可分为三个阶段:1830 年以前为起步阶段,1830 年至工业革命结束为第二阶段,19 世纪下半叶为第三阶段。

---

① B. L. Hutchins & A. Harrison, *A History of Factory Legislation*, London: Orchard House Westminster. 1926. p. 2.
② 保尔·芒图:《十八世纪产业革命》,商务印书馆,1997 年,第 381 页。

第一个阶段中首先采取行动的是托利党议员老罗伯特·皮尔(Sir Robert Peel,1750—1830),即后来的首相小罗伯特·皮尔(Robert Peel,1788—1850)的父亲。老皮尔是一个富裕的棉纺厂老板,他对工厂的情况相当熟悉。出于人道主义原因,他在1802年4月6日向议会提出《棉纺厂儿童健康和道德调整法》,主要内容有:学徒每天工作时间不超过12小时,吃饭时间不计在内;车间墙壁和天花板每年用石灰刷白两次,各车间都应有足够大和足够多的窗户,以确保空气流通;学徒期的头4年给予文化教育,并必须进行宗教教育;由本郡治安法官每年任命两名视察员来监督法令的实施等等。[①] 这项法案在6月22日得到国王批准,成为英国历史上第一部工厂法,但它的不足之处是:第一,适用面狭窄,仅用于棉纺厂和毛纺厂,对象只是学徒童工,内容只涉及工作时间;[②]第二,操作性不强,因为没有落实法律的执行人,所以效率不高。

1819年议会通过《棉纺工厂法案》(Cotton Mills and Factories Act),规定不得雇佣9岁以下的儿童,9—16岁儿童每天工作不超过12小时。有人认为,这才是真正意义上的工厂法。[③]

第二阶段处于19世纪上半叶议会立法的高潮期。当时一些有识之士发表了关于童工、女工悲惨状况的调查报告,很多地方也成立了"十小时工作日委员会",工人卷入工厂立法运动。[④] 在议会内部,托利党的米切尔·萨德勒(Michael Thomas Sadler,1780—1835)和阿什利勋爵(Anthony Ashley Cooper,1801—1885)先后成为运动的代言人,最终在议会通过了1833年工厂法(English Factory Acts)。这一法案的适用范围扩大到所有的纺织厂,主要内容包括:"工厂不得雇佣9岁以

---

① 保尔·芒图:《十八世纪产业革命》,商务印书馆,1997年,第383页。

② B. L. Hutchins & A. Harrison, *A History of Factory Legislation*. p. 16.

③ J. Walker, *British Economic and Social History 1700—1982*, Macdonald and Evans, 1982, p. 194.

④ J. L. Hammond, The Industrial Revolution and Discontent. *Economic History Review*. 1930,pp. 160 - 180, 670 - 700.

下的儿童;9—13 岁之间的儿童每天工作 8 小时,13—18 岁之间的青少年一天工作 12 小时,每年必须保证两个整天和八个半天的假期,每个儿童必须有医生适宜工作的证明才能被雇佣,任命 4 名专职的工厂监督等等。"①

这部《工厂法》是第一个真正有效的工厂立法。它规定由政府检查员而不是地方官员进行监察,因此大大提高了执法力度,收到了保护工人的效果。② 但它也有严重不足,一是保护的范围仍然窄小,主要以棉纺织厂的工人为保护对象,针对童工及女工的条款特别多,而对于其他类型的工人或棉纺织厂成年男性的工人却缺少保护条例;二是具有滞后性,它只对工厂中出现的事故提出解决方法,而缺少预防性措施;三是将该法的执行责任完全交给了检查员。

40 年代的工厂立法就旨在弥补这些不足,比如 1842 年的《矿工与矿山法》禁止采矿业雇佣妇女及 10 岁以下男童。1844 年的《儿童减半工作日法》规定妇女和 13 至 18 岁的少年男工每天工作不超过 12 小时,13 岁以下儿童不超过 6 个半小时,8 岁以下儿童不得被雇佣;对危险的机器须加防护设备,机器运转时,禁止儿童和妇女清洗机器等。1847 年,议会终于通过了《十小时工作日法》(Ten Hour Act),它适用于纺织工厂,规定女工和青少年男工每天工作不超过 10 小时。三年以后,议会再次通过工厂法,规定周一至周五工作 10 个半小时,周六工作半天。至此,历时十余年的十小时工作日运动取得了阶段性成果。

在以后的若干年中,英国议会又陆续颁布了一系列相关法案,就工作时间、劳动条件、安全卫生、工厂视察员等作出规定。③ 这些后续法律与以前的相比,增加了调整的内容,扩大了适用的范围和对象。

19 世纪下半叶的工厂立法主要是对以前的立法加以扩充和细化,比

---

① Edward. P. Cheyney, *An Introduction to the Industrial and Social History of England*, New York and London: Macmillan, 1916, p. 213.

② B. L. Hutchins & A. Harrison, *A History of Factory Legislation*, p. 40.

③ *Encyclopedia American*, Vol. 6, American Corporation, 1980, p. 460.

如将工厂监察员确定为国家公务员,1892 年又任命 15 个工人为助理监察员,分布在全国各地协助监察员工作,并规定地方政府应接受监察员对违规雇主作出的控告,地方政府则应每年向内政大臣报告工厂法执行的情况。工厂法的制定及实施在一定程度上改善了工人的劳动条件和生活状况,增进了社会和谐,促进了经济的健康发展,从而也就在根本上巩固了英国的"世界工厂"地位。

第二章　城市化与城市病

　　19 世纪铸造了一个城市社会,既带来城市的诸多优越性,也引发了严重的城市病,从环境恶化到犯罪猖狂,从拥挤到疾病丛生,从工作到生活状况的恶化,彰显了城市化这把历史大锤的正负效应。1851 年,"在不列颠岛上,住在城市的人口(尽管常常很少)第一次超过住在农村的人口:这同英国的过去、同任何别的国家的经济都形成鲜明的对比"①。英国城市人口超过了农村人口,英国基本上完成了从乡村社会到城市社会的转变,到 1911 年,城镇人口达到 79%。②

　　城市化与工业化是孪生姐妹。马克思和恩格斯说:工业革命"创立了巨大的城市,使城市人口比农村人口大大增加起来,因而使很大一部分居民脱离了乡村生活的愚昧状态"。③ 农村人口向城市迁移,城市人口中外来移民特别是青年移民占很大比例,到 1851 年,伦敦(London)和其他 61 个英国城镇的近 60%的人口可能是从农村迁入

---

① 肯尼思·O. 摩根:《牛津英国通史》,王觉非等译,商务印书馆,1993 年,第 486 页。
② C. W. Law, "The Growth of Urban Population in England and Wales, 1801—1911", in *Transactions of the British Institute of Geographers* (1967), Vol XLI, p. 130.
③《马克思恩格斯选集》第 1 卷,人民出版社,1972 年,第 255 页。

的;伯明翰一半以上人口是移民。① 人口迁移在 19 世纪中叶达到顶峰,铁路建设进一步刺激了人口移动,工业城市成为特殊的磁铁,伦敦是其中最大的磁铁。②

工业革命开始后,在煤铁矿资源密集地区和工业发达地区,崛起了一大批工业城镇——棉纺织工业中心是曼彻斯特(Manchester)、索尔福德、斯托克波特(Stockport)、博尔顿(Bolton)、奥尔德姆、伯里(Bury)、普雷斯顿(Preston)等等,织袜和花边工业中心是诺丁汉(Nottingham)、德比和莱斯特(Leicester),利兹(Leeds)、哈德斯菲尔德、布拉德福德(Bradford)和约克郡(Yorkshire)西区则是毛纺织工业中心,伯明翰及其附近的伍尔弗汉普顿(Wolverhampton)、沃尔索尔(Walsol)、威尼兹伯里(Weinysbury)等也成为工业城市。煤铁工业的中心在南威尔士,包括卡迪夫(Cardiff)、斯旺西(Swansea)、纽波特(Newport)、默瑟尔提德维尔(Merthyr Tydfil)等等。交通枢纽和海港城市在运河、铁路、海运的刺激下发展起来,而位于交通咽喉处的古老城镇也会变得繁荣。此外,还有一批以疗养、旅游和度假为主体的温泉、海滨城市,风景名胜地区也得到发展。

如果说工业革命开始时,英国城市尚是寥若晨星的话,那么到 19 世纪末,城市已经如夏夜的繁星般布满英国。1801 年英国有 1 036 个大小城镇,1911 年达到 1 541 个。③ 新兴的工业城市发展神速,1801—1851年,纺织工业城市的人口增长率是 229%,港口城市是 214%,制造业城市是 186%,发展规模都很惊人。④ 北方新兴工业城市如曼彻斯特、伯明

① Richard Lawton. "An Age of Great Cities". in Michael Pacione(eds). *The City:Critical Concepts in the Social Sciences*. Routledge,2001,p. 20;P. J. Waller. *Town,City,and Nation:England*,1850—1914. Oxford University Press,1983,p. 8;刘易斯·芒福德:《城市发展史——起源、演变和前景》,宋俊岭、倪文彦译,中国建筑工业出版社,2005 年,第 480 页。
② Peter Clark (ed.), *The Cambridge Urban History of Britain*,Vol. 2,1540—1840,Cambridge:Cambridge University Press,2000,p. 139.
③ Peter Clark (ed.), *The Cambridge Urban History of Britain*,pp. 466,468.
④ Jame Welvin,*English Urban Life,1776—1851*,London,1984,p. 154.

翰、利兹、谢菲尔德、布拉德福和诺丁汉的人口以前所未有的速度增长，曼彻斯特在 1811—1821 年增长 40.4%，利物浦（Liverpool）在 1821—1831 年增长 43.6%，利兹增长 47.2%。[1] 1841—1851 年，伯明翰人口增长 22.3%，谢菲尔德增长 22.4%，伍尔弗汉普顿（Wolverhampton）增长 21.8%。[2] 1861—1911 年，米德尔伯勒（Middlesbrough）人口增长 6 倍，兰开夏郡的海滨城市布兰克浦（Blackpool）增长了 17 倍。[3]

老城市也获得新的增长空间。在伦敦工业区，1861 年人口中当地出生的占 69.71%，1881 年这个数字为 73.04%；在伦敦其他区域，1861 年伦敦的出生者为 58.28%，1881 年为 59.89%。[4] 这些数字说明：更多的外来人口在伦敦定居下来。工业化使毛纺织业的中心从诺里奇（Norwich）转移到约克郡西区的利兹和布雷福德，利兹居民从 1775 年的 1.7 万人增至 1851 年的 17.227 万人，增加了 9 倍多。[5]

在城市化过程中，城市规模扩大，大城市日益增多。1801 年时大城市还屈指可数，伦敦人口是第二大城市曼彻斯特的 14.5 倍（见表 36）。然而到 1861 年，几十万人口的大城市达到了 13 个，如曼彻斯特有 50.1 万人，利物浦 47.2 万人，格拉斯哥 44.3 万人，伯明翰 35.1 万人。1901 年，上述几个城市的人口分别增长到 103.5 万、88.4 万、100 万和 84 万，几乎都翻了番。[6] 特大城市数目也在不断增长，1851 年有 10 个 10 万人以上的大城市，1861 年有 16 个，1911 年有 42 个。[7] 到 19 世纪末，英国

[1] John Burnett. *A History of Housing* 1815—1985，(2nd). London and New York：Methuen，1986，p. 9.

[2] S. G. Checkland，*The Rise of Industrial Society in England*，1815—1885，London：Longman，1982，p. 239.

[3] R. J. Morris & Richard Rodger(eds.)，*The Victorian City*，p. 7.

[4] P. J. Waller：*Town*，*City and Nation*，Oxford and New York：Oxford University Press，1983，pp. 27 - 28.

[5] H. C. Darby （ed.)，*A New Historical Geography of England after* 1600，Cambridge：Cambridge University Press，1976，p. 83.

[6] W. D. Rubinstein，*Britain's Century*，p. 273. 由于统计范围不一样，比如大伦敦与伦敦不是一个概念，因此文中开列的各城市人口数与表中有区别。

[7] R. J. Morris & Richard Rodger(eds.)，*The Victorian City*，p. 7.

已成为高度城市化而且是大城市化的国家。

表 36　19 世纪英国主要大城市的人口增长表(单位:万人)[1]

城市	1801	1851	1901
伦敦	108.8	249.1	456.3
伯明翰	7.1	23.3	52.2
布里斯托尔	6.1	13.7	32.9
爱丁堡	8.3	19.4	39.4
格拉斯哥	7.7	34.5	76.2
利兹	5.3	17.2	42.9
利物浦	8.2	37.6	68.5
曼彻斯特	7.5	30.3	54.4
谢菲尔德	4.6	13.5	38.1

　　如果说工业化使曼彻斯特、伯明翰迅速变成大城市,那么伦敦就从大城市变成了大都市。丹尼尔·笛福(Daniel Defoe)在 18 世纪就把伦敦说成是巨型怪物;19 世纪的伦敦人口则以每 10 年几乎 20% 的增长速度飙升不止,到 1901 年,伦敦的人口等于排列在它后面的 18 个大城市人口的总和,几乎是欧陆 4 个最大的城市巴黎、柏林(Berlin)、维也纳(Vienna)和圣彼得堡(St Petersburg)人口的总和;这意味着,每 5 个英国人中就有 1 个是伦敦人,威廉·科贝特因此把伦敦说成是一个肿瘤。

　　城市化还催生出城市群和城市带。随着人口激增,大城市周围出现了许多中小城市,大城市不断兼并这些中小城市,形成当时举世罕见的城市群。在城市群中,空间相对集中,经济、信息和服务互相呼应,互相依托,产生了极大的聚集效应。据估计,1891 年英格兰城市群人口的分布为:大伦敦(Greater London)563.8 万人,兰开夏郡(S. E. Lancashire)189.4 万人,西米德兰地区(West Midlands)126.9 万人,西约克郡(West

---

[1] B. R. Mitchell, *British Historical Statistics*, pp. 20 - 27.

Yorkshire)141 万人,默西赛德(Merseyside)90. 8 万人,泰恩塞德(Tyneside)55 万人,[1]此外,南威尔士和苏格兰也有城市群。

城市化改变了英国经济地理的版图。英国传统经济重心在伦敦及英格兰东南部地区,现在英格兰中部、西北部,威尔士煤铁地区,苏格兰南部都成为工业区,涌现出许多工业城市,人口也向这些地区移动。

英国城市有明显的专业特点,其中包括制造业城市、交通枢纽城市、旅游休闲城市和综合性大都市等不同类型。工业革命中,制造业城市首先发展,比如远近闻名的"黑乡"——斯坦福郡就因其丰富的煤铁资源而发展起来;英格兰中部的伯明翰扩大了它传统的五金业,生产从枪炮、黄铜到小装饰品的各类商品。以曼彻斯特为中心,其周边出现一大批分工明确的工业村镇:博尔顿是纺纱城镇,奥尔德姆、布莱克本、伯里和普雷斯顿专事织布,曼彻斯特集商品贸易和金融业于一体。随着铁路的发展,涌现出一批以铁轨和机车制造著称的城市,如斯温顿(Swindon)和沃尔弗顿(Wolverton)等。

交通枢纽城市是随着运河、公路、铁路的修建发展出来的,可分为运河城市、铁路城市和海港城市三大类。在 18 世纪的运河时代,70 个一流城镇几乎全是运河城镇;铁路则创造了全新的铁路城市,如希尔顿(Shilton)、克鲁(Crewe)、斯温顿、沃尔弗顿等。以沃尔弗顿为例,它起先只是个庄园所在地,在铁路狂潮时期开办了机车制造厂,刹那间,一座有十条街道的整齐城市便平地而起。港口城市包括著名的四大港口伦敦、布里斯托尔、利物浦和纽卡斯尔(Newcastle)、赫尔(Hull)、桑德兰(Sundland)、雅茅斯(Yarmouth)、朴次茅斯(Portsmouth)、普利茅斯(Plymouth)等也成为重要的海港城市。[2] 其中利物浦为兰开夏郡的纺

---

[1] Martin Daunton (ed.), *The Cambridge Urban History of Britain*, Vol. 3, Cambridge: Cambridge University Press, 2000, p. 72.

[2] F. M. L. Thompson, *The Cambridge Social History of Britain*, 1750—1950, *Vol.* 1, Cambridge: Cambridge University Press, 1990, p. 24.

织业进口了大量北美原棉,又向外倾销各种棉布,在 19 世纪初,它一跃成为英国的第二大城市。

休闲城市构成第三类专业城市,在 19 世纪下半叶,这是人口增长最快的一类城市。18 世纪时,休闲城市为上流社会所独享,火车时代则带来了大众休闲城市的崛起。法定假日的颁行,熟练工人收入的提高、廉价的火车假日优惠,以及对上流社会消费行为的模仿,都为休闲城市的发展创造了条件:绍森德(Southend)从 1867 年的 3 000 人增加到 1911 年的 6.3 万人,布兰克浦则从 4 000 人增加到 5.8 万人。[①] 斯卡伯勒(Scarborough)既是矿泉城,又在海洋边,于是很快得到发展;海滨城市布赖顿(Brighton)为伦敦的上、中层人士提供了理想的休闲场所。

最后一个类别是综合性大都会,以伦敦最有代表性,它一方面是英国的政治、经济和文化中心,同时又是陆海交通枢纽。它的人口增长令人瞠目,远非其他欧洲国家首都可比。在 17 世纪初,伦敦只有巴黎的一半人口,而到该世纪末就一跃而成为全欧最大的城市。工业化时期,伦敦发展越出了旧城区范围,它随着公路、铁路向外伸展,将邻近的威斯敏斯特(Westminster)、格林尼治(Greenwich)等市镇收入囊中,形成了一个庞大无比的都市区,即大伦敦,乃至有人会说:整个英格兰只是大伦敦的郊区而已。伦敦市内有豪华的宫殿,壮观的政府大楼,巍峨的大教堂,实力雄厚的金融机构,多种多样的博物馆、俱乐部、艺术馆等等。

但城市的急速发展也引发了"城市病"。正当英国从一个充满诗情画意的乡村社会变成机器轰鸣、厂房遍地的城市社会时,大量人口涌进城市却造成资源配套落后、公共设施不足、城市发展混乱无序的状态。1842 年查德威克在《不列颠劳动人口卫生状况报告书》中针对这种情况忧心忡忡地评论道:"在我国的某些城镇里竟如此缺乏市政管理,以致清洁方面之糟,几乎和一个野营的游牧民群或一支无纪律的军队不相上

---

① P. J. Waller, *Town, City and Nation*, p.40.

下。"①工业革命中,英国人全神贯注地发展经济、追逐利润,对身边的世界——城市和环境不闻不问,于是城市建设和经济发展严重脱节,英国患上了"城市病"。

"城市病"的症状,无论在迪斯雷利的《西比尔》(Sybil, or the two nations)还是盖斯凯尔夫人(Mrs. Gaskell)的《玛丽·巴顿》(Mary Barton)与《南方和北方》(North and South),在狄更斯(Charles Dickens,1812—1870)的《艰难时世》(Hard Times)或恩格斯的《英国工人阶级状况》中,都有深刻的描述。

当时的城市完全没有"规划",是无拘无束"自由"发展的产物。恩格斯曾针对他所生活的曼彻斯特城市说:"只要哪里还空得下一个角落,他们就在哪里盖起房子,哪里还有一个多余的出口,他们就在哪里盖起房子来把它堵住……东一排西一排的房屋或一片迷阵式的街道,像一些小村庄一样,乱七八糟地散布在寸草不生的光秃秃的黏土地上。"②

城市中没有照明、排水等公共设施,夜晚漆黑一片,出门要自带灯具,否则就寸步难行;即使自带灯具,由于道路崎岖不平、曲直不一,仍旧很难行走。若遇下雨,更加是满地泥泞,遍地污水,在城市贫穷区,雨水与粪便、垃圾混在一起,情况极其恶劣。"工业革命时期城市中的条件是令人吃惊的,其污秽拥挤成为通病而非个别例外。19世纪中叶,城市卫生协会对英国主要城市当时状况的报告中是这样概括的:'博尔顿市——实在糟;布里斯托尔市——糟极了,死亡率很高;赫尔市——有些部门坏得不堪设想,许多地区非常污秽,镇上和沿海排水系统都极坏;严重拥挤和普遍缺乏通风设施'。"③

住房拥挤、紧缺,环境肮脏、混乱。1853年发表的一项关于利兹的调

---

① 克拉潘:《现代英国经济史》上卷,姚曾廙译,商务印书馆,1964年,第657—658页。
② 恩格斯:《英国工人阶级状况》,《马克思恩格斯全集》第2卷,人民出版社,1957年,第335—336页。
③ K. J. 巴顿:《城市经济学理论和政策》,上海社会科学院部门经济研究所城市经济研究室译,商务印书馆,1984年,第104页。

查报告说:在被调查的 658 所住宅和地下室中居住着 3 457 人,只有 62 个厕所。① 1842 年的一次调查显示:普雷斯顿 422 个居所里居住着2 400 人,共有 852 张床,即每个居所平均居住 5.68 人,每张床的平均使用者 为 2.8 人;其中 84 张床由 4 人共同使用,28 张床由 5 人共同使用,13 张 床由 6 人共同使用,还有一张床是 8 人共同使用。② 根据阿萨·勃里格 斯(Asa Briggs)的说法,三五个家庭同住一个小房间的现象并非特例,而 这个房间可能只有 12 平方英尺甚至更小。③ 许多人以地下室为居所,城 市中一些低矮潮湿、密不通风的地下室里住满了人,格拉斯哥、利物浦、 曼彻斯特的地下室更是臭名远扬,"据盖斯克尔·G 统计,仅仅曼彻斯特 本城就有两万人住在地下室里"④。

还有一批无家可归者,"伦敦就有 5 万人每天早晨醒来不知道下一 夜将在什么地方度过。"无家可归者可以到收容所过夜,伦敦的中央收容 所 1844 年头三个月平均每夜就有 460 人寄宿。如果有一两个便士,这 些人就可以到"夜店"(lodging-house)找个栖身之所。1831 年,曼彻斯 特本城就有这类夜店 267 个。"每一个夜店容纳二三十个人,所以这些 夜店每夜总共要住 5 000—7 000 人。这些房屋和它们的老主顾的特点 也和其他城市中的一样。每一间屋子里都没有床,只是在地上铺上五张 到七张铺,不管投宿的人有多少都统统安插在这上面,大家乱七八糟地 睡在一起"。⑤

工人阶级的住房情况尤其恶劣,他们往往住在"背靠背"的建筑物 里,那是一种低矮的平房,每两排平房背靠背,每两组背靠背平房之间有 一条狭窄的过道,穿越过道与另一组平房门对门。这种住房节约用地,

① Jeannie Duckworth,*Fagin's Children: Criminal Children in Victorian England* ,Hambledon and London: London and New York,2002, p. 3.

② H. J. Dyos and Michael Wolf (eds), *The Victorian City: Images and Realities* ,London, Routledge and Kegan Paul, 1973,p. 367.

③ 阿萨·勃里格斯:《英国社会史》,陈叔平等译,中国人民大学出版社,1991 年,第 296 页。

④ 恩格斯:《英国工人阶级状况》,《马克思恩格斯全集》第 2 卷,1957 年,第 348 页。

⑤ 同上书,第 311、313、347—348 页。

造价低廉,但没有光线,没有流通空气,更没有卫生设施,很容易滋生疾病。

一直到 19 世纪末,城市拥挤乃至"过度拥挤"[①]的现象仍是一个严重的社会问题。据统计,1891 年英格兰和威尔士人口的 11.2%、即 350 万人居住在过度拥挤的环境中,到 1901 年仍然有 8.2%。尽管 19 世纪 80 年代以后有了火车和电车,让有条件的工人迁移到郊区拥挤不严重的住房去,并且某些地方当局还致力于拆除贫民窟,但过分拥挤仍旧是住宅问题的最大顽症,[②]如表 37 所示:

表 37 1885 年皇家委员会调查的人口拥挤个案[③]

圣海伦(St Helena Place)15 号	6 居室	住 6 家人	每间房 8 人
威尔明顿(Wilmington Place)11 号	11 间房	住 11 家人	每间房 7 人
诺贝尔街(Noble Street)30 号	6 间房	住 5 家人	共 26 人

卫生问题是"城市病"的又一顽症。工业革命中大城市迅速扩张,但公共设施缺乏,经常出现人、畜、垃圾共处的现象,臭水塘举目皆是,"街道既没有铺砌,也没有污水沟,可是这里却有无数的猪群,有的在小院子里或猪圈里关着,有的自由自在地在山坡上溜达"。[④] 曼彻斯特周边几英里的地区内空气不洁、水流不畅、草木不长;"在城市的最热闹的地区,也正是在商业中心区,堆满了肉庄、厕所和垃圾"。[⑤]"英国市区边缘形成了丑陋的新贫民区,那里除了污秽的棚屋,就是难看的工厂、用家庭垃圾做饲料的养猪场和肮脏的街道以及堆积如山的垃圾"。[⑥]

---

① "过度拥挤"(overcrowd)指一个房间住两个以上的成人,10 岁以下两个孩子折算为一个成人,1 岁以下的孩子不计在内。这个标准在 1891 年首次得到确认。
② John Burnett, *A History of Housing* 1815—1985. pp. 144 - 145.
③ Eric Hopkins,*Industrialisation and Society* , p. 61.
④ 恩格斯:《英国工人阶级状况》,《马克思恩格斯全集》第 2 卷,1957 年,第 336 页。
⑤ 哈孟德夫妇:《近代工业的兴起》,商务印书馆,1959 年,第 205、209 页。
⑥ Femand Braudel, *The Structures of Everyday Life*, *Civilization*&*Capitalism* 15th - 18th *Century*,Vohonel Harper&Row, Publishers,New York,1981,p. 554.

　　贫民窟成了疾病流行的孳生地,被人们称为"霍乱国王的巢穴"。[1]在利兹,最不卫生的地区是工人住的狭窄的房屋区,这类建筑物里不具备任何一种排水设施,厕所少且前后无遮无盖。[2]至 1830 年,曼彻斯特的一半房屋、利物浦的大部分房屋都还没有排水系统和清洁设备,[3]恩格斯记载道:"听说在这个区域里,大约每 120 人才有一个厕所。"[4]

　　城市污染严重,以伦敦为例:"250 万人的肺和 25 万个火炉集中在三四平方公里的地面上,消耗着大量的氧气……呼吸和燃烧所产生的碳酸气,由于本身比重大,都滞留在房屋之间,而大气的主流只从屋顶掠过。"[5]伦敦雾(其实是霾)如"豌豆汤"般笼罩在伦敦上空,它与大本钟(Big Ben)和威斯敏斯特大教堂(Westminster Abbey)一样,成为伦敦的著名"景观"。19 世纪末伦敦雾日每年有 3 个月之久,"在冬天,100 多万只烟囱同时呼出烟、烟灰、硫酸气、水蒸气、碳酸气,整个城市烟气腾腾像一个巨大的火山口一样。"[6]1881—1885 年间,"在 12 月和 1 月,伦敦市中心所能见到的明媚的阳光不足牛津、剑桥、莫尔伯勒(Marlborough)和盖尔得斯通(Geldeston)等四个小镇所享有的阳光的六分之一。"[7]

　　河流污染也造成严重的卫生问题,影响着城市的发展。据记载,由于泰晤士河水太脏,1832—1886 年伦敦曾有 4 次霍乱流行,仅 1849 年就死亡 1.4 万人。在一段 25 英里长的河道里,一年中有 9 个月河水不含氧。河水的污染"搞臭"了伦敦,每逢夏日,其臭难忍。据记载,1858 年 7 月天气酷热,泰晤士河成了臭河,河中散发的臭味弥散空中,连议会大厦

[1] 钱乘旦:《第一个工业化社会》,四川人民出版社,1988 年,第 112 页。

[2] E. 罗伊斯顿·派克编:《被遗忘的苦难———英国工业革命的人文实录》,福建人民出版社,1983 年,第 296、286 页。

[3] Philip A. Sauvain, *British Economic and Social History* 1700—1870, Stanley Thornes Ltd,1987,p. 219.

[4] 恩格斯:《英国工人阶级状况》,《马克思恩格斯全集》第 2 卷,第 343 页。

[5] 同上书,第 323、380—381 页。

[6] F. A. R. (Rollo) Russell, *London Fogs*,London:Edward Stanford,1880,p. 11.

[7] B. W. Clapp, *An Environmental History of Britain since the Industrial Revolution*, New York:Longman Publishing, 1994,p. 14.

都要给窗户蒙上厚厚的帘子,挂起浸泡过消毒水的被单,点上熏香,仍旧无济于事,因此,这一年就以"大臭年"(Great Stink)留名史册。[1] 1878 年 3 月,"爱丽丝公主"(Princess Alice)号游船在泰晤士河一条下水道口沉没,640 人遇难,其中许多人并非淹死而是被河水毒死。[2]

泰晤士河的污染并非个案,其他河流都有类似命运。恩格斯在《英国工人阶级状况》中描述说:流经利兹的艾尔河(Aire),"像一切流经工业城市的河流一样,流入城市的时候是清澈见底的,而在城市另一端流出的时候却又黑又臭,被各色各样的脏东西弄得污浊不堪了"[3]。而流经约克的卡尔德河(Calder)在 1852 年之前还是鱼类喜爱的栖息地,至 1867 年,连皇家委员会也不得不沮丧地承认:"流经约克的与其说是河水,不如说是墨汁。"布拉德福德河曾是男孩们捕鱼的乐园,现在被工业潮流染成黝黑,"只需一根火柴,就可以将它点燃"[4]。

犯罪是又一个"城市病"。城市化使人们从彼此熟悉的乡间社会转入了具有强烈匿名性的城市社会,为犯罪率上升提供了客观条件。私有财产的恶性膨胀一方面使任何"侵犯"都成为犯罪,以前被乡村社会视为正常的行为被认定为侵犯财产,另一方面又使许多人为聚敛财富而不择手段,或因拥有太多的财富而为所欲为。从 19 世纪上半叶起,英国的犯罪数量快速增长。按英国内务部公布的犯罪数据统计:英格兰和威尔士历年发生的刑事犯罪案为:1805 年 4 605 起,1815 年 7 898 起,1825 年 14 437 起,1835 年 20 731 起,1842 年 31 309 起;短短 37 年中,犯罪数字增加了近 6 倍。[5] 另一数据显示:在 1805 年受到法庭起诉的男女分别为

① Trevor May, *An Economic and Social History of Britain*, p. 126.

② 田德文等:《为什么偏偏是英国》,世界知识出版社,1996 年,第 168 页。

③ 恩格斯:《英国工人阶级状况》,《马克思恩格斯全集》第 2 卷,第 320、331、341 页。

④ B. W. Clapp. *An Environmental History of Britain Since the Industrial Revolution*, New York, 1994, p. 75.

⑤ 恩格斯:《英国工人阶级状况》,《马克思恩格斯全集》第 2 卷,第 416 页。

3 267 人和 1 338 人,到 1842 年激增到 25 740 人和 5 569 人。① 可以说,
19 世纪上半叶是英国犯罪率极高的时代。

儿童犯罪是个严重的问题。狄更斯在《雾都孤儿》(Oliver Twist)里
描写了贫民窟里受成年人控制的儿童扒窃团伙,白天在大街上扒窃行人
钱包,夜间则翻窗入室行窃。统计数字显示:1840 年代在英格兰和威尔
士送交审判的人当中,有 20%—25% 年龄在 15—19 岁之间,在全国范围
内这个数字是 10%,另有 25% 是 20 出头的年轻人。②

卖淫是另一个严重问题。根据 1837 年伦敦警方的记录,当时妓院
中的妓女数量是 895 人,街妓 1 612 人,暗娼竟高达 3 864 人,比前面两种
类型加在一起还要多;③可是英国媒体的估计要远远超过这个数字,它们
认为伦敦的妓女有 12 万之多:在表面上性道德严厉的维多利亚时期,卖
淫业竟可以如此兴旺,实在是叹为观止!因此《泰晤士报》在 1858 年 1
月 8 日感叹道:在欧洲,没有一个首都像伦敦那样不分白天黑夜地展示
卖淫。④ 卖淫必须有卖淫的对象,在当时,日益富裕的城市中中等有产者
恰恰是卖淫业最大的市场,从而对中等阶级的道德宣教构成辛辣的
讽刺。

"城市病"的根本原因,一是在工业化和城市化进程中出现了资源分配
的极度失调,造成严重的地区差异和贫富不均;二是英国在市场经济的信
条下执行自由放任主义,造成政府对社会问题不作为,纵容并加剧了城市
病,使其不断累积并长期延续。因此治理城市病,一方面要尽可能缩小社
会差距,构筑和谐社会,另一方面要政府管理到位,承担应尽的社会责任。

---

① V. A. C. Gatrell and T. B. Hadden, "Nineteenth Century Criminal Statistics and their
  Interpretation", in E. A. Wrigley, ed., *Nineteenth - Century Society*: *Essays in the Use of
  Quantitative Methods for the Study of Social Data*, Cambridge, 1972, Table III, pp. 392 - 393.
② Edward Royle, *Modern Britain*, p. 217.
③ William W. Sanger, *The History of Prostitution*: *its Extent*, *Causes and Effects
  throughout the World*, New York: New York Medical Press Company, 1927, p. 347.
④ 王章辉:《近代英国城市化初探》,载王章辉:《笃学集》,兰州大学出版社,2003 年,第 262、
  229 页。

这些,都需要改变根深蒂固的自由放任思想偏见,把放任自流变成政府干预。但这种转变必然会冲击到被奉为金科玉律的私有财产,并在一定程度上对"个人自由"形成限制。市政改革就是在这个背景下出现的。①

市政当局对基础设施进行改造,这方面比较典型的成就是泰晤士河治理。19世纪早期,泰晤士河是一个开放的下水道汇聚处,各种生活与工业污水无序排入,对伦敦公共卫生造成灾难性影响。② 为改变这种情况,伦敦当局着手建立一个现代下水道系统,由工程师约瑟夫·巴泽尔杰特(Joseph Bazalgette,1819—1891)规划建造了5条相互衔接的下水道,包括450英里的主干道和1.3万英里(约2.1万公里)的支道。工程到1868年完工,总花费460万英镑。与此相配合,还兴建了泰晤士河堤工程,包括3英里长的河堤与大道。通过整治,原先污浊不堪的烂泥潭变成了漂亮的大道和装饰性花园,泰晤士河水污染得到缓解,河道也被改造,成为更易航行的商业通道。1875年又建成133公里长的交叉下水道,穿越伦敦市。

《1876年河流污染防治法》是英国历史上第一部防治河流污染的国家立法,也是世界上第一部水环境保护法。法案不仅详细列举了禁止排放的各类污水和违法行为(比如工业废料、颗粒和悬浮状污染物、下水道污水排放等),还任命专家担任审查官,向工作部门提供实施建议,并通过技术监测控制河流污染。这是一部"框架性"法案,其原则一直沿用到1951年。1898年,英国再次任命由多名专家组成的皇家委员会,调查污染来源和监督河流防治的进度。这个委员会提出了许多切实可行的方案供政府采纳,在河流防治方面发挥了很好的作用。③

空气治理也提上日程,就伦敦而言,它必须摘掉"雾都"之名。治理

---

① Fraser Derek. *Cities*, *Class and Communication* : *Essays in Honor of Asa Briggs*. New York and London : Harvester Wheatsheaf,1990,pp. 59 - 77.

② Stephen Inwood, *A History of London*, London:MacMillan, 1998, p. 433.

③ B. W. Clapp. *An Environmental History of Britain Since the Industrial Revolution*, pp. 82 - 87.

大气污染的主要任务是清除烟尘,为此,需要用议会立法来限制燃料使用的时间、地点及污染物的排放量。[1] 1843 年,议会通过了控制蒸汽机和锅炉排放烟尘的法案;1863 年又通过第一个《碱业法》(Alkali Works Act),要求制碱业抑制 95% 的排放物,以控制生产中产生的毒气。[2] 1874 年议会颁布第二个碱业法,要求采取"切实可行的措施"来控制有毒气体,并且制定了氯化氢的最高排放标准。至于对家庭壁炉和工厂锅炉的煤烟排放,主要在技术上和教育上进行。以伦敦为例,1880 年成立了消除烟雾委员会(The Smoke Abatement Committee),该委员会展开消烟展览系列推广活动,举办讲座,宣传消烟知识,推广无烟煤,奖励减烟雾消烟雾的壁炉和锅炉等。不过,总体说来,19 世纪英国城市的消除烟雾效果不佳。真正解决煤烟问题要到 20 世纪。

在 19 世纪 30、40 年代,霍乱多发使人们意识到城市的水质关乎居民的生死,于是由市政管理机关经营自来水的思想被提上了议事日程。1846—1865 年间,一共有 51 个市政府新建或购买了供水公司,取代了原有的私人水公司;[3]在 1866—1895 年,又有 176 个城市提供市营自来水,供水成为地方政府的重要职能。[4] 经过半个多世纪的治理,英国城市的供水、排污及整个卫生状况有了明显的改善。"到 80 年代中期,合乎卫生的都市生活的起码要素,在所有较大的社区中都已具备了。水既充沛又清洁——往往在城市比在乡间还更为充沛,更为清洁"[5];伦敦也成为整洁、干净的城市大都会。

50—60 年代煤气市营成了新的热点。1867 年格拉斯哥(Glasgow)

[1] Jes Fenge, Ole Hertel & Fina Palmgren, eds. , *Urban Air Pollution—European Aspects* , Kluwer Academic Publishers, 1998, p. 11.

[2] International Union of Air Pollution Prevention Associations, *Clear Air Around The World : The Law and Practice of Air Pollution Control in 14 Countries in 5 Continents*, Brighton, 1988, p. 126.

[3] Asa Briggs, *Victorian Cities*. London : Odhams Press Ltd, 1963, p. 59.

[4] Harold Carter & Roy Lewis, *An Urban Geography of England and Wales in the Nineteenth Century*, London : Edward Arnold, 1990, pp. 208 - 209.

[5] 克拉潘:《现代英国经济史》下卷,姚曾廙译,商务印书馆,1986 年,第 551 页。

市政府购买了两家私营煤气公司,1870年利兹以763 243英镑的代价也购买了两家私营煤气公司;1871和1872年,布拉德福德和博尔顿也分别购买煤气公司,到1875年,全英已有76个市政府拥有了自己的煤气公司。[1] 到19世纪末,各城市的煤气基本市营,不仅价格比较便宜和固定,而且设施也更加统一与安全,便于维修更换,于是在市民中普遍使用,连工人阶级住宅也安装使用。并且煤气用来照明,街道两边都安装了煤气灯,摸黑走夜路的情况成为历史。以后,浴室、医院、公园、供电、有轨电车等公共设施也渐由市政管理和经营,公用事业逐步摆脱私营体制单纯牟利的动机,转变成为市民服务的"公用事业"。

伯明翰在这个阶段的市政公用事业改革中落在后面,直到1870年约瑟夫·张伯伦(Joseph Chamberlain,1836—1914)当选为伯明翰市长,才开始许多城市改造工作,比如开辟公园、铺设街道、提供自来水和煤气等。1870年,张伯伦以自治市的名义强制购买两家相互竞争的煤气公司,公司头一年运营中就挣得3.4万英镑利润。1876年,由于水污染导致伯明翰传染病死亡率上升,他才强制购买了伯明翰供水公司,创立了伯明翰市供水部(Birmingham Corporation Water Department)。张伯伦倡导的这种由市政府组建公共事业公司、以商业模式进行经营的方法被称作是一种"市政社会主义",张伯伦由此被视为是"激进派",他也开始在全国政治舞台上崭露头角。

与此同时,城市规划与改造工作也开始了,主要包括两方面内容:一是清除贫民窟、拓宽街道、建设新城区,二是修建公园、绿地等公共空间,注入文化内涵。在市政建设方面,格拉斯哥市议会率先设置了城市改善基金,以立法形式大刀阔斧地对市中心的拥挤区域进行改造。改造后的格拉斯哥市中心不仅街道宽阔,还有绿树成荫的公共广场和公园。城市改造将新鲜的空气和灿烂的阳光带进了城市,大大改

---

[1] Harold Carter & Roy Lewis. *An Urban Geography of England and Wales in the Nineteenth Century*, p. 209.

善了市民的居住环境。① 爱丁堡也在 1850—1875 年间把原先拥挤杂乱的街区改造成文化街，街两旁矗立着大学、中学、研究所、博物馆等文化学术机构。

在建设绿色城市方面，从 19 世纪中期开始英国掀起了公园热，为市民提供休闲、活动的场所。公园是专门开辟的公共空间，有专人管理，园内有曲折的小路，有水池，有大量花草灌木，还有宽敞的草地供人们嬉戏，让孩子们放风筝、蹦蹦跳跳。公园中一般都有出售熟食的小店，还可能有小船泛舟湖上。公园改变了城市肮脏的、工业气息浓厚的、唯利是图的丑陋面貌，提供了充满自然情调的开放的空间。

通过以上这些措施，英国的城市面貌逐步发生改变，到 1892 年 7 月，恩格斯发表《英国工人阶级状况》之后的第 48 年，他在德文本第二版序言中说："这本书里所描写的那些最令人触目惊心的恶劣现象，现在或者已经被消除，或者已经不那样明显。下水道已经修筑起来或改善了；在最坏的'贫民窟'中间，有许多地方修建了宽阔的街道"②。因此，"城市病"已得到初步控制。

为解决住房问题，许多个人、民间组织作出了长期努力，政府也最终参与到这个过程中。而工人阶级的住房问题是最严重、也是最难解决的，住房问题归根结底是工人阶级住房问题，不改善工人阶级的住房条件，英国城市永远是贫困和疾病的渊薮。

工业化早期的工厂沿河而建，远离城市，工厂主常常要为工人提供住宿，多数工厂的住宿条件极差，一般是背靠背的平房，空间小、环境肮脏，经常是几个人共用一张床。但也有一些模范工厂给工人提供较好的生活环境，比如罗伯特·欧文的新拉纳克厂就是一个很好的例子。其他例子有：提图斯·索尔特（Titus Salt，1803—1876）在艾尔河

---

① Carter Harold & Lewis C. Roy, *An Urban Geography of England and Wales in the Nineteenth Century* , London：Edward Arnold, 1990, p. 119.
② 恩格斯："《英国工人阶级状况》1892 年德文第二版序言"，《马克思恩格斯选集》第 4 卷，人民出版社，1995 年，第 421 页。

(Aire)河谷建立的索尔泰尔(Saltaire)模范村庄,①爱德华·阿克罗伊德(Edward Akroyd,1810—1887)在科普雷(Copley)建造的模范住宅以及在阿克罗伊顿(Akroydon)建造的模范住宅小区等。其中阿克劳伊顿可说是田园住所的真正先驱,它围绕一片乡村绿地而建,住宅是石板瓦屋顶,采用了网格状街道设计,有后院和小巷,在当时十分显眼。②

一些民间团体也致力于改善工人阶级居住条件,其中一个著名的团体是"改善劳动阶级状况会社"(Society for Improving the Condition of the Labouring Classes),另一个是"改造工业阶级住宅都市协会"(Metropolitan Association for Improving the Dwellings of the Industrious Classes);后者于 1874 年在伦敦法灵顿路(Farringdon Road)建起一座 6 层楼的建筑,提供了 260 套住房以及一些商店;而在此之前,它已经修建过 1 122 套家庭住所。③

1862 年美国商人乔治·皮博迪(George Peabody,1795—1869)捐赠 15 万英镑建立了皮博迪信托会(Peabody Trust),用于多层住宅建设项目,到 1887 年已建成 5 014 套住宅。④ 1863 年英国慈善家西德尼·沃特洛(Sydney Waterlow,1822—1906)开办了"改善工业住宅公司"(Improved Industrial Dwellings Company),启动资本为 5 万英镑,它也建造 5 至 7 层的楼房,主要为技术工人提供独门公寓。⑤ 这些人的工作为其他人所仿效,伦敦工人区出现了一排排所谓的"模范住房"(model dwellings)。1867 年成立的"技工、工人和一般住宅公司"(The Artizans' and General Dwellings Company)主要发展郊区住宅,但也只限于为富裕工人提供住宅。

---

① Edward Royle, *Modern Britain*, p. 29.

② John Burnett, *A History of Housing*, p. 180.

③ Ibid., pp. 176 - 177.

④ Eric Hopkins, *Industrialisation and Society*, p. 60.

⑤ John Burnett, *A History of Housing*, 1815—1985, p. 177.

1884 年成立的"伦敦东区住宅公司"（East End Dwellings Company）则为最穷的非熟练工人和季节工提供最低标准的住宅,它的第一个工程是斯特普尼（Stepney）的凯瑟琳住宅（Katharine Buildings）,提供 281 个单人房间,共用盥洗间和厕所。[1] 女慈善家和社会活动家奥克塔维亚·希尔（Octavia Hill,1838—1912）通过改造旧住宅为工人提供廉价居所,直到今天,在美国和德国还存在奥克塔维亚·希尔组织。[2] 此外,威廉·利弗（William Lever,1851—1925）、乔治·凯德伯里（George Cadbury,1839—1922）、约瑟夫·朗特里（Joseph Rowntree,1836—1925）也分别在利物浦、伯明翰和约克（York）启动建设项目,企图为工人阶级提供较好的居住空间。[3]

但要根本解决住房问题却有赖于政府的立法。从 19 世纪 40 年代开始,各城市纷纷制定地方法规,规范住房标准。利物浦市政会于 1840 年颁布《关于调整利物浦房屋建筑的条例》,1842 年又颁布《利物浦建筑法》,其中对居民住房和建筑物提出要求。[4] 针对伦敦的特殊情况,政府颁布一系列住房条例,如《1844 年首都建设法》《1855 年首都建设法》《1862 年首都管理修正案》等。[5] 其他城市一般会在国家"公共卫生法"的框架下用地方性法规调节住宅建筑的某些方面,比如说背靠背建筑、住房间距离、两排建筑之间的街道宽度等等,以改变人口拥挤的状况。

但地方性法规并不能彻底解决问题,必须要有中央政府的干预。议会通过的第一部住宅法是 1866 年的托伦法（Torren's Act）;1875 年《公共卫生法》第 157 款授权地方当局制定地方法规,规范街道的布局和铺

---

[1] John Burnett, *A History of Housing*. 1815—1985, p. 178.

[2] John Nelson Tarn, *Five Percent Philanthropy*, *An Account of Housing in Urban Areas Between* 1840 *and* 1914, Cambridge, 1973, p83.

[3] Edward Royle, *Modern Britain*, pp. 29 - 30.

[4] 克拉潘:《现代英国经济史》下卷,姚曾廙译,商务印书馆,1986 年,第 536 页。

[5] John Burnett, *A History of Housing*. p. 157.

设、新住宅的建设、住房周边空间和相关的卫生设施。① 1879 年法律给予地方当局拆除贫民窟的权力，但是未被广泛执行，只在格拉斯哥、爱丁堡、利物浦和伯明翰拆除了有限的贫民窟。约瑟夫·张伯伦做伯明翰市长期间，拆除贫民窟建设起焕然一新的市政街（Corporation Street）。该项目花费了当地政府 30 万英镑，贫民窟居民则重新安置到郊区。效果非常明显，市政街的死亡率从 1873 年的 53‰下降到 1879—1881 年间的21‰。② 张伯伦还开辟了公园、道路，建设了学校和博物馆，到 90 年代，伯明翰获得了"世界上治理最佳城市"的美誉。

1875、1882 和 1885 年议会相继颁布了三部《工人阶级住房法》（Housing of the Working Classes Act），授予首都公共事务委员会（Metropolitan Board of Works）清除和改造贫民区的权力；1890、1894 和1900 年又先后通过新的《工人阶级住房法》，对地方机构的职责作了明确说明。其中 1890 年立法是改善工人住宅的重要举措，标志着政府开始直接参与工人的住房建设，地方政府成为房东，营建所谓的"公共住房"（council house）。在 1890—1914 年间，新成立的伦敦郡议会（LondonCounty Council）更新了 2.2 万所住宅，又新建 2.5 万所。地方当局中最活跃的是利物浦，它在该法框架下修建了 2 895 个住所（全部是公寓），占民居住房的 1.3%。③ 1900 年《工人阶级住宅法》将赋予伦敦的权力扩展到外省城市，据统计，在 1890—1914 年间建造的所有住宅中，地方当局提供了大约 5%。

经过以上这些努力，特别是改善工人阶级住房条件，到 1901 年，全国的住房状况已经有极大改进，当时，只有 18% 的居民居住在 3 居室或以下的住处，但伦敦的比例是 38.8%；在布里斯托尔，有 84.8% 的居民有 4 居室或 5 居室住房，在诺丁汉有 87%，在纽卡斯尔有 46.7%。在德

---

① John Burnett, *A History of Housing*, pp. 157 – 159.
② Eric Hopkins, *Industrialisation and Society*, p. 60, http://en. wikipedia. org/wiki/Joseph_Chamberlain.
③ Edward Royle, *Modern Britain*, p. 31.

比,超过 4/5 的人有 5 居室住房,在布拉德福德这个数字还不到 2/5,而盖茨黑德(Gateshead)只有 1/5。(见表 38)①

表 38　1901 年几居室住房居民占总人口的百分比(单位:%)②

	总人口(人)	1 居室	2 居室	3 居室	4 居室	5 居室及以上
英格兰和威尔士	32 527 843	1.6	6.6	9.8	21.9	60.1
伯明翰	522 204	0.3	2.4	29.4	13.0	54.9
布拉德福德	279 767	1.2	13.6	27.4	20.8	37.0
布里斯托尔	328 945	1.6	5.7	7.9	10.5	74.3
德比	105 912	0.2	1.4	2.3	10.8	85.3
盖茨黑德	109 888	5.2	26.3	26.1	23.4	19.0
利兹	428 968	0.4	9.5	16.0	25.0	49.1
莱斯特	211 579	0.1	2.4	1.5	9.0	87.0
伦敦	4 536 541	6.7	15.5	16.6	15.2	46.0
曼彻斯特	543 872	0.8	4.0	3.9	40.0	51.3
纽卡斯尔	215 328	6.0	23.9	23.4	19.1	27.6
诺丁汉	239 743	0.4	1.9	10.7	15.3	71.7
谢菲尔德	380 793	0.4	4.0	18.8	23.2	53.6
约克	77 914	0.8	5.5	5.0	24.0	64.7

从表中可以看出,尽管各地的情况不尽相同,但到世纪末城市住房问题已基本解决,却是个不争的事实。

为解决城市卫生问题,政府也必须承担起责任。鉴于“所有的市镇,不论是新的还是老的,都面临着公共卫生的严峻问题”,③中央和地方政府最终都不得不正面应对、并着手解决。

1838 年一个由三位医生组成的委员会调查了伦敦的卫生情况,并将

---

① John Burnett, *A History of Housing 1815—1985*, p. 155.

② Ibid. , p. 156.

③ 阿萨·勃里格斯:《英国社会史》,陈叔平等译,中国人民大学出版社,1991 年,第 237 页。

调查结果作为当年济贫法委员会报告的附录予以公布。[1] 1842 年政府发布了《英国劳动人口卫生状况报告》,认为"飘着恶臭的厕所、污水沟和被污染的饮用水"是引发霍乱的根源。[2] 1844 和 1845 年,城镇卫生委员会提交《大城镇和区域状况调查第一和第二次报告》,而恩格斯的《英国工人阶级状况》也在同一时间面世。这些报告提供了当时城市公共卫生的详尽资料。

在这些报告的基础上,英国政府于 1848 年颁布第一部改善工业城镇环境的立法《公共卫生法》,把公共卫生置于国家的监督下,开创了中央政府干预城市治理的先例。该法律要求对污水和废弃物进行集中处理,在中央的统一管理下,由地方当局负责清洁水供应、排污、城市清扫等事宜。[3] 由于该法是由查德威克推动的,因此又被称为《查德威克法》。根据该法,在 1848—1854 年间全国共成立 182 个地方卫生委员会,负责维护城市卫生;此后 25 年中,又有数百个类似的委员会问世。

1871 年英国成立地方政府部(Local Government Board),次年通过新的《公共卫生法》,该法把全国分为若干卫生区,每个区设一个公共卫生局,各区都必须任命一名医官和一名检查员,对城市供水、排污和贫民窟清理进行监督。1875 年又一次颁布《公共卫生法》,这项法律标志着全国公共卫生体系的建立,是卫生建设方面的里程碑,它不仅授权城市卫生当局制定地方法规,而且授权在地方政府部的指导下采取卫生方面的措施。随着这些法律逐一被执行,城市的卫生面貌大有起色,60 年代后,城市居民的死亡率显著下降。在三年时间里,英国的公共卫生系统就基本建立起来了,这项法律直到 1936 年才被新的卫生法取代。[4]

为解决城市犯罪问题,政府也采取了许多措施。19 世纪中叶是英国犯罪史上的重大分水岭,记录在案的大多数犯罪稳步下降。从 19 世纪

---

[1] Eric Hopkins, *Industrialisation and Society*, p. 28.

[2] Harold Perkins, *The Origins of Modern English Society*, p. 139.

[3] 肯尼思·O. 摩根:《牛津英国通史》,王觉非等译,商务印书馆,1993 年,第 268 页。

[4] Eric Hopkins, *Industrialisation and Society*, p. 59.

50年代末到1909年,英国的可诉讼犯罪率稳步下降:盗窃报案率(每10万人)下降35%,普通殴打率下降71%,伤害率下降20%,凶杀率下降42%;从60年代初到90年代末,投报的抢劫与入室偷窃率下降35%。[①]

从表39可以看出,从19世纪中叶到20世纪初,英格兰和威尔士的可诉与不可诉的逮捕和传票在数量与比例上基本平稳,有的甚至低于20世纪初的水平。[②]

表39　可诉与不可诉的逮捕和传票的数量与比率(英格兰和威尔士)

年份	可诉犯罪				未诉犯罪				总数	
	男性		女性		男性		女性		男性	女性
	数量	与人口之比	数量	与人口之比	数量	与人口之比	数量	与人口之比	与人口之比	
1861	20 354	1/482	6 820	1/1 513	315 256	1/31	79 461	1/130	1/29	1/120
1901	50 253	1/314	12 179	1/1 383	612 409	1/26	124 741	1/135	1/24	1/123

针对财产的犯罪明显下降,但另一方面,其他形式的犯罪却引起人们注意。60年代所谓的"武装抢劫"(garrotting)造成广泛的恐慌,1862年有一位议员晚间回家途中被抢,报纸杂志大肆渲染抢劫时的恐怖气氛,一时间人人自危,个个恐慌。尽管实际的抢劫并不算太多,据报道9月份2起,10月份12起,11月32起,12月14起,1月份2起,但报刊却营造了谈虎色变的氛围,成为耸人听闻的大事。1888年8月7日到11月9日又发生了"开膛手杰克"(Jack the Ripper)事件:在伦敦东区的白教堂(White Chapel)一带,凶手以极其残忍的手法连续杀害了至少5名妓女,其死状极其惨烈,经媒体一渲染,引起极大的恐慌。这件事始终未能破案,"杰克"也成为欧洲文化中臭名昭著的神秘人物,为侦探小说提供了无限的遐想空间,直到最近还有人尝试用DNA去侦破此案。

专业性很强的犯罪也在19世纪晚期出现了。比如70年代名噪一

---

① F. M. L. Thompson, *The Cambridge Social History of Britain 1750—1950*, p. 290.
② Ibid., p. 280.

时的小偷皮斯(Charles Peace)在富人区居住,平时伪装成绅士,出没于伦敦南部的富裕家庭行窃,盗得大量财物。1855年的火车大劫案是团伙犯罪的典型案例,犯罪人经过有组织的周密考察、详细踩点,细致分工,在从伦敦到巴黎的快车上盗得价值1.2万英镑的金币,轰动一时。另一种专业型犯罪是有组织的敲诈,它在伦敦和其他城市发展很快,常常与赌博、卖淫和贩毒纠结在一起。此外,商业犯罪不断增加,被抓获的犯罪人多数都是银行或商业公司的白领职员。1850年,在英格兰和威尔士只有过948次针对盗用公款、欺诈、伪造账目的审判,而到1900年增到2 948件;1900年被控贪污公款的职工案件达1 378件,却很少抓到大人物。① 事实上,资本主义的增长和工业化为无良商人和实业家提供了无穷的机遇,让他们在光鲜的外衣包裹下进行投机和诈骗,据估测,19世纪多达1/6的公司有不正当的推销,"铁路大王"乔治·哈德森(George Hudson,1800—1871)在40年代的铁路狂潮中赚取大量财富,其手段令人生疑;1856年1月提普雷利合股银行(Tipperary Joint‐Stock Bank)破产,暴露出主管约翰·塞德勒(John Sadleir,1813—1856)的行骗丑闻,他盗用了大约20万英镑资金,还采用发行虚拟股票和假造产权证的方法获利;后来,狄更斯以他为原型在《小杜丽》(Little Dorrit)中塑造了银行家莫多尔(Merdle)②。十年后,基德明斯特(Kidderminster)的议员阿尔伯特·格兰特(Albert Grant,1831—1899)为公司做推销赚大钱,而这些公司却是一文不名的;1874年,格兰特因贿选被逐出议会。③

尽管有以上种种劣迹,1900年与1800年相比,英国的犯罪率显然下降了,社会秩序也更好了。原因并不单一,但经济状况的改进与国家机器的加强是两个重要方面。

19世纪中叶英国完成了工业革命,成为世界工厂,由此产生的大量利润在一定程度上提高了英国的整体生活水平,贫穷问题有所缓解,小

---

① F. M. L. Thompson, *The Cambridge Social History of Britain*, p. 270.
② 小说中的银行家莫多尔,是一个用漂亮的外衣掩盖其肮脏灵魂的人物形象。
③ F. M. L. Thompson, *The Cambridge Social History of Britain*, p. 269.

偷小摸现象明显减少。城镇改造和清理贫民窟也使许多犯罪失去巢窠，有利于提高安全保障。

另一方面，警察部队的建立更为重要，为现代社会提供了一支专业化的治安力量。现代警察制度发源于伦敦，1829 年，由当时的内政大臣罗伯特·皮尔倡导，议会制定《首都警察法》，由此建立伦敦警察。那是一种全天候、职业化和层级制的保安部队，皮尔借鉴军队的组织方式，包括统一着装、实行警阶制度、强调指挥的权威性等，警察因此是一支准军事力量。伦敦警察总局设在苏格兰场（Scotland Yard），后来，人们用"苏格兰场"来指代英国警察。

1835 年《市镇自治机关法》授权各自治市建立自己的警察力量，但进程却很缓慢，到 1837 年，171 个自治市中只有 93 个建立了警察力量；1840 年达到 108 个，但 1848 年仍有 22 个自治市没有警察。

警察承担三大任务：防止和控制犯罪、预防性巡逻、执行准军事行动。为"防止犯罪"，警察实行日夜巡逻，在巡逻期间，尤其是夜间巡逻时，他们需检查住户的门窗是否关好，因粗枝大叶而没有发现门窗开启的警察很可能受到上级训斥。警察还负责街头的礼仪规范，随便摆摊、在街头嬉戏、穿着不庄重、女性夜间单独行走等，都属警察的管辖范围。此外，警察还要负责更多的公务，如街道照明、报时、火警等。警察的出现使英国各城市治安状况明显改善，对抑制和打击犯罪起了重要作用。

总之，在 19 世纪，英国经历了城市化过程，由此成为第一个城市型国家。在这个过程中，各种"城市病"接踵而至，为医治这些城市病，英国又付出了巨大努力。到 19 世纪结束时，现代形式的城市已基本形成了，工业化加城市化，构成现代英国的基本特征。

第三章　财富与贫困

工业化创造了巨大的财富,也急剧拉开了贫富差距。19世纪的英国不仅财富日益丰腴,也造成惊人的贫困现象,形成像伦敦东区这样的贫民区。如迪斯雷利所说,伦敦西区(West End)和伦敦东区(East End)是两个完全不同的世界。

1801—1861年,英国的国民生产总值增长125.6%,1851—1901年又增长213.9%。作为工业革命支柱产业的煤铁棉花生产都有惊人的增长,100年里英国煤的产量增长20倍,生铁生产和原棉进口则增长30倍。[1] 1780年英国的铁产量还不如法国,到1848年就已经超过世界上所有国家的总和。1875—1879年,英国生产全世界铁产量的46%、钢产量的36%,不仅垄断国内市场(1876—1885年英国国内钢铁需求的96%是英国生产),并且供应国际贸易中的73%。[2]

1850—1860年英国棉布生产增长一倍,其中大部分用于出口:在1820—1850的三十年间,它的棉布出口约增加11亿码;而1850—1860

---

[1] 阿萨·勃里格斯:《英国社会史》,陈叔平等译,中国人民大学出版社,1991年,第226页。

[2] Michael Dintenfass, *The Decline of Industrial Britain*, 1870—1980, London and New York, Routledge, p. 17.

的十年间就增加了 13 亿码。[1] 工业化把整个世界都变成英国的原料供应地和工业品销售市场,如诗歌所说:

> 噢！你们所有这些巨轮,究竟开到哪里去?
>
> 为什么满载着英格兰的煤炭,在咸海上漂泊?
>
> 我们是去给你们带来黄油和面包,
>
> 还有你们的牛肉、猪肉和羊肉,以及鸡蛋、苹果和干酪。[2]

1870 年,英国工业经济占据 42％的就业和 40％的生产,大约是农业经济的两倍;服务业占据 45％。[3] 1871 年,纺织和服装业占据英国工业劳动力的 41％,采矿业占据 9％,二者相加相当于全部工业劳动力的一半。[4] 1870 年,英国棉布、羊绒、亚麻布和丝绸的出口,以及煤炭、焦炭和相关产品的出口实际上占到了商品贸易量的 60％。[5]

1851—1881 年,英国国民生产总值从 5.23 亿英镑上升到 10.51 亿英镑,人均生产值从 25 英镑上升到 74 英镑;1850—1859 这十年出口总额为 1 亿英镑,下一个十年上升到 1.6 亿英镑,再下一个十年出口了 2.18 亿英镑。英国的船舶吨位从 1850 年的 360 万吨位增长到 1880 年的 660 万吨位,铸铁产量在 1850—1875 年间增长了 2 倍。迪斯雷利说:这是"翻天覆地的繁荣"。[6]

1851 年世界博览会成为展示英国巨大财富的窗口,英国展品,从蒸汽机、收割机到厨具、棉布乃至邮票,无不展示英国在工业、技术和经济方面的卓越成就。连水晶宫本身都是财富的生动体现,展厅门口那块巨大的煤,更向人们显示英国财富的力量所在。世界各地有 600 多万人前

---

[1] 艾瑞克·霍布斯鲍姆:《资本的年代》,张晓华等译,江苏人民出版社,1999 年,第 33 页。

[2] 阿萨·勃里格斯:《英国社会史》,陈叔平等译,中国人民大学出版社,1991 年,第 272 页。

[3] Michael Dintenfass, *The Decline of Industrial Britain*, p. 5.

[4] B. R. Mitchell and Phyllis Deane, Abstract of British Historical Statistics, Cambridge University Press, 1962, p. 60.

[5] Phyllis Deane and William Cole, *British Economic Growth*, Cambridge: Cambridge University Press, 1967, p. 31.

[6] 阿萨·勃里格斯:《英国社会史》,陈叔平等译,中国人民大学出版社,1991 年,第 239 页。

来参观,英国的富裕名传世界,塞缪尔·斯迈尔斯(Samuel Smiles, 1812—1904)称其为"一场财富和繁荣的收获";[1]霍布斯鲍姆(Eric. J. Hobsbawn,1917—2012)则说它"是在资本主义的老家举行的隆重典礼"。[2]

19世纪中叶,英国确实是世界上最富裕的国家,当时人也对英国的财富增长确信无疑。借用剑桥欧洲经济史的资料(表40),可以看出这种增长:[3]

表 40　1812、1863 年人们对国民财富的估计(单位:百万英镑)

年份	作者	范围	可再生资本	土地	储备、"金银具"、铸币等	总计
1812	科克洪(Coquhoun)	大不列颠	837	1 079	211	2 127
1863	吉芬(Sir Robert Giffen)	联合王国	3 749	1 864	500	6 113

1875 年英国的海外投资已达 10 亿英镑——比 1850 年提高 3/4;[4] 而 1875—1914 年这个数字达到了 20 亿—30 亿英镑。[5] 海外资产的年度聚积占 1870—1913 年间英国所有投资的 1/3 左右,到第一次世界大战时,外国证券占伦敦股票交易所交易面值的 48%。[6] 1851—1911 年,英国来自服务业的收入从 2 400 万英镑增加到 1.52 亿英镑,而来自海外的红利收入从 1 200 万英镑增加到 1.88 亿英镑。[7] 难怪有人这么说:"从这条污浊的排水管中,排出人类工业的最大一股潮流去滋润全世界;从这条肮脏的下水道中,排出纯金的潮流。在这里,人类的发展成就既是

---

[1] 阿萨·勃里格斯:《英国社会史》,陈叔平等译,中国人民大学出版社,1991 年,第 231 页。

[2] 艾瑞克·霍布斯鲍姆:《资本的年代》,张晓华等译,江苏人民出版社,1999 年,第 36 页。

[3] 资料来源:彼得·马赛厄斯、M. M. 波斯坦主编:《剑桥欧洲经济史(第七卷):工业经济》(上册),徐强等译,经济科学出版社,2003 年,第 35 页。

[4] 艾瑞克·霍布斯鲍姆:《资本的年代》,第 39 页。

[5] Lance E. Davis and Robert A. Huttenback, *Mommon and the Pursuit of Empire：The Political Economy of British Imperialism*, Cambridge University Press, 1988, p. 36.

[6] Michael Dintenfass, *The Decline of Industrial Britain*, p. 43.

[7] 肯尼思·O. 摩根:《牛津英国通史》,王觉非等译,商务印书馆,1993 年,第 512 页。

最完备的,又是最野蛮的。"①

英国社会各阶层,除了最贫穷的,似乎都从繁荣中受益。在 70 年代,大约有 50 万人支付所得税,到 1900 年上升到 90 万;② 1860 年英国的人均收入比法国高 50%,比德国几乎高两倍。物价上涨,但工资提高得更快,特别是技术工人,根据维多利亚时代中期的统计学家达德利·巴克斯特(Robert Dudley Baxter,1827—1875)估计,当时全部工资收入的 1/4,归 1/7 的工人所得。利润提高了,地租和农业收入也增加了。③

伦敦城成为"世界的票据交易所",支配了国际贸易、货币流通和保险产品的世界市场。在一个由市场力量统治的世界里,伦敦以其专业机构和庞大的信息网控制了五大洲的经济活动,通过黄金货币、熟练的服务、股票和商品市场,确保了英国在世界的特殊地位,并增进了特权者的财富。④

机器把往日的奢侈品变成了寻常的日用品,达官贵人的家庭摆设走进了平民百姓家。就在 1851 年博览会的那一年,有一个法国人感叹道:"像英国这样一个贵族的国家却成功地为人民提供物品,而法国这样一个民主国家,却只会为贵族生产。"⑤这句话无意中道破了传统手工艺与机器大生产的本质差异,在一个工业社会里,财富有可能为更多的人所分享。

财富使人们的物质生活得到改善,生活水平得到提高。当时有人赞美说:"最近几个月我一直在工业区周游,看到成千上万的男女老少和中年人,其中许多靠以前的任何一种工作方式都无法赚取每日的面包,现在却丰衣足食,吃穿不愁,他们的住房比首都的议员和贵族们聚会的地方还要通风,还更有益于健康,在其中每一个毛孔都不会出汗,同时又避

---

① 阿萨·勃里格斯:《英国社会史》,陈叔平等译,中国人民大学出版社,1991 年,第 234 页。

② Norman McCord and Bill Purdue, *British History*, p.531.

③ 阿萨·勃里格斯:《英国社会史》,第 282 页。

④ Francois Bedarida, *A Social History of England 1851—1990*, p.149.

⑤ 阿萨·勃里格斯:《英国社会史》,第 230 页。

开炎夏的烈日和寒冬的大雾。"①这种美化显然过分了,但生活水平的提高却是看得见的。

1874—1906 年,英国国民收入从 11.33 亿英镑增长到 17.56 亿英镑,人均收入从 34.9 英镑增长到 42.7 英镑。② 1882—1902 年,英国的货币工资增长了 30%,实际工资增长了近 40%。③ 但扣除物价因素后,工人的实际收入是增加还是减少? 有人对 1755—1851 年不同职工群体中成年男性全日工作的收入趋势做了研究,结果表明,1851 与 1755 年相比,农业工人的实际收入增长约 52.8%,非技术工人增长约 110.3%,技术工人增长约 77.7%,此三类工人群体即蓝领阶层总体增长约 77%;白领阶层同比增长约 178%。所有职工放在一起,同比增长约 134%。(见表 41)

表 41　1851 年与 1755 年相比,各类全日职工的
名义、实际工资增幅(1851＝100)④

	名义工资			实际工资		
	1755	1851	增幅(%)	1755	1851	增幅(%)
农业工人	59.16	100	69	65.46	100	52.8
非技术工人	42.95	100	132.8	47.54	100	110.3
技术工人	50.86	100	99.6	56.29	100	77.7
蓝领阶层	51.05	100	95.5	56.50	100	77
白领阶层	21.62	100	362.5	23.93	100	178
所有职工	38.62	100	159	42.74	100	134

就平均数而言,《英国经济增长》中的数据显示,1780—1851 年工人实际工资平均每年增长 0.8%。⑤

---

① Eugene Charlton Black, *Victorian Culture and Society*, Macmillan, 1973, p.18.

② J. Walker, *British Economic and Social History*, MacDonald, 1984, p.275.

③ 马里欧特:《现代英国》上册,姚曾廙译,商务印书馆,1973 年,第 289 页。

④ Joel Mokyr, *The British Industrial Revolution : An Economic Perspective*, Westview, 1993, p.187.

⑤ G. N. von Tunzelman, "Trend in Real Wages, 1750—1850", Revisited, *The Economic History Review*, 1979, Vol. 32. p.89.

以前的奢侈品变成大众消费品,下层家庭也能够购买更多价廉物美的商品,享受更舒适的物质生活,食物、衣服、被褥、家具比以往任何时候都要丰富,曾经是奢侈品的棉纺织物成为一般大众的消费品。90 年代,自行车成为时尚。商店、澡堂、洗衣房、酒馆、图书馆、阅览室、职工学校等等,都丰富了普通人的生活。自 1855 和 1861 年废除"知识税"后(报刊印花税和纸张关税、商品税),日报和星期日报纸得到惊人的发展,尤其在外郡。到 1863 年,英国有 1 000 多家报纸,例如约克郡,1867 年的 86 家地方报纸中有 66 家是 1853 年以后创办的。伦敦的《每日电讯报》从 1855 年起改为每天售价 1 便士,1871 年发行量达到 20 万份,远远超过了《泰晤士报》。① 报纸成为大众商品。

人们注重家居的舒适,家庭装饰发展起来,地上铺着上了油的地板,墙上贴了墙纸。80 年代,肥皂和洗涤碱等扩大了生产;90 年代以后,机械洗衣房大为普及,煤气灶和照明灯得到迅速发展。②

工人的餐桌上出现了丰富的菜肴。廉价的美国谷物、澳大利亚和新西兰的冻肉和水果大量输入英国,使英国人不论贫富、其食品消费都持续走高。除了面包、土豆和啤酒外,肉类、牛奶和蔬菜日益普及,咖啡、茶、糖也成为英国人喜爱的日常食品。③ 1793—1850 年,咖啡的人均消费量上升了 927%,茶上升 58%,糖上升 72%。④ 从女王登基到 1870 年,每人每年平均消费的食糖从 18 磅增加到 35 磅,1870—1899 年又增至 54 磅,到 1910 年增加到 85 磅;茶叶则从 1.5 磅增至 4.25 磅和 6 磅。当时啤酒已经成为国民饮料,所以啤酒的消费量也不断增长。⑤ 19 世纪初,"面包加油沥"是贫民家庭常见的膳食组合,到 19 世纪之末,工人的餐桌上也出现了肉类。据估计,1863 年北部诺森布里亚(Northumbria)、达勒

① 肯尼思·O. 摩根:《牛津英国通史》,王觉非等译,商务印书馆,1993 年,第 489 页。
② Norman McCord and Bill Purdue, *British History 1815—1914* , 2nd. Oxford: Oxford University Press, 2007, p. 504.
③ 肯尼思·O. 摩根:《牛津英国通史》,第 507 页。
④ B. R. Mitchell, *British Historical Statistics* , pp. 709 - 711.
⑤ 阿萨·勃里格斯:《英国社会史》,陈叔平等译,中国人民大学出版社,1991 年,第 301、303 页。

姆(Durham)、兰开斯特(Lancaster)等地的人均每周食肉量在 2 磅左右；1881 年的一份报告说，英国人的肉食消费大大超过了面包支出，牛奶、禽蛋、黄油、奶酪支出超过了土豆支出。①

1800 年，50 个英国人中没有一个穿袜子的；到 1900 年，50 个英国人中没有一个不穿袜子的。② 农业工人的工资也提高了，济贫税下降了，接受救济的人数减少了，几乎每个人都在抱怨农夫"模仿上层"，放弃旧式生活方式，"用名牌瓷器吃饭而不是锡器，让女儿受教育，坐上了双轮马车，耀武扬威……这无疑是一种生活水平的提高"。③

19 世纪中叶，英国人的工资水平高于欧洲其他国家 50% 左右。工人阶级从早期的"大杂院"、背靠背、地下室等住所，逐步走进联排式住宅。在出行方面，从步行发展到公共马车、有轨电车，再到地铁，扩大了人们的出行半径。到 19 世纪 80 年代，英国人有了更多的休闲时间，很多人享受星期六半休；到世纪末，只有极少数人仍旧每周需要工作六天。④ 19 世纪 50 年代起，全国范围的大众体育运动成为显著的特征，虽然上流社会热衷于高尔夫、网球等体育活动，但板球、足球、游泳和骑自行车日益流行，男人的钓鱼俱乐部也很时尚；当然，足球是一种人民运动。⑤ 海滨休假不再是贵族的专利，而成为中等阶级下层的日常生活，在北方甚至成为工人的生活。⑥

尽管 19 世纪生活水平的整体提高几乎是毫无疑问的，但贫穷问题并没有解决，存在着巨大的贫富差距，茅屋与宫殿并存。财富的分配如此不均，以至于后来成为保守党首相的迪斯雷利也说："英国可以分

① John Burnett, Plenty and Want, *A Social History of the Diet in England from* 1815 *to the Present Day*, London, 1979, pp. 125 - 133.
② Robert L. Nelson, *The Price of Bread: Poverty, Purchasing Power, and The Victorian Laborer's Standard of Living*, http://www.victorianweb.org/history/work/nelson1.html.
③ Trevelyan, *English Social History*, Longman, 1942, p. 472.
④ Norman McCord and Bill Purdue, *British History 1815—1914*, p. 507.
⑤ Edward Royle, *Modern Britain*, p. 263.
⑥ Trevelyan, *English Social History*, Longman, 1942, pp. 559 - 560.

为两个民族——穷人和富人，他们之间有一条巨大的鸿沟。"① 19 世纪中叶一位社会学家对工业革命的心脏城市曼彻斯特议论道："世界上没有哪座城市的贫富悬殊是如此之大，贫富之间的鸿沟是如此难以逾越。"②

　　1803 年，最富裕的 1.4％的家庭占有国民总收入的 15.7％；到 1867 年，0.07％的家庭就占有 16.2％的国民总收入，60 年间，财富的集中增长了 20 多倍！1803 年，收入最多的 2％的人占有国家财富的 1/5，1867 年则是 2/5；1803 年，收入最多的 10％的人占有国家财富的 2/5，1867 年则超过一半。而体力劳动者在国民总收入中所占的比例从 1803 年的 42％下降到 1867 年的 39％。③ 细看 1867 年国民收入分配表（表 42），能更清晰地看出财富分配的不公：只占总数 1/4 的上中层家庭却据有 3/5 的国民总收入；占总数 3/4 的体力劳动者家庭只占有不到 2/5 的国民总收入。

表 42　1867 年国民收入分配示意图④

	阶级类别	年收入或阶层（英镑）	家庭数比例（％）	占国民总收入的比例（％）
1	上层阶级	6 000 以上	0.07	16.2
		1 000—5 000	0.41	10.1
2	中等阶级	上层 300—1 000	1.46	10.6
		中层 100—300	8.28	13.7
		下层 100 以下	15.37	10.3
	全体中、上阶级		25.59	60.9

① Hampden Jackson, *England Since the Industrial Revolution*，1815—1948，London，1975，p. 76.

② Asa Briggs, *Victorian Cities*，London，1963，p. 110.

③ Harold Perkins, *The Origins of Modern English Society* 1780—1880，London&New York：Routledge：Taylor & Francis Group，1972，p. 15.

④ 钱乘旦：《第一个工业化社会》，四川人民出版社，1988 年，第 256—257 页。

续表

	阶级类别	年收入或阶层	家庭数比例(%)	占国民总收入的比例(%)
3	下层阶级，体力劳动者	全体	74.4	39.1
		高技术工人	13.8	10.5
		低技术工人	26.1	16.3
		无技术及农业工人	24.6	10.3
		无工资收入的家庭	9.9	2.0
	各阶级总数		100	100

　　直到 19 世纪末这种情况都没有改变,1896 年英国国民收入的分配情况为:年收入 1 000—5 000 英镑的上等阶级只有 5 万人,年收入 100—1 000 英镑的中等阶级约有 200 万人,年收入不足 100 英镑的普通工人却有 777.5 万人,他们是人口中的大多数,财富占有量却最小。[1]

　　从物质方面看,19 世纪对普通劳动者来说是艰难的,其大部分时间都生活在贫困中。19 世纪存在着大量的贫困现象,有普遍贫困,也有季节性的饥饿,更有行业性的失业痛苦。在拿破仑战争期间,部分由于新机器的影响,部分由于战争原因,诺丁汉、约克和兰开夏郡出现周期性的失业、低薪与饥饿,这引发了大范围的卢德运动。[2] 在维多利亚时代,马考莱(Macaulay)注意到年景不好时会有 1/15—1/10 的人需要救助。[3] 1834 年一项调查表明,在 35 个棉、毛、丝纺中心城镇,占居民总数 1/4 的 49 294 人中,平均每人每周收入只有 1 先令 9 又 5/8 便士,其中房租、燃料、照明等需支出 6 又 1/2 便士,剩下 1 先令 3 又 1/8 便士供衣食之用。[4] 据估计,在工业革命时期,有 1/3 左右的工人家庭始终处于贫困状态。1834 年,英国贫困人数有 126 万,占全国总人口的 8.8%。有的地方情况更严

① John Burnett, *Plenty and Want, A Social History of the Diet in England from 1815 to the Present Day*, London, 1979, p. 124.

② Trevelyan, *English Social History*, Longman, 1942, p. 482.

③ Norman McCord and Bill Purdue, *British History 1815—1914*, p. 127.

④ 钱乘旦:《工业革命与英国工人阶级》,南京出版社,1992 年,第 30 页。

重,1849 年,伯明翰 23 万人口中,至少有 3 万人属于最穷的阶层。[①]

20—30 年代,差不多 20 人中就有 1 个是乞丐;根据济贫法委员会的报告,社会上 1/5 的人衣不蔽体。根据提交给枢密院的医疗状况报告,农业工人和城镇中的大批劳动者食不果腹,甚至因饥饿而命丧黄泉;绝大多数英国人终身劳作,年老时唯有靠教会救济。[②]

在饥饿的 40 年代,"黑乡"的悲惨状况难以言表,通常兴旺的斯托布里奇(Stourbridge)愁云惨淡,到 1842 年 1 月,有 1/3 的居民陷入绝望境地,有一半以上的人口处于贫困状态。有 50 户人家没有床,到 6 月份仍有成千上万的人失业在家;9 月份,人们到地里偷土豆充饥。饥饿状况持续到 1843 年初的寒冷冬季,到夏季铁工厂重新开工才算结束。[③]

1886 年布思估计,伦敦人口中有 30% 生活在贫困中;1894 年他估计在 65 岁以上的人口中,有 30% 是赤贫(表 43)。

表 43　查尔斯·布思对伦敦收入水平的分类[④]

分类	数量	百分比
A 类(最穷)	37 610	0.9
B 类(很穷)	316 834	7.4
C、D 类(贫穷)	938 293	21.7
E、F 类(生活良好的工人阶级)	2 166 503	51.5
G、H 类(中等及以上)	749 930	17.8
	4 209 170	—
(济贫院、夜店、收容所等)共宿者	99 830	—
	4 309 000	

总计:贫穷者占 30.7%,舒适者占 69.3%。

[①] Carl Chinn, *Poverty amidst Prosperity, the Urban Poor in the England, 1834—1917*, Manchester: Manchester University Press, 1995, pp. 104、26.

[②] W. D. Hussey, *British History 1815—1939*, Cambridge: Cambridge University Press, 1984, p. 217

[③] Eric Hopkins, *Industrialisation and Society*, pp. 21-22.

[④] Ibid., p. 74.

布思指出,在 A、B 两类贫困人口中,55％源于就业不足;14％源于个人不良习惯,如酗酒、不节俭;还有 27％源于生活环境,如疾病、多子女、收入不稳定等。在 C、D 两类贫困人口中,相应的比例分别是 68％、13％和 19％。①

1899 年,朗特里(B. S. Rowntree,1836—1925)对约克的第一份调查显示,18％的居民绝对贫困,另有 18％生活在困乏中:"这种贫困状态的生活意味着仅能维持生存。意味着一个家庭完全不可能花钱乘车,不可能买报纸或听音乐会,不可能给在外面的孩子写信,不可能对教堂施以捐助,不可能给邻居提供任何金钱方面的帮助,不能存钱,不能参加友谊会、俱乐部和工会,不能给孩子买玩具,父亲不能喝酒抽烟,母亲不能为自己和孩子购买衣服。除了维持生存必需的东西以外什么都不能买,所买的必需品也一定是最普通最便宜的。"②他对约克贫困人口的贫困原因归纳为:家庭主要劳动力死亡;家庭主要劳动力年老或生病;家庭主要劳动力失业;非经常性就业;多子女;低薪就业等。他指出人生中可能贫困的几个时段:童年,兄弟姐妹年幼而缺少劳动力,上有老下有小的壮年,丧失劳动能力的老年。换言之,任何阶段稍有不慎都可能陷入贫困中。

可见,19 世纪的英国社会财富丰盛是一个事实,生活水平提高也是事实,但贫穷也是事实:富裕与贫穷同在。之所以出现这种矛盾现象,原因在于财富分配不均,以及政府对社会问题的无作为。当时社会的主流意识认为贫困是懒惰的结果,贫困对社会是有好处的,它是催人奋发的推动器。1806 年帕特里克·科克洪(Patrick Colquhoun,1745—1820)说:"没有贫困就没有人愿意去劳动,这对于那些富有者来说,也就没有金银财宝,没有精制物品,没有舒适生活,什么益处都没有——这是因为,若没有相当一部分人处于贫困状态,那些游手好闲者就不可能为争取美好生活而努力工作⋯⋯因此,罪恶之源不在于贫困,而在于懒惰。"③

① Charles Booth, *Life and Labor of the People in London*, New York, 1979, pp. 146 – 147.
② B. S. Rowntree, *Poverty: A Study of the Town Life*, MacMillan, 1901, pp. 132 – 134.
③ Trevor May, *An Economic and Social History of England*, 1760—1970, Longman, 1987, p. 120.

在这种思想指导下，英国于 1834 年制定新济贫法，即《济贫法修正案》。

《济贫法修正案》的原则是鼓励穷人"自立"，惩治"懒惰"，根治贫穷。它包括两方面内容：一是成立英格兰和威尔士济贫法委员会，负责全国济贫工作，包括建立济贫院、实行贫困儿童教育等；二是确立院内救济原则，严禁对有工作能力的人提供济贫院之外的救济，接受济贫者必须进入济贫院并参加劳动，实行男女分居。这些规定引起贫困工人与农民的强烈反感，因此在英格兰南部农业区与北部工业区都爆发了反对新济贫法的群众运动，贝德福德（Bedford）郡和萨福克（Suffolk）郡爆发了反对济贫法的抗议，民众占领济贫院，有些地方甚至与军队发生冲突。在英格兰北部工业区，工人争取十小时工作日的斗争很快转变为反对新济贫法的运动，1837—1838 年又与宪章运动相结合，使运动达到高潮。宪章运动后期领袖甘米奇（R. G. Gammage）回忆说："人们对新济贫法的规定一开始就怀着普遍恐惧的心理。摆在他们面前的只有目前的苦难和未来的巴士底狱，一旦有钱的压迫者不再需要他们效劳时，他们就会被禁闭在那个监狱中。"[1]济贫院被人们称为"穷人的巴士底狱"；1838 年，全国共建立了 38 个反对新济贫法的民众协会。[2]

在反济贫法运动的打击下，各地建立济贫院的工作进展非常缓慢，到 1840 年，也仅有 271 个济贫区制定了建设计划，85 个济贫区租用或改造了旧济贫院，34 个济贫区购买了用于建立济贫院的建筑物，24 个济贫区将旧建筑物改造成济贫院；到 1846 年，英格兰和威尔士的 643 个济贫区只建立了 707 个济贫院，平均每个济贫院能容纳 270 人。[3]

关于济贫院中的生活有许多报导。1839 年一位济贫法检察官从肯特郡（Kent）报告说：不久前，这个郡到处都在传，说济贫院中的孩子被杀死用于做肉饼；济贫院中死去的老人被埋在济贫监督官家中的土地上，

---

① 甘米奇：《宪章运动史》，苏公隽译，商务印书馆，1979 年，第 60 页。
② Eric Hopkins，*Industrialisation and Society*，p. 8.
③ David Englander，*Poverty and Poor Law Reform in Britain: From Chadwick to Booth, 1834—1914*，Longman，p. 38.

据说是为了省下购买棺材的钱。博尔顿混合济贫院里没有任何形式的区分，男女同住一个房间，甚至使用同一个厕所。[1] 1837—1846年，安多弗(Andover)济贫院有61个人为了摆脱济贫院的恶劣生活而故意犯罪，进入监狱；1845年，该济贫院发生了穷人为抢夺磨骨粉作肥料的骨头上残余的肉末而大打出手的事件，这就是"安多弗丑闻"。[2] 这些情况引起了注意，结果在1847年，新的济贫法委员会(New Poor Law Board)取代了旧委员会；1871年，新成立的地方政府部接管了济贫工作。

19世纪后期济贫制度开始变化。首先是对贫困的态度发生改变，人们对贫困的原因重新进行思考，对贫困的现象有了新的认识。费边社会主义者提出是资本主义制度本身造成了贫困，是社会原因而不是个人懒惰导致贫穷，他们主张国家干预社会生活，保证社会所有成员都拥有起码的生活水平。[3] 新自由主义者认为一切关于劳工的教育、卫生以及其他各种涉及人的自由的现代立法，都是政府职责之内的事，一个人的自由以其他人的自由为前提。[4] 布思和朗特里等人的调查从实证的角度表明：真正因为个人原因造成的贫穷在社会统计学上只是少数，多数贫穷是由社会原因造成的。人们对济贫院的抱怨与指责日益增多，从现代护理学的创始人南丁格尔(Florence Nightingale，1820—1910)到医学杂志《柳叶刀》(The Lancet)都对济贫院的恶劣状态予以猛烈抨击。

在这个背景下，院内救济的官定原则逐渐发生变化，转变成内外兼顾的救济体系。尤其是在北方工业区，院内、院外救济并存，不仅帮助小孩、老人和病人，而且在萧条时期救助失业者。表44展示1840—1914年在院内、院外接受救济的人数与开支，可见接受院内救济的人数一直

---

[1] M. A. Crowther, *The Workhouse System: The History of one English Social Institution*. Methuen,1983, p.31, p.50.

[2] The Andover Workhouse Scandal, 1845—1846，参见 http://www.victorianweb.org/history/poorlaw/andover.html.

[3] 柯尔：《费边社会主义》，夏遇南等译，商务印书馆，1984年，第22—25页。

[4] Robert Eccleshall, *British Liberalism, Liberal Thoughts from the 1860s to 1980s*. Longman, 1980. pp.180-194.

远低于接受院外救济的人数。事实上,由新济贫法确定的原则从一开始就难以执行,尤其在北方工业区,由于反对的声音极其强烈,地方当局一般都不敢严格执行新济贫法:

表 44　1840—1914 年英国济贫院内、外救济情况表①(单位:千人;千英镑)

年份		1840	1850	1860	1870	1880	1890	1900	1910	1914
院内救济	人数	169	123	101	141	156	166	188	275	255
	支出	808	914	912	1 503	1 758	1 900	2 548	3 358	3 489
院外救济	人数	1 030	886	695	838	582	530	500	540	387
	支出	2 931	3 155	2 863	3 633	2 711	2 454	2 698	3 343	2 422
济贫费用	总计	4 577	5 359	5 455	7 644	8 015	8 438	11 568	14 850	15 056

　　济贫院内的生存状态也得到改变,首先是对病人给予照顾。1867年议会制定《都市济贫法》(The Metropolitan Poor Act),授权在伦敦地区为穷人和精神病人建立单独的救济院,照顾患有传染病和精神病的穷人。1868 年济贫法委员会颁布条例,在济贫院设立病房、雇用护士。到 19 世纪末,许多城市建立专门的医院,这些医院是免费的,实际上成了下层劳工的医院。② 此外,济贫院采取措施改善物质与娱乐条件,院内食物种类增加,1891 年后为老年人购买书籍和报纸,为儿童购买文具;1892 年开始给成年人购买烟草,1893 年又开始提供茶叶;1904 年同意每个济贫院可以购置一台钢琴或风琴,供宗教或娱乐活动之用。到世纪之交,济贫院的状况有了明显改观,"巴士底狱"式的济贫院慢慢消失了。

　　但济贫制度终究不可能彻底解决贫穷问题,一直要到 20 世纪构建福利制度后,贫困现象才得到根本的改观。

　　19 世纪最后二三十年,工人阶级也开始享受工业文明的物质成果,英国进入消费社会。消费社会需要有两个条件,一是社会财富丰盛,二

① Karel Williams，*From Pauperism to Poverty*,London，1981，pp. 158 - 171.
② Eric Hopkins，*Industrialisation and Society*，p. 48.

是财富分配比较合理,这两个条件到 19 世纪末开始具备。

消费社会的前提是廉价的生产,这在 19 世纪是由无数的"血汗工厂"完成的。梅休(Henry Mayhew,1812—1887)对维多利亚中期伦敦的"血汗工厂"进行了长期的调查,调查结果发表在他写给《晨报》(*Morning Chronicle*)的系列报告中。根据他的发现,伦敦存在着许多手工业作坊,其中实行严格的分工,许多工人拥挤在狭小的车间里,每个人都只完成一道工序,用分工合作的方式成批量地生产诸如服装、家具这一类日常生活用品。这种生产方式成本低、速度快,大量式样划一的商品很快涌入市场,非常适合于大众消费。但工人由于实际上不需要技术,因此工资低,工作环境也极其恶劣,加上劳动时间长、工作单调,实实在在只能赚一点"血汗钱"。

大批量生产降低了物价,而廉价的商品推动了大众消费。在消费者方面,购买力的增强和对舒适的追求使他们充当了市场的俘虏,在 1850年以后的一个世纪里,尤其是在 19 世纪 80 年代以后,英国的消费社会逐渐崛起。城市零售业和商店出现了重大变化,新颖的推销手段层出不穷。为了吸引消费者的注意力,商家开始注重销售场所的美观与舒适:玻璃窗越来越大、越来越明亮,把商品完美地展示在消费者眼前;明码标价直接显示商品的档次,使购物者明白自己的购买力。在新的购物商店前,小商小贩逐步消失了,明码标价代替了讨价还价。① 从 60—70 年代起,大规模推销商品成为重要的商业手段。

后来,广告的作用远远超过了橱窗装饰和街头展示,广告日益占据了中心位置。报纸、杂志、屋宇、车辆都成为广告的载体,又构成销售革命的组成部分;19 世纪晚期,中等阶级的英国已形成一种"商品文化",这种说法并不过分。伦敦西区崛起为繁华的商业区,其他城市也相继出现商业销售中心。商业区和商业中心的形成是消费社会的一个重要标志,

---

① Sharon Zukin and Jennifer Smith Maguire, Consumer and Consumption, *Annual Review of Sociology*, Vol. 30(2004), p. 176.

商店不仅满足人们的购物，而且刺激人们的消费欲望。煤气照明的普及更促进了消费趋势，商店里灯光灿烂，增添了商品的魅力。电灯和有轨电车则更加方便了消费者，购物变得更有吸引力了。[①]

70—80 年代出现了连锁商店和百货商店，这些革命性的销售方式首先在茶叶和食糖业兴起。1871 年，托马斯·立顿(Sir Thomas Johnstone Lipton，1848—1931)花 100 英镑在格拉斯哥开设了一家茶叶铺，到 1914 年拥有了 300 家左右的连锁店。他的成功秘诀在于大宗采购、廉价销售，大做广告、大量销售。其他商人紧紧跟上，比如说伯顿(Montague Burton，1885—1952)的成衣店、杰西·布特(Jesse Boot，1850—1931)的"纯药"店等等。迈克尔·马尔克斯(Michael Marks，1852—1905)和汤姆·斯宾塞(Thomas Spencer，1859/1864—1907)都是从利兹市场的货摊起家的，后来发展成马尔克斯-斯宾塞[②](Marks and Spencer)"一便士"连锁店。

百货商店是由大城市里的服装商人扩展业务、销售更多样商品发展而来的，如曼彻斯特的肯德尔-米尔纳福克纳百货公司(Kendal，Milne &Faulkner)，纽卡斯尔的班布里奇(Bainbridge)百货商店，牛津街的彼得·罗宾森(Peter Robinson)百货店等。威廉·惠特利(William Whitley，1831—1907)号称"世界供应商"，1863 年他在伦敦开了一家商店，到 1867 年扩展到 17 个独立分部的大百货公司；另一位富有创业精神的利物浦零售商戴维·刘易斯(David Lewis，1823—1885)把他和他的伙计说成是"人民之友"。[③]

合作商店是零售革命的另一种形式，它在北方许多繁荣的工人社区很盛行。它由工人消费者合资创办，从生产者那里直接进货，以平价出售给消费者自己或其他顾客；若产生利润，则在集资者内部分配。这种销售形式的理念是：资本主义的商业利润是一种剥削形式，消费者自己

[①] Martin Daunton (ed.), *The Cambridge Urban History of Britain*, p.734.
[②] 斯宾塞的生年有两种说法，一为 1859 年，一为 1864 年。
[③] 阿萨·勃里格斯：《英国社会史》，陈叔平等译，中国人民大学出版社，1991 年，第 230—231 页。

办商店就绕开了这种剥削形式。不过,这种形式后来仍旧走上了资本主义的商业道路,变得和其他商店没有两样了。

但街头小店仍然是穷人的消费去处。在 19 世纪下半叶,街角商店得到发展。罗伯特·罗伯茨(R. Roberts)描述索尔福德的一个街角有:15 家啤酒店,1 家旅馆,2 家无证商店,9 家食品店、杂商店,3 家蔬果店,2 家牛肚店,3 家理发店,3 家木鞋店,2 家炊具店,1 家鱼条店(fish & chips,一种油炸土豆条和炸鱼的英式快餐),1 家旧衣店,几家典当店,2 家贷款所。[①]

奢侈品是维多利亚时代社会等级的象征,奢侈性消费从衣食住行到茶点、嬉戏,从家庭装饰到高尔夫球,在各个方面表现出来。19 世纪 60 年代一位法国学者泰纳(Hippolyte Taine,1828—1893)在谈论伦敦郊外 8 英里内中等阶级家庭时说,"他们展示住宅,犹如我们展示巴黎的华丽商品";他把这种家庭归因于"一个富庶的、出手阔绰的中等阶级,大不同于我们"。这种家庭生活需要符合以下条件:3 名仆人,子弟能进好学校,标准化的马车,适当的烹调,殷勤好客,广泛的社交,参加从文学社、小教堂到维多利亚时代志愿组织的活动来表现自己的社区意识,并通过花园、图书、家具和绘画等等来展示自己的文化品位。[②]

在日常生活方面,早在 1851 年世界博览会上就展出了品种繁多的大众消费品,包括火柴、钢笔、信封、邮票等。在维多利亚中期,廉价的德国钢琴成为城镇中等阶级下层可以接受的消费。到 19 世纪末 20 世纪初,对许多家庭而言,房租下降、家庭规模缩小、生活必需品价格下降,都为购买耐用消费品创造了条件,因此自行车、收音机、摩托车(以及后来的汽车)等等一时热销。[③] 煤气照明变成了电照明;留声机、照相机也成为大众消费品。新衣、新家具、装饰品、海滨度假、纪念品、廉价报纸、书

---

① R. Roberts, *The Classic Slum*, Manchester 1971, republished Harmondsworth, 1973, p. 16.
② Martin Daunton (ed.), *The Cambridge Urban History of Britain*, p. 725.
③ Ibid., p. 727.

籍……这一系列非生活必需品都成了热门的消费。① 人们争相消费,消费成了一种大众文化。到这时,英国变成地地道道的消费国家,成为一个"轻佻琐碎的、放纵浪费的和肤浅的社会"。②

---

① Michael Dintenfass, *The Decline of Industrial Britain*, p. 53.
② Francois Bedarida, *A Social History of England 1851—1990*, p. 150.

第四章　人口、婚姻与家庭

自 18 世纪中期以来,英国的人口稳定增长,一直持续到 19 世纪。1801 年首次进行人口普查,以后每 10 年普查一次,通过这些数据可以看出人口增长的情况:

表 45　英国人口增长情况表[1](单位:百万)

普查年份	1801	1811	1821	1831	1841	1851	1861	1871	1881	1891	1901
人口	10.5	12.3	14.1	16.3	18.5	20.8	23.1	26.1	29.7	33.0	37.0

表 46　1801—1911 年英格兰和威尔士人口增长百分比[2](单位:%)

年份	英格兰和威尔士人口增长百分比	年份	英格兰和威尔士人口增长百分比
1801—1811	14.0	1831—1841	14.3
1811—1821	18.1	1841—1851	12.7
1821—1831	15.8	1851—1861	11.9

---

[1] M . W. Flinn, *An Economic and Social History of Britain since* 1700, London: Macmillan Education Limited, 1975, p. 151; Francois Crouzet, *The Victorian Economy*, London: Methuen,1982,p. 20.

[2] W. D. Eubinstein, *Wealth and Inequality in Britain*, London and Boston:Faber and Faber, 1986,p. 113.

年份	英格兰和威尔士人口增长百分比	年份	英格兰和威尔士人口增长百分比
1861—1871	13.2	1891—1901	12.2
1871—1881	14.4	1901—1911	10.9
1881—1891	11.7		

以 1821 年为起点,到 1851 年,不列颠和爱尔兰的人口增长了 31%。① 但爱尔兰人口受马铃薯收成的影响很大,1845 年爱尔兰发生大饥荒,饿死了 50 万至 70 万人,并迫使 100 万人在以后几年向外移民。在 1841 和 1851 年的两次人口普查中,爱尔兰岛的人口从 820 万下降到 660 万,到 1911 年时只剩下 440 万。②

从 18 世纪晚期到 19 世纪早期,英格兰和威尔士的人口增长特别快,但大约从 1820 年代中期开始,增长速度就降了下来。1801—1825 年英格兰和威尔士的粗出生率是 40.2‰,1851—1875 年下降到 35.8‰。③ 人口增速下降的原因之一是死亡率上升,当时城市的卫生环境非常坏,清洁住房和干净水的供应都严重滞后,直到 19 世纪晚期各市才努力改善城市的卫生状况。

从 1870 年代中期开始,英格兰和威尔士的出生率进入长期持续下降的阶段,从 1870 年代的 35‰ 下降到 1900 年的 25‰。不过死亡率也同时下降,从 1870 年代的 22‰ 下降到 1900 年的 16‰,婴儿死亡率从 1801—1825 年的 167‰ 下降到 19 世纪最后 25 年的 150‰。④ 表 47 是 19 世纪英格兰的人口指数情况,可以作为 19 世纪英国人口变化的一个窗口。从 1870 年代开始,苏格兰的出生率和死亡率也开始下降,尤其是

① Thomas William Heyck, *The Peoples of the British Isles: A New History from 1688 to 1870*, Belmont: Wadsworth, Inc, 1992, p.275.
② Francois Crouzet, *The Victorian Economy*, London: Methuen 1982, p.23.
③ W. D. Rubinstein, *Britain's Century: A Political and Social History 1815—1905*, London: Arnold, 1998, p.264.
④ Ibid., pp.265-266.

儿童死亡率于 1870 年代稳步下降。[1]

表 47 1801—1900 年英格兰的人口指数(单位:‰)[2]

25 年一周期	出生率	死亡率	预期寿命	婴儿死亡率	总生育率	总生育率指数
1801—1825	40.18	25.38	39	167	2.91	0.423
1826—1850	36.04	22.54	40	151	2.57	0.365
1851—1875	35.82	22.22	41	154	2.49	0.360
1876—1900	32.28	19.26	46	149	2.07	0.313

在 19 世纪早期,生育率没有显示明显的阶级差异,每个阶层都能生育很多子女,构成大家庭。但 19 世纪晚期生育率下降,则开始呈现阶级差异,从 1870 年代中期到一战爆发,出生率下降最快的是雇主、专业人士和技术工人,其次是非技术手工工人;下降最慢的是农业工人和矿工。[3]

从 19 世纪后半叶开始出生率明显下降,其原因一是不结婚的人比例上升,结婚率普遍下降,到 1860 年代 40—44 岁的人群中大约有 11％从未结婚,比半个世纪前增加了一倍。[4] 另一原因是婚姻内的生育节制,孩子的抚养和教育费用日益高昂,妇女也不愿意承受过多的生育负担,为了维持体面的生活,中等阶级首先实行生育节制,但工人阶级却一直抱有怀疑的态度,他们仍然维持传统的大家庭,直到 1900—1914 年才开始限制家庭规模。[5]

---

[1] Michael Anderson, The Social Implications of Demographic Change, in F. M. L. Thompson, *The Cambridge Social History of Britain 1750—1950*, *Vol. 2: People and Their Environment*, Cambridge University Press, 1990, p. 12.

[2] Robert Woods, *The Population history of Britain in the nineteenth century*, Cambridge University Press, 1995, p. 17.

[3] N. L. Tranter, *Population and Society 1750—1940: Contrasts in Population Growth*, London and New York: Longman, 1985, p. 61.

[4] W. D. Rubinstein, *Britain's Century: A Political and Social History 1815—1905*, London: Arnold, 1998, p. 264.

[5] Thomas William Heyck, *The Peoples of the British Isles: A New History from 1870 to the Present*, Belmont: Wadsworth, Inc, 1992, p. 14.

死亡率在 19 世纪有明显的阶级和地区差异,工人的死亡率高于农业劳动者,城市的死亡率高于农村。① 1861 年,苏格兰四个主要城市的粗死亡率为 28.1‰,其他城镇只有 23.4‰,农村地区只有 17.9‰,凯思内斯郡(Caithness)、奥克尼郡(Orkney)和设得兰群岛(Shetland)则只有 15.5‰。从 19 世纪后半叶开始城市环境逐步改善,城乡间的死亡率差异开始缩小。但是与城乡及地区间的差别相比,行业间的差别更大,根据统计数据,最健康的群体是居住在乡村、过着中等阶级生活的教士。②

工业化导致人口年龄结构变化,首先是老年化。表 48 是英格兰和威尔士年龄结构的分布情况:

表 48　英格兰和威尔士年龄结构分布(占总人口百分比)③(单位:%)

年份	0—19 岁	20—59 岁	60 岁及以上
1821	49.0	43.4	7.3
1871	45.7	46.9	7.4
1911	39.9	52.0	8.0

表 49 是英格兰、威尔士、苏格兰三地按年龄统计的人口情况:

表 49　英格兰、威尔士、苏格兰三地按年龄统计的人口情况(单位:万)

年龄	1821	1841	1851	1861	1881	1901
0—10	610.75	855.35	943.97	1 049.43	1 375.94	1 404.28
20—59	543.72	864.64	984.87	1 088.39	1 374.5	1 922.42
>60	78.30	133.96	157.09	173.38	221.1	275.05

1821—1851 年,少儿组人口增长 1.54 倍,青壮年组增长 1.81 倍,老

---

① Charles More, *The Industrial Age：Economy and Society in Britain 1750—1995*, London and New York：Longman, 1997, p. 95.

② Michael Anderson, The Social Implications of Demographic Change, in F. M. L. Thompson, *The Cambridge Social History of Britain 1750—1950*, Vol. 2：People and Their Environment, Cambridge University Press, 1990, pp. 20 - 21.

③ Francois Crouzet, *The Victorian Economy*, London：Methuen, 1982, p. 29.

年组增长 2 倍多;1851—1901 年,少儿组增长 2.30 倍,青壮年组增长
3.53倍,老年组增长 3.51 倍。① 这一变化至 19 世纪末、20 世纪初都没
有引起足够注意,但后来随着人的预期寿命增加、出生率下降及婴儿夭
折率下降,老年化速度明显加快。

人口的职业结构也发生重要变化,从表 50 可看出各部门就业人员
在劳动力总数中所占的比例:

表50　19 世纪英国各部门就业人员在劳动力总数中所占比例(单位:%)②

	1811	1821	1831	1841	1851	1861	1871	1901
农业	35.2	33.3	28.1	22.3	22.0	18.8	15.3	9.0
工商运输	44.4	45.9	42.1	48.5	53.8	55.7	54.6	64.1
其他	20.4	20.8	29.8	29.2	24.2	25.5	30.1	26.9

1851 年以后,农业劳动力不仅相对数字减少,绝对数字也在减少,这
一年农业劳动力有205.4 万人,1861 年198.2 万,1871 年181.7 万,1901
年只有 147.6 万。③

人口的地区变化,在英格兰,以沃什湾(Wash)到塞汶河(Severn)画
线,以南以东是农业区,以北以西是工业区。老的农业各郡在 1801 年时
容纳了全国人口的 44%,到1881 年这一比例下降为 29%,并一直保持到
1931 年。同一时期,伦敦及邻近的两个郡容纳的人口从 14% 上升为
19%,沃什—塞汶线以西以北各郡从 1801 年的 45% 上升到 1881 年的
53%,可见人口向工业区集中。④

苏格兰南部的工业与商业中心地带其地域只覆盖苏格兰土地的
14%,但 1755 年时集中了人口的 37%,到 1821 年集中了 47%,1911 年

---

① 钱乘旦:《第一个工业化社会》,四川人民出版社,1988 年,第 68—69 页。
② 同上书,第 74 页。
③ 同上书,第 73—75 页。
④ Michael Anderson, The Social Implications of Demographic Change, in F. M. L. Thompson,
The Cambridge Social History of Britain 1750—1950 , Vol. 2: People and Their
Environment, Cambridge University Press, 1990, pp. 2 - 3.

甚至达到 68％,1931 年达到 75％的最高峰。与此相对的北部各郡,面积约占苏格兰的 3/4,1755 年时人口占苏格兰的一半,到 1951 年仅占 1/5 了。①

19 世纪,工、矿地区增加的人口大部分来自附近农村,这与 18 世纪的人口流动有很大不同。以前,农村人口流动主要在村庄之间进行,但工业化与城市化给年轻人提供了更多的机会,农村人口流向工业区、矿山和城市。在这方面,铁路发挥了重要作用。② 但到 19 世纪最后 20 年迁移的模式发生了明显变化,由于城市化几近完成,国内人口迁移不能简单地说成是从农村流向城市,而应该看作是从某一萧条地区向相对繁荣的地区移动,工业区到工业区比农村到城市的流动更频繁。

由于人口从农村流向工商业区和矿山,导致 19 世纪英国人口分布的另一重要变化即大城市人口膨胀。1811 年人口普查时,除伦敦外,英格兰没有一个城市人口超 10 万。但那以后城市化速度加快,到 1911 年,英格兰和威尔士人口中有 35％生活在 10 万人以上的城市中。苏格兰也经历了同样的变化,1755 年苏格兰人很少生活在大城市,到 1801 年人口普查时,尽管爱丁堡和格拉斯哥的人口超过了 8 万,但苏格兰仍然没有 10 万人以上的城市。可是 1851 年苏格兰 52％的人口生活在城市中,10 万人口以上的城市容纳了全苏格兰人口的 17％。③ 到 1901 年,英国完全成为以大城市为主的城市化国家。

在 19 世纪,爱尔兰向英格兰、苏格兰移民的趋势不减,1841 年人口

① Michael Anderson, The Social Implications of Demographic Change, in F. M. L. Thompson, *The Cambridge Social History of Britain 1750—1950* , Vol. 2: People and Their Environment, Cambridge University Press, 1990, pp. 2 - 3.
② Phyllis Deane and W. A. Cole, British Economic Growth, 1688—1959: Trends and Structure, Cambridge University Press, 1962, p. 10.
③ Michael Anderson, The Social Implications of Demographic Change, in F. M. L. Thompson, *The Cambridge Social History of Britain* 1750—1950, Vol. 2: People and Their Environment, Cambridge University Press, 1990, pp. 4 - 6.

普查时苏格兰有 12.5 万在爱尔兰出生的人,英格兰和威尔士有 29 万。在 1861 年的高峰期,英格兰和威尔士有 60.2 万人、苏格兰有 20.4 万人是在爱尔兰出生的,分别占英格兰和威尔士人口的 3％和苏格兰人口的 7％。国际方面,1870—1914 年间来自欧洲大陆的移民数量增加,在 1911 年高峰时,大约有 28.5 万来自欧洲大陆的人口居住在英格兰和威尔士,2.5 万人居住在苏格兰,其中以俄罗斯人、波兰人和德国人为主,也有一部分来自法国和意大利。此外还有来自白人殖民地和印度的人,在 1871 年大约有 7.1 万人。①

英国人口外迁的规模也很大。按照英国人的说法,向外移民可以缓解社会矛盾,减轻失业问题,并帮助英国打开国外市场和初级产品来源地,因此政府积极鼓励向外移民,1815—1850 年间共有 50 万英格兰和威尔士人、10 万苏格兰人移民国外。② 移民最高峰是在 1880 年代,有 80 多万英格兰和威尔士人移民海外,几乎是全国人口的 4％。移民目的地主要是美国,但 1905—1914 年转向澳大利亚、加拿大和新西兰等英联邦地区,这些地方工资水平远比英国要高。但大约有 40％的移民会返回英国,有的回来定居,有的则因工作原因短期返回。③

在移民海外的人口中,年轻的单身男子是多数,1871—1900 年英格兰和威尔士移民中 2/3 为男性。这种移民模式造成本土居民性别比例的失调,1850 年代移民高潮过后,英格兰 25—29 岁年龄段上的性别比(每一千妇女男性数)从 1851 年的 906 下降到 1861 年的 879,在苏格兰

---

① Michael Anderson, The social implications of demographic change, in F. M. L. *Thompson*, *The Cambridge Social History of Britain 1750—1950*, Vol. 2: People and their environment, Cambridge University Press,1990, pp. 6 - 7; M. W. Flinn, *An Economic and Social History of Britain since 1700*, London : Macmillan Education Limited, 1975, p. 153.

② Michael Anderson, The Social Implications of Demographic Change, in F. M. L. Thompson, *The Cambridge Social History of Britain 1750—1950*, Vol. 2: People and Their Environment, Cambridge University Press, 1990, p. 9.

③ Charles More, *The Industrial Age: Economy and Society in Britain 1750—1995*, London and New York: Longman, 1997, p. 100.

从 828 下降到 769。① 因此有学者认为,移民是维多利亚中期"剩女问题"的诱因之一。②

19 世纪英国的婚姻观与工业化之前相比变化不大。如果说"爱情的因素和财产的因素共同构成了近代早期欧洲人的婚姻基础",③那么 19 世纪英国仍然保持着这种观念,爱情不是人们在考虑婚姻问题时的唯一因素,在婚姻选择中,经济利益同样有影响。经济状况是婚姻的前提之一,英国有一句谚语:"当贫困来临时,爱情就飞出去。"④

"门当户对"是一切时代的婚姻原则,维多利亚时代也不例外,上、中层阶级对婚姻有明显的门第观念,他们都趋向于在相同社会地位的人中间通婚,这种倾向一直到 19 世纪晚期才逐渐弱化。对贵族来说,婚姻不仅是为了建立家庭,而且是提高门第的机会,一个低级贵族娶了高级贵族的女继承人,领地和家产就骤然增加,社会地位相应提高。没有继承权的贵族幼子娶一个贵族的千金,可能以后自己也成为贵族,因此他在选择配偶时非常小心。19 世纪时,虽然贵族阶层的圈内婚姻率逐渐下降,但对财富的追求却上升了,他们愿意把女儿嫁给伦敦的银行家,自己也愿意娶工业大亨的闺女。贵族婚姻通常是包办的,从本质上说,是两个家族的经济和政治联盟。⑤ 19 世纪后期,他们甚至把婚姻的彩球抛到大西洋彼岸,1837 年亨利·斯坦福爵士娶了加拿大铁路、银行大王蒙特·斯蒂芬的养女爱丽丝,经济状况立即好转;19 世纪末和 20 世纪初,共有 100 多个贵族的儿子娶了北美富豪的女儿作

---

① Michael Anderson, The social implications of demographic change, in F. M. L. Thompson, *The Cambridge Social History of Britain 1750—1950*, Vol. 2: People and their environment, Cambridge University Press, 1990, pp. 9 - 10.

② 参见:Michael Anderson, "The Social Position of the Spinster in Mid - Victorian Britain", *Journal of Family History*, 9(1984).

③ 朱孝远:《近代欧洲的兴起》,学林出版社,1997 年,第 384 页。

④ Amanda Vikery, *The Gentleman's Daughter : Women's Lives in Georgian England*, London: Yale University Press, 1998, p. 40.

⑤ 潘迎华:《19 世纪英国现代化与女性》,浙江人民出版社,2005 年,第 149—151 页。

配偶。① 由于没有爱情基础，贵族婚后感情融洽的并不多，同床异梦者比比皆是。

中等阶级在选择配偶时更多考虑对方的财产，把婚姻作为增强经济实力的工具。对中等阶级来说，"一个女儿最高尚的行为就是缔结一门能增长家庭财富的美满婚姻，至于新郎的年龄、品质及知识才能与亲事毫无关系。"②中等阶级妇女的婚姻是被限制在很小的圈子里的，许多人终身未婚，成为老处女。尽管如此，维多利亚英国婚姻中的爱情因素相比欧洲大陆还是要多一些，夫妻感情也更亲密，1837 年威廉·科贝特（William Cobbett）说："大体而言，英国的妻子要比法国的妻子们在婚姻关系中得到更多的温暖。"③

相对来说，工人阶级的婚姻较少考虑财产和地位，因为他们本来就没有这些东西，因此受家庭的限制也较小，婚姻基本上是年轻人自己的事。不过社会下层的年轻人在择偶时也会遭到父母或其他亲属的反对，特别是在 18 世纪末 19 世纪初，年轻人对家庭经济起重要作用，父母总是想推迟孩子们结婚的时间。孩子却总是我行我素，在诺森伯兰郡（Northumberland），矿工们有时采取私奔的形式，去苏格兰举行一个匆促的婚礼。④ 但工人阶级在择偶时也并不完全以感情为基础，而是在能力、性格、经济条件、宗教信仰等方面作综合选择。⑤

健康是任何阶级在择偶时一定会考虑的一个因素。19 世纪末，出于优生学的影响，健康变得越来越重要，婚姻手册质疑身体情况欠佳的人

---

① 阎照祥：《英国贵族史》，人民出版社，2000 年，第 290 页。

② Marian Ramelson, *The Petticoat Rebellion*, *A Century of Struggle for Women's Right*, London: Lawrence and Wishart, 1972, p. 35.

③ Alan Macfarlane, *Marriage and Love in England: Modes of Reproduction 1300—1800*, Oxford: Basil Blackwell, 1986, p. 156.

④ John R. Gillis, "Peasant, Plebeian, and Proletarian Marriage in Britain, 1600—1900", in David Levine ed., *Proletarianization and Family History*, Orlando: Academic Press, 1984, p. 141.

⑤ John Burnett ed., *Destiny Obscure: Autobiographies of Childhood, Education and Family from the 1820s to 1920s*, London: Penguin Books, 1982, p. 258.

是否有结婚的权利,暗示这种结婚会把疾病遗传给孩子。① 择偶时还要考虑年龄的因素,和现在一样,19世纪人们对小丈夫、大妻子的婚姻普遍感到厌烦。

19世纪的婚姻经常为时不长,中断婚姻的一般是死亡而不是离异,这一方面是由于19世纪的死亡率较高、预期寿命不长(见表13-3);但更重要的是,1857年之前离婚是被禁止的。虽然经由议会立法可以获得离婚许可,但该程序复杂,既费钱又费时,因此议会离婚其实是有钱人特别是有钱男人的奢侈品。② 由议会立法离婚,收费标准一般为200—300英镑,这远不是普通民众可以承担的。乔尔·普林梯斯(Joel Prentice)主教曾说:在英格兰,"离婚只能通过议会私人法案进行,且只有极少的情况,费用特别高,超出广大民众的承受能力,这就使不离婚又结婚、通奸、私生子现象每天都发生。重婚罪也时有发生。"③

1857年议会颁布了《婚姻诉讼法》(Matrimonial Causes Act),承认离婚的合法性,婚姻诉讼从教会法庭转向新设立的离婚法庭,使民事离婚成为可能。但这项法律只承认通奸是离婚的唯一理由,而且女方须证明丈夫的通奸行为性质恶劣。因此,离婚被看作是道德错误的后果,与感情破裂无关。所以有学者说"1857年立法的依据是宗教思想(尽管教会裁判权已被国家裁判权所取代),并且,没有一点点那种个人主义的、私人化的和强调个人思想的痕迹"。④ 尽管萧伯纳(George Bernad Shaw)在1903年的《人与超人》中乐观地说:"十分明确的是,在英格兰与美国,进步的婚姻契约的改革将会继续进行,直至它如同普通的商业行

---

① Patricia Jalland, *Women*, *Marriage and Politics 1860—1914* , Oxford: Clarendon Press, 1986, p. 85.

② William Geldart, *Introduction to English Law*, Oxford University Press,1991,p. 38; W. R. Cornish and G. de N. Clark, *Law and Society in England 1750—1950* , London: Sweet & Maxwell, 1989, pp. 379-380.

③ Gwynn Davis and Mervyn Murch, *Grounds for Divorce* , Oxford: Clarendon Press, 1988, p. 4.

④ F. R. 艾略特:《家庭:变革还是继续》,何世念等译,中国人民大学出版社,1992年,第144页。

为关系一样。"①但事实上英国离婚法的发展十分缓慢,直到一战以后,因为妇女在战争中作出了重大贡献,离婚法才发生了重大变化。

维多利亚时代对家庭看得很重,家庭是这个时期道德的基础,多生子女是完美家庭的象征,19世纪中期一个英国家庭的平均人口是4.7人,到世纪之末,这个数字达到6.2人。1/6的家庭有10个子女以上,维多利亚女王自己就有9个孩子,因此被看作是英国家庭的典范。家庭很重要,米歇尔·安德森(Michael Anderson)对兰开夏郡纺织工业区的研究表明,工业化使家庭的纽带更加重要,在社会流动性很高的工业化时期,工人比以前任何时候都更需要家庭亲属网络的支持。1871年,在普雷斯顿(Preston),23%的家庭有亲戚住在一起;10%的家庭是父母与已婚子女同住。② 在对兰开夏郡的其他两个城市特顿(Turton)和索尔福德(Salford)进行研究后发现,差不多同一时期,中等阶级家庭中大都会有亲戚共同居住③。这些情况表明,棉纺织业城镇的工业化生活促成了扩展式(即复合型)家庭的形成,农村三代同堂的情况也非常多。

扩展式家庭与工业化、城市化有密切联系。工业化过程中出现的周期性失业、城镇住房拥挤、工资低下等一系列问题都给下层民众造成重大生存压力,工厂制又将许多妇女赶进工厂,使她们不可能一边劳动一边照顾家务,这些因素都使得几代人同住一起既是必须、又是必要,亲戚之间相互照顾也是当时的家庭模式。对中等阶级来说,未婚的姐妹在兄弟家寄居、鳏寡的父母与儿子同住,也是很正常的事,况且在维多利亚时期,中等阶级家庭都会有保姆和家庭教师,这些都使家庭规模庞大。④ 可

① Gwynn Davis and Mervyn Murch, *Grounds for Divorce*,Oxford: Clarendon Press, 1988, p. 4.

② Michael Anderson, "Household structure and the industrial revolution: mid-nineteenth-century Preston in comparative perspective", in Peter Laslett, Richard Wall ed. , *Household and Family in Past Time*, Cambridge University Press,1972, p. 223.

③ Charles More, *The Industrial Age: Economy and Society in Britain* 1750—1995, London and New York: Longman, 1997, p. 167.

④ Cf. Michael Anderson, "Household structure and the industrial revolution: mid-nineteenth-century Preston in comparative perspective", in Peter Laslett, Richard Wall ed. , *Household and Family in Past Time*, Cambridge University Press,1972, pp. 229 - 230.

以说,"在工业化的初期,亲属关系网通过对新来城市者提供立足点而有利于地理的流动;而且也是一张可以避免在存在着低工资、周期性失业、高死亡率和守寡普遍的社会中出现困难和危机的保险单"①。20世纪以后,特别是1908年引入老年养老金制度后,老人的生活开始有保障,亲属们也更容易找到工作,这样,家庭结构才慢慢变得简单了。

安德森将19世纪中叶的普雷斯顿(Preston)、约克(York)及农村地区,与拉斯莱特(Peter Laslett)的100个前工业社会中的社区进行比较(表51),结果发现家庭规模不但没有下降,相反,7人以上规模的家庭所占比例与前工业社会相比不是减少而是增多了:

表51 各社区中每一户中的人数及不同规模家庭的百分比②

	家庭大小										家庭平均人数
	1	2	3	4	5	6	7	8	9	10+	
1851年约克	5	15	16	18	14	13	7	5	3	5	4.8
1851年普雷斯顿	1	10	16	17	14	12	10	8	5	8	5.4
1851年农村抽样	3	12	13	12	14	12	11	9	6	9	5.5
1564—1821年100个社区	6	14	17	16	15	12	8	5	3	5	4.8

这种情况在很大程度上与孩子数目多有关。孩子多可能是以下因素造成的:(1)平均婚龄更早,(2)育龄内的已婚妇女增加,(3)子女在父母家居住的时间更长,许多已经工作的孩子继续住在父母家、直至结婚。因此,家庭规模在19世纪中叶以后有所扩大不但归因于儿童死亡率降低,也归因于已婚子女与父母同住现象增加。

到19世纪末,由于计划生育(family planning)的流行,家庭规模开始缩小,在R. K. 韦伯(R. K. Webb)看来,维多利亚晚期的家庭基本变

① F. R. 艾略特:《家庭:变革还是继续》,何世念等译,中国人民大学出版社,1992年,第50页。
② Michael Anderson, "Household structure and the industrial revolution: mid-nineteenth-century Preston in comparative perspective", in Peter Laslett, Richard Wall ed. , *Household and Family in Past Time*, Cambridge University Press,1972, p. 219.

化之一是规模急剧缩小,这种结果是由理性的计划生育导致的。[1] 很多家庭只生育 1—2 个孩子,占 1900—1909 年间婚姻总数的 1/3;9—10 人的大家庭开始减少,不到总数的 4%。1914 年之后结婚的夫妻中,45%—50%的家庭都只生育 1—2 个孩子,生育 9—10 个的只有 1.5%;不生孩子的家庭增则加了一倍,从 8%上升到 1914 年的 16%。[2] 与此对应,家庭的平均规模也在下降:1860 年代为 6.2 人,1881 年代为 5.3 人,1890 年代为 4.1 人,1920 年代只有 3.3 人。[3]

对中等阶级而言,家庭是男性在激烈的社会竞争中身心疲惫的避难所,也是一座有围墙包围的花园,女性是营造这美好氛围的天使。男人属于公共领域,女人属于私人领域,其主要责任是相夫教子、护理家务。卢梭(Jean - Jaques Rousseau)曾说过,女人要取悦于男人,要贡献给男人,要赢得男人的爱和尊重,要哺育男人,要照顾男人,要劝慰男人,并要使男人的生活甜蜜而且愉悦。[4] 正如约翰·拉斯金(John Ruskin)所描述的:妇女在"家门以内是秩序的核心、痛苦的安慰和美的镜子"。[5] 这样,女人必须是家中的鲜花,美丽而温顺。

对大部分工人阶级家庭而言生存是主要使命,亲属间的纽带使得家庭在危急时刻互相帮助,妻子和丈夫都要为生活奋斗,因此他们的关系相对是平等的。当然妻子要服从丈夫,但她是"家"的核心,正如一位观察家所说:"当母亲去世时,这个家庭也就散了。"[6]社会的变化强化着女性留守家中的意识,到 19 世纪末,工人阶级女性把做全职家庭主妇当作

[1] R. K. Webb, *Modern England from the Eighteenth century to the present*, New York: Dodd, Mead & Company, 1968 p. 405.

[2] Richard Allen Soloway, *Birth Control and the Population Question in England*, 1877—1930, London: The University of North Carolina Press, 1982, p. 4, p. 8.

[3] N. L. Tranter, *Population and Society 1750—1940: Contrasts in Population Growth*, London and New York: Longman, 1985, p. 60.

[4] 苏珊·艾丽斯·沃特金斯:《女性主义》,陈侃如译,广州出版社,1998 年,第 9 页。

[5] 约翰·拉斯金:《拉斯金读书随笔》,王青松等译,上海三联书店,1999 年,第 84 页。

[6] Thomas William Heyck, *The Peoples of the British Isles: A New History from 1870 to the Present*, Belmont: Wadsworth, Inc, 1992, p. 21.

理想。当时，男工工资提高了 55%—70%，妇女们确实有了待在家里操持家务的可能性，这时，妻子也必须走进职场为家庭挣扎的情况才有所缓和。①

19 世纪的现代化没有改变英国妇女的"第二性"地位，她们在工作、教育、家庭、政治等各领域都处于服从地位。工人阶级妇女虽然需要出门打工，但社会始终把男性放在"挣面包者"的地位，是他们养活了一家人。大部分劳动妇女则属于临时性工作，在各行业中，女工的工资一般只有男工的四分之一至一半。妇女的就业非但没有改变经济上的从属性，而且使她们既屈从劳动压迫，又承担繁重家务，忍受双重压力。在很长一段时间内妇女没有财产权，因此从法律的角度说她们的所得都属于丈夫的财产；她们对孩子没有监护权，只是男性的附属品。妇女属于私人领域，男人属于公共领域，这不仅是中等阶级的意识形态，工人阶级也对此津津乐道："女人的职责就是做一个好妻子和好母亲"、"创造舒适家庭是妇女对社会的最大贡献"。② 就中等阶级而言，虽然女性被吹捧成"家庭天使"，似乎有崇高的象征地位，但在经济上却只能依附于男性，终生忙于生儿育女和侍候丈夫，她没有自我，只是家庭的附属品。

法律不承认已婚妇女有独立的人格与身份，英国著名法学家威廉·布莱克斯通（William Blackstone）在其名著《英格兰法律述评》（*Commentaries on the Laws of England*）中称："妇女一旦结婚就要失去法律的存在。夫妇属于同一个法人，这个法人就是丈夫。已婚女子不准管教子女，也不准管理自己的财产。"③因此，正如约翰·斯图尔特·穆勒所说："无论她的什么都是他的！"④从结婚之日起，妇女的动产和不动产，

---

① Joanna Bourke，"Housewifery in Working - Class England 1860—1914"，in Pamela Sharpe ed.，*Women's Work，the English Experience 1650—1914*，London：Arnold，1998，p. 339.

② J. A. and Oliver Banks，*Feminism and Family Planning in Victorian England*，New York：Schocken Books，1964，p. 58，p. 60.

③ 奚广庆、王谨主编：《西方新社会运动初探》，中国人民大学出版社，1993 年，第 9 页。

④ 约翰·斯图亚特·穆勒：《女权辩护：妇女的屈从地位》，汪溪译，商务印书馆，1995 年，第 283 页。

统统转到丈夫的手里。这种情况直到 19 世纪末才有所改变。

离婚是不可能的,即使颁布了 1857 年《婚姻诉讼法》,妇女的离婚程序也要比男性难,她需要证明丈夫在通奸行为之外还有重婚、虐待、遗弃、乱伦或其他性侵害才能获准离婚。有一些妻子被丈夫遗弃,可是得不到法律保护,甚至失去生活来源。同样,依据法律,孩子也属于丈夫,除非丈夫想甩掉孩子;丈夫死后妻子仍然得不到监护权,除非丈夫在遗嘱中规定让妻子这样做。1839 年议会才颁布"监护法"(The Custody Act),规定离婚或分居时母亲可以监护 7 岁以下的幼儿。[1]

在教育领域男女也是不平等的,社会普遍认为受教育是男孩子的事,女孩子只需要成为理想的妻子和母亲,更好地为家庭服务。因此女子的教育除了一般的启蒙课程外,主要是学习简单的"才艺"如缝纫、歌唱、绘画等。家庭教师不停地向女孩灌输这样一种思想:自己所受的任何教育,都是为日后找一位"好丈夫"。以婚姻为目的的教育使中等阶级女性无法获得实际的工作能力,也就无法得到真正的职业。19 世纪末高等学校才接纳女性涉足,而且只允许妇女听课、且不能得到正式的学位。在中等教育和初等教育中,女孩的入学率非常低,上层或中上层家庭一般都会给女孩聘请家庭教师。

从 19 世纪下半叶起,中等阶级出现一批"新女性",她们反对传统习俗,要求教育、要求工作,希望得到经济独立和思想自由,与男性一样地生活。她们不满足于扮演"家庭天使"的角色,勇敢地走出来,开展争取性别平等的斗争。

19 世纪中叶出现了一些妇女的组织与报纸刊物,为妇女的就业大声呼号。巴巴拉·博迪雄(Barbara Leigh Smith Bodichon)创办的《英国妇女杂志》(English Women' Journal)宣传"女性需要工作,给妇女更多的

---

[1] Susan Kingsley Kent, *Gender and Power in Britain 1640—1990*, London and New York: Routledge, 1999, p. 191.

工作机会"，在杂志存在的六年中，它发挥了积极的作用。[1] 1859 年成立的"妇女就业促进会"（Society for Promoting the Employment of Women）和 1862 年成立的"中等阶级妇女移民协会"（Female Middle Class Emigration Society）也都在促进妇女就业方面做了许多工作。[2]

　　另一方面，一些妇女先驱者以自己的行动为后人树立了榜样，其中南丁格尔（Florence Nightingale）最为知名。南丁格尔出身富裕的中等阶级家庭，她为了打破中等阶级妇女不外出工作的陈规陋习，不顾家庭的阻挠和社会的偏见投身到护士职业中去，在克里米亚战争（Crimean War）中作出卓越贡献，被人们称为"提灯女士"，成为战士心中的一盏明灯。军人们捐款 9 000 英镑，让她建立了一所护士学校，南丁格尔也成为现代护士学的奠基人物。[3] 以后，更多的中等阶级妇女参加工作，成为护士、教师、职员、店员和秘书等。[4] 在 1851 年，英国大约有 7 万名女教师，到 1901 年达到 17.2 万人；女护士在 1891 年已经有 5.3 万人。[5] 1911 年，邮政部门的女打字员占打字员总数的 58.9%，其他岗位的女职员占总人数的 40.5%；在商业部门，女性的比例为 24.5%。[6]

　　在女子教育方面，1840 年代末建立了两所培养女教师的学校：女王学院（Queen's College）和贝德福德学院（Bedford College），这两所学校成为英国妇女教育的摇篮，很多毕业生后来成为妇女教育工作者。[7]

---

[1] Jane Rendall ed. , *Equal or Different: Women's Politics 1800—1914* , Oxford: Basil Blackwell, 1987, p121; 另参见 http://en. wikipedia. org/wiki/English_Woman%27s_Journal.

[2] A. James Hammerton, "Feminism and Female Emigration, 1861—1886", in Martha Vicinus eds. , *A Widening Sphere: Changing Role of Victorian Women* , Bloomington and London: Indinan University Press,1980, pp. 52 - 71.

[3] Cf. J. A. and Oliver Banks, *Feminism and Family Planning in Victorian England* , New York: Schocken Books, 1964, pp. 35 - 36.

[4] Thomas William Heyck, *The Peoples of the British Isles: A New History from* 1870 *to the Present* , Belmont: Wadsworth, Inc, 1992, p. 15.

[5] 余凤高:《西方性观念的变迁》,湖南文艺出版社,1996 年,第 89 页。

[6] Lee Holcombe, *Victorian Ladies at Work: Middle - Class Working Women in England and Wales* 1850—1914, Hamden: Archon Books, 1973, p. 36.

[7] Lee Holcombe, *Victorian Ladies at Work: Middle - Class Working Women in England and Wales* 1850—1914, Hamden: Archon Book, 1973, pp. 26 - 27.

1864 年英国成立汤顿委员会(Taunton Commission)调查英国教育状况,起先妇女教育问题不在调查范围之内,经埃米莉·戴维斯(Emily Davies)多方游说,终于使女子教育状况也进入调查视线。下层社会的学校大量涌现,女孩得到了前所未有的受教育机会。女子学院给妇女提供了接受高等教育的机会;经过女性主义者不懈的努力,女生也可以获得大学学位,只是牛津和剑桥不在内。

1870 年代,女权主义者同时展开了争取受丈夫虐待的妇女独立生活权和争取孩子监护权的斗争。在各阶层人士、包括男性的共同努力下,1886 年议会颁布《幼儿监护法》(The Infant Custody Act),规定父母有平等的选择孩子监护人的权利,当夫妻离婚时也拥有平等的申请监护孩子的权利,并且年幼孩子的监护权只属于母亲。劳伦斯·斯通(Lawrance Stone)认为,"1857 年之后,两性双重的道德规范逐渐向两性同等的标准发展"。[1]

家庭暴力也受到法律的制裁,议会于 1853 年通过"愤怒袭击法案",试图以立法手段制止家庭暴力。在此基础上,60 年代的法律规定:地方治安官可以对殴打妻子造成严重伤害的人判处 6 个月的苦役监禁。1878 年的《婚姻诉讼法》(Matrimonial Causes Act)进一步授权地方官可以判决被殴打的妻子不与丈夫同住,丈夫须支付妻子生活费,并且由妻子监护 10 岁以下的孩子。这项法律与 1895 年的《即决裁判法》(The Summary Jurisdiction Act of 1895)为有效制止家庭暴力、保护妇女儿童权益起到了非常重要的作用。[2]

1870 年议会通过英国历史上第一部《已婚妇女财产法》(Married Women's Property Act),该法规定:"已婚妇女因从事任何职业、工作或

---

① Lawrance Stone, *Road to Divorce in England 1530—1987*, Oxford University Press, 1990, p. 388.

② 详见潘迎华:《19 世纪英国现代化与女性》,浙江人民出版社,2005 年,第 190—191 页;Mary Lyndon Shanley, *Feminism, Marriage, and the Law in Victorian England*, 1850—1895, Princeton University Press, 1989.

手工艺，或者因独自经营而得到的工资收入，她因凭借文学、艺术或科学技术获得的现金和财产，以及用这类工资、收入、现金或财产投资所得全部利息，都应被视为和确认为她所独自拥有和处理的财产，她本人的收据将是这类工资、收入、现金及财产的有效偿还者。"①1882 年的《已婚妇女财产法》更加完善，它确定妇女拥有财产权和独立签订契约权，在法律上承认了已婚妇女的独立存在。"已婚妇女财产委员会"（Married Women's Property Committee）在最终报告中高度赞扬该法案，说它"和平地推翻了道德权力的错位，这是人类平等战胜性别不公正的第一次胜利，这是没有流血却是有益的革命"。②

女权主义者还对双重性道德标准进行抨击。维多利亚时代对性采取压抑态度，将性与娼妓、与不道德联系在一起，公开场合不可谈论，性快乐被视为邪恶。但在事实上性道德经常被破坏，尤其被男子破坏。上层人物常有情妇，工厂主则可以占有工厂女工，下层的性关系从来就比较随便，在工业革命中更是有所败坏，娼妓的数量也一直很大。卖淫被视为"最大的社会公害"，但男人却随意寻花问柳，不以为耻，这就是臭名昭著的维多利亚双重性道德。以约瑟芬·巴特勒（Josephine Bulter）为代表的女权主义者对此进行抨击，通过她们的活动，歧视女性的《传染病法》（Contagious Diseases Act）在 1886 年被废除。

妇女的另一目标是争取选举权，为女性取得平等的政治权利。1866 年，伦敦和曼彻斯特先后成立了争取妇女选举权的团体，由伊丽莎白·沃斯登霍姆（Elizabeth Wolstenholme）发起的曼彻斯特团体是妇女选举权运动早期的核心。1897 年，由 17 个最大的妇女选举权组织联合成"全国妇女选举权联合会"（National Union of Women's Suffrage Societies），这是全国性妇女选举权运动的开端。这个运动得到许多男性知名人物

① G. M. Young, W. D. Handcock, *English Historical Document* 1833—1874, London & New York; Rougledge, 1996, p. 537.

② Mary Lyndon Shanley, *Feminism, Marriage and Law in Victorian England*, Princeton University Press，1989，p. 103.

的支持,如约翰·穆勒等。经过多年努力,支持女权的男性议员们在1869年顺利通过了《城市自治机关选举权法》(Municipal Corporations Franchise Act),它允许纳税的单身女性与男性一样,可以在地方市政会的选举中投票,据1892年统计,在英格兰、苏格兰和威尔士,有50.3万名妇女得到了这种选举权①。

妇女政治权利逐渐得到两党的认可,1887年自由党妇女成立了"妇女自由党联盟"(Women's Liberal Federation),1883年保守党成立"樱花同盟"(Primrose League),使妇女选举权运动得到了更大的活力。1894年的《地方政府法》可看作运动的一个转折点,它给了单身妇女在地方政府职能委员会中任职的权利,到1900年,妇女委员已经在全国各地方政府委员会中占了13.7%;1900年,有100万妇女在英格兰和威尔士拥有地方政府的选举权。②

20世纪初出现了"战斗的妇女选举权运动",其核心人物是潘克赫斯特夫人(Mrs. Emmeline Pankhurst)和她的两个女儿。潘克赫斯特是曼彻斯特一位激进律师的妻子,她在1903年建立"妇女社会和政治同盟"(Women's Social and Political Union),从一开始就对工人阶级妇女的选举权感兴趣。该同盟建立后主张战斗性的斗争策略,包括示威、游行、在各种会议上进行捣乱等。从1912年起她们还发动砸窗户、纵火、围攻政界人物的活动;1913年埃米莉·戴维斯在赛马时冲进赛场,死在国王的马蹄下③。自由党首相阿斯奎斯(Herbert Henry Asquith)对妇女们的行为非常反感,运动自身也发生分裂。第一次世界大战使运动暂时中止了,直到一战结束后的1918年,妇女才获得议会选举权,而且仅限于30岁以上、有财产的妇女。

---

① Harold L. Smith, *The British Women's Suffrage Campaign 1866—1928*, London: Longman, 1998, p.4.

② Jane Rendall, ed., *Equal or Different: Women's Politics 1800—1914*, Oxford: Basil Blackwell, 1987, p.193.

③ Thomas William Heyck, *The Peoples of the British Isles: A New History from 1870 to the Present*, Belmont: Wadsworth, Inc, 1992, pp.17-18.

虽然在19世纪妇女一直没有能获得议会选举权,但在争取妇女选举权的运动中,妇女提高了政治觉悟,产生了集体意识,积累了开展群众运动的经验,采取多种斗争方式,向社会展示了她们的热情和行动能力。妇女在地方议会拥有选举权,在济贫法委员会、学校管理委员会以及其他市政机关任职,在一定程度上实现了妇女的政治目标,推进了国家的民主化进程。经过女权主义者的努力,英国妇女在19世纪末比19世纪初享有更多的政治、法律和社会权利,到世纪之末,妇女外出工作已很普遍,出现了不少女教师、女医生,甚至还参加地方事务的管理。不能否认,19世纪英国女权主义者的努力为20世纪英国妇女取得更多的社会平等权利奠定了基础,她们向往的妇女解放理想也影响了世界各国的女权运动,并为女性主义理论的产生提供了先导。但妇女问题的真正解决却要等到20世纪,19世纪是妇女地位最低下的一个世纪。

第五章　宗教与教育

英国在 19 世纪经历了现代转型,宗教方面也不例外,自由主义在 19 世纪高歌猛进,宗教也发生了相应的变化。从 18 世纪开始,宗教逐渐淡出政治领域,到 19 世纪结束时,信仰已完全是私人的事了。国教会和其他教派都对自身在社会中的地位重新思考,各教派之间的对立和分歧也日渐消退。在这种情况下,世俗化成为社会的特征,而世俗化的内涵之一,就是对宗教的高度包容。人们意识到,宗教情感与世俗化并不冲突,它们分属两个不同的领域:一个在精神领域,另一个在生存领域。宗教由此找到了新的社会功能,从而在社会转型的过程中继续发挥重要作用。国教仍然是主流宗教,但其他教派也呈现"繁荣"趋势,宗教多元化趋势出现了。

19 世纪英国是一个虔信的国度,维多利亚时代也是自觉信仰的时代,人们相信英国的繁荣和稳定、自由和帝国都植根于基督教信仰,有组织的宗教是社会的中坚力量,没有宗教,国家会解体。

做礼拜是大多数英国人在星期天的选择。据 1851 年 3 月 30 日的调查数据,在全国 1 792.8 万人中,有 1 041.939 万人出席当天的礼拜仪式,其中 494 万人参加国教礼拜,511.4 万人参加非国教礼拜,36.5 万人参加天主教礼拜。① 因此,在 19 世纪中叶,星期天做礼拜仍是英国人的主要活动。

国教(English Church)继续享有独尊地位。从"国教"这个名称就可以看出来,它意味着"国家的"宗教,它的正式名称是"安立甘宗"(Anglicanism)或"圣公会"(Episcopalism)。它控制着洗礼、婚礼和葬礼这三件大事,其中洗礼是父母代办的,葬礼由后人操办,婚礼是自己安排的,因此婚礼最能代表英国人的宗教倾向,在 1844 年英格兰和威尔士的婚礼中国教占 90.7%,到 1901 年仍占 66.6%。②

国家重要的政治仪典是国教性质的。君主加冕礼由坎特伯雷(Canterbury)大主教主持,国教祈祷和礼仪是国家活动的组成部分,几乎每一个与国家事务或历史事件相关的纪念仪式都会有国教牧师参加;议会的开幕、闭幕采用国教的仪式,26 个国教主教和大主教是上院的当然成员。更重要的是,英王和王位继承人必须是国教徒,王室主要成员是国教徒,国家重要的职务基本上也由国教徒担任,在 19 世纪政治生活中,非国教的内阁大臣几乎没有。③

牧师、尤其是国教牧师也许是英国最大的职业集团,其从业人员远远超过了律师、医生和机械师。国教牧师的数量在 19 世纪增长比较快,从 20 年代的 1.2 万人增加到 1871 年的 2.1 万人,再增到 1901 年的 25 363 人。其他有些教派也出现同样趋势,比如卫斯理宗(循道宗)牧师从 1831 年的 736 人增长到 1901 年的 1 675 人。教职仍是大多数青年学人的职业选择,许多男青年梦寐以求,1840 年代牛津剑桥毕业生中 73% 接受圣职,到 1864—1873 年这个数字仍然有 51%。④

总之,19 世纪英国人仍然是虔信的,宗教情绪空前浓厚。不过,宗教情绪浓厚不意味着信仰一致,可以说,恰恰是在 19 世纪,英国从宗教划

---

① W. D. Rubinstein, *Britain's Century*, pp. 303 – 304.
② Ibid., pp. 298 – 299.
③ Ibid., p. 301.
④ Ibid., p. 299.

一向宗教多元化过渡,国教仍然主宰着社会生活的各个层面,但非国教也得到迅速发展,天主教恢复了合法的地位,非基督教的宗教也慢慢得到了容忍。

新教少数派(非国教)中最大的派别是公理会(Congregational Church)、浸礼会(Baptists)、长老会(Presbyterian church)和教友会(即贵格会[Quakers]),此外还有一神派(Unitarism)等其他教派。天主教是和整个新教对应的一个派别,它隶属罗马天主教会。在19世纪,非基督教少数派中最重要的是犹太教(Judaism)。[1]

非国教分为一系列大大小小的团体,在19世纪得到了不同程度的发展。1850—1900年,英格兰和威尔士的浸礼派成员从大约17.5万人增长到34.6万人;相比之下,公理会从22.5万人增长到40.8万人,教友会从1.5万人增长到1.75万人,一神教保持在4万人左右。[2]

尽管英国有反天主教的传统,在很长时间中把天主教徒看作是国家潜在的威胁,但1801年爱尔兰被并入联合王国,使天主教徒的数量大增;上、中层阶级中也有一些天主教的忠实信徒,此外还有改信天主教的人。由此,英格兰和威尔士的天主教徒从20年代的约50万增加到1861年的130万人和1900年的150万人;在苏格兰,则从1827年的7万增加到1900年的43.3万人。1829年,由于爱尔兰危机的冲击,天主教徒获得了平等的政治权利。[3]

犹太人在1830年只有大约2.5万人,1880年有6万人,由于俄国在1881年以后排犹,大批俄国犹太人移民英国,到1905年也许达到了25万人。犹太人中有许多银行家,他们定居在伦敦中心,经营国际金融业务,在当时英国31个百万富翁中有24个是犹太人,33个资产达到50万英镑的富翁中有8个是犹太人,这些数字虽然只及国教徒的一半,但与

---

[1] F. M. L. Thompson, *The Cambridge Social History of Britain*, p. 324.

[2] W. D. Rubinstein, *Britain's Century*, pp. 313–314.

[3] Ibid., p. 315.

其人数相比却是高得不成比例的。[①] 犹太人的财富帮助他们取得平等的公民权,1833 年他们获得占有土地的权利,1835 年伦敦犹太人得到议会选举权,1858 年《犹太人解放法》允许犹太籍议员入座议会大厅,当年,犹太教的银行家罗思柴尔德(Baron Lionel Nathan de Rothschild,1808—1879)当选为议员,标志着犹太教徒得到了政治上的平等地位。

不仅如此,1869 年议会废除圣公会在爱尔兰的国教地位,这对国教会而言是一个更沉重的打击。此后无神论也得到了它的政治地位,1880年无神论者查尔斯·布雷德洛(Charles Bradlaugh,1833—1891)当选为下院议员,尽管引发了长时间的争议,但还是在 1886 年得到承认。[②]1891 年的《消除宗教限制法》最终取消了一切宗教限制,任何人不论其信仰如何,都有担任议员的资格。至此,除了王位等少数几种职务,所有公职都向公民开放,而不论其有什么信仰。

在宗教多元发展的冲击下,19 世纪初的国教会远没有表面看起来那么稳如磐石。在 1851 年的宗教普查日,参加非国教礼拜的人比参加国教礼拜的人还要多一点(表 52)。国教会与民众的关系显得疏远,它与国家的亲密关系不见得是优势,它的组织结构更适合稳定的农业社会,不适应快速变化的城市社会,快速变化的城市需要大量有进取心的牧师,国教会却显得步伐缓慢,因此不断面临非国教各种教派的严峻挑战。

表52　1851 年英格兰和威尔士宗教普查[③]

	普查日参加教堂礼拜的人	占总人口的百分比(%)	占参加教堂礼拜的百分比(%)
国教	2 971 268	17	47
非国教	3 110 782	17	49

① W. D. Rubinstein. *Men of Property*:*The Very Wealthy in Britain since the Industrial Revolution*,London,1981. p. 92.
②《简明不列颠百科全书》第 2 卷,中国大百科全书出版社,1985 年,第 132 页。
③ G. Best, *Mid-Victorian Britain* 1851—75,London:Weidenfeld and Nicolson,1971,p. 179.

续表

	普查日参加教堂礼拜的人	占总人口的百分比(%)	占参加教堂礼拜的百分比(%)
天主教	249 389	1	4
其他	24 793	0.1	0.4
总数	6 356 222	35	100

虽说到 19 世纪晚期国教会仍然在英国社会中发挥核心的作用,但它受到内、外两方面的挑战,其影响力日渐下降。在外部,它受到科学的挑战,特别是 1859 年达尔文(Charles Robert Darwin,1809—1882)提出进化论,直接挑战了上帝的权威,在精神领域制造了一场惊天动地的大地震。达尔文理论在科学的层面上削弱了圣经的真理性质,而且由于"适者生存",似乎说明基督教道德本身就有问题。[1] 这让许多思想家和博学之士经历了深刻的"信仰危机",而刚刚成年的年轻人则遭遇了科学与信仰之间的对决。

但更大的挑战来自内部。首先,国教会对信徒的控制能力下降了,按照 1850 年枢密院司法委员会的裁决,教会对持有非正统观念的人不可轻易审判和惩罚,对非国教徒也不可任意排斥。这项裁决尽管使国教会维持了妥协、调和的中庸性质,内部可以存在分支流派;但在另一方面却使国教会缺乏明确的立场,容易造成信仰危机。[2]

其次,"高等考证"(higher criticism)挑战了《圣经》的权威性。"高等考证"起源于德国,30—40 年代也在英国教会知识界流行,这种考证对《圣经》(Bible)进行学术考察,从中找出前后矛盾甚至荒谬之处,如旧约前五章声称是摩西(Mose)所作,内容却包含摩西之死。考证对知识界信徒形成冲击,使他们对信仰的根基——《圣经》产生怀疑。

第三,教会内部腐败迭生,花样繁多,其中一大弊端是教士兼职。当

---

① W. D. Rubinstein, *Britain's Century*, p. 310.
② Ibid. .

时教士的收入差距很大,例如达勒姆主教年收入 6 000 英镑,但布里斯托尔主教只有 450 英镑;1810 年,近 1/4 的教区年开支还不到 100 英镑。①这使许多低收入的教士兼领圣俸,一个人在好几个教区兼任,获得几份收入,同时又疏离职守,严重降低了工作效率。兼职牧师花钱雇用助理牧师代他行使职责,到 1830 年,只有 40% 的教区牧师住在本教区。

第四,国教会脱离群众,不能发挥教牧作用。19 世纪有许多牧师担任治安法官,在 20 年代大约有 1/4 的治安法官是由牧师担任的。这些牧师忙于世俗事务,追求世俗利益,日益远离教民,失去他们的信任。②而星期日的布道无论在内容上还是在方式上都脱离大众需要,仪式庄严有余,内容沉闷乏味,毫无吸引力。教会的立场又经常背离时代潮流,人们不假思索地认为它站在政治反动和极端保守的阵营里。

面对这些问题,英国教会试图用改革来应对。1835—1836 年辉格党政府立法废除了兼领圣职的做法,它重新分配教区收入,缩小了贫富教区间的收入差距,还讨论了什一税和教区税问题。

国教也开始以比较宽容的心态来看待其他宗教派别,如允许非国教人士入选议会——1828 年是其他新教宗派,1829 年是天主教,1858 年是犹太教。70 年代起,除了少数职务,所有公职向各教派敞开大门。1836 年国教会放弃了对出生、婚姻与死亡的注册独占,1858 年放弃了对遗嘱公证的独占权;牛津与剑桥也在 70 年代初允许招收非国教教派的学生。到 19 世纪晚期,安立甘宗作为英格兰的国教仅仅是仪式的和习惯的,而不再是法律的;同时,它也不再是爱尔兰的国教。

为扩大影响,国教会还大规模建设新教堂,特别是在大城市。1818 和 1824 年教会得到两笔议会拨款,在大城市建立了 600 座新教堂;从

---

① G. F. A. Best, *Temporal Pillars*: *Queen Anne's Bounty*, *the Ecclesiastical Commissioners and the Church of England*, Cambridge University Press, 1964, pp. 196, 204, 407; D. R. Hirschberg, 'Episcopal Incomes and Expenses 1660—1760', in R. O'Day and F. Heal, eds., *Princes and Paupers of the English Church*, Barnes & Nobel Books, 1981, pp. 213 - 216.

② F. M. L. Thompson, *The Cambridge Social History of Britain*, pp. 313 - 314.

1861 年到 1901 年,教堂数从大约 14 731 个增长到 17 368 个。19 世纪国教会的牧师人数几乎增长一倍,但 19 世纪晚期牧师数的增长幅度不大,在 1871 年到 1901 年期间,从 19 411 人增长到 23 193 人。[1]

尽管有这些措施,但仍显得迟缓乏力,不能解决深刻的危机,也无法消除英格兰教会内部的争端。首先是产生于 18 世纪的卫斯理宗(Methodism),在其领导人约翰·卫斯理(John Wesley,1703—1791)去世后,迅速从国教中分离出去,发展成颇有实力的新的教派。19 世纪初该派增长速度极快,从 1800 年的 9.4 万人增长到 1830 年的 28.6 万人,还有大量参加仪式却并未入会的人。18 世纪卫斯理宗主要在城镇活动,到 19 世纪则迅速发展到农村及西部、北部的半城镇地区,对农夫、矿工、手工工匠、小商人和小店主吸引力很大。它让青少年和女性找到了出头露面的机会,这是体制化的国教所没有的;而政治动荡和社会混乱则让它在农民、手工业者和劳工中找到了许多皈依者。[2]

面对卫斯理宗的迅速发展,国教福音主义运动(Evangelical Movement)形成了。国教的种种弊端引起一些教士的反思,他们感到国教会在管理体制上落后,地方教区设置跟不上时代的发展;教区收入拮据,造成教士贫困,不能很好地履行宗教职责;国教组织忽视穷苦人的要求,越来越远离普通教徒。这些人觉得国教会必须关注下层民众的贫困问题,主张所有人都可以获得上帝拯救,而不管他出身如何、财产多寡,他们被称为"福音主义者"。福音主义是对国教高高在上、脱离民众作风的背离。

福音主义在国教内部有很大影响,其中"克拉彭派"(the Clapham Sect)尤为著名。这个派别因一些重要人物居住在伦敦郊区的克拉彭村而得名,其代表人物是威廉·威尔伯福斯(William Wilberforce,1759—1833),其他还有扎加利·马考莱(Zachary Macaulay,1768—1838)、詹姆

---

[1] A. D. Gilbert, *Religion and Society in Industrial England: Church, Chapel and Social Change,1740—1914* ,London, 1976,p. 28.

[2] F. M. L. Thompson, *The Cambridge Social History of Britain* , pp. 324,326.

士·斯蒂芬(James Stephen,1789—1859)等。他们中有许多是议会议员,还有富裕的银行家和政府官员。由于政见比较一致,他们在议会中形成一个小派别,即所谓"圣徒团"(the Saints),成员中包括威尔伯福斯、亨利·桑顿(Henry Thornton,1760—1815)、詹姆士·斯蒂芬、泰格茅思勋爵(Lord Teignmouth,1751—1834)、格兰维尔·夏普(Grenville Sharp,1735—1813)和约翰·维恩(John Venn,1759—1813),正是这些人在1795年组成了"克拉彭派"。①。"克拉彭派"提倡社会、宗教改革,推进社会慈善事业,其中最为人们称道的是组织和推动了废除奴隶贸易和奴隶制的社会运动,最终与其他教派中的福音主义者一起迫使议会废除了奴隶贸易(1807年)和奴隶制(1833年)②。从1830年代起,福音运动领袖开始关注工人阶级的贫困问题,其中沙夫茨伯里伯爵(Lord Shaftesbury,1801—1885)是典型。

福音运动对英国社会的影响巨大,尤其对普通民众有很大影响。福音主义宣扬维多利亚时代的行为准则和道德规范,提倡严格的安息日制度,主张在民众中恢复真正的宗教热情,而这些又恰恰是卫斯理运动的目标。福音运动印发大量的宗教宣扬品,尤其是书册、祈祷书、廉价圣经、布道文,并开展以主日学校为中心的大众宗教教育。它宣传家庭的核心作用,把家长领导的家庭视为基督教价值和基督徒生活的主要体现。福音运动也在一定程度上压抑了贵族社会的腐败风气,到1850年代,这种风气就不那么公开和普遍了。③ 当时社会上很多著名人士都受到福音主义的影响,著名的有首相威廉·格拉斯顿;历史学家托马斯·马考莱(Thomas Babington Macaulay,1800—1859)受他父亲扎加利·马考莱的熏染,著名作家乔治·艾略特(George Eliot,1819—1880)早年

---

① Jeremy Gregory, John Stevenson, *The Longman Companion to Britain in the Eighteenth Century*, 1688—1820, Pearson Education, 1999, p. 236.
② 关于福音派在废奴主义运动中所起的作用,可参看 Leo d'Anjou, *Social Movements and Cultural Change: the First Abolition Campaign Revisited*. New York: Aldine de Gruyter, 1996, pp. 139 – 143.
③ W. D. Rubinstein, *Britain's Century*, p. 307.

也笃信福音主义。

但福音运动的作用也是有限的。一是福音派人数不多，从来没有占据国教的主流，其社会基础主要在中上层贤达之士之中；二是它自始就是一个组织松散的运动，其内部从来不是铁板一块；三是福音派持保守主义政治立场，比如在 1832 年支持托利党，反对议会改革，这是它致命的弱点。

在 19 世纪的宗教运动中，牛津运动（Oxford Movement）是另一个重要的运动。牛津运动起源于国教"高教派"，它强调英国教会的天主教而不是"新教"传统。宗教改革以后，英国国教仍然保留着许多天主教因素，在组织结构、教阶制度和仪式方面都与天主教有明显的纽带关系；当时，国教强调国家的权威，支持君权神授，反对激进的变革和民众参与政治。[①] 19 世纪，高教派的学术人士和教会人员对国教中日益盛行的自由主义倾向极为担忧，他们主张恢复昔日的教会权威和早期的圣徒传统，提倡类似天主教形式的礼拜仪式，并在事实上认为教会高于国家。

"牛津运动"是 1833—1845 年间国教内部的一次宗教复兴运动，运动从牛津大学开始，旨在抵制教会的自由主义倾向，恢复 17 世纪的"高教"特点。该运动的核心人物是约翰·纽曼（John Henry Newman，1801—1890）、理查德·弗洛德（Richard Hurrell Froude，1803—1836）、约翰·凯布勒（John Keble，1792—1866）和爱德华·皮由兹（Edward Pusey，1800—1882）等。早期的领袖是纽曼，后期由皮由兹执掌大旗，这些人提倡恢复传统教义和高教礼仪，故有"崇礼派"之称。[②]

一般认为牛津运动始于 1833 年。当年，辉格党政府通过一项宗教宽容法，它改革了爱尔兰教会，把爱尔兰主教减少到 10 个，建立教会委员会管理教会财政。这些措施使保守的国教徒十分担忧，他们担心圣公会最终将失去在整个国家中的国教地位，而牛津运动的活跃分子走得更

---

① W. D. Rubinstein, *Britain's Century*, p. 308.
② 丁光训等主编：《基督教文化百科全书》，济南出版社，1991 年，第 94 页。

远,他们反对国家干预教会事务,反对"国家至上"的信条;他们抵制政教分离和宗教多元化趋势,批判宗教自由主义和理性主义,主张回归基督教的古代教父传统,因而使运动成为一场典型的文化保守主义运动。

牛津运动出版了大量的书册,因而也被称为"书册运动"(Tractarianism),这些书册宣传牛津派的主张,在国教内部一时引起激烈争论。但这些主张越来越引起国教人士、甚至国教高层人士的警惕,他们认为牛津派的真正目的是恢复罗马天主教,取代英国国教的地位,这样,就唤醒了英国潜在的反天主教精神。1845年纽曼正式皈依天主教,使牛津运动雪上加霜。尽管又有一些重要人物先后加入天主教,但大多数人仍然留在了国教内部,被看成是"伪装的天主教徒"。

大多数国教领袖既非福音派也非牛津派,而是所谓的"广教派"(Broad Church)。这是国教内部的中间派,他们避免极端,尽可能兼收并蓄。广教派反对过高强调教会的权威,不赞成高教派恢复旧制的主张,认为教阶、圣品与圣事礼仪并不重要,信仰才是基督教的真谛。它支持福音派及新教非国教的一些做法,反对繁文缛节,强调基督徒的社会责任心,主张新教各派的联合,共同改善工人阶级的生活水平,废除奴隶制。由于受到福音主义的强烈影响,他们也被称为"国教福音派"。①

19世纪晚期,国教会中高教派和低教派②都在发展,反映了国教中"天主教"和"新教"传统的碰撞。总体而言,19世纪英国国教仍然走中间道路,许多上层人士厌倦了教义争执,渴望一个理性和务实的宗教,让人们能够平静地礼拜。这种"不拘泥于教义和仪式"的向往使国教不仅接受福音主义,而且吸纳牛津运动。在19世纪大部分时间里,福音派在牧师中势力强大,但大学却是高教派的堡垒,广教派则受到政府的支持。两大改革运动克拉彭派和牛津运动的领袖人物都活跃在国教的框架内,

① 丁光训等主编:《基督教文化百科全书》,济南出版社,1991年,第48页。
② 这两个概念都出现在18世纪,"高教"(High Church)主张在教义、礼仪和规章上尽可能贴近天主教,维持教会的权威地位;"低教"(Low Church)相反,在各方面都更坚持新教传统。参见丁光训等主编:《基督教文化百科全书》,济南出版社,1991年,第48页。

这并非偶然。直到世纪末,国教仍然是英国最重要、最具活力的宗教派别,尽管相对而言它在衰落。

关于19世纪的英国教育,它有两套不同的体系,一是精英教育,二是大众教育。精英教育确立了以"重点"中学(公学)和"重点"大学(牛津、剑桥,合称"牛桥")为主体的"精英"人才培养体系,为教俗两界及军队等输送合格的官吏。受教育一直是重要的进身之路,受教育的权利一直为上流社会所独享,精英教育旨在培养绅士素质,而非专业技能。大学收费昂贵,很少提供奖学金,因此历史悠久的牛津、剑桥就一直是贵族子弟的天下。大学崇尚古典课程,讲究宗教意识,注重人文教育,看重体育活动。

公学(public school)是英国精英教育的基础,名气大,声望高,旨在培养少年贵族的良好情操和高尚人格。在预备学校、中学和大学教育中,公学是中坚,是关键,因为公学是国家统治者的制造商,大学只对他们进行强化,而非塑造。所以凡是社会精英就要上恰当的公学,一旦进入公学,就取得了永久的社会优越地位。

公学分两个层次,上层是贵族、乡绅和上层中等阶级学校,培养未来的政教军各界领袖,还有高级专业人才。工业社会的出现和中等阶级的成长要求对教育进行改革,1861年组织了以克拉伦敦勋爵(Lord Clarendon,1800—1870)为首的委员会对9所历史悠久的"公学"进行调查,这9个学校后来被称为"克拉伦敦学校"①或"克拉伦敦九",其中包括7所寄宿学校:伊顿(Eton College,1440年)、哈罗(Harrow School,1572年)、什鲁斯伯里(Shrewsbury School,1552年)、切特豪斯(Charterhouse School,1611年)、温彻斯特(Winchester College,1382年)、拉格比(Rugby School,1567年)和威斯敏斯特(Westminster School,1179年),还有2所走读学校:圣保罗(St. Paul School,1550年)和梅钦泰勒

---

① W. D. Rubinstein, *Men of Property: the Very Wealthy in Britain Since the Industrial Revolution*, Croom Helm, 1981, pp. 178 - 192.

(Merchant Taylors)。①

这些公学几乎都以古典课程为主,直到 1870 年,在拉格比公学,每周 22 个学时中有 17 个是拉丁文、希腊文等古典课程,反映了贵族的文化观。公学也逐渐吸收了资产阶级的公平竞争(fair play)精神。② 公学为英国输送了大量官员,1880 年以来,有 60%以上的内阁大臣受过公学教育,其中仅伊顿就占 34.7%。90%的大贵族上过公学,其中 75%上过伊顿或哈罗;上层文官中 71%上过公学,其中 48%上过伊顿或哈罗。议员的相应数字是 69%和 49%,企业家的数字是 63%和 42%,外交官中 67%是伊顿毕业生。③

下层公学通常建校时间较短,旨在为中等阶级子弟提供教育,培养中上层管理人才、律师和商人。1837—1869 年创立了 31 所寄宿学校,但并非所有这些学校都立即获得公学的地位。④ 这类公学还可以大体上分成三种:一是语法学校,一般是在 19 世纪被改造的古老学校;二是非营利私人学校,通常在 40 年代以后为中等阶级创立;三是私人建立的营利学校。中等阶级公学中最出名的是切尔滕纳姆(Cheltenham,1841)、莫尔伯勒(Marlborough,1842)、罗素(Rossall,1844)、雷德利(Radley,1847)、兰辛(Lancing,1848)、埃普索姆(Epsom,1853)、克利夫顿(Clifton,1862)、哈雷伯里(Haileybury,1862)和莫尔文(Malvern,1865)。两所天主教公学也名声不错——耶稣会(Jesuits)的斯通赫斯特(Stonehurst)和本笃会的爱普福斯(Ampleforth)。

1869 年议会颁布了《受捐助学校法》,正式认可上学收费的原则,并要求兼顾古典教育与现代教育,于是语法学校遍地开花,在英格兰就有 1 448 所,威尔士有 31 所。这些学校有着类似的教学体系,既开设古典课

---

① 参见 Francois Bedarida:*A Social History of England 1851—1990*,p. 155.

② Francois Bedarida, *A Social History of England* 1851—1990,pp. 155 - 156.

③ H. Perkin,"The Recruitment of Elites in British Society Since 1800",*Journal of Social History* vol. 12,1978,pp. 222 - 234,231.

④ Edward Royle, *Modern Britain*,p. 365.

程,也教授现代科学技术,从而培养社会需要的德才兼备的专业人才。

从公学毕业,学生可进入高等院校。19世纪初,英国高等教育体系由两部分组成,其一是牛津、剑桥这两所古典大学,它们是贵族和乡绅子弟独占的大学,在课程设置上体现被约翰·洛克(John Locke,1632—1704)称为"绅士教育"的目标。[1] 19世纪以后,牛津是培养政治家的摇篮,剑桥成为哺育科学家的温床,英国历史上有29位首相、50名诺贝尔奖获得者分别毕业于这两所大学。其他精英群体也从"牛桥"获得力量,1880—1899年,"牛桥"毕业生占文官上层的78%,主教的96%,高级知识分子的84%,企业家的68%。[2]

作为英国国教的组成部分,古典大学在18世纪受到冲击,发展缓慢,到19世纪中叶才恢复元气。牛津大学在1630年代达到招生顶峰,新生数达到500人;18世纪中叶下降到不足200人,直到1870年代才再次超过500人。剑桥在1620年代达到顶峰,60年代下降到100人出头,到1860年代恢复到500多人规模。[3] 就学生出身而言,1810年,牛津大学贵族和乡绅子弟占学生人数的99%。[4]

在社会变动的大背景下,古典大学的变化却十分缓慢,到1850年代中期以后,英国议会才通过了一系列改革法令,对牛津、剑桥进行重大改革。第一是实行宗教与教育分离,1854年和1856年的牛津剑桥大学法(The Oxford and Cambridge University Act)分别为两校建立了管理机构,除三一学院外,所有学院都放弃宗教测试,彻底取消了宗教甄别。[5] 1871年允许非国教徒获得博士、硕士学位和研究员职位,可以进入大学

---

[1] J. A. Sharpe, *Early Modern England*: *A Social History*,1550—1760,Edward Arnold,1987,p. 264.

[2] 谢天冰:《试论英国教育体制的近代化》,《福建师范大学学报》(哲学社会科学版),1998年第1期,第104页。

[3] Edward Royle, *Modern Britain*, p. 375.

[4] J. A. Sharpe, *Early Modern England*: *A Social History*,1550—1760,Edward Arnold,1987,p. 258.

[5] Rudy Willis, *The Universities of Europe*, *1100—1914*, Associated University Press,1984,p. 116.

管理机构。入学方法也改革了，奖学金和研究基金采取公开竞争制。1877 年的另一项立法废除了对教员的独身要求，而此前只允许学院院长结婚。

第二个重大变革是古典大学逐渐从封闭走向开放，一是改革寄宿制，牛津在 1868 年、剑桥在 1869 开始接纳非住宿生，以方便中下层子弟入学。二是向非国教徒敞开大门，创办教派宿舍，其中两个——牛津的基布尔（Keble）和剑桥的塞尔文（Selwyn）是国教性质，牛津的曼斯菲尔德（Mansfield）则面向非国教徒。①

改革的第三个方面是教学与课程，尽管本科仍开设死记硬背的古典课程，但是逐渐增加了科学课程。1807 年古典学校和数学学校分离，新科目渐渐加进了旧课程体系。1824 年剑桥大学开始文学士荣誉学位考试（Classics Tripos），1848 年道德科学（包括历史）和自然科学也开始荣誉学位考试。到 19 世纪中叶，牛津设有自然科学院、法学院、现代历史学院和神学院；"牛桥"都建立了科学实验室。即便如此，大学科技教育仍然进展缓慢，尤其在牛津大学，1900 年，在牛津专业课程里古典文学占 34％，历史占 33％，自然科学仅占 8％，数学占 6％。但是在剑桥通过的荣誉学位考试中，最多的是自然科学，占 27％，古典文学占 25％，数学占 16％，历史占 10％。② 这种以古典教育为主导的高等教育的结果是："英国虽有许多科学家和诺贝尔奖金获得者，却缺乏足够的技术人才和经营管理人才。"③

英国高等教育体系的第二个部分是技术学院（Academy）。如果说古典大学为国教精英提供了高等教育，那么技术学院则为非国教徒提供了相应的教育机会。Academy 意为"学院"，指中高等专科学校，它们注

---

① Edward Royle, *Modern Britain*, pp. 337 - 378.

② Ibid., p. 378.

③ Martin J. Wiener, *English Culture and the Decline of the Industrial Spirit*, Cambridge University Press, 1981, pp. 137 - 138.

重自然科学和实用技术、追求创新和全面发展。[1] 1662—1843 年间共有 73 所有一定影响的非国教学院(Nonconformist Academy),与宗教完全分离的技术学院是私立学院(Private Academy),依照法、意等国的专业学校模式组建,特别强调实用科目设置,主要教授自然科学与职业技术,培养社会实用人才。据说英国第一所私立学院是 17 世纪 80 年代缪尔(Meure)创办的伦敦索霍学院(London Soho Academy),这所学校以实用职业技术教育为主,设有文法、商业、技术、海军和艺术五个领域。私立学院规模不大,但发展更快,到 1780 年代已超过 200 所。[2]

古典大学和技术学院都有强烈的宗教属性,而世俗大学则始于 1828 年创办的伦敦大学,它与宗教完全分离,有着强烈的功利和实用倾向。1831 年开办的国王学院则遵守教派传统,承认国教会的主导地位。这两所学校只颁发毕业证书,均无学位授予权。两者在宗教问题上针锋相对,暗暗较量,斗争的结果是妥协:在保持两校原有建制不变的原则下,将 1828 年成立的伦敦大学改名为大学学院(University College),与国王学院一样独立办学。另外成立一个实行联盟制的新伦敦大学(University of London),其任务是考试和授予学位,它不是教学机构,不招生、不授课。伦敦及各地相继成立了一些新的学院,它们在教学事务上独立自治,从伦敦大学接受学位。[3] 到 1851 年,新伦敦大学下属 29 所普通学院,60 所医学院,最远的在约克和卡马森(Carmarthen)郡,甚至锡兰(Ceylon)、孟加拉(Bengal)、马耳他(Malta)等海外殖民地。伦敦经济学院(1895 年)和帝国学院的一部分——皇家科学学院、皇家矿藏与城市学院、基尔特学院等都属于高等学历技术教育。1898 年修改了伦敦大学章程,防止学院变成独立的大学。[4] 1858 年,除医学院外,允许在英国任

---

① Rudy Willis, *The Universities of Europe*, p. 82.

② James Bowen, *A History of Western Education*, vol. 3, Methuen & Co. Ltd., 1981, pp. 135,139.

③ N. B. Harte. *The University of London*, 1836—1986: *An Illustrated History*, The Athlone Press, 1986. pp. 72-73.

④ Edward Royle, *Modern Britain*, p. 384.

何一所大学注册读书的学生参加伦敦大学的学位证书考试;后来,没有大学学历的自学者也可申请参加考试。

伦敦大学的办学模式产生了深远影响,从 1850 年代起,一大批新式大学(初为学院)在英格兰许多城市兴起,史称"新大学运动"。这些学院以非宗教、讲求实用为特征,以培养科技人才为目标。1837 年创办的杜伦(Durham)学院是其先驱,以后曼彻斯特的约翰·欧文斯(John Owens)学院、利兹的约克郡自然科学学院、利物浦的大学学院、伯明翰的梅森科学学院等都比较出名。"这些大学的目标与牛津、剑桥显然不同,它们的办学资金大多来源于地方工业家,带有强烈的地方色彩……这些地方性大学强调自然科学和工程学等新兴学科教学,以满足国家的需要。"①19 世纪下半叶各城市学院逐渐发展成大学,比如 1880 年欧文斯学院成为维多利亚大学,以后利物浦、利兹、伯明翰的学院也获得大学地位。② 接受高等教育的人明显增加了,到 1900 年,英国大学生人数达到 2 万左右。③ 教育内容从古典文化发展到科学技术,精英培养从政教两界扩大到科技和工商业。随着时间推移,城市大学里专业人员的子弟增多,1893 年,在伯明翰的梅森学院(Mason College)里,专业人员和中等阶级下层的儿女各占近 37%,还有 13% 的工匠子女。④

女性的高等教育步履维艰。议会指定的关于教育问题的汤顿委员会(Taunton School Inquiry Commission)因女权主义者埃米莉·戴维斯(Emily Davies,1830—1921)的努力,接受了女子受教育的观念,于是把一小部分教育捐款拨给女子学校,不过到 60 年代,英格兰只有 12 所女子学校得到资助,到 90 年代有 80 所。在苏格兰,女子受教育的传统比较悠久,第一所女子寄宿学校是在 1823 年创办的切尔滕纳姆女子学院(Cheltenham Ladies College),以后又开办了圣安德鲁斯的圣伦纳德学

---

① May Trevor, *An Economic and Social History of Britain*, p. 220.

② Edward Royle, *Modern Britain*, p. 383.

③ F. M. L. Thompson, *The Cambridge Social History of Britain*, p. 157.

④ Ibid. .

校(St Leonard)和布赖顿的罗迪安学校(Roedean)。走读学校中,弗朗西丝·玛丽·巴斯(Frances Mary Buss,1827—1894)在 1850 年创办的北伦敦学院(North London Collegiate School)影响最大。玛丽亚·格雷(Maria Grey,1816—1906)和她的姐姐埃米莉·希立夫(Emily Shirreff,1814—1897)在 1871 年创办女子教育全国同盟(National Union for the Improvement of the Education of Women of all Classes/Women's Education Union);受她们启发,1872 年创建了女子公学公司(Girls' Public Day School Company,1872—1905),用来资助创办女子中学。第一所受资助的学校是 1873 年在切尔西(Chelsea)开办的,以后在伦敦和其他地区拓展,到 1901 年公司共资助 38 个女子中学;1906 年公司更名为女子公学信托基金(The Girls' Public Day School Trust,1906 - 1998),1998 年后更名为 Girls' Day School Trust。1883 年起,英格兰教会学校公司仿照这种模式在全国开办女子学校。[1]

　　1863 年,剑桥大学同意让女生私下参加地方考试,两年后举行公开考试,当年有 126 名女生参加考试。1869 年,剑桥大学试行女子预考(Previous Examination)和普通学位考试(Ordinary Degree);1880 年又准许女性参加荣誉学位考试,但不可获得正式学位。1877 年牛津大学也步其后尘,举办了独立的女子考试。

　　1847 年,伦敦大学国王学院的弗雷德里克·莫里斯(Frederick Denison Maurice,1805—1872)开始给女教师授课,次年开办了王后学院(Queen's College)。尽管它其实是个中学,但培养了一批女子教育的先驱者,包括弗朗西丝·玛丽·巴斯、多萝西娅·比尔(Dorothea Beale,1831—1906)、索菲亚·杰克斯-布莱克(Sophia Jex - Blake,1840—1912)等。1849 年伊丽莎白·里德(Elizabeth Reid,1789—1866)在贝德福广场给女子授课,1878 年贝德福德学院(Bedford College)获得为女性参考伦敦大学学位的地位。其他女子学院也逐一开办,如 1879 年国教的玛

---

[1] Edward Royle, *Modern Britain*, pp. 367 - 368.

格丽特女子学院（Lady Margaret）和非国教的萨默维尔学院（Somerville），1882年开办的威斯特费尔德学院（Westfield）和1886年开办的皇家霍洛威学院（Royal Holloway）等。

女子获得平等高等教育权的斗争持续了很长时间，剑桥大学直到20世纪才给女性授予学位；不过，在此之前，伦敦大学各附属学院和威尔士、苏格兰的大学早就给女子授予学位了。[①]

1900—1901学年，除牛津、剑桥之外，英国的全日制大学生达到14 347人，其中英格兰7 943人，威尔士1 253人，苏格兰5 151人，有2 749名是女生。[②] 不过，高等教育仍然是精英教育，2万个大学生在人口总数中的比例微不足道，国民素质的整体提高还有待于大众教育的发展，有待于高等教育的大众化。

与精英教育发展迅速形成鲜明对照的，是大众教育举步维艰，直到1870年为止英国都没有统一的大众教育制度，这不能不引起人们的反思。其中的原因，一方面是英国传统思想作怪，重精英教育轻民众教育；另一方面则是自由主义盛行的结果，反对国家干预教育，将其视为私事，与政府完全无关。孩子受不受教育、受什么教育，全看父母意愿，家长的经济状况、性别、阶级和宗教信仰决定孩子的受教育状况。在自由主义主导下，政府虽然在1839年设立了教育委员会，但1859年的纽卡斯尔委员会就初等教育作出结论说：政府资助势必对私人权利造成无端的干涉。在这种思想指导下，英国的大众教育全面落后，不仅落后于同时代的欧洲国家，甚至落后于18世纪的英国。

大众教育的落后首先表现为19世纪以来英国识字率呈下降趋势，1839年男性平均识字率为66.3％，女性为50％（表53）；但已婚青年中男性识字率从1795年不足40％下降到1840年的33％，女性从1750年60％多下降到1840年的50％以下；[③]在圣乔治（St Geroge）、圣詹姆士

① Edward Royle, *Modern Britain*, pp. 385，369.
② F. M. L. Thompson, *The Cambridge Social History of Britain*, p.156.
③ Ibid. , p.122.

(St James)、圣安妮(St Anne)等教区,70%的孩子没有受到教育,似乎是年龄越小,识字率越低。

表53　1839年英格兰和威尔士识字率①

区域	男性(%)	区域	女性(%)
伦敦	88.4	伦敦	76.1
北部	79.4	北部	57.7
西南部	67.6	西南部	53.0
东南部	67.4	东南部	60.0
米德兰北部	67.2		
约克郡	66.4		
平均数	66.3	平均数	50.5
西部	60.3	西部	46.4
西北部	58.3	西北部	35.8
米德兰南部	57.3	米德兰南部	47.3
东部各郡	54.9	东部各郡	48.3
威尔士	51.8	威尔士	30.4
		米德兰北部	49.9

其次表现为国家没有教育政策,没有统一的教学大纲和毕业标准,私人、教会、慈善机构甚至企业都可开办教育,而国家完全不管。这就使英国的大众教育参差不齐,各种学校五花八门。其中主日学校的影响比较大,这是一种宗教机构开办的学校,在星期天上课,后来也有私人办这种学校,向贫苦儿童教授一些基本的读写和算术知识。主日学校借教堂或其他公共场地做教室,不收或只收很少学费。1801年仅伦敦就有1 516所主日学校,约15.65万名学童;在19世纪中叶,5—15岁的工人

---

① G. R. Porter, Progress of the Nation, 1851, p. 700. in Edward Royle, *Modern Britain*, p. 351.

子弟大约有 2/3 上过主日学校。1851 年有 240 万注册学生,实际上学人数约 180 万。[1]

"导生制"(monitorial system)学校也有较大影响。导生制也称"级长制",1810 年左右开始形成,曾在教会主日学校实行过,国教会教士贝尔(Andrew Bell, 1753—1832)和公理会教士兰开斯特(Joseph Lancaster, 1778—1838)分别进行了系统的实践,因此又称"贝尔—兰开斯特制"(Bell - Lancaster method)。在这种学校中,教师先对年龄较大的学生进行授课,再由这些学生教授年龄较小的学生,并负责检查和考试。这是一种廉价的教学方法,一个教师可以教授很多学生。到 1813 年底,英格兰至少有 133 个市镇开设了导生制学校,有 35 个地方还开设了招收女童的导生制学校,招生总数达 10 万—15 万名。[2] 到 1851 年,估计有 1 500 多所导生制学校。

"国民学校"(national school)也对穷人进行基础教育。1811 年创立的全国穷人教育学会(National Society for Education of the Poor)负责这方面工作,到 1851 年已经有 1.7 万多所国民学校。穷人的学校还有妇孺学校(dame's school)、工场学校(workhouse school)、茅屋学校(cottage homes)等。妇孺学校就是早期的私人小学,通常由女性任教,学校就开在教师家里。[3] 19 世纪 30 年代统计学会(Statistical Society)发现:曼彻斯特上过学的孩子中 54% 只上过主日学校,其余两大类是日校(day school, 16%)和妇孺学校(11%)。1802 年工厂法要求厂主为童工开办教育,尽管该法很少被执行,但它是国家干预教育的起点。1833 年工厂法要求建立"工场学校",为童工提供每天 3 个学时的学习时间。1844 年进一步提出在厂外开办半工半读的"工业学校",这项立法使接受教育的童工增长了一倍。[4] 60 年代,在农村还出现过"茅屋学校",它借

---

[1] Francois Bedarida, *A Social History of England* 1851—1990, p. 157.

[2] 钟文芳:《西方近代初等教育史》,上海科技教育出版社,2006 年,第 140 页。

[3] 奥尔德里奇:《简明英国教育史》,诸惠芳等译,人民教育出版社,1987 年,第 2 页。

[4] Edward Royle, *Modern Britain*, pp. 356,358.

用家庭概念,每个"家庭"容纳 12—30 个孩子,除了教室外,还有工场、医务室和礼拜堂。

这些学校虽说都面向工人,但都不是免费的,一般每个学童每周要付 1—9 便士,所以赤贫儿童仍然得不到教育。为此,福音派创办了"乞儿"学校,为"粗俗、肮脏、缺衣少穿"的赤贫子弟提供免费教育。学生一般都是童工,平日须挣钱谋生,只有星期天才有空接受一点起码的教育。"乞儿"学校不提供像样的"读写算",它只提供预备教育,主要目的是让孩子们远离街头,避免陷入犯罪。到 1851 年英格兰有 74 所乞儿学校,1853 年增加到 116 所,这类学校校舍破烂,教师素质极其低下。

根据纽卡斯尔委员会的报告,到 1858 年,英国有 86 万名学生接受私人学校教育,167.5 万名学生接受宗教学校教育。1833 年开始政府提供教育拨款,希望能借此调控学校的教学水平。到 1839 年,大量拨款拨给了宗教机构,使教会学校成为英格兰和威尔士公共教育的主渠道。国家教育津贴从 1848 年的 12.5 万英镑增长到 10 年后的 80 万英镑,尽管如此,在 19 世纪中叶,英国仍没有令人满意的小学教育体系。

1870 年通过了福斯特(William Edward Forster,1818—1886)的《初等教育法》,它主要包括三方面内容:一、全国划分为若干学区,由地方教育委员会统一管理。二、在英格兰和威尔士学校稀少的地方,创建由选举产生的学校委员会(school board)。三、每区由民间维系一所学校,否则地方教育委员会有权收税、收学费以共同维持;家长若付不起学费,子女可免费入学,但实行强制性的基础教育,凡 6—13 岁的儿童必须入校学习。这项法案是英国初等教育史上的一大转折,它扭转了大众教育不受国家重视而受制于教会的局面,在一定程度上推动了英国教育的发展。

随即,在大多数城镇成立了学校委员会,到 90 年代,英格兰和威尔士的学校委员会超过了 2 000 个。[1] 不久,在工人区创办了寄宿学校

---

[1] F. M. L. Thompson, *The Cambridge Social History of Britain*, p. 143.

（board school），为穷人的孩子提供基础教育。委员会有权减免学费，也有权强制上学，不过在大多数地方教育仍旧既不强制也不免费。1876年另一项立法规定：在没有学校委员会的地方创建享有类似权力的入学委员会；到1880年，所有年龄在5—13岁的儿童都被强制入学，但如果经由半工半读可以达到一定的文化水平，仍可在10岁时开始工作。

教育法的实施使官办学校得到了发展的机遇，到19世纪末，英国官办学校已经达到2 500所，在校小学生190万；加上民办学校的在校生120万，基本上普及了小学教育。作为其结果，英国成年男性最低限度的"读写能力"比例，从1844年的67％增至19世纪末的97％，[1]基本上扫除了文盲。在坎特伯雷附近的一个村庄，5—14岁男女儿童的入学率从1851年的33％和42％，迅速增长到1881年的73％和80％。[2]

在教育管理层面上，1839年成立的枢密院教育委员会是英国第一个国家教育监管机构，标志着由教会控制教育向国家管理教育发展。1858年教育委员会下设教育行政部，加强对普通教育的管理。1880年实施小学义务教育法，1899年成立教育部。政府和议会展开教育调查和立法活动，体现了国家对教育的直接领导。在地方层面，1902年，英格兰和威尔士的学校委员会被地方教育委员会（local education committee）所取代，教育委员会由郡、市议会提名，负责指导小学和中学教育。苏格兰已在1901年通过了相似的法律，不过苏格兰的学校委员会一直存在到1918年。[3]

综上所述，19世纪英国的教育经历了从私人到公共、从地方化到中央干预、从随意到计划的发展过程。在这个过程中，民众的整体文化素质提高了，两性的文化差距缩小了，1815年，男性的文盲率是58％，女性

---

[1] W. B. Stephens, *Education*, *Literacy and Society* 1830—1870, Manchester University Press, 1987, p. 9.

[2] Barry Reay, "The Context and Meaning of Popular Literacy: Some Evidence from Nineteenth-Century Rural England", *Past and Present*, Vol. 131(1):89–129, May 1991, p. 104.

[3] Edward Royle, *Modern Britain*, pp. 359–361.

是 81%。① 到 1871 年,根据统计局(Register‐General)的记录,有 80%
的男性和 73%的女性能读会写;到 1897 年,文盲率下降到 3%。② 英国
的大众教育终于确立起来,使其与英国的经济和帝国地位基本对应。

---

① Edward Royle,*Modern Britain*,p. 353.
② Francois Bedarida,*A Social History of England 1851—1990* ,p. 157.

第四篇

外　交

第一章　均势外交

19世纪英国外交有两个基点,一是捍卫国家领土免遭侵犯,二是强化对外贸易、促进经济繁荣。在拿破仑战争期间,上述两点都受到严重威胁,这使英国认识到:维持欧洲均势才能维护英国安全,因此和平外交成为战后英国外交政策的主线,它服务于欧洲均势(balance of power)的原则。

1814年4月4日拿破仑(Napoléon Bonaparte)宣告退位,波旁王朝(Maison de Bourbon)复辟,5月30日反法同盟与法国签订《巴黎和约》(Treaty of Paris of 1815),恢复正常关系。这次和约对法国比较宽厚,目的是提高波旁王室的声望并抚慰法国民众。从11月2日开始各国在维也纳召开会议讨论战后欧洲格局,这次会议延续至1815年6月9日。

会上,俄国沙皇亚历山大一世(Alexander I)试图夺取波兰,进军西欧,成为拿破仑那样的欧洲霸主;奥地利反对俄国对波兰的领土要求,并希望巩固自己在德意志的盟主地位;普鲁士(Prussia)则希望彻底肢解法国,并对奥地利心存芥蒂。英国的主要目标是恢复欧洲大陆的均势,获取海外贸易及补给点,因此外交大臣卡斯尔雷子爵(Viscount Castlereagh)在会上坚决反对肢解法国,认为只有采取刚柔相济的政策才能维持一个和平的法国[1]。英国最担心俄国在法国之后独霸欧洲,认为中欧强大可以阻挡俄国或法国的扩张,但中欧的强大取决于奥地利与普鲁士之间协调一致,因此它竭力在奥、普之间进行调解。俄国却愿意维持奥、普之间的对峙状态以获渔翁之利,故而采取压奥扶普的政策,在最有争议的波兰及萨克森王国(Kingdom of Saxony)归属问题上,俄国支持普鲁士。[2]

在塔列朗(Charles Maurice de Talleyrand‐Périgord)的安排下,1815 年 1 月 3 日英、奥、法缔结了一个秘密条约:在必要的情况下三国将联合阻止俄普计划的实施,并向俄国发出警告。双方都不愿意为此交战,于是俄国和普鲁士收回建议,最后波兰的领土由俄、普、奥三国瓜分,仅剩下克拉科夫(Kraków)作为自由城市存在;普鲁士还获得萨克森40％的地区,剩余部分留给萨克森国王。按照奥地利首相梅特涅(Klemens Wenzel von Metternich)的提议,德意志 34 个邦和 4 个自由市组成松散联盟。卡斯尔雷子爵(Viscount Castlereagh)企图让奥、普联盟对抗俄国的构想并没有实现,但这个结果至少在表面上维持了均衡局面。

1815 年 3 月 20 日拿破仑重返巴黎,战火再次燃起。6 月 9 日维也纳会议各方签订"最后议定书",在欧洲创造了某种政治平衡。但战后的法国依然是强国,而《巴黎和约》的主要目标却是遏制法国,英国的主要对手并没有改变。荷兰、德意志诸邦国和撒丁王国(Kingdom of Sardinia)得到加强,瑞士成为永久的中立国。在这种情况下,英国越发感到只有在欧洲大陆维持均势,才能保障英国在欧洲乃至世界的战略利益,因此在拿破仑战争后的近百年中,英国总是努力保持符合英国利益的欧洲均势,当某一国或集团的势力过度膨胀时,它就会感到受威胁,就会毫不犹豫地与另一国家或集团结为同盟。

---

[1] John Lowe, *Britain and Foreign Affairs*, 1815—1885, London and New York: Routledge, 1998, p. 20.

[2] 陈乐民主编:《西方外交思想史》,中国社会出版社,1995 年,第 83 页。

1815 年 9 月 26 日俄、奥、普在巴黎签署《神圣同盟宣言》(Declaration of the Holy Alliance)，宣布三国君主将以手足之情互相援助，保卫宗教、和平与正义，镇压法国革命引发的宪政改革和自由主义运动。英国虽然不愿意看到俄、奥、普三国的结盟，但作为保守的托利党人，卡斯尔雷也反对在法、西、荷等国进行宪政民主改革。英国的主要目标是建立一种防范法国东山再起的制约机制，因此它最终拒绝参加该同盟，但很多英国人却认为卡斯尔雷是支持神圣同盟的。滑铁卢战役(Battle of Waterloo)后路易十八再次复位，1815 年 11 月 20 日，法国与第七次反法同盟签订第二个《巴黎和约》和《四国同盟条约》(Treaties of the Quadruple Alliance)。在第二个《巴黎和约》中，列强对法国施加了更严苛的报复，但英国仍愿将马提尼克(Martinique)、瓜德罗普(Guadeloupe)等岛屿归还给法国，这些是在第一个《巴黎和约》中规定下来的。英国这样做连拿破仑也感到吃惊；然而在英国看来，遏制法国虽说是保障欧洲安全的历史教训，但适度强大的法国依然有利于维持欧洲的均势，换句话说，一个强大而不谋求霸权的法国比一个虚弱的法国更符合英国的利益。

《四国同盟条约》的主要倡导者是梅特涅，他不相信神圣同盟能发挥实质性作用，希望重组一个有英国参加的新同盟。作为维也纳会议的一个组成部分，英国与俄、奥、普重新确定并修订了 1813 年的"四国同盟"协定，主要目的是通过大国合作维持欧洲的力量均势，防止法国再次发动战争。盟约规定，任何盟国如果受到法国攻击，每个盟国将出兵六万予以援助；同盟将实行"定期会议制度"(Congress system)，"考虑每个时期最有利于各国安定和繁荣的措施，维持欧洲和平"。① 至此，维也纳体系(Vienna System of International Relations)就算形成了，它的目标是通过大国的一致行动来协调国际事务，维护和平与均势。

卡斯尔雷是"定期会议制度"的主要倡导者，他认为，在拿破仑战争后，各战胜国之间应建立一种经常性的磋商机制，以维护欧洲的和平。

① www.jstor.org/stable/3020820

《四国同盟条约》是执行《巴黎和约》的保证,而不是干涉其他欧洲国家内政的文件。英国的职责是协调欧洲大国间的关系以保证和平,而不是充当任何大国联合体的领袖,或干涉欧洲大陆事务①。俄、普、奥三国却并不如此认为,它们把欧洲的任何革命运动都看作对战后秩序的威胁,因此应随时准备镇压革命。因此,卡斯尔雷虽被誉为"定期会议制度之父",但英国与其他三国的出发点不同,这种差别造成英国在 1815 年之后的欧洲外交中有点格格不入。②

卡斯尔雷担任外交大臣十年,同时兼任下院议长。他在本质上属于18 世纪的贵族政治家类型,在处理国内事务上态度强硬,包括支持利物浦政府在彼得卢大屠杀后颁布的"六项法案"(Six Acts)。他的外交政策也遭到国内民众特别是激进派的反对,他们认为大国协商是与欧洲的专制国家沆瀣一气,充当梅特涅的马前卒。客观地说,当时的英国因工业革命而经济繁荣,确保对外贸易的正常进行至关重要,战争或战争的威胁有可能干扰贸易活动,因此用协商方式保持欧洲的和平是符合英国利益的,"定期会议制度"在维护欧洲和平方面确实起了一定作用,尤其在法国参与后更加如此。③ 这种国家协商的机制后来在"国联"(League of Nations)和"联合国"(United Nations)得到了进一步的体现。

由于西班牙、意大利及葡萄牙相继爆发宪政革命,"定期会议制度"问题再次引起争论。1820 年 1 月,西班牙贵族军官黎亚哥上校(Colonel Rafael del Riego)率部在加的斯附近起义,成立了革命政府,宣布恢复1812 年宪法。事件发生后,1820 年 5 月 5 日,英国内阁发布了一份由卡斯尔雷起草的报告,表明英国在大国干涉问题上的原则立场,报告指出:"没有任何其他事情比试图超越同盟关于责任和义务的概念和原则,更

---

① Charlotte Evers and Dave Triumph, *Britain 1783—1851, From Disaster to Triumph?*, London: John Murray 2005, p. 232.

② Michael Lynch, *An Introduction to Nineteenth - Century British History 1800—1914*, Hodder Murray. 1999, p. 147.

③ Richard Langhorne, "Reflections on the Significance of the Congress of Vienna", *Review of International Studies*, Vol. 12, No. 4, October 1986, p. 313.

能削弱甚至毁灭同盟的真正功能……";①卡斯尔雷则在下院强调:"西班牙目前状况无疑严重加剧了欧洲的政治骚乱",但是现在干涉西班牙事务尚存在很多不确定的因素,而且,"同盟从来就不是一个世界政府,或者要干涉其他国家的内部事务"。②

1820 年 7 月那不勒斯(Naples)爆发起义,梅特涅建议召开五国会议。10 月,沙皇亚历山大一世在特洛波(Troppo)召集五国会议,英国和法国都只派出观察员,特洛波会议实际上成了三国神圣同盟的一次聚会。11 月 19 日,俄、奥、普三方签署《特洛波议定书》,宣布缔约国的君主有权对任何国家的起义实行武装干涉。英国强烈反对俄、普、奥的干预政策,认为革命不是欧洲和平的威胁,大国协调机制不应成为镇压革命的工具。1821 年 1 月 19 日英国发表一份措辞强硬的声明,指出除奥地利外,普、俄均无权干预意大利革命,五国同盟也没有干预其他国家内政的权力。由于英国和法国反对,俄、普、奥的合作更加密切了,大国间出现了分裂。1821 年 1 月 21 日俄、奥、普、英四国召开莱巴赫(Lebach)会议;3 月 23 日奥地利军队占领那不勒斯,镇压了那里的革命;4 月 10 日奥军又会同撒丁王国军队剿杀了皮埃蒙特的革命,恢复了奥地利在意大利的优势地位。面对这些事变,英国在莱巴赫会议上依然坚持自己的立场,反对用军队干涉皮埃蒙特(Piedmont)革命,与其他三国再次对立。

奥地利出兵镇压那不勒斯革命后,西班牙革命和西属拉丁美洲殖民地的独立运动却仍在继续。法国在西班牙问题上逐渐与"三皇同盟"立场一致,主张武装干涉,于是,英国在五国同盟内就更显得势单力薄了。恰在此时,1822 年 8 月 12 日,已晋升为伦敦德里侯爵(Marquess of Londonderry)的卡斯尔雷因精神分裂症自杀身亡,坎宁接替卡斯尔雷出

① Castlereagh's State Paper of 1820; Minute of the Cabinet, 5 May 1820. http://historyhome. co. uk/forpol/statepap. htm.
② *The Parliamentary Debates*, Vol. viii. Comprising the period from the fourth day of February, 1803 to the thirtieth day of April, 1823, London, pp. 1137-1138.

任外交大臣和下院领袖,他不喜欢"定期会议制度",在西班牙革命问题上与同盟严重分歧,最终使"定期会议制度"在维罗纳会议后解体。

坎宁在伊顿公学和牛津大学接受教育,1794年进入议会,属托利党自由派。坎宁不支持欧洲的自由主义和革命行动,但又认为专制的坏政府应该被推翻,而"定期会议制度"就是在维护专制君主统治。在他接任外交大臣之前,在利物浦的一次讲话中,他阐述了对英国外交政策的思考:"我们正处在这样一个时代,国家之间围绕君主制度和民主制度的原则,展开了公开或隐蔽的斗争。我们无须参加任何一方的争斗,只要保持自己的可靠而固有的宪政制度不变,做这场争斗的坚定而毫不动摇的旁观者,只需付出我们的同情心。我们不能站在任何一边,最终可能成为一个仲裁者。所有的国家为自己,上帝为大家。"①

坎宁不喜欢1815年以后的欧洲协商机制,理由是:第一,英国舆论支持孤立主义和自由主义,不支持与欧洲大陆保守的君主保持密切联系,讨厌强国通过"协商一致"来干涉其他国家的内部事务;第二,大国协商机制束缚了英国的自由行动,他希望采取更加灵活的大陆均势政策,以维护英国利益。因此,除了参加只涉及维也纳和约的巴黎大使会议外,坎宁不再派代表出席五国会议。②

1822年10月20日至12月14日,同盟各国在威尼斯的维罗纳召开会议,讨论法国武装干涉西班牙革命、西属南美殖民地和希腊反抗土耳其等问题。在西班牙问题上,坎宁维持卡斯尔雷的立场,反对大国干涉,9月27日,在他出任外交大臣的第11天,他给英国派往维罗纳会议(Congress of Verona)的全权代表威灵顿公爵发出指示:"大陆同盟国家意欲通过武力或威吓的方式干涉西班牙问题,任何这样的干涉对英国都是毫无价值的和危险的。……因此,我指示你……坦率而果断地声明,

---

① Quoted in E. M. Lloyd, "Canning and Spanish America", *Transactions of the Royal Historical Society*, New Series, Vol. 18 (1904), p. 80.
② Harold Temperley, *The Foreign Policy of Canning, 1822—1827; England, the Neo-Holy Alliance, and the New World*, 2nd ed., London: Frank Cass, 1966.

英国不管发生什么情况,都不会成为干涉的一员。"①

法国要求对西班牙进行军事干涉,俄国予以支持,威灵顿希望梅特涅会反对,但后者惮于奥地利帝国东部的安全,不敢公开反对沙俄。11月初,虽然有威灵顿的反对,俄、奥、普、法四国代表还是接受了梅特涅的方案,即各国独立发表一份内容相似的外交声明,反对西班牙革命。为此,威灵顿向坎宁报告说,法、奥、普将向西班牙革命政府递交谴责信,英国只能做好法、西双边的调解工作,才能防止战争爆发。② 于是,英国一方面让法国保持克制,为西班牙新政府保留一条妥协的通道;另一方面劝说西班牙新政府让步。但 1823 年 1 月 28 日路易十八发表声明说:10万法军已整装待发,准备恢复斐迪南七世(Fernando VII de Borbón)的权力。

坎宁认为,法、西战争一旦爆发,结果将是灾难性的:如果法国战败,就可能再次引发法国革命,而这可能意味着新的欧洲战争;如果法国胜利,就可能爆发另一场伊比利亚半岛(Iberian Peninsula)战争,拿破仑在葡萄牙的覆辙有可能重现,而葡萄牙政权在 1820 年夏季之后已经掌握在自由派手里了。无论发生哪种情况,英国都可能再次卷入战争,因此他坚决反对武装干涉西班牙。

坎宁反对干涉西班牙,还有一层商业的考虑,在他看来,南美是比美国更大的商业市场,坎宁愿意承认西班牙南美殖民地的独立地位,从而为英国获取商业利益。其实,在拿破仑战争时期,拿破仑就极力阻挠英国的海外市场,而借机起义的原西班牙殖民地则对英国打开了南美的大门。坎宁认为,这些地区一旦成为独立的国家,和英国的贸易就会大大增加,而斐迪南的统治一旦恢复,他就会重新要求得到这些殖民地,这不

---

① Canning to Wellington, 27 Sept., 1822. in Norihito Yamada, "George Canning and the Spanish question, September 1822 to March 1827", *The Historical Journal*, Vol. 52, No. 2, June 2009, p. 348.

② Canning to à Court, private and confidential, 3 Dec. 1822. in Norihito Yamada, "George Canning and the Spanish question, September 1822 to March 1827", *The Historical Journal*, Vol. 52, No. 2, June 2009, p. 354.

符合英国的利益;相反,法国会在美洲大陆再度得势。

以上两种考虑使英国在西班牙问题上举步维艰:一方面,它不希望卷入战争,因此要极力做好调解工作,防止法、西战争爆发;另一方面,英国如果承认西属南美独立,就破坏了英国劝解西班牙的基础,西班牙就不会接受英国的调停。在避免战争和支持南美独立两者间,英国只有一种选择。结果,西班牙和法国最终未能互相让步,英国只能以保持中立换取了法国的三项保证:一是不对西班牙进行持久的军事占领,二是不入侵葡萄牙,三是不威胁西班牙的海外领地。① 1823 年 4 月 6 日,法国军队越过毕达索阿(Bidassoa)河,战争爆发;5 月,法军占领马德里,西班牙革命被镇压了,斐迪南七世复辟。对坎宁而言,这是一次沉重的打击,意味着英国在欧洲问题上的某种失败,尽管在当时的情况下英国不可能采取军事行动对抗法国,但"神圣同盟"却在某种程度上受到鼓励,在1822 年 4 月 22 日召开的非正式会议上,俄、法、奥、普四方制定了一份有关"同盟军队"的详细计划,对包括英国在内的所有国家的革命进行恐吓。②

1823 年 9 月 24 日坎宁指出:法国利用"定期会议制度"麻痹了英国,使英国没有做出强硬的反对,因此,英国应不再参加这类会议,应采取包括战争在内的任何行动,反对法国干涉西班牙殖民地。法国为了平息英国的愤怒,并在西班牙问题上让英国沉默,便郑重保证在任何情况下都不对西班牙殖民地采取军事行动。③

与此同时,英国试图与美国就西属殖民地问题达成谅解,1823 年 10月,坎宁邀请美国参加有关西班牙问题的国际会议,欲与美国联手共同

---

① John Lowe, *Britain and Foreign Affairs*, 1815—1885, London and New York: Routledge, 1998, p. 30.
② Harold Temperley, "Canning and the Conferences of the Four Allied Governments at Paris", *The American Historical Review*, Vol. 30, No. 1, October 1924, p. 21.
③ Wellington, *Despatches and Memoranada*, pp. 134, 137 - 8. Quoted in Harold Temperley, "French Designs on Spanish America in 1820—1825", *The English Historical Review*, Vol. 40, No. 157, January 1925, pp. 42 - 43.

反对"神圣同盟",禁止把拉美再度殖民化。这种意图根本得不到"神圣同盟"的支持,西班牙也不可能接受美国的参与,因为美国已经承认了美洲殖民地的独立。另一方面,美国国内也不完全赞同与英国合作,在亚当斯的坚持下,门罗政府决定采取独立立场,1823 年 12 月 2 日门罗总统(President Monroe)宣称:"在欧洲国家的战争中,在与欧洲国家本身有关的事情中,我们从来没有参加过,这样做也不符合我们的政策。……对于现存的任何欧洲国家的殖民地或属地我们未曾干涉过而且将来也不干涉。但是那些已经宣布独立并且维持着独立的政府,如果遭到任何欧洲国家为了压迫它们或以其他任何方式控制它们的命运而进行的干涉,我们只能认为那是对美国的不友好意向的表现。"① 这就是《门罗宣言》。

在坎宁看来,门罗主义(Monroe Doctrine)至少可以防止欧洲大国再度征服美洲,因此他接受了"门罗主义"原则;1824 年年底,英国承认布宜诺斯艾利斯(Buenos Aeris)(即阿根廷)、哥伦比亚(Colombia)和墨西哥(Mexico)为独立国家。

在处理战后欧洲问题上,坎宁的立场也非常坚定,只要不损害英国的核心利益,特别是商业利益,英国就不动用军队,也不卷入他国事务。在他看来,法国入侵西班牙冒犯了英国的荣誉和情感,但英国仍应用和平的方式解决问题,在和平手段未穷尽之前不要动用武力。1826 年 12 月 12 日坎宁在下院表达了他的现实主义外交路线:"法国军队进入西班牙破坏了大国均势,我们应该用战争去恢复它!我已经说了,当法军进入西班牙时,如果我们选择的话,我们可以采取战争方式予以回击并表示我们的愤怒。但是,是否没有其他的、战争之外的方式来恢复大国均势呢? 在一个半世纪之前,大国均势是在法国、西班牙、荷兰、奥地利和英国之间调节的。多年后,俄国在欧洲政治舞台上扮演重要角色。又过了一些年,普鲁士开始成为一个重要的君主国。因此,在保持大国均势

---

① 比米斯:《美国外交史》,第 1 分册,商务印书馆,1985 年,第 230—231 页。

原则不变的同时,就要增加和扩展调节的手段。英国试图在另一个半球得到物质上的补偿。如果法国得到西班牙,就不应该是包括西印度群岛的西班牙。我引入新大陆这个词就是为了修正旧大陆的均势。"[1]欧洲同盟的表象下隐藏着深深的分歧,坎宁知道英国与其他欧洲大国的分歧难以弥合,因而中断了"定期会议制度",进而利用奥、俄等国之间的矛盾,在 1826 年秋终止了在一定程度上取代"定期会议制度"的欧洲四国的大使会议。[2]

法国帮助斐迪南恢复了专制统治,大大鼓舞了葡萄牙的专制主义者,1823 年 5 月,若昂六世(João VI)的次子米格尔(Miguel)发动军事政变,推翻了若昂六世长子佩德罗(Pedro)支持的合法立宪政府。葡萄牙于 1822 年刚刚建立立宪君主制,坎宁非常担心葡萄牙也遭遇西班牙的覆辙。在法国干涉西班牙后,英国国内情绪有利于坎宁在葡萄牙问题上采取强硬立场,1825 年,坎宁宣称"葡萄牙一直是并且永远属于英国"。坎宁的言论言之过分,却也有一定的历史因缘,早在西班牙王位战争时英、葡就结成反法同盟,1703 年双方还签订商业条约,英国向葡萄牙免税出口毛织品,葡萄牙则以低于法国三分之一的关税向英国出口葡萄酒。况且,葡萄牙还拥有巴西这样的殖民地,英国当然不希望巴西也落入其他国家之手。因此在葡萄牙发生内乱后,为防止葡萄牙成为法国的附庸,坎宁决意干涉葡萄牙事务,他一面离间俄、奥关系,防止大国协调一致,一面又派遣英国雇佣军在海上击败了米格尔的舰队,打击他借助法国恢复专制政体的企图。

关于希腊问题:希腊于 5 世纪就处于奥斯曼帝国(Ottoman Empire)的统治下,1821 年 3 月爆发起义,次年 1 月 1 日宣布独立。土耳其政府调兵镇压,在希俄斯岛进行了大屠杀。英国人受历史与文化的影响,对希腊一直心存好感,因此当希腊爆发反抗土耳其的战争时,民众的感情

---

① *Hansard*,HC Deb,12 December 1826,Series 2,Vol. 16,cc. 396 – 398.

② Harold Temperley,"Canning and the Conferences of the Four Allied Governments at Paris",*The American Historical Review*,Vol. 30,No. 1,October 1924,p. 29.

是站在希腊这一边的。但作为政治家的坎宁却不能如此简单地考虑问题，因为任何严重削弱土耳其的行为都会鼓励俄国在该地区的扩张，这是英国所谓"东方问题"（Eastern Question）的实质。"东方问题"在本质上是"西方问题"，指的是奥斯曼帝国的衰落、巴尔干民族主义的兴起，欧洲列强因此卷入巴尔干事务，各自怀有不可告人的野心。对英国而言，奥斯曼帝国十分重要，它既是欧洲均势的支撑点，也是通往印度的陆上通道，并且是阻挡俄罗斯向地中海（Mediterranean Sea）扩张的关键屏障。简言之，俄国和奥地利希望改变土耳其的现状，英国和法国则主张维持原状不变。在土耳其问题上各国利益既有交叉又有冲突，利害关系搅成一团，使"东方问题"非常复杂。

从保护英国的海上通道出发，英国政府承认了希腊的交战国地位，并向希腊政府提供两笔贷款。但英国并不想走得太远，它试图在双方的争斗中保持中立，以候事态的进一步发展。当时，苏伊士运河还没有开通，东方航线是英国通往印度的交通生命线，英国唯有维持住土耳其的政治独立，确保君士坦丁堡（Constantinople）不落入俄国手中，才能保护它的东方航线。

其他欧洲列强也都因为各自的考虑而坐视希腊事态，因此直到 1825 年年初埃及军队进攻希腊，各国都没有正式干预。埃及统治者穆罕默德·阿里（Muhammad Ali）一直在寻求摆脱土耳其的统治，但又不愿意放弃希腊这次机会以求领土扩张，土耳其向他承诺：只要帮助打败希腊军队，就可以得到他所占领的地区。1825 年 2 月 11 日埃及军队在伯罗奔尼撒（Peloponnisos）登陆，1826 年 4 月 11 日埃土联军占领希腊重镇梅索朗吉，8 月攻占雅典城；1827 年 6 月 24 日雅典卫城落入土军之手，至此，希腊败局几乎已成定论。英国和俄国都不能容忍这种结局，虽说两国的目标是完全相反的：英国希望阻挡俄国势力西扩，俄国则想把巴尔干收入自己囊中。这样，英国开始与俄国进行协商，于 1826 年签订一份协定书。据此，俄、英、法三国于 1827 年 7 月签订《伦敦条约》（Treaty of London），提出在土耳其享有宗主权的前提下，给予希腊自治权，并决定组建联合舰队迫使双方停火。同年 10 月,在纳瓦里诺海战(Naval Battle of Navarino)中,三国联合舰队击溃了土、埃联合舰队。

坎宁试图在希腊问题上采取折中办法,既给希腊以自治权,又维持土耳其在名义上的管辖权,希望能既保住土耳其,又挡住俄罗斯。但这种政策并没有成功,1828 年 4 月俄土战争(Russo‐Turkish War of 1828—1829)爆发,法国则出兵占领伯罗奔尼撒,此前坎宁已在 1827 年去世了,他的继任者威灵顿公爵认为希腊的半独立状况会成为俄国继续执行干涉政策的借口,于是就承认了希腊的完全独立。1829 年 9 月,俄、土签订《亚得里亚堡条约》(Treaty of Adrianople),土耳其被迫接受《伦敦条约》;希腊军民则利用土军被牵制、被削弱的有利时机,迫使土军撤出了希腊的大陆部分。1830 年 2 月希腊被正式承认为独立王国,4 月,土耳其承认希腊独立。但俄土战争并没有因此画上句号,"东方问题"因俄土战争的扩大而变得日趋严重,英国也在这个问题上越陷越深了。

第二章　炮舰外交

1830—1865 年，英国外交的掌舵人是帕默斯顿子爵（Viscount Palmerston），他掌管英国外交 26 年，打下了深深的个人烙印。帕默斯顿践行炮舰政策，凭借海军优势控制海洋，强制推行"自由贸易"，迫使世界为英国的商品打开大门。

帕默斯顿出身于贵族家庭，曾就读于爱丁堡大学（University of Edinburgh）和剑桥大学（University of Cambridge）。他早年就支持常备军政策，主张在和平时期也保持常备军，为此可以牺牲英国人的生活需要，1820 年他就曾在下院说过：为维持常备军而承受的负担和痛苦，是维护英国自由和独立须付出的代价。[①] 在政治上他是坎宁派，支持 1832 年议会改革；1830 年他拒绝加入威灵顿内阁，此后就转入了辉格党阵营。[②] 在外交方面帕默斯顿延续坎宁的思想，1848 年 3 月 31 日他对议会说："如果允许我用一句话来表达一位英国外交大臣应该遵守的原则，我将采纳坎宁的话：英国的利益应该成为每一个英国大臣制定政策的标准。"[③]

---

① http://en. wikipedia. org/wiki/Henry_John_Temple,_3rd_Viscount_Palmerston.

② Jasper Ridley, *Lord Palmerston*, London: Constable, 1970, pp. 105 - 106.

③ *Hansard*, HC Deb, 1 March 1848, Series 3, Vol. 97, c. 123.

此时,英国已完成工业革命,经济实力已经是世界第一,这种实力体现在帕默斯顿的外交理念上,他认为,作为一个可以特立独行的世界强国,英国不需要结盟,也不需要依靠其他国家,英国应该成为正义和权利的维护者,但行动上要谨慎,不充当现代的堂吉诃德。他说英国应该依据自己的标准进行判断,"支持它认为是对的东西,制裁它认为是做错的事情"。英国这样做并不会孤立自己,相反,只要行为得当,它就能得到其他强国的支持:"将这个国家或那个国家当成英国的永恒的盟友或永久的敌人是一种狭隘的政策,我们没有永恒的盟友,我们没有永久的敌人,我们的利益是永恒的,我们的责任是遵循这些利益。"①

虽然帕默斯顿以强硬著称,是炮舰外交(gunboat diplomacy)的开创者,但他并不主张四面出击,只要不涉及英国的根本利益,英国应该对国际风云袖手旁观。1848 年 4 月他在给维多利亚女王的信中写道:虽然欧洲连续发生了一些非常重大的事件,政府却宁愿观望而不是行动。他认为,英国虽然具有强大的实力,但均势外交依然是必须恪守的原则。1865 年他在临去世前仍旧重申:英国应遵守欧洲力量平衡的原则,防止任何一个国家力量过大。②

1830 年法国革命为修复英法关系提供了契机,作为同样的宪政国家,英、法应该是天然的盟友。七月王朝(July Monarchy)时期,英、法两国政治家建立了密切的联系,但政治变化不能改变英、法两国的地理位置,帕默斯顿认为,无论法国出现何种性质的政体,法国都是英国的竞争对手。因此帕默斯顿外交政策的出发点是使法国与其他欧洲大国相互对立,这样,英国就可以从中渔利。③

帕默斯顿执掌外交事务之初,比利时独立问题是一个考验。1815 年

---

① *Hansard*，HC Deb，1 March 1848，Vol. 97,c. 122.

② Michael Lynch, *An Introduction to Nineteenth - Century British History 1800—1914*，Hodder Murray, 1999, p. 151.

③ John Clarke, *Britich Diplomacy and Foreign Policy 1782—1865：the National Interest*，London：Unwin Hyman Ltd, 1989, p. 192.

的维也纳条约把原来的奥属尼德兰划归给荷兰,目的是在法国北部构造一道坚实的屏障,遏制法国扩张。但是在1830年法国革命的影响下,比利时发动了反对荷兰的起义,得到了法国的全力支持;俄国和普鲁士却主张镇压,以维护维也纳会议的权威性;奥地利虽然正忙于镇压意大利的革命,却也表示支持俄、普的立场。

在这种情况下,英国的态度就举足轻重了。比利时独立符合英国利益,这样可以削弱荷兰,让英国有机可乘,把荷兰的殖民地抢夺过来。但另一方面,英国又不愿看到比利时被法国控制,如果让比利时成为一个独立的中立国,得到欧洲所有大国的承认,英国就可以实现它自己的目标,维持欧洲均势。为此,帕默斯顿一方面与法国联手支持比利时独立,另一方面又利用俄、普、奥牵制法国,防止它吞并比利时。最后,英国的主张被各方所接受,帕默斯顿的现实主义外交初获成功。

然而由谁来担任比利时国王的问题并没有解决,沙皇尼古拉一世(Nicholas I)提出由荷兰国王威廉一世兼任比利时国王,这个提议遭到英、法两国的共同反对。比利时国民议会试图把王位交给法国的王子内穆尔公爵(Duke of Nemours),英国也反对如此安排,认为它违反大陆均势的原则,因此发出严正警告,表示将不惜动用武力阻止法国王子获取比利时王位。

萨克森-科堡亲王(Prince of Saxe-Coburg)利奥波德(Leopold)被认为是合适的人选,利奥波德是德国萨克森·科堡·萨尔菲德公爵的幼子,在拿破仑战争中他取代兄长恩斯特接受了公爵爵位,并于1815年晋升为元帅。利奥波德曾经是英国国王乔治四世的女婿,尽管他的妻子因难产去世,英国人却对他非常满意。利奥波德还促成他的孀居姐姐维多利亚与英国王子爱德华结婚,他们的女儿就是后来的维多利亚女王。在英国的坚持下,利奥波德出任比利时国王,他向宪法宣誓的那一天(7月21日)成为比利时的国庆日。

但荷兰和比利时之间还是爆发了战争,荷兰占领安特卫普(Antwerp)后法国出兵比利时,英国也派出海军特遣队予以支援。在英法联合行动下,荷兰退出安特卫普,但法国却不愿撤军了;于是,英国又与普鲁士等国家联手,对法国提出战争威胁。1831 年 11 月 15 日英、法、俄、奥、普共同承认比利时独立,并宣布比利时的永久中立。利奥波德就任国王后娶法国公主路易丝·玛丽(Louise Marie)为妻,法国因而也比较满意。但荷兰不愿接受这个现实,总想把比利时再夺回来,在英国和法国的反对下,荷兰的目的始终没有达到。1839 年 4 月 19 日,关于比利时永久中立的五国条约生效,比利时正式独立。

在比利时问题上帕默斯顿不惜与英国的传统敌人法国联手,而对付英国的盟友荷兰,其现实主义外交可见一斑。具有讽刺意味的是,这为英国在 75 年后卷入欧洲战争埋下了种子。其实,比利时独立意味着尼德兰再也不可能统一了,而统一的尼德兰应该更能抵抗法国或其他欧洲国家的侵略。强调实力的帕默斯顿忽视了这个问题,他的比利时政策是否符合英国利益,成为一个有争议的话题。

在伊比利亚半岛问题上,帕默斯顿采取了与比利时事件基本相同的立场。1826 年 3 月 10 日葡萄牙国王若昂六世去世,其长子巴西皇帝佩德罗一世(Pedro I)兼任葡王。两个月后,佩德罗传位于其女玛丽亚二世(Maria II),并指定自己的弟弟米格尔为摄政。1828 年 9 月,在贵族和教士的支持下米格尔自封为葡王,即米格尔一世(Miguel I)。米格尔是一个专制主义者,对自由派进行严厉的镇压。1829 年玛丽亚返回巴西,佩德罗在英、法的支持下,决意夺回玛丽亚的王位,1832 年 7 月遂爆发米格尔战争。

而西班牙也发生了宪政危机。1833 年 9 月西班牙国王斐迪南七世(Ferdinand VII)去世,其幼女伊莎贝拉(Isabella II)在军队的保护下登上王位,由其母玛丽亚·克里斯蒂娜(Maria Christina of the Two Sicilies)摄政,得到中等阶级和自由派贵族的支持。在贵族和教会的支持下,斐迪南的弟弟唐·卡洛斯(Don Carlos)在北部地区发动暴乱,以争夺王位;伊莎贝拉派兵征讨,启动了第一次卡洛斯战争(First Carlist War)。

面对相继出现的葡萄牙、西班牙危机,英、法两国在帕默斯顿的极力主张下联手站在立宪派一边。1834 年 4 月 22 日英、法、西、葡在伦敦签订协议，建立了四个立宪国家之间的联盟（Quadruple Alliance），英法合作由此进入高峰①。1834 年 5 月米格尔投降被逐出葡萄牙；1839 年 8 月卡洛斯逃往法国布鲁日（Bruges），在英、法的支持下，葡萄牙和西班牙的立宪派先后获得胜利。

但支持立宪政权必须有一个前提，即这个政权是亲英的，不会损害英国的利益。玛丽亚二世在其父亲去世后对立宪主义心生恶感，在其夫君的帮助下开始恢复专制制度。对英国而言，掌权者亲英还是仇英，这是根本的判断标准，玛丽亚夫妇都是英国的坚定盟友，因此仍得到英国的支持，英国支持伊比丽亚立宪派的外交政策多少具有虚伪的成分。

而且，对欧洲自由运动的同情也是有前提的，即不能损害欧洲均势原则，更不能引发欧洲大战，因此，由于担心奥地利国力下降会削弱中欧抗衡俄国的力量，英国对奥地利统治范围内的自由运动都采取不支持立场，不向它们提供援助；为避免与三皇同盟国家发生直接冲突，英国也未向西班牙境内派出军队以帮助西班牙的立宪运动。炮舰外交并不是四面出击，符合英国利益才能开炮。1850 年 6 月 25 日，帕默斯顿在议会发表了长达 4 个半小时的讲话，为他十多年的外交政策进行辩护，他在讲话结束时说："在过去，罗马人只要说'我是罗马人'就可以免遭别人轻视。英国人也一样，无论在哪里都会感到自信，英国的呵护和强大将保证英国人免遭非难。"帕默斯顿的讲话迎合了日益膨胀的英国人的高傲心理，很快就传遍千家万户。② 这种不可一世的感觉在 1851 年的伦敦博览会以后登峰造极，在很多英国人心中，英国不仅高于那些"次等"国家，也高于其他欧洲强国，多数英国人认同帕默斯顿的炮舰政策，认为它维护了国家利益，代表了进步的思想理念。

① John Clarke, *Britich Diplomacy and Foreign Policy 1782—1865 : the National Interest*, London：Unwin Hyman Ltd，1989，p. 199.
② Michael Lynch, *An Introduction to Nineteenth - Century British History 1800—1914*, Hodder Murray，1999，p. 154.

在英、法关系有所缓解后,俄国成为英国主要的防范对象。拿破仑战争结束后英国外交重点关注两个方向,一是尼德兰地区即低地国家,二是奥斯曼帝国,前者关系到法国对英国本土的威胁,后者关系到通往印度的路线畅通。在奥斯曼问题上,俄国是英国的主要对手。

英、俄冲突表现在两次土、埃战争(Turko－Egyptian War)中(1831—1833年,1839—1841年)。希腊革命时,奥斯曼帝国驻埃及的总督穆罕默德·阿里出兵帮助土耳其镇压希腊人,土耳其苏丹(Sultan)曾承诺将叙利亚交给埃及以作回报。但战争结束后苏丹并没有兑现诺言,只答应给阿里一个小小的克里特岛。阿里十分恼火,决定动用武力。阿里本来就野心勃勃,他试图以埃及为中心,建立一个庞大的阿拉伯帝国,取代日益衰落的奥斯曼土耳其。法国帮助埃及建立了一支强大的军队,俄国则自我标榜为奥斯曼帝国境内所有基督徒的保护人。在1806—1812年、1828—1829年的两次俄、土战争中,俄国沉重打击了土耳其,奥斯曼帝国变得更衰落了,俄国则成为多瑙河(Danube)各公国以及塞尔维亚(Serbia)的保护人。如果俄国帮助土耳其平息了埃及的反叛,就可以迫使苏丹接受沙皇的要求。

第一次土、埃战争爆发,埃及军队势如破竹,苏丹政府遂向西方求救。当时英国正陷在议会改革的危机中,因此没有给苏丹实质性的支持。帕默斯顿希望建立一支多国联军来阻挡埃及军队的进攻,并向亚历山大港(Port of Alexandria)和达达尼尔海峡(The Dardanelles)派出一支英国海军中队。但这个计划没有得到内阁的批准,从而给俄国提供了一次难得的机会。在维护奥斯曼帝国主权的问题上,只有英国和俄国的立场最坚定,虽然各自的出发点并不一致。根据《洪基尔-斯凯莱西条约》(Treaty of Unkiar‐Skelessi),俄国与土耳其缔结了长达8年的合作关系,土耳其承诺在俄国遭到外国军事攻击时关闭达达尼尔海峡,除了俄国军舰,其他外国军舰都不得驶入黑海(Black Sea);俄国则向君士坦丁堡提供安全保证。埃、土双方停战后,阿里得到了叙利亚,但继续承认奥斯曼帝国的宗主权。

这个结果完全不符合英国利益:俄国势力控制黑海,进一步加强了它的影响力;叙利亚落入阿里手中,则威胁了英国的印度通道。为此,帕默斯顿寻找机会扭转局面,在英国的怂恿下,1839 年春,奥斯曼苏丹以埃及不接受新的英、土商约为借口,发动了第二次土、埃战争。埃军军队很快打败土耳其的进攻并攻入土耳其本土,就在土方准备求和之际,英国利用沙皇对埃及的不满,并在奥、普等国的支持下,出动军队帮助苏丹打败了埃军。1840 年 7 月,英、俄、土、奥、普签订《伦敦条约》,要求埃及接受,被阿里拒绝;9 月,五国开始进攻埃及。此时正好发生叙利亚的反埃及起义,英国派军舰封锁叙利亚海岸,支持叙利亚的起义力量,使埃军处于腹背受敌的困境。法国也不愿为了埃及而与英、俄、普、奥四强兵戎相见,阿里只好接受了列强和土耳其提出的一切条件。与此同时,英国与奥地利、普鲁士联手,迫使俄国取消了 1833 年的俄、土条约。1841 年 7 月,在帕默斯顿的斡旋下,英、俄、法、奥、普及奥斯曼帝国签订《海峡条约》,禁止一切军舰在奥斯曼帝国和平时期进出土耳其海峡(Turkish Straits)。埃及撤军,仍旧臣属于奥斯曼。这一系列的外交和军事活动让英国摆脱了第一次土、埃战争的不利结果,为今后控制埃及并加大对奥斯曼帝国事务的干涉打下了基础。

在东半球,"炮舰外交"的典型案例是中英鸦片战争。鸦片战争前,中国在中英贸易中一直处于出超地位,为改变这种状况,英国政府有意无意地鼓励鸦片贸易,1833 年以后取消东印度公司的贸易垄断权,使许多"散商"加入鸦片贸易,输入中国的鸦片数量急剧增加。鸦片输入给中国带来巨大的灾难,造成严重的社会问题,并使大量白银流出中国。

1839 年道光皇帝下令禁烟,林则徐在广东虎门焚烧英商鸦片,并禁止中英贸易。英国在华商人要求英国政府动用武力,保护他们的丰厚利润。1840 年 4 月,英国下院就是否对华开战进行了激烈的辩论,最后以 9 票多数否决了皮尔派议员格雷厄姆爵士(Sir J. Graham)提出的反对开战的提案。① 当年 6 月英国发动对华战争,1842 年迫使中国签订了《南

---

① *Hansard*,HC Deb,09 April 1840,vol. 53,c. 950.

京条约》，按条约规定：中国须开放广州、厦门、福州、宁波、上海五个口岸，赔款2100万银元，并割让香港岛；中国关税应经与英国商榷，并允许英商在华自由贸易。这是西方国家强加在中国人民身上的第一个不平等条约，中国的门户从此被打开，传统的社会结构开始瓦解，中国面临深刻的民族危机。

10年之后英国又以"亚罗号事件"（Arrow Incident）为由，与法国联手发动了第二次鸦片战争。"亚罗号"是一艘中国船只，为走私方便在香港向英国当局注册。1856年10月8日广东水师在"亚罗号"上逮捕了几名海盗和涉嫌水手，在英国驻华公使、香港总督包令（John Bowring）的指使下，英国驻广州代理领事巴夏礼（Sir Harry Smith Parkes）致函两广总督叶名琛，称"亚罗号"是英国船，要求送还被捕者并赔礼道歉。叶名琛只答应放人，但拒绝赔偿和道歉。包令要求英国政府出兵干涉，英国内阁在是否出兵问题上存在很大分歧，但首相帕默斯顿坚持认为，无论"亚罗号事件"本身正义与否，英国都应该成为它派驻中国使节的后盾，这是英国的荣誉使之然。① 作为第二次鸦片战争的结果，清廷被迫签订了《天津条约》、《北京条约》和《瑷珲条约》，中国的市场进一步开放，社会危机更加深重。

英国政府的侵略行径遭到以理查德·科布登为代表的激进议员的指责，他们认为这场战争是武断而不道德的行为。帕默斯顿则认为这是在捍卫英国的利益，利用英国人的爱国狂热，他在1859年大选中再次胜出并连任首相。

克里米亚战争是炮舰外交的另一个例子。第二次土、埃战争后英国的利益得到了保证，俄国不肯善罢甘休，英、俄关系变得非常紧张，战争不可避免，耶路撒冷（Jerusalem）的"圣地"事件正好成为导火索。

从理论上说，法国长期保护"圣地"，但由于成本过高，去朝拜的天主

---

① Michael Lynch, *An Introduction to Nineteenth - Century British History 1800—1914* , Hodder Murray, 1999, p. 156.

教徒又远远少于东正教徒,因此它并没有认真承担职责,这就给俄国干预巴勒斯坦(Palestine)问题提供了机会。俄国一直说它是东正教的保护人,苏丹也承认俄国对该地区东正教的保护权。在天主教徒的压力下,法国的拿破仑三世(Napoleon III)于 1850 年决定重启"圣地"保护的责任,在 1852 年得到土耳其政府的认可。俄国针锋相对,声称拥有对奥斯曼帝国境内所有基督徒的保护权,并向苏丹施压,要求夺回对圣地的管辖权。法、俄关系变得极为紧张。

1853 年 7 月俄国占领摩尔多瓦(Moldavia)和瓦拉几亚(Wallachia),以此向苏丹继续施压。在法国和英国的支持下,土耳其苏丹不退让,并于 1853 年 10 月 4 日向俄国宣战。由于奥斯曼帝国对英国而言十分重要,英国对尼古拉一世沙皇又十分反感,两种因素使英国在"圣地"危机中站在法国一方,不过,按照英国的一贯做法,英国不愿为法、俄之间的摩擦而卷入一场全面战争,这不符合英国的利益,然而一份报告刺激了英国人开战的决心。

1853 年 1 月英国驻俄大使在提交议会的报告中写道:尼古拉一世有一次与他交谈时说,一旦奥斯曼帝国解体,俄国将取代它成为君士坦丁堡的主人。受此报告渲染,以帕默斯顿为代表(他已于 1851 年辞去外交大臣职务)的主战派,在议会内强烈要求与法国结成反俄联盟。尽管如此,阿伯丁政府(Aberdeen ministry)依然举棋不定,认为不到万不得已,决不付诸战争手段。随后,俄国海军在黑海击沉土耳其军舰,在帕默斯顿等人的压力之下,阿伯丁政府终于下决心与法国联合向俄国发出最后通牒,要求俄国撤出摩尔多瓦和瓦拉几亚。俄国不予理睬,1854 年 1 月英法舰队驶入黑海,3 月 28 日英法向俄国宣战。在这种情况下,俄军被迫撤出摩尔多瓦和瓦拉几亚,但已经太迟了,英国和法国已经决定诉诸战争,克里米亚战争(Crimean War)爆发了。

战争中双方都打得很艰苦,俄罗斯的技术装备明显不如英法,军事指挥也不尽如人意;英、法军队也打得不好,指挥不佳、后勤保障工作十分混乱,大量伤员得不到照顾,军队腐败也在战争中暴露无遗。南丁格尔是这次战争中最著名的英雄人物,唯独她,才是战场上的一盏"明灯"。英国议会对阿伯丁政府的作战能力提出质疑,1855 年 1 月 26 日罗巴克(J. A. Roebuck)在下院提议成立专门委员会调查战争组织情况,追查政府责任。1 月 29 日议会就此进行表决,最终以 305:148 的多数票通过了提议,阿伯丁辞职,帕默斯顿接任首相,"炮舰外交"似乎得到了多数英国人的肯定。

帕默斯顿发誓要将战争打到底,5 月 28 日他致信法国的拿破仑三世不寻求妥协,不要让外交活动抵消已经取得的军事胜利,他希望继续战争,让大炮说话。但拿破仑三世希望见好就收,他认为凭英法两国的力量,不可能把俄国彻底打败。1855 年底,在奥地利的斡旋下,沙皇亚历山大二世(Alexander II)作出让步,为和平谈判打开了大门。①

战争以俄国战败收场。1856 年 2 月 25 日英、法、奥、普、撒丁、土耳其及俄国在巴黎召开和平会议,3 月 30 日签订《巴黎和约》。根据和约,各国保证奥斯曼帝国的独立和领土完整,黑海及两个海峡为非军事公海,所有国家的商船都可以进出,欧洲国家不得部署军队和设施;俄国放弃多瑙河口的比萨拉比亚(Bessarabiya)、摩尔多瓦、瓦拉几亚以及塞尔维亚,放弃对奥斯曼帝国内东正教徒的保护权。多瑙河向所有国家开放。俄国虽然签署了和约,却不可能长期忍受这些束缚,"东方问题"没有结束,1856—1870 年间发生在欧洲的许多事都与《巴黎和约》有关。②

克里米亚战争对欧洲造成持久的影响。战后,俄国认识到自己与西欧的距离,开始进行内部改革,外交上则进入半孤立状态,与早期的扩张政策形成对比。普鲁士不必担心俄国的威胁了,于是抓住时机加快了德国统一的进程。奥地利失去了俄国的支持,其前程比较暗淡,如果奥地利在 1859 年的意大利战争(Second War of Italian Independence)和 1866 年的普奥战争(Austro‑Prussian War)中得到俄国的支持,欧洲的

---

① John Clarke, *Britich Diplomacy and Foreign Policy* 1782—1865: *the National Interest*, London: Unwin Hyman Ltd., 1989, pp. 252 – 255.

② Ibid., p. 258.

历史可能要重写。

《巴黎和约》签订后英国再次将法国看作主要的防范对象,法国又成为潜在的外来威胁,这种担心一直维系到法兰西第二帝国(Second French Empire)终结。对法国的提防又影响到英国对普鲁士的态度,在后来的普法战争中,英国并不干预。克里米亚战争在很大程度上摧毁了1815年巴黎和会建立的欧洲国家体系,欧洲局势开始重新洗牌。在19世纪接下来的时间里,英国利用德国来制衡法国,而德国过分强大时,又联合法国牵制德国,最终使英国自己卷入到第一次世界大战之中,这个结局是事先没有料到的。

英国在世界其他地方也执行炮舰政策。在亚洲,第二次鸦片战争结束后,英国又发动了针对日本的萨英战争(Anglo‐Satsuma War)和下关战争(Shimonoseki Campaign)。在西非,英国常常用炮舰迫使土著就范,其中最典型的是阿散蒂战争(Anglo‐Ashanti War),阿散蒂(Ashanti)是黄金海岸以北内陆的一个部落国家,为征服这个地区,英国人多次发动战争,直到1873年攻入阿散蒂腹地。在印度,英国镇压了1857年的民族大起义。

在北美洲,英国与美国在很多问题上不和,尤其在美国与加拿大的边界问题上一直存在争执,英国甚至怀疑美国想要吞并加拿大。但英国在加拿大问题上一直很克制,它只动用抗议与警告的外交政策,而不采取更加激烈的措施。其原因是,一方面英美有特殊的种源关系,另一方面英国在美国有大量投资,它对美国棉花有很大的依赖性,一旦发生战争双方贸易就会受损,而且还会给其他欧洲国家提供机会。①

英美关系在罗伯特·皮尔的第二届政府期间(1841—1846)得到很大改善,其中外交大臣阿伯丁勋爵的贡献最大。在他的努力下,英美签订1842年8月9日的《韦伯斯特-阿斯伯顿条约》(Webster‐Ashburton

---

① John Clarke, *Britich Diplomacy and Foreign Policy 1782—1865: the National Interest*, London: Unwin Hyman Ltd, 1989, p. 209.

Treaty），它解决了英属新不伦瑞克（New Brunswick）与美国缅因州（State of Maine）的边境争端，确认了美国对康涅狄格河（Connecticut River）上游 200 平方英里土地的所有权，解决了自美国建国以来所存在的边界争议，并在取缔奴隶贸易的问题上达成合作意向。

在俄勒冈（Oregon）问题上，英美两国争议的是哥伦比亚河（Columbia River）与落基山脉（Rocky Mountains）以西北纬四十九度线之间的三角地带。美国移民在 1840 年代大量涌入俄勒冈，使美国籍居民大大超过了英国籍居民。在 1844 年大选中，美国民主党总统候选人波尔克（James Knox Polk）提出“北纬 54°40′或战争”的口号，上台后加大了吞并整个俄勒冈的力度。阿伯丁依然主张和平解决，最后双方都作出让步。1846 年英美签署俄勒冈协定（Oregon Treaty），划定北纬 49 度作为俄勒冈的北部边界。

在 1861—1865 年的美国南北战争（American Civil War）中，英国内部的意见不一致，但英国经济与美国南部联系密切，南部生产的棉花是英国工业的重要原料，在北方封锁了南部港口后，兰开夏郡的原料来源受阻，工厂纷纷倒闭，工人大量失业。美国北方实行贸易保护政策，对进口商品征收高额关税，以保护本国工业。在这种情况下，英国从情感上会倾向南方，但又不能无视北方关于废除奴隶制的要求。因此，它必须在经济利益与道义之间进行权衡。

帕默斯顿政府决定采取严格的中立立场。1861 年 10 月南方特使与英方代表在古巴哈瓦那（Havana）举行秘密会谈，南部联盟（Confederate States of America）要求英国派船支援南方作战，但被英国拒绝，只同意为南方建造军舰。此后，南方先后从英国购买了多艘军舰，引发了英美间的争端。

1861 年，南部联盟使节乘坐英国特伦特号（Trent）船前往欧洲，寻求英国和法国的援助，途中被北方军舰查获，两名南方官员被逮捕。帕默斯顿大发雷霆，发誓绝不姑息，甚至不惜以武力相威胁。最后美国联邦政府正式道歉并释放了被捕官员，放行船只驶往英国。此后又发生亚拉巴马号事件:1862年亚拉巴马号(Alabama)交付南部联盟使用,此后在两年内击沉或俘获了60多艘北方舰船,美国联邦政府认为这违背了英国的中立立场,战争结束后,许多被英国制造的战舰掠夺过的美国船主和货主,向英国提出赔偿要求。英国政府拒绝赔偿,两国关系一度紧张,双方报纸也展开了一场舆论战。格拉斯顿政府同意将亚拉巴马号事件提交国际仲裁,1872年9月,由瑞士、意大利等国组成的国际法庭作出裁定,英国向美国赔偿1 550万美元,以补偿北方蒙受的损失。英国接受了这一仲裁,不过,帕默斯顿已在1865年去世了。

炮舰外交依靠的是英国强大的经济和海军力量,在帕默斯顿去世的时候,英国仍保持世界的领先优势。但英国的优势是相对的,不是绝对的,其他大国已追赶上来,于是在19世纪最后的30—40年时间里,英国作为地理小国的不利因素开始凸显,与之前的50年相比,其对外政策也更显得扑朔迷离。

第三章　帝国主义外交

在 19 世纪,英国无论哪个政党执政,其外交的原则是不变的,那就是帝国的利益、强大的海军、欧洲的均势、英国的安全。但在具体行动和政策上两党还是有差别的,在迪斯雷利和格拉斯顿轮流执政时期,两人的竞争和分歧也体现在外交上。

1860 年代后期,欧洲国际关系中出现了两个值得注意的变化:一是欧洲协调制度的衰落,二是均势思想不再流行[1]。主要原因是,克里米亚战争结束后俄国不再是维护欧洲现状的重要力量,法国和普鲁士则希望改变现状,特别是俾斯麦领导下的普鲁士为完成德国统一所采取的行动,更是引起了欧洲的动荡。在这种情况下,英国作为世界经济的最强国,它的态度至关重要。但 1866 年 6 月至 1868 年 12 月爱德华·斯坦利(Edward Stanley)担任外交大臣期间,英国却采取了绝对不干涉政策。

1862 年俾斯麦(Otto von Bismarck)出任普鲁士首相后,便积极策划德意志统一。为排除奥地利这个主要障碍,保证由普鲁士主宰统一

---

① John Lowe, *Britain and Foreign Affairs*, *1815—1885*, London and New York: Routledge, 1998, p. 70.

运动,俾斯麦在 1866 年发动了普奥战争。俾斯麦蓄谋已久的这场战争其意图是:通过战争解散现存的德意志邦联,使普鲁士获得领导权。英国对俾斯麦的意图非常清楚,却很难找到有效的办法加以阻止。意大利与普鲁士结成同盟参加战争,目的是从奥地利手中夺回威尼斯。奥地利得到了德意志多数邦国的支持,但它依然不敌普鲁士军队,于是就向法国求援。法国希望与英国一起干预,并建议奥地利接受普鲁士和意大利的两个停战条件:一是放弃威尼斯,二是不加入德意志联邦。

俾斯麦断定英国不会与法国合作。英国在这个问题上确实感到棘手,它虽然反对普鲁士和意大利向奥地利开战,可是在奥地利与意大利之间它同情意大利,在普鲁士与奥地利之间又倾向于奥地利,但统一的德国明摆着是平衡法国的重要力量,而俄国和法国却是英国的最大威胁;此外,奥地利如果被迫放弃威尼斯,英国也会感到高兴。这样一来,英国无论采取什么行动,都可能让自己面对两难,所以它宁愿保持彻底的中立,实行完全的"不干涉"。同时,英国正卷在第二次议会改革进程中,新上任的保守党政府受制于国内事务的巨大压力,大臣们无力顾及也不赞成那些在他们看来不涉及英国重要利益的外部战争。1866 年 7 月 20 日,普奥签订停战协定的那一天,斯坦利在议会中的一席话清楚表达了这种态度:"英国不被拖入欧洲大陆战争是极为重要的,这是议会内外的一致态度。我们奉行和平政策,我们的政策是观察而不是行动。……如果战后出现一个强大的北德意志帝国,这确实会遭到其他欧洲大陆国家的嫉妒,但对英国利益却没有丝毫的影响。"①

议员塞缪尔·莱恩(Samuel Laing)立刻作出回应,他说:"我相信英国已经足够强大,只要它不成为它们之中的一员,就不必为可能发生在欧洲大陆的任何难题感到紧张或害怕。如果她的荣誉和利益受到伤害,

---

① *Hansard*,HC Deb, 20 July 1866, vol. 184, cc. 1253 - 1257.

英国当然知道如何捍卫自己；但只要未受攻击，英国的政策就不是通过剑而是通过贸易和文化来宣扬它的主张……"①

　　自由党的格拉斯顿也赞成这个立场，他在同一天的发言中说："在应该如何解决德国问题上，我们不要自作主张地作决定。同样，普鲁士和奥地利之间的内部分裂、斗争和敌对所造成的问题，也不是任何英国人可以决定采用什么办法就能够解决的。"②

　　保守党领袖迪斯雷利把话说得更清楚，他指出英国外交政策的重点是帝国而不是欧洲，应避免对欧洲事务进行不必要的干涉，这不是因为英国实力下降，而是因为英国力量强大。英国不只是欧洲国家，它更是一个海洋帝国，帝国的边界在最遥远的海洋；英国的利益在亚洲，它不仅是一个欧洲国家，它更是一个亚洲国家。③

　　关于"不干涉"欧洲，这个变化背后还有一个因素，即英国的军力以海军为主，其目标是保卫殖民地。当时，英国本土陆军还不到 9 万人，其中只有 2 万人能投入战斗；相比之下，普鲁士和平时期的兵力有 30 万，还有 60 万预备役军人；法国有 40 万兵力可投入战争，另有 20 万的预备役。④ 1845 年帕默斯顿曾要求加大国防开支，尤其是增强海军力量，在他担任首相的最后一任期间，他推行了更强大海军的政策。⑤ 但英国陆军的劣势是明显的，海军再强大，也无法干预欧洲大陆的内部纷争，因此当其他欧洲国家军力剧增时，和平外交更符合英国的利益。

---

① *Hansard*，HC Deb，20 July 1866，vol. 184，c. 1218.

② *Hansard*，HC Deb，20 July 1866，vol. 184，c. 1248.

③ A. W. Ward and others (eds.)，*The Cambridge History of British Foreign Policy 1783—1919*，*vol.* 3，*1866—1919*，Cambridge：Cambridge University Press，1923，p. 9.

④ John Lowe，*Britain and Foreign Affairs*，*1815—1885*，London and New York：Routledge，1998，p. 70.

⑤ John Clarke，*British Diplomacy and Foreign Policy 1782—1865*：*the National Interest*，London：Unwin Hyman Ltd，1989，p. 298.

表 54　英国陆军和海军兵力(1815—1914 年)①

年份	陆军	海军	年份	陆军	海军
1815	204 386	85 384	1870	113 221	61 000
1820	92 586	23 000	1880	131 859	58 800
1830	88 848	29 000	1890	153 483	68 800
1850	99 128	39 000	1900	430 000	114 880
1855	223 224	70 000	1914	733 514	147 667

　　普奥战争结束后,普、法矛盾迅速加剧,1868 年西班牙爆发新的革命,伊莎贝拉二世女王流亡国外,王位空缺所引发的继承人问题使业已紧绷的普法关系雪上加霜。普鲁士通过私下活动,让西班牙临时政府宣布普王威廉的堂兄利奥波德(Prince Leopold)出任新国王,这意味着霍亨索伦王族将接管西班牙,于是就严重挑战了法国的利益。法国立刻作出激烈反应,第二天,7 月 6 日,法国驻英大使拉瓦莱特侯爵(Marquis de Lavalette)就向新任英国外交大臣格兰维尔说:法国绝不允许该项计划实现,并希望英国政府能够施压影响。

　　很显然,德国统一和霍亨索伦王族(House of Hohenzollern)接管西班牙是完全不同的两回事,为平衡法国,英国愿意看到德国统一,这符合均势原则;但德国与西班牙联合,却破坏了英国一贯主张的欧洲均势,可是在 1870 年普法战争(Franco‐Prussian War)爆发前,英国人却深信一个强大的德国可以抵消法国的力量,普鲁士不对英国构成威胁,英国驻普鲁士大使洛夫斯特勋爵(Lord Augustus Loftus)就曾向政府报告,说普鲁士本质上是爱好和平的。② 正如莫斯(W. E. Mosse)所言,英国所有党派都希望看到一个强大的德意志,以抑制法国和俄国的野心。德国和英国没有根本利益冲突,还可以为保护比利时和英吉利海峡(English

① C. Cook and B. Keith, *British Historical Facts 1830—1900*, London:Macmillan, 1975, p. 185.
② John Clarke, *Britich Diplomacy and Foreign Policy 1782—1865*:*the National Interest*, London:Unwin Hyman Ltd., 1989, p. 290.

Strait)作出贡献；一个在普鲁士领导下的德国，将是英国稳固而可靠的伙伴。① 在这种信念指导下，英国外交部执意不干涉。

俾斯麦以西班牙王位问题发难，诱使拿破仑三世对普鲁士宣战。1870年战争爆发，英国只关注自己的利益，它与德、法两国都签订协约，要它们保证比利时的中立；并且宣布：只要双方都信守诺言，英国就不干预德、法之间的冲突。② 针对这个立场，下院有议员提出反对；首相格拉斯顿反驳说：保证比利时的中立，并不是保护英国的私利，而是保证比利时人民的自由生存；如果比利时被吞并，公权与公法的丧钟将被敲响。这是格拉斯顿典型的"道德"外交的说辞。在这个问题上，迪斯雷利的立场与格拉斯顿相一致，认为这次协议是1839年协议的补充和强化。③

普法战争以法国失败告终，法兰西第二帝国解体，德意志第二帝国(German Reich)却建立了，德国完成统一大业。根据1871年5月10日德、法签订的和约，法国割让阿尔萨斯(Alsace)和洛林(Lorraine)，赔款50亿法郎，这个结局完全打破了拿破仑战争以后建立的欧洲力量均势，欧洲大陆开始变得前景不明了。

1870年10月30日，俄国政府利用法国战败的有利时机，向1856年《巴黎和约》④的签字国发出通告，宣布该和约有关俄国和黑海中立化的条款失效。俄国单方面撕毁条约让格拉斯顿感到恼火，于是他召集了一次国际会议谴责俄国的举动，但俄国的态度非常强硬，英、德等国被迫让步。1871年3月13日俄、土、德、奥、英、法、意7国在伦敦签署公约，取消了《巴黎和约》所规定的黑海中立条款，但重申了封闭海峡和禁止外国军舰通行的原则，不过土耳其可以在平时向友好国家军舰开放海峡。在当时的局势下，欧洲诸国都不愿再看见一次战争，格拉斯顿沿用大国协

① John Clarke, *Britich Diplomacy and Foreign Policy 1782—1865 : the National Interest*, London: Unwin Hyman Ltd, 1989, p. 224.
② *Hansard*, HL Deb, 10 August 1870, vol. 203, c. 1759.
③ *Hansard*, HC Deb, 10 August 1870, vol. 203, cc. 1776 - 1789. 1839年协议见前述第321—322页。
④ 见前述第328—329页。

商机制对俄国的行为稍有一些遏制,这虽然为英国挽回了一点面子,却不能让仇视俄国的英国舆论感到满意。

作为自由党党魁和四任首相的政治家,格拉斯顿的外交理念带有强烈的"道德"色彩,他曾说英国不应该帮助弱者、并且鼓励它对抗强者,而应该通过说服、阻止强者进犯弱者。格拉斯顿信奉古典自由主义,他主张自由贸易,降低税务,缩减开支。他在帕默斯顿政府担任财政大臣期间,就反对帕默斯顿的进攻性的外交政策,认为这种政策会破坏自由贸易,增加国家的公共开支。他主张在国际关系中要遵循合法性原则,处理国际事务时严格遵守条约规定。他认为英国的外交原则应该是争取、培养和保持欧洲的协调,约束各国的自私目的,唯有欧洲国家的共同目标,才符合所有国家的共同利益。[1] 格拉斯顿甚至说世界各民族应当平等,1879 年 11 月 26 日他在苏格兰发表演讲时说:"我们在称呼'他'为野蛮人时,要记住他的权利,记住他的茅舍的快乐,记住冬雪中阿富汗山村的圣洁生活,他在全能上帝眼中与你一样神圣。记住他与你共同组成了人类,也有血有肉,因共同的爱与你相连,这种爱不只存在于我们岛屿的海岸,也不是基督教文明才有,它穿越了整个地球表面,包容着最卑微与最伟大。"[2]

格拉斯顿思想中包含着和平、规则、合作的特点,现实主义的考量,因为在英国实力相对下降的时刻,通过这种方法,可以得到与英国军力不足相匹配的最大利益。但欧洲平衡已被德国崛起打破了,大国不愿像从前那样坐下来协商问题,格拉斯顿的欧洲协调思想很难得以施展;同时,格拉斯顿历届政府都面临大量棘手的国内问题,他不能全力关注外部事务。这些都使他重拾阿伯丁的"不干涉"路线,以"道德"为裁判点。

迪斯雷利是机会主义者,追求有利于眼前的任何外交活动,他的做

---

① Judith Telford, *British Foreign Policy 1870—1914*, London: Blackie & Son Limited, 1978, p. 4.

② John Morley, *The Life of William Ewart Gladstone*, *Volume II*, London: Macmillan, 1903, p. 595.

法看起来却好像更符合时代的要求。① 在迪斯雷利看来,无论自由贸易还是保护政策都只是权宜之计,他在议会发言中公开说:"我反对自由主义的原因就是,它将哲学思想替代政治原则注入了人类崇高的生活实用事务——政治学。"②

迪斯雷利第二次上台组阁后不久就出现近东危机(Great Eastern Crisis)。1875 年底,奥斯曼在巴尔干的两个行省波斯尼亚和黑塞哥维那爆发起义,反对土耳其统治;1876 年 4 月保加利亚人的聚居区也发生起义。奥斯曼帝国在英国外交中一直据有举足轻重的地位,因为它遏制着英国去往印度的通道,并且是阻挡俄国向地中海扩张的屏障,英国希望维护它的稳定。苏伊士运河开通后,英国通往印度的航线缩短一半,这也在奥斯曼帝国的版图范围内。迪斯雷利上台后迅速购买苏伊士运河 44% 的股份,打破了法国对运河的垄断权;1876 年他又让维多利亚女王戴上"印度女皇"的桂冠,将印度放在英国政府的直接控制下。在这个背景下,英国需要确保奥斯曼帝国的平安稳定,但巴尔干的基督教徒给迪斯雷利出了一道难题。4 月 25 日,奥斯曼动用军队镇压起义,58 个村庄和 5 个修道院被摧毁,1.5 万人被杀。5 月中旬,暴动被完全镇压下去。

土耳其的穆斯林屠杀了巴尔干的基督教徒,这对整个欧洲都是个震动,消息传到英国,朝野哗然,纷纷要求迪斯雷利政府撤销对土耳其的支持。英国议会召开会议就英国支持土耳其问题进行讨论,要求政府立即调查事实真相。对此,迪斯雷利一面派英国驻伊斯坦布尔(Istanbul)使馆二等秘书沃特・巴林(Walter Baring)赴保加利亚(Bulgaria)调查情况,一面又否认英国对土耳其负责,说英国的责任只限于《巴黎条约》条款以内。8 月 11 日他对议会说:在当前的危急下,政府的责任只是维护英帝国,任何时候都不应采取危害英帝国的行动。③ 格拉斯顿公开发表

① John Lowe, *Britain and Foreign Affairs*, *1815—1885*, London and New York: Routledge, 1998, p. 74.

② *Hansard*, HC Deb, 05 June 1848, Vol. 99, c. 396.

③ *Hansard*, HC Deb, 11 August 1876, Vol. 231, cc. 1140-1146.

文章,呼吁政府停止支持土耳其,他写道:"我恳求我的国人……要求并敦促我们的政府转变工作方向,全力以赴地与欧洲国家一道,取消土耳其在保加利亚的行政权。"①迪斯雷利回应道:牺牲道德只是权宜之计,在处理国际问题时英国利益应该优先。他不肯公开指责土耳其的暴行,并且说保加利亚有 370 万人口,屠杀 1 万多不影响它的存在。1877 年 2 月 20 日他更向上议院说道:"本国人民非常关注(东方问题中的)人道主义和博爱思想,所有人都会有这样的感觉。但是,……爵爷们会永远支持这个决心——保护英帝国。"②

为了恐吓俄国,迪斯雷利命英国陆、海军前往达达尼尔海峡,可是当 1877 年 4 月俄国对土耳其宣战后,英军没有卷入战斗,迪斯雷利希望通过外交努力维护英国利益。从 5 月 7 日开始下院连续五天进行辩论,最后在决议中加入了这样的共识:"下院不会考虑任何可能不利于英国政府捍卫和平和维护英国利益的决议。"③

1878 年 1 月俄军逼近君士坦丁堡,英国内阁发生严重分歧,12 个成员提出 7 种不同的对策。④ 在这种情况下,迪斯雷利政府不可能作出与俄国交战的决定,最后,迪斯雷利以英国舆论对土耳其屠杀感到愤怒为由,拒绝了土耳其要求英军参战的吁请。

1878 年 3 月 3 日土耳其被迫与俄国签订《圣斯特凡诺条约》(Treaty of San Stefano),其中规定:土耳其承认门的内哥罗(黑山,Montenegro)独立,塞尔维亚完全独立;俄国获比萨拉比亚(Bessarabiya)西南部以及阿尔达汉(Ardahan)、卡尔斯(Kars)、巴统(Batum)、巴雅西特(Beyazit)等地;建立大保加利亚公国(Third Bulgarian State),隶属土耳其苏丹,并由俄军占领 2 年。如果该条约付诸实施,俄国就离君士坦丁堡不远了,

---

① William Ewart Gladstone, *Bulgarian Horrors and the Question of the East* , London, 1876, p. 64.

② *Hansard*, HL Deb, 20 February 1877, Vol. 232, c. 626.

③ *Hansard*, HC Deb, 14 May 1877, Vol. 234, c. 978.

④ C. J. Lowe, *The Reluctant Imperialists, British Foreign Policy 1878—1902* , Vol. 1, London: Routledge & K. Paul, 1967, p. 19.

土耳其海峡通道受到威胁,英国在土耳其的优势被严重削弱。迪斯雷利处理"东方问题",整个出发点是保卫印度,1876 年 5 月他直言不讳地告诉维多利亚女王说:英国军舰驶往地中海,不是为了保护基督徒或土耳其,而是为了保卫女王的帝国。迪斯雷利坚守传统的信念:俄国若染指君士坦丁堡和土耳其海峡,印度的安全就没有保障。保卫印度的关键在君士坦丁堡,不在埃及和苏伊士运河。① 因此,迪斯雷利不可能接受《圣斯特凡诺条约》,他决定用外交手段解决问题。

为此,迪斯雷利说服德国和奥地利与英国一起制定一份新协议,迫使俄国做出让步。1878 年 5 月,迪斯雷利以同意俄国占领卡尔斯、阿尔达汉等地为诱饵,换取俄国放弃"大保加利亚"计划。6 月,与苏丹签订《英土反俄防御同盟条约》(Convention of Defensive Alliance between Great Britain and Turkey),从土耳其手中得到塞浦路斯(Cyprus)。为平息法国的不满,他支持法国占领突尼斯(Tunisia)。1878 年柏林会议(Congress of Berlin)就是完全按照迪斯雷利的意图进行的,《柏林条约》(Treaty of Berlin)确定了各大国瓜分土耳其的势力范围,英国不仅达到了削弱俄国影响的目的,而且获得了塞浦路斯岛,从而在地中海东部得到立足点。1878 年 7 月 16 日迪斯雷利从柏林会议凯旋而归,他在多佛尔(Dover)发表的讲话中说:"我们带回了和平,我们相信我们带回了具有荣耀的和平,我们相信这种和平接下来将带给国家以繁荣。"②

有人指责迪斯雷利处理俄土战争的做法非常自私,迪斯雷利回答说:"如果英国利益遭到攻击或威胁,我们将立即宣告停止中立。全世界批评说这是一种自私政策,但这是一种爱国主义的自私自利。"③从这个时候起,两党在奥斯曼帝国问题上就不再有共识,迪斯雷利认同传统的外交路线,即支持土耳其、防止俄国扩张。格拉斯顿坚持完全不同的立

---

① Graham D. Goodlad, *British Foreign and Imperial Policy*, *1865—1919* , London and New York: Routledge, 2000, p. 10.

② *The Times*, 17 July, 1878, p. 5.

③ *The Times*, 10 November, 1877, p. 10. http://en. wikiquote. org/wiki/Benjamin_Disraeli.

场,首先因为他讨厌奥斯曼帝国,其次他同情巴尔干人民的独立要求。但作为老资格的政治家,他并非仅凭感情处理外交事务,在他看来,为有效抵御沙皇俄国的扩张,独立的巴尔干国家比衰落的土耳其更好。① 迪斯雷利则认为,一个成长中的保加利亚会成为俄国的附庸,因此必须让奥斯曼帝国维持原状。两个人的看法都有部分道理,但都被后来的历史部分地否决了。

格拉斯顿在 1880 年大选中指责保守党错误的外交政策,并答应在自由党获胜后完全将其纠正。但格拉斯顿上台后立即发表声明,说新政府的主要任务之一,是尽快履行《柏林条约》。② 作为英国领导人,格拉斯顿不可能主动放弃英国的既得利益,因此无论他和迪斯雷利有什么分歧,英国外交的指向是十分清楚的——捍卫英国的国家利益。因此在任何一个政党执政时得到的好处,都会被另一个政党全盘接收。

1880—1882 年的埃及事件是很好的例证。苏伊士运河股票被英、法收购后,埃及经济命脉已被控制在这两国手中,埃及的政治事务也日益受英、法的干预。1881 年,埃及爆发由阿拉比领导的民族抵抗运动,英国乘机出兵,单独占领了整个埃及,并将其变成事实上的殖民地。具有讽刺意味的是,格拉斯顿在 1882 年初还明确声称"埃及人的埃及是解决埃及问题的唯一好方案",到 7 月,他就向埃及派出了军队,并占领埃及。

当然,格拉斯顿并不认为出兵埃及违背了他一贯的道德主张,他在 1882 年 7 月 24 日的下院发言中说:英国占领埃及,可以给这个伊斯兰世界带来文明生活的幸福和法治。格拉斯顿曾试图通过欧洲协调的原则来解决埃及问题,他先是希望与法国采取共同行动,但被法国拒绝;接着又寄希望在君士坦丁堡召开欧洲会议,在会议上敦促奥斯曼帝国

---

① Stephen J. Lee, *Aspects of British Political History*, *1815—1914*, London & New York: Routledge, 1994, pp. 190 – 191.

② Judith Telford, *British Foreign Policy 1870—1914*, London: Blackie & Son Limited, 1978, p. 9.

政府采取军事行动,以恢复埃及的秩序。然而在会议上其他国家与英国的意见不一致,1882年6月25日会议通过一份议定书,规定缔约国不得占领埃及的任何部分,不得在埃及谋求任何特权;意大利驻土耳其大使甚至建议:在会议结束之前,任何国家不可以采取单独行动。为此,英国驻土耳其大使达弗林勋爵(Lord Dufferin)在会议上作出声明:在发生不得已的情况下可以例外,比如在苏伊士运河受到威胁或发生任何涉及英国利益的特殊灾难或突发危险时,英国可以单独采取行动。① 可见,即使是格拉斯顿政府,在事涉英国"国家利益"时,也不会以"道德"来指导行动。

英国单独占领埃及,不仅加剧了与法国的紧张关系,而且造成英国外交上的孤立。1884年德、俄、奥三国续签了1881年的第二次三皇同盟(The Three Emperors' Alliance),该盟约规定:缔约国之一与第四国作战时,其他两国应保持善意中立;土耳其欧洲领土出现任何改变,都须经三国共同协商;博斯普鲁斯(Bosporus)和达达尼尔海峡须维护封闭原则,不可作任何交战国军事活动之用。三皇同盟是对格拉斯顿外交政策的重大打击。

普法战争后,德、俄实力攀升,而俄国是能够在军事上与英国抗衡的唯一国家。由于俄罗斯境内没有不冻港,几个世纪以来,历代沙皇都把获得波罗的海(Baltic Sea)和地中海南北两个出海口作为首要战略目标。18世纪初沙俄取得波罗的海出海口,18世纪下半叶俄国将版图推进到黑海沿岸。拿破仑战争后,俄、英两国关系日趋紧张,俄国中止了向西部的扩张,把近东和中亚作为新的战略目标,其锋芒直指奥斯曼帝国这个"西亚病夫"。俄国希望通过控制虚弱的土耳其,打开从黑海到地中海的通道,从而进入大西洋。但是奥斯曼帝国的存在对英帝国而言又极其重要,它不仅可以减轻对英国海军的潜在威胁,而且可以更好地保护印度。因此在整个19世纪,英国的近东和中亚政策就是阻挡俄国、不让它获得

---

① *Hansard*, HL Deb, 24 July 1882, vol. 272, c. 1489.

南方暖水出海口,排除俄国对印度的威胁。由此,英、俄在奥斯曼控制区、波斯和阿富汗(Afghanistan)与俄国展开激烈竞争,这就是著名的"大棋局"(the Great Game)。

1853—1856 年的克里米亚战争就是这盘棋中的一局,战后签订《巴黎和约》,使英国在中近东的影响力大增,但"东方问题"并没有解决。1877—1878 年的俄土战争翻转了棋局,使英国再次面临挑战,俄国则成为地中海大国。柏林会议抑制了俄国的扩张势头,英国得到塞浦路斯,又一次改变地中海格局。到这时为止,英国在奥斯曼帝国问题上并不算失分。

但阿富汗问题却十分复杂。阿富汗保护着印度的北大门,紧邻英国从北非到印度的势力范围带,被称为"印度庭园的围墙";俄国实施"南下"政策,也把阿富汗作为目标。1870 年代起,两国在阿富汗以南和以北同时进行扩张,将自己的边界向阿富汗推进,对该国构成直接威胁。当时,阿富汗是一个独立国家,在巴拉克扎伊王朝(Barakzai Dynasty)的统治下。

为解决争端,1873 年英、俄达成这样的协定:奥克苏斯河(Oxus)确定为阿富汗的北部边境,英国不干涉该河以北的中亚事务,俄国则不侵犯奥克苏斯河沿岸地区。此时英国已经占领了印度次大陆的大部分地区,英印统治范围直抵阿富汗南境。就在这一年俄国占领希瓦(Khiva),引起英国不悦,但英国却不能干涉,因为俄国承诺不会跨越阿富汗边界,英国的阿富汗政策无形中为俄国留下了可乘之隙。

1876 年俄军又占领浩罕(Khokand)并进驻土库曼(Turkmenia),英国认为俄国的真正意图是夺取梅尔夫(Merv),但俄国保证恪守 1873 年协议,不对梅尔夫采取行动①。如前所述,尽管英、俄两国在阿富汗边界

---

① quote from Memet Yetisgin, "The Anglo - Russian Rivalry, Russia's Annexation of Merv and the Consequences of the Annexation on Turkmens". 全文参阅:http://yayinlar. yesevi. edu. tr/files/article/69. pdf.

问题上有一个默契,但俄国的行动仍让英国感到难受,中亚当地人愿意接受俄国人,而印度人对英国殖民统治却十分不满,这更让英国政府感到寝食不安。

此时,阿富汗统治者舍尔·阿里汗(Shere Ali)改变中立立场,开始奉行亲俄疏英政策。1876年新任印度总督利顿勋爵(Lord Lytton)向舍尔·阿里许以金钱、人力和军事支持,希望他在外交、军事和经济上服从英国指导。但阿里拒绝了英方建议,并且在1878年6月接受俄国提出的条约草案,同意俄军在喀布尔(Kabul)驻扎。英国认为这是俄、阿合作反对英国,威胁了印度,因此英、俄爆发战争的可能性增大。所幸的是当1878年7月俄国使团抵达喀布尔时,《柏林条约》已经签订,战争的可能性随即消失。

然而利顿勋爵却在11月派5万大军入侵阿富汗,理由是阿富汗拒绝了英军驻扎喀布尔的要求,迪斯雷利不完全同意利顿的行动,但仍然公开说,印度的西北边境是值得商榷的,并祝愿利顿的军事行动获得成功。[1] 舍尔·阿里向沙皇请求军援,未获同意,在逃出喀布尔后于1879年2月21日死去。[2] 5月26日阿里的儿子亚古柏汗(Yakup Khan)与英国签订《甘达马克条约》(Gandamak Treaty),阿富汗成为英国的附庸国。但是9月3日喀布尔就爆发大起义,起义者将英国驻阿富汗总督府包围,并将英国总督杀死。1880年9月,英军在坎大哈战役中打败舍尔·阿里的次子阿尤布汗(Ayub Khan)。格拉斯顿上台后,决定停止阿富汗战争,阿富汗新任埃米尔阿卜杜尔·拉赫曼(Abdur Rahman Khan)部分接受了《甘达马克条约》;1881年4月英军撤出阿富汗,但英国保留对开伯尔山口(Khyber Pass)的控制权,并拥有阿富汗的外交权,同时又答应向阿富汗提供保护并支付一笔资助金。

---

[1] Graham D. Goodlad, *British Foreign and Imperial Policy*, *1865—1919*, London and New York: Routledge, 2000, p. 9.

[2] Henry Bathurst Hanna, *The Second Afghan War*, 1878—79—80: *Its Causes*, *Its Conduct and Its Consequences*, Archibald Constable & Co. 1904, pp. 150 - 155.

1884 年 1 月俄国吞并梅尔夫，将英、俄关系推向公开冲突的边缘。梅尔夫是中亚大绿洲和丝绸之路的中心城市之一，自古就有"世界王后"之称，战略和经济地位极为重要。英国驻印度高级官员亨利·罗林森（Henry Rawlinson）爵士认为，梅尔夫的战略位置比奥克苏斯河还要重要，是征服印度的必经之路，从梅尔夫到赫拉特（Herat），可以绕过难以翻越的兴都库什（Hindu Kush）山脉。[1] 俄国占领梅尔夫时，有梅尔夫人向英国求援，但被格拉斯顿政府所拒绝。1885 年 3 月俄国再向阿富汗北部逼近，在旁支墩（Panjdeh）与阿富汗军队发生冲突。旁支墩已经非常接近赫拉特，在 1856—1857 年的波斯（现在的伊朗）战争中，英国曾因波斯占领赫拉特而对其宣战，迫使波斯撤出该地。[2] 这时格拉斯顿感觉到事态的严重性，便打算与俄国打一场战争；后来在新任印度总督里彭勋爵（Lord Ripon）的坚持下，俄国承诺不再在梅尔夫以外提出领土要求，并且尊重阿富汗的领土完整。这件事结束后，英俄边界委员会最终划定阿富汗的北部边界，库什卡（Kushka）成为它征服领土的边境。到了 19 世纪末，波斯、阿富汗成为英帝国和沙皇俄国之间的缓冲地带。英俄为了避免因在波斯的竞争而开战，同时为了对付德意志帝国，两国在 1907 年 8 月 31 日签订了一项协议。该协议规定波斯北部被划为俄国的势力范围，波斯东南部成为英国的势力范围，其余的波斯领土为"中立地带"。至此，19 世纪的英俄大棋局才告结束。

格拉斯顿把自己的外交政策构建在国际法和道德的基础上，他主张欧洲大国协商，避免进攻性的扩张行动，对于正在衰落的英国而言，这种做法也是一种现实主义；但在欧洲均势被打破的时代，迪斯雷利的外交政策更能在短时期内为英国获取更多利益。这两人的外交虽有区别，但有一点是肯定的，即两人都执行帝国主义的外交政策，都为英国的利益

---

[1] C. J. Lowe, *The Reluctant Imperialists*, *British Foreign Policy 1878—1902*, Vol. 1, London: Routledge & K. Paul, 1967, p. 76.

[2] Chris Cook, *The Longman Companion to Britain in the Nineteenth Century 1815—1914*, London & New York: Longman, 1999, p. 224.

服务;两人执政期间,英帝国扩张到极限,英国与欧洲列强的矛盾或合作,基本上围绕帝国扩张和帝国安全展开,因此这是一个帝国主义外交的时代。这种帝国主义外交最终不能解决大国之间的冲突,反而使矛盾越来越尖锐了,英国与欧洲最终全都走向了第一次世界大战。

第四章 大战前外交

19世纪最后十多年的英国外交，是由第三代索尔兹伯里侯爵（Robert Arthur Talbot Gascoyne‐Cecil，3rd Marquess of Salisbury）执掌的。索尔兹伯里出身于保守世家，父亲担任过掌玺大臣（Lord Privy Seal）和枢密院大臣（Lord President of the Council）。他早年养成一种悲观主义的人生观，这使他成为坚定的保守主义者。在德比-迪斯雷利政府任职期间，他因为不支持第二次议会改革而辞职，他认为保守主义应当阻止民主的增长，不让它破坏社会秩序。索尔兹伯里鄙视迪斯雷利，认为他不诚实，是一个无原则的机会主义者。

在外交事务中，有一段话很能体现索尔兹伯里的基本思想，他把世界国家分为有活力国家和垂死国家两种："垂死国家瓦解和衰退的速度与有活力国家的力量积聚和增长的速度同步。弱国越来越弱，强国越来越强。有活力国家将逐步侵占垂死国家的领土，文明国家之间冲突的种子与缘由将迅速出现。当然，有活力的国家并不全部具有治疗和切割这些垂死国家的权力。于是，关于谁拥有这样的权力、它又将采取何种办法的争执，就将造成强国之间的军事对抗与相互威胁。……我认为这种威胁在我们的时代已经来临。无论世界发生任何变动，英国都不能处于不利地位。但如果有竞争者染指那些英国军队不能到达的贫瘠土地时，我们也不要嫉妒。"①在这段话中,"垂死国家"就是受侵略的亚非拉国家,"有活力国家"则是西方侵略者;索尔兹伯里已经看出帝国主义列强争夺殖民地将引发战争,而英国的处境并不乐观。

按霍布斯鲍姆(Eric John Ernest Hobsbawm)的说法,1875—1914年是"帝国的年代"。② 英国在 19 世纪后期加快了殖民扩张的步伐,到1914 年,英帝国的版图囊括 3 000 万平方公里,人口逾 3 亿。英国在亚洲、非洲急剧扩张,与欧洲列强进行激烈争夺。在这个进程中,英国与布尔人发生了两次战争,并在祖鲁兰(Zululand)、东非、西非、中非、阿富汗和西藏采取了军事行动。1870—1914 年间帝国与外交事务纠结在一起,两者关系紧密重叠,外交常常是为了处理殖民地问题,准确地说,这一时期的帝国和外交经历着相互影响的过程,而英国总是在欧洲和海外领地两个领域寻求自己的利益。

1878 年索尔兹伯里走马上任外交大臣时,列强正为争夺非洲而激烈争斗。作为一个贵族出身的保守主义者,他希望英国成为世界的"拯救者",但他又认识到一个实力下滑的英国只能面对现实而找准自己的位置,因此他更倾向于自由主义鼎盛时期的"无形帝国",企图在军事占领和自由通商之间找到一条中间道路,他希望通过工程师和商人的和平入侵,来维护英国的控制力,不通过武力,就能统治这些地方。③ 因此他与迪斯雷利的外交观点不同,却与格拉斯顿更加相似,尽管在党派上,他属于迪斯雷利的党。

但他又不同意格拉斯顿的欧洲协调政策。19 世纪末期,欧洲局势发生了明显变化,俾斯麦通过德奥盟约、三皇同盟、三国同盟等大国联盟来孤立法国,德国的力量已明显增长,英国的影响力相对下降,英国不可能

① From Lord Salisbury's Speech to The Primrose League, May 4. 1898, http://query. nytimes. com/mem/archive - free/pdf? res=F20C1FFF345911738DDDA10994DD405B8885F0D3.
② 艾瑞克·霍布斯鲍姆:《帝国的年代》,贾士蘅译,江苏人民出版社,1999 年,第 60 页。
③ D. Gillard, "Salisbury", in Keith. M. Wilson (ed.), *British foreign Secretaries and foreign Policy from Crimean War to First World War*, London: Routledge Kegan & Paul, 1986, p. 132.

成为欧洲协调的领导者了。索尔兹伯里甚至认为,"欧洲协调"政策的唯一成就,是协调大陆国家一起反对英国。①

1882 年 5 月德国、奥匈帝国、意大利结成三国同盟(Triple Alliance),这个同盟的目的是孤立法国、针对俄国。当时,英国最担心的是法、俄两国建立反英同盟——英国占领埃及造成了英法关系的持续紧张;英、俄在近东及印度的对抗可能是英国外交的主要担忧。因此,1885 年索尔兹伯里政府上台后就努力恢复英、德关系,6 月 26 日索尔兹伯里在接见德国外交使节时表示,保守党希望与德国有良好的互通渠道,他本人将尽最大努力建立和保持与德国的良好关系。6 月 29 日俾斯麦的儿子致电德国驻英大使说,俾斯麦非常满意索尔兹伯里的友好表示,同时对英方的善意作出了积极回应。② 7 月 2 日索尔兹伯里致信俾斯麦,重申了 6 月 26 日的讲话内容,并请求德国在阿富汗和埃及问题上给予帮助。7 月 8 日俾斯麦也在回信中重复了 6 月 29 日的电报精神,并答应在埃及问题上帮助英国,也希望英、俄能协商解决阿富汗问题。③

尽管如此,英国依然奉行不结盟政策,没有加入三国同盟。在索尔兹伯里看来,英国是一个衰落的大国,不可能实施帕默斯顿和迪斯雷利时代的攻击性外交。英国外交的合理定位是:不试图操纵,只伺机而动,在事情发生时作出反应,始终将保障英国安全作为主要目标。因此在对欧关系上虽力求合作但避免同盟,既要获利又不被困扰。1887 年的两次《地中海协定》(Mediterranean Agreement)充分体现了索尔兹伯里的这种外交思想。

---

① C. J. Lowe, *The Reluctant Imperialists*, *British Foreign Policy 1878—1902*, Vol. 1, London: Routledge & K. Paul, 1967, p. 10.

② Count Münster to the German Foreign Office, June 26th, 1885; Count Herbert Bismarck to Count Münster, June 29th, 1885, in E. T. S. Dugdale selected and translated, *Bismarck' Relations with England 1871—1890*, New York & London: Happer & Brothers Publishers, p. 207.

③ Lord Salisbury to Prince Bismarck, July 2nd, 1885; Prince Bismarck to Lord Salisbury, July 8th, 1885, in E. T. S. Dugdale selected and translated, *Bismarck' Relations with England 1871—1890*, New York & London: Happer & Brothers Publishers, pp. 208 - 209.

法、俄是英国在地中海地区的最大竞争对手,此时,英、俄在土耳其海峡问题上再度紧张对立,法国则因埃及问题对英国不满,意大利与法国争夺北非,奥匈和沙俄因巴尔干问题关系恶化,俾斯麦则力促英国和意、奥匈合作,试图把英国拉进三国同盟,共同对付法、俄。① 1887 年两次地中海协定就是在这一背景下发生的,目的是保护这一地区的现状不变。该协定矛头直指法国和俄国,确定了未来 10 年英国外交的基本走向。②

第一次地中海协定是 1887 年 2 月 12 日签订的,英、意两国约定共同维持地中海、亚得里亚海(Adriatic Sea)、爱琴海(Aegean Sea)和黑海现状;意大利支持英国在埃及的政策,英国支持意大利在北非的政策;在共同利益方面实行全面合作,但不一定予以军事援助。奥匈和西班牙先后加入该协定。这次协定是索尔兹伯里外交上的一次重大胜利,它减轻了俄国在近东的压力,让英国腾出手来应对其他方向的挑战。③

第一次地中海协定后爆发了保加利亚危机(The Bulgarian Crisis),该危机是因保加利亚统一问题和欧洲列强争夺在保加利亚的势力范围而引起的一场巴尔干政局的危机。面对这种局面,英、奥匈、意三国驻君士坦丁堡大使达成一份协议:支持土耳其抵抗沙俄的侵略。在此基础上,1887 年 12 月 12 日英、奥匈、意三国缔约,这就是第二次地中海协定,其中规定:三国共同维持近东现状,保护黑海海峡,确认土耳其对保加利亚及小亚细亚(Asia Minor)的宗主权,共同抵御俄国对奥斯曼帝国的扩张。

地中海协定不是一种同盟协定,因为缔约方没有承担军事义务,它反映了英国既想分享同盟优势、又不愿承担同盟义务的政策思想,因此

① Graham D. Goodlad, *British Foreign and Imperial Policy, 1865—1919*, London and New York: Routledge, 2000, p.59.
② C. J. Lowe, *The Reluctant Imperialists, British Foreign Policy 1878—1902*, Vol. 1, London: Routledge & K. Paul, 1967, pp.94-95.
③ C. J. Lowe, *Salisbury and the Mediterranean, 1886—1896*, London: Routledge & Kegan Paul PLC, 1965.

仍然是索尔兹伯里的外交思想。尽管如此,地中海协定仍然是英国走向结盟的一个重要步骤,正如索尔兹伯里对维多利亚女王所言:这是英国在和平时期所能接受的最接近同盟的一种关系,是避免危机的重要手段。①

种种因素促成法、俄两国迅速靠拢,1892 年 8 月 17 日法俄同盟关系(France‑Russian Alliance)在圣彼得堡确定,根据协定:当法国遭到德国或意大利的攻击、俄国遭到德国或奥匈帝国的攻击时,双方都以全部兵力相互支援。如果三国同盟或其中一国动员兵力,法、俄应立即将兵力调到边境;法、俄应迫使德国在东西两线同时作战。

至此,欧洲大陆形成了三国同盟与法俄同盟两个实力大致相当的对峙集团,英国尽力游离在外,保持不结盟状态。90 年代,德国已取代俄、法成为英国最大的对手,地中海协定逐步丧失意义。1896 年 1 月,奥匈提出一项反对俄国干预君士坦丁堡的军事协定,被索尔兹伯里政府拒绝,地中海协定因此不再续签,英国与三国同盟的合作关系也就结束了。②

随着德国力量壮大,德皇威廉二世(Wilhelm II)的扩张意图也越发明显,1890 年俾斯麦被迫退休,威廉二世亲自接掌外交事务,他提出德国成为"世界帝国"的"新路线",从"大陆政策"转向"世界政策"(Weltpolitik)。英国觉得德国已经太强大了,正在挑战英国的霸权,如果德国顺利地推行了"世界政策",英帝国的"不落"太阳就要陨落,因此,德国的威胁已超过俄、法等国家。德国在非洲、近东和远东开始与英国争夺殖民地,英德矛盾尖锐化,英国不得不调整自己的外交政策,将主要竞争对手和防范对象转向德国。

从 70 年代开始,"自由帝国主义"理论受到挑战,英国失去了工业垄

①　C. J. Lowe, *The Reluctant Imperialists*, *British Foreign Policy 1878—1902*, *The Documents*, Vol. 2, London : Routledge & K. Paul, 1967, p. 11.

②　Graham D. Goodlad, *British Foreign and Imperial Policy*, *1865—1919*, London and New York: Routledge, 2000, p. 56.

断地位,德国、美国、法国都在迎头赶上,纷纷在世界各地抢占地盘。在这样的情况下,即使殖民地是一个负担,英国也必须拥有它,否则就丢失了国外市场和原材供应地。"无形帝国"的观点显然已经过时,英国必须投入到争夺殖民地的斗争中去。

工业革命后期,植物油、橡胶、象牙等成为新的工业原材料,可可的需求量在急速增长,而西非拥有大量的这类资源。1880年代,法国在西非的扩张威胁到英国的既有利益,英国与法国之间矛盾不断。同时,1887年成立的"英国南非公司"(British South Africa Company)提出了"双开计划"(Cape to Cairo Railway),打算修建从开罗到开普敦的纵贯非洲大铁路,索尔兹伯里意识到开普敦的重要性,决定放手让南非公司行动。

但这个计划与法国和德国的计划彼此交叉,德国在80年代初得到西南非洲南纬26度到葡属西非殖民地(现安哥拉)之间的地区,1884至1885年又占领西非的多哥、喀麦隆(Cameroon)和德属东非(坦噶尼喀,Tanganyika),德国希望将德属西非和德属东非连成一片,建立从大西洋到印度洋、横贯非洲的殖民地。于是,英国和德国的计划,就在德兰士瓦地区形成交叉。法国在80年代占领了西非、北非、刚果河北岸大片地区和马达加斯加,它希望将索马里和萨赫勒地区(Sahel)连成一片,横穿非洲大陆,和英国的计划在法绍达(Fashoda,今苏丹科多克)地区形成交叉。此外,葡萄牙、意大利、比利时等国也都在非洲拥有自己的地盘;英国自然不能落在其他国家后面,于是就开始了对非洲的全面扩张,先后将尼日利亚(Nigeria)、贝专纳兰(Bechuanaland,现博茨瓦纳)、英属东非(现乌干达、肯尼亚)、英属索马里(Somalia)、桑给巴尔岛等收归己有,在这个过程中,与德国、法国形成了正面对抗。1882年英国占领埃及,使法国感到极不愉快;随后苏丹发生反对英、埃统治的马赫迪起义(Mahdi Uprising),英国派军队进行镇压,并且吞并了苏丹,这样就加深了英、法在尼罗河上游的矛盾。1898年双方军队在法绍达地区对峙,虽说最终没有爆发战争,却使英法关系降至冰点。

　　与德国的矛盾也在发展,德国计划修筑"3B 铁路",把柏林-拜占庭(伊斯坦布尔)-巴格达(Bagdad)连接在一起,这使英国感到很恐慌,因为这条铁路可以让德国从本土直接到达波斯湾,因而会威胁到英国至印度的海上交通安全。在中国,英国的传统势力范围在长江流域,并且它长期标榜自由贸易;但 19 世纪末帝国主义列强纷纷抢占势力范围,德国将胶州湾划为它的势力范围。在争夺殖民地的过程中,德国从 19 世纪末开始大力发展海军,到第一次世界大战前,德国成为仅次于英国的第二大海军力量。

　　英国试图缓和与德国的矛盾,双方在 1890 年 7 月签订"英德协定"(Anglo - German Agreement)①,根据协定,英国将北海的赫尔戈兰岛让给德国,换取德国在非洲的桑给巴尔岛。条约还承认了德国在西南非洲(今纳米比亚)的主导权,划定英属黄金海岸与德属多哥兰(Togoland)、英属尼日利亚与德属喀麦隆之间的分界线。尽管如此,当英国加紧在南部非洲扩张,与布尔人发生剧烈冲突时,还是受到德国的明里暗里的阻挠。

　　自 1815 年以后英国一直采取不结盟政策,即所谓的"光荣孤立"(Splendid Isolation)。这不意味着不与其他国家合作,比如在克里米亚战争中英国联合法、土对抗俄国,1834 年与法、西、葡建立四国联盟共同解决葡萄牙和西班牙的宪政危机等。1840—1841 年它还和俄、法、奥、普先后合作共同处理过埃及和奥斯曼帝国间的战争冲突,1860 年它又和法国一起侵略中国。"光荣孤立"只意味着英国在任何时候都不与其他国家缔结正式的军事同盟关系,不让自己被别国的利益拖入战争,从而能最大限度地维护英国独善其身的地位。19 世纪末,欧洲大国纷纷结盟,英国认为这些结盟有助于维持欧洲的均势,英国的"孤立"仍然符合英国的利益。

---

① 也称"赫尔戈兰-桑给巴尔条约",详细内容见 http://en. wikipedia. org/wiki/Heligoland -
　　Zanzibar_Treaty.

但其实英国已经丢掉它"孤立"的本钱了,维多利亚时代是英国最强盛的时期,当时英国的国力相当于世界的总和。从 70 年代开始,其他欧美国家快速进入工业化,英国的脆弱性就暴露出来了,英国的强大有赖于殖民地,它要全力保护帝国的利益和海上通道的安全。当其他国家也投身殖民地争夺时,"光荣孤立"很可能使英国彻底孤立,得不到任何国家的帮助。当英国的国力相当于世界其他国家的总和时,它可以不需要别国帮助;但在它丢失这种优势后,完全的孤立就会很危险。世纪之末,关于"孤立"的辩论已经很激烈,1896 年 1 月 16 日,加拿大财政部长兼下院议长福斯特(George Eulas Foster)在下院说,"在这些有麻烦的日子里,伟大的母亲帝国光荣孤立于欧洲";22 日《泰晤士报》(The Times)给予渲染的报道。2 月 26 日英国海军大臣戈申勋爵(Lord Goschen)对"光荣孤立"作了这样的陈述:"我们独自地站在这里,这是所谓的孤立,我们的光荣孤立。对此,我们的殖民地予以充分的表述。"但相反的观点却认为:"英格兰处于危险的孤立中,而不是光荣孤立。"连戈申勋爵也曾在 1900 年力劝索尔兹伯里采取与德国结盟的政策。人们认为光荣孤立非但没有帮助英国,还让一个充满敌意的大陆联盟与英国对立。①

福斯特的言论有特定的背景,1895 年出现委内瑞拉危机(Venezuelan crisis),英国和委内瑞拉在英属圭亚那边界问题上发生争执,英国得不到任何国家的支持。② 福斯特的意思是英国得到英帝国的支持,英帝国"光荣孤立"于整个欧洲。其实,英国政治家们已经意识到孤立的局限性了,有学者说索尔兹伯里从来不用"光荣孤立"这个词,甚至反对使用这个词。③ 1897 年 4 月 12 日外交副大臣寇松(George

① Stephen J. Lee, *Aspects of British Political History*, *1815—1914*, London & New York: Routledge, 1994, p. 254; R. Seton-Watson, *Britain in Europe*, *1789—1914*, Cambridge: Cambridge University Press, 1937, p. 544.
② http://en.wikipedia.org/wiki/Venezuela_Crisis_of_1895
③ Martin Roberts, *Britain 1846—1964*: *the Challenge of Change*, Oxford: Oxford University Press, 2001, p. 6.

Curzon)公开说自己不欣赏光荣孤立,其结果是一种无能为力。① 同一天,财政大臣阿瑟·贝尔福(Arthur Balfour)也不认同光荣孤立政策。②

客观地说,索尔兹伯里掌管英国对外政策的十余年中,英国没有卷入欧洲大陆冲突,应该说是一个成绩。除了索尔兹伯里个人的理念外,他也意识到英国表面辉煌下的脆弱之处,英国需要捍卫它遍及世界的帝国利益,却没有足够强大的武装力量,因此避免战争是理性的选择。索尔兹伯里曾经说:"寇松总是要我在与俄国谈判时(强硬得)就像背后有50万军人,可是我没有。"③19世纪末20世纪初,帝国主义列强掀起了瓜分世界的狂潮,在争夺殖民地的钩心斗角中,战争危机不断加重,英国开始彻底放弃"光荣孤立",重新寻求与其他强国结盟。这种变化有两个原因:一是英国的实力开始下降,二是德、法、俄等国在瓜分殖民地过程中的竞争。面对不断增长的压力,英国的"孤立"政策已难保其殖民利益,除非英国愿意放弃这些利益,否则就必须寻求与其他大国联盟。1898年2月8日保守党议员巴特利爵士(Sir E. Ashmead-Bartlett)在下院直截了当地说:"光荣孤立"意味着在全球范围内绝对的无能,除非英国与其他国家结盟,否则将丧失一系列利益。④ 4月5日,格雷爵士(Sir E. Grey)在议会中指出:英国不应该再使用"光荣孤立"的语言,必须不孤立,必须找到与其他国家的共有利益。⑤

英国在英布战争中精疲力竭,整个欧洲都在谴责英国,看来英国确实陷入了严重的外交孤立。为了摆脱这种窘境,英国必须调整它的对外政策,改变日益孤独的状态。

德国是英国优先考虑的国家,虽然英、德之间存在着矛盾,但很多英

---

① *Hansard*,HC Deb,12 April 1897, vol. 48, c. 970.

② *Hansard*,HC Deb,12 April 1897, vol. 48, c. 998.

③ J. A. S. Grenville, *Lord Salisbury and Foreign Policy:The Close of the Nineteenth Century*, London:Athlone Press, 1964, p. 165.

④ *Hansard*,HC Deb, 08 February 1898, vol. 53, c. 134.

⑤ *Hansard*,HC Deb, 05 April 1898 vol. 56, c. 281.

国人赞同巴特利爵士的观点："我们与德国之间是经济竞争而不是政治竞争，我们的政治利益与德国相同，双方有着 200 年的联盟关系，在德国的帮助下，我们将成为近东、远东和欧洲的主人。"[1]19 世纪末英德之间达成过一些协议，比如 1890 年解决两国殖民地纠纷的"英德协定"，1898年有关葡萄牙殖民地的条约，1900 年关于中国问题的"扬子协定"。殖民大臣约瑟夫·张伯伦(Joseph Chamberlain)是最主张与德国结盟的代表人物，他认为，英国应该和英国利益最接近的大国结盟，德国如果不能成为英国的盟友，就会是英国最危险的敌人。

1900 年 11 月兰斯多恩侯爵(Marquess of Lansdowne)接任外交大臣后开始改变英国的外交政策，尝试与德国进行结盟谈判。但英国一方面希望德国在远东问题上和英国一起反对俄国，另一方面又不愿接受德国的要求：加入德、奥匈、意三国同盟并参与欧洲事务；英国认为这样做的风险很大，有卷入欧洲战争的危险，因此是得不偿失的。德国愿意与英国结盟，但不想伤害与俄国的关系，正如索尔兹伯里所言：德国希望保持德俄边界的和睦，从来就不会站在英国一边反对俄国，却总是讨好俄国而抛弃英国。[2] 英国最担心法、俄结盟反对英国，作为首相，索尔兹伯里希望借三国同盟之力平衡法国和俄国的潜在威胁，同时避免卷入欧洲冲突；如果结盟的结果是卷入欧洲冲突，他宁愿保持孤立立场。[3] 这样，与德国的谈判无果而终。

但是，索尔兹伯里内阁中的多数成员认为必须保证英国在远东地区的安全，因为英国在远东拥有巨大的商业和金融利益。当时的情况是，在中国海域和北太平洋海域，俄国和法国的战舰总数超过了英国，英国要保住海军力量的双强标准，[4]在经济上是非常困难的。如果英国从地

---

[1] *Hansard*，HC Deb，08 February 1898，vol. 53，c. 134.

[2] G. Monger，*The End of Isolation：British Foreign Policy 1900—1907*，London：Nelson，1963，p. 17.

[3] Graham D. Goodlad，*British Foreign and Imperial Policy，1865—1919*，London and New York：Routledge，2000，p. 64.

[4] 即英国海军总吨位必须是排在英国之后的两个海军最强国吨位总数的总和。

中海或北海抽调军舰增援远东,英国将失去在地中海对法国、或北海对德国的优势,本土安全就受到威胁。1889 年英国制定《海军防卫法》(Naval Defence Act),规定在未来五年里,拨款 2 150 万英镑用于建造新军舰,保证英国海军的双强标准。英国原想借此吓唬其他国家,不与英国比拼海军实力,但这只是英国的一厢情愿;结果是,英国扩军刺激了其他国家的海军建设,到 1907 年要想满足双强标准,英国需要投入 4 300 万英镑建造新舰艇。它其实无力做到这一点,因此只能寻求与其他国家结盟。①

既然德国不愿帮助英国,日本就成为另一个对象。英国如果与日本结盟,不仅降低了日、俄联合的可能性,而且能牵制俄国在远东的扩张,促使沙皇政府与英国达成某种协议,既解决了英国在东方实力不够的困境,又避免了在欧洲爆发战争时卷入西方冲突的责任。在 1900—1901年的远东危机中,日本极力游说英国共同反对俄国试图独占中国东北的企图,英国虽然没有完全满足日本的要求,但它认识到在远东问题上日本是英国值得依靠的盟友。在索尔兹伯里内阁中,除他自己之外,其他大臣都主张调整英国的外交政策,积极承担国际义务,改变英国的国际地位。在索尔兹伯里执政的最后两年里,海军大臣赛尔伯恩伯爵(Earl of Selborne)和外交大臣兰斯多恩等都提出了与日本结盟的建议。

1902 年 1 月 30 日,英、日签订了《英日同盟》(Anglo‐Japanese Alliance),主要内容是:双方相互承认各自在中国和朝鲜的利益,这些利益如果受到侵害,两国有权进行干预;缔约国一方为保护上述利益而与第三国作战时,另一方应严守中立;缔约国一方如果遭到两个或两个以上国家进攻时,另一方应给予军事援助,协同作战。在秘密条款中还规定:两国海军应配合行动并保持在远东海域的优势。②

① C. J. Lowe, *The Reluctant Imperialists*, *British Foreign Policy 1878—1902*, vol. 1, London: Routledge & K. Paul, 1967, pp. 6‐7.
② 1905 年两国签订第二个同盟条约,承认日本对朝鲜的"保护权";1911 年又签订第三个同盟条约。

英国与日本建立同盟关系,目的是保护其在东方的利益,而不是卷入欧洲战争,即使日本与俄国发生正面冲突,根据英日盟约,英国依然可以中立,不必卷入战争。在世纪之交,英国外交政策依然延续过去的思路,侧重帝国和海洋,对欧政策服从于英帝国的利益。尽管如此,英日同盟仍然是英国从孤立转向结盟的转折点。

索尔兹伯里政府深知此事关系重大,一直严守秘密,议会中绝大多数议员直到2月13日才知道此事。在当天的下院辩论中,外交副大臣克兰伯恩勋爵(Lord Cranborne)道出了结盟的经济原因:"盟约建立在三个基础上,门户开放、领土完整和日本的特殊地位。前两条关于中国的原则,所有大国几乎都会同意,这符合他们的利益。然而,英国和日本拥有特殊的利益,这是将我们的国家利益放在第一位。……除此之外,我们在中国有着非常重要的商业利益,大致地说,我们拥有所有对华船舶贸易的60%,拥有所有对华往来贸易的大约一半,而中国几乎具有无限的商业发展能力。"[1]辩论中许多议员都指出"光荣孤立"的错误,财政大臣贝尔福说:英日同盟"是一个新的开始"。[2] 以亨利·诺曼(Sir Henry Norman)为首的反对英日同盟的议员也认为,英国外交政策发生了重大改变。[3] 而英国各大媒体纷纷报道说,英国外交开启了一个新时代。自由党前首相罗斯伯里(Lord Rosebery)说:"英国与日本签订协议是很多年第一个此类协议,但协议一旦签署,它就不是最后一个。"[4]

这时,英国已很难在世界上保持孤立了,但一旦结盟,它又不可避免地卷入了欧洲战争。尽管英日同盟在签订时是针对俄国的,但在战争爆发时英国是和俄国站在一起的。英日同盟的初衷是希望日本能帮助维

---

[1] *Hansard*, HC Deb, 13 February 1902, vol. 102, cc. 1284 – 1285.

[2] Ibid., c. 1294.

[3] Ibid., c. 1273.

[4] Stephen J. Lee, *Aspects of British Political History*, *1815—1914*, London & New York: Routledge, 1994, p. 261.

护英国在远东的利益,但结果却是日本利用英国的保护在远东疯狂扩张,最终把英国赶出了远东。英日同盟在英国外交史上究竟扮演了什么角色,历史作了最好的回答。

英日同盟是英国外交政策的转折点,这以后一直到第一次世界大战,同盟政策就成为英国外交的重点。[1] 其中,1904 年的《英法协议》(Entente Cordiale)和 1907 年的《英俄协定》(Anglo - Russian Convention)是两个最重要的结盟条约。

英法结盟的基础是共同对付德国,早在 1881 年 3 月,当威尔士亲王爱德华访问法国时,就曾与法国讨论过反对德国的协议。但英国占领埃及和不承认法国在摩洛哥(Morocco)的优先权,都使英、法关系蒙上阴影,1898 年的法绍达事件更使英、法之间形成对峙。1898—1901 年,英国与德国进行了三轮谈判商讨结盟问题,这些谈判失败后,英国把目光再次转向法国。1901 年爱德华王子登上王位,英国就重启了与法国签约的计划,两国元首实行互访,就排除殖民地纠纷问题进行商讨。1904 年 4 月 8 日双方签订《英法协议》,其中包括三项内容:一是法国承诺不干涉英国在埃及的行动,英国则承认摩洛哥属法国的势力范围;二是满足双方在纽芬兰和西非、中非殖民地的各自主张;三是确定暹罗为英属缅甸和法属印度支那之间的缓冲地带,双方都不予侵占。[2]

英法协议引起德国的强烈反弹,1905 年 3 月 31 日威廉二世访问摩洛哥北部的丹吉尔(Tangier)时,宣称德国要维护摩洛哥的独立,各国在摩洛哥的地位完全平等;德国政府在发给法国的照会中,又以战争相威胁。法国对此作出强硬表态;英国政府则明确通知德方:如果法、德发生冲突,英国政府可能在公众压力下支持法国。欧洲局势顿时紧张起来。

---

[1] Keith M. Wilson, *The Policy of the Entente : The Determinants of British Foreign Policy, 1904—1914* , Cambridge: Cambridge University Press, 1985.

[2] http://en. wikipedia. org/wiki/Entente_cordiale.

1905 年底,坎贝尔-班纳曼自由党政府上台,新外交大臣格雷爵士是英法协议的坚定支持者,他警告德国,如果德国发动对法战争,英国不可能保持中立。但他并不想把英国带进一场欧洲战争,他说英国并没有对保卫法国作出法律承诺,呼吁通过政治途径解决问题。①

1911 年春爆发了摩洛哥危机,首都非斯发动反对土耳其苏丹和法国的起义,5 月法国派兵占领非斯等地。7 月 1 日德国以保护本国商人为由,派遣军舰开往阿加迪尔。英国认为德国想把该地转为德军在大西洋的军港,于是向德国显示出强硬态度。11 月 4 日,法国与德国达成协议,德国承认摩洛哥受法国保护,法国给德国一部分法属刚果领土作为补偿。此事促使了英、法两国的进一步合作,但德国却极端恼怒,德国政府和舆论都认为英国在压德挺法,德国的强硬势力乘机施加压力,要求政府加强海军、与英国抗衡。

1907 年签订的英俄协定,是英国走出孤立主义的最后一步。俄国在日俄战争中落败,遂将注意力转向西藏、阿富汗、波斯等地区,英国感觉受到压力,就希望与俄国缓和关系。格雷出任外交大臣后不久就向俄国驻英大使表示:他赞成与俄国签订某种协定。1906 年 5 月 28 日新任驻俄大使尼克尔森爵士(Sir Arther Nicolson)抵达圣彼得堡,6 月 7 日正式启动与俄国的磋商。

格雷的态度非常明确:英国不能在谋求联法的同时,采取抗俄政策;英俄协议是英法协议的补充。格雷上任后也曾试图改善与德国的关系,但很快发现可能性很小,于是他认为必须加强英、法合作来抑制德国的军力增长。格雷说:如果在未来的德法战争中英国保持中立,法国将永远不会原谅英国,俄国也不会再与英国往来,因此英国将失去所有的朋友,让德国从中获利。外交常务次官(Permanent Under - Secretary of State for Foreign Affairs)哈丁(Sir Charles Hardinge)甚至认

① Graham D. Goodlad, *British Foreign and Imperial Policy*, 1865—1919, London and New York: Routledge, 2000, p.70.

为:法、德、俄用不了多久就会签订某种协议或盟约,英国会被排除在外。[1]

经过多轮谈判,1907 年 8 月 31 日《英俄协定》在圣彼得堡签订。根据协定,波斯被一分为三,北部属俄国势力范围,南部近波斯湾地区为英国势力范围,中间是缓冲地带;阿富汗成为英国的保护国,俄国中断与埃米尔的联系。协定还确认了中亚铁路的路线走向并划分在中国西藏的势力范围。《英俄协定》让英国完全走出孤立状态,英国也彻底走上了结盟的道路。

可以看得很清楚:无论是《英法协议》还是《英俄协定》,其内容全都与争夺殖民地有关,通过划分势力范围消除了彼此的冲突与对立,从而可以联起手来共同对付其他列强,在更大规模的殖民争夺中获取更大利益,这就是一战之前帝国主义列强结盟政策的实质。在这个过程中,被侵略民族是没有发言权的,他们只能是任人宰割,在西方强大的时代,世界的格局就是这样。但列强的结盟策略却把自己引入毁灭,英俄协定出台后,三国同盟(德、奥匈、意)和三国协约(法、俄、英)两大集团正式形成,成为第一次世界大战的根本诱因。[2] 1907—1914 年危机频频出现,欧洲上空一直笼罩着战争的阴云,几乎所有国际关系中的重大事件都与这两大集团相关。1899 和 1907 年在海牙(Hague)召开的两次国际和平会议所形成的决议,也未能阻止两大集团的军事对抗。

英国改宗结盟政策的主要原因之一,是德国海军力量的急速上升,让英国感到它在海外殖民利益受到巨大威胁,德国在 1898 年和 1900 年连续发布两个海军法案,旨在建立强大海军,与英国争夺制海权,可见表 55:

---

[1] Beryl Williams, "Great Britain and Russia, 1905 to the 1907 Convention", in F. H. Hinsley (ed.), *British Foreign Policy Under Sir Edward Grey*, Cambridge: Cambridge University Press, 1977, pp. 133 – 134.

[2] Richard F. Hamilton, *Origins of World War One*, Cambridge University Press, 2003, pp. 16 – 17.

表 55 1870—1914 年欧洲强国海军支出表(单位:百万英镑)[1]

	1870	1880	1890	1900	1910	1914
德国	1.2	2.4	4.6	7.4	20.6	22.4
英国	9.8	10.2	13.8	29.2	40.4	47.4
法国	7.0	8.6	8.8	14.6	14.8	18.0
俄国	2.4	3.8	4.4	8.4	9.4	23.6
意大利	1.4	1.8	4.6	4.8	8.2	9.8
奥匈帝国	0.8	0.8	1.2	1.8	2.8	7.6

　　从表中可以看出,德国在实施海军法之前,其海军支出不仅少于英国,也赶不上法国、俄国甚至意大利。此后德国海军支出就迅速增长,很快超过法、俄。英国要保持双强标准,就必须跟上德国的步伐,但这是英国经济难以承受的。为此,格雷始终想和德国签订协议,缓和英、德海军竞赛。1912 年 2 月英国政府提出英方愿作出的保证,以换取德国削减海军军备,其中包括:英国不无端攻击德国,不执行针对德国的攻击性政策;英国与其他国家的任何条约、协议或合作,都不以德国为目标,今后也不参加具有这种目标的任何组织。但德国提出额外要求:一是如果德国被迫进入战争,英国保持中立;二是德国的海军计划不受此原则的限制。这两项要求是英方不能接受的,于是,英德谈判失败。[2] 德国随即发布第三个海军法案。

　　此时欧洲局势已非常严峻,意土战争(Italo-Turkish War)和第一次巴尔干战争(First Balkan War)使奥斯曼帝国濒临瓦解,第二次巴尔干战争(Second Balkan War)使巴尔干国家分裂成两个互相敌对的集团,一个是俄国控制下的塞尔维亚、希腊、罗马尼亚、黑山等国,另一个是战败的保加利亚,它和土耳其一起倒向了德、奥匈同盟国集团。巴尔干由

---

[1] Judith Telford, *British Foreign Policy 1870—1914* , London: Blackie & Son Limited, 1978, p.54.

[2] A. W. Ward and others (eds.), *The Cambridge History of British Foreign Policy 1783—1919* , *Vol.* 3, 1866—1919, Cambridge: Cambridge University Press, 1923, pp.463-464.

此卷入欧洲大国争端的旋涡,最终成为战争的引爆桶。

然而 1914 年 6 月 28 日萨拉热窝事件(assination of Archduke Franz Ferdinand of Austria)发生时,英国并没有意识到问题的严重性。7 月 23 日劳合·乔治(Lloyd George)还在下院说:英、德海军争端已经解决了,英、德关系比前几年好得多;英、德不是竞争关系,它们是两个伟大的帝国,它们之间的合作点比差异点更大、更多并且更重要。[①] 在英国决定参战前的两天,格雷依然说:法国已作出决定,但英国尚不需要作出承诺。[②]

事态的发展超出了英国的预料。7 月 23 日奥匈向塞尔维亚发出最后通牒,24 日俄国对塞尔维亚作出安全保证,25 日奥匈帝国拒绝塞尔维亚的复照,26 日格雷提出的召开国际会议解决塞尔维亚危机的建议遭奥匈帝国和德国的拒绝。7 月 28 日,奥匈帝国向塞尔维亚宣战。

7 月 30 日俄国开始总动员,31 日德国要求俄国停止动员,8 月 1 日德国向俄国宣战,法国实行总动员;8 月 2 日,德国占领卢森堡,俄国占领东普鲁士,大战爆发了。

8 月 3 日英国下院进行辩论,此时尚未得知德国侵占比利时的计划,但格雷承认:欧洲的和平已不复存在,俄国和德国已彼此宣战;不过到昨天为止,英国除了外交支持外,没有作出任何承诺,并且他相信,如果不是因为与俄国的同盟关系,法国也不会卷入奥匈与塞尔维亚的战争。他还说:英国没有加入法俄同盟,但英法两国已有多年的友好关系,法国在北部和西部海岸都没有布置海军力量,如果某个外国舰队沿英吉利海峡而下,炮击没有设防的法国海岸,英国不可能坐视不管。格雷特别提到了比利时问题,他说保持比利时的中立是与英国生死攸关的问题,如果比利时失去中立,荷兰就会失去独立,英国的利益就危如累卵;如果法国战败并成为德国的附庸,如果比利时、荷兰和丹麦也成为德国的附庸,其

① *Hansard*,HC Deb,23 July 1914,Vol,65,cc. 727 - 728.

② Judith Telford,*British Foreign Policy 1870—1914*,London:Blackie & Son Limited,1978,p. 75.

后果将非常严重！而且，无论英国参战与否，英国的对外贸易将全部中止，因此即使英国不参战，它所遭受的痛苦也不会少于参战的痛苦，并且还丢掉了道义的责任。①

保守党领袖博纳·劳（Bonar Law）当即表示支持政府参战，他说："我作为本党领袖向政府保证，无论政府采取何种保护本国荣誉和安全的措施，都将得到反对党的坚决支持。"②

工党领袖基尔·哈迪（Keir Hardie）反对参战，他说：工党与德国、法国、比利时和奥地利的兄弟党正在采取所有的方式保卫和平，不要以"为荣誉而战"作借口，英国曾经为荣誉而参加克里米亚战争，现在谁还说它是正确的？英国曾因荣誉而卷入布尔战争，现在有多少人可以证明它是正确的？如果英国参加这场战争，几年之后，我们会为政府因为如此不足信的理由参战而感到疑惑和惊愕。③

此时已收到比利时驻伦敦公使馆的电报，称德国已于8月2日7时照会比利时：德国要征用比利时领土，如果遭到拒绝，将视其为德国的敌人；比利时政府已经拒绝了德国的无理要求，决心采用任何可能的手段捍卫国家。格雷向下院公布了上述报告，表示政府将严重关注比利时事态。④

这样，自由党政府决心参加战争，8月4日清晨格雷通过英国驻柏林大使转告德国：英国已得到比利时要求外交支持的吁请，英国要求德国遵守维护比利时中立的条约并迅速给予答复。不久，英国驻比利时使馆报告说：德国于当天上午再次照会比利时，说比利时政府将会为拒绝帝国政府的建议而感到后悔，德国会采取必要的军事手段实施这个建议，以防范法国的威胁。与此同时，比利时公使馆通知：德国已经入侵比利时领土。

---

① *Hansard*，HC Deb，03 August 1914，vol. 65，cc. 1809 - 1823.
② Ibid.，cc. 1827 - 1828.
③ Ibid.，cc. 1834 - 1841.
④ Ibid.，c. 1833.

德国外交部向英国发来电报,要英国不要误解德国的意图,德国只是为了防范法国的威胁,而不会吞并比利时。英国再次要求德国保持比利时的中立,并限定在当天午夜之前作出答复。[①] 此时,英国公众舆论掀起了反德的高潮,包括对英国参战持怀疑态度的劳合·乔治,也被伦敦街头群众的参战热情所鼓舞,并坚定了参战的决心。[②] 8 月 4 日晚 11时,英国以德国拒绝保证比利时中立为理由,正式向德国宣战。8 月 6 日议会一致通过政府提出的 1 亿英镑的紧急战争拨款。[③] 不久,殖民地纷纷跟随英国参战,欧洲战争演变为一场世界大战。

19 世纪见证了"英国治下的和平"(Pax Britannica),在维多利亚时代,英国靠强大的经济实力和海上霸权的支撑,建立了一个庞大的帝国,并成为国际外交秩序的主要规范者。然而在 19 世纪结束的时候,英国已不再具备这些优势条件,它在所有方面都受到挑战,不仅失去对地中海的绝对控制,而且在远东、中东都面对着新的霸权争夺,连印度也有危机四伏的感觉。英国的国力已成明日黄花之势,它不得不改变自己的外交路线。它不能再以老大哥自居,在全世界指手画脚、颐指气使,而只能够审时度势、接受现实,放弃它执行了一个世纪的"光荣孤立",去寻找最能够帮助它维护自身利益的同盟国。在欧洲列强中,德国在人种与语言方面与它最接近,德国皇室与英国女王也有最接近的亲缘关系,英国人的第一直觉是向德国伸出橄榄枝,但很快就发现,作为异军突起的新兴大国,德国对英国的威胁最大:德国已成为欧洲的第一大经济体,仅次于美国而名列世界第二,德国产品正在把"英国制造"排挤出市场,其工业竞争力与日俱增;德国也向全世界伸出了触角,不仅抢占殖民地,而且用雄厚的经济实力大力发展海军,威胁到英国的海洋霸权。相比之下,仅次于德国的法国和俄国,尽管与英国也矛盾重重,也在争夺殖民地和商

---

① *Hansard*,HC Deb, 04 August 1914,Vol. 65,cc. 1925 - 1927.

② Michael Lynch, *An Introduction to Nineteenth - Century British History 1800—1914* , Hodder Murray, 1999, p. 251.

③ *Hansard*,HC Deb, 06 August 1914,Vol. 65,cc. 2073 - 2100.

品市场,但法国终究衰落了,俄国其实还没有真正崛起,联合法、俄,打击德国,这符合英国自 17 世纪(甚至更早)就形成的外交传统,英国于是放弃"光荣孤立",而回归到它更为深远的外交规范中去,那就是联合其他列强、打击第二强国。18 世纪英国外交是这种范式最典型的体现,英国也因此取得辉煌的成功。"光荣孤立"是特殊时期的特殊现象,不足以体现英国的外交本质。为解释英国的反德结盟以及英国在一战中的立场,一般英国书籍都会说德意志帝国的专制制度决定了英国的选择,而战争消灭了这个制度。这种说法并不可信,因为它似乎忘记了:沙皇俄国才是那个时代欧洲最专制的政治实体,而为了与俄国结盟,英国作出了重大让步。

第五篇

帝　国

第一章　第二帝国的发展

拿破仑战争后,英国成为异乎寻常的世界强国,它是无可置疑的海洋霸王,统治着一个巨大的殖民帝国。在欧洲国际舞台上,英国的老对手西班牙和法国已被打败,无法再和英国抗衡。在殖民地方面,法国、西班牙等国的殖民地大大缩小,英国殖民地却不断扩大,自从失去北美殖民地、丢失第一帝国以来,英帝国首次处于空前稳固的状态。1815 年的维也纳会议确认了英国的海上霸权,"无论在海上称霸还是在世界贸易方面,它都不怕任何对手。"①长达 22 年的反法战争,其实质是英法争夺世界的商业和殖民霸权,因此,当反法联军在欧洲大陆与拿破仑军队激战时,英国却在海上与法国较量,如果说 1798 年埃及亚勃基尔湾(Aboukir Bay)海战初步确立了英国的海上优势的话,那么 1805 年的特拉法加大海战(Battle of Trafalgar),就决定了大英帝国今后的命运:它使英国获得了制海权,控制了英吉利海峡和大西洋港口,掌握了地中海,成为真正的海上霸主。

从欧洲各国海军力量的对比来看,1790 年时,英国的海军总吨位为48.59 万吨,仅次于它的法国是 31.54 万吨,位处第三的西班牙为 24.22万吨,这时,尽管英国排名第一,但仍然没有绝对的优势,法、西两国海军

---

① 保罗·肯尼迪:《大国的兴衰》,蒋葆英等译,中国经济出版社,1989 年,第 175 页。

的总数加起来超过了英国。但是到 1815 年,英国海军的总吨位达到 60.93 万吨,法国虽说排名第二,但吨位只有 22.83 万吨,俄国位列第三,是 16.73 万吨,西班牙只剩下不到 6 万吨了,英国吨位数已超过排在其后的三个国家的总和,而且大致相当于世界所有国家海军吨位数的总和。[①] 到这个时候,已经没有国家可以和它争夺海洋霸权了,英、法自 1689 年以来长达一个半世纪的海洋争夺战告一段落,这就为以后缔造"日不落帝国"提供了实力基础。

从反法战争中走出来的第二帝国,已经拥有广阔的殖民地,既包括繁华富庶的印度和物产丰饶的西印度群岛,也包括尚待开发的澳洲大陆和零星分布于各大洋、各大洲的战略据点。反法战争期间英国从敌人手中夺取了不少战略要地,如非洲的好望角和毛里求斯(Mauritius),亚洲的锡兰(Ceylon,今斯里兰卡),美洲的特立尼达(Trinidad)和圭亚那(Guiana),地中海中的爱奥尼亚群岛(Ionian Islands)和马耳他(Malta)等。初步统计表明,在反法战争前后,从 1792 到 1816 年,英国的殖民地从 26 个增加到 43 个。[②] 葡萄牙和西班牙的衰落为英国打开了南美大西洋沿岸的大门,而 1833 年占领福克兰群岛(Falkland Islands),又为英国提供了控制合恩角(Cape Horn)的战略据点。这些据点本身的经济价值并不大、并且人口稀少,但战略意义巨大。英国占领这些据点,标志着重商主义秩序的终结,自由贸易的时代即将到来。

第二帝国主要由印度、北美殖民地(即后来的加拿大)、澳大利亚的新南威尔士、南非的开普殖民地以及散布全球的海军基地构成,此外还有一个特殊的地方——爱尔兰。[③] 世界各大洲都可以看到英国殖民者的

---

① P. J. Marshall ed., *The Oxford History of the British Empire*, Vol. II, Oxford: Oxford University Press, 1998, p. 204.

② Sarah Stockwell (ed.), *The British Empire: the Themes and Perspectives*, Oxford: Blackwell Publishing Ltd, 2008, p. 42.

③ Timothy Parsons, *The British Imperial Century*, 1815—1914: *A World History Perspective*, Lanham, Boulder, New York, Oxford: Rowman & Littlefield Publishers. Inc. 1999, p. 4.

身影,看到高高飘扬的米字旗。在维也纳会议上,英国虽然慷慨地归还了战争期间占领的某些法国殖民地,但对那些具有重要战略意义的殖民地或能作为原料产地与产品销售市场的殖民地,则寸土不让,这些地方包括从法国人手中抢来的毛里求斯、塞舌尔(Seychelles)、多巴哥(Tobago)和圣卢西亚(Saint Lucia),从荷兰人那里拿来的锡兰和好望角,从西班牙、丹麦等国手中强取的马耳他、特立尼达、赫尔戈兰(Heligoland)等。按《巴黎和约》规定,英国还得到对爱奥尼亚群岛和塞舌尔岛的保护权。一个新的帝国已经形成,在英国历史上,这个新帝国叫"第二帝国"。

爱尔兰是离英国地理位置最近、建立时间最早的殖民地,由总督治理,不过严格说来它不能算真正的殖民地。爱尔兰是英帝国的成员,还是联合王国的领土,一直是理不清的问题,英国人将爱尔兰视为领土,爱尔兰人则不以为然,因此,爱尔兰既是英帝国的堡垒,又是帝国内的一颗地雷。[1] 1801 年爱尔兰与英国合并,成为联合王国的一个部分;1829 年爱尔兰天主教徒获得解放,取得了完整的公民权。爱尔兰事务由英国内阁大臣直接管理,而不是由殖民部管辖,爱尔兰在英国议会有 100 个下院议席,32 个上院议席。[2] 英国人由此把爱尔兰看成是英国的一部分,但爱尔兰人认为合并就是兼并,是一种殖民统治,所以时刻想摆脱英国的统治。

爱尔兰问题一直是一个敏感问题。早在 19 世纪 30—40 年代,有政治家试图改进在爱尔兰的统治,格雷内阁和墨尔本内阁因此分裂;皮尔提出《爱尔兰人民人身保护法》,遭到政敌攻击而被迫辞职。

19 世纪上半叶爱尔兰发生了几次大饥荒,它由此成为当时西欧最贫穷的民族。爱尔兰人生活贫困,穷人几乎都以土豆为主食,1845 年土豆

---

[1] Alvin Jackson, Ireland, the Union, and the Empire, 1800—1960, in Kevin Kenny(ed.), *Ireland and the British Empire*,Oxford: Oxford University Press,2004, p. 123.

[2] Philippa Levine, *The British Empire：Sunrise to Sunset*, London: Pearson Education Limited,2007, p. 2.

受灾,几乎颗粒无收,随之而来的饥荒致 100 万人饿死,还有 100 万人逃往国外。到 1860 年,还有 30 万爱尔兰人在加拿大,25 万在澳大利亚;60年代,又有 100 万人移居美国。①

皮尔政府废除了谷物法,取消了对谷物进口的限制,压低了粮价,但这对于以土豆为食的爱尔兰人来说无济于事,于是对英国统治的怨恨急剧增长。1848 年,青年爱尔兰党人发动起义,反抗英国统治,但很快被镇压。幸存的起义参加者詹姆斯·史蒂文斯(James Stephens,1825—1901)在 1858 年创立芬尼社(Fenian),继续推进爱尔兰的民族解放事业。芬尼社主张用暴力推翻英国统治,1867 年在英格兰发动起义,还在加拿大、澳大利亚有过起事,但都没有成功。芬尼社运动以后,爱尔兰通过各种方式进行斗争,从土地同盟到自治运动(Home Rule movement),迫使英国统治者意识到爱尔兰问题的严重性。这样,爱尔兰问题从一个极度敏感的雷区,逐渐进入英国的政治生活日程,也造成了自由党与保守党在政策方面的重大分歧。

相比之下,印度则是第二英帝国的基石,这里地广人多,物产丰富,具有巨大的经济价值。18 世纪末 19 世纪初韦尔斯利(Richard Colley Wellesley,1760—1842)任总督(1798—1805)期间,对印度的扩张近乎神速,他出兵征服了强大的迈索尔(Mysore)土邦,于 1799 年打败了提普苏丹(Tipu Sultan,1750—1799),赶走了法国劲敌,扩大了英国直接统治的领土范围。他还拉拢较弱的土邦,建立依附联盟,试行间接统治方法,虽然以前的总督也尝试过这种联盟体系,但韦尔斯利运用得更为得心应手。在南方,他与海德拉巴(Hyderabad)结成同盟打击迈索尔,吞并其沿海地域,而将其他地区置于一个强制性的城下之盟中。他也强迫海德拉巴放弃贝拉尔富饶的棉花种植区,随后又剥夺了卡纳蒂克(Carnatik)邦年轻继承人的继承权,并吞并坦焦尔(Tanjore)。在三年时间里,印度南

---

① Piers Brendon, *Decline and Fall of the British Empire*, 1781—1997, London: JonathanCape, 2007, p. 173.

部已落入英国之手。

在北方,1801 年他迫使奥德(Oudh)邦割让了丰产地区,其中包括莫卧儿王朝的首都德里(Delhi);莫卧儿皇室迁居红堡(Red Fort/Lal Qila),仅仅以年金度日。面对势力强大的中部马拉特(Mahratt)同盟,他在 1803 年挑拨马拉特人内乱,试图乘机夺取土地和管制权。到 1805 年他奉调离任时,印度大部分已经在英国控制之下了。[①]

韦尔斯利的继任者继续执行扩张政策。1818 年英国对马拉特同盟再次发动战争,将其中某些部分兼并,其余部分被迫臣服。1825—1826 年英国进攻毗邻的缅甸,兼并其南方领土。1843 年英国不提出任何理由就接管了信德邦(Sind),三年后又以制止内乱为借口吞并旁遮普(Punjab),保证了对西北印度的控制。完成对印度的征服后,它进而向印度外围扩张,1814—1815 年割去尼泊尔(Nepal)南部土地;1824 和 1852 年两次入侵缅甸,将阿萨姆(Asamu)、若开(Arakan)、丹那沙林(Tenasserim)并入英属印度。1864—1865 年又将不丹(Bhutan)的达吉岭(Darjeeling)和噶伦堡(Kalenpung)置于英印管理之下。

此时英国对印度的统治基本上采取两种形式,一种是直接统治,由英国总督直接治理;一种是间接统治,英国与各土邦王公签订条约,王公们承认英国的宗主权,将军事与外交权交给英国,但保留内部事务的管理权。1833 年英国议会制定《印度法》,规定印度的行政权属于由国王、议会派遣和任命的总督及参事会,立法权属于由总督指定的立法委员会。这样,从 1833 年起,印度的实际统治权已经转入英国议会和政府手中了,东印度公司的统治权名存实亡。1853 年又取消了公司董事会对印度官员的任命权,实行文官考试制度。

印度在经济上的重要性是无与伦比的。1813 年英国取消东印度公司的贸易垄断权以后,印度成为英国工业品的主要倾销地。在 1834—

① 时代-生活图书公司编著:《王冠上的宝石:英属印度(公元 1600—1905)》,杨梅译,山东画报出版社、中国建筑工业出版社,2001 年,第 121、123 页。

1856 年间,印度的进口额从 426 万英镑增加到 1 340 万英镑,出口额也从 799 万英镑增加到 2 300 万英镑;[1]但进出口总量中以英国份额为主,比如 1855 年印度进口总额为 1 300 万英镑,其中英货占 60%。棉纺织品是印度最重要的进口商品,在 1857 年以前的 25 年中增长了 15 倍,占英国对外出口棉纺织品总量的 25%。英国采用极不平等的关税政策保证英国产品向印度倾销,比如由英国输往印度的纺织品只征收 2%—4% 的关税,由印度输入英国的纺织品则要收 10%—30% 的关税。在英国商品的打击下,印度传统纺织业纷纷破产,工人失业饿死,甚至连英国总督都说印度的纺织工人"白骨蔽野"。[2]

英国在印度训练了一支 20 余万人的土兵(Sepoy),土兵是印度人,军官由英国人担任。这支军队是英国统治印度的真正的力量所在,它不仅用来对付印度的土邦王公,而且也用来征服邻近国家,有学者说:"从军事角度看,是这支英印军队使不列颠成为伟大的帝国。"[3]英印军队的调遣权在英国议会手中,英国在波斯、埃及、埃塞俄比亚(Ethiopia)、乌干达(Uganda)等地的驻军也大多是印度兵。

英国在印度推广西方文化,以加强印度的同化进程。1835 年,规定英语为印度的官方用语和法庭用语,同时在全印设立教育基金,在学校普遍教授英语。达尔胡西侯爵(Lord Dalhousie,1812—1860)任印度总督时(1848—1856 年),大力推行文明教化工作,他在印度引进了新的科学技术,建铁路、修水利、办电报、设学校,传播基督教,允许寡妇再婚,反对寡妇殉夫,禁止杀戮女婴。这些"文明进步"虽然带来了新的气象,却与印度的传统文化背道而驰,引起印度人的心理恐慌。

以上种种,一方面把印度牢牢地置于英国的统治下,使其成为英帝

---

[1] J. Bowle, *The Imperial Achievement: The Rise and Transformation of the British Empire*, London: Secker & Warburg, 1974, p. 197.

[2] 刘景华、丁笃本主编:《"日不落"的落日——大英帝国的兴衰》,中国文史出版社,1999 年,第 219 页。

[3] Ronald Hyam, *Britain's Imperial Century 1815—1914: A Study of Empire and Expansion*, MacMillan, 1993, p. 37.

国的柱石;另一方面也给印度带去了现代的气息,使印度接触到现代世界,这就是马克思所说的"双重使命"。[1]

但印度还是爆发了反英大起义,其根本原因是永无止境的土地兼并。1831 年,当时的总督本廷克(William Bentinck,1774—1839,1823—1835 年在任)以"治理不善"为由,剥夺了迈索尔王公的统治权,由英国接管;1834 年他又以没有合法继承人为借口,兼并卡恰尔(Kacar)和库尔格(Coorg)。奥克兰勋爵(1st Earl of Auckland,1784—1849)任总督(1836—1842)时,以管理不善兼并阿豪姆(Ahom,1838 年);艾伦巴勒勋爵(Lord Ellenborough,1790—1870)任总督(1842—1844)时,又兼并了齐塔尔(1843 年)。1848 年任总督的达尔胡西加紧吞并土邦,使更多土邦丧失内部管理权。他使用"权利丧失说"(Doctrine of Lapse),把没有嫡亲子嗣的土邦王公领地转归英国所有,而不允许他们按传统习惯过继子嗣;他还以"治理不善"(misgovernment)为名,随时没收土邦土地。依据这两项理由,他在任 8 年先后吞并 7 个土邦,包括桑巴普尔(Sambalpur)、萨塔拉(Satara)、那格浦尔(Nagpur)、乌代普尔(Udaipur),以及更重要的詹西(Jhansi)和奥德。1849 年他镇压旁遮普暴动后,将旁遮普完全置于英国管辖下。1848—1856 年兼并的结果,全印土邦面积减少了 1/3。[2] 他还威胁莫卧儿皇帝巴哈杜尔·沙二世(Bahadur Shah II,1775—1862):在他去世后将永远取消皇帝称号,皇室赡养金也将从每月 10 万卢比减少到 1.5 万卢比。这些举措引起王公们的强烈不满,一场各阶层的反抗运动逐渐酝酿起来。

其实印度的反抗斗争从来没有停止过,1806 年在马德拉斯(Madras)以西 80 英里的小镇韦洛尔(Weiluoer)发生过起义,起义的印度土兵杀死了 129 名欧洲人及忠于政府的土兵,英国人镇压起义后处死

① 马克思:《不列颠在印度统治的未来结果》,《马克思恩格斯全集》第 9 卷,第 247 页。
② 林承节:《殖民统治时期的印度史》,北京大学出版社,2004 年,第 65 页。

了 350 人。① 1820 年比哈尔邦（Bihar）爆发持续 7 年的反英起义；1827
年发生的孟加拉（Bengal）穆斯林起义坚持了数十年，并一度攻入英军大
本营加尔各答。1854 年孟加拉的桑塔人（Santalis）再度起义，有 5 万多
人参与。但最引人注目的是 1857 年发生的印度民族大起义，在英国史
书中，称其为印度兵变（Indian Mutiny）。

　　起义是从印度土兵开始的，当时军中使用的子弹上涂有牛油或猪
油，使用时土兵要接触这些动物脂肪，但牛油是冒犯印度教土兵的，猪油
则冒犯穆斯林，因此在 1857 年 5 月有 85 名穆斯林土兵拒绝使用这种子
弹，他们被判 10 年监禁，当着全军的面戴上镣铐、关入大牢。② 5 月 10
日其他土兵发难救出战友，并以伊斯兰“圣战”相号召。这件事成为全印
民族大起义的导火线，短期之中，40 多个地区爆发起义，起义者赶走英国
人，建立自己的政权，要求恢复莫卧儿的统治。起义领导者是各地王公，
包括马拉特（Maratha）邦主的养子纳纳・萨希布（Nana Sahib，1824—
1857）和詹西的女王拉克什米・巴伊（Lakshmi Bai，1828—1858）。德里
地区以伊斯兰教作为号召，并把莫卧儿王朝的末代皇帝巴哈杜尔・沙二
世抬出来作为首领，萨希布和詹西女王则想恢复在本邦的统治地位。恒
河流域的领袖是婆罗门，显露出浓厚的宗教色彩。起义的主体是印度土
兵，尤其是孟加拉军队。

　　起义爆发时 4 万多名英国军人分布在方圆几千公里的范围内，力量
分散，所以起义者给英国人造成重大打击。英国人花了很长时间才把英
国军队从旁遮普、下缅甸甚至波斯调来镇压起义；一支派往中国参加第
二次鸦片战争的军队也临时奉调转向印度。

　　9 月 14 日集结力量的英军分五路向德里发动总攻，起义军英勇奋
战，展开了为时 6 天的德里保卫战；英军虽然占领了德里，却伤亡惨重，
有 5 000 多人阵亡，包括多名指挥官。英军占领德里后进行血腥屠杀，巴

---

① 时代-生活图书公司编著：《王冠上的宝石：英属印度（公元 1600—1905）》，杨梅译，山东画报
　出版社、中国建筑工业出版社，2001 年，第 128 页。
② 同上书，第 143 页。

哈杜尔·沙二世也被英军抓获,后被流放到缅甸,1862 年死于仰光,其二子一孙则在押解途中遇害,莫卧儿王朝就此覆灭。

德里陷落后,紧接着发生勒克瑙保卫战和詹西保卫战。此时力量的悬殊越来越明显,到 1858 年底,已经有 68 个英国步兵营在印度作战,并得到一部分土兵的支持。起义最终被镇压下去,英国人进行了残酷的报复,许多人未经审判就被绞死或枪杀,骨干分子被塞进炮筒,点上火药,发射成灰。在有些地方,英军在破城之后实行屠杀,被杀的印度人不计其数;坎普尔附近地区被烧成一片废墟,惨不忍睹。①

起义的失败,一方面是因为英军强大,战略战术都非常成熟,一旦兵力集结,战局就不可逆转。另一方面则因为起义力量四分五裂,印度不仅土邦林立,相互敌对,而且社会被种姓制度所割裂,不同种姓之间互不来往,印度教和伊斯兰教之间的对立更给这种分裂雪上加霜。起义的分散状态导致整个起义过程中没有发生大规模战斗,也不可能根本动摇英国的统治。起义者目标分散,没有统一领导,容易被英军各个击破。投身起义的土邦王公数量甚少,他们只是想恢复自己丢失的权益,多数王公站在殖民者那一边,甚至派自己的军队帮助殖民者。因此,1857 年印度起义并不是真正意义上的民族大起义,印度的民族主义意识尚未形成。

但这次起义使英国政府意识到印度的统治必须改变。1858 年,议会颁布《印度政府法》(Act for the Better Government of India)②,在三个层面上改变了印度的统治方式:首先,在帝国层面上:完全取消了东印度公司的行政参与权,将其所属土地和军队全部转归英国政府。英国政府设印度事务大臣负责印度的治理,设 15 人组成的印度事务咨询委员会

① 时代-生活图书公司编著:《王冠上的宝石:英属印度(公元 1600—1905)》,杨梅译,山东画报出版社、中国建筑工业出版社,2001 年,第 148 页。
② Government of India Act, 1858(21 & 22 Vict. c. 106), in A. Berriedale Keith, ed. *Speeches and Documents on Indian Policy*, 1750—1921. Vol. I. London: Humphrey Milford, Oxford University Press, 1922, pp. 370 - 382. http://www. sdstate. edu/projectsouthasia/loader. cfm? csModule=security/getfile&PageID=861601,2015/2/3.

协助他工作,其成员中多数须有 10 年以上在印度生活的经历。其次,在印度层面上:印度总督代表女王,由女王直接任命,为了加强总督的权威性,后来又给他加上"副王"(viceroy)称号。总督听命于英国内阁,是 600多个土邦的最高统治者;土邦实行不同的统治方式,其中海德拉巴等近500 个邦实行间接统治,而孟加拉和旁遮普这些最重要邦,则实行直接统治。最后,在基层层面将英属印度划分为 7 省 250 个区;到 1859 年,在英国直接统治下的印度领土有 259 万平方公里,1.45 亿人口,而土邦面积150 万平方公里,4 800 万人口。①

1861 年,英国颁布《印度参事会法》(Indian Councils' Act),首次准许印度人进入立法会议,以此来平息印度人的怨愤。同时,政府内部实行职能分工,成立内政、外交、税收、财政、法律、军事等部门,形成部长制。这些改革目的是为民意的表达提供安全阀,并且提高政府的工作效率。②

当局也对印度军队进行改组,增加了英籍军人,直至对印籍土兵的比例达到 2∶5(大起义前的 1848 年有 2.9 万英国士兵,23.5 万印度士兵③)。军中建制要考虑宗教与种姓差异,比如把穆斯林、多拉斯人(Dogras)和贾特人(Jats)编排在不同的军事单位里。④

1860 年,坎宁总督还宣布废除"丧失权利说",承认王公养子的王位继承资格。并且还有选择地归还了一些已被兼并的土邦,如在 1881 年归还迈索尔的土邦统治权,1886 年归还瓜辽尔(Gwalio)堡的统治权;但奥德、詹西、那格浦尔这些邦,因卷入起义而坚决不归还。通过这样一些

① Bill Nasson, *Britain's Empire: Making a British World*; L. C. B. Seaman, *Victorian England*, p. 347; John F. Richards, "Imperial Finance under the East India Company, 1762—1859", in Durba Ghosh & Dane Kennedy(eds.), *Decentering Empire' Britain, India, and the Transcolonial World*, Hyderabad: Orient Longam, 2006, p. 20.

② C. A. Bayly, *The New Cambridge History of India: Indian Society and the Making of the British Empire*, Vol. 2, Cambridge: Cambridge University Press, 1988, p. 195.

③ Timothy Parsons, *The British Imperial Century*, p. 39.

④ C. A. Bayly, *The New Cambridge History of India*, p. 194.

让步和怀柔政策,英国巩固了它在印度的统治。1876 年,英国制定《皇家称号法》(Royal Titles Act of 1876),维多利亚女王正式加冕为"印度女皇",印度也成了英王直属殖民地。

与印度相比,北美殖民地(加拿大)虽然地域广阔,但气候寒冷,人口稀少,经济与政治价值没有那么大。加拿大内部矛盾重重,首先是英裔与法裔之间矛盾迭出,争吵不休;其次是殖民统治水土不服,英国大臣对加拿大事务知之甚少,他们横加干预的做法激怒了殖民地人,加拿大总督受几个豪门大族的影响,普通民众的抱怨越来越多。为此,在 1814—1840 年期间,历任总督不断摸索,试图寻找适合加拿大的统治方式。

澳大利亚殖民地发展得很慢,虽然早在 1770 年库克(James Cook,1728—1779)船长就抵达澳洲东南沿海并升起英国国旗,宣布"凡是所发现之地,均为大英帝国所占有之领土",并将其命名为"新南威尔士",[①]但很长时间中它只是流放罪犯的关押地,并长期保持着罪犯殖民地的特色。到 19 世纪初,英国开始允许英国自由人移民澳大利亚;1803 年在塔斯马尼亚(Tasmania)岛上建立了移民点,逐步将犯人监管地转变成移民殖民地。1813—1815 年,殖民者翻越蓝山(Blue Mountains)进入丰腴的大草原,开始发展养羊业。养羊业促进了澳大利亚的迅速发展,羊毛所创造的大量财富吸引了更多的移民接踵而来,开发这块荒无人烟的新大陆。到 1823 年,新南威尔士成立了澳大利亚第一个殖民区——新南威尔士殖民区。

除了这些大面积的殖民地,英帝国也有面积不大但战略意义重大的小殖民地,其中多数是战略咽喉,扼制着世界的海上贸易通道。它们虽然分散,但串起来就构成了英国的远洋贸易航线,这类殖民地包括南非的好望角、地中海的马耳他及爱奥尼亚群岛、印度洋中的毛里求斯、北海的设得兰群岛(Shetland Islands),还有亚洲的海峡殖民地(Straits Settlements,即马六甲海峡)和锡兰,它们都是通往东方、拱卫印度的海

---

① 骆介子:《澳大利亚建国史》,商务印书馆,1991 年,第 23 页。

洋门户,对英国的贸易有重要意义。

19世纪中叶工业革命基本完成,英国的经济力量空前强大,作为那个时代的"世界工厂",英国高度依赖对外贸易,自由贸易思想遂成为主流。英国是世界上第一个要求实行自由贸易并将其付诸实践的国家,对殖民地,也以"贸易优先"作为行动指南。

早在美国独立前后,就有人提出殖民地与母国之间应该实行"自由贸易",挑战了传统的重商主义思想。古典政治经济学的宗师亚当·斯密则认为:母国对于殖民地的贸易垄断,不仅对殖民地的发展不利,而且对母国自身也不利,他主张向各国商人开放殖民地市场,最终实现贸易自由。斯密的学生大卫·李嘉图也认为应该使进出口贸易尽可能处于自由状态,如果"可以自由出口或进口而不加限制,那么国家……所享受到的将是举世无双和简直难以想象的繁荣和幸福"。[①] 这种"自由贸易"理论反映了工商业集团要求废除殖民地贸易垄断的强烈愿望,在1815—1849年间,自由贸易理论渐渐获胜,英国走进全面的"自由贸易"时代。

按照这种理论,英国在殖民地问题上应更关注海外贸易航线的建设与安全,占据并保护交通要塞、战略要地、关键的基地与海岛,以确保帝国贸易航道的畅通。随着自由贸易理论大行其道,英国逐渐放弃了贸易垄断政策,"贸易优先于统治"成为新的殖民政策。于是在19世纪英国海外殖民地的保有或占领中,就表现出明显的"贸易优先"原则。

1808年,英属新斯科舍(New Scotia)和新不伦瑞克(New Brunswick)总督宣布,允许英国或美国船只把某些商品转运到西印度群岛,突破了100多年来《航海条例》(Navigation Acts)的限制。1811年,英国允许除法国之外的任何国家的船只装载某些重要产品,如小麦、面包、饼干、树脂、沥青等进入英属哈利法克斯、圣安德鲁斯、圣约翰(St. John)等港口。

印度也逐步放开了自由贸易,瓦解了东印度公司的贸易垄断权。从

---

① 大卫·李嘉图:《李嘉图著作和通讯集》,第五卷,商务印书馆,1983年,第75页。

1793 年起，一定吨位的英国个体商人的商品被允许进入印度；到 1813
年，英国政府废止了东印度公司对印度的贸易垄断资格，在印度初步确
立起"自由贸易"原则。

1840 年代，自由贸易在英国臻至顶峰，英国废除了《谷物法》(Corn
Laws)和《航海条例》，变贸易保护主义为自由贸易政策；它开放了英国自
身的市场，也用种种方式使其他国家开放市场。这样，在"自由贸易"的
旗帜下，英国在世界范围内展开了新一轮的殖民扩张，不过，这一时期的
重点在争夺原料产地和产品销售市场，而不是扩大帝国版图，"贸易优
先"主宰了英国扩张的新思路，在世界各地，它以多种形式表现出来。

第一种形式是以贸易为目标，用商品和资本打开落后国家的市场。
帕默斯顿就宣称："我们所要的是贸易，土地对于贸易并非必需，在属于
其他人民的土地上，我们能很好地开展商业。"[1]英国对那些愿意接受"自
由贸易"的地区不使用武力，也不占领土地，它更愿意采用欺骗或收买的
手段来达到目的，即便像帕默斯顿那样的帝国强硬派也是如此，他在
1839 年议会辩论土耳其问题时说，他主张"用和平手段从物质上支持大
不列颠的商业，没有和平，就不能指望有繁荣的商业"。[2] 这番话虽然有
一点矫揉造作，但确实体现了当时英国的"贸易优先"政策。

第二种形式是通过施加政治影响，来诱使弱小地区就范。因此，帕
默斯顿拒绝拿破仑三世瓜分埃及的建议，就一点也不奇怪，他说英国的
动机是"我们想要与埃及的贸易，想要穿越埃及的通道，但我们不想要统
治埃及的责任与负担，让我们用商业的影响来改进所有这些国家，让我
们避免一次十字军东征"。[3] 对中亚，虽然这个地区是介于俄罗斯和印度
之间的重要缓冲地带，有助于保卫印度，但只要有可能，英国就通过政治

[1] Andrew Porter(ed.), *The Oxford History of the British Empire*, Vol. III, Oxford：Oxford
University Press, 1999, p. 108.
[2] Gerald S. Graham, *The Politics of Naval Supremacy：Studies in British Maritime
scendancy*, Oxford：Blackwell Publishing Ltd, 1965, p. 117.
[3] R. Hyam, *Britain's Imperial Century*, 1815—1914：*Study of Empire and Expansion*, 2nd,
London：Macmillan, 1993, p. 108.

影响来贯彻它的意旨,因此它分别在 1836 年和 1857 年与伊朗签约,1838 年和 1861 年与土耳其签约,得到了贸易、投资等方面的特权,如开设工厂、减免关税等。

第三种形式是"炮舰政策"。英国以海军的力量强制推行"自由贸易",强迫全世界为英国的商品打开大门,在这种政策下,领土扩张并不是首要目标,重要的是贸易"自由"。对于公开抵制"自由贸易"、不服从英国意愿的国家,英国用武力进行打击,强迫对方接受贸易。理查德·科布登、约翰·布莱特等自由贸易的吹鼓手曾指出:英国……只乐意在迫使非欧洲国家打开市场时才诉诸武力。① 帕默斯顿是推行炮舰政策的主要人物,在他主导下的两次鸦片战争,就是炮舰政策的典型案例。英国战胜后,通商和赔款是和约中的主要内容,中国因此被迫打开国门,让英国制造品无限制地涌进国内,自给自足的经济体系很快被冲垮了,中国由此而深陷在越来越严重的民族危机中。英国让鸦片这种罪恶的商品在中国市场上"自由"地贸易,"自由贸易"的道德合法性具有极大的讽刺性。

英国对日本也实行炮舰政策。1858 年,美国"黑船"打开了日本的大门,英国人便很顺利地搭上美国人这趟便车,达到了与日本通商的目标。但 1863 年 8 月,英国以使馆人员被杀为由发动"萨英战争",炮击鹿儿岛(Kagoshima),索取巨额赔款;次年又发动下关(Shimonoseki)战争,再次索取大量赔款。两次战争的目的都是保护英国的商业利益,迫使日本作出更大的让步。

在美洲,1845 年英国用炮舰封锁普拉特河(River Plate),打击阿根廷的贸易垄断,后来它改用劝诱手段促使其改变经济政策,而放弃了兼并普拉特河口的计划,"贸易优先"跃然可见。②

在西非,炮舰政策以阿散蒂战争最典型。英国从 17 世纪起侵入西

---

① Timothy Parsons, *The British Imperial Century*, p. 16.
② Ibid., pp. 18 - 19.

非,先后占领冈比亚(Gambia)、塞拉里昂(Sierra Leone)、尼日利亚(Nigeria)、黄金海岸(Gold Coast)等地,奴隶贸易曾经在这些地方盛行不衰。后来英国放弃了奴隶贸易,但西非仍然是英国的殖民地,为英国提供咖啡、矿产等工业原料。到 19 世纪中叶,以阿克拉(Accra)为中心的盛产黄金的沿海地带"黄金海岸"是英国的"保护地",但内陆土著部落组成的阿散蒂联邦不屈服,英国于是多次发动侵略战争,企图征服阿散蒂。在 1806 和 1821 年的两次战争中英军被打败,1821 年英国总督甚至战败自杀;但是在 1826—1831 年和 1873 年的两次战争中,英军获胜,并且在1896 年攻占阿散蒂首都库马西(Kumasi)。1901 年阿散蒂发动起义,失败后被并入英国的黄金海岸殖民地。

最后一种形式是占领重要的贸易据点,建立要塞,以保证"贸易优先"。在第二帝国时期,英国政府首先考虑的是保卫英国与印度之间的海上通道,为此在拿破仑战争时期将荷兰在锡兰和开普的海军基地占为己有,后来又占领亚丁、新加坡、塞浦路斯等地,并与俄国划分在伊朗的势力范围,建立起从好望角到印度洋的通畅的海上通道。苏伊士运河开通后,占领埃及也属于这种情况。①

占领殖民地也是为了贸易,这在印度表现得很明显。在第二帝国时期,印度是"帝国王冠上最珍贵的宝石",②是帝国财富的最大源泉,是英国最重要的原料产地与工业品销售市场。统计表明,1757—1815 年间,东印度公司从印度攫取的财富高达 10 亿英镑;1830 年《评论季刊》(Quarterly Review)写道:"我们在东方海域的势力应当维持;不能设想任何针对我们伟大商业的致命打击,能比放弃这些有价值的属地更为有效。"③英国工业化过程中,市场广阔、人口众多、资源丰富的印度为英国提供了大量原料和广阔的市场,英国棉布曾大量涌入印度,挤垮了当地

① Vincent T. Harlow, *The Founding of the Second British Empire*, 1763—1793, Vol. (1). London, New York, Toronto:Longman's, Green and Co., 1952. p. 103.
② 肯尼思·O. 摩根:《牛津英国通史》,王觉非等译,商务印书馆,1993 年,第 523 页。
③ Gerald S. Graham, *The Politics of Naval Supremacy*,p. 42.

传统的手工纺织业,摧毁了土著经济,又为英国的棉纺织业开辟了用之不竭的消费市场。殖民当局引导农民种植英国所需要的工业原料,包括棉花、蔗糖、靛青、鸦片等,除鸦片主要输往中国之外,其他基本上面向英国出口。通过这样的一进一出,一种依附性的商业经济体系在印度形成。

通过"贸易优先"的政策主导,大大小小的殖民地、通商口岸、势力范围或租借地成为英国构筑世界贸易网络的大小支点,难怪有人骄傲地宣称:"英国是每一片海洋的主人,殖民地人控制着每一块海岸,世界上几乎没有一个角落没有我们的工业产品。"①通过"贸易优先"的政策,英国变得更加强大了。

自由贸易发展到极度,就出现了"无形帝国"的倾向。亚当·斯密和大卫·李嘉图就曾在理论上论述过殖民地是一种负担,占领和统治殖民地,对母国和殖民地都不利。这种政策在自由党执政时表现得特别充分:帕默斯顿的炮舰政策,其实也是一种"无形帝国"的行为表现;格拉斯顿则希望以"自由、自愿"为基础,以英国强大的经济力量为后盾,建立与殖民地之间的和谐联系。1868—1874年格拉斯顿执政时,就大力推行过"无形帝国"政策,尽管正是在这个时期,英国吞并了埃及。

就殖民地而言,"无形帝国"包括两个互相关联的内容,第一个内容是"自我防卫",鼓励殖民地承担防卫责任,提倡殖民地的"自我成长";第二个内容是在内政方面,让殖民地人自己管理自己的事务。两方面内容都是为了减少母国的财政负担,摆脱沉重的军事与行政开支。

关于"自我防卫":大英帝国拥有辽阔的殖民地,又有众多的大小属地,既要保证从非洲到中东、从太平洋到北美殖民地的安全和稳定,又要时刻警惕欧洲其他国家的威胁,因此有着巨大的防务压力。1846年,英国的殖民地防卫开支达到400万英镑,引起各界不满,越来越多的英国

① Glyn Williams, *John Ramsden*, *Ruling Britannia: A Political History of Britain*, 1688—1988, London and New York: Longman, 1990, p. 247.

人对殖民地的防务问题持怀疑态度,于是就产生了让殖民地承担一部分防卫开支的设想。1850 年英国出现一个名为"殖民地改革协会"的组织,其宗旨是将母国从殖民地地方事务的全部花费中解放出来。1861 年又出现一个"殖民地军事费用特别委员会",专门调查殖民地防务费用问题,调查的结论是:为了减轻帝国政府的负担,殖民地不但应承担其内部安全防卫的支出,而且还应该协助帝国政府加强其外部防务。[①] 1862 年英国议会通过决议:"行使自治政府权力的殖民地,应当承担起主要的责任,既提供它们自己内部的秩序和安全,也应当援助殖民地的外部防卫。"[②]当时,从新西兰撤出英国军队就成为现实问题,在新西兰殖民的过程中,英国移民与土著毛利人(Maori)冲突不断,导致长达 8 年的毛利战争,英国投入的战争费用竟高达 100 万英镑之多。所以,格拉斯顿政府一上台,就果断地从新西兰撤军。1869 年 10 月殖民大臣格兰维尔(Earl Granville,1815—1891)宣布从新西兰无条件撤军。对此他解释说:这不是对殖民地利益漠不关心,而是因为考虑到,在已建立自治政府的殖民地雇佣英国军队是违反原则的。

关于自我管理,体现为白人殖民地的责任制自治政府。亚当·斯密推崇自由贸易,认为殖民地是母国的负担而非财源。越来越多的人开始理解并接受这种观点,格拉斯顿指出:"如果殖民地不能承担自己的责任和享有自由的特权,它就称不上是自由的。"结果必然的逻辑是:从 19 世纪中叶起英国允许殖民地按自治原则建立责任制政府。这个过程从加拿大开始。

1791 年的《加拿大法》确立了以英裔为主的上加拿大和以法裔为主的下加拿大二元结构的形成,但这没有减少加拿大的矛盾和冲突。上加拿大的主要矛盾是贫富差异和分配不公,非国教徒与国教徒争夺土地资源,反对派要求改革政治制度,但总督和行政当局反对改革,把改革派领

---

① C. C. Eldridge, *Victorian Imperialism*, London:Humanities Press Inc. ,1978,p. 84.
② C. H. Currey, *British Colonial Policy* 1783—1915, Oxford:Oxford University Press,1924, p. 156.

袖威廉·麦肯齐(William Lyon Mackenzie,1795—1861)赶出立法会议，导致双方冲突升级。下加拿大原来是法裔人的居住区，19世纪初大量英裔涌入，在有些地方甚至超过了法裔人，法裔人感到受排挤，要求控制英裔移民。1815年法裔领袖路易·帕皮诺(Louis-Joseph Papineau,1786—1871)当选为立法会议长，开始了立法会与行政当局的长期对抗。[①]

1834年帕皮诺提出改革纲领，要求参事会由民选产生、财政权交给立法会议。这些要求被政府拒绝，于是帕皮诺在1837年发动叛乱，很快被镇压了。但上加拿大在麦肯齐的领导下也乘机暴动，虽然在第一时间就被镇压，但上、下加拿大同时发生暴动却引起了英国政府的高度警觉。英国人清楚地记得美国独立时的情况，执政的辉格党政府认为殖民地本来就是个包袱，在不损害帝国利益的前提下，应尽可能满足殖民地的要求，以避免美国革命重演。于是政府派达勒姆勋爵(Earl of Durham,1792—1840)担任加拿大总督，由他领导一个调查委员会，了解并提出解决方案。1839年达勒姆提出《英属北美事务报告》(Report on the Affairs of British North America)，也称《达勒姆报告》(Durham Report)，这份文件奠定了随后一个世纪英国殖民新政策的基础。[②]

达勒姆报告涉及许多问题，包括土地分配、城市建设、议会工作程序、移民等，但核心是政治体制问题——如果不想让加拿大变成另一个美国，那就必须让加拿大自治，自己管理自己。为此他提出两项措施，一是上、下加拿大合并，组建成一个国家(但必须是英裔人占多数)；二是建立民选议会，政府向议会负责，总督只起象征性作用，就如同英国本土的国王。加拿大的内部事务完全由自治政府处理，只在帝国问题上它才服

---

① 参见 Fernand Ouellet,*Louis-Joseph Papineau A Divided Soul*,Ottawa：The Canadian Historical Association Booklets, No. 11. ,1972. http://www. collectionscanada. gc. ca/obj/008004/f2/H-11_en. pdf.

② J. M. Bliss ed. ,*Canadian History in Documents,1763—1996* ,Toronto：Ryerson Press,1996，pp. 49-62.

从英国的指导。[1]

达勒姆的建议似乎步子太大,英国政府断然拒绝,但鉴于美国独立的教训,还是作出了一些改变。1840年上、下加拿大合并,次年成立加拿大联合省,首任总督西登姆(Lord Sydenham,1799—1841)削弱特权集团的势力,让温和改革派领袖进入行政委员会,从而缓和了与改革派的矛盾。1846年辉格-自由党政府在英国上台后,加拿大成立责任制政府的障碍被扫除了,1848年新斯科舍和加拿大联合省成立责任制政府,1851年爱德华王子岛、1854年新不伦瑞克、1855年纽芬兰也先后成立责任制政府。这样,到1855年,英属北美全境全都建立了责任制政府。再往下,就是实现加拿大的联合。经过 1864 年 9 月夏洛特敦会议(Charlottetown Conference)和 10 月的魁北克会议(Quebec Conference),各殖民地签署《魁北克决议》,完成了加拿大联合。在加拿大的要求下,英国政府于 1867 年颁布《英属北美洲法》(British North America Act of 1867),由魁北克、安大略、新斯科舍和新不伦瑞克四个殖民地组成"加拿大自治领"(Dominion of Canada),首府设在渥太华(Ottawa);总督由英王任命,是名义上的自治领元首;议会是立法机关,参议员由总督指定并终身任职,众议员由各省按人口比例选举产生;自治领政府由议会产生,各省也都建立拥有较大自治权的地方政府。[2] 加拿大这样一种政治体制标志着英国殖民政策的重大转变,以前的总督统治转变成殖民地自治。

有趣的是,达勒姆的建议在加拿大受到阻挠,却在澳洲首先试行了。到 1840 年为止,英国在澳洲建立了四块殖民地:新南威尔士、范·迪门(Van Diemen's Land)、西澳大利亚和南澳大利亚。1842 年,英国议会通过了《新南威尔士和范·迪门地区政府条例》(New South Wales and Van Diemen's Land Government Act),按照选举原则建立新南威尔士自

---

[1] Lord Elton, *Imperial Commonwealth*, London, 1910, p. 292.

[2] British North America Act 1867, http://www.legislation.gov.uk/ukpga/Vict/30 - 31/3/ enacted.

治政府;立法会由 36 人组成,其中 2/3 由民选产生,拥有制定殖民地法律和批准财政预算的权利。新南威尔士的变化极大地激励了其他殖民地的自治运动,而"一种发展的自然规律很快就使英国政府不得不承认殖民地的自治"。① 1850 年菲利普港地区(Port Phillip)脱离新南威尔士,单独成立一个维多利亚殖民地(Victoria)。同年的《澳大利亚殖民地政府条例》(Australian Colonies Government Act)规定将新南威尔士的代议制度推广到范·迪门、南澳大利亚和维多利亚,1853—1856 年间,责任制政府先后在维多利亚、南澳大利亚等地建立起来。1859 年,新南威尔士又分裂出昆士兰(Queensland)殖民地,到 1860 年,除西澳大利亚外,所有澳洲殖民地都已建立责任制政府,实行内部自治。1868 年以后西澳大利亚也逐渐实现了自治。

新西兰殖民地也发展起来。1839 年成立的"新西兰"土地公司向新西兰派出第一批移民,基本上都来自澳大利亚;1840 年,英国与岛上居民毛利人签订《怀坦吉条约》(The Treaty of Waitangi),②正式将新西兰归并到新南威尔士殖民地,次年,又成为独立的皇家殖民地。1852 年英国制定《新西兰宪法草案》(New Zealand Constitution Act),授权较大的殖民点奥克兰、新普利茅斯(New Plymouth)、惠灵顿(Wellington)、纳尔逊(Nelson)、坎特伯雷(Canterbury)、奥塔哥(Otago)等建立省级立法机构,同时将征税权授予联邦立法机构。1853 年,新西兰总督乔治·格雷(Sir George Grey,1812—1898)组建了一个两院制政府,1856 年建立责任制政府,新西兰也成为自治殖民地。

至于白人占人口少数的南非开普殖民地,英国只给了它"代表制"(representative)而不是"责任制"(responsible)政府(1853 年),在这种制度下,英国保留了很大的控制权。③

---

① 王宇博:《澳大利亚:在移植中再造》,四川人民出版社,2000 年,第 99 页。

② The Treaty of Waitangi, http://www.nzhistory.net.nz/politics/treaty/read - the - treaty/english - text.

③ Timothy Parsons, *The British Imperial Century*, p. 15.

通过改变白人殖民地的统治方式,英国成功地避免了美国独立的再现,白人移民在取得自治的权利后,对帝国的认同程度提高了,对母国的依恋感情也增强了。帝国政策的调整并没有造成移民殖民地各行其是和分道扬镳,相反,却带来帝国历史上空前的向心力和认同感。

然而"无形帝国"不意味着不开疆拓土,英国人从来没有考虑过放弃帝国的任何一部分。[①] 1850 年,自由党首相约翰·罗素宣称:"每个人都承认帝国渗透到全球每一个角落的商业价值,许多殖民地为帝国贸易提供了港口和安全,它们在和平时期是最有用的,而在战时则是绝对必需的。"[②]英国的海外扩张一直带有私人性质,但一旦私人公司占据了海外领土,政府基本上会给予保护和认可,占领新加坡就是一个典型的例子。

新加坡位于马来半岛最南端,是马六甲海峡的"瓶颈",而马六甲海峡扼制欧、亚、非三大洲交通要道之咽喉,是连接太平洋和印度洋的必经之路。马来及印尼的贸易一直为荷兰人所垄断,拿破仑战争中,英国成功占领爪哇和马六甲,但战后又把它们归还荷兰。1818 年 12 月,印度总督弗朗西斯·黑斯廷斯(Francis Rawdon - Hastings,1754—1826,1813—1823 年在任)赞成在马六甲以东建立商站,以控制海峡的南端,于是,强烈反荷的英属明古连(Bencoolen)副总督斯坦福·莱佛士(Sir Thomas Stamford Raffles,1781—1826)从加尔各答(Calcutta)出发,率领远征军于次年 1 月在新加坡升起东印度公司的旗帜。当时,岛上一片荒凉,居民大约不到 150 人。但莱佛士相信,占领该岛对商业贸易意义重大,"马耳他在西方的地位,可能就是新加坡在东方的地位……"[③]虽然莱佛士此举并未得到东印度公司董事会的批准,但后来还是得到了英国政府的默认。

① L. C. B. Seaman, *Victorian England*, p. 339.
② Bernard Porter, *The Lion's Share: A Social History of British Imperialism 1850—1983*, Longman, 1985, p. 14.
③ V. Harlow, F. Madden (eds.), *British Colonial Developments 1774—1834: Select Documents*, Oxford:Clarendon Press, 1953, p. 73.

　　为保卫印度航线,英国已经占领了好望角、毛里求斯、塞舌尔、锡兰等地,而19世纪20、30年代法国在埃及扩大影响以及穆罕默德·阿里(Mohammed Ali,1769—1849)野心勃勃,使英国政府深感不安。驻孟买总督格兰特(Robert Grant)在1838年写给外交部的备忘录中说:"法国正经由埃及逐渐向印度进逼,同时又伴随着俄国经由波斯向印度的进逼,对此决不能等闲视之。"①外交大臣帕默斯顿则指出:"穆罕默德·阿里的计划是建立一个由叙利亚、埃及和阿拉伯半岛组成的独立国家,而坚定地站在他背后的是法国政府,一旦这个计划实现了,突尼斯和的黎波里也将被挤压进这个体系,法国就会成为地中海事实上的主人。"②

　　对此最好的应对方案,就是在红海与波斯湾交界处获得一个立足点。1839年1月,英国从印度孟买派出一支分遣队,以伤亡15人的代价攻占了亚丁(Aden),把它变成英国的保护地。亚丁很快成为英国到印度和澳大利亚航船的经常加煤站,并作为皇家海军基地,发挥着更加突出的战略作用。英国还将自己的势力插进了波斯湾,1861年将巴林(Bahrain)变成保护地。通过亚丁和巴林这两个战略要冲,英国牢牢控制了从红海和波斯湾到印度的贸易交通线。

　　占领新加坡后,英国不顾1824年《英荷伦敦条约》中将婆罗洲(Borneo)划为荷兰势力范围的规定,渴望在北婆罗洲建立一个海军基地。1841年和1842年,文莱(Brunei)先后将沙捞越(Sarawak)和北婆罗洲割让给英国。1846年,英国政府积极支持詹姆士·布鲁克(Sir James Brooke)进攻文莱,由此而获得拉布安岛(Labuan)及其附近岛屿。1847年,文莱自己也成了英国的"保护国"。这样,英国人便在从马六甲海峡到中国的贸易航道上有了重要的立足点。

　　在南美洲,1857年英国占领丕林岛(Perim Island);而此前已于1833年占领了南美东海岸以外的马尔维纳斯群岛(Islas Malvinas),并将其改

① Gerald S. Graham, *The Politics of Naval Supremacy*, p. 74.
② Ibid., p. 69.

称为福克兰群岛。

1842年,英国强迫清朝政府割让了香港,同时又持续在印度及周边地区夺取新的土地。可见"无形帝国"并不排除占领新的殖民地,正如帝国史专家劳埃德所指出的那样:"滑铁卢战役之后30—40年间里……帝国的成长却如此迅速,看上去似乎存在着某种强大的力量,一旦被发动,就会带着帝国的疆界一路向前,直到被高山或海洋所阻挡。"①事实确实如此,根据保罗·肯尼迪(Paul Kennedy)的估算,1815年以后的半个世纪里,帝国领土扩张的速度大约是每年10万平方英里。② 尽管大多数英国人反对承担统治殖民地的财政负担,却不反对占领重要的岛屿和基地,也不反对在印度、南非和澳洲的扩张,这就是英国的"无形帝国"。

---

① T. O. Llyoyd, *The British Empire 1558—1983*, Oxford: Oxford University Press, 1984, p. 134.

② C. C. Eldridge, *British Imperialism in the Nineteenth Century*, London: Macmillan, 1984, p. 29.

第二章　巩固帝国的努力

　　19世纪最后三分之一世纪,随着欧洲国家纷纷完成工业化,英国面临日益加大的竞争压力,于是它在19世纪中期执行的无形帝国政策,让位给70年代以后的有形帝国政策。这个政策的要点是:既要控制重要的经济和战略要地,又要抢占更多的殖民地,建立最庞大的世界帝国。在这种政策指导下,英帝国的版图迅速扩大,同时也卷入与殖民地人民的剧烈争夺;英国获得世界上最大的殖民帝国,但也加剧了与欧洲其他国家的矛盾与争端,这些矛盾与争端最终发展到不可调和,英国被迫卷入第一次世界大战。在这几十年时间里,英国努力巩固它的帝国,在领土扩张的同时摸索与改变帝国的统治形式,帝国结构开始向联邦形式变化。

　　"有形帝国"政策以迪尔克(Charles Wentworth Dilke)的种族帝国思想为理论基础。1868年,当"无形帝国"仍盛行之时,迪尔克出版了《更大的不列颠》一书,描述了以种族为纽带的"更大的不列颠"这样的"有形帝国"。他认为国家是由不同的种族组成的,一个种族代表一种文明;但英国的种族却不仅组成国家,它组成帝国,这就是"更大的不列颠",帝国的每一个部分都是这"更大的不列颠"的组成部分,"与我们种族总体的胜利相比,我们种族的任何一个部分的终极未来无关紧要。但是,英国法律的威力、英国统治的原则却并不仅仅是一个英语国家的事务,它的持续对全人类的自由是必不可少的"①。

迪尔克的理论受到帝国狂热派的热捧,他们希望通过扩大帝国,来挽救英国的颓势。19世纪下半叶,欧洲各国为了保护民族工业,纷纷实行保护关税政策,针对英国的"自由贸易"建立起层层壁垒。英国的对外贸易受到沉重打击,严重制约了英国的经济表现。迪尔克的理论似乎为扭转危局提供了一个解决方案,按照他的逻辑,"更大的不列颠"自己内部进行贸易,足以抵消关税壁垒对英国造成的不利影响,因此这个"不列颠"越大越好,这就为帝国的有形扩张提供了理论依据。

迪尔克的理论受到许多保守党人的欢迎,迪斯雷利说:无形帝国仅仅从"财政角度估量一切,完全忽视了英国赖以成为伟大国家的种种道义和政治上的考虑",是"瓦解英帝国的行为";而"有形帝国"可以利用殖民地广阔的市场,增强英国的经济实力,重塑英国作为欧洲均势操纵者的形象,确立英国在各个帝国之间的至高地位。②

自由党人并不反对帝国的进一步扩张,他们与保守党人的差别在于:保守党更强调领土的有形扩张,强调英国的世界权利,自由党在领土方面略有节制,强调英国对殖民地所承担的义务与责任;保守党要求建立帝国关税制,以保护英国与殖民地的特殊关系,自由党则坚守自由贸易原则,反对采用报复性关税政策。两党在执政时都扩大了帝国的版图,只是保守党人更直接、更赤裸裸,自由党人则有点羞涩、更喜欢把道德问题挂在嘴上。因此到19世纪末,英帝国完成了历史上最大规模的扩张,为构建"日不落帝国"划下几笔浓墨重彩。

1874年迪斯雷利就任英国首相,立即开始他的有形帝国政策,他任

---

① Charles Dilke, *Greater Britain*, *A Record of Travel in the English-Speaking Countries During 1866 and 1867*, II, London: Macmillan and Co., 1868, p. 407.

② Benjamin Disraeli, "Conservative Principles" delivered at Manchester, April 3, 1872, in T. E. Kebble, ed. *Selected Speeches of the late Right Honourable the Earl of Beaconsfield*, London: Longmans, Green, and Co., 1882, II, p. 521.

命殖民问题专家卡纳温勋爵(Lord Carnarvon,1831—1890)为殖民大臣，卡纳温在上院发言时说，"英国具有在南海扩大其殖民区域的使命"，斐济气候宜人、资源丰富，拥有交通枢纽地位，英国绝不能"放弃这些岛屿"。① 议会迅速通过了吞并斐济的提案；吞并斐济就成了"有形帝国"政策起始的标志。

　　紧接着出现的是埃及问题。长期以来，欧洲人绕过非洲南部去往东方，这也是英国人到印度去的传统航线。1869 年，苏伊士运河开通了，它把欧洲通往东方的航线缩短了一多半，造成欧洲列强在地中海和中东地区力量的失衡。此时，法国把持了运河公司 52％ 的股份，确立起法国在埃及的优势，英国人把这看作是拿破仑对中东的又一次远征，而运河就是插在英国通往印度道路上的一支利箭。② 于是，为了印度的安全，英国积极介入运河事务，力图把红海和波斯湾都变成通往印度的平安大道。

　　埃及在修筑运河时欠下巨款，它的"疯狂的现代化"项目，包括铁路、港口、城市建设、电气化改造等等也耗费大量资金，使埃及的外债在 60—70 年代增加 20 倍，达到 1 亿多英镑。③ 为偿还贷款利息，埃及统治者伊斯梅尔(Ismail Pasha,1830—1895)赫迪夫于 1875 年抛售了 44％ 的运河股票，这一举动为英国的干涉创造了契机。

　　此时迪斯雷利上台不久，他立刻出手，让政府出面提供担保，说服伦敦银行家出资 400 万英镑几乎全数收买这些股票。这一"政治上的巨大成功"④不仅让英国控制了苏伊士运河，⑤而且还削弱了法国人在埃及的影响，改变了列强在埃及的力量对比，为日后英国单独统治埃及打下了

① E. A. Benians, *The Cambridge History of the British Empire*: *Vol. 3* , Cambridge : Cambridge University Press，1959，p. 35.
② Piers Brendon, *The Decline and Fall of the British Empire*，1781—1997，London：JonathanCape,2007,p. 143.
③ L. C. B. Seaman, *Victorian England* , p. 357.
④ Marvin Swartz, *The Politics of British Foreign Policy in the Era of Disraeli and Gladstone*, Oxford, 1985,p. 125.
⑤ 法国拥有 52％ 的股票，比英国多。但法国股票分散在很多小股东手里，英国股票则集中在政府手里，这使英国政府成为苏伊士运河最大的股东，实际上掌握了运河公司的控股权。

基础,因此英国举国欢庆,甚至连在野的自由党报纸也称其为"大胆的、适时的行动"。① 此举让迪斯雷利大得人心。

尽管伊斯梅尔抛售了股票,但未能阻止埃及破产。1876 年 11 月英、法派代表到埃及,组织"埃及债务管理委员会",共同监督埃及财政,以确保债权国的利益。两国各派一位财政总监管理埃及的财政收入和支出,埃及事实上失去了财政大权。1878 年,两国又迫使伊斯梅尔接受英、法人员进入内阁,组成所谓的"欧洲人内阁"。这使伊斯梅尔和埃及的贵族、军官都很不愉快,伊斯梅尔于是不再承认与英、法的协议。1879 年,英、法施压让奥斯曼的苏丹废除了伊斯梅尔,改由其子陶菲克(Muhammed Tewfik Pasha,1852—1892)任赫迪夫(意为总督),重新恢复了英、法的"双重控制"(Dual Control),并成立一个以英、法为主的国际委员会负责处理埃及财政问题。这样,就引发了 1881 年的阿拉比起义。

阿拉比(Ahmed Arabi,1839—1911)是埃及一名本地人军官,早年参加陆军,后成为中校。当时的埃及军队在名义上仍属奥斯曼帝国,所以军中有大量外来军官,并占据高级将领职位。阿拉比作为埃及本地人军官,在中下级军官及士兵中享有盛誉。陶菲克继任赫迪夫后,阿拉比领导军队两次发动兵谏,要求限制英、法官员在埃及政府中的影响,提出"埃及是埃及人的埃及"的口号,反对外国人干涉埃及内政。1881 年,在军队和人民群众的支持下,埃及"祖国党"组阁,阿拉比此时是祖国党的领袖,在新政府中担任陆军部长。

面对日益增长的民族主义力量,英国决定对埃及动武,1882 年 7 月 11 日英军炮轰并占领亚历山大港,挑起了侵埃战争。阿拉比领导埃及军民进行艰苦的反抗,从 7 月 28 日起,埃及军队多次迎击英军,使英军无法从北部进攻开罗。但是,由于上层统治集团的叛卖,以及阿拉比轻信

---

① Walter G. Wirthwein, *Britain and the Balkan Crisis*, *1875—1878*, New York: Columbia University, 1935, p. 30.

苏伊士运河区的中立,导致东线防御薄弱。结果,8月,英国大军在运河区登陆,接着向开罗进犯,9月15日开罗陷落,阿拉比等被捕。[①] 这以后,尽管埃及在名义上仍是奥斯曼帝国的属地,但事实上已完全被英国控制,由英国驻埃及总领事巴林"暂管"。巴林的"暂管"一直延续了24年,他也成了埃及的"太上皇"。1915年,借第一次世界大战之机,英国宣布埃及是保护国,正式将它纳入了英帝国范围之内。

随即,英国将目光投向苏丹。苏丹是埃及的附属国,但领土比埃及还要大,也没有完全被埃及征服。1869年伊斯梅尔派英国军官前往苏丹南部建立赤道省,1874年,曾在中国参与镇压太平天国的查尔斯·戈登(General Charles Gordon,1833—1885)接任赤道省省长。[②] 1881年,一个名叫穆罕默德·艾哈迈德(Muhammad Ahmad,1848—1885)的人自称马赫迪(Mahdi/Madhi,意为"受真主指引的人"),在苏丹发动民族起义,于11月击败一支由英国人指挥的埃及军队,驱逐了埃及占领军,建立了苏丹人自己的政权。当时,格拉斯顿政府不想进行军事干预,遂于1884年1月命戈登去喀土穆(Khartoum)观察形势,寻找出路。戈登先到开罗,被任命为苏丹总督,随后到喀土穆,要求政府派兵增援,以镇压马赫迪起义,但英国政府未予采纳。1885年初,4万起义军攻克喀土穆,在总督府前击毙戈登;至夏天,起义军已解放苏丹全境,建立了自己的国家。[③]

戈登被杀在英国引起一阵帝国主义的叫嚣,人们指责格拉斯顿"谋杀"了戈登,并且拒不派兵为他报仇;连维多利亚女王也公开谴责格拉斯顿,格拉斯顿遂于1885年辞职下台。[④] 90年代,为了与法国争夺东非,英国再次发动对苏丹的战争,到1899年才最终镇压了马赫迪运动。是年

---

① 参见 Michael Barthorp,*Desert Sand：The British Invasions of Egypt and The Sudan 1882—1898*,London：Cassell & Co.，1984. Part Ⅰ.

② 在英国,戈登又有 Chinese Gordon、Gordon Pasha 和 Gordon of Khartoum 等多个称呼。

③ 参见 Michael Barthorp,*Desert Sand：The British Invasions of Egypt and The Sudan 1882—1898*,London：Cassell & Co.，1984. Part Ⅱ and Ⅲ.

④ L. C. B. Seaman, *Victorian England*, pp. 228 - 229.

英国宣布苏丹是英、埃的共管地,实际上是英国的殖民地。

在镇压马赫迪起义期间,1898 年英、法两国军队在法绍达发生对峙,差一点发展成战争。最终双方达成妥协,英国承认苏丹以西的赤道非洲为法国势力范围,法国放弃尼罗河流域。

此时,法国占领了非洲西部、北部和刚果河北岸大片地区以及马达加斯加岛(Madagascar),比利时在刚果河南岸及非洲腹地建立"刚果自由邦"(Congo Free State),德国占领西南非洲、德属东非(坦噶尼喀)和西非的喀麦隆,意大利染指索马里,葡萄牙则占据着印度洋、大西洋沿岸的大片土地(今莫桑比克[Mozambique]和安哥拉)。列强在非洲的争夺趋于白热化,英国自然不甘落后。

在西非,皇家尼日尔公司(Royal Niger Company)采用与当地部落酋长签订协定的方式,控制了尼日利亚南部和北部,在一般情况下,部落酋长们保留着管理内部事务的权力,但需要承认英国的统治权。

19 世纪中叶以后,黄金海岸成为英国在西非扩张的重点。1861 年英国兼并拉各斯。1871 年,荷兰将黄金海岸的几个据点转让给英国,激化了英国人与阿散蒂人的矛盾。两年后,英国发动第七次阿散蒂战争,虽遭受重创,却靠施展诡计强占了阿散蒂人的部分土地。80 年代在阿博索(Aboso)发现金矿,在尼日尔河下游又发现锡矿,这些地区的重要性就更加凸显了;这时,黄金海岸已经与塞拉利昂分开,而与拉各斯合并在一起。1896 年英国再次挑起与阿散蒂的战争,占领了库马西,俘虏了国王与王太后,勒索了 5 万盎司的黄金,还逼迫阿散蒂交出镇国之宝金凳子。到 1900 年,英国彻底征服阿散蒂,把该地分解为 16 个受英国总督支配的小国;同年铺设从金矿到沿海的铁路,进一步刺激了淘金热。[1] 1902 年,阿散蒂被并入黄金海岸殖民地。这样,在 19 世纪晚期,英国把沃尔特河流域和尼日尔河下游 100 多万平方公里的富饶土地占为己有,形成英属西非殖民地。

---

[1] 苏联科学院非洲研究所编:《非洲史(1800—1918)》,上海人民出版社,1977 年,第 533 页。

在东非,东非公司主要在肯尼亚和乌干达地区活动;1893年英国政府接管乌干达,过两年又接管了公司所辖的全部土地。1884年,趁埃及放弃对索马里的管辖权时,英国迫使酋长们接受英国的"保护",三年后建立英国保护地,这就是英属索马里。不过,英国对东非的控制主要是通过桑给巴尔苏丹来实施的,苏丹对邻近大片领土拥有宗主权。1856年塞义德·塞德(Seyyid Said)苏丹去世,英国卷入了一场继位纷争。1881年,时任素丹要求成为正式的保护国,但直到1890年才被英国所接受。这样,从埃及到维多利亚湖,非洲东北部都成为英国的势力范围;英国还得到尼亚萨湖(Lake Nyasa)以西的领土,就是后来的尼亚萨兰。

对英国来说,最重要的是非洲南部,在这个地区的扩张奠定了英国在非洲的战略优势,并使英国在非洲的角逐中最终取得最大份额。从1806年起英国就取得了开普殖民地,但这里原归荷兰所有,荷兰人在这里生活了许多世代,已形成独特的文化和生活方式,自称是"非洲人"(Afrikaners)或"布尔人"(Boers)。英国占领开普后,大量英国移民进入该地,引起了两个民族之间的种种摩擦。英国废除奴隶制后,对大规模蓄奴的布尔人形成重大冲击,布尔人开始大迁徙(Great Trek),[①]他们驾着牛车,赶着牲口,带着全部家当和奴隶,越过奥兰治河(River Orange),向只有沙土和矮灌木的内陆地区转移,建立自己新的家园。

布尔人的迁徙分为两路,一路向东北的纳塔尔(Natal)前进,打败土著祖鲁人(Zulu)后,于1840年建立纳塔尔共和国。但1843年英国人以布尔人同土著交战为由,吞并了纳塔尔共和国。布尔人于是再向西部内陆高原迁移。1844年在奥兰治河和瓦尔河(Vaal River)之间建立奥兰治自由邦(Orange Free State)。

---

① Dr. A. B. Xuma, *Bridging the Gap Between White and Black in South Africa*, Conference of European and Bantu Christian Student Associations at Fort Hare, June 27 - July 3, 1930. South African History Online. 2015/2/3, http://www. sahistory. org. za/archive/bridging - gap - between - white - and - black - south - africa - address - dr - b - xuma - conference - european - and -

另一路布尔人向北迁徙,其中一部分越过了瓦尔河,与从纳塔尔过来的布尔人会合,建立了几个小殖民地,后来在 1849 年合并成德兰士瓦共和国(Transvaal),意思是"越过瓦尔河"。

1836—1846 年间,总共有 1.4 万人参加了大迁徙。布尔人所到地区,本来居住着许多非洲土著部落,所以迁徙的过程就是驱逐土著居民的过程,于是就造成了复杂的种族关系:既有白种人和黑种人的对立,也有英国人和布尔人的对立。英国人起初与布尔人妥协,于 1850 年与德兰士瓦签订协定,1854 年与奥兰治签订协定,承认了两个国家的独立地位。①

布尔人的共和国举步维艰,发展很困难。其中德兰士瓦共和国尤其落后,既无学校、银行,又无投资、财政,它同英国人和当地土著之间的冲突不断,军费开支浩大,政府有时用土地来支付公务员的薪水,邮政局长用邮票当工资发放。奥兰治自由邦在兴办羊毛业后,经济状况好转,但政府的财政收入仍然很少,1866 年仅有 6.3 万英镑。两个布尔共和国闭塞落后,在经济上依赖英国人的开普殖民地,它们没有出海口,农牧场经济十分落后。但 60 年代在德兰士瓦发现金矿和钻石矿,在奥兰治河畔发现金刚石,"黄金热"和"钻石热"立即席卷南部非洲,大批欧洲和澳大利亚的淘金者来到这里,迅速改变了南非的经济和政治地位。1871 年,经纳塔尔副总督罗伯特·威廉·基特(Robert William Keate,1814—1873)的裁决,金刚石产地成了英国的殖民地,用当时英国殖民大臣金伯利(Earl of Kimberley,1826—1902)的名字命名为金伯利(Kimberley)。围绕金伯利矿脉迅速形成一座有 3 万人居住的采矿城镇,到 1882 年这里开采的金刚石总值已达 2 600 万英镑,当年出口值就达 400 万英镑,是开普殖民地其他商品年出口总值的 5 倍。著名的矿业巨头塞西尔·罗得斯(Cecil Rhodes,1853—1902)便是抓住了这个机会,同他的德比尔斯矿业公司(De Beers Mining Company)一道走上了南部非洲的商业和政

① L. C. B. Seaman, *Victorian England*, p. 341.

治舞台。①

德兰士瓦共和国乘机向东、西、北三面扩展,吞并更多的非洲人酋长国,老谋深算的英国抓紧兼并贝专纳兰(Bechuanaland,包括今博茨瓦纳共和国以及南非北开普省北部)和祖鲁兰(Zululand,今南非夸祖鲁-纳塔尔省北部)地区众多的黑人酋长国,1885年贝专纳兰正式成为英国保护国。

1876年,德兰士瓦共和国向东扩张争夺出海口,与非洲土著的佩迪(Pedi)王国交战,遭到惨败。与此同时,用英国人提供的来复枪、英国人训练的军队武装起来的祖鲁王国也对布尔人国家虎视眈眈,准备收复被布尔人移民抢走的土地。9月,英国派遣纳塔尔省总督谢普斯通(Sir Shepstone,1817—1893)去德兰士瓦,游说布尔人参加英国主宰的南非联邦。这时德兰士瓦正经受严重的财政和经济危机,又面对祖鲁人和佩迪人的外部压力,加上英国人答应维持布尔人的种族政策,不改变土著非洲人的政治、经济地位,德兰士瓦的统治集团接受了英国的条件,1877年4月德兰士瓦共和国成为英国殖民地,谢普斯通出任行政长官。

同时,英国人对祖鲁人发动战争。祖鲁是南部非洲一个强大的部落联盟,居住在纳塔尔省北部、德兰士瓦和开普殖民地之间的地带。1869年英国吞并巴苏陀兰,1871年又吞并格里夸兰(Griqualand),祖鲁人感到受挤压,新任祖鲁王的塞蒂瓦约(Cetshwayo kaMpande,1826—1884)②向周边白人和其他非洲部落居住的地区同时扩展。1878年12月,英国以保护白人和弱小部落为名向祖鲁人开战,发动了祖鲁战争。这是一场力量悬殊的战争,祖鲁人使用的是长矛和弓箭,对抗英国人的步枪和钢炮,尽管如此,1879年1月祖鲁人在伊桑德尔瓦纳(Isandhlwana)杀死了约1 600名英军。③英国从本土增派大批援军才挽回战局,7月,英军在乌隆迪(Urundi)打了胜仗,俘获塞蒂瓦约,结束战

---

① 参见 Cecil Rhodes,http://en. wikipedia. org/wiki/Cecil_Rhodes.

② http://en. wikipedia. org/wiki/Cetshwayo_kaMpande.

③ Timothy Parsons, *The British Imperial Century*,p. 72.

争。此后祖鲁被拆分为 13 个酋长国,1887 年成为英国的保护国,1897
年被并入纳塔尔省。

这以后,英国人与布尔人的矛盾上升为主要矛盾,两次英布战争就
是这种矛盾的结果。1880 年 9 月巴苏陀兰发生暴乱,英国驻德兰士瓦的
主力部队南下镇压,留守的不足 3 000 人。德兰士瓦的布尔人乘机发动
起义,于 12 月召开国民大会,宣布恢复南非共和国,升起镶嵌绿边的红
白蓝三色国旗,推举克鲁格(Paul Kruger,1825—1904)、朱伯特(Piet
Joubert,1834—1900)、小比勒陀利乌斯(Marthinus Wessel Pretorius,
1819—1901)等人为领袖。20 日,驰援比勒陀利亚的英军,在布龙克霍斯
特干河(Bronkhorst Spruit)遭到布尔民团的伏击,247 名英军中有 77 人
阵亡,157 人受伤,布尔人只有 2 人死亡,4 人受伤。随后,驻扎在德兰士
瓦的英军被分割包围。

1881 年 1 月英国援军从纳塔尔出发,向德兰士瓦进军。2 月 26 日
夜,科利将军(Sir George Pomeroy Colley,1835—1881)指挥 650 名英军
士兵试图夺取马尤巴山(Majuba),战斗中英军被打死 93 人,133 人受
伤,54 人被俘,科利本人也被击毙。布尔军方面只有 1 人阵亡,5 人受
伤。3 月 6 日双方签订停战协议;此时英国国内政局发生变化,迪斯雷利
下台,格拉斯顿上台。格拉斯顿担心持久的战争会对英国不利,遂与布
尔人议和,于 8 月 3 日签订《比勒陀利亚协定》(Convention of Pretoria),
其中规定英军撤退,放弃联邦计划,不兼并德兰士瓦,保证德兰士瓦在英
国女王宗主权之下建立自治政府,但英国保留三项特权:控制德兰士瓦
的对外关系,控制德兰士瓦同非洲部落的关系,战时英军可借道德兰士
瓦。这就是"第一次英布战争"。①

1883 年克鲁格出任德兰士瓦总统,他决心削弱英国的势力,他和副
总统朱伯特前往伦敦活动,希望重获"独立"。他的目标部分成功了,在
1884 年的《伦敦协定》中,"英国监督非洲事务"字句被删除,其实也就消

① John Darwin,*The Empire Project*,p. 225.

解了英国对德兰士瓦的宗主权,只保留了外交事务权。但克鲁格也作出重大让步,同意在德兰士瓦和卡拉哈利(Kalahari)沙漠之间留出一条受英国保护的通道,这个通道后来成为把开普殖民地和广阔内陆联结起来的接口。

许多人对格拉斯顿不满,认为他让步太多。南非金矿吸引了大批英国人,他们与布尔人的冲突正在发展,而布尔人也不喜欢英国侵略者。不过,如果没有罗得斯、张伯伦、米尔纳之流火上浇油,也许不会引起另一场战争。

罗得斯十几岁就来到南非,1876 年他 23 岁时,已经靠经营钻石发了一点财,以后又在钻石开采业中崭露头角,80 年代得到了奥兰治金伯利钻石矿的垄断权,以及在德兰士瓦的威特沃特斯兰德(Witwatersrand)开采金矿的权利。在此后几十年中,这些矿产就是罗得斯商业和政治冒险的力量所在,是"罗得西亚"帝国的核心。他利用手中的财富成为开普殖民地的议员,并野心勃勃地计划向开普以北的方向扩张,建立一个"开普帝国"。[①] 为得到英国政府的允许,罗得斯在 1889 年前往伦敦进行游说,首相索尔兹伯里认为不需要英国政府花钱就能扩大英国的势力范围,何乐而不为! 回到南非,罗得斯就开始去实现其美妙的帝国梦想,1890 年他成为开普殖民地总理,随即,他就把扩张的目标对准了德兰士瓦共和国。

德兰士瓦长期陷于财政困境,但 1884 年它发现了世界上规模最大的威特沃特斯兰德金矿,其黄金储备量超过当时全世界可开采黄金储量的 40%。1886—1890 年,殖民者在这里组织了 141 家矿业公司,1887—1895 年这里的黄金产量从 1 200 公斤增长到 62 700 公斤,占世界产金量的 21%。[②] 大量的黄金出口使德兰士瓦摆脱了破产的威胁,到 1892 年其税收已经达到开普殖民地税收的一半,6 年后就几乎持平。南非的重

---

① John Darwin, *The Empire Project*, pp. 228 - 229.
② 苏斯曼诺维奇:《帝国主义对非洲的瓜分》,世界知识出版社,1962 年,第 101 页。

要性突然加大了,有史以来它第一次成为世界重要的经济区。英国人担心德兰士瓦成为整个非洲最强大的国家,更担心布尔人会建立一个强大的南非同盟,最终吞没开普和纳塔尔殖民地。①

在这个背景下,罗得斯于 1887 年发起成立"英国南非公司",1889 年得到英国政府批准,在以后的殖民扩张中充当了急先锋。罗得斯认为,要保住英国利益,必须向北扩张,才能使南非成为英国的南非而不是布尔人的南非,如果英国人不向北发展,那么德兰士瓦的布尔人一定会。于是,南非公司用各种手段攫取非洲领土,它通常的做法是:公司派代表与土著酋长签订条约,酋长把部落的领土交给公司,接受公司的"保护"。这个过程通常是由威胁和欺诈共同完成的,许多酋长根本就不知道条约的含义,当他们不愿签约或签约后又反悔时,就会受到赤裸裸的武力威胁。总之,南非公司很快就把大片土地攫为己有,这片土地后来被称为"罗得西亚",即现在的赞比亚和津巴布韦。②

布尔人对英国的扩张感到不安,他们感到受包围了,因而疑虑重重;他们对英国人抱有敌意,不给"外侨"选举权,也不让他们取得国籍。外侨于是抱怨不迭,其中的英裔便要求英国政府给予保护。1895 年,约瑟夫·张伯伦成为英国殖民大臣,他公开宣称要在南非扩大殖民地,和罗得斯默契配合,寻找机会兼并布尔共和国。克鲁格看到了危险,于是就寻求外援,德、法两国势力在 80 年代中叶已经进入该地区,德国借给德兰士瓦共和国几百万英镑购买武器,布尔共和国境内也已经有 5 000 多德国移民,这些都使局势越变越复杂。

罗得斯暗中鼓动德兰士瓦的外侨,让他们发动"革命";同时让亲信、南非公司的高级职员利安德·詹姆森(Leander Starr Jameson,1853—1917)筹组一支雇佣军,伺机进攻德兰士瓦。1895 年 12 月 29 日,詹姆森率领 470 名骑兵,携带几支机关枪和火炮,开始向约翰内斯堡进军。但

---

① Timothy Parsons,*The British Imperial Century*,pp. 78 - 79.
② L. C. B. Seaman,*Victorian England 3*,pp. 366 - 367.

是在次年 1 月 2 日他的部队就被布尔人包围了,被迫投降。① 詹姆森和他的同伙被移交给英国,以"企图对友邦进行军事远征"的罪名判处 15个月监禁;约翰内斯堡的同谋们被捕受审,4 人被判处死刑(后减刑),近60 人遭监禁或罚款。德兰士瓦认为英国政府在暗中操纵了詹姆森袭击,罗得斯被迫在 1896 年辞去总理职务,但新任总理斯普里格(Sir John Gordon Sprigg,1830—1913)只是他的喉舌。

詹姆森投降后第二天,德皇发出贺电,公开祝贺布尔人"在未向友邦求助的情况下,凭借自己的力量抗击侵略,击败了入侵贵国的武装集团,重建和平,维护国家独立"。这样,德国摆出德兰士瓦共和国保护者的姿态,警告英国不要占领葡属东非的德拉瓜湾,并宣布反对罗得斯的活动。②

有德皇作后盾,克鲁格的态度强硬起来,他拒绝了英国所要求的和外侨之间的调解,转而要求全面承认其独立的外交权,加强共和国的武装力量,并于 1897 年与奥兰治自由邦签订了攻守同盟。德兰士瓦人积极备战,从法国和德国购买了大量军火,包括最先进的榴弹炮、加农炮、毛瑟枪、机枪等,"足以消灭所有欧洲军队的武器弹药",③克鲁格的地位也更加稳固。

1897 年,狂热的帝国主义者米尔纳(Alfred Milner,1854—1925)接任南非高级专员,张伯伦-米尔纳-罗得斯三驾马车于是准备停当。1898年初罗得西亚爆发黑人反抗,罗得斯本打算东山再起,不过大选的结果未让他如愿;但他继续鼓吹在南非的扩张。1899 年他又一次去英国,一方面寻找同盟者,同时也为修建赞比亚(Zambia)铁路筹集资本,并商讨铺设从南非至埃及的电报线。

---

① Martin Marix Evans, *Encyclopedia of the Boer War*, Oxford: MPG Books Limited, 2000, pp. 293 - 294.

② L. C. B. Seaman, *Victorian England*, p. 385.

③ Piers Brendon, *The Decline and Fall of the British Empire, 1781—1997*, London: JonathanCape,2007,p. 216.

德兰士瓦加强对外侨的压制,并暗中做战争准备。米尔纳则利用外侨的不满煽动在德兰士瓦的 2 万多英国侨民向维多利亚女王呈递申冤书。当年 6 月,米尔纳和克鲁格在布隆方丹(Bloemfontein)就外侨问题进行了最后一次谈判,英国要求英裔侨民获得选举权;可是在德兰士瓦 7.5 万人的总人口中有 5 万是外侨,这 5 万人中又有 3.7 万人是英裔,如果他们获得选举权,英裔人口就控制了国家。① 克鲁格还是作出让步,8 月他同意给居住期满 5 年的外侨选举权,并且在议会里为他们保留1/4 的席位;但同时他也要求英国放弃对德兰士瓦的宗主权,停止干涉共和国内部事务。张伯伦答复:克鲁格必须放弃这些要求,否则就下最后通牒。② 克鲁格不肯让步,英国遂派军队前往纳塔尔边境,并向开普和纳塔尔增派兵力。10 月 9 日克鲁格发出最后通牒,要求英国部队撤出边境地区,并撤回 6 月份以来增派南非的所有军队。英国人拒绝了这些要求,德兰士瓦军队遂于 11 日攻入纳塔尔,奥兰治军队同时攻入开普殖民地,第二次布尔战争爆发。

战争初期形势对英国人非常不利,布尔人先发制人,士气高昂,并准备充分。在 12 月 9—15 日的"黑色星期"内,英军在东、中、西三线全部失利,布尔人歼灭 2 800 多名英军。在莱迪史密斯(Ladysmith)以南 12 英里的火车站科伦索(Colenso)附近,英军动用 18 000 名士兵,包括步兵、骑兵、炮兵等,并配备各种后勤保障设施,是克里米亚战争以来英国投入战斗的最大一支武装力量,但结果却完全出乎人们的预料:英军 1 000 多人受伤,143 人阵亡;布尔方面伤 29 人,战死 7 人。③ 消息传回英国,朝野震动不已。

英国随即指派弗雷德里克 · 罗伯茨(Frederick Sleigh Roberts,1832—1914)为南非远征军总司令,赫伯特 · 基钦纳(Horatio Herbert Kitchener,1850—1916)为总参谋长,率军驰援南非。1899 年 1 月援军

---

① L. C. B. Seaman, *Victorian England*, p. 399.
② Piers Brendon, *The Decline and Fall of the British Empire*, p. 216.
③ Ibid., p. 218.

抵达南非,使其在南非的总兵力达到 25 万。2 月份英军攻入金伯利和莱迪史密斯,3 月份占领奥兰治首都布隆方丹,5 月份进占约翰内斯堡,6 月攻入德兰士瓦首都比勒陀利亚;克鲁格逃往欧洲寻求援助,两个布尔共和国被英国兼并,战争似乎已经结束。

但布尔人没有放下武器,他们发动了游击战争,继续进行抵抗。他们利用熟悉的地形,神出鬼没,给英军造成重大伤亡。当时布尔人几乎全民皆兵,使英国人穷于应付。到年底,英国再度增派兵力,1901 年 1 月维多利亚女王去世时战争仍未结束。于是基钦纳开始使用残酷的战争手段,他采用碉堡战术,实行三光政策,摧毁布尔人的农场和牲畜,把布尔人赶进集中营,在战争中不分老幼,一律追杀。[①] 布尔人承受了巨大的损失,他们的农庄被毁,庄稼被烧,牛羊被赶,国土荒芜。即便如此,他们还是在 2 月份进攻纳塔尔和开普殖民地,于是英国派出更多的军队,人数达到 45 万,其中 25 万是正规军,比布尔人的人口总数还要多。战斗中 3.4 万名布尔战士被杀,约 2 万名妇女儿童死于集中营。[②] 布尔人终于坚持不住了,1902 年 3 月双方开始谈判,5 月 31 日签订了《弗里尼欣和约》(Peace of Vereeniging),布尔人承认英国的主权,但英国人给布尔人支付 300 万英镑战争赔款,允许其使用荷兰语,并答应他们实行自治、保留自己的武装。[③] 布尔共和国虽然寿终正寝了,但英国实际上输了这场战争。1908 年英国为南部非洲四个殖民地即开普、纳塔尔、德兰士瓦和奥伦治起草了一部联邦宪法,1910 年南非联邦正式成立,成为又一个英国海外自治领。

至南非联邦成立,英国基本上实现了"双开计划"。其在非洲的领土前所未有的辽阔,从埃及、苏丹到索马里兰(Somaliland)、英属东非、尼亚

---

① Martin Marix Evans, *Encyclopedia of the Boer War*, Oxford: MPG Books Limited, 2000, p. 230.

② Timothy Parsons, *The British Imperial Century*, p. 79.

③ Martin Marix Evans, *Encyclopedia of the Boer War*, Oxford: MPG Books Limited, 2000, p. 577.

萨兰和罗得西亚,除德属东非(坦噶尼喀)尚待吞并外,从开罗到开普的计划基本实现了。英国殖民地分布广泛,人口最多,经济价值最高,资源最为丰富,这是非洲大地上最大的一个殖民帝国,各类殖民地、保护国、自治领共16块,计955万平方公里,占非洲总面积的32%,成为大英帝国版图中一个极重要的组成部分。

英布战争在英帝国发展史上是一道分水岭。在此之前帝国仍在上升期,在此之后帝国开始走下坡路,尽管一战之后英国又从战败国手中夺取一批"托管地",但它没落的过程却因英布战争的结局而启动了。

爱尔兰问题也体现着这种趋势。面对着不断增长的爱尔兰民族主义,英国试图以怀柔方式稳定爱尔兰,在这方面,自由党的格拉斯顿成为重要推手。1868年3月格拉斯顿即提出议案,要求取消安立甘宗在爱尔兰的国教地位,实行宗教宽容,缓和天主教的不满情绪。此议案在下院以65票多数获得通过,当时的保守党首相迪斯雷利进退两难,只得请女王解散议会重新进行大选,但大选结果是自由党获胜,格拉斯顿出面组阁,他于1869年制定立法取消了英国国教在爱尔兰的国教地位,使它与其他宗教平等。

格拉斯顿宣称他的"使命是安抚爱尔兰",[1]在实行宗教宽容政策的同时,他又致力于解决土地问题。爱尔兰的土地问题既与宗教有关,又与民族有关。在爱尔兰,地主多数是信仰新教的英格兰移民,而佃户多数是信仰天主教的爱尔兰农民。1870年格拉斯顿制定了《爱尔兰土地与佃户法》,禁止地主随意驱逐已交纳地租的佃户;在对未交地租的土地收回租佃权时,应该对佃农所建的房屋和设施给予补偿,并由政府提供贷款帮助佃农赎买土地。该法案的效果不大,地主提高地租迫使佃户退佃,并抬高地价,使佃农买地不成。

这样,爱尔兰就掀起了土地运动,抵制爱尔兰地主的夺佃行为。1880年,厄恩勋爵(Lord Erne)地产上的一个农民被无故解佃,"土地联

---

[1] John Morley, *The Life of Mr. Gladstone*, Vol. 2, Macmillan, 1900, p. 252.

盟"(Irish National Land League)在迈克尔·达维特(Michael Davitt,1846—1906)的领导下发动农民抵制该地产总管博伊科特(Charles Boycott),不让他购物,也不让他销售,最终迫使他离开爱尔兰。爱尔兰自治运动的领袖帕内尔抓住这个时机向爱尔兰农民发出号召,要他们参加到"抵制"(Boycott)中去,对一切任意解佃、随意提高租金的地主实行制裁。① 于是,爱尔兰掀起了一场轰轰烈烈的反解雇、反高租的运动,农民们积极投入斗争,该年共发生了2 590起反抗地主的斗争,而自治运动也开始得到农民的理解与支持。

这一年格拉斯顿第二次组阁,他把爱尔兰问题列为重中之重。1881年政府制定新的爱尔兰土地法,确定"3F"原则,即固定租期(fixity of tenure)、公平租金(fair rents)、允许佃农自由出售其租地权(freedom of sale of the tenant's rights)。② 土地联盟认为自己的目的已经达到,于是就自行解散;但帕内尔认为自由党想用土地问题来取代自治,遂提出土地国有化的新主张。格拉斯顿非常愤怒,他颁布《强制条例》,逮捕帕内尔及1 000多名土地同盟成员,结果刺激了爱尔兰人,爱尔兰出现更加激烈的斗争局面。无奈之下格拉斯顿只得与狱中的帕内尔谈判,达成非正式协议《卡尔梅姆协议》(Kilmainham Treaty):政府答应进一步修改土地法,而帕内尔答应用他的声望来平息局势。③ 恰在此时,新上任的爱尔兰总督及其副手遭到一个名叫"决策者"的组织刺杀,形势变得异常微妙。在这种情况下格拉斯顿履行诺言,释放了帕内尔,而帕内尔出狱后也履行其诺言,劝说爱尔兰农民保持克制。

1885年6月保守党上台,它基本上延续了自由党的政策,制定出第三个土地法,规定由政府出资从地主手中赎回土地,由佃户取得所有权,

---

① 帕内尔由此获得了爱尔兰民众的极大支持,被人称呼为"爱尔兰的无冕之王"。参见 Piers Brendon, *The Decline and Fall of the British Empire*, 1781—1997, New York: Alfred A. Knopf, 2007, p. 385.

② Piers Brendon, *The Decline and Fall of the British Empire, 1781—1997*, New York: Alfred A. Knopf, 2007, p. 385.

③ Ibid., p. 386.

佃户可以在几十年内分期偿还。后来的历届政府都接受了这项法律,到1909年,大约有一半的土地转归佃户所有,爱尔兰的土地问题基本得到解决。①

面对着英帝国的颓势,剑桥大学现代史教授 J. R. 西利(John Robert Seeley,1834—1895)在 1870 年代提出了帝国联邦的设想。他认为科技发展已消灭了空间距离,而种族特征成为帝国联系的纽带:"科学给予政治有机体一种新的蒸汽运行机制,一种全新的电力的神经系统。这些新条件使我们必须重新考虑整个殖民地问题,这首先可能实现更大不列颠的旧乌托邦,同时必须这么做。"在他眼中,大西洋"不比希腊和西西里之间的海洋宽";"如果大不列颠的确存在,那么加拿大和澳大利亚对我们而言就如同肯特和康沃尔。"②

19 世纪末,英国和殖民地之间的关系已发生很多变化,如前所述,像加拿大、澳洲这样的殖民地已建立"自治"政府,它们的自我意识越来越强;印度这样的殖民地也出现了反抗英国统治的潮流,而南非则更爆发激烈的战争。因此,如何调整与各种不同类型殖民地的关系,就成了维护一个"有形的"英帝国的关键所在。从 70 年代起,英国就出现了许多旨在加强英国与白人自治殖民地联系和团结的建议,西利的理论是其中之一。

1884 年各界名流组建"帝国联邦协会"(Imperial Federation League),目的是宣传帝国联合的主张,以确保帝国的永恒存在。它主张在英国主导地位确凿不变的前提下,与白人自治殖民地进行外交和防务方面的合作,从而加强彼此的亲近感。罗斯伯里伯爵(5th Earl of Rosebery,1847—1929)说:"我们所企求的这个联邦,乃是英王所统治的各自治领之间尽可能更紧密的联合,它和全世界的英国臣民那种与生俱

① Alvin Jackson, Ireland, the Union, and the Empire, 1800—1960, in Kevin Kenny(ed.), *Ireland and the British Empire*,Oxford: Oxford University Press, 2004, p. 131.
② J. R. Seeley, *The Expansion of England: Two Courses of Lectures*. London: Macmillan and Co., Limited, 1914, p. 87,pp. 344 - 345, 75.

来的民族自由发展的权利是相一致的,它是在同情心、在对外行动、在国际事态上的最紧密的联合。"[1]帝国联邦的设想是:英国和殖民地代表组成一个帝国议会,这个议会设在伦敦,由英国、加拿大、澳大利亚、新西兰、南非、西印度群岛殖民地派议员参加,管理联邦共同事务,将来可以吸收印度和其他殖民地代表。为宣传自己的主张,协会还办了一份杂志,刊名就叫《帝国联邦》。[2]

帝国联邦协会是一个超党派组织,由担任过爱尔兰事务大臣的福斯特(W. E. Forster,1818—1886)担任主席。会员中有许多著名人物,如后来当首相的自由党罗斯伯里伯爵,历史学家和文学家弗洛德(James Anthony Froude,1818—1894),法学家詹姆士·布莱斯(James Bryce,1838—1894),自由党政治家和社会学家霍布豪斯(Leonard Trelawny Hobhouse,1864—1929),经济学家霍布森(J. A. Hobson,1858—1940),桂冠诗人阿尔弗雷德·坦尼森(Alfred Tennyson,1809—1892),以及大名鼎鼎的帝国主义者约瑟夫·张伯伦和塞西尔·罗得斯等。

张伯伦任伯明翰市长期间,在市政改革方面独树一帜,由此而名声大噪,逐渐步入国内政坛。1876年他入选议会,属自由党激进派,担任过贸易大臣、地方政府部大臣等职,后来因为格拉斯顿执行爱尔兰自治政策,张伯伦认为伤害了帝国的统治,因此退出政府,率领"自由党统一派"(Liberal Unionists)与保守党合作,并加入保守党政府,出任殖民大臣,在任期间大力支持罗得斯在南非的扩张活动,也是布尔战争的主要执行人。作为当时最主要的帝国主义分子中的一个,他后来把大量精力放在建立帝国联邦的活动中,为此,他开始鼓吹帝国关税特惠制,由此又冲击了英国已实行近一百年的自由贸易政策。

张伯伦热衷于"帝国联邦"的设想,鼓吹把各个殖民地建成一个"更

---

[1] 马里欧特:《现代英国》,姚曾廙译,商务印书馆,1963年,第125页。

[2] Duncan Bell, *The Idea of Greater Britain: Empire and the Future of World Order, 1860—1900*, Princeton & Oxford: Princeton University Press, 2007, p. 13.

紧密的联合体"，成为"帝国的有机组成部分"。① 他希望"帝国联邦"设置
统一的法律和统一的议会，实行统一的贸易和对外政策，英国是联邦之
首，英王也是殖民地和依附国的君王。帝国联邦计划打算在伦敦设中央
代议机构，借助一致对外的保护性关税把英国及其领地组建为一个经济
共同体。然而这个计划从一开始就遭到以加拿大为首的殖民地和自治
领的反对，就像不久之后一位加拿大记者所说的那样：英国希望将"一个
设在首都的中央集权机构——罗马人的计划加以调整"，来控制各个殖
民地。② 英国人不会让殖民地在管理帝国事务时拥有同等权力，对于已
获得一定自治权的加拿大而言，这只是一种倒退。尽管如此，张伯伦仍
然满怀信心，他在 1895 年的一次演讲中说，"人们到处都告诉我说，帝国
联邦是一个徒劳无功和空洞无物的梦想"，但对人类想象力而言，有着如
此巨大影响的这类梦想自可以这种或那种方式来实现。③

在 1887 年维多利亚女王登基 50 周年之际，帝国联邦运动促成索尔
兹伯里的保守党政府召开了第一次殖民地会议，各殖民地政府总理大多
出席会议，以示对英国的忠诚。到 1902 年为止一共召开过四次殖民地
会议，讨论英帝国和帝国联邦的问题。英国推行帝国联邦计划，把它说
成是"全世界不列颠种族之间联合的最强有力的纽带"。④ 加拿大在这个
问题上一直心存疑虑，由于它特殊的地理位置，与美国接壤，因此它更倾
向于考虑自身的利益，而不是"帝国联邦"。布尔战争爆发后英国要求加
拿大出兵，但加拿大的法裔人坚决反对，因为南非的情况与加拿大有些
相似，人口多数的英裔人进攻人口少数的荷裔布尔人，使法裔加拿大人
非常警惕。身为法裔却又忠于帝国的总理洛里埃（Wilfrid Laurier，

---

① J. E. Kendle, *The Round Table Movement and Imperial Union*, Toronto：University of Toronto Press,1975,p. 93.

② Max Beloft, *Imperial Sunset：Britain's Liberal Empire 1897—1921*, Macmillan, 1987, p. 143.

③ Duncan Bell, *The Idea of Greater Britain*,p. 123.

④ Paul Kennedy and Anthony Nicholls, *Nationalist and Racialist Movements in Britain and German Before 1914*, Macmillan, 1981,p. 193.

1841—1919)左右为难,最后采取折中方式,派一支由英裔人组成的军队参战,但军队指挥权归加拿大而非英国。

帝国联邦运动没有取得实质性成果,它提出的方案难以实行,基本上得不到白人自治领的支持。运动没有统一的思想与计划,在目标蓝图方面四分五裂。帝国联邦协会中保守党人占优势,在 1888 年的 83 个理事会成员中,自由党人仅有 6 位,这使它具有强烈的党派色彩,而且是保守党色彩,因此得不到广泛支持。资深政治家中,很少有真正严肃对待"帝国联邦"计划的,两位最主要的政党领袖,索尔兹伯里把张伯伦的热情概括为"其所有计划的灾难是⋯⋯在细节上似乎不可行"。格拉斯顿更是冷嘲热讽,甚至说帝国联邦"如果不是胡说八道,也是荒唐空想的"。他直截了当地拒绝了帝国联邦协会在 1893 年提出的计划,不久协会就瓦解了。布尔战争后,关于帝国联邦的争论也就完全消失了。①

张伯伦把注意力转向关税改革,他认为英帝国应成为一个经济共同体,这才能保证帝国永世长存,为此就应该建立共同的关税,以保护帝国产品不受外来竞争。这种想法反映了世界变化的现实,即英国已不能垄断世界市场,它已面对剧烈的竞争,因此对英国来说,建立保护性关税乃是大势所趋。但这个思想又从根本上否定了自由贸易原则,遭到两大政党的一致反对。1903 年张伯伦公开宣布主张建立保护性关税,并且辞去在政府的职务,建立"关税改革同盟",他希望这会有助于帝国议会的形成,最终促成联邦。但张伯伦在 1914 年去世了,他的关税改革愿望也就告一段落。

---

① Duncan Bell, *The Idea of Greater Britain*, pp. 15-16.

第三章　第二帝国的危机

19、20 世纪交接之时大英帝国臻于极盛,英国殖民地遍布于全世界,东、西、南、北到处都有米字旗飘扬,英帝国成为名符其实的日不落帝国。然而,维持这个帝国是要付出代价的,辽阔的帝国带给英国无尽的财富,也意味着英国为征服、统治和维持这个庞大的帝国,需要投入多少人力和物力。帝国从福音变成魔咒,变成挂在英国脖子上的沉重磨盘。为此,大英帝国面临新的调整,它尝试改变殖民地的统治方式,从自治领的代议制到印度、埃及等的"开明专制",从黑非洲的直接统治到附属国的间接统治,都体现了调整的尝试。英国一以贯之的"分而治之"策略,也表明大英帝国有一定的弹性。然而,这些情况同时也表明:帝国辉煌的光环下不祥之兆已经聚集,从民族主义的兴起,到独立意识的增强,都预示帝国的末日正悄悄到来。

18 世纪以来,英国凭借强大的经济实力和海上霸权,把政治、经济、文化势力渗透到遥远的世界,在全球范围内扩展殖民地,建立依附国,构建势力范围,缔造了日不落帝国。到 20 世纪初,当世界领土几乎被瓜分完毕时,英国占有了最大的份额。1800 年英国拥有 150 万平方公里殖民地,2 000 万人口;1880 年拥有 770 万平方公里殖民地,人口 2.6 亿;1899年达到 930 万平方公里土地,3 亿多人口;1900 年拥有 1 100 万平方公里土地,3.9 亿人口;到 1914 年增加到 3 350 万平方公里土地和 4 亿多人口,相当于英国本土的 139 倍,人口的 10 倍多,相当于地球陆地面积和当时人口的 1/4! 英帝国的领土遍及于东西两个半球,分布在除南极以外的世界六大洲,是当时世界上最庞大的帝国,也是有史以来世界上最庞大的帝国。

在 1911 年英帝国人口中,有 6 000 万白人和 3.44 亿有色人种。在各殖民地,印度人口达 3 亿之多,西非殖民地次之,有 1 800 万,埃及和苏丹有 1 100 万,东非和南非各有 760 万,人口最少的是新西兰,但也有 100 万之众。(表 56)

表 56　1911 年英帝国人口分布①(单位:万人)

联合王国	4 550	西非	1 800
加拿大与纽芬兰	750	西印度	200
南非	760	印度、锡兰和东印度	30 000
澳大利亚	440	总人口	40 460
新西兰	100	白人	6 000
东非	760	有色人种	34 400
埃及与苏丹	1 100		

让我们追随太阳的运转轨迹,来清点英国殖民地和势力范围:从新西兰向西,是澳大利亚殖民地,还有太平洋中的许多岛屿,星星点点地分布在大洋之中。进入亚洲,从马来半岛开始,向西经印度次大陆,沿波斯湾直到阿拉伯半岛和两河流域;向北经缅甸、印度、中国西藏,再进入中国内陆,这是一片广大的亚洲区域。进入非洲,包括北非、东非、南非、西非殖民地,英国在非洲占取了最大的份额,也获得最多的财富。越过大西洋,它据有北美的加拿大、纽芬兰,南美的英属圭亚那、福克兰群岛,还有加勒比海上大大小小的群岛,那里是非常富裕的地方。

---

① P. H. & A. C. Kerr, *The Growth of British Empire*, London: Longmans, Green and Co., 1911, p. 196.

白人殖民地大部分位于最适合人类生存的温带或寒温带,包括加拿大、南非、澳大利亚、新西兰。这些殖民地是英帝国最重要的组成部分,英国是母国,它们是自治领,是母国的分支,主要由白人居住,实行自治,管理内部事务。帝国的其他区域大多位于热带或亚热带,气候炎热,居民主要是黑色和棕色人种,只有少数白人在这里定居。

殖民地是英国重要的原料产地与商品销售市场,英国通过繁忙的商路向殖民地输送工业品,殖民地则向英国提供原料和农产品。英国从加拿大获取木材和小麦,从纽芬兰获取丰富的水产资源;从澳大利亚和新西兰获取牛羊肉、奶制品、羊毛和矿产;从印度获取棉花、茶叶和香料,从马来半岛获取橡胶和水果;从非洲得到各种热带作物和矿物,包括黄金和钻石;从加勒比得到烟叶和甘蔗,还有其他热带美洲原材料。在这繁忙的商业活动中,英国建构起几条国际海上航线,服务于英国与殖民地的贸易活动。第一条是最为繁忙的大西洋航线,它从英国穿越大西洋,直达美洲的加拿大或牙买加。第二条穿过地中海到埃及,再由苏伊士运河到印度、东亚和澳洲。第三条沿非洲西海岸南下直达好望角,中途可到达西非各个港口;从好望角穿越印度洋,就到了印度、锡兰、马来半岛,虽说这是从葡萄牙时期就有的传统航线,可是到 20 世纪初它仍然很重要。最后一条航线从加拿大西海岸斜插太平洋,可以到澳大利亚和新西兰,这条航线发展得相对较迟,是随着澳洲的开发而重要起来的。这四条航线在不同的地点相互交叉,为英国构筑了一个世界性的海上交通网,而这些,就是英帝国的生命线。

商路上有一些重要的战略据点,是维护帝国的生命点,其中包括地中海口的直布罗陀,地中海中的马耳他岛;红海的出海口亚丁,大西洋沿岸的弗里敦;大西洋中的阿森松岛(Ascension)、圣赫勒拿岛、百慕大群岛;非洲南端的开普敦;印度洋中的毛里求斯和塞舌尔,锡兰的科伦坡(Colombo);连接印度洋和太平洋的马六甲海峡、新加坡,以及中国的香港。在太平洋航线上,最重要的是斐济群岛。[1]

---

[1] 参见:P. H. & A. C. Kerr, *The Growth of British Empire*, pp. 196 - 197.

殖民地为帝国财政作出了巨大贡献,从英帝国税收分布表来看(表57),印度的收入几乎一直是英国本土财政收入的一半,可见它在帝国内部的重要性。在1897—1911年期间,澳大利亚的财政收入增长了近1倍,加拿大则增长了近3倍,西非(尼日利亚、黄金海岸、塞拉里昂和冈比亚)增长5倍。

表57　英帝国税收分布表(单位:万英镑)[1]

	1897	1900	1905	1910	1911
英国	116.0	140.1	153.9	203.8	185.0
印度	61.6	75.2	85.0	80.7	82.8
澳大利亚	25.9	29.2	34.0	44.4	50.6
加拿大	7.8	10.5	14.6	24.2	28.0
南非	9.4	8.1	17.1	18.6	14.4
新西兰	5.1	5.9	7.7	10.4	11.1
西非	0.7	1.2	1.9	3.8	4.2
西印度	1.8	2.1	2.4	2.8	3.0
锡兰	1.5	1.8	2.3	2.9	3.0

南非的黄金维持着伦敦的世界金融中心地位,从世界和英帝国的黄金产量来看(表58),英帝国所占的份额越来越大,1901—1911年英帝国在世界黄金产量中的比例从46.29％增长到59.1％,其中德兰士瓦所作贡献就从2.03％增长到37％。

表58　世界和英帝国的黄金产量[2]

年份	世界黄金产量(百万英镑)	德兰士瓦(％)	澳大利亚(％)	英帝国(％)
1901	54.0	2.03	25.9	46.29
1902	61.0	11.97	24.27	52.3

[1] A. J. Herbertson & O. J. R. Howarth, *The Oxford Survey of the British Empire*, Oxford: Clarendon Press, 1914, p. 376.

[2] Ibid., p. 365.

续表

年份	世界黄金产量(百万英镑)	德兰士瓦(%)	澳大利亚(%)	英帝国(%)
1903	67.0	18.8	24.31	58
1904	72.0	22.25	22.08	57.9
1905	77.0	27.08	20.09	60.5
1906	83.0	29.6	17.6	59.7
1907	84.5	32.4	15.97	59.99
1908	91.0	32.9	14.35	58.8
1909	94.5	32.8	13.34	57.1
1910	93.0	34.4	12.43	57.5
1911	94.5	37.0	11.16	59.1

经济学家杰文斯在1865年曾说:"北美和俄罗斯的平原是我们的谷仓;芝加哥和敖德萨是我们的矿区;加拿大和北欧半岛为我们种树;澳大利亚为我们牧羊;还有阿根廷为我们养牛;秘鲁送来白银,南非进贡黄金;印度人和中国人为我们种茶,地中海是我们的果园;至于我们的棉花种植园正在从美国南部向地球一切温暖的地方扩展。"①总之,整个世界都在为英国服务!

30年之后,英国仍然是世界最大的帝国,在五大殖民帝国中名列前茅:

表59 20世纪初世界五大殖民帝国对比表②

国家	面积(万平方英里)	人口(万)	白人人口(万)
英国	1 146.8	40 460	6 000
俄国	865	15 600	14 000
法国	500	9 200	4 000
美国	360	10 000	9 000
德国	124	7 600	6 500

① 保罗·肯尼迪:《大国的兴衰》,国际文化出版公司,2006年,第189页。
② P. H. & A. C. Kerr, *The Growth of British Empire*, p.198,数字包括宗主国。

这个帝国靠夺取和控制一大批战略要地来支撑,靠皇家海军来保卫,靠打击对手和镇压殖民地来维持,靠霸占海洋来生存。一直到19世纪末、20世纪初,英帝国通往远东或加拿大的海上航道始终保持通畅,从未受到过真正威胁,无论是从苏伊士运河到波斯湾,还是从好望角到印度洋;无论从开普敦到广州,还是从直布罗陀到孟买,英国把海上交通看作是帝国的禁脔,所有挑战者都会受到无情打击。这就是所谓"不列颠治下的和平"。

那时的英国人浸染着帝国的矫情,格拉斯顿说:"帝国情绪是与每一个英国人与生俱有的。"[①]卡纳温勋爵说:我们的责任是向世界"传播明智的法律、优秀的政府以及组织良好的财政",向世界"提供一种体系,以使最谦卑的人可以与最伟大的人平等地享有不受压迫的自由"。[②] 对19世纪英国人来说,拥有并统治最大的殖民帝国不仅合情合理,而且是英吉利民族所担负的世界责任,是上帝赋予他们的神圣使命:"英国人对帝国的狂热已经达到了如醉如痴的程度了",[③]"一想起帝国,每一个英国人的心中就必然充满骄傲。"[④]因此,每一个不经意的举动都会散发浓厚的帝国意识:历史教科书描述帝国的建立、赞美帝国的伟大;大英博物馆陈列世界各地的文物,有意无意地颂扬殖民者掠夺的功绩;维多利亚女王的塑像在全世界矗立,无声地昭示着大英帝国的辉煌;当英布战争中英军解除马弗金之围的消息传来后,英国举国欢腾,伦敦人高唱爱国歌曲,在大街上庆祝游行。帝国意识渗透在每个英国人的肌肤中,有书宣称:"少男少女共学习,要做帝国之藩篱。英伦人民无所惧,吾国强大不可移。"[⑤]殖民主义者对殖民统治大唱赞歌,罗得斯多次说:"我们碰巧成为世界上

---

① 约翰·劳尔:《英国与英国外交:1815—1885》,刘玉霞译,上海译文出版社,2003年,第12页。

② C. C. Eldridge, *Victorian Imperialism*, Humanity press, Longman. 1978, p. 3.

③ P. J. 马歇尔:《剑桥插图大英帝国史》,樊新志译,世界知识出版社,2004年,第44页。

④ Ronald Hyam & Ged Martin. *Reappraisals in British Imperial History*. Macmillan, 1975, p. 92.

⑤ P. J. 马歇尔:《剑桥插图大英帝国史》,樊新志译,世界知识出版社,2004年,第55页。

最好的种族,拥有体面、正义、自由、和平这些最高的理想。"①连自由主义
的旗手约翰·密尔(John Stuart Mill,1806—1873)都在赞扬英国对印度
的统治,说它"不仅在意愿上是最纯洁的,而且是有史以来对人类最为有
益的统治之一"。②

　　然而,日不落帝国真的能永远不落么? 早在英帝国如日中天的 1852
年,迪斯雷利就说过"殖民地是挂在我们脖子上的沉重磨盘"。③ 索尔兹
伯里在 1861 年也抱怨说,英国每年支出 150 万英镑保卫殖民地,"仅仅
收养了一大堆军事驻地和一种'日不落帝国'的自满情绪"。作家吉卜林
(Joseph Rudyard Kipling,1865—1936)则首先使用了"白人的负担",来
表达他心目中的英国与殖民地。④

　　其实,对"英国从殖民地究竟得到多还是付出多"的问题,英国一直
争论不休。自由主义者宁愿从无形帝国的贸易中获益,认为自由放任比
开疆拓土更有效,亚当·斯密认为殖民地是"一场金钱的浪费",保卫帝
国更是纳税人的负担。一位写过《牛津大英帝国史》的历史学家,甚至推
算出如果英国在 19 世纪 40 代中期就甩掉帝国的包袱,那么它可能得到
相当于减税 25％的"去殖民化红利"。⑤ 1870 年以后,随着有形帝国不断
扩展,帝国的经济效益呈下降趋势,似乎验证了自由主义关于帝国的"预
言",从 1897 年到 1911 年,英国对殖民地的进出口都处于下滑中,进口
从 85.76％下降到 72％,出口从 75.9％下降到 68％。

① Bernard Porter，*The Lion's Share：A Short History of British Imperialism 1850—1983*，London：Longman，p. 134.

② Ronald Hyam & Ged Martin. *Reappraisals in British Imperial History*，p. 91.

③ 外交学院编译室译、外交学院国际关系史教研室编:《近代国际关系史参考资料(苏联外交辞典选译)》,世界知识出版社,1957 年,第 339 页。

④ Joseph Rudyard Kipling，*The White Man's Burden*，Published simultaneously in *The Times*，London，and *McClure's Magazine* (U. S.) 12 February 1899. 原诗为：Take up the White Man's burden，Send forth the best ye breed. Go，bind your sons to exile，To serve your captives' need；To wait，in heavy harness，On fluttered folk and wild，Your new-caught sullen peoples，Half devil and half child.

⑤ 尼尔·弗格森著:《帝国》,雨珂译,中信出版社,2012 年,前言ⅩⅢ页。

表60 英帝国内英国对殖民地的主要进出口贸易情况(单位:百万英镑)①

	进 口												
年份	1897	1898	1899	1900	1901	1902	1903	1904	1905	1906	1908	1910	1911
英国从殖民地进口总值	378.0	402.0	400.5	441.3	432.8	435.1	441.3	444.8	455.8	492.7	480.2	536.1	527.6
占进口比例(%)	85.76	85.74	84.14	83.73	82.85	82.06	80.26	80.87	80.9	80.6	78.48	75.19	72.0
英国从加拿大进口总值	18.0	21.7	25.5	28.8	29.5	32.5	36.1	38.1	39.7	43.3	45.9	70.4	86.7
占进口比例(%)	4.0	4.6	5.3	5.46	5.64	6.13	6.56	6.9	7.04	7.08	7.5	9.87	11.83
英国从印度进口总值	14.7	15.6	16.9	19.0	19.5	18.4	20.2	24.2	25.0	26.1	29.6	38.0	41.9
占进口比例(%)	3.33	3.33	3.55	3.6	3.7	3.47	3.67	4.4	4.43	4.27	4.84	5.3	5.72
英国从澳大利亚进口总值	7.4	7.1	9.1	11.4	12.4	11.4	13.0	10.0	9.9	11.4	18.3	22.0	26.3
占进口比例(%)	1.67	1.5	1.9	2.16	2.4	2.15	2.36	1.81	1.75	1.86	2.99	3.08	3.59
英国从英属南非进口总值	5.6	5.3	5.2	4.8	6.0	11.2	15.8	9.0	8.4	9.2	7.9	11.4	12.2
占进口比例(%)	1.26	1.13	1.09	0.9	1.14	2.1	2.8	1.6	1.49	1.5	1.29	1.6	1.66
	出 口												
英国向殖民地出口值	246.7	246.7	257.3	270.3	248.8	246.1	268.6	281.1	316.6	368.8	369.4	418.2	421.5
占出口比例(%)	75.9	73.3	73.8	74.7	70.4	69.6	69.3	69.7	70.8	71.12	71.7	69.2	68.0
印度出口总值	32.2	40.6	39.4	36.9	48.1	49.4	57.5	60.4	64.2	69.5	63.6	85.6	93.6
占出口比例(%)	9.9	12.14	11.31	10.2	13.61	13.98	14.85	14.98	14.34	13.4	12.35	14.16	15.1
加拿大出口总值	11.4	11.0	11.1	15.8	17.1	17.0	17.2	17.4	18.4	23.1	23.5	28.4	29.8
占出口比例(%)	3.5	3.2	3.1	4.3	4.83	4.8	4.4	4.3	4.1	4.44	4.56	4.86	4.8

---

① A. J. Herbertson & O. J. R. Howarth, *The Oxford Survey of the British Empire*, Oxford: Clarendon Press, 1914, p. 372.

年份	\multicolumn{13}{c}{出 口}
	1897	1898	1899	1900	1901	1902	1903	1904	1905	1906	1908	1910	1911
澳大利亚出口总值	8.9	13.1	14.4	12.1	12.5	11.5	12.7	17.4	17.6	12.0	25.6	28.5	28.3
占出口比例(%)	2.7	3.9	4.1	3.3	3.5	3.2	3.27	3.6	3.9	4.4	4.97	4.7	4.56
海峡殖民地出口总值	11.1	11.8	12.7	13.5	13.6	14.1	14.4	14.4	14.6	17.0	14.3	16.9	18.0
占出口比例(%)	3.4	3.5	3.6	3.7	3.8	3.99	3.7	3.57	3.26	2.28	2.77	2.79	2.9

殖民地的原材料也不是轻易得来的,为了向黄金海岸内陆地区扩张,1896—1900 年又发动了两场阿散蒂战争,直到 1903 年英国控制阿散蒂首都库马西以后,那里的可可、黄金和木材才能被利用。[1] 殖民地也并非总是投资的第一选择,例如,对印度的投资虽然一直在增长——1870年 1.6 亿英镑,1895 年 2.7 亿英镑,1900 年 3.05 亿英镑,不过英国对印度的投资一直少于对美国的投资;[2] 1870—1913 年英国对印度的出口也从 85% 下降到 66%。[3] 在殖民地的投资并未带来人们预想中的巨大收益,东印度公司那样的"飞来横财"似乎再也不会重现。就投资而言,有人研究了 482 个公司的情况,结论是对帝国的投资收益逐渐减少,1860—1884 年间,国内与海外投资收益均为 5.8%,而对帝国的投资收益则为 9.7%;但 1885—1912 年利润率下降,国内收益为 5.5%,海外收益为5.3%,帝国收益只有 3.3%。[4] 因此有人争辩说,兼并和领土扩张并不是大大有益于英国。

帝国只是为少数人谋利而已。英国的一些理论家尖锐地指出,帝国为资本家创造了大量利润,却对殖民地和英国的普通百姓毫无益处。J. A. 霍布森(John Atkinson Hobson)认为,19 世纪后期的帝国主义是"国家生活中一种让人堕落的选择",从根本上迎合"自私的攫取欲和暴

---

[1] L. C. B. Seaman, *Victorian England*, p. 412.

[2] Ibid. , p. 348.

[3] Sarah Stockwell(ed.), *The British Empire*, p. 120.

[4] Ibid. , p. 117.

力统治欲"。他在 1902 年出版的《帝国主义》一书中断言,资本主义不平等的财富分配造成穷人入不敷出,富人却能积聚财富,并将这些财富作为资本投向海外,以获得更大的收益。这就是帝国存在和扩张的动力。[①]

帝国负担首先是征服的负担,帝国史专家 P. 马歇尔做过细致的分析,他说:"在征服战争中以及建立新的行政机构时,导致的开支如果有很大可能要落到英国的纳税人头上的话,英国的财政部和下院是反对的……也有一些团体基于人道主义和基督教理由,反对入侵战争并在一场明显的非正义的战争中夺人性命……政府通常能够比较容易经受这些批评而不至于倒台。但是一场似乎毫无理由而又代价高昂无法速胜的海外战争,是政府希望避免的令人尴尬的问题。"[②]

其次是殖民地的管理费用。殖民地虽说是原材料的供应地,是商品和金融投资市场,但控制和经营殖民地也必须付出,并承担保护和发展殖民地的责任。殖民地越大越多,英国承担的义务也越多,以冈比亚和黄金海岸为例,19 世纪上半叶从这两个殖民地收取的商业税远远赶不上行政开销,议会几次建议缩小殖民地规模或将其完全抛弃,只是由于皇家海军需要在几内亚湾建立据点,英国才保留了这两个地方。曼彻斯特学派在要求自由贸易的同时也提出殖民地自由,他们认为殖民地是帝国的负担,为殖民地提供行政和安全经费得不偿失,据他们统计:"我们每年与殖民地的贸易额为 1 000 万英镑,而花费的保护费就高达 500 万英镑。"[③]

第三是镇压和维护统治的高额开支。科布登私下以为,指望英国去保卫遥远的澳大利亚是荒唐的,他被称为"小英格兰人"。其实小英格兰人反对的不是帝国,而是保卫帝国所需的花费。[④] 1898 年为镇压塞拉里

---

① John A. Hobson, *Imperialism: A Study*, London, 1902, http://www. marxists. org/archive/hobson/1902/imperialism/

② P. J. 马歇尔:《剑桥插图大英帝国史》,樊新志译,世界知识出版社,2004 年,第 24 页。

③ John Morley, *Life of Richard Cobden*, Vol. 1, London: T. Fisher Unwin, 1881, p. 283.

④ L. C. B. Seaman, *Victorian England*, p. 339.

昂反茅屋税起义花了 4.5 万英镑,1895—1905 年东非保护地(肯尼亚)强
迫人们交税,支出占保护地公共开支的 1/3。为镇压印度民族起义,共花
费 5 000 万英镑;布尔战争则消耗了 2 亿多英镑,相当于英国和平时期一
年的军费开支,占 1902 年英国国民收入的约 14%,成为英国自拿破仑战
争以来最巨大、最昂贵的一场战争。① 历史学家说:"这次战争没有能够
粉碎布尔人,但它确实粉碎了格拉斯顿式的财政制度……战争……显示
了帝国的弱点,帝国似乎过于庞大,无法协调。"②

　　最后表现为人力的消耗。西非一直是"白人的坟墓",一系列致命疾
病如伤寒、黄热病、疟疾等肆虐,1819—1836 年驻扎在冈比亚、黄金海岸
的英国军队有 3/4 死于疫病,只有一小部分适合值勤。镇压印度起义动
用了 1.1 万名军人;为使起义"永不重演",多达 7 万名英国士兵永久驻
扎在印度。1896 年,在一场反对英属南非公司的游击战中,有 600 多名
欧洲人被打死。③ 在布尔战争中,英国先后动员近 45 万人投入战争,包
括 25.6 万正规军和 10.9 万英国志愿军,还动员了南非、加拿大、澳大利
亚和新西兰等地的 3.1 万人参战。三年战争中英方伤亡近 2.2 万人,其
中有 1 072 名军官和 20 870 名士兵丧生。④ 为了支持战争,英国先后动
用 1 027 艘舰船,除了把 38 万军事人员运到南非外,还运送了 35 万匹
马,10 万匹骡子,134 万吨军备和其他物资。战争的巨大负担让英国吃
紧,最后只能与布尔人妥协。

　　布尔战争使大英帝国的道德支柱发生断裂。英国一向声称,殖民统
治是向野蛮民族传播文明,是白人对有色人种的福音教化,犹如父母对
子女的关照与爱护。但布尔战争是白人对白人的战争,成千上万的白

① Timothy Parsons, *The British Imperial Century*, pp. 30, 46, 79. 马歇尔《剑桥插图大英帝
　国史》认为有 2.5 亿英镑,参见 P. J. 马歇尔:《剑桥插图大英帝国史》,第 58 页。
② 肯尼思·O. 摩根主编:《牛津英国通史》,王觉非等译,商务印书馆,1993 年,第 527 页。
③ Timothy Parsons, *The British Imperial Century*, pp. 12, 46, 87; John Darwin, *After
　Tamerlane*, p. 263.
④ L. C. B. Seaman, *Victorian England*, p. 404。需要注意的是,1870 年英国的年度防务估计为
　2 300 万英镑,1880 年超过 2 500 万英镑,1890 年超过 3 400 万多英镑。

人,包括妇女、儿童死于暴力和冲突。战争中白人破坏白人的财产,焚毁他们的村庄,偷盗他们的牲畜。英国人对布尔人实行三光政策,把他们关进集中营。这些措施在英国激起了从基督教人道主义到各种反战团体的道德谴责。1900 年 10 月,集中营里的儿童死亡率达到 34.4%;据估计,至战争结束时,集中营中有 2.5 万—2.8 万名妇女和儿童死于非命,比死于战争的人数还要多。① 参战的布尔人有 3 700 人阵亡,3.1 万人被俘,2 万人投降,1 万多人流亡到德属西南非洲和莫桑比克。英国失去了道德制高点,经济学家霍布森出版的《在南非的战争》一书,提出“我们为谁而战”的问题,他说战争不过是“为了使一小部分国际矿业和投机寡头在比勒陀利亚处于掌权地位”。② 透过飘扬在比勒陀利亚上空的米字旗,英国的上层社会产生了信心危机。

这场战争让人们感觉到帝国扩张的沉重负担,后来当首相的自由党政治家坎贝尔-班纳曼(Henry Campbell-Bannerman,1836—1908)说:英国无论如何“已经不能负担一个战斗的帝国了”。③ 连一向热衷于帝国扩张的张伯伦也持同样观点,战争结束后一个月,1902 年 6 月,他在殖民地会议上向各自治领呼吁:“筋疲力尽的巨人在命运的巨大轨道上蹒跚,我们已经多年承担责任了,我们认为,该是我们的孩子帮助我们支撑它的时候了。”④战争的挫折给英国人的帝国热情当头泼了一盆冷水。

确实,为支撑帝国,英国必须维持巨大的防务开支,1860—1912 年英国用于防务方面的开支平均每年占母国预算的 37%,自治领的 3.3%,印度的 32.5%(除土邦外),在其他依附地为 2.8%。⑤

---

① A. P. Thomton, *The Imperial Idea and its Enemies：a Study in British Power*, Macmillan, 1985, p. 109; Iain Smith, *The Origins of South Africa War 1899—1902* , Longman, 1996, p. 5.

② Bernard Semmel. *The Liberal Ideal and the Demons of Empire Theories of Imperialism from Adam Smith to Lenin*, John Hopkins, 1993, pp. 111 - 112.

③ James Morris, *Farewell the Trumpets*, Harvest, 1978, p. 95.

④ G. Bernett, *The Concept of Empire：Burke to Attlee 1774—1947* , London, 1963, p. 330.

⑤ Sarah Stockwell(ed.), *The British Empire*, p. 117.

表 61　1909 年列强防务开支对照表①

	人口(万)	防务开支(万英镑)
英国	4 550	6 326.68
美国	9 000	6 300
德国	6 600	6 037.9
俄国	15 600	5 886.8
法国	4 000	4 535.3

从上表可以看出,英国人口相对少,防务开支却最高。直到 1909年,英帝国的防务开支大部分是由母国承担的,1910 年的开支几乎是1890 年的 2 倍。

为保卫帝国和通往殖民地的航道,英国不断扩大海军力量,1880 年英国海军预算为 1 020 万英镑,1890 年为 1 380 万英镑,1900 年增加到2 920万英镑。1889 年索尔兹伯里政府提出"双强标准",即英国海军总吨位应该是第二、第三海军强国吨位数之和,同年的《海军防卫法》拨款2 150万英镑建造 10 艘战列舰,还实行了各种军舰设计建造的标准化。在 1897 年庆祝维多利亚女王登基 60 周年的活动中,英国有 165 艘军舰接受女王检阅,盛况空前。②

为减轻母国的负担,英国开始重新考虑帝国的防卫政策,殖民地会议承担了这项任务。许多人把帝国联邦运动看作一场失败,但正是帝国联邦运动促成了殖民地会议的召开。1886 年 8 月 9 日,帝国联邦协会的一个代表团来到外交部,向首相索尔兹伯里提出一项建议,就是在英国政府的赞助下,召开一次由自治殖民地参加的代表会议。索尔兹伯里接受了这个建议。

1887 年 4 月 4 日维多利亚女王登基 50 周年之际,在伦敦召开了第一次殖民地会议,所有自治殖民地都派代表出席,多数殖民地政府总理

① P. H. & A. C. Kerr, *The Growth of British Empire*, p. 199.
② 王觉非主编:《近代英国史》,南京大学出版社,1997 年,第 676 页。

参加了会议。帝国联邦协会的出版资料显示:出席会议的人员中英国有11人,纽芬兰2人,加拿大2人,开普殖民地3人,纳塔尔1人,新南威尔士3人,塔斯马尼亚2人,南澳大利亚2人,维多利亚4人,昆士兰2人,西澳大利亚2人,新西兰2人。

会议讨论共同感兴趣的问题,尤其是防卫与贸易问题。与会者同意"其他事情都可以等待,但帝国防卫问题一天都不可等待"[1]。作为会议结果,澳大利亚和新西兰同意每年向皇家海军支付12.6万英镑,为皇家海军太平洋舰队开支之用,而英国则同意在未得到殖民地同意之前,不削减太平洋舰队。会议还同意在温哥华和澳大利亚之间铺设一条海底电缆,并把英女王的称号改为"大不列颠和爱尔兰、殖民地和所有附属国的女王和印度女皇"。[2]

这一届殖民地会议本身并不重要,但意义却很特别,因为它让母国领导人与各殖民地政府首脑第一次坐在一起,讨论帝国的有关事项。它试图在各殖民地之间创造一种亲近感,并且在英国人中强化帝国热情,让他们为帝国的存在而自豪。

1894年在渥太华(Ottawa)举行了第二届殖民地会议,与会代表分别来自加拿大、开普殖民地、新西兰、塔斯马尼亚、南澳大利亚、昆士兰和维多利亚,英国代表是泽西伯爵(Earl of Jersey,1845—1915)。会议通过了诸项加强帝国联系的决议,比如铺设加拿大与澳大利亚之间的海底电缆,开通英、加、澳之间的快递邮路等。[3] 会议还讨论了殖民地之间的贸易和关税问题,提出殖民地相互间的贸易优于外国贸易,但这个建议只得到加拿大、塔斯马尼亚、开普殖民地、南澳大利亚、维多利亚的赞成,新南威尔士、昆士兰和新西兰反对。会议最后决议:在母国能找到办法

---

[1] *The Imperial Conference of 1887* , published by authority of the Imperial Federation League, p. 19.

[2] Hansard 25 March 1887. HC Deb 25 March 1887 vol. 312 cc. 1473 - 1474.

[3] H. H. Dodwelled. , *The Cambridge History of the British Empire* , *Volume 4* . Cambridge: Cambridge University Press, 1929. p. 409.

解决与殖民地的关税问题之前,希望各殖民地采取措施,使其他殖民地产品或部分产品比外国产品更有优势。

第二次殖民地会议同意定期召开殖民地会议,讨论共同关心的问题,主要是防务和贸易问题。加拿大主动提出给英国进口商品以优惠关税,其他殖民地也对关税问题发表了见解,这就把帝国特惠关税问题提出来了,它很快就成为一个严重的政治问题。

1897 年举办了维多利亚女王登基 60 周年庆祝大典,各殖民地代表也再次齐集伦敦,并召开第三次殖民地会议,殖民大臣张伯伦做主席,13个殖民地的总理参加。会议讨论了政治关系、商业关系和国防事务,殖民大臣张伯伦提出加强英国与殖民地合作的三项建议,即在商业上建立统一的关税联盟,在政治上成立统一的帝国议会,在军事上形成统一的帝国防御体系。帝国议会(Federal Council)的主张为殖民地代表所婉拒,他们宁愿宣称殖民地与英国的关系是"满意的",不需要改变。而在贸易问题上殖民地就直截了当地拒绝帝国关税同盟(Imperial customms union),认为那样就取消了殖民地的保护性关税;相反,他们要求实行帝国特惠制(Imperial Preference),以增强向英国出口的能力,英国因此不能接受,从而无法实行。[①] 但加拿大同意削减英国货物的入口税,算作是帝国特惠制的最初尝试。

关于帝国防御问题,海军部希望建立统一的帝国海军,陆军也提出类似建议。开普殖民地总理在会上答应支付军舰费用,但回到开普就收回了诺言。澳大利亚只愿意继续承担太平洋地区的年度防卫费用;加拿大坚决反对统一的帝国防御计划,对统一的关税同盟及帝国议会也不置可否。这次会议最后无果而终,只作出了如下决议:集会的总理们一致认为,在目前条件下,联合王国与各自治殖民地的政治关系基本令人满意。

1902 年,张伯伦主持了他毕生最后一次殖民地会议。1900 年他曾

---

① L. C. B. Seaman, *Victorian England*, pp. 414 - 415.

提议建立"帝国会议"(Imperial Council),侧重处理帝国防务问题,但没有得到足够的响应。[①] 在 1902 年会议上,张伯伦首先赞扬各自治领和自治殖民地在英布战争中的作用:"在整个这段期间,我们一直受到我们本血统和本民族人民的支持、加强、鼓励和帮助。自战斗开始的第一天起直到投降条约签订之日为止,我们一直获有英王的所有各领地和附属地的同胞们的诚挚关注和赞许,我们一直获有他们的积极的帮助,我们一直获有他们道义上的支持。"[②]出于这种同胞之情,张伯伦希望这次会议能取得实质性结果,切实巩固大英帝国。

会议讨论了帝国防务问题,英国建议各自治领和殖民地共同承担防务开支,这一次得到了积极的回应。大洋洲各殖民地同意每年将海军捐款增加到 20 万英镑,开普殖民地每年拨出 5 万英镑,纳塔尔殖民地拨款 3.5 万英镑,纽芬兰同意每年出资 3 000 英镑,只有加拿大拒绝出资。在关于帝国与其他国家关系方面,英国允诺在可能的范围内征求各有关自治领和殖民地的意见,使它们能够参与帝国外交政策的制定和执行。

但张伯伦提出的改革关税和帝国特惠制却遭到反对。这种政策与英国一贯推行的自由贸易背道而驰,自治领对此众说纷纭,其中加拿大尤其不愿意降低英国货物的进口税,最后,与会各方同意向特惠制方向努力,但不做任何决定。受此打击,以及在内阁中与其他大臣政策相左,张伯伦辞去殖民大臣一职。

但会议还是将殖民地会议明确为帝国的一个常设机构,每三年开一次会,讨论与帝国有关的各种问题,以增强帝国内部的联系。1904 年又设立帝国国防委员会,负责协调帝国的防御战略。

也是在 1902 年,首相贝尔福试图用一种新的方式来维持英国与自治领、殖民地的关系,于是就开始了对"英联邦"概念的探讨,这种探讨影响了英帝国后来的发展。1907 年的殖民地会议形成决议,英国正式启用

---

① Duncan Bell, *The Idea of Greater Britain*, p. 58.
② 马里欧特:《现代英国》,姚曾廙译,商务印书馆,1973 年,第 312—313 页。

"自治领"一词取代"殖民地",殖民地会议也改称"帝国会议"。[1] 名称的变化反映了身份地位的变化,标志着白人自治殖民地成为帝国内部具有不完全国家身份的特殊实体。自治领与英国之间的地位差别缩小了,自治领向主权国家方向发展。即便如此,加拿大民间仍然发出不同的声音,在一本 1908 年出版的书中,有人把加拿大看成是在"帝国内的独立",这种独立应该与英国的独立一样,加拿大议会应该具有和威斯敏斯特议会一样的权限;"自治领"这个词仍然隐含着从属性,加拿大应该属于加拿大人,而不属于英国人。[2]

随着殖民地会议转变成帝国会议,大英帝国开始了从帝国到联邦的转变,英国也开始改变帝国政策,从 19 世纪晚期致力于扩大帝国版图,转变为 20 世纪初完善殖民地内部的治理和加强帝国内部的联系。

针对不同类型的殖民地,英国实行不同的统治方式。英国殖民地大致可以分为三类——加拿大、澳大利亚这样的白人移民自治领;印度、埃及这样的非移民殖民地;分布于非洲与其他地区的英国附属地。

移民殖民地在 1907 年正式改称为"自治领",成为殖民地中"成熟的子女"。这类殖民地通过大量移民的方式,将母国的政治、经济、文化和生活方式全盘移植到殖民地,最终实行自治。自治领拥有很大程度的独立性和自主权,英国政府一般只控制其外交和防务。自治制度有效地缓解了英国与殖民地的紧张关系,既维护了英国的宗主国利益,又保证了殖民地的相对权益。这一类殖民地包括加拿大(1867 年)、澳大利亚(1901 年)、新西兰(1907 年)、纽芬兰(1907 年)和南非联邦(1910 年),其中除南非之外,其共同特点是白人占人口多数,文化传统比较单一,与母国的关系相对平和。

---

[1] E. A. Benians, J. Butler, C. E. Carrington, *The Cambridge History of the British Empire*: Vol. III, Cambridge, 1959, p. 428.

[2] John S. Ewart, K. O. *The Kingdom of Canada*, *Imperial Federation*, *the Colonial Conference*, *the Alaska Boundary and Other Essays*, Toronto: Morang & Co. Limted, 1908, pp. 26 - 27.

　　爱尔兰也走上了争取自治的历程。1870 年,在艾萨克·巴特(Isaac Butt,1813—1879)领导下成立了"爱尔兰自治会"(Irish Home Government Association,1873 年起称 Irish Home Rule Association)。巴特是律师,长期为芬尼社出庭辩护,后来滋生出爱尔兰自治思想。爱尔兰自治会只要求自治(home rule),让爱尔兰人自己管理自己的事务,并不要求脱离英国。[①] 1871 年巴特进入英国议会,开始领导自治运动。在 1874 年英国大选中,自治党获得了 100 个爱尔兰议席中的 58 个,1880 年获得 60 个。不过,由于爱尔兰议席在英国议会总席位中的比例小,巴特又比较谨慎,因此爱尔兰的诉求很难在议会中真正表达。1879 年巴特去世,查尔斯·帕内尔接过爱尔兰自治运动的领导权,这时,出现了 1885 年的议会大选,给爱尔兰自治党提供了千载难逢的机会。

　　当时自由党比保守党多得 86 个议席,而爱尔兰自治党恰好得到 86 个席位,按照大选组阁的规矩,自由党单独组阁,必须得到爱尔兰自治党的支持,否则这个政府是不稳定的;而保守党如果和自治党合作也可以组阁,于是自治党的立场就成为由谁组建下一届政府的关键了。格拉斯顿决定支持爱尔兰自治,把自治党拉到自己一边,从而确保自由党掌权。于是,1886 年自由党上台后立即提出"爱尔兰自治法",按照这个法案,爱尔兰将组织自己的议会,并成立责任制政府,处理爱尔兰自己的事务。伦敦政府管理爱尔兰的外交、军事、财政和关税等,如果爱尔兰议会的法律与英国法律相抵触,那么英国国王可以否决爱尔兰法律。格拉斯顿坚持认为,帝国统一和爱尔兰自治并非不兼容,[②]但这个立场遭到大多数英国人的反对,保守党认为其荒谬愚蠢,连自由党内部也发生了分裂,以约瑟夫·张伯伦为首的 93 名"自由党统一派"也反对法案,格拉斯顿于是被迫下台。

　　在 1886 年 7 月的大选中,格拉斯顿的自由党惨败,只获得 191 个席

[①] Alvin Jackson, *Home Rule : An Irish History 1800—2000* , Oxford University Press, 2004, pp. 31 - 32.

[②] Hansard, HC Deb 10 May 1886 vol. 305 cc. 575.

位。自由党于是和自治党结成联盟,继续为爱尔兰自治而斗争;张伯伦的"自由党统一派"则与保守党结盟组成联合政府,坚决反对爱尔兰自治。自由党的内部分裂由此开始,一直到 20 世纪初,都不能挽回这个党的颓势。由于保守党在下院的地位稳固,自治党失去了制衡能力。不久,帕内尔因风流韵事受到舆论谴责,政治上陷于被动,心绪不安,不久病故,自治运动受到沉重打击。

1892 年格拉斯顿第四次组阁,再次提出爱尔兰自治法,除原有内容外,还规定爱尔兰向伦敦议会选派 80 名议员,并允许爱尔兰贵族进入英国上院。该法案在下院讨论了 82 次,辩论异常激烈;1893 年 7 月 27 日双方在下院几乎动武。① 不过,法案最终以 43 票的多数获得通过,但在上院却以 419 票对 41 票遭到否决。格拉斯顿的爱尔兰自治事业功败垂成,爱尔兰留在联合王国内部的最后机会终于丢失了。

到 20 世纪初,爱尔兰民族主义更为高涨,出现了爱尔兰文化复苏运动,以恢复和弘扬凯尔特文化为特征。1905 年,诞生了主张爱尔兰独立的政党"新芬党"(Sinn Fin)。在 1910 年大选中爱尔兰自治党又获得平衡地位,当时自由党获 274 席,保守党加自由党统一派得 273 席,工党获得 41 席,爱尔兰自治党获得 82 席。在这种情况下,自由党再度把爱尔兰自治问题提上议事日程,1912 年 "自治法"在下院获通过,该法规定爱尔兰可以建立两院制议会,上院议员由英国任命,下院议员由选举产生,行政权操在总督手中,外交、军事、税收等仍由英国掌握。1914 年英王批准了该法案,但第一次世界大战恰巧爆发,英国政府借口战争,宣布延期执行自治法;等到战争结束,爱尔兰已不再满足于自治了,它要求完全的独立。

对印度和埃及这样的非移民、非白人殖民地,英国采取恩威并重的手法,希望以此来巩固它的统治。英国人牢牢守住最高宗主权,同时进

---

① Deirdre Mcmahon, Ireland, The Empire, and the Commonwealth, in Kevin Kenny(ed.), *Ireland and the British Empire*, Oxford: Oxford University Press, 2004, p.189.

行某种改革,作出一些妥协,比如增加当地人的参政权利,在地方事务及次要事务上与当地人合作,使他们为英国统治服务。在经济上,把殖民地作为原料产地和商品推销地,推行单一作物种植制。

英国于 1882 年占领埃及之后,一直宣称它只实行"暂时"管理,但实际上埃及已落到英国手里,受英国控制,英国驻开罗总领事(Consul-General)成了埃及的太上皇,[①]巴林(Evelyn Baring)在这个位置上占据 24 年之久(1883—1907),是埃及的实际统治者。继任的戈斯特(Eldon Gorst,1861—1911)继承巴林的政策,扶持埃及原统治集团,增加地方政府中埃及人所占的比例,同时对民族主义实行打压,颁布《放逐法》,规定未经审判便可囚禁任何人。1911 年继任的基钦纳勋爵同样使用"胡萝卜加大棒"的办法对付埃及人,他加大埃及立法会的权力,同时又厉行镇压。经济上,在埃及推行棉花单一作物种植,为英国纺织业提供原料。

在印度也是这种情况,寇松(George Curzon,1899—1905)和明托(4th Earl of Minto,1905—1910)任总督时,同样挥舞"胡萝卜加大棒"。寇松曾说:"只要我们统治印度,我们就是世界上最强大的国家;可一旦丢掉了印度,我们的地位将一落千丈,降格为一个三流国家",因此,"没有印度就没有大英帝国"。为了争取印度人的好感,寇松开办学校,兴修水利,改良农业生产,改革税制,减轻农民负担,保护农民利益,还大力修筑铁路,发展公共事业;另一方面,他又减少印度人在市政机构中的比例,使英国人占据多数,并且不让印度人担任高级文官,取消印度人对教育的控制权——这些就是所谓的"开明专制"。他认为开明专制是适合于印度的统治方式,"没有其他任何统治形式适合一个因印度教徒和穆斯林的宗教仇恨而分裂的种族各异、语言不同的广大人口,而且也没有一种比村委员会更大的自治政府的经验适合于它"[②]。

① Piers Brendon,*The Decline and Fall of the British Empire:1781—1997*,New York:Alfred A. Knopf,2007,p. 233.
② Paul B. Rich,*Race and Empire in British Politics*,New York:Cambridge University Press,1986,p. 22.

1905 年寇松拆分孟加拉省，以分化和削弱民族主义运动，此举引发了大规模的民众反抗，孟加拉发生罢市，许多人上街游行，有些地方还发生暴动，民族主义知识分子的诉求第一次与民众运动产生对接。明托在这个时候上任，他面对的是"强烈不满的遗产"，①局势极为动荡，到任后他连续两次受到炸弹的袭击，国大党也在 1906 年宣布以"自治"作为斗争目标。明托于是又一次挥舞"胡萝卜加大棒"，他一方面加强镇压，逮捕和流放了许多民族主义领导人；另一方面又实行改革，调整统治政策，启动了所谓的"莫莱-明托改革"（Morley-Minto Reform）。在这种情况下，1909 年英国议会通过《印度立法会议法》（Government of India Act），规定印度人可以参加设在伦敦的印度事务委员会和设在德里的总督行政委员会，并增加各级立法会议中印度议员的人数。他还在隶属于副王的行政会议中任命了一个印度人，这些改革暂时平息了印度的局势，使英印政府渡过了 20 世纪第一次群众运动的高潮。应该指出，改革并没有改变专制统治的本质，英国统治印度的整套机制原封不动地保留下来了。英国的统治并没有改变普通印度人的困苦生活，据估计，在 19 世纪晚期的饥荒中，有 1 500 万印度人死于饥饿。②

在附属殖民地，像赤道非洲、加勒比、太平洋和东南亚这些地区，英国人广泛采用"间接统治"形式。附属殖民地可以分为直辖殖民地和保护领两类，前者直接归英国殖民当局管理，后者有名义上的"国家"地位。自印度民族大起义之后，英国感觉到直接的统治不是好办法，因此在很多地方实行间接统治，其特点是保留该地原有的管理体系和统治者，但要求他们按英国的指令行事。这种做法的好处，是英国人不需要直接面对殖民地普通民众，当地原有的统治者（例如酋长）充当了殖民当局与当地民众之间的缓冲器。这一类殖民地面积总计超过 200 万平方公里，80％以上分布在非洲和亚洲。

---

① M. Gilbert, ed., *Servant of India*, Longmans, 1966, p. 23.

② C. A. Bayly, *Distorted Development*: *the Ottoman Empire and British India*, circa 1780—1916, p. 335.

　　这一制度是由尼日利亚殖民地总督卢加德(Lord Lugard,1858—1945,1914—1919在任)创立的,后推广到乌干达、阿散蒂、巴苏陀兰等地。1900年前后尼日利亚分为南北两个省,间接统治方法是他在北尼日利亚首创的。当时,北尼日利亚的土著国家十分强大,卢加德决定利用当地"天然的统治者"实施实际统治,英国官员进行监督,按照他的解释:"每一个苏丹和埃米尔以及主要的官员均由遍及全国的英国高级专员来任命……被任命的埃米尔和酋长将按照旧时的方式统治人民并按照高级专员的建议收税,但是他又必须遵守总督的法律和驻扎官员的意愿。"①后来他将这种方式推广到南尼日利亚,1914年两地合并后,整个尼日利亚都实行了间接统治制度。在间接统治制度下,土著统治者拥有某些权力,比如维持社会秩序,征收赋税,传达和执行殖民当局的命令和政策,在税收中留取一部分用于日常行政开支,按土著法对土著居民实行审判等。通过这种方式,从尼日利亚的酋长到乌干达的国王和贵族,都变成了英国殖民地的基层官员。

　　总之,从19世纪晚期开始,英国调整了在各种类型殖民地的统治方法,借助分而治之的手段,加强了对殖民地的控制。但这并没有能够阻挡殖民地的离心倾向,事实上,殖民地成长的过程也就是它们离心的过程,无论自治领还是其他殖民地,离心的倾向越来越明显。

　　像加拿大、澳大利亚、新西兰这样的移民殖民地,随着其经济力量逐日增长,便日益感觉到自己正在成熟,自治政府提升了它们对自我管理的自信心,在海外出生长大的移民后代与英国的关系已不像其祖辈那么亲密,新的"家"导致新的身份认同,一旦新的认同产生,脱离母国就是一种趋势。加拿大在这方面首当其冲,其自主意识越来越强。早在布尔战争之初,法裔加拿大民族主义领袖布拉萨(Henri Bourassa,1868—1952)就竭力反对加拿大卷入战争,他说:"如果我们派出2 000人、花费200万

---

① John M. Carland, *The Colonial Office and Nigeria 1898—1914* , Stanford:Hoover Institution Press,1985,p. 68.

加元去与两个总人口不过 25 万人的国家作战,那么我们又要派多少人、花费多少钱来与第一流强国或强国联盟作战呢?"①战争期间,加拿大国防部长博登(Sir Robert Laird Borden,1854—1937)曾隔着桌子对一位英国将军大吼道:"我问自己这个问题:加拿大仍旧作为帝国的一个部分是否值得?"②针对历届殖民地会议的首要议题,即帝国防御问题,加拿大不愿自动承担参与战争的责任,正如总理洛里埃所指出:加拿大不认为有义务参加每一场战争。③ 加拿大还拒绝向英国皇家海军支付军费,同时又要求组建自己的海军。从 1909 年起,加拿大坚持"加拿大必须有自己的、由加拿大人控制的海军,这支海军应尽可能由加拿大人亲手缔造、并由加拿大人组成"。④

　　1900 年以后,由英国全面负责帝国的防卫已经非常困难了,英国希望白人殖民地能够分担,包括提供军队和军费。在支付军费问题上,殖民地的态度让英国人失望,它们不肯付钱,或只是象征性地支付极少金额。1909 年大英帝国决定各自治领建立海军并建立自己的国防体系,但殖民地并不肯把自己的军队交给英国指挥。以澳大利亚为例,在 1859 年之前,澳大利亚海上防御完全依靠英国皇家海军,1859—1913 年澳大利亚联邦政府参与维持和控制。1909 年英、澳双方在进行详细的讨论之后决定组建澳大利亚舰队,第一批舰艇于次年 11 月抵达澳大利亚,1911 年 7 月该舰队正式更名为"皇家澳大利亚海军",1912 年 10 月舰队的全部控制权正式移交给澳大利亚。一战前夕,澳大利亚海军拥有 3 800 名现役军人,一艘战列巡洋舰、6 艘轻巡洋舰、2 艘潜艇、相当数量的保障及辅助船舰。⑤

① Frank H. Underhill, *The British Commonwealth*, Duke, 1956, p. 33.
② Max Beloff, *The Britain's Liberal Empire*, *1897—1921*, Macmillan, 1987, p. 77.
③ C. H. Currey, *British Colonial Policy*, *1783—1785*, Oxford: Oxford University Press, 1924, p. 208.
④ 唐纳德·克赖顿:《加拿大近百年史》,山东大学翻译组译,山东人民出版社,1972 年,第 192 页。
⑤ 王绪智:《皇家澳大利亚海军发展简史》,《现代舰船》,2001 年第 11 期,第 12 页。

在经济方面,自治领竭力维护其自主性,以加拿大为例,科布登早就说过:"我们听到了加拿大的忠诚,然而这种忠诚实际上是极大的讽刺,他们既不纳税,又不遵守帝国法律,也不履行战争义务,他们甚至要求放弃盎格鲁-撒克逊种族对他们领土的宗主权。他们建立的关税制度不仅排斥外国产品,而且排斥母国商品。"[1]自 1878 年以来加拿大就抵制英国的自由贸易政策,实行保护关税。加拿大政府提出和英国实行平等互惠关税制,并于 1897 年率先给英国工业品以优惠税率。1898 年加拿大把对英国的关税优惠率提升为 25%,1900 年又提升到 33%。[2] 1906 年加拿大财政部长对前来洽谈的英国代表说:"加拿大已经给过了,下一步应该由英国走出。"[3]英国迟迟不愿做答,各自治地区于是彼此签订互惠协定,把宗主国抛到一边。

离心倾向不仅在自治领滋长,而且从印度到西非,从埃及到东亚,受过西方教育的殖民地知识分子都逐渐走上争取独立之途。印度在 1885 年组建国大党,早期的国大党成员来自中产阶级,受过西方教育,许多人还为英国殖民政府工作,是政府职员。印度的民族主义就是在殖民统治的夹缝中成长起来的,正是在这些人中,滋生出早期的印度民族主义者。起初,英国统治者赞成在这些人中建立政党,认为与其让其暴露在极端思想的侵害下,不如给他们一个活动的场所,让他们支持殖民统治。因此在一名退休的英籍军官艾伦·休谟(Allan Octavian Hume,1829—1912)的策划下,在孟买成立了"国民大会党"(the Indian National Congress)。国大党后来成为民族主义的旗手,最终把印度引上独立之路,这是英印统治者始料未及的。

埃及的情况也是这样。镇压阿拉比起义后,英国把埃及变成它事实

---

① John Morley, *Life of Richard Cobden*, Vol. 1, London: T. Fisher Unwin, 1908, p. 470.

② Michael Balfour, *Britain and Joseph Chamberlain*, London and Boston: Allen & Unwin, 1985, p. 274.

③ W. Hewins, *The Apologia of an Imperialist: Forty Years of Empire Policy*, London: Constable, 1929, p. 149.

上的殖民地,并在 20 世纪初将它列为保护国。但埃及人民的反抗一直没有停止,新世纪刚刚来临的时候,埃及的民族主义运动很快就翻开了新的篇章。

在非洲,宗教运动成为民族意识最早的启蒙师。伊斯兰教在撒哈拉以南非洲传播很快,整个部落、有时整个地区皈依伊斯兰教,在后来动员民众、反抗殖民统治的斗争中将会起号召作用。赤道非洲与南部非洲基督教的传播,一方面有利于西方的统治,有利于殖民者的精神控制;另一方面又有可能滋生出"本土的"教会,这些教会憧憬基督教的"平等"与解放,后来发展成传播民族主义思想的动员中心。[1]

尽管如此,直到第一次世界大战爆发前夕,英帝国看起来仍旧是牢不可破的,白人殖民地仍旧向英国表示效忠,而且在很大程度上与英国有密不可分的经济和防卫关系。印度基本上是平静的,知识分子的离心倾向还没有转变成强大的民众运动,也没有找到它发动民众的合适方法。黑非洲殖民地基本上仍处于无意识状态,民族意识尚有待开发。英国在亚洲有强大的势力,除了与俄国的角逐之外,似乎还找不出其他国家在向它挑战。英国殖民地遍布全球,它们既忠诚又刚开始产生朦胧的自主意识,这就是第一次世界大战前的英国殖民地状况。英帝国何去何从,殖民地向什么方向发展,这些问题就要留给 20 世纪去解决了。

[1] 吴于廑、齐世荣主编:《世界史·近代史编》下卷,北京:高等教育出版社,2011 年,第283—284 页。

第六篇
思想与文化

第一章 文　学

19世纪的英国文学可分为三个阶段,1800—1832年为浪漫主义时期,1832—1870年为维多利亚前期,此后是维多利亚后期。三个时代有不同的艺术特征,第一阶段是浪漫主义,此间英国诗歌达到了第二个高峰;第二阶段是现实主义,描述社会现实,体现作家的道德理想;第三阶段是向现代主义的过渡,艺术家通过小说和戏剧表现了中等阶级价值观的危机。

浪漫主义时代是英国社会乃至西方社会的一个骚动时期,工业革命产生了它的社会后果:农业人口大量涌入城市,农业社会向工业社会转变,权力从土地贵族转向工厂主。面对工业社会的大烟囱、贫民窟与阶级对立,浪漫主义情怀既是对简朴、田园的农村生活的留恋,也带有对未来不确切的惶惑憧憬,以及对法国革命和启蒙运动带来的各种理想的激进追求。

浪漫主义是现代思想最重要的线索之一,它从欧洲大陆(比如卢梭、歌德)向英国传播,再向欧洲以外的地区扩展。1800年华兹华斯的《抒情歌谣集》序言被视为英国浪漫主义兴起的标志,不过,18世纪中叶的伤感主义却是浪漫主义的前奏,在哥特式小说与墓园派诗歌中都可以看到浪漫主义的痕迹。对于18世纪英国的奥古斯都文学或古典主义而言,浪漫主义文学是一种反叛,它们代表着两种不同的看待与体验生命的方式,古典主义在理想方面注重理性和秩序,相信进步与社会完善的能力,主张克制情感;浪漫主义则倾向情绪、直觉与心灵的表达。古典主义是外向的,沟通社会与外界;浪漫主义是内视的,偏重自我审视。古典主义希望理解可观察的世界,浪漫主义注重非理性力量和神秘的体验。古典主义关注秩序,浪漫主义庆贺自由。古典主义强调社会调节与改良,浪漫主义对社会持激进的批判态度,例如,在对待孩子的问题上,古典主义者认为孩子是不成熟的,他的本能需要抑制,野蛮的天性需要教化,而浪漫主义者认为孩子是神圣、纯洁的,他因为与天意相连而不受文明的污染。[①] 浪漫主义与古典主义、新古典主义的差异无处不在,[②]在语言形式上,古典主义表现出形式化的书写方式,注重对仗与平衡,尊重诗的格律;浪漫主义则坚持个人体验,竭力使语言贴近自然,贴近普通读者。华兹华斯在《抒情歌谣集》"序言"中称:诗歌应该把握日常的生活事件,用普通人的语言将其表述出来,再加上想象的色彩,从而让作品显得不同寻常,这些被认为是浪漫主义的宣言。用这些特点去比对哥特式建筑对平衡与明亮的反叛,比对特纳和康斯特布尔对色彩的强调,就可看出它们与文学浪漫主义有着一致性。

浪漫主义也有与启蒙主义相通的地方,即浪漫主义继承了启蒙主义对权威的对抗,但这种对抗大多是意义上的,而不是制度安排。启蒙主义反对宗教权威,浪漫主义往往对抗世俗权威而不反对宗教权威。

在英国,浪漫主义文学由七位作家主导:布莱克、华兹华斯、柯勒律治、雪莱、拜伦,他们是诗人;奥斯丁和司各特是小说家。1832年司各特去世,这被视为浪漫主义的结束。

英国浪漫主义第一位诗人应该是彭斯(Robert Burns),他一生未离开过苏格兰。彭斯生长在一个农民家庭,后来在税务局当一名小职员,

---

① Ronald Carter, John McRae, *The Rutledge History of Literature in English*, 1997, p. 221.
② *The Cambridge History of English Romantic Literature*, ed. by James Chandler, Cambridge University Press, 2009, pp. 1 - 3.

他自幼喜爱文学并自学了法语，对拉丁文也稍有涉猎。彭斯支持法国大革命，曾一度引起当局不满，而他对现存秩序的否定和对民主自由的向往也令当权者不悦。法国革命、美国革命和苏格兰民族主义在他的作品中都有反映，《苏格兰方言歌集》(*Poems Chiefly in the Scottish Dialect*，1786)收集了他改编的 300 首民歌，其中涉及自然、习俗、政治和爱情，体现了他对苏格兰方言、成语和韵律的敏锐把握，因此改写就成了创造。彭斯的民歌大部分是抒情诗，多有对爱情的赞颂，体现了年轻人的勇气和直率，比如《一朵红红的玫瑰》(*A Red，Red Rose*)、《高原玛丽》(*Highland Mary*)和《走过麦田来》(*Comin' Thro the Rye*)。他的诗《不管那一套》(*A Man's a Man for A'That*，1795) 以民歌、重复韵律的形式，表现对权贵和等级制度的愤恨。诗歌表达了一些来自法国大革命的观点，如自由、平等以及对贵族、富人和懦夫的嘲笑，并预言人人平等友爱的未来终会来临。彭斯的诗歌主题丰富，他写了各种类型的诗，讽刺诗《威利长老的祷词》(*Holy Willie's Prayer*)和叙事诗《圣集》(*The Holy Fair*，1785)很有名。彭斯的诗歌多以苏格兰方言写就，不事雕琢，以朴实见称。他的诗歌音乐性强，在政治性诗歌和讽刺诗里都表达了他对自由的热爱和对专制的厌恶。彭斯的诗歌是为大众而写，"它不是庙堂、学院和客厅的产物，而是在法国大革命风云激荡的历史时刻由几种从不同方面要求解放人性的思想趋势形成的，彭斯……提供了古苏格兰民间文学的深长根子"[①]。

布莱克(William Blake)是个工匠、版画家，他经历复杂、一生激进，具有奇异的想象力，《圣经》、赞美诗、弥尔顿和但丁都是他的灵感来源。布莱克终其一生都反对 18 世纪的理性主义，反对英国奥古斯都式诗歌对格律的重视。他的诗歌充满着象征意义：孩子、鲜花和季节是纯洁的象征，城市、工业、机器、宗教和组织则是压迫的象征。《天真之歌》(*Songs of Innocence*，1789)和《经验之歌》(*Songs of Experience*，1794)

---

① 钱青主编：《英国 19 世纪文学史》，外语教学与研究出版社，2006 年，第 11 页。

是布莱克的重要作品,他用这两部诗集,"表现人的灵魂的两种相反状态"。①。

《天真之歌》是他第一本自写自刻的诗集,在诗中,布莱克描绘了一个快乐而纯洁的世界,尽管偶尔也有苦难,但是居于其中的人默默忍受自己的命运,期待着秩序的调整,坚信宗教会带来救赎和希望。《经验之歌》出版于1794年,当时法国革命刚爆发不久,英国的局势则动荡不安,因此这部诗集表达的景致已由愉悦变成悲伤,"想象力的丧失让人臣服于虚伪造作的宗教和社会,从而失去了天真的天堂,走进了经验的地狱。"②《经验之歌》里的优秀诗歌《老虎》(The Tiger)和《伦敦》(London)表明布莱克对暗喻和象征已能够成熟运用。两部诗集虽然有相似的主题,但承载了不同的情绪,比如在《天真之歌》里,扫烟囱的小男孩还对未来有所期待,但在《经验之歌》里却只能哭泣,他的宗教信仰成了劝说他服从的工具,而布莱克的态度也由讽刺转向谴责。《天真之歌》里赞颂羔羊,《经验之歌》里描写老虎,说明布莱克既崇尚善良也拥护威严。他的长诗《法国革命》(The French Revolution,1791)是为拥护法国大革命而做的,其中歌颂了革命暴力所代表的精神力量。布莱克对纯洁的情感与想象有坚定的信念,儿童或童年是他的诗歌中最常出现的意象。他的诗歌充满着自然与社会、纯洁与堕落的对立,也充满着象征和预言,经常显得深奥难解。《经验之歌》中的《毒树》(A Poisoned Tree)、《爱的花园》(The Garden of Love)是优美却又意义模糊的抒情诗;《美国,一个预言》(America a Prophecy,1793)和《欧洲,一个预言》(Europe a Prophecy,1794)把革命的激情、预言以及人的普遍命运结合在一起。

到60多岁的时候布莱克不再写诗了,开始埋头作画。他一生创作了近百件油画和雕版画,有许多是以其他诗人的作品为主题的,比如乔叟的坎特伯雷朝圣,还有但丁诗里的幻想。布莱克善于用构图、颜色和

---

① The Norton Anthology of English Literature, seventh edition, volume 2. W. W. Norton & Company, 2000, p. 37.

② 罗经国编注:《新编英国文学选读》下卷,北京大学出版社,2005年,第357页。

配图表达抽象观念,他的两幅画作《古时》(*The Ancient of Days*,1794)和《牛顿》(*Newton*,1939)可以反映他的观念:前一幅作品画的是上帝,白发白须裸体老人伏在黄边红底的圆形物体内,伸出左手,巨大的圆规,下面是一片黑暗:上帝创造的不是光,似乎是黑暗。后一幅,坐在岩石上的牛顿左手执圆规右手按一卷纸,是在测算什么,这是测量与算计,是理性主义的代表。① 他把牛顿、伏尔泰和卢梭式的理性主义比作沙子,迷不住别人,只会迷住自己的眼睛。他对科学和理性表达的不满,也许是浪漫主义的时代精神的体现。

华兹华斯(William Wordsworth)是浪漫主义"湖畔派"诗人的领袖,他生于一个律师家庭,1787—1791 年就读于剑桥的圣约翰学院。他于1790、1791 年两次去法国,法国革命曾使他振奋,但后来雅各宾派的暴力又使他恐惧。1842 年他成为桂冠诗人。他和其他浪漫主义作家一样,通过反省,开始相信单纯的生活和善良的人性,认为回归自然就可医治社会百病。1795 年他与柯勒律治结识,《抒情歌谣集》(*Lyrical Ballads*,1798)是他们的合作诗集。1800 年华兹华斯为诗集第二版作序,其中指斥新古典主义的造作,声称要用一种自然的、如对话一般明白晓畅的语言,通过自己的想象,为普通人的生活写出新意。在这本诗集中,他对浪漫主义文学作了阐述,强调诗歌是情感的自然流露,表现普通生活里的普通事情;诗歌应排除辞藻的堆积,用自然语言为事物增色。他还说诗歌应捍卫崇高、捍卫人性与爱。有论者说:"他写的每一首诗都有一个道德目的。诗歌的道德意义不应该模棱两可。一首诗就是一位诗人强烈情感的抒发。诗人必须深思熟虑,控制自己的感情,以便让这些感情与重要的主题联系起来。"②

在创作《抒情歌谣集》时华兹华斯和柯勒律治各有分工,华兹华斯负责写普通生活,关注历史对现在的影响,作品有《刺树》(*The Thorn*)、《痴

---

① 这幅图的描述和分析见王佐良:《浪漫主义诗歌》,载《19 世纪英国文学史》,第 12 页。
② 罗经国编注:《新编英国文学选读》下卷,北京大学出版社,2005 年,第 8 页。

儿》(*The Idiot Boy*)等。柯勒律治写带有迷信或神秘色彩的故事,比如
《古舟子咏》(*The Rime of the Ancient Mariner*)和《夜莺》(*The
Nightingale*)。"华兹华斯称他欲探索日常主题并赋予其浪漫主义或超
自然的色彩,柯勒律治则要将日常的感知赋予超自然世界。"①集子里有
一首抒情诗《写在早春》(*Lines Written in Early Spring*),把自然的清
新、美好、快乐与诗人的伤感结合在一起,表达作者的道德忧虑:自然如
此美好,人为什么彼此残酷? 这首诗将作者的情绪与对自然的细致描述
完美地结合在一起,自然与灵魂成为他诗歌中两个紧密联系的元素。

　　华兹华斯延续卢梭的命题,对科学取批评的态度。大自然带来学问
的甜美,而科学只会歪曲事物之美。华兹华斯还咏叹自由,1797 年法国
征服威尼斯和瑞士,他悲叹自由被侵犯,法国人由解放者变成侵略者。
在 1802 年拿破仑战争时期,他呼吁弥尔顿那样的自由、激情与崇高诗
风;他看到英国社会一潭死水,呼吁弥尔顿式的美德、力量与自由。

　　华兹华斯几乎在所有的诗歌形式上都进行过重要探索,他发现无韵
白体诗更自由,适合于描写和抒发情感,也适合叙事。华兹华斯提倡简
单明快、不事修饰,他在诗歌中常常引入日常用语和普通人之间的对话,
《序曲》(*The Prelude*,1850)是他花了近 40 年时间不断润色的作品,
1805 年初步写成,1850 年他死后才出版。这部长篇自传体诗歌以《一个
诗人心灵的成长》(*Growth of a Poet's Mind*)为副标题,从童年、青年、大
学一直写到法国革命,时代和诗人的经历结合在一起。诗人在美与爱之
中度过童年,青年经历了剑桥和伦敦的混乱,法国革命使他狂喜,而法国
革命是事件的中心,也是这部长诗的核心观念:革命先唤起诗人的理想
与渴望,进而又使诗人的心灵感到幻灭,但诗人在寄情自然中得到新生,
使热爱自然与热爱人类终可统一。诗人不断从行动转向内省,从社会中
返回、逃向自然。

　　但华兹华斯的创作生涯并不是一帆风顺的,他后期的作品过分注重

---

① Ronald Carter, John McRae, *The Rutledge History of Literature in English*, 1997, p. 229.

修辞和说教,不像年轻时那样洞察力强、灵感丰富。德·昆西曾在 1835 年这样评价华兹华斯:"1820 以前的华兹华斯无人问津,从 1820 年到 1830 年他起来抗争了,1830 到 1835 年间他大获全胜……拜伦和雪莱开玩笑说:他既'肤浅'又'无趣',济慈质疑他'以自我为中心的崇高感',而海什力特和后来的布朗宁称他是'迷失的领袖'。"①不过,这并不动摇华兹华斯在英国诗史上的地位,是他告诉诗歌界:"当一个诗人真有深刻的思考而善于表达这种思考的时候,他可以达到怎样的前所未有的诗歌高峰。"②

柯勒律治(Samuel Taylor Coleridge)是一个文学批评家和社会批评家,作为诗人,他的成就主要体现在三篇诗作《古舟子咏》(*The Rime of the Ancient Mariner*)、《忽必烈汗》(*Kubla Khan*)和未完成的《克利斯特贝尔》(*Christabel*)中,这三篇精品诗作都创作于 1797—1798 的一年之中。柯勒律治的诗和布莱克的一样绮丽非凡又意象模糊,充满对超自然的向往和神秘色彩。叙事长诗《克利斯特贝尔》只完成了两部分,一共 677 行,它受哥特小说的影响讲述离奇的故事:古堡女孩克利斯特贝尔在月夜看见一位少女在哭泣,遂把她带到自己的睡房,原来少女是老爵士的仇敌之女,正当老爵士准备让少女将其父亲接来同住时,克利斯特贝尔发现少女乃是蛇的化身,于是求父亲将少女赶走,但遭父亲拒绝。诗歌就写到这里,没有完成。诗歌在烘托气氛、叙述故事和运用格律方面都显得极有特色。

《忽必烈汗》写诗人的一个梦境,按照作者的说法是在梦中写成。诗中一会儿是荒野山谷、月夜魅影,一会儿是冰雪晶莹、殿宇闪耀,歌咏随作者的梦境转换,显得诡异而紧凑。《古水手咏》综合体现着民歌的格律、古朴的用词和离奇的冒险故事,表达了强烈的对比色彩、奇幻的想象,宗教的寓言和对生命的追问,《古舟子咏》通过老水手出海、受困、受

---

① Margaret Drabble:*The Oxford Companion to English Literature*, Oxford University Press, 2000, p. 1116.
② 钱青主编:《英国 19 世纪文学史》,外语教学与研究出版社,2006 年,第 36 页。

惩罚、获救的生死经历,展示了同样的特征,在柯勒律治的诗作中似乎可以看到浪漫主义诗人用诗歌的语言重回17世纪的流浪故事。短短的一年内,柯勒律治创作了大量能充分展示自己才华的作品,但不久之后柯勒律治便认为自己的想象力衰退了,难以成为天才诗人,于是准备放弃诗歌事业。

作为艺术批评家,柯勒律治把想象力作为诗歌理论的核心,这是对浪漫主义的精确概括。在他的主要理论著作《文学传记》(*Biographia Literaria*,1817年)中,他对想象力和幻想作了区分,认为前者是上帝或大自然无限的创造过程在有限的头脑中的重复,"在提出想象力理论这一点上他前抗古典主义,后引现代主义,而他在当时则成为几乎全部浪漫主义诗——从布莱克到济慈——的代言人。"[1]

随着拜伦、雪莱和济慈的出现,英国浪漫主义迎来了自己的盛夏时节。拜伦(George Gordon,Lord Byron)出身于没落的贵族,曾就读于哈罗公学(Harrow)和剑桥大学,1811年成为上院议员,1816年因与妻子离婚而遭受非议,遂出走意大利,1823年参加希腊人民反抗土耳其的斗争,担任总指挥,一年后因病去世。

1807年拜伦发表第一部作品《闲散的时刻》(*Hours of Idleness*,1807),招致《爱丁堡评论》(*Edinburgh Review*)的攻击,他以《英格兰诗人和苏格兰评论家》(*English Bards and Scotch Reviewers*,1809)作为回应,对同时代的重要作家进行攻击。1809年拜伦游历地中海,从西班牙直到希腊,这为《恰尔德·哈罗尔德游记》(*Childe Harold's Pilgrimage*,1812)提供了素材,这部诗作为他赢得声誉。诗作记述战争以及奥斯曼帝国的暴政给地中海地区带来的灾难,作者这个带有流亡贵族身份的观察者,心中充满莫名的痛苦和渴望的激情,将那个时代的精神、不满和狂热表达得淋漓尽致;诗中用口语化、夸张和激烈的语言,在讽刺、挑战与蔑视社会的同时显示自己的放荡不羁。在这部作品中,

---

[1] 钱青主编:《英国19世纪文学史》,外语教学与研究出版社,2006年,第44页。

叙述和情感、历史和地理,与情绪的宣泄不断交替,而自我的探索与争论,歌曲的特征和史诗风格,同样也处在从容的变换之中。①

《唐璜》(*Don Juan*,1819—1824)是又一部影响巨大的作品,这部讽刺史诗共 16 卷,唐璜这个人物似乎不再是他笔下常见的出身高贵、孤傲厄运的形象,而是一个消极被动、更加活泼的形象。诗中大量使用会话和复调的手法,是他前些年探索悲剧写法的继续。诗中采取自由、轻松的叙述,随时停下来对主人公的所见所闻进行讨论。《唐璜》中有两个主角,一个是 18 世纪的唐璜,另一个是随时议论的作者。唐璜生于西班牙,因爱情纠纷漂泊于海上,经历了各种冒险(海上遇风暴、船只沉没、被卖到奥斯曼帝国后宫为奴等等),游历了希腊、土耳其和俄国,成为女皇的宠臣。这种叙述方法与主人公无法预知结果的游历是有关的,"唐璜的旅途断断续续,曲折迂回,穿越地中海区域,北达叶卡捷琳娜的俄国",②这样,他就在地理和历史的广阔时空中表现了对时代的感受、愤怒与讽刺。诗中对海啸和船难的叙述,质疑了浪漫主义和卢梭的人性善良、互爱得救的信条。《唐璜》中的《哀希腊》(*The Isles of Greece*,from *Don Juan*,Ⅲ)成为名篇中的名篇,其中诉说了他对希腊历史的哀悼,对现时西方的失望,以及对法国革命乃至暴力的推崇。

除了《哈罗尔德游记》和《唐璜》之外,拜伦还创作了《东方故事集》(*Oriental Tales*)及许多诗剧,如《曼弗雷德》(*Manfred*,1817)、《马林诺·法里埃罗》(*Marion Faliero*,1820)、《福斯卡里父子》(*The Two Foscari*,1821)、《该隐》(*Cain*,1821)等,塑造了一批"拜伦式的英雄"(Byronic Hero)。法国批评家泰纳于 1850 年代晚期编写的《英国文学史》,仅用寥寥几页介绍华兹华斯、柯勒律治、雪莱和济慈,却将众多篇幅留给拜伦,说拜伦是"这些艺术家中最伟大最具英国风的;他居功至伟,以至于我们从他的作品里了解到的关于他的祖国和他生活年代的事实,

---

① 安德鲁·桑德斯:《牛津简明英国文学史》(修订本),谷启楠等译,人民出版社,2000 年,第 387—388 页。
② 同上书,第 387—388 页。

比从其他所有诗人那里加起来的都多"①。

雪莱(Percy Bysshe Shelley)出身贵族家庭,18 岁从伊顿公学毕业,进入牛津大学,1811 年因撰写《无神论的必要性》(*On the Necessity of Atheism*,1811)被学校开除。雪莱是拜伦的朋友,也是他自我流放时的同伴,和拜伦一样对当时的精神与政治抱有敌意,不同的是他的论点似乎更清楚,理想也更沉着,不像拜伦那样愤怒的情绪压倒一切。雪莱是民主主义者,他吸收前辈的激进科学观、变革观和否定精神,反对英国的贵族传统,反对保守主义,支持爱尔兰民族主义,在《无政府的面具》(*The Mask of Anarchy*,1819)中直率反对"彼得卢屠杀",在《麦布女王》(*Queen Mab*,1813)中揭露国王、僧侣和政治家"像毒素流进荒芜社会的无血脉管",对人类进行摧毁。

雪莱的诗评论政治,表达抗争与革命,反对暴政。《伊斯兰的起义》(*The Revolt of Islam*,1818)写一对兄妹为反抗奥斯曼统治而进行斗争,他们虽然失败了,但其精神激励后人。诗中结合着对东方专制主义的攻击与对法国革命的反思,以及对英国现实的思考,按作者自己的说法,该诗要激发人们对自由和正义的热忱、对美好和新秩序的信仰。在抒情诗剧《解放的普罗米修斯》(*Prometheus Unbounded*,1820)和《古希腊》(Greece,1822)中,雪莱用诗歌语言阐述"解放",预言当代希腊对奥斯曼的斗争必将获胜。《阿斯特拉或孤独的灵魂》(*Alastor, or the Spirit of Solitude*,1816)显示只有在群体或人类的生存中才能找到意义,"痛苦、死亡、罪恶不过是暂时的灾祸。人类也必然会随着成长而抛弃宗教,因为各种神灵不过是人们头脑中制造出来的幻象"②。雪莱的诗艺术水平高超,华兹华斯曾这样称赞他:"就自成风格的技艺来说,雪莱

---

① *The Norton Anthology of English Literature*,seventh edition,volume 2. W. W. Norton & Company,2000,p. 551.

② 乔治·桑普森:《简明剑桥文学史》,上海外语教育出版社,1987 年,第 23 页。

是我们当中最杰出的诗人。"①

济慈(John Keats)是工匠之子,15 岁给外科医生当学徒,20 岁通过药剂师考试,由于长期与病人接触特别是照顾患病的弟弟而感染肺病,26 岁便英年早逝。他自学成才,热爱文学,寄情古希腊和文艺复兴。他的 4 000 行的长诗《恩狄米昂》(Endymion,1818)发表后受批评家的攻击,这影响了他的情绪,但在以后的三年里他写下上万行诗句,成了英国文学史上的奇迹之一。

济慈的短篇作品如《读荷马诗有感》(On First Looking into Chapman's Homer,1816)、《再读李尔王》、《灿烂星空》、《每当我害怕》等,都是广为传诵的优秀抒情诗。《莱米亚,伊萨贝拉,圣阿格尼斯之夜和其他诗歌》(Lamia,Isabella,The Eve of St. Agnes, and Other Poems)出版于 1820 年,其时诗人已身患绝症,诗集中大部分作品完成于1818 年春至 1819 年秋,除了书面的四篇主要诗作之外,还包括未完成的史诗作品《海披里安》(Hyperion)和五篇颂诗。《伊萨贝拉》是叙事诗,讲述一对恋人的爱情悲剧,其中自然意象、道德评论和中古背景交混,按作者自己说:形成一个"适度悲哀的"氛围。五篇颂诗中更著名的是《夜莺颂》(Ode to a Nightingale)、《忧郁颂》(Ode on Melancholy)和《希腊古瓮颂》(Ode on a Grecian Urn),其中《夜莺颂》将放声歌唱的夜莺与旁观诗人的痛苦、麻木形成对比。《海披里安》取自希腊神话,写的是泰坦家族的故事,诗作前二章写海披里安(太阳神)的泰坦家族与新人战斗,泰坦家族失败,诗歌写得壮丽而充满豪情,第三章的主角是获胜的新人阿波罗,这部分写得优美抒情,带有忧郁色彩。《海披里安之亡》从另一个角度对这一神话再作叙述,有论者说:"他的颂歌形成了他感性的理解和一种新的、有诗歌气息又聪明简练的风格。"②济慈书信的价值不亚于他的诗歌,读者从中可以窥探他灵感的来源和他对罪恶和苦难这一主题的

① The Norton Anthology of English Literature, seventh edition, volume 2. W. W. Norton & Company, 2000, pp. 700 – 701.

② Michael Alexander: A History of English Literature, Macmillan Press Ltd. 2000, p. 233.

探索。终其一生,济慈都以诗歌书写感情,"在他的诗歌里我们需要知道的,就是他在 24 岁终结了创作生涯,他的成就超过了 24 岁时的乔叟、莎士比亚和弥尔顿"①。

在浪漫主义时期,重要的小说家有奥斯汀和司各特。奥斯丁(Jane Austen)生长于法国革命时期,但她的小说却是非政治化的、具有庄园般的宁静。奥斯汀小说创作中重要的有:《理智与情感》(1811),《傲慢与偏见》(1813),《曼斯菲尔德庄园》(1814),《爱玛》(1815),《劝导》(1818)和《诺桑觉寺》(1818),这些小说传递着她的保守主义的哲学观念,她只描写中上等阶级——他们的生活、教养、园林和自然。伦敦和重大政治事件只是小说的背景,她很少直接写伦敦,小说中没有重大题材,几乎只是一些日常生活琐事和闲聊。婚姻和爱情是她一贯的主题,奥斯丁认为财富和地位是婚姻的必备条件,但爱情是不可或缺的,面对爱情须理性思考,不可仅凭一时冲动。这种作品要表现的不是讲述什么故事,而是故事的讲述方式。她的两部杰作《爱玛》和《曼斯菲尔德庄园》都是如此,美国评论家伊恩·瓦特这样评价奥斯丁:"在小说叙述中,理查逊与菲尔丁只能部分解决的两个难题被简·奥斯丁顺利解决了,她将理查逊的现实主义手法和菲尔丁的现实主义评论的优点、将人物的内心世界描写和外部描写有机地结合成和谐的整体。"②

司各特(Walter Scott)出生于苏格兰的爱丁堡,父亲是律师,但他对法律没有兴趣,却很早就开始写作。他早年搜集苏格兰的古代民谣,特别是英格兰和苏格兰交界地区的民谣,他的《苏格兰民歌集》(*The Minstrelsy of the Scottish Border*,1803)及两部叙事诗《最末一个行吟诗人之歌》(*The Lay of Last Minstrel*,1805)、《玛恩密》(*Marmion*,1808)在当时都有重要影响,但拜伦发表《哈罗尔德游记》后,司各特觉得

---

① *The Norton Anthology of English Literature*,seventh edition,volume 2. W. W. Norton & Company,2000,p. 826.

② Ian Watt,*The Rise of the Novel:Studies in Defoe,Richardson and Fielding*,Chatto and Windus,Ltd. 1957,p. 297.

自己在诗歌创作上无可媲美,故转向小说写作。

司各特的小说都是历史小说,他创作的不是他身边的事,而是几代人之前的事。他的第一部重要小说《威弗利》(*Waverley*,1814)以 1745 年詹姆士党人叛乱为背景,这个主题后来在多部作品中反复出现。其后 18 年中司各特创作了 20 多部小说,从 1820 年起,他把写作时段向前推到 12 世纪及伊丽莎白时代,在风格上,用人物对话替代第三人称叙述,这是他的特征。在后期创作的小说中《昆廷·达沃德》(*Quentin Durward*,1823)更为出色,这部小说描写 15 世纪法国国王路易十一与封建主进行斗争,建立了中央集权,实现了法国统一,成为法国历史上第一位专制君主。和他以往的小说一样,这部作品也选择历史转折时期的某个重大事件,雨果说"很难找到一本小说比它编织得更好、比它把道德的效果和戏剧的效果结合得更好"。[1]

在英国历史上,维多利亚时代是辉煌的时代,虽然 1848 年欧洲发生了革命,但英国的社会秩序基本稳定。从 1832 年起英国进入改革时代,和平改革的历史背景更加突出了现实问题,思想界倾向于关注社会、关注社会改良,这样,现实主义占据了文学的主导地位。

在蒸汽时代,机器生产和城市化为人们提供了新的机会,乞丐变富翁的故事似乎每天都在发生,"昨天我是铁匠,今天我将是什么?"这是狄更斯在《远大前程》中说的一句话。但机会未见得代表乐观,它也会带来焦虑,在 19 世纪思想界弥漫着"位置的焦虑",[2]许多人意识到社会发生剧烈变化,而其中一个显著的变化,便是贵族的统治正在消失,中等阶级开始挤进政治领域,随之而来的是中等阶级价值观,如自我约束、努力工作、重视家庭生活等等,正日益取得优势。[3] 密尔曾说 19 世纪是各种极端思想互相碰撞的时代,对 19 世纪产生重要影响的两种思想——功利

---

[1] 柳鸣九译:《雨果论文学》,上海译文出版社,1980 年,第 6 页。

[2] Philip Davis, *1830—1880:The Victorians*(The Oxford English Literary History, volume 8),Oxford University Press,2004,p.10.

[3] James Eli Adams, *A History of Victorian Literature*,Wiley-Blackwell,2009,pp.3-5.

主义和宗教奋进思想彼此作用,导致中等阶级价值观最终形成。桑德斯称:"这个时代是一个充满相互矛盾的解说和理论的时代,一个充满科学自信心和经济自信心的时代,一个充满社会悲观主义和宗教悲观主义的时代,一个深刻意识到进步不可避免并对特性深感忧虑的时代。"①

　　浪漫主义的标志是诗,维多利亚文学的表现形式是散文与小说。散文有多种形式,从理论期刊,到历史著作、美学评论等,都属于散文。技术革命改变了文学的传播方式和读者群,在 19 世纪初印刷品还十分昂贵,到 30 年代印刷成本就大大降低,报刊大量涌现,激进的政治评论和故事叙述成为阅读兴趣点,连载文学成为时髦,直到这个时候,小说才真正成为大众文学,而写小说也成了谋生手段。《一便士杂志》(*The Penny Magazine*,1832)在很短时间内就达到 10 万份印数,而 1840 年代的伦敦,至少有 80 种售价低于两便士的刊物。在这个背景下,出现了像卡莱尔、拉斯金、阿诺德、纽曼、密尔等这样一批人。

　　卡莱尔是维多利亚时期历史著作的代表人物,他的长篇小说《旧衣新裁》(*Sartor Resartus*,1834)围绕"衣服哲学",描写一个德国作家和编辑的关系,通过尖刻的讽刺表达自己的活力、真诚和责任感,他指出人类存在着永恒的否定和永恒的肯定两种力量,前者是失败,后者则顺从神意。约翰·纽曼体现着 1830 年代的信仰危机,他在书册运动中发表的作品虽大量涉及神学和宗教的深奥知识,却拥有广泛的读者,丰富了 19 世纪的散文写作。约翰·斯图亚特·密尔是另一位重要的散文作家,他平静温和,善于理性分析,这些特点在他的时评与著作中充分显示出来。拉斯金比密尔涉猎更广,"他关于艺术和社会的关系的看法影响了一批又一批社会主义思想的作者——前有莫里斯,后有萧伯纳"②。

　　小说在维多利亚前期进入鼎盛,而现实主义是这个时期的主要特点,狄更斯、盖斯凯尔夫人、萨克雷、特洛罗普、勃朗特姐妹、艾略特等等,

① 安德鲁·桑德斯:《牛津简明英国文学史》(修订本),谷启楠等译,人民出版社,2000 年,第 410 页。
② 钱青主编:《英国 19 世纪文学史》,外语教学与研究出版社,2006 年,第 168 页。

都是现实主义高峰时期的重要代表。现实主义是个模糊的概念,这些人之所以是"现实主义者",只是因为他们和欧洲同时代的其他作家如巴尔扎克、斯汤达及托尔斯泰一样,把写作看作是社会诊断,视其作品多少反映着现实生活。① 狄更斯是最重要的现实主义小说家,他固守人道主义,相信改革和教化可以改进生活,他的小说描写奋斗与成功,作品中不乏光明的结尾。但在萨克雷的作品中理想主义的成分变少了,平庸和自私构成他那个时代的主调。在盖斯凯尔、特洛罗普、艾略特那里,现实主义的因素变小了,他们的小说更像是浪漫主义的诗歌,社会主题让位于家庭主题。

狄更斯出身社会底层,祖父母都曾给克鲁勋爵当佣人,父亲是海军部一个小职员,因无力还债而住进监狱。狄更斯 12 岁到鞋油作坊当童工,父亲出狱后他一度进学校学习,不久又因家贫而辍学,15 岁时,他到律师事务所当学徒,后来他学会速记,在伦敦民事律师会(Gray's Inn)做记录员。30 年代早期狄更斯担任《议会镜报》(The Mirror of Parliament)和《真阳报》(Morning Chronicle)驻议会记者,这些经历帮助他后来走上了写作道路。他的早期作品《特写集》(Sketches by Boz,1833—1837)记载一些奇闻佚事,显示出对伦敦生活百态的细微观察。②

工业化过程中的犯罪、贫富对立与道德沦丧,是狄更斯作品中经常的主题,他的第一部长篇小说《匹克威克外传》(The Posthumous Papers of the Pickwick Club,1836—1837)是典型的"流浪汉小说",讲述伦敦俱乐部几个会员的故事,这几个会员在英国漫游,经历了各种事情,小说也就变成了揭露英国社会阴暗面的画卷。《雾都孤儿》(The Adventures of Oliver Twist,1837—1838)描述孤儿奥利弗·特维斯特在伦敦的冒

① Suzanne Keen, *Victorian Renovations of the Novel：Narrative Annexes and the Boundaries of Representation*, Cambridge University Press, 1998.
② Robert Douglas-Fairhurst, Becoming Dickens：The Invention of a Novelist, Harvard University Press, 2011; Paul Schlicke, ed., *The Oxford Companion to Charles Dickens：Anniversary edition*, Oxford University Press, 2011.

险生活,将下层民众与资产阶级之间的鲜明对比反映出来。《尼古拉斯·尼克尔贝》(*Nicholas Nickleby*,1838—1839)虽然结构散漫,但对孤儿和童工的描述深深触动时代的神经。《老古玩店》(*A Christmas Carol*,1840—1841)在他自己的刊物《汉弗莱大师的钟表》上连载,讲述古玩店主吐伦特和他美丽、善良的外孙女小耐儿相依为命的悲惨故事,其结局让人扼腕痛惜。《大卫·科波菲尔》(David Copperfield,1849—1850)采用第一人称叙述,利用一些自传材料,在结构和语言方面都呈现出新的特色。大卫自幼丧父,后来被送到工厂当学徒,大卫在苦难、挫折中逐渐成熟,最后成为一名作家,这部小说可以看作是狄更斯的准自传。《荒凉山庄》(*Bleak House*,1852)运用象征和比喻鞭笞社会的不合理,比如用阵雨和浓雾隐喻社会控制无所不在。《艰难时世》(*Hard Times*,1854)描写1850年代英国的阶级冲突,是对宪章运动的回应。《双城记》(*A Tales of Two Cities*,1859)尽管说"有些地方取材于卡莱尔的《法国革命》,有些地方取材于一部古老的通俗闹剧",①但它以法国大革命为背景,体现着作者对革命这个现象的深沉思考。《远大前程》(*Great Expectations*,1860—1861)描写了一个孩子在经济和社会地位的变化中曲折的经历,从堕落到翻然悔悟,表达了狄更斯的道德理想。

狄更斯的一生著作等身,他是19世纪英国文学的巨擘。他有意塑造了一些古怪、丑陋或者不同寻常的人物,抓住某些特征将其夸张并反复呈现,给读者留下深刻的印象。他的写实作风常被说成是夸张的,以致人们怀疑"现实主义"这个词是否适合于他的创作。但他对社会的剖析却是真实的,社会底层的痛苦让人难以忘怀。他在描写风景时,"喜欢赋予无生命物体以生命,并拿它们跟活物作比较"②。另外,他追求情节的戏剧性,虽是虚构,却让人不得不信服。

盖斯凯尔夫人与当时最重要的工业城市曼彻斯特有密切的渊源关

---

① 乔治·桑普森:《简明剑桥英国史》,上海外语教育出版社,1987年,第211页。
② 罗经国编注:《新编英国文学选读》下卷,北京大学出版社,2005年,第136页。

系。曼彻斯特是工厂制度的发源地,社会问题非常严重,盖斯凯尔夫人用小说写下了她对该城的阶级关系、劳工生活和下层生存状况的观察,真实地反映了 19 世纪的英国社会。《玛丽·巴顿》(*Marry Barton*,1848)是她第一本表现曼彻斯特生活故事的小说,其中以细致的观察和细节的描写,再现了那个时代的工厂倒闭、工人罢工、低工资、失业以及工人阶级觉悟的形成,宪章运动是小说的时代背景。从她的描写中我们看到工人阶级糟糕的生活情况:"从这一小块肮脏的地方再走下一步才来到地下室,有一簇人就生活在这里面。里面暗极了。有许多的窗子已经破坏,就把破布去蒙在上面,因此哪怕到了中午透进来的光线依旧灰暗。"①在她的第二部小说《南方和北方》(*North and South*,1854—1855)中,盖斯凯尔既描写了英格兰南部绅士的虚伪,也描写了英格兰北部商人的势利,但她也表达了乐观主义的展望态度,表示工业关系是有可能妥协的。盖斯凯尔一生创作了 6 部长篇小说和大量的短篇小说,写作书信及杂文,她的 6 部长篇小说分别是:《玛丽·巴顿》(1848)、《露丝》(*Ruth*,1853)、《克兰福德》(*Cranford*,1853)、《南方和北方》(1854—1855)、《西尔维娅的恋人》(*Sylvia's Lovers*,1863)、《妻子与女儿》(*Wives and Daughters*,1866)。

与狄更斯及盖斯凯尔夫人相比,萨克雷和特洛罗普代表着另一风格,他们创作"反英雄"的实验小说。萨克雷(William Makepeace Thackeray)起先是散文作家、新闻记者和历史学家,后来从事小说创作。《巴利·林顿的幸运》(*The Luck of Barry Lyndon*,1844)连载于《弗雷泽杂志》,是萨克雷的优秀作品,此外《凯瑟琳》(*Catherine*,1839—1840)和《贺大第钻石》(*The Great Hoggarty Diamond*,1841)也能体现他作品中的讽刺特点。② 他虽然崇拜马考莱,但他在自己的作品中不印证某种道德观念,而是对社会失范进行讽刺。《巴利·林顿的幸运》的主人公

---

① 《玛丽·巴顿》,荀枚、余贵棠译,上海译文出版社,1978 年,第 75 页。
② Peter Shillingsburg,*William Makepeace Thackeray:A Literary Life*(*Literary Lives*),Palgrave Macmillan,2001.

是爱尔兰冒险家,七年战争时应征入伍,后来开小差,成为职业赌徒。这个人撒谎成性,不断更换姓名,故事就是他对这些经历的自述。萨克雷最知名的作品是《名利场》(*Vanity Fair*,1847—1848),小说中没有好人也没有坏人,没有崇高也没有卑劣,所有的人都在"名利场"中,演绎着愚蠢和滑稽;在这个世界里,除了调侃和讽刺外,也没有什么是值得赞赏和贬低的。作为"道德讽刺家",萨克雷展现的不是道德关怀,而是作家的叙事技巧和语言魅力。

继《名利场》之后,萨克雷还创作了《潘登尼斯的历史》(*Pendennis*,1848—1850),《亨利·埃斯蒙德的历史》(*The History of Henry Esmond*,1852),前者记叙一个绅士的成长,后者讲述安妮女王时期一个贵族的行为;《弗吉尼亚人》(*Virginians*,1857—1859)是这部作品的续集,讲述埃斯蒙德家族退隐美洲的故事。

安东尼·特洛罗普(Anthony Trollope)是中等阶级出身,他父亲是知名律师,母亲是知名小说家,但他却认为自己的童年很悲惨,因为学校的教育和父亲的疏远使他蒙受了屈辱。他对狄更斯作品中同情下层的倾向不以为然,《养老院院长》(*The Warden*,1855)就调侃了狄更斯和卡莱尔。特洛罗普是一位政治小说家,在他创造的世界中,政治就是野心和手腕、陷阱和丑闻,是钩心斗角。他一生写作 47 部小说,还有大量其他作品。在他的"巴塞特郡小说系列"(Barsetshire novels)和"巴里塞小说系列"(Palliser novels)中,人物与故事都是互相关联的。[①]

勃朗特三姐妹可算是第三种类型,她们与奥斯丁一样,生活与写作都远离城市,但她们营造的不是阳光明媚、充满田园风味的理想村庄,而是满载着疯狂、暴力和恐怖神秘事件的阴暗庄园,曼斯菲尔德的田庄变成了"呼啸山庄"。大姐夏洛蒂(Charlotte Bronte)最知名的作品是《简·爱》(*Jane Eyre*,1847),它在许多方面是夏洛蒂自己的生活写照。和作

---

① Margaret Markwick, Deborah Morse And Regenia Gagnier, eds., *The Politics of Gender in Anthony Trollope's Novels: New Readings for the Twenty-first Century*, Ashgate, 2009.

者一样,女主角出身于贫穷的牧师家庭,很小就被送往寄宿学校,然后在富人家里做家庭老师。小说围绕简·爱和罗切斯特庄园主之间的爱情故事展开,其文笔优美简洁,情节生动曲折。简·爱性格独立,虽地位卑微但顽强保持着尊严与稳健,她有坚定的生活态度与道德操守,在得知罗切斯特夫人仍然活着时毅然离开,而得知庄园在大火中被焚烧殆尽罗切斯特已双目失明时,她又回到了他身边。小说是在不到半年的时间里完成的,从其出版之时起就跻身于经典行列,其社会反响、角色塑造、情节编织和语言把握,都达到至高的水平。

二姐艾米莉(Emily Bronte)的代表作是《呼啸山庄》(*Wuthering Heights*,1847),它和《简·爱》一样是经典名作,但人物与故事完全不同,如果说《简·爱》表达女性的道德与尊严,《呼啸山庄》则表现男人的激情与野性报复。呼啸山庄的主人欧肖先生收养了一个吉卜赛孩子,取名希斯克利夫,欧肖先生特别宠爱他,遭到小主人亨德雷的嫉恨,欧肖先生死后,亨德雷把希斯克利夫贬为奴仆,百般迫害,但妹妹凯瑟琳却跟他亲密无间。后来,凯瑟琳爱上画眉田庄的埃德加,希斯克利夫愤而出走,三年后他致富回乡,凯瑟琳已嫁给埃德加,希斯克利夫进行疯狂的报复,将亨德雷、凯瑟琳、埃德加等一干人系或置于死地、或夺其财产,连其亲朋甚至自己的儿子都牵涉在内,最后,他复仇的计划得逞了,但他自己也忧郁而死。这部作品虽说其情节跌宕曲折,文笔激励,但相比于夏洛蒂的《简·爱》,却缺少温柔的人性之美。

三姐妹的文学创作有一段佳话,1846 年,三姐妹每人完成一部小说送给出版商,夏洛蒂送的是《教授》,被出版商拒绝,她补送一篇,即是《简·爱》。艾米莉送的是《呼啸山庄》(1847),随即被接受。小妹安妮(Anne Bronte)送的是《艾格尼斯·格雷》(*Agnes Grey*,1847),也被接受了。三部著作同年出版,成就了 19 世纪英国文学中三星并列现象。三部小说在发表时都是以"贝尔"(Bell)的假姓和男人的名字署名的,直到差不多一年之后,她们的女性身份才被公布。

乔治·艾略特(George Eliot)是维多利亚中期最知名的女作家,也是真诚探索、塑造理想的创造者。她出身于房产暴发户家庭,本名是玛丽安・埃文斯(Mary Ann Evan),和当时许多女作家一样,她不让别人知道自己的真实姓名,因此很长时期内人们不知道她是女性。她受过良好教育,后来成为那个时代的著名知识人之一。她翻译过施特劳斯和费尔巴哈的作品,研读过孔德的社会学,对宗教、古典学和哲学都有研究。后世有人评论说:"在她的大部分作品中,乔治・艾略特都在描绘工业革命前的乡村景色,描绘小城镇里英国中等阶级的生活情况,她的视角融合着乡愁和对以前生活局限性的清醒认识。"[1]她笔下的乡村既不同于奥斯丁的乡村,又不同于勃朗特姐妹的乡村,那是一种平静和谐的自然景象,平凡的人物体现出崇高正直的道德标准。《亚当・比德》(*Adam Bede*,1859)面对失败,坦然接受失败,顽强地做一个好人;《弗洛斯河上的磨坊》(*The Mill on the Floss*,1860)讲述女主人公追求个性解放、无法与传统价值达成和解。《激进分子菲利克斯・霍尔特》(*Felix Holt*,*the Radical*,1866)和《米德尔马契》(*Middlemarch*,1871—1872)是政治小说,它们以 1832 年议会改革为背景,展现那个时代的重要题材,也表达了作者对各种问题的时代思考。《米德尔马契》中的女主人公渴望改变时代,然而既缺少清楚明晰的信念与原则,更缺少行动的力量,结果以失败告终。社会政治思想和个人心理描写是乔治・艾略特的写作特点,尤其是心理描写,为康拉德和乔伊斯等现代派作家开启了方向。

维多利亚后期的知名小说家有玛丽・沃德、托马斯・哈代,诗人有吉卜林、叶芝,知名戏剧家有王尔德和萧伯纳。这个时候,维多利亚时代的价值观和信仰、行为准则都受到怀疑,在文学中表现为"现代主义的痛苦"。哈代标志着现代派小说的源起,在有些评论家看来,19 世纪末的英国文学渗透着"世纪末"情节,早期作家如狄更斯那样的人道主义、改变

---

[1] *The Norton Anthology of English Literature*,seventh edition,Volume 2. W. W. Norton & Company,2000,p. 1454.

现状的热情,到这时已经没有了,作家们思考的是"意义"。①

玛丽·沃德(Marry Augusta Ward)的畅销小说《罗伯特·埃尔斯米尔》(*Robert Elsmere*,1888)讲述主人公埃尔斯米尔的故事,他对信仰感到迷茫,辞去了牧师职务,与伦敦东区那些从来不去教堂的穷人们住在一起,后来通过"新耶稣兄弟会"推进道德与社会改良。宗教的迷茫、不可知论,是沃德小说中重要的议题,像她一样对19世纪末的"信仰问题"进行写作的还有塞缪尔·巴特勒(Samuel Butler),他的畅销书《埃瑞洪》(*Erehwon*,nowhere 的颠倒写法)发表于1872年,是一个乌托邦故事,不过是一个颠倒的乌托邦,在他的笔下,埃瑞洪这个地方把病人送上法庭、把罪犯送进医院,牧师用无人能懂的语言布道传教,一切都很荒唐。

哈代(Thomas Hardy)又一次把文学的背景置于乡村,他的早期小说充满了牧歌情调,对威塞克斯的田园风光和简朴生活予以描述,这是他的"理想主义时期"。从《还乡》(*The Return of the Native*,1878)开始,悲观、怀疑、凝重的情绪开始出现了,《卡斯特桥市长》(*The Mayor of Casterbridge*,1886)延续这种情绪,被看作是英国农民破产的编年史。②他一生创作47部小说,其中《德伯家的苔丝》(*Tess of the D'Urbervilles*,1891)是最有名的一部,女主人公苔丝是一位美丽的农家少女,因受地主少爷亚历克的诱迫而失身怀孕。苔丝的失身为社会不容,她只好到一个农场做挤奶工,她在这里遇到了不上大学、不做牧师而学习养牛的安吉,便和他结婚,却在新婚之夜将往事告诉了丈夫。安吉觉得无法接受这件事,于是去了巴西;苔丝去安吉家打听消息,却意外遇到了成为牧师的亚历克,并受其纠缠。她写信请安吉回来保护自己,恰逢此时安吉在巴西遇挫,于是就回来与苔丝修好;苔丝为了表示自己的真爱遂将亚历克杀

---

① 乔治·桑普森:《简明剑桥英国文学史》,刘玉麟译,上海外语教育出版社,1987年,第29章; James Eli Adams, *A History of Victorian Literature*, Wiley-Blackwell, 2009, cha. 3.

② Ralph Pite, "His Country: Hardy in the Rural", *A Companion to Thomas Hardy*, Keith Wilson(ed.) Wiley-Blackwell,2009.

死,在与丈夫团聚五天之后她被捕并走上了绞刑架。通过塑造苔丝这个
形象,哈代质疑维多利亚时代的"贞洁"观,从而也触动了性道德这条文
明的底线。他用《无名的裘德》(*Jude the Obscure*,1895)这部小说似乎
证明:基督教和基督徒的道德从各方面看都"显得荒谬可笑",于是小说
出版后立即受到宗教界和舆论界的猛烈批评,此后,哈代就不再写小说
了。虽然哈代自称他信仰宗教,但从他的作品中却很少能看到有什么证
据。① 到 20 世纪哈代主要写诗歌和戏剧,其中《群王》(*The Dynasts*,
1903—1908)是一部野心勃勃的史诗,但其影响都不如 19 世纪创作的小
说那么大。

奥斯卡·王尔德(Oscar Wilde)出生于都柏林,母亲是一个诗人,他
凭借戏剧天赋成为名噪一时的戏剧家,提倡"为艺术而艺术",后来又成
为社会批评家,颇能引起旁人的非议。从本质上说,王尔德是 19 世纪末
的颓废主义者,在道德方面对抗社会的主流,他在艺术中倡导唯美主义,
其知名格言是:所有的艺术都是无用的,从而与卡莱尔、密尔、阿诺德和
狄更斯的 19 世纪艺术观念相抵触。作为批评家,他写下《谎言的衰落》
(*Decay of Lying*,1889)、《作为艺术家的社会批评家》(*The Critic as
Artist*,1890)、《面具的真实》(*The Truth of Masks*,1891)、《社会主义制
度下人的灵魂》(*The Soul of Man Under Socialism*,1891)等论证文,他
最重要的小说是《道林·格雷的画像》(*The Picture of Dorian Gray*,
1890),描写了一个以自我为中心、违背习俗的人,这个人头脑里塞满了
彼此冲突的道德、艺术观念,不可自拔,最后选择了自杀。②

王尔德更是一位戏剧家,他的主要作品有《莎乐美》(*Salome*,1893)、
《温德尔夫人的扇子》(*Lady Windermere's Fan*,1892)、《无足轻重的女
人》(*A Woman of No Importance*,1893)、《理想丈夫》(*An Ideal
Husband*,1895)、《认真的重要性》(*The Importance of Being Earnest*,

---

① 安德鲁·桑德斯:《牛津简明英国文学史》(修订本),谷启楠等译,人民出版社,2000 年,第 481 页。
② Peter Rabyed. *The Cambridge Companion to Oscar Wilde*, Cambridge University Press, 1997; Karl E. Beckson, *The Oscar Wilde Encyclopedia*, New York: AMS Press,1998.

1895)等等。《莎乐美》取材于《圣经》：少女莎乐美爱上施洗者约翰，但约翰只爱上帝；以色列王希律爱上莎乐美，为博得她一笑，希律王允应莎乐美提出任何条件。莎乐美要先知的头颅，先知被杀害了，莎乐美捧着先知的头颅狂吻，这激怒了希律，希律把她处死了。对于这个圣经故事，王尔德并不想展示其中的爱与死、怨恨与悲剧，他只是要展示人物之间的欲望关系，于是就引起了关于道德方面的争论。除《莎乐美》之外，其余四部戏剧都属于"风尚喜剧"，描写中等阶级和上流社会的生活。有论者认为："王尔德不承认艺术反映了现实，而认为是现实反映了艺术。在他眼中，现实是丑陋的，唯有美才有永恒的价值，而艺术家则是美的创造者。王尔德主张，艺术家不应有任何功利主义的目的，也不应受道德标准的约束。"[1]王尔德始终是一位充满争议的人物，他挣脱道德的企图，究竟是一种时尚、还是一种颓废？

　　总结而言，19世纪的英国文学经历了前期的浪漫主义憧憬与讴歌、中期的现实主义批判与揭露，到晚期进入迷茫与疑惑，作家们怀疑维多利亚鼎盛时代的价值取向，有可能是预感了20世纪即将面对的英国的衰落。

---

[1] 何其莘：《英国戏剧史》，译林出版社，1999年，第316页。

第二章　社会思想

19 世纪的英国见证了工业化、民主化和都市化,社会思想正是对这个过程的回应,人们思考:新社会的特点是什么,应该向哪个方向前进,社会变化意味着什么,会产生哪些后果? 围绕这些问题形成了两种意识形态:激进主义与保守主义。激进主义面向未来,坚持改革和人民权利,愿意推动 19 世纪的各项改革;保守主义面向过去,坚守秩序与基督教信仰,多少怀疑或抵触改革。如此概括虽然难免简单化,比如 19 世纪英国思想界巨擘约翰·斯图尔特·密尔便自觉地将两种倾向都囊括在自己的思想中,但正是密尔自己,在《柯勒律治与边沁》一文中,对两种思想作了精确的划分,在他看来,贯穿整个世纪的自由主义与社会主义属于第一种意识形态,而维多利亚时代的社会批评家,包括牛津运动那些人,则属于第二种意识形态。①

自由主义在 19 世纪成为主流意识形态,广义自由主义以个人权利作为国家基础,认为国家的合法性存在于保障个人权利之上,当国家忠实地执行这种使命时它就是合法的,当它不执行这种使命甚至侵犯个人

---

① 参见雷蒙德·威廉斯:《文化与社会(1780—1850)》,高晓玲译,吉林出版集团有限责任公司,2011 年,导论部分。

权利时它就是非法的,在这个时候,以重建社会为目标的革命便会到来。在霍布斯、洛克甚至英国革命时期的共和主义思想中,权利主要指生命、财产与选举权;在 19 世纪,自由主义成为一种成见,在西方世界广泛传播。

19 世纪早期的 30 年中,自由主义的旗手是边沁(Jeremy Bentham)和詹姆斯·密尔(James Mill)。边沁提出"功利主义"理论,他认为趋乐避苦是人的天性,每一个人都在追求自己的幸福,但作为个人的结合体,社会的整体目标是"最大多数人的最大幸福",这就是"功利主义"。他把"最大多数人的最大幸福"作为判断国家立法与制定政策的基本标准,凡符合这一标准的法律与政策是合理的、正确的,凡不符合这一标准的法律与政策是不合理的、不正确的。他因此提倡出版自由、宗教宽容与立法改革,支持议会改革,主张改进工人阶级的生存状态,同时又反对法国式的暴力革命。他的主要著作包括《道德与立法的原理》(*Introduction to Principles of Morals and Legislation*,1780)、《惩罚与奖励的理论》(*Punishments and Rewards*,1811)、《议会改革问答》(*Parliamentary Reform Catechism*,1817)、《论证据》(*A Treatise on Judicial Evidence*,1825)等。他死后留下 2 000 万字左右的手稿,为边沁式的自由主义提供了丰富的思想资源。

詹姆士·密尔的主要著作有《论政府》(*Essay on Government*,1820)、《政治经济学原理》(*Elements of Political Economy*,1821)、《人类心灵现象分析》(*An Analysis of the Phenomena of the Human Mind*,1829)、《教会及其改革》(*The Church and Its Reform*,1835)。[①] 作为功利主义的信徒,密尔的根本信条是:人类的所有制度装置乃至所有活动,都服务于一个扎根于人性的目的:趋乐避苦、寻求幸福。这是他考察历史与社会问题的根本点。作为历史学家,密尔认为英国对印度

---

① Robert A. Fenn, *James Mill's Political Thought*, New York and London: Garland Publishing, 1987.

的殖民统治有益于文明的进步。他毫不掩饰对印度与中国文化乃至种族的轻蔑。密尔认为政府是实现共同体和个人幸福的工具。趋乐避苦是人的本性，而苦乐要么来自自然，要么来自人的同类。国家主要通过调整人与人之间的关系来使人获得快乐。除了国家外，密尔还关心教育、刑罚，特别是议会改革。教育的目的是产生好人特别是公民，政治教育是统治的基石，犯罪是基本上缺少教育所致，因此惩罚是一种补救性的教育，目的是重塑性格，让罪犯回归社会。密尔生活在法国革命与英国议会改革之间，他坚信代议制既可以避免法国式的暴力革命，也可以避免直接民主导致的混乱。成年男子的普选权是他一生致力的目标。

　　詹姆士·密尔的儿子约翰·斯图尔特·密尔（John Stuart Mill）是新一代自由主义的代表，他早年受其父及边沁的影响，是功利主义的代言人；后来他将功利主义改造得更富有人情味，内容也更加广泛。他认为人的品质有差异，幸福的品质也有差异，只有把理想和现实结合起来，才能让最大多数人都感到幸福。为了保障个人的自由，既要反对政府的控制，又要反对多数人的强制，为此他主张扩大议会选举权，把工人阶级纳入到政治体制之内，并建立以选举为基础的代表制地方政府。之所以需要这样做，不是因为抽象的"权利"，而是在他看来：政治参与能够培养"公民"而不是"臣民"，通过培养公民，就能够避免"多数人的暴政"。他的这些观点最集中体现在他最著名的作品《论自由》（*On Liberty*，1859）之中，这本书被看作是自由主义的一个新的起点。他还主张给妇女以选举权，认为女性的资质并不差，只是社会条件让她们无法发展。由此，约翰·密尔成为英国现代女权主义的最早发起人。他的其他著作还有《逻辑体系》（*A System of Logic*，1843）、《政治经济学原理》（*The Principles of Political Economy*，1848）、《论代议制政府》（*Considerations on Representative Government*，1851）、《功利主义》（*Utilitarianism*，1861）、《论妇女的屈从地位》（*The Subjection of Women*，1869）等，他也实际参与政治活动，一生都是印度事务部文官，并且是议会中的激进派议员。①

　　约翰·密尔关于"代议制"的论述也很值得注意:他认为文明意味着人类从消极服从走向自我管理,开明专制对于野蛮人是合适的,这种带有家长制特征的开明专制,是一种可以与代议制竞争的政治形式。代议制是古代民主制度的扩展,但代表们并不组建成政府,他们只代表人民来制约政府,由代表组成的议会只对政府进行检查,它只是一个协商机构,是意见的大会、民意的机关,是讨论和辩论公共事务的地方。② 他反对在代议制条件下多数人的强制,而主张思想的绝对自由,从这一点出发,他认为言论自由是绝对需要的,因为除了在自由的条件下接受竞争性的言论的检查以外,没有人可以称自己为正确。但约翰·密尔同时又认为,言论自由与公民的责任联系在一起,文明的公民需要对自己的言论负责,所以它不适用于儿童和野蛮人。③

　　与约翰·密尔同时代的马考莱(Thomas Babington Macaulay),从"自由"的角度对英国历史进行诠释,开启了英国历史学界的"辉格学派";他把英国历史描写成自由制度形成的历史,对以后的英国思想界甚至欧美思想界都产生重大影响。马考莱的父亲是殖民地官员;马考莱自己早年喜欢文学,对艺术与历史感兴趣,是《爱丁堡评论》的主要撰稿人之一。他1830年入选下议员,大力支持1832年改革,是改革的重要推动者。后来他担任印度管理委员会成员,推动印度的刑法和教育改革。从1839年起他撰写《詹姆士二世以来的英国史》(*The History of England from the Accession of James the Second*,1848),简称《英国史》),把王权与议会的平衡以及议会对"自由"的捍卫,作为历史叙述的主线,他认为光荣革命最伟大的成就是恢复了英国的宪政传统,而自由宪政也是英国历史前进的目标。该书第一、二卷出版于1849年,第三、四卷发表于1855年,第五卷出版于1861年,由于他过早地去世,书中的历史只写到1702年;尽管如此,这部书被

① Juliet Cardiner & Neil Wenborn eds: *The History Today Companion to British History*, Colins & Brown, London, 1995, pp. 515 – 516.
② Michael Levin, *J. S. Mill on Civilization and Barbarism*, Routledge, 2004.
③ John Gray, *Mill on Liberty: A Defense*, 2ⁿᵈ edition, Routledge, 1996.

认为是 19 世纪英国历史编纂学最高的成就。

作为自由主义的又一个吹鼓手,马考莱并不赞成边沁的功利主义,他不认为从几条简单的功利原理中,就可以推导出政府的行为准则。他认为趋乐避苦不符合历史的全部事实,政治研究应该以历史事实为出发点,而不以抽象的人性为对象。在 20 年代末,他曾对詹姆士·密尔的政府理论进行猛烈批判,不过他却和密尔一样用"进步"来解释历史。[1] "进步"的历史主要是由辉格党推动的,宗教自由、政治自由、贸易发展、废除奴隶制、大众教育、刑法改革等等,所有这些都是辉格党的功绩。他在《英国史》中论证,过去 160 年中在物质、道德与智力方面的进步,都与辉格党有关,工业进步使英国成为世界上最富有的国家。这种乐观主义态度与密尔表现出来的忧虑不同,因此马考莱常被视为是单线进步论者。在他的书中,大宪章、宗教改革、1640 年和 1688 年革命、议会战胜王权等等,都是进步的章节。[2] 因为这样的观点,马考莱被认为是辉格史学流派的创始人,他的书也是辉格史学的集大成者。

赫伯特·斯宾塞(Herbert Spencer,)出身于卫斯理宗家庭,是功利主义、进步理念和达尔文主义的合流人物,他的自由主义强调削弱国家的干预,扩大个人的选择范围。在 19 世纪中叶,斯宾塞是进化论的主要鼓吹者之一,几乎可与达尔文齐名。他在 1862—1897 年陆续出版了多卷的《综合哲学体系》(*System of Synthetic Philosophy*),试图将进化论运用于哲学、生物学、心理学和社会学研究之中。[3]

---

[1] Herbert Buterfield, *The Whig Interpretation of History*, W. W. Norton & Company, 1965 (1931).

[2] John Leonard Clive, *Thomas Babington Macaulay—the Shaping of the Historian*, London: Secker and Warburg, 1973; Edwards, Owen Dudley, *Macaulay*, London: Weidenfeld and Nicholson, 1988. 最权威的传记是 19 世纪 George Otto Trevelyan, *The Life and Letters of Lord Macaulay. Volumes Ⅰ and Ⅱ*. Oxford: Oxford University Press, 1978.

[3] 关于斯宾塞的思想评述可见 Mark Francis, *Herbert Spencer and the Invention of Modern Life*, Cornell University Press, 2007; John Offer, *Herbert Spencer and Social Theory*, Palgrave Macmillan, 2010; David Weinstein, *Equal Freedom and Utility: Herbert Spencer's Liberal Utilitarianism*, Cambridge University Press, 1998, 等。

斯宾塞年轻时曾为《经济学家》杂志撰稿,与密尔、卡莱尔、赫胥黎、艾略特这些人交往甚密。此时斯宾塞是个功利主义者,支持当时的各种激进思潮。1851 年他发表《社会静力学》(*Social Statics*),也称"对幸福的基本条件的研究",一举成功。该书受圣西门、孔德的影响,认为随着国家干预的减少,人类将完全适应于生存环境,在社会中适应社会;通过保存行之有效的交往模式,人类能防止相互间的敌意并防止社会解体。这本书表达的"自发秩序"的思想,是 20 世纪自由主义的重要生长点。1852 年他发表《发展的假说》(Development Hypothesis),提出"适者生存",把生物学原理运用于社会,认为国家就是一个有机体,"进化"也是社会发展的规律。[①] 在 1855 年的《心理学原理》(*Principle of Psychology*)中,他认为人类的心理活动也是一种自然规律,个体与种群都面临着进化。他还认为宇宙中的所有事物,包括文化、语言、道德都是有规律可循的,这种"科学"的视野,与维多利亚时期人们从历史、文化的角度理解社会不同。[②]

在 9 卷本的《综合哲学体系》中,他把以前表达的思想系统化了,在他看来,从生物世界到心理的、社会的、道德的世界都是可以解释的,它们都服从某些最普遍的规律,而"进化"是其中最重要的规律。进化从简单到复杂、从同质到异质,而人的世界的进化即社会进化是进化的最集中的体现。社会有两种基本形式,一种是黩武的、等级制度的,服从是它的普遍行为准则,这个社会处于进化的起点,是原始的、未开化的社会形式。另一种是进化的终点,它是工业社会,工业社会需要经过复杂的进化过程才能产生,在这个社会里,国家的强制力变小了,自由以知识为基础取代了服从;与道德一样,工业也是社会适应的结果,人类通过适应最终进入完美社会的完美阶段。至此,斯宾塞建立了一个庞大的体系,然

---

① Jose Harris, "Epilogue: French Revolution to fin de sicle Political Thought in Retrospection and Prospection, 1800—1914", in *The Cambridge History of Nineteenth-century Political Thought*, Cambridge University Press, 2011, p. 903.

② John Offer ed., *Spencer's Political Writings*,中国政法大学出版社,2003 年影印本,pp. vii - xxviii.

而作为体系思想家的斯宾塞与早年作为社会评论家的斯宾塞却完全不同,在早年,斯宾塞是各种改革运动的坚定支持者;到这时,从他的"体系"出发,斯宾塞反对一切社会立法,包括反对义务教育。①

英国的自由主义后来受到德国唯心主义的影响,它开始接受国家干预理论,接受国家有机体的观念,从而发生了向新自由主义思想的转变,其代表人物是格林、霍布豪斯和鲍桑葵。② 托马斯·格林(Thomas Hill Green)是19世纪中叶以后英国哲学唯心主义运动的领袖,他受黑格尔的影响。格林从1855年进入牛津大学以后,便一直任教于这所大学,他的社会哲学又称社会自由主义,以和谐与一致为目标,倡导国家的干预与个人的自由相统一。在格林之前,自由主义强调个人自由;而自他开始,自由主义强调社会有机体的共同利益。新自由主义主张个人是社会的有机构成,对社会负有责任,从表面看,这只是强调不同的侧重点,但实际上却划分了自由主义的不同时代。在格林看来,个人的权利和幸福当然是文明社会追求的目标,但在工业化条件下,工人的贫困和健康的恶化却造成了不平等的机会与权利,自由放任带来的社会后果,与政策的设计者所预期的结果相反。为纠正如此弊端,国家应承担责任,在保障所有人得到平等发展机会方面发挥作用。自由的含义不再是免于干涉,而是清除不让每个人都享有自由的障碍。

格林的重要著作包括:《伦理学导论》(*Prolegomena to Ethics*,1879)、《政治义务原理》(*Principles of Political Obligation*,1879)、《自由主义立法与契约自由》(*Liberal Legislation and Freedom of Contract*,1881)等,最后一部书在他去世后才出版。他从德国哲学,特别是费希特和黑格尔的哲学中找到了平等主义政治理念的依据;③在宗教

---

① David Weinstein, *Equal Freedom and Utility:Herbert Spencer's Liberal Utilitarianism*, Cambridge University Press, 1998, pp. 125-128.

② 约翰·麦克里兰:《西方政治思想史》,彭怀栋译,海南出版社,2003年,第544—561页。

③ Colin Tyler, "Thomas Hill Green", *In Stanford Encyclopedia of Philosophy*. http://plato. stanford. edu/entries/green/.

哲学方面,格林也从德国哲学中找到了对抗抽象机械论的源泉,他认为信仰是宗教生活的本质,不是神迹支撑信仰,而是信仰解释现象。真正的基督徒在良心中发现上帝,生命的物质方面始终在阻碍精神方面,这是人类的困境;但这不妨碍人的现世生存,因为信仰是内在的,上帝通过信仰、通过与信仰者之间的沟通来确证自己。

在19世纪,自由主义是中等阶级的意识形态,社会主义虽然不等同于工人阶级的意识形态,但它是站在工人阶级立场上说话的。两种思潮在社会改革方面属于同一阵营,它们相互影响,到19世纪中期以后,自由主义似乎更受到社会主义的影响,因此在密尔、斯宾塞和格林的思想中,社会主义倾向都比较明显。

现代社会主义是工业化的产物,是对工业化导致的贫富分化和生产无政府状态的回应。社会主义主张平等的财富占有,在此基础上建立和谐、互助的人类社会。这种思想与资本主义牟利思想一样久远;在前工业化时期,西方社会主义主要从基督教的上帝面前人人平等的兄弟邻里之爱中寻找思想资源。但现代社会主义关注的不是天国,而是世俗的平等,自启蒙与工业革命以后,社会主义主要从世俗人道主义与18、19世纪的政治经济学中寻找资源。

英国的社会主义非常复杂,社会主义理论及其对工业社会的态度也各不相同。罗伯特·欧文(Robert Owen)是空想社会主义者,他生于启蒙运动的全盛时期,也可说是启蒙运动的产物,他在19世纪中下阶层中的影响,也许只有约翰·密尔可以比拟。欧文在童年时期开始学徒,深感社会不平等之苦,后来他成为一个成功的企业家,是那个时代最优秀的企业管理人之一。1800年他接手新拉纳克工厂以后,依靠他的管理才能将它办成了英国最出色的机器大工厂。新拉纳克雇佣了1 300多名工人,与当时大多数企业主不同,欧文改进工人的生活条件与工作环境,缩短工作时间,开办学校让他们接受教育,培养他们的责任感。乍看之下,欧文是一位慈善家,他的善举不仅没有影响他的经营利润,相反给他带来更大的成功,因为工人焕发出更大的工作热情。这样,许多人到新纳拉克参观,他的工厂成为观光热点,吸引了众多的头面人物,甚至包括美国的国父们、俄国沙皇尼古拉一世,欧文也成为他那个时代的名人。20年代他在美国建立"新协和村",开始他的社会主义平等试验,但没有成功。此后,他创办了许多协会与杂志,宣传自己的社会主义理想,他的主要思想体现在《道德新世界》(*Book of the New Moral World*,1826—1844)一书,以及《新社会观》(*A New View of Society*,1813)、《致拉纳克郡的报告》(*Report to the Committee for the Relief of the Manufacturing Poor*,1817)等作品中。[1]

欧文认为工业社会是罪恶的社会,这个社会充满了人与人之间的激烈竞争,竞争造成社会动荡、贫富不均,每一个人都与他人为敌,把自己的利益与别人的利益相对立。工厂主为追求最大的利益,用机器与工人的劳动进行竞争,工人被彻底打垮,成为一无所有的人,历尽贫穷与苦难。社会的贫困现象就是由竞争造成的,而要消灭贫困,就要清除竞争;竞争的根源是私有制,只有消灭了私有制,才能制止竞争现象,将社会恢复到和谐、友爱的境界。由此,他提出公有制理想,希望建立人类大同的社会。他希望用建立"新协和村"的办法来进行社会主义试验,为世界树立榜样,而试验的失败却使人们认为那只是一个乌托邦。

欧文认为环境造就了人,没有人天生懒惰或道德败坏,是错误的社会制度特别是私有财产制造成普遍的道德沦丧,鼓励人们追求个人利益,导致人类的分裂。因此,加强社会立法特别是实施教育,消灭私有财产,让人们在合作中共同劳动、共同消费,便能使人类摆脱苦难。他的《新社会观,或论人类性格的形成》阐述教育和性格陶冶的原理及实施计划,勾画了造福于贫民的社会制度。人的性格不是天生的,而是环境造成的,这是欧文的人性理论。由此出发,他呼吁建立国家教育制度,让劳动阶级享受合理的教育。他还提倡工人们通过合作获得自救,在他的启发下,工人们建立了许多消费合作社,自筹资金,建立小商店,直接从生

---

[1] Edward Royle, *Robert Owen and the Commencement of the Millennium: a Study of the Harmony Community*, Manchester University Press,1998.

产单位购进产品,以优惠价格卖给会员,从而避免资本主义的商业盘剥。

欧文同时代的托马斯·霍奇斯金(Thomas Hodgskin)有与欧文不同的经历,他 12 岁加入英国海军,参加过拿破仑战争,退役后进爱丁堡大学学习,随后去伦敦成为自由撰稿人,受到普莱斯、边沁和老密尔的影响。1823 年他与罗宾逊创办《技工杂志》(*Mechanics Magazine*),1832—1857 年为《经济学家》撰稿,他的名作《反对资本,为劳动辩护》(*Labour Defended against the Claims of Capital*,1825)是在伦敦技工学校讲授政治经济学课程时的讲稿,也是与另一位社会主义者威廉·托马斯的辩论结果。在这篇文章中,罗宾逊用李嘉图的理论证明劳动是一切价值的根源,他发现劳动创造了越来越多的财富,劳动生产率也越来越高,但工人的所得却越来越少,工人变得越来越穷。他因此指出:工人创造的财富大部分被资本家占有了,资本家的财产来自对工人的剥削,换句话说,资本家剥夺了工人生产的剩余产品,这是马克思剩余价值理论的先河。霍奇斯金的许多论断都给马克思很大启发,因此马克思在他的《资本论》中,曾多次提到霍奇斯金的这本书。霍奇斯金的其他著作还有《通俗政治经济学》(*Popular Political Economy*,1827)、《财产权:自然与人为的对照》(*Natural and Artificial Right of Property Contrasted*,1832)等,他反复论证劳动创造得越多,就被榨取得越多,利息、地租和利润都是对劳动价值的侵占,也是社会不和谐的根源;建立在劳动基础上的自然权利是社会的基本法则,从这一点出发,他对资本主义进行批判。[①]

霍奇斯金死于 1869 年,这是《资本论》第一卷出版后的第三年,第一国际成立后的第五年。马克思的《资本论》是在伦敦写成的,但马克思主义并没有在英国广泛流传。英国土生土长的社会主义是 19 世纪早期的欧文主义,以及在 70—80 年代开始兴起的费边主义。

[①] David Stack, *Nature and artifice: the Life and Thought of Thomas Hodgskin (1787—1869)*, Boydell & Brewer Ltd 1998; Edward Sallis, *The Social and Political Thought of Thomas Hodgskin 1787—1869*, MA Social Studies Dissertation University of Newcastle upon Tyne, 1971.

1884 年一批激进的知识分子组成费边社,其中包括社会评论家韦伯夫妇、小说家萧伯纳、历史学家赫伯特·威尔斯等,这些人都带有某种社会主义倾向,对资本主义社会持批判态度。费边社规模最大时只有一二百人,但这些人影响巨大,他们不定期出版《费边论丛》,阐述他们对社会问题的看法,尽管这些小论文在思想和观点上并不完全一样,但基本出发点却是相同的,即批判资本主义,主张和平长入社会主义。

费边社认为:随着工业生产力的不断发展,资本主义已经为社会主义准备了条件,资本主义生产方式必然导致资本集中,最终一定会形成生产手段的社会所有,这个趋势是不可改变的,因此是历史的必然。既然如此,社会主义便是历史发展的必然趋势,人们应该认识这个趋势、自觉地迎接社会主义的到来。但社会主义不是一蹴而就的,它是一个漫长的过程,在这个过程中工会将发挥关键作用,一旦财产的私人占有消失了,组织在工会中的工人将接管所有财产,实行社会化生产。因此社会主义的形成是一个和平的过程、渐进的过程,人们应该做好长期的准备,为和平长入社会主义创造条件。他们把这个过程比作古代罗马将军费边的战术,即不直接冲击资本主义,而是用迂回的手段促进它灭亡,由此而产生"费边社"这个名称。①

费边社的主要理论家是西德尼和比阿特丽丝·韦伯夫妇,比阿特丽丝是一个富裕工厂主的女儿,生于 1858 年,她同情工人,参加过查尔斯·布思关于伦敦贫困问题的调查,接触到大量的社会现实。她曾在有关妇女和工人问题的皇家委员会里工作,调查工人阶级状况和合作社问题。西德尼于 1859 年在伦敦出生,曾在陆军部、殖民部担任文官,两人共同撰写过《英国工会史》(*History of Trade Unionism*,1894)、《工业民主》(*Industrial Democracy*,1897)、《英国地方政府》(*English Local Government*,1906—1929)等重要著作,对费边社及英国的工会运动都产生过重大影响。他们关于工会将是社会主义新社会的构造者的思想,为

---

① 钱乘旦、许洁明:《英国通史》,上海社会科学院出版社,2002 年,第 286 页。

后来工党的建立及工党的社会主义价值取向提供了理论指导。西德尼在 1892 年帮助创办了伦敦经济学院并担任教授,在 20 世纪参加了最早的两届工党政府并出任大臣。

19 世纪末另一位著名的社会主义者是威廉·莫里斯(William Morris),他是画家、艺术家、诗人,从社会批判的角度向社会主义靠拢,并自称是马克思的学生。他自小对中世纪有兴趣,50 年代进牛津大学,受牛津运动重要人物纽曼的影响,后来又参与了拉菲尔前派的艺术运动,对中世纪的艺术与建筑充满神往。1870 年以后他卷入政治活动,表现出社会主义的倾向,他相信社会主义是解决现代社会问题的唯一方式,可以克服贫困、失业、阶级对立等尖锐矛盾。1883 年他加入民主同盟并开始阅读《资本论》。在《艺术与社会主义》(*Art and Socialism*,1884)、《社会主义原则》(*Principles of Socialism*,1884)、《社会主义圣歌》(*The Chants of Socialism*,1885)这些作品中,他批评当时的社会,认为资本主义破坏了艺术的原创性,把生活变得枯燥无味,使人失去人性。他相信社会主义将把英国从工业社会带回温暖的中古社会,那个时候,社会平静、和谐,没有动乱不已的阶级冲突。他参加过街头抗议,曾因街头演说而被捕,作为大学教授他出入于各种工人聚会,甘愿与下层人为伍。他一生都迷恋中世纪,认为中世纪的一切都是美好的:英雄主义、骑士风度、真正的爱,等等。由此便可以知道为什么他的社会主义憧憬和他的家具设计与小说里都充斥着浓厚的中世纪情节。[1]

《乌有乡消息》(*News from Nowhere*,1890)是莫里斯的主要著作,与莫尔的《乌托邦》一起成为英国空想社会主义的经典。这是一部幻想

---

[1] 莫里斯与社会主义的关系,作为社会思想家和活动家的莫里斯,见 E. P. Thompson, *William Morris: Romantic to Revolutionary*, Pantheon, 1976 2nd ed.; Peter Stansky, *William Morris*, Oxford: Oxford University Press, 1983; Stephen Coote, *William Morris: His Life and Work*, Smithmark Publishers, 1995;作为艺术家的莫里斯, Linda Parry, ed., *William Morris*, Abrams, 1996; Linda Parry, *William Morris and the Arts and Crafts Movement: A Sourcebook*, New York, Portland House, 1989; Christopher Menz, *Morris and Company: Pre-Raphaelites and the Arts & Crafts Movement*, Art Gallery of South Australia, Adelaide, 1994.

小说,把中世纪的田园梦幻与社会主义的想象结合在一起。在乌有乡,
没有私有财产,也没有都市,没有银行与法院,也没有学校,议会大厦里
堆放肥料,工作是一种艺术也是生活,劳动是创造、是快乐之源;乌有乡
里人人平等,因此是一个理想的境界。[1] 在这里,我们又看到一个空想的
社会主义方案。

如果把社会主义和自由主义都归于"进步"的一类,那么在 19 世纪
思想界还有"后退"的一类,他们继承 18 世纪的伯克传统,形成了贯穿于
19 世纪英国思想史上的保守主义思潮。这一类思想家反对功利主义,认
为工业与民主破坏了文明;一定程度上,他们体现着浪漫主义色彩,其中
不少人本身就是浪漫主义艺术家。从这个角度看,属激进主义阵营的约
翰·密尔和格林也有这种倾向,而莫里斯更明显。密尔思想发生变化,
是因为发现边沁与柯勒律治之间有差异,他试图用柯勒律治的感情追求
来补充边沁的功利主义。人们意识到只有利益与快感,并不能让人感到
幸福,于是在 19 世纪思想中出现了对启蒙运动的反动、对中世纪的浓厚
乡愁。所以,19 世纪的思想分野是非常复杂的,这是一个需要说明的
问题。

保守主义来源于伯克,伯克之于 19 世纪的保守思潮,正如洛克之于
19 世纪的自由主义一样。在"后退"的浪漫主义思想家中,首先要提到托
马斯·卡莱尔(Thomas Carlyle),是他在维多利亚时代用传统寻求秩序,
抗拒科学与政治的变革。他反对政治经济学,把它说成是"阴郁的科
学",他不赞成经济学家的论断,甚至认为奴隶劳动比自由劳动更好。[2]

卡莱尔生于苏格兰一个加尔文教家庭,其父希望他成为牧师,但在
爱丁堡上大学时,他便失去了宗教信仰。在大学里,他读了大量德国文
学作品,受歌德、费希特这些人的影响。他的第一部有影响的小说《被剪
裁的裁缝》,是 19 世纪浪漫主义文学的重要作品。1834 年卡莱尔移居伦

---

[1] Krishan Kumar, "Introduction" of *News from Nowhere*, *Cambridge Texts in the History of Political Thought*,中国政法大学出版社(影印本),2003 年。

[2] John Morrow, *Thomas Carlyle*, Continuum International Publishing Group, 2006.

敦,经过 4 年的阅读与思考,于 1837 年出版《法国革命史》,这使他一举成名。该书以亲历者的身份叙述从路易十五之死到拿破仑掌权之间的重要事件,将叙述与愤怒的评论融为一体。在卡莱尔看来,革命意味着某种精神性质的致命影响,在革命中,那些已僵化为教条的观念,带着冲动、希望与恐惧,在集体的暴力事件中发挥作用。卡莱尔在书中开始表达他后来在所有著作中表现的英雄崇拜主题:当混乱超出于肇事者的控制能力时,只有像费希特所说的"伟大人物"出现了,才能收拾残局——当然,拿破仑就是这样的人。① 这个主题在《英雄与英雄崇拜》(*On Heroes，Hero-Worship，and The Heroic in History*,1841)中得到进一步发挥,书中六篇文章是系列演讲,强调英雄对时代的救治,穆罕默德、克伦威尔和莎士比亚这些人都是伟大的人物,他们之所以伟大,是因为他们创造性地处理了人类的困境。英雄之所以是英雄不在于他的道德,而在于他的力量:穆罕默德单枪匹马把敌对的氏族结合成一个强大的阿拉伯国家,莎士比亚、克伦威尔等也都是英雄。因此在卡莱尔那里,历史是英雄们的历史,历史是英雄创造的,这就是卡莱尔的英雄史观。

在《过去与现在》(*Past and Present*,1843)这本书里,卡莱尔将 19 世纪的放荡人物与中世纪的修士进行比较,他指出中世纪特别是修道院是人类的理想境界,在那里,人们保持着人性与精神的统一,体现着对深邃与超越的追求。现代人的生活是分裂的、表面化的,它分解成经济力量、普遍权利和自然规律三种价值,从而表现为完全的表面化。在 19 世纪,集体主义让位于个人主义,道德让位于"阴郁的经济学",这样,卡莱尔就远离了密尔式的个人主义价值取向,以一种愤世嫉俗的、极端的、嘲讽的口气,评论他所处的时代。

《当代评论》(*Latter-day Pamphlets*,1850)是卡莱尔对 1848 年革命的反应,在书中他攻击民主是个荒谬的理想,因为政府应该托付给强者,

① Mary Desaulniers, *Carlyle and the Economics of Terror：A Study of Revisionary Gothicism in the French Revolution*，McGill-Queen's University Press，1995.

群氓是无法实施有效的治理的。书中出现"永恒的肯定"与"永恒的否定"两个术语,成为19世纪后期的口头禅,前者指有坚定信仰的人,后者指无神论和怀疑论者。六卷本《腓特烈大帝》(*Frederick the Great*,1858—1865)是卡莱尔后期的重要著作,在普鲁士腓特烈大帝的身上,他看到了克伦威尔的身影。卡莱尔对1867年改革深感厌恶,他讨厌欧文式的慈善行为,赞美专制,为奴隶制辩护。总之,卡莱尔是对启蒙运动的反动,尽管他崇尚力量、赞美超人、要求超越平庸,但他却表现出悲观乃至绝望的情调。他的思想受德国哲学的影响,反过来又对尼采的超人哲学产生了影响。[1]

另一位有影响的批评家是马修·阿诺德(Matthew Arnold),与卡莱尔的狂暴相比,阿诺德要文雅得多。他希望通过教育来提升社会的品味,用传统所积累的崇高美学理想来恢复道德观念,使日渐平庸的生活具有意义——这就是他所说的"文明"。就这一点而言,他与密尔有很多共通之处。阿诺德1841年进入牛津大学,此时牛津运动正处于盛期,对阿诺德产生影响。在大学期间他与华兹华斯相识,直到40岁他都是诗人,40岁以后才成为文化角度的社会批评家。在文学作品以外,他的主要著作有:《论荷马翻译》(*On Homer Translation*,1861)、《文化与无政府》(*Culture and Anarchy*,1867—1868)、《法国大众教育》(1861)、《民主》(1879)、《文学与教条》(*Literature and Dogma*,1873)、《批评论集》(*Essays in Criticism*,1865—1888)。[2]

阿诺德把他的重点放在教育与影响社会上,在阿诺德看来,人性具

---

[1] Marylu Hull, "Of Bricklayers and Kings: Burke, Carlyle, and the Defense of Monarchy", In *Thomas Carlyle Resartus: Reappraising Carlyle's Contribution to the Philosophy of History, Political theory, and Cultural Criticism*, ed. By Paul E. Kerry and Marylu Hill, Rosemont Publishing & Printing Corp., 2010.

[2] Joseph Carroll, *The Cultural Theory of Matthew Arnold*, Berkeley: University of California Press, 1981; Donald Stone, *Communications with the Future: Matthew Arnold in Dialogue*, Ann Arbor: University of Michigan Press, 1997; Linda Ray Pratt, *Matthew Arnold Revisited*, New York: Twayne Publishers, 2000; Stefan Collini, *Matthew Arnold: A Critical Portrait*, Oxford University Press, 2008.

有可塑性,可以向不同方向发展,教育使人性得到最完美、最充分的发展,使人的能力得到最充分的发挥。各种知识在人的成长过程中都有重要地位,而文学特别是诗歌是一个时代的表现,是对时代的表达与解释。可见,这种教育理想是扎根于西方古典文化与文艺复兴的传统之中的。[1]

"文化"和"文明"是19世纪英国思想中少数几个关键词,在阿诺德看来,追求文化就是探究完美,它要求消除社会的阶级属性,使所有人生活在"甜美与阳光"下;它追求文明的传承,将每一个时代的自由思想固定下来,渗透到社会的习惯之中。通过对知识的学习与运用,人被塑造成有文化的人,社会被塑造成文明的社会,从而都臻于完美的境界。对社会的批评是对所有继承下来的观念进行梳理和反思,用最好的、仍然有价值的观念来对照现实,从而达到提升现实的目的。另一方面阿诺德又强调:优秀的批评家追求心灵自由、追求精神的自我满足,而不顾及外在的力量,因此批评只面对事实。他认为工业化和财富并没有带来幸福,只带来社会的市侩化,他的名言是:火车并不使人自由,只不过把人们从一个不自由与肮脏的地方送到另一个不自由与肮脏的地方而已。

阿诺德把当时的英国社会分成三个等级:野蛮的贵族、市侩的中等阶级和愚昧的百姓。这三个等级没有一个具备高雅的文化,特别是中等阶级,他们对创造性的知识产生威胁。正因为如此,他觉得那些企图恢复道德的人是孤立无援的,只能在纯粹的思想与想象世界中自我放逐。不过他还是展望一个充满生机的新时代,在物质的世界里寻找精神的救赎。[2] 他认为大众需要道德支持,这只有到《圣经》中去寻找,因此他提出抛弃基督教的神学与形而上学部分,而专注于道德格言。阿诺德敬仰纽曼,但认为纽曼的信仰是无效的,牛津运动无法理解。他称上帝的存在无法证实,因此神学不成立,但《圣经》的道德根源是有益的,《圣经》为此提供了支持,只有在提供道德的正当性这个意义上,基督教才是真正的

[1] Robert Giddings, *Matthew Arnold : between Two Worlds*, Vision, 1986.
[2] William Anthony Madden, *Matthew Arnold : A Study of the Aesthetic Temperament in Victorian England*, Indiana University Press, 1967.

宗教。① 由此可见,阿诺德为理解基督教提供了一条新的路径。

在 19 世纪下半叶,拉斯金也许是最重要的道德和社会批评家,他的思想很复杂,很难用"激进"或"保守"来评判。约翰·拉斯金(John Ruskin)是画家、建筑师、艺术评论家,多才多艺,新艺术的领军者,维多利亚时代最聪慧的智者之一。这位牛津大学艺术系教授几乎涉猎过与公共生活相关的所有领域,他写过政治经济学、地质学、植物学论文,作过诗歌、绘画和文学作品,他讨论过云彩和劳工的不满,只要公众希望了解,他都可以作出解释。②

作为艺术家,拉斯金和阿诺德一样从艺术和生活的角度思考社会。他们发现在艺术的框架里自由有不同于政治的另一层含义,就是发挥创造力。在拉斯金看来,艺术是所有人的事,与所有人的生活息息相关;艺术是艺术家情绪的表达、想象力的发挥。正因为艺术应该是原创,他认为工业化带来的复制艺术,是对艺术乃至感觉的巨大挑战;他反对这种艺术,认为是对艺术本身的亵渎。③ 在《劳动者的力量》(1871)和《经济学释义》(1872)中,拉斯金指出资产阶级的政治经济原则是违反人性的,他反对维护剥削制度的立法,认为劳资问题是一个道德问题,资本家不应榨取工人的血汗。他还认为机械生产扼杀了工人的自主性,中世纪的手工劳动是理想的,因为那是一种艺术,因此,他主张回到资本主义之前的时代。他高度评价文艺复兴之前的艺术作品,否定文艺复兴中现世的和肉欲的艺术。④ 他认为工业社会过于丑陋,既没有艺术,也没有美。拉斯金最重要的著作是《建筑学七盏灯》(1849)和《威尼斯石头》(1851—1853),在其中,他抒发了关于艺术和美的观点。

① David J. Delaura, *Hebrew and Hellene in Victorian England: Newman, Arnold, and Pater*, Austin: University of Texas Press, 1969.
② John D. Rosenberg, *The Darkening Glass: A Portrait of Ruskin's Genius*, Columbia University Press, 1961; Robert Hewison, *John Ruskin*, Oxford University Press, 2007; Kevin Jackson, *The Worlds of John Ruskin*, Pallas Athene, 2010.
③ James Clark Sherburne, *John Ruskin or the Ambiguities of Abundance: A Study in Social and Economic Criticism*, Harvard University Press, 1972.
④ 阮珅:《约翰·拉斯金》,载《中国大百科·全书外国文学Ⅰ》,中国大百科全书出版社,1992年,第 641 页。

除了从美和道德的角度否定工业社会,保守主义的另一支从宗教角度提出问题,其典型是牛津运动。激进的社会思想家和改革家可能认为宗教信仰与他们无关,有的人甚至认为它是改革的障碍。不过在 19 世纪,公然的无神论者是很少的,那些深陷于信仰危机之中、认为基督教神学无法证明的人,反倒不是无神论者。在 19 世纪,倡导宗教与科学和解、与社会改革结盟的思想基本上是 18 世纪的遗存,而回归传统的思想反而得到发展,这样就产生了牛津运动。

牛津运动的重要人物有纽曼、基布尔和皮由兹,1833—1845 年,这几位牛津学者发表系列小册子《时代书册》(*Tracts for the Times*)讨论各种宗教问题,包括国教与天主教的关系,现时代的信仰表达,原始基督教的各项制度等等,因而也被称作"书册运动"(Tractarian Movement)。基布尔(1792—1866)出身于神职人员家庭,在牛津大学获圣职,1827 年出版诗作《基督徒的年历》获巨大成功,1831 年受委任主持牛津大学诗学讲席。纽曼(1801—1890)1816 年进牛津大学,1821 年毕业,三年后成为牛津基督教教堂的执事,开始其神职生涯;1841 年他发表《第 90 号书册》,也是最后一本书册,其中表达了明显的天主教倾向,1845 年他皈依天主教。皮由兹(1800—1882)在牛津大学接受教育,28 岁即出任钦定希伯来研究教授,他对牛津运动的贡献是仪式研究,出版了《大教堂制度》《施洗礼的圣经学评论》《论圣餐制》等书;1836 年开始编辑《牛津教父文库》,历 40 年凡 48 卷,是牛津运动的重要学术成果。①

牛津运动起源于 18 世纪开始的教会危机,国教失去它的号召力,民众丢失宗教热情,而日益变得物质化和功利化。牛津运动的发起人认为应该恢复英国教会的活力与威望,重新唤醒民众的宗教信仰。为此,他们把注意力放在天主教会的演化过程上,旨在证明英国的教会与基督使

① 关于牛津运动的思想与目标,可参考 Owen Chadwick, *The Spirit of the Oxford Movement : Tractarian Essays*, Cambridge University Press, 1990; Peter B. Nockles, *The Oxford Movement in Context : Anglican High Churchmanship , 1760—1857*, Cambridge University Press, 1997; Ian Ker, *John Newman : A Biography*, Oxford University Press, 2010.

徒及早期的教父们是一脉相承的。为证明这个问题,他们把天主教的教义和仪式与罗马教会近几百年的腐败区分开来,论证罗马教廷制定的教义符合使徒与早期教父的教导。但当他们刻意强调英国国教与天主教的延续性时,他们却掉进另一个陷阱,即英格兰教会在16世纪宗教改革时就已经和罗马教廷一刀两断了,而且在此后300年中国教被视为英国民族性的重要标志,英国民众一直对天主教心存反感。纽曼等人为提升信仰而强调仪式,结果就有意无意地背离了宗教改革的基本方向,等同于否定宗教改革,使国教的合法性受到挑战。人们越来越怀疑他们以弘扬信仰为掩蔽,意图恢复天主教。即使连国教高教派最后都认定牛津运动心怀叵测,将其斥为裂教图谋,而高教派在开始时是多少对其持同情观望态度的。纽曼一批人后来果真皈依了天主教,给牛津运动致命的一击。

19世纪,国教的地位受到动摇,政教分离已不可逆转,在这个时候,牛津运动试图以强化仪式和教阶制度的方式来恢复教会在国家中的正统地位,对抗教会的"自由主义"倾向,在这一点上,它和其他保守主义思潮是彼此呼应的。[1]

在讨论过以上自由主义、社会主义、文化保守主义和牛津运动四种社会思潮之后,尚需关注两个特殊的论题:女性主义和帝国主义。女性主义源于启蒙时期,1792年,沃尔斯通克拉夫特出版《女权辩护》,站在进步与理性的立场上伸张女性权利,她认为女性的无知、脆弱、多愁善感以及足不出户的状况,是没有受到良好教育的结果,成见与印象形成了带有专制性质的性别贵族制。在她看来,男女两性都从造物主那里得到理性,因此女性应该与男性一样享有自然权利。她希望给女性以平等的教育权利和工作机会,从而改变她们的受压迫地位。[2]

[1] C. Brad Faught, *The Oxford Movement: a Thematic History of the Tractarians and Their Times*, Pennsylvania State University Press, 2004, cha. 2.

[2] Barbara Taylor, *Mary Wollstonecraft and the Feminist Imagination*, Cambridge University Press, 2003; Daniel I. O'Neill, *The Burke-Wollstonecraft Debate: Savagery, Civilization, and Democracy*, The Pennsylvania State University Press, 2007.

欧文也关注妇女问题。他同意那个时候人们对女性的判断:狭隘、做作、欺诈,但他认为这些都不是天生的,而是不良社会制度的结果,即家庭、宗教与婚姻关系,财产制度与工业生产,人与人之间的竞争,个人主义观念等等,都成为妇女不幸的原因。他认为仁爱与理性可以促成两性平等,而这有赖于一种良好的共同体生活,在这个意义上,他的社会主义实验有利于妇女解放,只有参加工作,才能把妇女从妻子和母亲的角色中解放出来。[1] 受欧文影响,威廉·汤普森(William Thompson,1775—1833)于 1825 年发表《人类另一半的呼吁》(*Appeal of One Half the Human Race*),反驳詹姆斯·密尔的政府理论,他认为女性在婚姻与政治中有与男性完全平等的契约者地位,为了获得公民权,妇女应该得到精神与智力的支持;他主张以合作关系取代竞争,平等的财产权利是性别平等的前提。

从功利主义出发,约翰·密尔是 60 年代女性权利的最重要的倡导人。1860 年他发表《妇女的屈从地位》一文,主张平等的两性关系,认为新型的婚姻关系不仅惠及妇女,也惠及全社会。他指出有选举权、受过教育、有固定职业的妇女和男性一样都是纳税者,因此应享受与男性一样的尊严。

尽管女性主义在多数场合伸张平等的权利,但它也关心妇女的独特性,在这个方面,萨拉·刘易斯(Sarah Lewis)是一个典型。她在《妇女的使命》(*Woman's Mission*,1836)中反对妇女外出工作,建议把妇女限制在家庭中,她认为女性是道德的维护者,母性是女人的根本;女主内,男主外,这种分工建立在两性差异的基础上,也是基督教的根本原则。刘易斯认为私人领域与公共领域应该分开,因此,女性不应进入男性的领

---

[1] Celia Morris, *Fanny Wright : Rebel in America*, University of Illinois Press, 1993; Carol A. Kolmerten, Carol A. Kolmerten, *Woman in Utopia : The Ideology of Gender in the American Owenite Communities*, Syracuse University Press, 1998.

域。① 从某种意义上说,这是女性主义的另一个分支,它强调的是妇女的特殊性。罗斯金同意刘易斯有关两域分离和母性力量的观点,他认为女性应该将这种"女王般的力量"扩展到家庭之外。

女性主义有两个分支,一个分支追求权利,要求平等的政治地位,她们组成激进的参政同盟,采取低度暴力手段(如在公共场所放置炸弹,又向媒体公布炸弹的位置),争取妇女的选举权,其领袖人物是潘克赫斯特母女。这些行动的妇女参政运动者同时也重视塑造自己的淑女形象,经常把时装展示和示威游行结合起来。② 另外一个分支是在约翰·密尔等中等阶级思想领袖影响下的温和群体,她们强调女性的品德培养,主张通过宣传、教育让整个社会都意识到妇女问题的重要性,通过立法来解决女性的权力问题。这些人用一种沙龙式的方法开展活动,一边听课、讨论,一边修习刺绣、缝纫等女子工艺。他们的工作重点是说服上层人物,请他们帮助完成妇女的解放。③

关于帝国主义问题,在 19 世纪,无论激进派还是保守派,几乎都支持帝国主义,即使有人抨击殖民者的掠夺与暴行,也认为西方的制度比东方好,西方在技术、制度和文化诸方面,都处于更高的发展阶段。温和的思想家吁求用和平、人道的方式,或宗教、商业的方式促进西方文明,而不采用武力和占领的方式对付非西方文明。人们普遍认为非西方文明是落后的、野蛮的,这种心态一直影响到 20 世纪。自由主义相信普世价值,而这些价值只是西方文明中某些特征;进化论相信社会发展的阶段性,而西方的现在为全人类指引未来。所以在 19 世纪,总的思想潮流是帝国主义,"自由主义者往往是最热切的帝国主义者,他们也常常对帝国主义提出强烈的批评",但批评只局限于手段的残忍方面。④

① A. Clark, *The Struggle for the Breeches : Gender and the Making of the British Working Class*, Berkeley: University of California Press, 1995.
② 参见王赳:《激进的女权主义——英国妇女社会政治同盟参政运动研究》,上海三联书店,2008 年。
③ 参见陆伟芳:《英国妇女选举权运动》,中国社会科学出版社,2004 年。
④ Duncan Bell, "Empire and Imperialism", *The Cambridge History of Nineteenth Century Political Thought*, p. 865.

密尔父子支持帝国主义,认为落后民族经过先进民族的统治,其文明程度将得以提升,好帝国主义与坏帝国主义的区别在于统治者能否从落后民族的幸福出发,统治后果能否改善它们的福祉。詹姆斯·密尔曾说英国在印度的统治对英国是一个负担,但有可能使印度人民受益,他不赞成粗暴地对待殖民地,但同时又说:即使欧洲人滥用武力,也比东方专制主义要好。马考莱说:英国人无法对那么多的印度人进行教育,但能够在印度人中培养出一个阶级,作为"我们"和"被统治者"之间的桥梁;这个阶级应该是印度人的肤色,但具备英国人的趣味、观念和道德。[1] 约翰·密尔在《论自由》说中,只要结果是野蛮民族得到改进,专制统治也是合法的。[2] 文明世界有义务帮助落后社会成长,这是"白人的责任"。张伯伦在 1897 年说:应该把占领的意识变为责任意识,"我们觉得,如果能证明我们对他们的统治为人民带来幸福和繁荣,这就是我们对这种统治合理性的唯一证明"[3]。

反对帝国主义的也有人在,边沁是其中之一。从功利主义出发,他认为西方对非西方的统治并不像这种统治的倡导者所说的那样高尚,西方统治者和东方被统治者的关系其实是主人与奴隶的关系,对双方来说这都是毁灭性的。他呼吁解放殖民地,认为西方没有权利统治他们,西方的统治有悖于被统治者的利益。与边沁持同样立场的还有斯宾塞,他虽然是个进化论者,在帝国主义问题上却不支持密尔。他从 40 年代起就反对帝国主义,认为暴力统治不符合基督教精神;到 90 年代,他激烈批评殖民母国的贪婪、傲慢和虚伪,他认为英国知识精英中弥散着沙文主义,维持帝国将使英国自己陷入野蛮化,那些自称为文明民族的统治

---

① Thomas R. Macaulay, "Minute on Indian Education"(1835), *Complete Works*, 1898, Vol. Ⅺ.

② Duncan Bell, "John Stuart Mill on Colonies", *Political Theory*, 2010(1), pp. 34 – 64.

③ J. Chamberlain, "The True Conception of the Empire", *in Mr. Chamberlain's Speeches*, ed. Charles Boyd, Vol. Ⅱ, London, 1897, p. 3.

者不过是白色野蛮人,他们用枪和炮去征服黑色野蛮人。①

霍布森不是从道德的角度出发的,他从帝国对母国的危害的角度,来批判帝国主义。保持帝国对国内和平构成挑战,伤害经济发展,阻碍改革,尤其是,从 1870 年代开始西方主要国家剧烈争夺殖民地,刺激了对外投资,造成剩余资本外流,使国内市场迅速萎缩,影响了国内的社会事业。在霍布森看来,到 19 世纪末,西方国家已经发展成逐利的帝国主义了,为追逐利益而互相争夺,而争夺殖民地就形成战争的根源。霍布森的这些观点深深地影响了列宁,为列宁的帝国主义理论提供了思考方向。②

---

① David Werinstein,"Imaging Darwinism",in *Utilitarianism and Empire*,eds.,G. Varouxakis and B. Schultz,Lanham,2005.
② 参见列宁:《帝国主义是资本主义的最高阶段》,《列宁全集》(第 2 版),第 27 卷,人民出版社,1990 年。

第三章 艺术与科学

19世纪,英国绘画艺术趋向繁荣,建筑风格竞相争艳,音乐与欧洲大陆相比基本上乏善可陈。19世纪初,新古典主义与浪漫主义并存,新古典主义以古典艺术为理想,突出理性与美德,希望用古典世界的理想改善世界。新古典主义甚至相信希腊和罗马的一切都尽善尽美,它强调永恒。浪漫主义发现激情无法驾驭,它并不背弃传统,而是以自身的价值来改造传统。在绘画领域,浪漫主义注重颜色而非线条,突出动感而非构图,强调情感与个人体验而非普遍价值。

风景画是英国浪漫主义画家的重要主题,1862年,帕尔格雷夫(Francesco Turner Palgrave)写道:"本世纪我们的艺术生命力差不多在于风景画和情节画中,两者实际上是最近六十年的发明。"[1]在19世纪风景画兴盛之前,人们不重视以乡间建筑和花园景色为主题的画家,但是18世纪末期浪漫主义新潮涌动时,艺术家对风景画的态度发生转变,两位同时代的风景画家,威廉·特纳和约翰·康斯特布尔,用各自的画风烘托了19世纪英国风景画的繁荣。

特纳(William Turner)出身贫寒,是理发师的儿子。他幼年就显露

---

① 约翰·森德兰:《英国绘画1525—1975》,上海人民美术出版社,1991年,第45页。

出绘画天赋,曾在雷诺兹的画室里学习素描;15岁其作品参加了皇家美术院展览,18岁成立自己的画室,27岁成为皇家美术学院院士,之后他游历欧洲,在32岁时担任美术学院透视学教授。

特纳的早期作品是写实主义的,1810—1815年他创作了泰晤士河风景组画,这些画作是对瞬间风光的迅即描绘。他在《廷特恩修道院》里用写实手法画下建筑结构,又以戏剧般的明暗对比,使建筑物产生一种神秘而可畏的雄伟感觉。他的第一幅大师级作品是画布油画《暴风雪:汉尼拔及其军队翻越阿尔卑斯山》(1812),画面上颜色明亮的、动感的暴风雪使灰暗、模糊的营寨变得非常渺小,于是人与自然相比微不足道的感觉油然而出。这幅画受多种因素影响:他在阿尔卑斯山旅游,亲身感受着山中风雪;他对意大利风景画进行观摩,其中提香、普桑和伦勃朗对他的影响最大。正如他自己所说:“提香……为大部分的历史画增加了高雅的情趣”;“普桑在历史和田园诗题材方面的才能……(使)我们真正感觉到一种特别的庄严”;伦勃朗“用他的明暗对照法,使人深切地感觉到光和暗的冲突,给最平庸的粗俗事物蒙上一层神秘的气氛”。[1] 加上他对1810年一次暴风雨的亲身体验,让这幅大师级画作震撼人心。

特纳准确地描绘自然,特别是其中的壮丽场面。他对自然的恐惧与敬畏感,表现在《暴风雪》和《涉溪》(1814)等画作中。他认为构图、对称和光效应产生纵深感,《威尼斯大运河》(1835)对色彩的精湛运用,使特纳成为印象派的先驱:淡彩的底色、金色的视景和彩色的蒸汽,在色彩调配上达到光彩夺目的效果。《雨、蒸汽和速度》(1844)与《涉溪》形成对比,整个画面的底色由上方的黄白色向下方的黄褐色过渡,中间有一条模糊的地平线;右下方,一列火车从背景中冲出。当康斯特布尔认为特纳的艺术“粗野不堪”[2]时,既是对他性格的说明,也是对他画风的评价。

约翰·康斯特布尔(John Constable)生于萨福克郡,是磨坊主之子。

---

① 迟柯主编:《西方美术理论文选:古希腊到20世纪》,江苏教育出版社,2005年,第208—209页。

② 唐纳德·雷诺兹等:《剑桥艺术史:19世纪艺术》,钱乘旦译,译林出版社,2009年,第53页。

他和特纳一样,是 19 世纪英国最知名的浪漫派风景画家,他很少出国游历,只愿意在自己家乡观察和临摹,说自己在干农活时学会了观察,风车、运粮船、乡间小径都是他的绘画素材。康斯特布尔的艺术理念集中在这一点上:艺术家要在画布上表现他在观察自然时抓住的一瞬间美感。有时候他画的不是景物,而只是自己对景物的印象。特纳的画充满动感,康斯特布尔的画则充满宁静气息。画布油画《干草车》(1821)是他的重要作品,画的是中午时刻吉本庄园的威利洛特小屋:左侧是浓密的树和小屋,右侧是天空和草原,有景深和开阔感;干草车位于画面中下部,右边的河流形成一块反光面。康斯特布尔的绘画除了临摹自然,便是对颜色的试验,《造船》(1815)体现了他对色彩的独特处理:本应是冷色的灰色与绿色,却用来产生温暖的感觉。康斯特布尔也是个画天空的高手,他经常写生云团,并记下云彩的种类和日期,印象派也把他视为先驱者之一。①

康斯特布尔崇尚自然,不刻意猎奇,直到 1829 年他才当选皇家美术学院院士。他批评 19 世纪初英国画坛的浮夸:"现代的最大错误就在于胆大妄为,企图在真实之外去追求什么东西。追求时髦,过去有、现在有、将来也会有,但它总是有一定时间性的,要得到后人的承认,只有万物中的真实才会永存。"②康斯特布尔对自然景象仔细观察,说明了科学对艺术的影响,他的作品质朴细致,以笔触和色彩记录他周围的风景。

19 世纪中期出现了拉斐尔前派艺术家,这是 19 世纪英国绘画的第二阶段。这些画家对 15 世纪以前的绘画有浓厚兴趣,反对米开朗琪罗和拉斐尔以后程式化和学院派的艺术,而特别反对以雷诺兹为代表的英国皇家美术学院的画风,但他们还是继承了康斯特布尔注重自然、注意细节、特别是模仿自然中艳丽色彩的风格,其中重要者有罗塞蒂(Dante Gabriel Rossetti, 1828—1882)、米莱(Sir John Everett Millais, 1829—1896)、亨特(William Halman Hunt, 1829—1896)等。拉斯金是该派重

---

① 参见唐纳德·雷诺兹等:《剑桥艺术史》(3),钱乘旦译,译林出版社,2009 年,第 76 页。
② 马凤林、帼立、梁时一编著:《英国绘画史》,岭南美术出版社,1990 年,第 60—61 页。

要的理论家,同时也是重要的画家;他们在 1848 年组织拉斐尔前派兄弟会(Pre-Raphaelite Brotherhood),由此而出现"拉斐尔前派"这个名称。

拉斐尔前派的作品往往取材于圣经和中世纪故事,注重色彩、细节,特别强调光,罗塞蒂的《莉莉丝》(1864—1868)和亨特的《悠闲》(1866)是这个画派早期的名作。由于该画派在早期特别倾心于中世纪,认为中世纪代表着纯洁和创造力,因此被视为是对抗启蒙、与浪漫主义相联系的一个组成部分。米莱的《基督在父母家中》(1850)曾因为十分注重细节与写实,而引起很大争议,狄更斯就称该画将人物画得像酒徒,亵渎了耶稣一家。拉斯金在《现代画家》,也就是 19 世纪名噪一时的艺术史研究系列中,为这个画派进行辩护。

维多利亚后期兴起了新的绘画风格,即理想主义绘画。理想主义在某种程度上是对拉斐尔前派的补充和修正,它以神话情节吸引人,重视形式美,强调装饰性,模仿古希腊的完美裸体的崇高精神。理想主义画家的代表有莱顿(Frederic Leighton)、乔治·华兹(George Frederic Watts)、阿尔玛-台德玛(Lawrence Alma-Tadema)等等。弗雷德里克·莱顿是 19 世纪末最有声望的学院派画家,他的名声一度超过雷诺兹。莱顿在布鲁塞尔、巴黎、法兰克福接受过绘画训练,1852 年来到罗马,从古典艺术中吸取营养。这一年绘制的作品《圣列的行进》,于 1855 年在皇家美术学院展出,即被维多利亚女王买下。1878 年莱顿当选为英国皇家美术学院院长,1896 年受封为男爵,成为英国唯一获得这项荣誉的画家。

19 世纪后期兴起了工艺美术运动,这场运动对整个世界都产生了影响。运动的参加者反对工业时代用机器复制的粗糙艺术品,强调艺术设计和工艺制作的重要性。参加运动的人有画家、设计师、建筑师、作家、哲学家,他们倡导实用技术与美术相结合,反对大工业的平庸与缺少美感,主张消除生活与艺术的鸿沟。运动的倡导者是莫里斯、拉斯金和普金,这些人自称是美术工匠,和手艺人一起参与产品的制作。[①] 1859 年

---

① 张敢:《欧洲 19 世纪美术》(下),中国人民大学出版社,2004 年,174—180 页。

"红屋"的设计,标志着运动正式开始,莫里斯、韦伯、罗塞蒂和琼斯都参与了设计。工艺美术运动对 19 世纪后期的城市、住宅、图书设计,日用品、家具、器械的造型都产生很大影响,他们建立工艺美术公司,既销售产品也推销理念,同时也改变了艺术家的生活方式。

　　19 世纪的建筑经历了连续的繁荣,不同的风格竞相出现,建筑风格带有试验性,希腊式、哥特式、意大利式都得到表现,威斯敏斯特是哥特式的,大英博物馆则是古典式。在 19 世纪,古典建筑风格仍然大行其道,这与欧洲和美国的情况大抵相似,约翰·纳什(John Nash)是古典式代表,从白金汉宫到雷泽公园的连排住宅,整个伦敦西部都受其影响。埃尔姆斯(Harvey Lonsdale Elmes,1813—1847)的利物浦圣乔治大厅(1840—1854)气派雄伟又简洁明快,在功能和空间组合方面极具特色,被认为是 19 世纪新古典主义建筑风格的最高成就。哥特式建筑的复兴,与巴里(Sir Charles Barry,1795—1860)、普金(Augustus Welby Northmore Pugin,1812—1852)等建筑师有关,1836—1838 年威斯敏斯特的重建方案主要是他们制定的。19 世纪在建筑方面出现一个新进展,就是在桥梁、商店和车站建筑中使用钢和玻璃,史蒂芬森(Robert Stephenson)的布里坦尼铁路大桥(1850),玻特(George Porter)的百货店(1858),布鲁尼(A. K. Brunel)的皇家阿伯桥(1860)等都是这方面的典型作品。艾利斯(Peter Ellis)设计利物浦的欧瑞尔议事厅(1860)时,将新材料和新古典主义风格结合起来;而帕克斯顿(Joseph Paxton)设计的水晶宫(1851),则是使用钢与玻璃的巅峰之作,这个庞大的建筑物宽125 米、长 560 米、高 22 米,预制和组装结合,在几个月内就完成了设计与建造。

　　与欧洲特别是德国的浪漫主义音乐相比,英国的音乐成就总体不高,不仅没有可与大陆相比的音乐大师,而且其创作也呈衰落趋势。[①] 宗教音乐特别是合唱音乐是英国的传统,19 世纪仍然维持着。教堂管风琴

[①] 保罗·亨利·朗格:《十九世纪西方音乐文化史》,人民音乐出版社,1982 年,第 262 页。

音乐一向是英国音乐的重要组成部分,贝内特(William Sterndole Bennett)和帕里(C. H. Parry,1848—1918)受大陆浪漫主义影响,他们的创作可算作欧洲浪漫主义的一个部分。19 世纪中叶爱尔兰的巴尔夫(Michael William Balfe)和华莱士(William Vincent Wallace)写过一些清新优美的歌剧,前者以《波希米亚少女》(*The Bohemian Girl*)出名,后者以《玛丽塔娜》(*Maritana*)为人所知。剧作家威廉·吉尔伯特(Sir William Schwenck Gilbert)和阿瑟·沙利文(Sir Arthur Seymour Sullivan)写了许多英国风格的喜歌剧,这些歌剧继承了民谣歌剧的传统,近似于轻歌剧,其中如《日本天皇》(*The Mikado*,1885)、《皮纳福号军舰》(*H. M. S. Pinafore*,1878)和《彭赞斯的海盗》(1879)等,至今仍在英语国家上演。1822 年英国建立了著名的皇家音乐专科学校,许多作曲家和演奏家在这里献身于音乐教育工作。

19 世纪的科学,除物理学仍在寻找世界的统一性,已脱离了哲学或本体论意义上的宏大理论,而成为应用的科学。纯粹的科学问题导致技术革新,技术又向科学提出新课题。科学与技术从未有过如此密切的联系,法拉第(Michael Faraday)和麦克斯韦(James Clark Maxwell)的电磁学对电气、巴斯德(Louis Pasteur)的微生物研究对医学、孟德尔(Gregor Johann Mendel)的遗传学对农业,都产生了前所未有的影响。① 科学与哲学似乎分开了,科学家和大众都不再以哲学的态度对待科学,科学处理的是现象,而终极意义不再是科学家思考的对象。19 世纪是实证主义的世纪,科学理论有赖于实验证明,"实验已经成为一种系统的、有规律的工作程序,实验在已建立的实验室进行,把可以重复的结果在专门杂志上报道。"②此外,各国和各大学设立科学研究基金,系统地奖励科学进步。在科学发展方面,英国科学是实用的、经验主义的、个人化的,与法国人注重数理表达、德国人注重思辨规划形成对照。英国有大量自学成

① W. C. 丹皮尔:《科学史》,李珩译,广西师范大学出版社,2001 年,第 175—176 页。
② C. C. 吉利斯皮:《科学与技术》,载《新编剑桥近代史》第 9 卷,中国社会科学出版社,1999 年,第 176 页。

才的人在科学上取得成就,托马斯·扬的(Thomas Young)光波动说,汉弗莱·戴维(Sir Humphry Davy)的电化学,道尔顿(John Dalton)的原子论,法拉第的电磁实验,都是重要进展。

19世纪的数学出现了许多新科目,这与物理学的应用有关。复变函数论与热传递技术,高斯(C. F. Gauss)的分析论与电学、微分方程与力学之间都有密切关联。数论、形论、群论、函数论的发展引人注目,凯利(Arthur Cayley)、克莱因(Felix Christian Klein)、怀特海(Alfred North Whitehead)对非欧几何有重大贡献。19世纪前30年的英国数学家,包括皮科克(George Peacock)和德摩根(Augustus De Morgan),致力于代数学的公理化,在此基础上哈密尔顿(William Rowan Hamilton)发现四元数。

英国的代数学以符号运算以及符号去处与数学事实的关系为研究方向,产生英国式的代数运动。皮科克的《代数学》(1830)把代数分成算术代数和符号代数,后者是一门"通过某种确定而又任意的方式处理符号和记号的组合的科学"。[①] 哈密尔顿是爱尔兰数学家和物理学家,他力图证明负数和虚数在代数运用中的合理性问题,他的四元数概念标志着量概念在物理学中的广泛运用。德摩根的贡献主要在分析学、代数学、数学史及逻辑学等方面,在代数学方面,他认为代数学实际上是一系列"运算",这种运算能在任何符号的集合上,根据一定的公式来进行。在逻辑学方面,他发展了一套适合推理的符号,并首创关系逻辑的研究。他提出了论域概念,并以代数的方法研究逻辑的演算,建立了著名的德摩根定律。他更对关系的种类及性质加以分析,对关系命题及关系推理有所研究,从而推出一些逻辑的规律及定理。逻辑学家乔治·布尔则在另一个方向对代数自由性问题进行探讨,他是现代符号逻辑的重要人物。

在天文学方面,从古代直到18世纪,天文学家的主要工作是对天体

---

① 卡兹:《数学史通论》(第2版),李文林等译,高等教育出版社,2004年,第529页。

运行规律进行数学描述,这项工作的顶峰是牛顿的运动定律。18 世纪的英国天文学是天文观测学,赫歇尔兄妹(Friedrich Wilhelm Herschel, Caroline Lucretia Herschel)不断改善望远镜,以精确绘制恒星的位置与天体结构。19 世纪初,赫歇尔主要进行星云研究;他的儿子约翰 · 赫歇尔(John Herschel)于 1864 年出版了包括 5 000 多个星云与星团的天文总表,是现代星系图的基础。19 世纪下半叶先进仪器的使用,导致天体物理学诞生,天文学家对棱镜光谱进行分析,理解其中包含的意义。威廉 · 哈金斯(Sir William Huggins)通过分光镜将气状星云和星状星云区分开,照相技术也改变了天文学的特点和天文观测的性质。天文学家不再受人眼观察的局限了,它和基本粒子及细胞研究一样,需要更精确的实验手段。

原子论是 19 世纪英国科学研究的重要成果,关于原子的猜想,早在古希腊时期就有了,但直到 1801—1804 年道尔顿以气体做实验时,原子的存在才被证实。19 世纪以前,人们假定一切物质的原子都相同,道尔顿则指出不同物质的原子也不相同,同一性质的原子相互排斥,不同物质的原子相互不排斥;不同物质(元素)的原子其大小、重量、单位体积内的数目都有差异,当两种物质合成一种化合物时,但若两种元素生成两种或两种以上的化合物时,其中一个元素的质量固定,另一个元素的质量与之形成简单的整数比(倍比定律)。他还发现一个元素的原子可以与另一个元素的三个或更多的原子化合。他以氢原子的重量为单位,列出各个已知元素的当量重量,根据这些当量重量,可以推算出化合物中各个元素的原子量。

在化学方面,另一个进展是电离实验。从 1801 年起汉弗莱 · 戴维对盐液和固体化合物做电解实验,1807 年他用 250 对锌片和铜片组成电堆,实现了对草木灰(碳酸钾)和苏打(碳酸钠)的电解,发现了两种重要的新元素钾和钠。1808 年他又发现钙、钡、镁、锶四种元素,第二年解析出硼。他从这些研究中得出结论:使元素形成化合物的化学吸引力具有电的属性。结合柏齐力阿斯的实验,戴维提出化合物的二元说:化合物被电解时,氢、金属和碱类元素被吸引到电流的负极,它们是正电性族;氧、非金属和酸被吸引到正极,它们是负电性族;其他元素呈中性。60 年代以后,随着原子量和化合价的确定,元素分类和寻找新元素主导了化学研究的方向。

在电磁学研究中有两个重要人物,即法拉第和麦克斯韦。法拉第出身于铁匠家庭,年幼即开始学徒生涯。1813 年他担任皇家学会主席汉弗莱·戴维的助手,走上了科学研究的道路。1821 年法拉第发明了第一台电动机,即利用电流使物体运动的装置。1831 年他发现电磁感应现象:一个电流可以产生另一个电流,一个金属线圈中的电流强弱发生变化时,能在一个邻近的线圈中感应出一个瞬时电流;将一块永久磁铁在线圈附近移动,也会产生相似的现象。这样,磁、电和机械运动就联系在一起了。麦克斯韦将法拉第的实验结果概括成一组公式,对电磁学做了理论性的推导。

在热力学方面,焦耳(James Prescott Joule)推动了能量守恒定律的确立。焦耳深信能量具有不同的形式并保持不灭,相信热是粒子的运动,与机械能是一回事。他试图以实验证明上述观点,他测量各种能量转化为热的情况,1840 年他测量电流通过电阻线时发出的热,发现电流通过导体时产生的热量,与电流强度的平方、导体的电阻和通电时间成正比。这就是所谓"焦耳定律"。自然界一切物体都有能量,能量有各种不同形式,能够从一种形式转化为另一种形式,从一个物体传递给另一物体,在转化和传递过程中能量保持不变,这就是热力学第一定律,也称能量守恒定律。焦耳对这个定律的确立作出了贡献。

19 世纪最伟大的科学成果是进化论,进化论完全改变了人对生命的看法,确立了人类起源的科学基础;它深刻影响了 19 世纪人的思维,影响了此后人们的一般思想方式。在达尔文出生之前,进化的思想就已经产生,解剖学家兼自然神论者贝尔(Charles Bell)曾论证:动物的本能、组织和手段与其对自然的适应相联系,每一个物种都在自然中有其位置,它是适应(即机体对环境的有益调整)的结果。达尔文的祖父伊拉斯谟·达尔文强调动物的生存竞争,主要是争夺雌性。梅森曾经说,进化论与各国的民族思潮有关,英国的竞争自由主义容易产生达尔文式的进化论。①

查尔斯·达尔文(Charles Darwin)起先在爱丁堡学医,后到剑桥学习地质学和自然史。在剑桥他受到地质学家基季威克和植物学家亨斯洛的影响,1831年12月至1836年10月他随英国政府南太平洋远程考察船出行,进行博物学考察,途经南美洲和太平洋科隆群岛。在考察中,达尔文采集了许多地质、植物和动物标本。1842年,他根据收集到的地质学资料发表《珊瑚礁的结构与分布》这本地质学著作。在远航过程中,他就形成生物进化的想法;从1837年起,20多年中他追随赖尔的地质学研究方法,对生物学资料进行整理。1859年他出版《物种起源》(完整的书名是《论通过自然选择或生存斗争保存良种的物种起源》),书中从灭绝物种的时间分布和活着物种的空间分布两个方面,提供生物进化的证据。系谱递传和自然选择是他的理论的两个关键,通过对地质学和古生物学的研究,他指出生物化石在地质上有连续性、在地理分布上有相关性,因此生物系谱是存在的,而个体的胚胎发育过程基本上是物种进化过程的复制。在进化过程中,那些具有优势变异的动物生存下来、并繁殖其种类,而具有不利变异的物种则灭绝了;生物对环境的适应产生物种变异,形成新的物种。但环境因素,如气候的变化或食物的改变等,对生物的影响是非常缓慢的,它的效应是累积的,这就是自然选择。

达尔文不认为生物体内有某种内驱力导致进化,也不认为进化朝着更高或更完善的方向发展,他强调生物进化的被动性质,这是他与法国的拉马克和德国的精神哲学不同的地方。恩格斯给达尔文的科学成就以非常高的评价,说它和能量守恒定律与细胞学说共同构成19世纪最

---

① 斯蒂芬·F.梅森:《自然科学史》,上海外国自然科学哲学著作编译组译,上海人民出版社,1977年,第388页。达尔文曾承认,马尔萨斯对他的影响很大。

伟大的三项科学发现。[①] 达尔文的进化论奠定了现代生物学的基础,为物种起源和生物演变提供了科学解释。进化论发表后在英国引起轩然大波,神学和教会尽全力反驳,甚至不惜采用人身攻击的手段,反对人猿进化说;保守主义思想家也大肆攻讦,对"进化"的思想予以反击。但科学界很快就接受了达尔文的理论,并将其作为生物学进一步发展的基础。社会学和政治学家中也有人接受进化论,把它演绎成社会达尔文主义。这种"主义"将人种、肤色和"进化"联系在一起,结果成了为白人至上、种族主义提供依据的学说,19世纪末和20世纪上半叶盛行的帝国主义、殖民主义理论,就经常以社会达尔文主义为出发点。1930年代,德国纳粹党更是将社会达尔文主义奉为至宝,制造了惨绝人寰的种族大屠杀。至于在自然科学意义上的达尔文理论,后来经过科学家的发展与修正,到20世纪就变得越来越完善了,已为人类从整体上接受。[②]

对英国而言,19世纪是最辉煌的世纪,英国完成了工业革命,成为世界上最富裕、也是最强大的国家。这使它引领了世界历史的潮流,欧洲国家以及后来整个世界,都以英国为标杆,逐渐向工业社会靠拢。英国在1830年代开始民主化进程,到世纪之末已实现了成年男子普选权,这在西方乃至世界都是引领风骚的。19世纪的英国为世界提供了许多思想,它的理论成果也举世瞩目。科学与文化竞相斗艳,呈现出一派欣欣向荣的景象。英国的贸易覆盖全球,它的工业品输往世界各地,为英国带来繁荣和富庶。为了能在全世界永远汲取财富,它构建了日不落的庞大帝国,这个帝国在人类历史上也是空前绝后的,以前没有,以后也不可能再出现了。总之,19世纪的英国展现出无比的辉煌。

但阴暗面也在弥散,工业革命给劳动者带来无穷的灾难,人们惊诧在这个世界最富裕的国家为什么会有这么多的贫穷,穷人甚至衣不蔽

---

① 恩格斯:《路德维希·费尔巴哈和德国古典哲学的终结》,《马克思恩格斯选集》第四卷,人民出版社,1972年,第241页。

② 反对生物进化尤其是人类进化理论的人仍然存在,比如在号称最崇拜科学的美国,关于人从哪里来的问题仍不时会掀起剧烈的争论。

体、食不果腹。这个奇怪的现象是由英国工业化的执行方式造成的,亚当·斯密式的自由主义理论大行其道,人们普遍把贫困归咎于懒惰与笨拙,从而为社会开脱了它的责任。19世纪的英国是富裕的,却也是贫穷的,英国因此而动荡,社会经历着前所未有的阶级分裂,各阶级都为自己的利益而彼此对抗,运动和反抗生生不息。在这些抗争中,工会和社会主义政党形成和壮大了,政治参与权被迫扩大,一直扩大到工人阶级。传统的统治集团慢慢萎缩了,社会结构发生彻底的变化,而变化的趋势一直延续到20世纪。面对动荡的社会,英国被迫实行一系列改革,尽可能缓和社会冲突,由此便进入了"改革时代"。

帝国主义扩张也渐露危机,19世纪,英国的扩张至于顶峰,英帝国覆盖于全世界。但这种扩张也把英国带进激烈的国际冲突中,一方面是英国与其他欧洲国家的竞争,这样的竞争从来不曾停止过,即便在英国最强盛的维多利亚时代中期也是如此;另一方面,英国必须面对殖民地人民的不断反抗,以及被侵犯国家的间断战争。到19世纪末,这两种危机都接近临界点,终于在20世纪刚开始时就爆发了:第一种危机把英国推向世界大战,第二种危机让它在20世纪丢掉了大部分殖民地,大英帝国也轰然倒塌了。

物极必反,盛极而衰,中国古代哲人从冥冥中领悟的神秘历史踪迹,被19世纪的英国清楚地印证了。成功与失败都随着这条轨迹进入了20世纪,到20世纪,英国慢慢地失去了它的辉煌。

附　录

一　地图 *

1. 1820 年的大英帝国

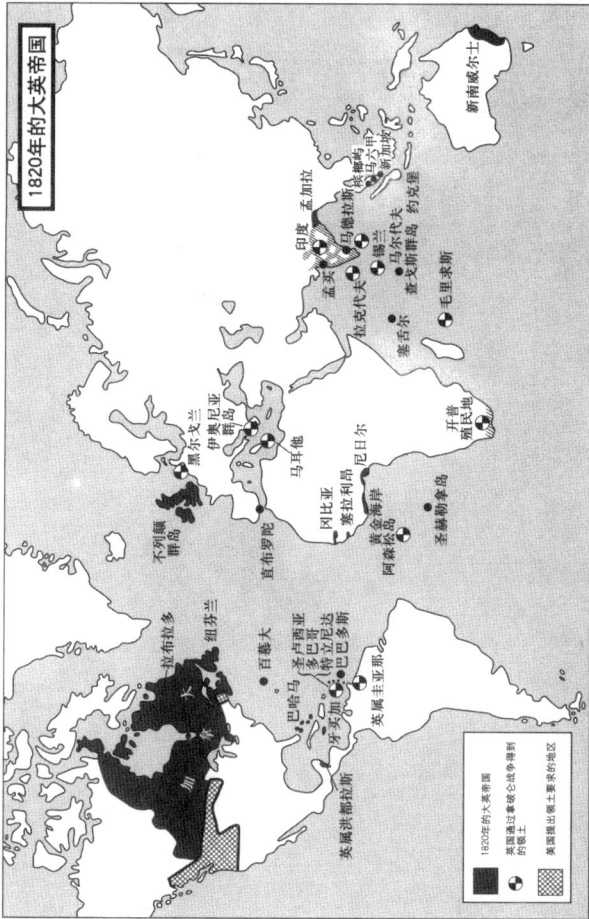

---

　*　本书地图引自［英］马丁·吉尔伯特著《英国历史地图》(第三版)，王玉菡译，中国青年出版社，2009 年。

2. 1832 年以前的议会代表分布情况

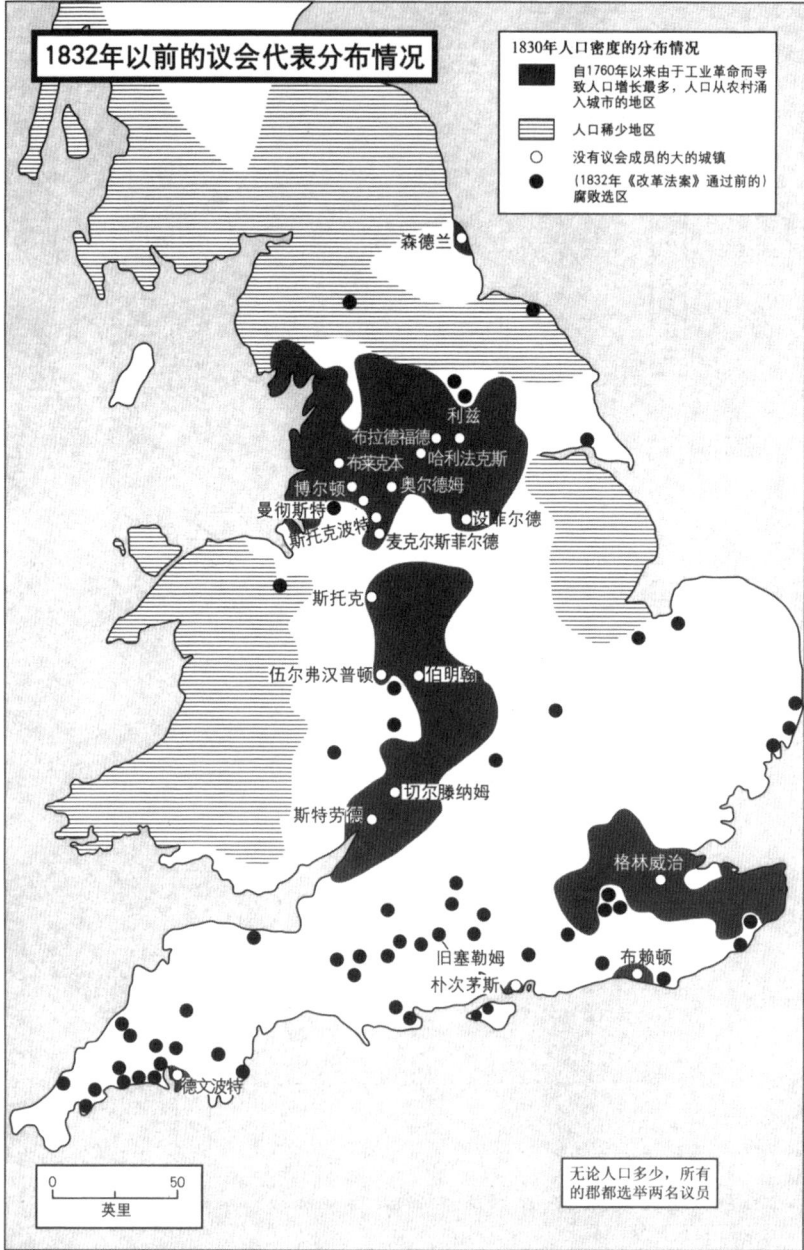

1832年以前的议会代表分布情况

1830年人口密度的分布情况

■ 自1760年以来由于工业革命而导致人口增长最多，人口从农村涌入城市的地区

人口稀少地区

○ 没有议会成员的大的城镇

● (1832年《改革法案》通过前的)腐败选区

森德兰

利兹

布拉德福德

布莱克本　哈利法克斯

博尔顿　奥尔德姆

曼彻斯特　　谢菲尔德

斯托克波特

麦克尔斯菲尔德

斯托克

伍尔弗汉普顿　伯明翰

切尔滕纳姆

斯特劳德

格林威治

旧塞勒姆　　布赖顿

朴次茅斯

德文波特

0　　　　　50
英里

无论人口多少，所有的郡都选举两名议员

3. 1832 年的议会改革

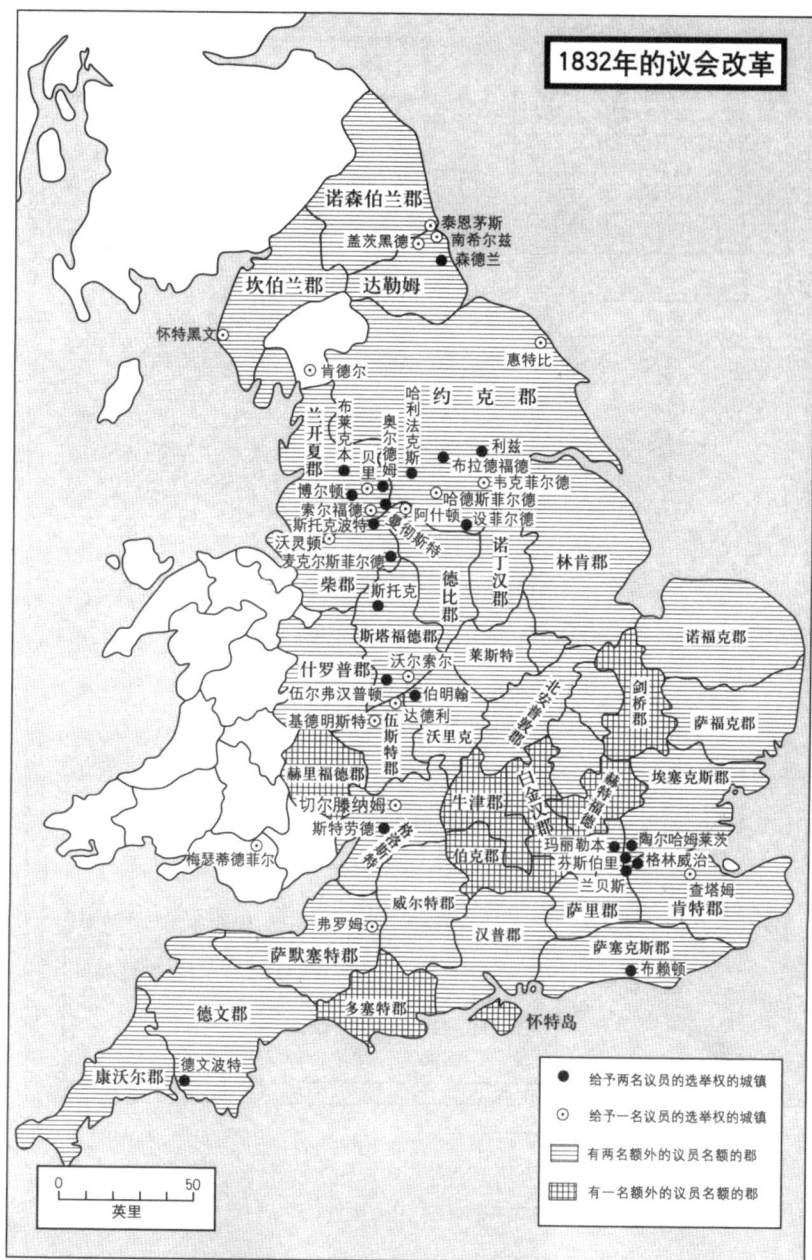

1832年的议会改革

诺森伯兰郡

泰恩茅斯
盖茨黑德⊙ 南希尔兹
⊙ 森德兰

坎伯兰郡　达勒姆

怀特黑文⊙

肯德尔⊙　惠特比

哈利法克斯 约克郡

兰开夏郡　布莱克本⊙　奥尔德姆⊙
贝里⊙　利兹
博尔顿⊙　布拉德福德
索尔福德⊙　韦克菲尔德
斯托克波特⊙　哈德斯菲尔德⊙　设菲尔德⊙
沃灵顿⊙　曼彻斯特　阿什顿⊙
麦克尔斯菲尔德⊙　诺丁汉郡　林肯郡
柴郡　斯托克⊙　德比郡
斯塔福德郡
什罗普郡　沃尔索尔⊙　莱斯特　诺福克郡
伍尔弗汉普顿⊙　伯明翰⊙　剑桥郡
基德明斯特⊙　伍斯特郡　达德利⊙　萨福克郡
赫里福德郡　沃里克　埃塞克斯郡
切尔滕纳姆⊙
斯特劳德⊙　牛津郡　陶尔哈姆莱茨
玛丽勒本⊙　格林威治⊙
梅瑟蒂德菲尔⊙　伯克郡　芬斯伯里⊙　查塔姆⊙
威尔特郡　兰贝斯⊙　肯特郡
弗罗姆⊙　汉普郡　萨里郡
萨默塞特郡　萨塞克斯郡
布赖顿⊙
德文郡　多塞特郡　怀特岛
康沃尔郡　德文波特⊙

0　　　50
英里

● 给予两名议员的选举权的城镇
⊙ 给予一名议员的选举权的城镇
▤ 有两名额外的议员名额的郡
▦ 有一名额外的议员名额的郡

4. 1789—1861 年的爱尔兰

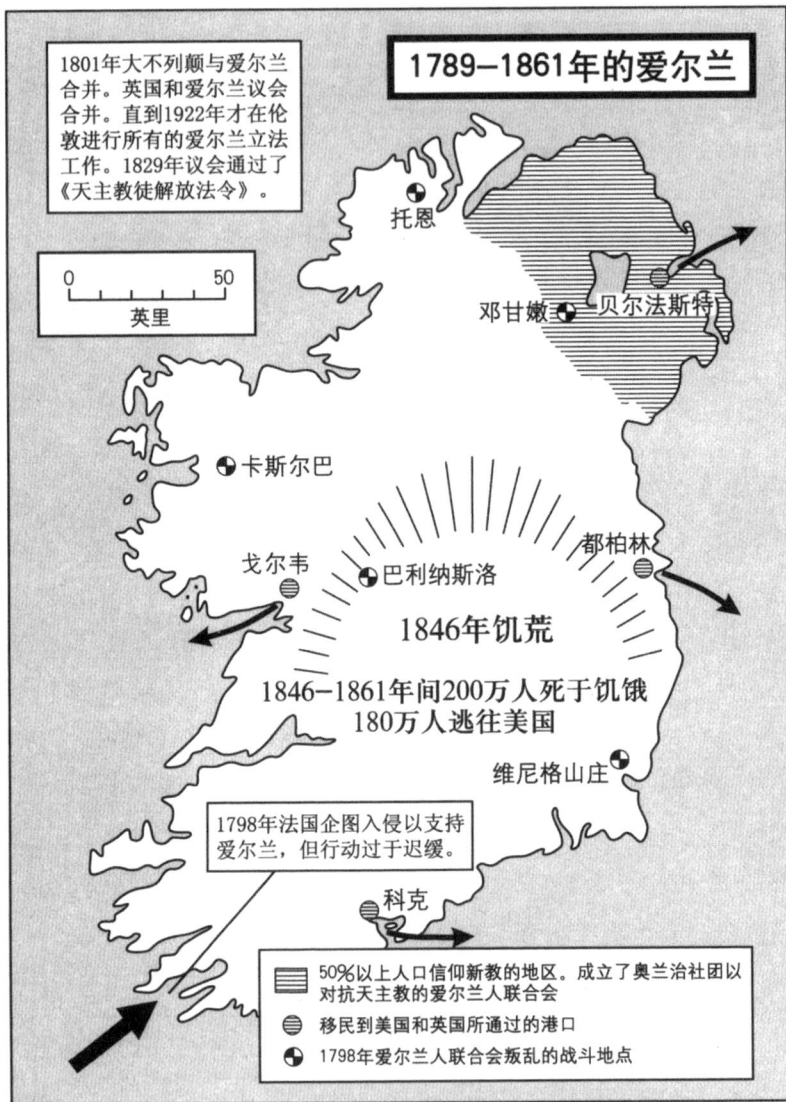

1789—1861年的爱尔兰

1801年大不列颠与爱尔兰合并。英国和爱尔兰议会合并。直到1922年才在伦敦进行所有的爱尔兰立法工作。1829年议会通过了《天主教徒解放法令》。

0　　　　　50
英里

托恩

邓甘嫩　　贝尔法斯特

卡斯尔巴

戈尔韦　　巴利纳斯洛　　都柏林

1846年饥荒

**1846－1861年间200万人死于饥饿
180万人逃往美国**

维尼格山庄

1798年法国企图入侵以支持爱尔兰，但行动过于迟缓。

科克

50%以上人口信仰新教的地区。成立了奥兰治社团以对抗天主教的爱尔兰人联合会

移民到美国和英国所通过的港口

1798年爱尔兰人联合会叛乱的战斗地点

5. 1819—1910 年的工人运动

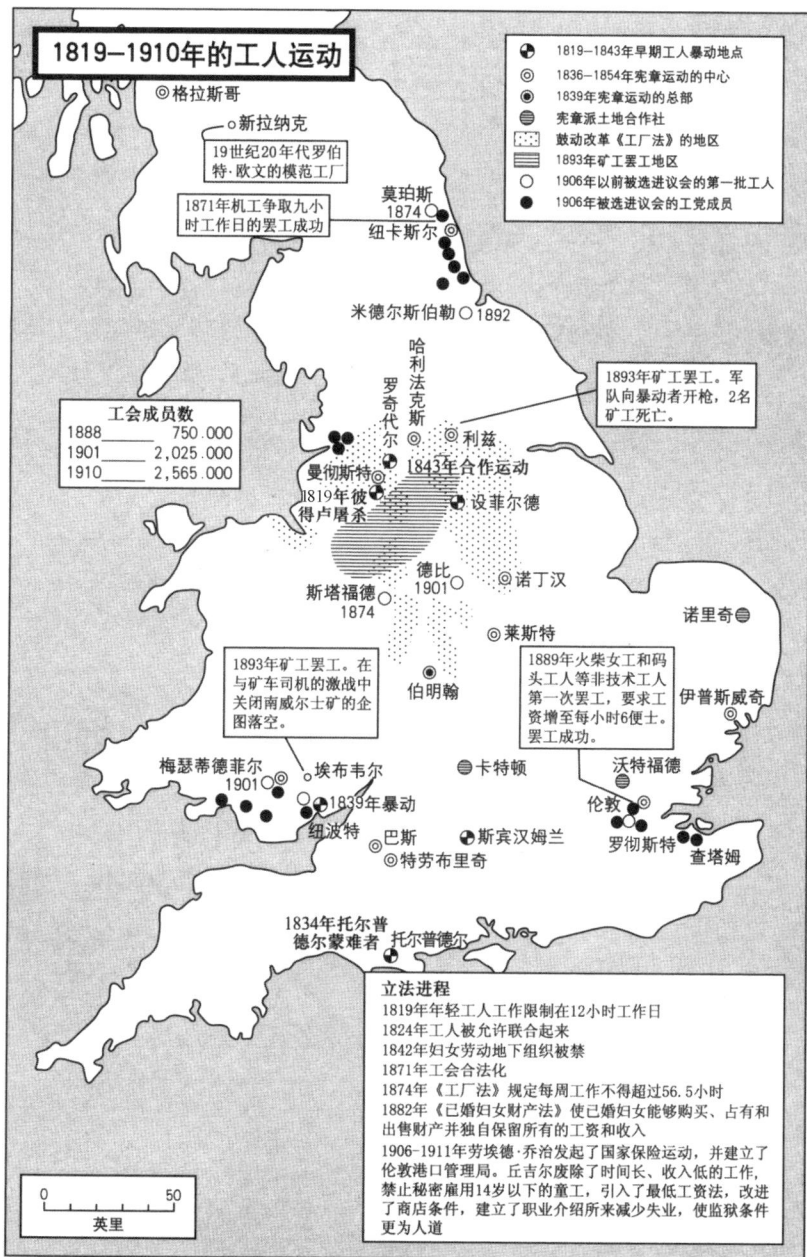

6. 1825—1914 年的铁路

1825—1914年的铁路

二　大事年表

1800　创办皇家学院

1801　与爱尔兰合并;第一次全英国人口普查;伦敦证券交易所正式开张;政府通过第一个"圈地总法案"将圈地程序予以简化

1802　皮尔通过第一个工厂法

1805　特拉法加战役

1807　宣布废除奴隶贸易

1811　"卢德"骚乱;威尔士亲王乔治任摄政

1812　《惩治捣毁机器法》

1813　废除东印度公司的垄断权

1814　乔治·史蒂文森制造第一部蒸汽机车

1815　滑铁卢战役;维也纳会议;反法战争结束,维也纳会议;英国议会通过谷物法,将谷物价格规定为每夸脱 80 先令

1817　《反煽动性集会法》;创办印度学院

1819　彼得卢大屠杀;占领新加坡;《棉纺工厂法案》颁布

1820　乔治三世去世,乔治四世继位

1821—1823　爱尔兰饥荒

1822　《进口法》颁布

1823　创办切尔滕纳姆女子学院

1824　《英荷伦敦条约》

1825　承认工会合法;英国爆发第一次周期性的生产过剩危机

1826　英格兰颁布第一个银行法案

1828　建立西澳大利亚自由殖民地;创办(老)伦敦大学,后改名为伦敦大学学院

1829 《天主教解放法》,赋予天主教徒各项权利;联合王国工厂纺纱工总工会成立;《大伦敦警察法》

1830 乔治四世去世,威廉四世继位;利物浦至曼彻斯特铁路开通;詹姆斯·尼尔森发明了用鼓风炉把热空气吹进熔铁炉的新方法

1830—1832 第一次大的霍乱流行;以格雷为首的辉格党人掌权

1831 "斯温运动";工人阶级全国同盟成立;法拉第发现电磁感应

1832 第一次议会改革;《统一诉讼程序法》

1833 《工厂法》规定工厂限制使用童工;东印度公司不再从事贸易活动;占领福克兰群岛;废除奴隶制

1833—1845 《时代书册》出版;牛津运动

1834 废除不列颠帝国内的奴隶制;成立教区济贫院;罗伯特·欧文成立全国大统一工会联合会;《塔姆沃思宣言》;《济贫法修正案》;《新济贫法》;伦敦成立了第一家股份制银行——伦敦和威斯敏斯特银行

1835 《市镇自治机关法》

1836 伦敦第一条铁路——从伦敦桥到格林尼治建成

1837 威廉四世去世,维多利亚女王继位

1838 反谷物法协会成立;《人民宪章》

1839 反谷物法同盟成立;《达勒姆报告》;成立中央教育行政机构——枢密院教育委员会

1839—1855 马考莱《英国史》陆续出版

1840 全国宪章派协会成立;焦耳发现电热转化;上、下加拿大合并

1841 成立加拿大联合省;国教会创办第一所女教师培训学校"怀特兰兹学校";罗伯特·皮尔担任首相,开始领导保守党向自由贸易方向转化

1842 查德韦克《劳动居民卫生状况报告书》

1844 "英格兰银行条例"颁布,奠定了现代中央银行的基础;罗奇代尔先锋合作社成立

1844—1845 爱尔兰发生大饥荒

1845 恩格斯《英国工人阶级状况》面世

1846 《谷物法》废除;辉格党掌权

1847 《十小时工作日法》;文莱成为英国"保护国"

1848 《公共卫生法》;约翰·斯图尔特·密尔出版《政治经济学原理》

1849 辉格党政府废除了《航海条例》

1850 英国与德兰士瓦布尔人签订《沙河协定》;成立维多利亚殖民地

1851 英国伦敦举办第一届世界博览会;英国基本实现城市化

1852 德比第一届少数派保守党政府;英国通过《新西兰宪法草案》

1852—1855 阿伯丁联合政府

1854　《诺斯科特-屈维廉报告》;英国与奥兰治自由邦签订《布隆方丹协定》

1854—1856　克里米亚战争,反对俄国,保卫欧洲在中东的利益

1855　帕默斯顿的第一届政府;伦敦公共事务委员会建立

1856　新西兰建立责任制政府

1857　议会颁布了《婚姻诉讼法》,承认离婚的合法性

1857—1858　第二次鸦片战争,为欧洲商品打开中国的大门

1858　印度民族大起义和印度法案

1858—1859　德比第二届少数派保守党政府

1859　约翰·斯图尔特·密尔出版《论自由》;达尔文发表《物种起源》;成立昆士兰殖民地

1859—1865　帕默斯顿的第二届自由党政府

1860　英国与法国签订第一个自由化双边商约:《科布登-谢瓦利埃条约》

1861　康索特亲王艾伯特去世;英国兼并拉各斯

1862　"中等阶级妇女移民协会"成立

1862—1890　斯宾塞《综合哲学》陆续出版

1863　全国矿工联合会成立

1864　全国改革同盟成立

1865　帕默斯顿去世

1865—1866　罗素第二届自由党政府

1866—1868　德比第三届少数派保守党政府

1867　第二次议会改革;加拿大自治领法案;保守党全国联盟成立;成立加拿大自治领

1868　德比出任首相;西澳大利亚实现自治

1868—1874　格拉斯顿第一届自由党政府

1869　苏伊士运河通航;解散爱尔兰教会

1870　《教育法》;议会通过英国历史上第一部《已婚妇女财产法》

1871　成立地方政府部

1872　迪斯雷利水晶宫演讲;苏格兰《教育法》

1873　格拉斯顿政府在爱尔兰大学法案被否决后辞职;伯明翰市长约瑟夫·张伯伦策划领导市政改革

1874—1880　迪斯雷利第二届保守党政府

1875　购买苏伊士运河股票,英国控制运河;《密谋与财产保护法》

1875—1876　通过克洛斯保守的社会改革计划

1876　维多利亚女王正式加冕"印度女皇"

1877　自由党全国同盟成立;德兰士瓦共和国成为英国殖民地

1878　《英土反俄防御同盟条约》;《柏林条约》

1879 《甘达马克条约》;英国银行家公会成立

1880 实施小学义务教育法

1880—1881 第一次英布战争

1880—1885 格拉斯顿第二届自由党政府

1881 爱尔兰土地和强制条例;成立了皇家技术教育委员会

1882 英国占领埃及

1883 《选举舞弊和非法行为禁令》;《最高法院规则》

1884 帝国联邦协会成立

1884—1885 议会改革和重新分配法案

1885 索尔兹伯里第一届少数派保守党政府

1886 格拉斯顿第三届自由党政府提出第一个爱尔兰自治法案;议会颁布《幼儿监护法》,规定父母有平等的选择孩子监护人的权利

1886—1892 索尔兹伯里第二届政府

1887 第一次殖民地会议

1888 《地方政府法》

1889 《海军防卫法》,索尔兹伯里政府提出"双强标准"

1890 《英德协定》;《警察法》

1891 帝国贸易同盟成立

1892—1894 格拉斯顿第四届自由党政府(少数派)

1893 上院否决第二个自治法案;独立工党成立

1894 帝国联邦(防务)委员会成立

1894—1895 罗斯伯里少数派自由党政府

1895 约瑟夫·张伯伦成为英国殖民大臣

1895—1902 索尔兹伯里第三届统一党人内阁

1896 英帝国同盟成立

1896—1898 征服苏丹

1897 全国妇女选举权联合会成立

1899 成立教育部

1899—1902 第二次英布战争

1900 劳工代表权委员会成立;澳大利亚联邦法案

1901 维多利亚女王去世,爱德华七世继位

1902 英日同盟成立

1902—1905 贝尔福反爱尔兰自治者政府

1903 张伯伦关税改革运动开始;妇女社会和政治联盟成立

1904 《英法协议》

1905—1908 坎贝尔-班纳曼自由党政府

1906 自由党赢得大选;工党成立

1907 《英俄协定》;殖民地会议改为"帝国会议",用"自治领"取代"殖民地"

1908—1915 阿斯奎斯自由党政府

1910 爱德华七世去世,乔治五世继位;南非联邦自治领成立

1911 议会法案削减上院权力,规定 5 年选举一次;劳合·乔治的国家保险法案;摩洛哥危机

1912—1914 通过第三个爱尔兰自治法案和取消威尔士教会法案,但暂缓执行

1914 萨拉热窝事件,英国参加第一次世界大战

三 参考书目

一、英文部分

Abbott，Mary，*Family Ties：English Families 1540—1920*，Routledge，1993.

Adams，James Eli，*A History of Victorian Literature*，Wiley-Blackwell，2009.

Aderman，Paul，*Victorian Radicalism，the Middle-class Experience，1830—1914*，Longman，1984.

Alderman，Geoffrey．*The Jewish Community in British Politics*，Clarendon Press，1983.

Alexander，Michael，*A History of English Literature*，Macmillan，2000.

Alexander，Michael，*A History of English Literature*，cha. 8：The Age and its Sages，Macmillan Press Ltd，2000.

Bagley，John J.，*The Earls of Derby，1845—1985*，London，1985.

Bailey，C. Schonhardt，*From the Corn Laws to Free Trade：Interests，Ideas，and Institutions in Historical Perspective*，The MIT Press，2006.

Baker，Ernest，*The Ideas and Ideals of the British Empire*，Cambridge University Press，1941.

Baker，J. H.，*An Introduction to English Legal History*，Butterworths，1979.

Balfour，Michael，*Britain and Joseph Chamberlain*，Allen & Unwin，1985.

Bamford，Samuel，*Passages in the Life of a Radical*，vol. 1，New York，1967.

Bayly，C. A.，*The New Cambridge History of India：Indian Society and the Making of the British Empire*，Vol. 2，Cambridge University Press，1988.

Beckett，J. V.，*The Aristocracy in England，1660—1914*，Blackwell，1986.

Beckson, Karl E. , *The Oscar Wilde Encyclopedia*, New York: AMS Press, 1998.

Beinart, William and Lotte Hughes, *Environment and Empire*, Oxford University Press, 2007.

Bell, Duncan , "Empire and Imperialism ", in *The Cambridge History of Nineteenth Century Political Thought*, Jones, G. S. ed, Cambridge University Press, 2011.

Bell, Duncan, "John Stuart Mill on Colonies", *Political Theory*, 2010(1).

Bell, Duncan, *The Idea of Greater Britain: Empire and the Future of World Order*, *1860—1900* , Princeton University Press, 2007.

Beloft, Max, *Imperial Sunset: Britain's Liberal Empire 1897—1921* , Macmillan, 1987.

Benians, E. A. , *The Cambridge History of the British Empire: Vol. 3* , Cambridge University Press, 1959.

Bernard Semmel, *The Rise of Free Trade Imperialism*, Cambridge University Press, 1970.

Bernett, G. , *The Concept of Empire: Burke to Attlee 1774—1947* , London, 1963.

Bernstein, E. , *The Preconditions of Socialism*, Cambridge University Press, 1993.

Best, G. F. A. , *Temporal Pillars: Queen Anne's Bounty, the Ecclesiastical Commissioners and the Church of England*, Cambridge University Press, 1964.

Best, G. , *Mid-Victorian Britain 1851—1875* , London: Weidenfeld and Nicolson, 1971.

Bill Simpson, *Labour: The Unions and the Party*, George Allen & Unwin, 1973.

Black, Eugene Charlton, *Victorian Culture and Society*, Macmillan, 1973.

Bolton, Sarah Knowles, *Famous English Statesmen of Queen Victoria's Reign*, New York, 1972.

Booth, Charles, *Life and Labor of the People in London*, New York, 1979.

Bowen, James, *A History of Western Education*, *Vol. 3* , Methuen & Co. Ltd. , 1981.

Bowle, J. , *The Imperial Achievement: The Rise and Transformation of the British Empire*, London, 1974.

Brendon, Piers, *The Decline and Fall of the British Empire*, *1781—1997* , London, 2007.

Briggs, Aas, *The Age of Improvement*, *1783—1867*, Longman, 1979.

Briggs, Asa, *Victorian Cities*, London,1963.

Bright, John and James E. Thorold Rogers eds, *Speeches on Questions of Public Policy by Richard Cobden*, M. P. , Vol. 1, Macmillan, 1870.

Brock, Michael, *The Great Reform Act*, Hutchinson & CO LTD, 1973.

Brown, J. , R. Louis, *The Oxford History of the British Empire*: Vol. Ⅳ, Oxford University Press, 1999.

Brown, Richard, *Society and Economy in Modern Britain 1700—1850*, Routledge, 1991.

Bunnin, N. and Tsui-James, E. P. , *The Blackwell Companion to Philosophy*, Oxford, 1996.

Burnett, John ed. , *Destiny Obscure: Autobiographies of Childhood*, *Education and Family from the 1820s to 1920s*, Penguin Books, 1982.

Burnett, John, *Plenty and Want*, *A Social History of the Diet in England from* 1815 *to the Present Day*, London, 1979.

Burnett, John. *A Social History of Housing 1815—1985*, (2nd). Methuen, 1986.

Bush, M. L. , *The English Aristocracy: A Comparative Synthesis*, Manchester University Press ND, 1984.

Buterfield, Herbert, *The Whig Interpretation of History*, W. W. Norton & Company, 1965.

Cain, Peter, *Free Trade and Protectionism*, *Vol.1*, Routledge,1996.

Cannadine, David, *The Decline and Fall of the British Aristocracy*, Yale University Press, 1990.

Cannon, John, *Parliamentary Reform 1640—1832*, Cambridge University Press, 1972.

Cannon, John Ashton, *Aristocratic Century: The Peerage of Eighteenth Century England*, Cambridge University Press,1984.

Capaldi, Nicholas, *John Stuart Mill: A Biography*, Cambridge: Cambridge University Press, 2004.

Carland, John M. , *The Colonial Office and Nigeria 1898—1914*, Stanford, 1985.

Carroll, Joseph, *The Cultural Theory of Matthew Arnold*, Berkeley: University of California Press, 1981.

Carter, Harold & Roy Lewis, *An Urban Geography of England and Wales in the Nineteenth Century*, London,1990.

Carter, Ronald, McRae,John, *The Rutledge History of Literature in English*, 1997.

Chadwick, Owen, *The Spirit of the Oxford Movement: Tractarian Essays*, Cambridge University Press, 1990.

Chamberlain, J. , "The True Conception of the Empire", in *Mr. Chamberlain's Speeches*, ed. Charles Boyd, Vol. Ⅱ, London, 1897.

Chambers, J. D. & Mingay, G. E. , *The Agricultural Revolution, 1750—1880*, New York, 1966.

Chandler, James ed. , *The Cambridge History of English Romantic Literature*, Cambridge University Press, 2009.

Chapman, S. J. , *The Lancashire Cotton Industry, A Study in Economic Development*, Manchester, 1904.

Checkand, S. G. , *The Rise of Industrial Society in England*, Longman, 1982.

Chesney, K. , *The Victorian Underworld: A Fascinating Recreation*, Penguin Books, 1972.

Chester, Norman, *The English Administrative System, 1780—1870*, Clarendon Press, 1981.

Cheyney, Edward. P. , *An Introduction to the Industrial and Social History of England*, Mcmillain 1909.

Chinn, Carl, *Poverty amidst Prosperity, the Urban Poor in the England, 1834—1917*, Manchester University Press, 1995.

Christie, O. F. , *The Transition from Aristocracy, 1832—1867*, London, 1927.

Clapp, B. W. , *An Environmental History of Britain since the Industrial Revolution*, Longman, 1994.

Clapp, B. W. , *Documents in English Economic History*, London,1976.

Clark, A. , *The Struggle for the Breeches: Gender and the Making of the British Working Class*, Berkeley, 1995.

Clark, G. Kitson, *The Making of Victorian England*, Harvard University Press, 1962.

Clark, Petered. , *The Cambridge Urban History of Britain, Vol.2, 1540—1840*, Cambridge University Press, 2000.

Clarke, John, *Britich Diplomacy and Foreign Policy 1782—1865: the National Interest*, London, 1989.

Clive, John Leonard, *Thomas Babington Macaulay—the Shaping of the Historian*, London: Secker and Warburg, 1973.

Collini, Stefan, *Matthew Arnold : A Critical Portrait*, Oxford University Press, 2008.

Collins, Micheal, *Money and Banking in the U. K. : A History*, London, 1988.

Conacher, J. B. , *The Peelites and the Party System 1846—1852* , David & Charles Publishers, 1972.

Cook, C. and Keith, B. , *British Historical Facts 1830—1900* , Macmillan, 1975.

Cook, Chris, *The Longman Companion to Britain in the Nineteenth Century 1815—1914* , Longman, 1999.

Coote, Stephen, *William Morris : His Life and Work*, Smithmark Publishers, 1995.

Cornish, W. R. and Clark, G. de N. , *Law and Society in England 1750—1950* , London, 1989.

Crafts, N. F. R. , *British Economic Growth during the Industrial Revolution*, Oxford, 1985.

Crowther, M. A. , *The Workhouse System : The History of one English Social Institution*, Methuen, 1983.

Currey, C. H. , *British Colonial Policy 1783—1915* , Oxford University Press, 1924.

Darby, H. C. ed. , *A New Historical Geography of England after 1600* , Cambridge University Press, 1976.

Darwin, John, *After Tamerlane : The Global History of Empire since 1405* , London, 2008.

Darwin, John, *The Empire Project : the Rise and Fall of the British World-system , 1830—1970* , Cambridge University Press, 2009.

Daunton, Martin ed. , *The Cambridge Urban History of Britain , Vol.3 , 1840—1950* , Cambridge University Press, 2000.

Davis, Lance E. , Robert A. Huttenback, *Mommon and the Pursuit of Empire : The Political Economy of British Imperialism*, Cambridge University Press, 1988.

Davis, Philip , *1830—1880: The Victorians (The Oxford English Literary History , Volume 8)*, Oxford University Press, 2004.

Davis, Ralph, *The Industrial Revolution and British Overseas Trade*, Leicester University Press, 1979.

Deane, Phyllis and Cole, W. A. , *British Economic Growth , 1688—1959: Trends and Structure*, Cambridge University Press, 1962.

Deane, Phyllis and William Cole, *British Economic Growth*, Cambridge University Press, 1967.

Delap, Lucy, "The Woman Question and the Origins of Feminism", *The Cambridge History of Nineteenth Century Political Thought*.

Delaura, David J., *Hebrew and Hellene in Victorian England: Newman, Arnold, and Pater*, Austin: University of Texas Press, 1969.

Dennis, Richard, *English Industrial Cities of the Nineteenth Century: A Social Geography*, Cambridge University Press, 1984.

Derek, Fraser. *Cities, Class and Communication: Essays in Honor of Asa Briggs*, Harvester Wheatsheaf, 1990.

Desaulniers, Mary, *Carlyle and the Economics of Terror: A Study of Revisionary Gothicism in The French Revolution*, McGill-Queen's University Press, 1995.

Digby, Anne, *The Poor Law in Nineteenth-century England and Wales*, London, 1982.

Dilke, Charles, *Greater Britain, A Record of Travel in the English-Speaking Countries During 1866 and 1867*, Ⅱ, London, 1868.

Dinwiddy, J. R., *Radicalism and Reform in Britain, 1780—1850*, The Hambledon Press, 1992.

Dodgshon, R. A. and Bultlin, R. A. eds., *An Historical Geography of England and Wales*, London 1978.

Donner, W., *The Liberal Self: John Stuart Mill's Moral and Political Philosophy*, Ithaca: Cornell University Press, 1991.

Dorey, Peter, *The Conservative Party and The Trade Unions*, Routledge, 1995.

Douglas, David C., ed., *English Historical Documents*, ⅩⅡ(1), *1833—1874*, Eyre & Spottiswoode, 1956.

Douglas, David, *English Historical Documents*, Volume Ⅺ, Oxford University Press, 1969.

Douglas-Fairhurst, Robert, *Becoming Dickens: The Invention of a Novelist*, *Harvard University Press*, 2011.

Douglas-Fairhurst, Robert, *Becoming Dickens: The Invention of a Novelist*, Harvard University Press, 2011.

Drabble, Margaret, *The Oxford Companion To English Literature*, Oxford University Press, 2000.

Driver, Cecil, *Tory Radical: The Life of Richard Oastler*, New York, 1970.

Duckworth, Jeannie, *Fagin's Children: Criminal Children in Victorian England*, London and New York, 2002.

Earle, P., *The Making of the English Middle Class*, University of California Press, 1989.

Eccleshall, Robert, *British Liberalism, Liberal Thoughts from the 1860s to 1980s*, Longman, 1980.

Edelstein, Michael, *Overseas Investment in the Age of High Imperialism*, Columbia University Press, 1982.

Edwards, Owen Dudley, *Macaulay*, London: Weidenfeld and Nicholson, 1988.

Eldridge, C. C., *British Imperialism in the Nineteenth Century*, Macmillan, 1984.

Eldridge, C. C., *Victorian Imperialism*, London, 1978.

Eubinstein, W. D., *Wealth and Inequality in Britain*, Faber and Faber, 1986.

Evans, E. J., *The Great Reform Act of 1832*, Methuen &. Co. Ltd, 1983.

Evans, Eric J., *Political Parties in Britain, 1783—1867*, Routledge, 1985.

Evans, Eric J., *The Forging of the Modern State*, Longman, 1983.

Evans, E. J., *The Great Reform Act of 1832*, London, 1983.

Evers, Charlotte and Triumph, Dave, *Britain 1783—1851, From Disaster to Triumph?*, John Murray, 2005.

Ewart, John S., K. O, *The Kingdom of Canada, Imperial Federation, the Colonial Conference, the Alaska Boundary and Other Essays*, Toronto, 1908.

Faught, C. Brad, *The Oxford Movement: A Thematic History of the Tractarians and Their Times*, Pennsylvania State Univ Press, 2004.

Fenn, Robert A., *James Mill's Political Thought*, Garland Publishing, 1987.

Flinn, M. W., *An Economic and Social History of Britain since 1700*, London, 1975.

Floud, Roderick &. McCloskey, Deirdre, *The Economic History of Britain since 1700: 1860 to the 1970's*, Cambridge University Press, 1981.

Foreign Office, *British and Foreign State Papers*, Vol. 3, 1815—1816, London, 1838.

Francis, Mark, *Herbert Spencer and the Invention of Modern Life*, Cornell University Press, 2007.

Francois Crouzet, *The Victorian Economy*, London, 1982.

Fraser, Derek &. Sutcliffe, Anthony eds., *The Pursuit of Urban History*, London, 1983.

Fraser, W. Hamish, *A History of British Trade Unionism*, Macmillan, 1999.

Garrard, John et al. , eds. , *The Middle Class in Politics*, Hampshire: Saxon House, 1978.

Gash, Norman, *Aristocracy and People*, *1815—1865* , Arnold, 1981.

Geldart, William, *Introduction to English Law*, Oxford University Press, 1991.

Giddings, Robert, *Matthew Arnold : between Two Worlds*, Vision, 1986.

Gilbert, A. D. , *Religion and Society in Industrial England : Church*, *Chapel and Social Change*, *1740—1914* , London, 1976.

Gilbert, Alan D. , *The Making of Post Christian Britain*, *A History of the Secularization of Modern Society*, Longman, 1980.

Gilbert, M. , ed. , *Servant of India*, Longmans, 1966.

Gilley, Sheridan and Sheils, W. J. eds. , *A History of Religion in Britain : Practice and Belief from Pre-Roman Times to the Present*, Oxford, 1994.

Gladstone, William Ewart, *Bulgarian Horrors and the Question of the East*, London, 1876.

Goodlad, Graham D. , *British Foreign and Imperial Policy*, *1865—1919* , Routledge, 2000.

Graham, Gerald S. , *The Politics of Naval Supremacy: Studies in British Mritime Scendancy*, Oxford, 1965.

Gray, John, *Mill on Liberty : A Defense*, 2nd edition, Routledge, 1996.

Greenleaf, W. H. , *The British Political Tradition. Volume II : The Ideological Heritage*, Methuen, 1983.

Grenville, J. A. S. , *Lord Salisbury and Foreign Policy: The Close of the Nineteenth Century*, London, 1964.

Guttsman, W. , *The British Political Elite*, London, 1963.

Handcock, W. D. ed. , *English Historical Documents*, *1874—1914* , Routledge, 1977.

Hanham, H. J. , *The Reformed Electoral System in Great Britain*, 1832—1914, London, 1968.

Harlow, V. , F. Madden eds. , *British Colonial Developments 1774—1834: Select Documents*, Oxford, 1953.

Harlow, Vincent T. *The Founding of the Second British Empire*, *1763—1793* , *Vol.* (1). Longman,1952.

Harris, Jose, "Epilogue: French Revolution to fin de sicle Political Thought in Retrospection and Prospection, 1800—1914", in *The Cambridge History of Nineteenth-century Political Thought*, Cambridge University Press, 2011.

Harrison, Ross, "Bentham, Mill and Sidgwick," in N. Bunnin and E. P. Tsui-James, *The Blackwell Companion to Philosophy*, Oxford: Blackwell, 1996.

Harte, N. B., *The University of London, 1836—1986: An Illustrated History*, The Athlone Press, 1986.

Herbertson, A. J. & O. J. R. Howarth, *The Oxford Survey of the British Empire*, Oxford, 1914.

Hewins, W., *The Apologia of an Imperialist: Forty Years of Empire Policy*, London, 1929.

Hewison, Robert, *John Ruskin*, Oxford University Press, 2007.

Heyck, Thomas William, *The Peoples of the British Isles: A New history, From 1688 to 1870*, California, 1992.

Hill, Bridget, *Women, Work and Sexual Politics in Eighteenth-Century England*, Oxford, 1989.

Hinsley, F. H. ed., *British Foreign Policy under Sir Edward Grey*, Cambridge: Cambridge University Press, 1977.

Hirst, F. W., *From Adam Smith to Philip Snowden. A History of Free Trade in Great Britain*, T. Fisher Unwin, 1925.

Holcombe, Lee, *Victorian Ladies at Work: Middle-class Working Women in England and Wales 1850—1914*, Archon Books, 1973.

Hole, W. V. and M. T. Pountney, *Trends in Population, Housing and Occupancy Rates, 1861—1961*, HM Stationery Office, 1971.

Hopkins, Eric, *Birmingham: The First Manufacturing Town in the World 1760—1840*, London, 1989.

Hopkins, Eric, *Industrialisation and Society: A Social History, 1830—1951*, Routledge, 2000.

Houghton, D. Hobart, Jenifer Dagut, *Source Material on South African Economy: Vol.2, 1860—1899*, Oxford University Press, 1972.

Howard, C. H. D., *Splendid Isolation*, Macmillan, 1967.

Howe, Anthony, *Free Trade and Liberal England, 1846—1946*, Oxford University Press, 1997.

Hull, Marylu, "Of Bricklayers and Kings: Burke, Carlyle, and the Defense of Monarchy", In *Thomas Carlyle Resartus: Reappraising Carlyle's Contribution to the Philosophy of History, Political Theory, and Cultural Criticism*, ed. By Paul E. Kerry and Marylu Hill, Rosemont Publishing & Printing Corp., 2010.

Hunt, E. H., *British Labour History 1815—1914*, Humanities Press, 1981.

Hussey, W. D., *British History 1815—1939*, Cambridge University Press,

1984.

Hutchins, B. L., Harrison, A., *A History of Factory Legislation*, London, 1926.

Hyam, R., *Britain's Imperial Century,1815—1914: Study of Empire and Expansion*, 2nd, Macmillan, 1993.

Hyam, Ronald & Ged Martin, *Reappraisals in British Imperial History*, Macmillan, 1975.

Jackson, Hampden, *England since the Industrial Revolution, 1815—1948*, London, 1975.

Jackson, Kevin, *The Worlds of John Ruskin*, Pallas Athene, 2010.

James, P. S., *Introduction to English Law*, Butterworths, 1979.

Jennings, Ivor, *Party Politics*, Vol. 1, Cambridge University Press, 1961.

Jones, G. S. ed., *The Cambridge History of Nineteenth Century Political Thought*, Cambridge University Press, 2011.

Jones, M. G., *The Charity School Movement: A Study of Eighteenth Century Puritanism in Action*, Cambridge University Press, 1968.

Jordan, Ellen, *The Women's Movement and Women's Employment in Nineteenth Century Britain*, Routledge, 1999.

Keen, Suzanne, *Victorian Renovations of the Novel: Narrative Annexes and the Boundaries of Representation*, Cambridge University Press, 1998.

Kennedy, Paul and Anthony Nicholls, *Nationalist and Racialist Movements in Britain and German Before 1914*, Macmillan, 1981.

Kennedy, Paul, *Rise and Fall of the Great Powers*, London, 1988.

Kerry, Paul E. and Hill, Marylueds., *Thomas Carlyle Resartus: Reappraising Carlyle's Contribution to the Philosophy of History, Political Theory, and Cultural Criticism*, Rosemont Publishing & Printing Corp., 2010.

Koebner, Richard & Helmus Dam Schmidt eds., *Imperialism: The Story and Significance of a Political World 1840—1960*, Cambridge University Press, 1964.

Kumar, Krishan, "Introduction" of *News from Nowhere, Cambridge Texts in the History of Political Thought*,中国政法大学出版社(影印版),2003 年.

Lambert, David and Alan Lester eds., *Colonial Lives across the British Empire: Imperial Careering in the Long Nineteenth Century*, Cambridge University Press, 2006.

Landow, George, *Elegant Jeremiahs: The Sage from Carlyle to Mailer*. Ithaca, New York: Cornell University Press, 1986.

Lavalette, M. ed., *A Thing of the Past? Child Labour in Britain in the*

Nineteenth and Twentieth Centuries, Liverpool, 1999.

Lawes, Kim, *Paternalism and Politics : The Revival of Paternalism in Early Nineteenth-century Britain*, Macmillian, 2000.

Lee, Stephen J., *Aspects of British Political History*, *1815—1914*, Routledge, 1994.

Levin, Michael, *J. S. Mill on Civilization and Barbarism*, Routledge, 2004.

Levine ed., *Proletarianization and Family History*, Academic Press, 1984, p. 141.

Lewis, Roy & Angus Maude, *The English Middle Classes*, New York, 1950.

Lieven, D. C. B., *The Aristocracy in Europe*, *1815—1914*, Macmillan, 1992.

Lowe, C. J., *The Reluctant Imperialists*, *British Foreign Policy 1878—1902*, Vol. 1, London, 1967.

Lowe, John, *Britain and Foreign Affairs*, *1815—1885*, Routledge, 1998.

Lynch, Michael, *An Introduction to Nineteenth-Century British History 1800—1914*, Hodder Murray, 1999.

Macaulay, Thomas R., "Minute on Indian Education" (1835), *Complete Works*, 1898, Vol. XI.

Macfarlane, Alan, *Marriage and Love in England : Modes of Reproduction 1300—1800*, Oxford: Basil Blackwell, 1986.

Madden, William Anthony, *Matthew Arnold : A Study of the Aesthetic Temperament in Victorian England*, Indiana University Press, 1967.

Maizels, Alfred, *Industrial Growth and World Trade*, Cambridge University Press, 1971.

Maj, C. Le, *The Afrikaners*, Blackwell, 1995.

Markwick, Margaret, Deborah Morseand Regenia Gagnier, eds., *The Politics of Gender in Anthony Trollope's Novels : New Readings for the Twenty-first Century*, Ashgate, 2009.

Marshall, P. J., *The Cambridge Illustrated History of British Empire*, Cambridge, 1996.

Marshall, P. J. ed., *The Oxford History of the British Empire*, *Vol. II*, Oxford University Press, 1998.

Mary, Trevor, *An Economic and Social History of Britain*, *1760—1970*, London, 1987.

Mathias, Peter, *The First Industrial Nation*, *An Economic History of Britain 1700—1914*, Routledge, 2001.

Matthew, H., *The Liberal Imperialists : the Ideas and Politics of a Post-

Gladstonian Elite，Oxford University Press，1973.

Matthew，H. C. G. ed.，*The Gladstone Diaries*，*Vol. Ⅵ 1861—1868*，Clarendon Press，1978.

Matthews，R. C. O.，*A Study in Trade Cycle History：Economic Fluctuations in Great Britain*，*1833—1842*，Cambridge University Press，2011.

May，Trevor，*An Economic and Social History of Britain*，*1760—1970*，Longman，1987.

McBriar，A. M.，*Fabian Socialism and English Politics 1884—1918*，Cambridge University Press，1962.

McBride，Theresa M.，*The Domestic Revolution：The Modernization of Household Service in England and France 1820—1920*，London，1976.

McCord，Norman and Bill Purdue，*British History 1815—1914*，Oxford University Press，2007.

McWilliam，Rohan，*Popular Politics in Nineteenth-Century England*，Routledge，1998.

Menz，Christopher，*Morris and Company：Pre-Raphaelites and the Arts & Crafts Movement*，*Art Gallery of South Australia*，Adelaide 1994.

Michie ed.，*The Development of London as a Financial Centre*，*Vol.1：1700—1850*，London and New York，2000.

Mingay，G. E.，*The Rise and Fall of a Ruling Class*，Longman，1976.

Mitchell，B. R.，Phyllis Deane，*Abstract of British Historical Statistics*，Cambridge University Press，1962.

Mitchell，B. R.，*British Historical Statistics*，Cambridge：Cambridge University Press，1988.

Mokyr，Jole，*The Economics of the Industrial Revolution*，Rowman & Allanheld，1985.

Monypenny，William Flavelle and Buckle，George Earle，*The Life of Benjamin Disraeli*，*Earl of Beaconsfield. Volume Ⅱ. 1860—1881*，London，1929.

More，Charles，*The Industrial Age：Economy and Society in Britain 1750—1995*，Longman，1997.

Morgan，Kenneth O. ed.，*The Oxford History of Britain*，Oxford University Press，1988.

Morley，J.，*Recollections*，Macmillan，1917.

Morley，John，*Life of Richard Cobden*，London，1881.

Morris，Celia，Fanny Wright：Rebel in America，University of Illinois Press，1993.

Morris, James, *Farewell the Trumpets*, Harvest, 1978.

Morris, R. J. & Richard Rodger eds. , *The Victorian City: A Reader in British Urban History 1820—1914*, Longman, 1993.

Morrow, John, *Thomas Carlyle*, Continuum International Publishing Group, 2006.

Muir, Ramsay, *A History of Liverpool*, S. RB. Press, 1907.

Nardinelli, Clark, *Child Labor and Industrial Revolution*, Indiana University Press, 1990.

Nasson, Bill, *Britain's Empire: Making a British World*, Tempus, 2004.

Nockles, Peter B. , *The Oxford Movement in Context: Anglican High Churchmanship, 1760—1857*, Cambridge University Press, 1997.

Northcote, Stafford H. & Trevelyan, C. E. , *Report on the Organization of the Permanent Civil Service*, Stationery Office, 1854.

Offer, John, *Herbert Spencer and Social Theory*, Macmillan, 2010.

Offer, John ed. , *Spencer, Herbert, Spencer's Political Writings*, 2003.

Offer, John, *Herbert Spencer and Social Theory*, Palgrave Macmillan, 2010.

O'Neill, Daniel I. , *The Burke-Wollstonecraft Debate: Savagery, Civilization, and Democracy*, The Pennsylvania State University Press, 2007.

Parry, Linda, ed. , *William Morris*, Abrams, 1996.

Parry, Linda, *William Morris and the Arts and Crafts Movement: A Sourcebook*, New York, Portland House, 1989.

Parsons, Timothy, *The British Imperial Century, 1815—1914: A World History Perspective*, Rowman & Littlefield Publishers. Inc. 1999.

Pearce, Malcolm and Geoffreg Stewart, *British political history 1867—2001*, Routledge, 2002.

Pearce, Robert & Stearn, Roger, *Government and Reform: Britain 1815—1918* (Second Edition), Hodder Murray, 1994.

Pelling, Henry, *A History of British Trade Unionism*, Macmillan & Co. LTD. , 1963.

Pelling, Henry, *The Origins of the Labour Party, 1800—1900*, Oxford University Press, 1965.

Pemberton, W. Baring, *Lord Palmerston*, London, 1954.

Perkins, Harold, *The Origins of Modern English Society 1780—1880*, London, 1969.

Perren, Richard, *Agriculture Depression 1870—1940*, Cambridge University Press, 1995.

Pite, Ralph, "His Country: Hardy in the Rural", *A Companion to Thomas Hardy*, Keith Wilson ed. Wiley-Blacer, Alfred, *Bronterre, a Political Biography of Bronterre O'Brien, 1804—1864*, London, 1971.

Political Register

Poovey, Mary ed. , *The Financial System in Nineteenth-Century Britain*, Oxford University Press, 2003.

Porter, Andrew ed. , *The Oxford History of the British Empire*, Vol. Ⅲ, Oxford University Press, 1999.

Porter, Bernard, *Europe and the World 1850—1982: Delusions of Grandeur*, George Allen & Unwin, 1983.

Porter, Bernard, *The Lion's Share: A Social History of British Imperialism 1850—1983*, Longman, 1985.

Porter, Roy, *London: A Social History*, Harvard University Press, 1998.

Poynter, J. R. , *Society and Pauperism: English Ideas on Poor Relief, 1795—1834*, London, 1969.

Pratt, Linda Ray, *Matthew Arnold Revisited*, New York: Twayne Publishers, 2000.

Price, Richard, *British Society, 1680—1880: Dynamism, Containment and change*, Cambridge University Press, 1999.

Prothero, I. J. , *Artisans and Politics in Early 19 th Century*, London, 1979.

Raby, Peter, ed. , *The Cambridge Companion to Oscar Wilde*, Cambridge University Press, 1997.

Rallings, Colin and Thrasher, Michael, *British Electoral Facts 1832—1999*, Ashgate, 2000.

Ramelson, Marian, *The Petticoat Rebellion, A Century of Struggle for Women's Right*, London, 1972.

Reid, Alastair J. , *Social Classes and Social Relations in Britain, 1850—1914*, Cambridge University Press, 1995.

Reid, J. H. Stewart, *The Origins of the British Labour Party*, Minneapolis, 1955.

Rendall, Jane ed. , *Equal or Different: Women's Politics 1800—1914*, Oxford, 1987.

Rich, Paul B. , *Race and Empire in British Politics*, Cambridge University Press, 1986.

Richard, Altick, D. *Victoria People and Ideas*, N. Y. : W. W. Noton and Company, 1973.

Roberts, David, *The Social Conscience of the Early Victorians*, Standford University Press, 2002.

Rose, Michael E. , *The English Poor Law, 1780—1930* , Newton Albert, 1971.

Rosenberg, John D. , *The Darkening Glass: A Portrait of Ruskin's Genius*, Columbia University Press, 1961.

Rowntree, B. S. , *Poverty: A Study of the Town Life*, MacMillan, 1901.

Royle, Edward, *Modern Britain, A Social History 1750—1997* , 2nd, London & New York, 1987.

Royle, Edward, *Robert Owen and the Commencement of the Millennium: A Study of the Harmony Community*, Manchester University Press, 1998.

Rubinstein, W. D. , *Britain's Century: A Political and Social History 1815—1905* , London, 1998.

Rubinstein, W. D. , *Elites and the Wealthy in Modern British History, Essays in Social and Economic History*, The Harvester Press,1987.

Rubinstein, W. D. , *Britain's Century: A Political and Social History 1815—1905* , London, 1998.

Ruggles, Steven, *Prolonged Connection: The Rise of the Extended Family in Nineteenth-Century England and America*, The University of Wisconsin Press, 1987.

Sallis, Edward, *The Social and Political Thought of Thomas Hodgskin 1787—1869* , MA Social Studies Dissertation University of Newcastle upon Tyne, 1971.

Sanger, William W. , *The History of Prostitution: Its Extent, Causes and Effects throughout the World*, New York, 1927.

Sauvain, Philip A. , *British Economic and Social History 1700—1870* , Stanley Thornes Ltd, 1987.

Saville, David John ed. , *Ernest Jones: Chartist*, London, 1952.

Saville, J. , *Rural Depopulation in England and Wales*, London 1967.

Scarre, Gorffrey, "Mill on Induction and Scientific Method", in *The Cambridge Companion to Mill*, ed. by John Skorupski, Cambridge University Press, 1998.

Schlicke, Paul, ed. , *The Oxford Companion to Charles Dickens: Anniversary edition*, Oxford University Press, 2011.

Schuyler, Robert & Weston, Corinne, *British Constitutional History Since 1832*, D. Van Nostrand Company(Canada), LTD, 1957.

Seaman, L. C. B. , *Victorian England: Aspects of English and Imperial*

History, *1837—1901*, Routledge, 1973.

Seeley, J. R., *The Expansion of England : Two Courses of Lectures*, London, 1914.

Seldon, A. ed., *How Tory Governments Fall. The Tory Party in Power since 1783*, Fontana, 1996.

Semmel, B., *The Rise of Free Trade Imperialism : Classical Political Economy, the empire of Free Trade and Imperialism*, *1750 —1850*, Cambridge University Press, 2004.

Semmel, Bernard, *Imperialism and Social Reform : English Social-Imperial Thought 1895—1914*, George Allen and Unwin, 1960.

Semmel, Bernard. *The Liberal Ideal and the Demons of Empire Theories of Imperialism from Adam Smith to Lenin*, John Hopkins, University Press, 1994.

Shanley, Mary Lyndon, *Feminism, Marriage and Law in Victorian England*, Priceton University Press, 1989.

Sharpe, Pamela ed., *Women's Work, the English Experience 1650—1914*, London, 1998.

Sherburne, James Clark, *John Ruskin or The Ambiguities of Abundance : A Study in Social and Economic Criticism*, Harvard University Press, 1972.

Shillingsburg, Peter, *William Makepeace Thackeray : A Literary Life (Literary Lives)*, Palgrave Macmillan, 2001.

Shiman, Lilian Lewis, *Women and Leadership in Nineteenth-century England*, St. Martin's Press, 1992.

Skipp, Victor, *The Centre of England*, London, 1979.

Skorupski, John ed., *The Cambridge Companion to Mill*, Cambridge University Press, 1998.

Skorupski, John, "Mill on Language and Logic", in *The Cambridge Companion to Mill*, ed. by John Skorupski, Cambridge University Press, 1998.

Smith, E. A., *The House of Lords in British Politics and Society*, *1815—1911*, Longmen, 1992.

Smith, Harold L., *The British Women's Suffrage Campaign 1866—1928*, Longman, 1998.

Smith, Iain, *The Origins of South Africa War 1899—1902*, Longman, 1996.

Soloway, Richard Allen, *Birth Control and the Population Question in England*, *1877—1930*, London, 1982.

Spencer, Herbert, *Spencer's Political Writings*, ed. by John Offer, 2003.

Stack, David, *Nature and Artifice : the Life and Thought of Thomas*

Hodgskin(1787—1869 ）, Boydell & Brewer Ltd 1998.

Stansky, Peter, *William Morris*, Oxford University Press, 1983.

Stead, Philip John, *The Police of Britain*, Macmillan, 1985.

Stephens, W. B. , *Education*, *Literacy and Society 1830—1870* , Manchester University Press, 1987.

Stewart, Robert, *The Foundation of the Conservative Party 1830—1867* , Longman, 1978.

Stewart, William, *J. Keir Hardie : A Biograph*. London, 1925.

Stockwell, Sarah ed. , *The British Empire : the Themes and Perspectives*, Oxford, 2008.

Stone, Donald, *Communications with the Future : Matthew Arnold in Dialogue*, Ann Arbor: University of Michigan Press, 1997.

Stone, Lawrance, *Road to Divorce in England 1530—1987* , Oxford University Press, 1990.

Swartz, Marvin, *The Politics of British Foreign Policy in the Era of Disraeli and Gladstone*, Oxford, 1985.

Tarn, John Nelson, *Five Percent Philanthropy*, An Account of Housing in Urban Areas Between 1840 and 1914 , Cambridge,1973.

Taylor, A. J. , *Laissez-Faire and State Intervention in Nineteenth Century*, Britain, 1977.

Taylor, Barbara, *Mary Wollstonecraft and the Feminist Imagination*, Cambridge University Press, 2003.

Taylor, Miles, *The Decline of British Radicalism, 1847—1860* , Clarendon Press, 1995.

Telford, Judith, *British Foreign Policy 1870—1914* , London, 1978.

Temperley, Harold, *The foreign policy of Canning, 1822—1827: England, the Neo-Holy Alliance, and the New World* , London, 1966.

The Norton Anthology of English Literature, seventh edition, volume 2. W. W. Norton & Company, 2000.

Thomas, William, *The Philosophical Radicals*, Oxford: Oxford University Press, 1979.

Thompson, Dorothy, *The British People, 1760—1902* , London, 1981.

Thompson, Dorothy, *The Chartist*, Temple Smith Ltd, 1984.

Thompson, E. P. , *William Morris : Romantic to Revolutionary*, Pantheon, 1976.

Thompson, E. P. , *The Making of the English Working Class*, New York,

1966.

Thompson, F. M. L. , *The Cambridge Social History of Britain 1750—1950* , 3 vols, Cambridge University Press, 1990.

Thompson, P. M. L. , *English Landed Society in the Nineteenth Century*, Routledge,1963.

Thomton, A. P. , *The Imperial Idea and its Enemies: a Study in British Power*, Macmillan, 1985.

Thurston, Chas. B. , *An Economic Geography of the British Empire*, London, 1916.

Tranter, N. L. , *Population and Society 1750—1940: Contrasts in Population Growth*, Longman, 1985.

Trevelyan, George Otto, *The Life and Letters of Lord Macaulay*, Volumes Ⅰ and Ⅱ , Oxford: Oxford University Press, 1978.

Turner, M. E. , J. V. Beckett and B. Afton, *Farm Production in England 1700—1914* , Oxford University Press, 2001.

Tuttle, Carolyn, *Hard at Work in Factories and Mines*, Westview Press,1999.

Tyler, Colin "Thomas Hill Green", In Stanford Encyclopedia of Philosophy, http://plato. stanford. edu/entries/green/.

Underhill, Frank H. , *The British Commonwealth*, Duke, 1956.

Varouxakis, G. and Schultz, B. , eds. , *Utilitarianism and Empire*, Lanham, 2005.

Vikery, Amanda, *The Gentleman's Daughter: Women's Lives in Georgian England*, Yale University Press, 1998.

Vincent, John, *The Foundation of Liberal Party 1857—1868* , Constable and Company Ltd, 1966.

Walker, J. , *British Economic and Social History 1700—1982* , Macdonald and Evans, 1982.

Waller, Philip ed. , *The English Urban Landscape*, Oxford University Press, 2000.

Walton, John K. , *The English Seaside Resort: A Social History 1750—1914* . New York, 1983.

Ward, A. W. and others eds. , *The Cambridge History of British Foreign Policy 1783—1919* , Vol. 3, *1866—1919* , Cambridge University Press, 1923.

Ward, J. T. , *Popular Movements, 1830—1850* , Palgrave Macmillan, 1970.

Watt, Ian, *The Rise of the Novel: Studies in Defoe, Richardson and Fielding*, Chatto and Windus, Ltd. 1957.

Webb, R. K. , *Modern England from the Eighteenth Century to the Present*, New York, 1968.

Weber, A. F. , *The Growth of Cities in the Nineteenth Century*, New York, 1963.

Weinstein, David, *Equal Freedom and Utility: Herbert Spencer's Liberal Utilitarianism*, Cambridge University Press, 1998.

Weinstein, David, *Equal Freedom and Utility: Herbert Spencer's Liberal Utilitarianism*, Cambridge University Press, 1998.

Welvin, Jame, *English Urban Life, 1776—1851*, London, 1984.

Werinstein, David, "Imaging Darwinism", in *Utilitarianism and Empire*, eds. , G. Varouxakis and B. Schultz, Lanham, 2005.

Wiener, Martin J. , *English Culture and the Decline of the Industrial Spirit*, Cambridge University Press, 1981.

Wild, Trevor, *Village England*, *A Social History of the Countryside*, London and New York, 2004.

Williams, Chris ed. , *A Companion to Nineteenth-Century Britain*, Blackwell Publishing, 2004.

Williams, Glyn, John Ramsden, *Ruling Britannia: A Political History of Britain, 1688—1988*, Longman, 1990.

Williams, Karel, *From Pauperism to Poverty*, London, 1981.

Williams, Raymond, *Keywords-A Vocabulary of Culture*, Oxford University Press, 1983.

Willis, Rudy, *The Universities of Europe, 1100—1914*, Associated University Press, 1984.

Wilson, Keith. M. ed. , *British Foreign Secretaries and Foreign Policy from Crimean War to First War*, London, 1986.

Wirthwein, Walter G. , *Britain and the Balkan Crisis, 1875—1878*, Columbia University, 1935.

Wolfe, Willard, *From Radicalism to Socialism*, Yale University Press, 1975.

Wolpert, S. A. , *Morley and India 1906—1910*, Cambridge, 1967.

Woods, Robert, *The Population History of Britain in the Nineteenth Century*, Cambridge University Press, 1995.

Wordie, J. R. ed. , *Agriculture and Politica in England, 1815—1939*, Macmillan Press Ltd, 2000.

Young, G. M. , Handcock, W. D. , *English Historical Document 1833—1874*, Rougledge, 1996.

Young，G. M.，*English Historical Documents*，*1833—1874*，vol. 12，Eyre and Spottiswoode，1956.

二、中文部分

E. 罗伊斯顿·派克编：《被遗忘的苦难——英国工业革命的人文实录》，福建人民出版社，1983年。

E. P. 汤普森：《英国工人阶级的形成》，钱乘旦等译，译林出版社，2001年。

F. R. 艾略特：《家庭：变革还是继续》，何世念等译，中国人民大学出版社，1992年。

P. J. 马歇尔：《剑桥插图大英帝国史》，樊新志译，世界知识出版社，2004年。

阿萨·勃里格斯：《英国社会史》，陈叔平等译，中国人民大学出版社，1991年。

艾瑞克·霍布斯鲍姆：《革命的年代》，王章辉等译，江苏人民出版社，1999年。

艾瑞克·霍布斯鲍姆：《资本的年代》，张晓华等译，江苏人民出版社，1999年。

爱德华·傅克斯：《欧洲风化史》（资产阶级时代），侯焕闳译，辽宁教育出版社，2000年。

安东尼·阿巴拉斯特：《西方自由主义的兴衰》，曹海军等译，吉林人民出版社，2011年。

奥尔德里奇：《简明英国教育史》，诸惠芳等译，人民教育出版社，1987年。

巴林顿·摩尔：《民主和专制的社会起源》，拓夫等译，华夏出版社，1987年。

彼得·马赛厄斯、M. M. 波斯坦主编：《剑桥欧洲经济史（第七卷）：工业经济》上册，徐强等译，经济科学出版社，2003年。

布莱恩·拉平：《帝国斜阳》，钱乘旦等译，上海人民出版社，1996年。

陈乐民主编：《西方外交思想史》，中国社会出版社，1995年。

迟轲主编：《西方美术理论文选：古希腊到20世纪》，江苏教育出版社，2005年。

大卫·李嘉图：《政治经济学及赋税原理》，郭大力、王亚南译，商务印书馆，1962年。

大卫·李嘉图：《李嘉图著作和通讯集》，商务印书馆，1983年。

丁光训等主编：《基督教文化百科全书》，济南出版社，1991年。

丁建定：《从济贫到社会保险》，中国社会科学出版社，2000年。

甘米奇：《宪章运动史》，苏公隽译，商务印书馆，1979年。

哈孟德夫妇：《近代工业的兴起》，商务印书馆，1959年。

何其莘：《英国戏剧史》，译林出版社，1999年。

亨利·威廉·斯皮格尔：《经济思想的成长》，晏智杰等译，中国社会科学出版社，1999年。

霍布豪斯：《自由主义》，朱曾汶译，商务印书馆，1996年。

贾恩弗兰科·波齐：《近代国家的发展——社会学导论》，商务印书馆，1997年。

蒋孟引主编:《英国史》,中国社会科学出版社,1988年。

卡洛·M.奇波拉主编:《欧洲经济史》第三卷,吴良健等译,商务印书馆,1989年。

柯尔:《费边社会主义》,夏遇南等译,商务印书馆,1984年。

克拉潘:《现代英国经济史》上卷,姚曾廙译,商务印书馆,1964年。

克拉潘:《现代英国经济史》下卷,姚曾廙译,商务印书馆,1986年。

克拉潘:《现代英国经济史》中卷,姚曾廙译,商务印书馆,1986年。

肯尼思·O.摩根:《牛津英国通史》,王觉非等译,商务印书馆,1993年。

李嘉图:《政治经济学及赋税原理》,中华书局,1949年。

林举岱:《英国工业革命史》,上海人民出版社,1979年。

罗经国编注:《新编英国文学选读》下卷,北京大学出版社,2005年。

马凤林等:《英国绘画史》,岭南美术出版社,1990年。

《马克思恩格斯全集》(第2卷),人民出版社,1957年。

《马克思恩格斯选集》(第1卷),人民出版社,1972年。

《马克思恩格斯选集》(第3卷),人民出版社,1972年。

《马克思恩格斯选集》(第4卷),人民出版社,1972年。

马里欧特:《现代英国》,姚曾廙译,商务印书馆,1973年。

马修·阿诺德:《文化与无政府状态》,韩敏中译,生活·读书·新知三联书店,2002年。

玛格丽特·柯尔:《欧文传》,何世鲁、马爱农译,商务印书馆,1995年。

米歇尔·福柯:《规训与惩罚》,刘北成、杨远婴译,生活·读书·新知三联书店,1999年。

欧文:《欧文选集》,柯象峰等译,商务印书馆,1984年。

潘迎华:《19世纪英国现代化与女性》,浙江人民出版社,2005年。

钱乘旦:《第一个工业化社会》,四川人民出版社,1988年。

钱乘旦:《工业革命与英国工人阶级》,南京出版社,1992年。

钱乘旦、许洁明:《英国通史》,上海社会科学院出版社,2002年。

钱青主编:《英国19世纪文学史》,外语教学与研究出版社,2006年。

乔治·霍兰·萨拜因:《政治学说史》,刘山译,商务印书馆,1990年。

时代-生活图书公司编著:《王冠上的宝石:英属印度(公元1600—1905)》,杨梅译,山东画报出版社、中国建筑工业出版社,2001年。

唐纳德·克赖顿:《加拿大近百年史》,山东大学翻译组译,山东人民出版社,1972年。

王赳:《激进的女权主义——英国妇女社会政治同盟参政运动研究》,上海三联书店,2008年。

王觉非主编:《近代英国史》,南京大学出版社,1997年。

王晓焰:《18—19 世纪英国妇女地位研究》,人民出版社,2007 年。

王章辉:《笃学集》,兰州大学出版社,2003 年。

亚当·斯密:《道德情操论》,蒋自强等译,商务印书馆,1997 年。

阎照祥:《英国贵族史》,人民出版社,2000 年。

殷企平等:《英国小说批评史》,上海外语教育出版社,2001 年。

中国科学院经济研究所世界经济研究室编:《主要资本主义国家经济统计集》(1848—1960),世界知识出版社,1962 年。

中国英国史研究会编:《英国史论文集》,生活·读书·新知三联书店,1982 年。

朱虹:《英国小说的黄金时代》,中国社会科学出版社,1997 年。

四 译名对照与索引

A

阿伯丁政府（Aberdeen ministry） 327，328

阿博索（Aboso） 397

阿尔伯特亲王（Prince Albert of Saxe-Coburg and Gotha） 161

阿尔达汉（Ardahan） 339，340

阿尔萨斯（Alsace） 336

阿富汗（Afghanistan） 337，343—345，348，349，360，361

阿根廷（Argentina） 19，91，315，382，417

阿豪姆（Ahom） 375

阿克拉（Accra） 383

阿林顿街协定（Arlington Street compact） 128

阿姆斯特丹（Amsterdam） 55，56

阿散蒂（Ashanti） 329，382，383，397，421，434

阿森松岛（Ascension） 415

阿什伯顿男爵（Baron Ashburton） 203

埃克塞特（Exeter） 208

埃普索姆（Epsom） 293

埃塞俄比亚（Ethiopia） 374

埃塞克斯（Essex） 83，93，115

艾伦巴勒（Ellenborough） 375

爱奥尼亚群岛（Ionian Islands） 370，371，379

爱德华王子岛（Prince Edward Island） 387

爱丁堡（Edinburgh） 117，207，223，235，238，267，452，476，496

爱尔兰事务部（Northern Ireland Office） 174

爱尔兰自治党［Irish Parliamentary Party（Home Rule Party）］ 172，430，431

爱尔兰自治法（Government of Ireland Bill） 172，202，430，431，508，509

爱丽丝公主（Princess Alice） 230

爱普福斯（Ampleforth） 293

爱琴海（Aegean Sea） 350

安大略（Ontario） 387

安多弗（Andover）　256

安立甘宗（Anglicanism）　283,287,407

安特卫普（Antwerp）　321,322

奥德（Oudh）　373,375,378

奥德姆（Oldham）　194,211,215,221,224

奥福德伯爵（Earl of Orford）　202

奥克兰（Auckland）　375,388

奥克尼郡（Orkney）　265

奥兰治自由邦（Orange Free State）398,399,404,507

奥斯曼帝国（Ottoman Empire）　316,317,324,325,327,328,338,340—343,350,353,362,395,396,448,449

澳大利亚殖民地政府条例（Australian Colonies Government Act）　388

B

巴尔干（Balkan）　171,317,338,341,350,362

巴格达（Bagdad）　352

巴克莱银行（Barclays Bank）　53

巴拉克扎伊王朝（Barakzai dynasty）343

巴勒斯坦（Palestine）　327

巴黎（Paris）　55,56,59,223,225,242,260,308,309,328,490

巴黎和约（Treaty of Paris of 1815）307—310,328,329,336,343,371

巴林（Bahrain）　390

巴林银行（Barings Bank）　59

不列颠劳动人口卫生状况报告书（The Sanitary Condition of the Labouring Population）　183

巴斯（Bath）　44,104

巴苏陀兰（Basutoland）　400,401,434

巴统（Batum）　339

巴夏礼（Sir Parkes, Harry Smith）　326

巴雅西特（Beyazit）　339

白教堂（White Chapel）　241

白金汉（Buckingham）　491

柏林会议（Berlin Conference on West Africa）　340,343

柏林条约（Treaty of Berlin）　340,341,344,508

包令（Bowring, John）　326

保加利亚（Bulgaria）　338,339,341,350,362

保加利亚危机（The Bulgarian Crisis）350

保守党（Conservative Party）　2,17,20,21,120,123—129,131,146—148,153,161—164,166—173,175,198,200,202,203,250,280,333,334,341,349,355,364,372,393,407,408,410、412,430,431,506,507

保守党全国联盟（the National Union of Conservative and Unionist Associations）125,507

保守党中央总部（Conservative Central Office）　167

北赖丁（North Riding）　93

贝德福德（Bedford）　255

贝德福德学院（Bedford College）　277,298

贝尔-兰开斯特制（Bell-Lancaster Method）301

贝弗利（Beverley）　208

贝专纳兰（Bechuanaland）　352,400

奔宁山脉（Pennine Range）　32

比哈尔邦（Bihar）　376

比较成本学说（Comparative Cost

Doctrine) 7

比康斯菲尔德伯爵（Earl of Beaconsfield） 202

比萨拉比亚（Bessarabiya） 328,339

彼得卢事件（Peterloo Massacre） 111

俾斯麦（Bismarck, Otto von） 332, 333,336,348—351

博尔顿（Bolton） 107,194,211,221, 224,226,234,256

波尔克（Polk, James Knox） 330

波罗的海（Baltic Sea） 15,342

波旁王朝（Maison de Bourbon） 307

伯里（Bury） 194,221

伯罗奔尼撒（Peloponnisos） 317,318

伯明翰（Birmingham） 95,102,110, 118,127,142,167,168,220—224, 234,237—239,253,297

博爱会（Philanthropic Society） 149

博茨瓦纳（Botswana） 352,400

不丹（Bhutan） 373

不动产实效法（Real Property Limitation Act 1833） 187

布尔人（Boers） 348,353,398—406, 411,423,424

布拉德福德（Bradford） 44,221,222, 230,234,239

布拉萨（Bourassa, Henry） 434

布里格斯（Briggs） 227

布里斯托尔（Bristol） 104,115,223, 224,226,238,239,287

布隆方丹（Bloemfontein） 405,406

布隆方丹协定（Bloemfontein Convention） 507

布鲁日（Bruges） 323

布宜诺斯艾利斯（Buenos Aeris） 315

C

财政大臣（Chancellor of the Exchequer） 21,121,123,170,337,354,358

查塔姆伯爵（Earl of Chatham） 202

柴郡（Cheshire） 93

长老会（Presbyterian church） 284

承兑商行（Accepting houses） 54

城市银行（City banks） 48

城镇卫生委员会（Health of Towns Commission） 216,240

传染病法（Contagious Diseases Act） 279

D

达达尼尔海峡（The Dardanelles） 324, 339,342

达尔胡西侯爵（Lord Dalhousie） 374

达弗林勋爵（Lord Dufferin） 342

达吉岭（Darjeeling） 373

达勒姆（Durham） 386,387

达勒姆报告（Durham Report） 386,506

大保加利亚公国（Third Bulgarian State） 339

大本钟（Big Ben） 229

大臭年（Great Stink） 230

大汇运河（Brand Tunclion） 32

大饥荒（Great Famine） 18,146,147, 263,371,506

大伦敦（Greater London） 189,222, 223,225

大伦敦警察法（Metropolitan Police Act 1829） 189,506

大迁徙（Great Trek） 398,399

大萧条（the Great Depress） 23,90,91

大学学院（University College） 296,

297,506

丹那沙林(Tenasserim) 373

导生制(Monitorial System) 301

德比(Derby) 115,134,221,239

德比伯爵(Earl of Derby) 120,148,167,200

德比尔斯矿业公司(De Beers Mining Company) 399

德皇威廉二世(Wilhelm Ⅱ) 351

德拉瓜湾(Delagoa Bay) 404

德兰士瓦(Transvaal) 352,399—406,416,417,507,508

德里(Delhi) 373,376,377,433

德摩根(De Morgan, Augustus) 493

德文郡(Devonshire) 89,93

德意志第二帝国(German Reich) 336

德意志银行(Deutsche Bank) 56

迪恩和科尔(Deane & Cole) 27

地方教育委员会(Local Education Committee) 302,303

地方考试(Local Examination) 298

地方政府部(Local Government Board) 184,240,256,410,508

地方政府法(Local Government Act 1888)(Local Government Act 1894)(Local Government Act 1933) 185,280,508

地中海(Mediterranean Sea) 317,338,340,342,343,350,356,365,369,370,379,390,394,415,417,448,449

地中海协定(Mediterranean Agreement) 349—351

帝国关税同盟(Imperial Customs Union) 427

帝国会议(Imperial Council) 428,429,509

帝国联邦协会(Imperial Federation League) 409,410,412,425,426,508

帝国贸易同盟(United Empire Trade League) 509

帝国特惠制(Imperial Preference System) 16,18,427,428

帝国烟草公司(Imperial Tobacco Company) 45

帝国议会(Federal Council) 410,412,427

第二次巴尔干战争(Second Balkan War) 362

第三代索尔兹伯里侯爵(Robert Arthur Talbot Gascoyne-Cecil, 3rd Marquess of Salisbury) 347

第一次巴尔干战争(First Balkan War) 362

第一次卡洛斯战争(First Carlist War) 322

丁格尔(Dingle) 256,277,327

定期会议制度(Congress system) 309,310,312,314,316

东安格利亚(East Anglian) 83

东方问题(Eastern Question) 317,318,328,339,340,343

东印度公司(East India Company) 58,325,373,377,380,381,383,389,421,505,506

都柏林(Dublin) 57,117,462

都市济资法(The Metropolitan Poor Act) 257

独立工党(Independent Labour Party) 155,156,509

杜金菲尔德(Dukinfield) 211

多巴哥(Tobago) 371

多佛尔(Dover) 340

多哥兰(Togoland) 353

多拉斯人(Dogras) 378

多瑙河(Danube) 324,328

多重选举权(Plural Votes) 103

E

俄勒冈(Oregon) 330

俄勒冈协定(Oregon Treaty) 330

俄土战争(Russo-Turkish War) 318,340,343

厄恩勋爵(Lord Erne) 407

F

法俄同盟(France-Russian Alliance) 351,363

法兰西第二帝国(Second French Empire) 329,336

法兰西银行(Bank of France) 50

法灵顿路(Farringdon Road) 236

反谷物法同盟(The Anti-Corn Law League) 9,16—18,142—148,506

反谷物法协会(Anti-Corn Law Association) 143,144,506

反煽动性集会法(Seditious Meeting Act) 109,505

范·迪门地区(Van Diemen's Land) 387

非国教学院(Nonconformist Academy) 296

非洲人(Afrikaners) 398,400

菲茨赫伯特夫人(Fitzherbert, Maria Anne) 160

菲利普港地区(Port Phillip) 388

斐迪南七世(Ferdinand Ⅶ) 313,314,322

斐济(Fiji) 394,415

费边社(Fabian Society) 156,157,474

芬尼社(Fenian) 372,430

弗里尼欣和约(Peace of Vereeniging) 406

弗洛德(Froude) 290,410

浮动汇率(Floating Exchange Rate) 16

福克兰群岛(Falkland Islands) 370,391,414,506

福克斯·福勒有限公司(Fox Fowler and Co. of Wellington, Somerset) 52

福斯特(Foster, W. O.) 302,354,410

福音主义运动(Evangelical Movement) 288

妇女就业促进会(The Society for Promoting the Employment of Women) 277

妇女社会和政治联盟(Women's Social and Political Union) 131,509

妇女自由党联盟(Women's Liberal Federation) 280

妇孺学校(Dame School) 301

副王(Viceroy) 378,433

G

噶伦堡(Kalenpung) 373

改善工业住宅公司(Improved Industrial Dwellings Company) 236

改善劳动阶级状况会社(Society for Improving the Condition of the Labouring Classes) 236

盖茨海德(Gateshead) 239

盖尔得斯通(Geldeston) 229

盖斯凯尔(Gaskell) 455,457

盖斯凯尔夫人(Mrs. Gaskell) 226,454,456,457

甘达马克条约（Gandamak Treaty） 344,508

刚果自由邦（Congo Free State） 397

高等考证（Higher Criticism） 286

高效农业（high farming） 83,85,91,93

戈斯特（Gorst，Eldon） 432

哥伦比亚（Colombia） 57,315

哥伦比亚河（Columbia River） 330

格拉斯顿（Gladstone，William Ewart）
10，121—128，148，155，159，161，
164—167，169—175，178，179，201—
203，289，331，332，334，336—338，
340—342，344，345，348，384，385，
396，401，402，407，408，410，412，418，
423，430，431，508，509

格拉斯哥（Glasgow） 58，117，138，
139,155,222,223,227,233,234,238,
259,267

格雷伯爵（Earl Grey） 111,113

格林尼治（Greenwich） 225

格洛斯特（Gloucester） 105

工厂法（Factory Act 1874） 171,216—
219,301,505,506

工场学校（Workhouse School） 301

工党（Labour Party） 131,155—158,
173,176,364,431,475,509

工会（Trade Unions） 20,121,127,
129,137,139—142,149—158,170,
214,254,474,498,506

工会代表大会（Trades Union Congress）
153—156

工会法（Trade Union Act 1871） 153,
170

工人阶级全国同盟（National Union of
the Working Classes） 135,136,506

工人阶级住房法（Housing of the
Working Classes Act） 238

公簿持有农（copyholders） 116

公共事务委员会（Board of Works）
238,507

公共卫生法（Public Health Act 1848）
（Public Health Act 1875） 171,184,
237,240,507

公共住房（Council House） 238

公理会（Congregational Church） 206,
284,301

公平贸易联盟（Fair Trade Federation）
19

公学（Public School） 203,292—294

公园（Public Park） 123,234,235,238,
491

功利主义（Benthamism/Utilitarianism）
10，11，177，182，212，454，463，465，
466,468,469,476,483,485

孤立主义（Isolationism） 312,360

古典政治经济学（Classical Political
Economy） 3,380

谷物法（Corn Laws） 9，14—18，81，
83,92,120,142—149,166,204—206,
212,372,381,505,507

雇主与工人法（Employers and Workmen
Act 1875） 153

瓜德罗普（Guadeloupe） 309

瓜辽尔（Gwalio） 378

关税改革同盟（Tariff Reform League）
19,412

关于建立英国常任文官制度的报告
（Report on the Orgamization of the
Permanent Civil Service） 178

光荣孤立（Splendid Isolation） 353—
355,358,365,366

广教派（Broad Church） 291

圭亚那(Guiana) 354,370,414

贵族阶级(Gentry Class) 202

国富论(The Wealth of Nations) 4—6,11

国教会(Established Church) 282,285—288,290,291,296,301,481,506

"国联"国际联盟(League of Nations) 310

国民大会党(Indian National Congress) 436

国民外省银行(National Provincial) 54

国民学校(National School) 301

国民自卫军(National Guard) 115

H

哈德斯菲尔德(Huddersfield) 214,221

哈雷伯里(Haileybury) 293

哈利法克斯(Halifax) 134,380

哈罗公学(Harrow School) 448

哈瓦那(Havana) 330

海德拉巴(Hyderabad) 372,378

海军部(The Board of Admiralty) 174,427,455

海军大臣(First Lord of the Admiralty) 354,357

海军防卫法(Naval Defence Act) 357,425,509

海峡殖民地(Straits Settlements) 379,421

海牙(Hague) 361

汉堡(Hamburg) 55

汉布罗(Hambros) 54

汉普顿俱乐部(Hampden Club) 107,109

航海条例(Navigation Acts) 15,18,380,381,507

合恩角(Cape Horn) 370

合作社(Co-operative Society) 140,142,157,472,474

合作知识促进会(British Association for the Promotion of Cooperative Knowledge(BAPCK)) 136

赫德斯菲尔德(Hartsfield) 134

赫迪夫(Khedive) 394,395

赫尔(Hull) 208,224,226

赫尔戈兰(Heligoland) 353,371

赫拉特(Herat) 345

黑海(Black Sea) 324,325,327,328,336,342,350

黑山(Montenegro) 339,362

红堡(Red Fort/Lal Qila) 373

后排议员(Backbencher) 173

胡格诺教徒(Les Huguenots) 56

花布印染商协会(the Calico Printers Association) 44

滑铁卢战役(Battle of Waterloo) 309,391,505

怀坦吉条约(The Treaty of Waitangi) 388

怀特兰兹学校(Whitelands College) 506

皇家澳大利亚海军(Royal Australian Navy) 435

皇家称号法(Royal Titles Act) 379

皇家婚姻法(The Royal Marriages Act 1772) 160

皇家霍洛威学院(Royal Holloway) 299

皇家尼日尔公司(Royal Niger Company) 397

黄金海岸(Gold Coast) 329,353,383,397,416,421—423

辉格党（Whig）　18，111，113—115，118—121，127，137，140，147，148，159—164，166，170，175，181，212，287，290，319，386，468，506，507

惠特比（Whitby）　208

婚姻诉讼法（Matrimonial Causes Act 1857）　271，276，278，507

霍布豪斯（Hobhouse，Leonard Trelawny）　9，10，12，13，20，410，470，529

霍亨索伦王族（House of Hohenzollern）　335

J

机械工人混合工会（Amalgamated Society Of Engineers）　152

基德明斯特（Kidderminster）　242

基钦纳（Kitchener）　405，406，432

激进主义（Radicalism）　108，135，138—141，149，150，152，164，211，464，476

极端托利派（Ultra-Tories）　112，113

即决裁判法（The Summary Jurisdiction Act of 1895）　278

计划生育（family planning）　273

技工、工人和一般住宅公司（The Artizans' and General Dwellings Company）　236

济贫法（Poor Law）　8，139，182，184，212，239，253，255—257，281

济贫法修正案（Poor Law Amendment Act 1834）　182，255，506

济贫税（poor rate）　103，116，123，124，250

寄宿学校（Board School）　292，293，297，302，459

加尔各答（Calcutta）　376，389

加拿大自治领（Dominion of Canada）　387，507，508

家长制（Paternalism）　108，180，185，196，467

贾特人（Jats）　378

监护法（The Custody Act）　276

碱业法（Alkali Works Act）　233

剑桥大学（University of Cambridge）　102，170，178，294，295，298，299，319，409，448

剑桥郡（Cambridgeshire）　95

教育法（Education Act）　170，171，190，508

结社法（Combination Act）　106，111，150

金本位制（gold standard system）　47，56

津巴布韦（Zimbabwe）　403

近东危机（Great Eastern Crisis）　338

浸礼会（Baptists）　206，284

警察（Police）　10，111，123，184，185，189，190，216，243，509

警察训令（Police Mandate）　189

警务官（Constable）　189

旧制度（Ancien régime）（the old system）　101，106，112，113，118，131，147，180，207

均势（balance of power）　307—309，312，315—317，320，321，323，332，335，336，345，353，393

君士坦丁堡（Constantinople）　317，324，327，339—341，350，351

郡市警察法（County and Borough Police Act）　190

K

卡迪夫（Cardiff）　221

卡尔斯(Kars) 339,340

卡拉哈利(Kalahari) 402

卡马森(Carmarthen) 296

卡纳蒂克(Carnatik) 372

卡纳温勋爵(Lord Carnarvon) 394,418

卡斯尔雷(Viscount Castlereagh, Robert Stewart) 307—312

卡图街密谋(Cato Street Conspiracy) 111

喀布尔(Kabul) 344

喀土穆(Khartoum) 396

开膛手杰克(Jack the Ripper) 241

凯恩斯(Keynes, John Maynard) 9

凯尔德爵士(Sir Caird, James) 83

凯思内斯郡(Caithness) 265

坎贝尔－班纳曼(Sir Campbell-Bannerman, Henry) 173,360,424,509

坎普尔(Kanpur) 377

坎特伯雷(Canterbury) 283,303,388,444

康涅狄格河(Connecticut River) 330

康沃尔郡(Cornwall) 89

科布登-舍瓦利耶条约(Cobden-Chevalier Treaty) 18

科利将军(General Colley) 401

科伦坡(Colombo) 415

科伦索(Colenso) 405

克拉伦敦(Clarendon) 292

克拉伦敦勋爵(Earl of Clarendon) 186,292

克拉彭派(The Clapham Sect) 288,289,291

克里米亚战争(Crimean War) 29,277,327—329,332,343,353,364,405,507

克利夫顿(Clifton) 293

克鲁(Crewe) 159,224,455

肯德尔(Kendal) 259

肯尼亚(Kenya) 352,398,423

肯特郡(Kent) 95,255

孔多塞(Marquis de Condorcet) 8

口袋选邑(Pocket boroughs) 117

库马西(Kumasi) 383,397,421

魁北克会议(Quebec Conference) 387

昆士兰殖民地(Queensland) 507

L

拉布安岛(Labuan) 390

拉格比公学(Rugby School) 293

拉各斯(Lagos) 397,507

拉纳克郡(Lanark) 472

莱巴赫(Leach) 311

莱迪史密斯(Ladysmith) 405,406

莱斯特(Leicester) 81,115,134,221,239

兰开夏郡(Lancashire) 34,96,107,134,139,194,222—224,252,272,330

兰开斯特(Lancaster) 250,301

兰斯多恩侯爵(Henry Charles Keith Petty-Fitzmaurice, 5th Marquess of Lansdowne) 356

兰辛(Lancing) 293

蓝山(Blue Mountains) 379

劳埃德银行(Llyods Bank) 53

劳工代表权委员会(Labour Representation Committee) 156,158,509

老萨勒姆(Old Sarum) 102

勒克瑙(Lucknow) 377

雷德利(Radley) 293

黎凡特公司(Levant Company) 15

黎亚哥上校（Colonel Rafael del Riego）310

李比希（Justus von Liebig）85

里昂斯对维尔金斯案（the Lyons vs Wilkins）155

里奇菲尔德协议（Lichfield House Compact）164

里奇蒙公爵（Duke of Richmond）146，147

利奥波德（Leopold I）321，322，335

利顿（Lytton）344

利物浦（Liverpool）34，96，112，195，207，222—224，227，229，237，238，259，297，310，312，491，506

利兹（Leeds）102，110，134，194，206，208，212，215，221，222，226，229，230，234，259，297

联合国（United Nations）310

联合碱业公司（United Alkali Company）44

联合王国工厂纺纱工总工会（Grand General Union of Operative Spinners of the United Kingdom）150，506

劣等处置（Less Eligibility）182

林肯（Lincoln）208

林肯郡（Lincolnshire）95

令状（Writ）186—188

柳叶刀（The Lancet）256

六项法案（the Six Acts）111，310

卢梭（Rousseau，Jean-Jaques）274，441，445，446，449

陆军部（War Office）174，395，474

鹿儿岛（Kagoshima）382

路易斯安那（Louisiana）59

伦敦（London）22，24，32—34，39，47—60，78，95，102，104，107，109，111，113，116，121，125，128，129，135，136，138，139，141，143，144，152—154，156，160，167，182，185，189，198，199，207，210，212，220—225，227，229，231—233，236—239，242，243，246，247，249，253，257—260，266，267，269，279，284，285，288，296—300，311，317，318，323，325，336，364，365，390，394，401，402，410，411，416，418，425，427，430，431，433，444，446，452，454，455，473—476，491，506，507

伦敦东区（East End）199，241，244，461

伦敦东区住宅公司（East End Dwellings Company）237

伦敦和威斯敏斯特银行（London and Westminster Bank）51，506

伦敦郡议会（London County Council）185，238

伦敦索霍学院（London Soho Academy）296

伦敦通讯会（the London Corresponding Society）108，109

伦敦西区（West End）244，258

伦敦证券交易所（London Stock Exchange）55，57，58，505

罗奇代尔（Rochdale）142，143

罗奇代尔先锋合作社（Rochdale Society of Equitable Pioneers）142，506

罗思柴尔德（Rothschild）50，54，285

罗斯伯里勋爵（Lord Rosebery）172

洛夫斯特勋爵（Lord Augustus Loftus）335

洛里埃（Laurier，Wilfrid）411，435

洛锡安郡（Lothian County）171

落基山脉(Rocky Mountains)　330

M

马达加斯加(Madagascar)　352,397

马德拉斯(Madras)　375

马丁斯银行(Martins Bank)　53

马耳他(Malta)　296,370,415

马尔维纳斯群岛(Islas Malvinas)　390

马赫迪(Mahdi)　352,396,397

马拉特(Mahratt)　373,376

马六甲(Malacca)　379,389,390,415

马提尼克(Martinique)　309

玛格丽特女子学院(Lady Margaret)　299

玛丽亚二世(Maria Ⅱ)　322

迈索尔(Mysore)　372,375,378

麦金莱关税法(Mckinley Tariff Act)　19

曼彻斯特(Manchester)　16,34,57,95,96,102,110,111,120,139,143,144,149,153,168,183,194,195,203,206,211—214,216,221—224,226—229,239,251,259,279,280,297,301,457,506

曼彻斯特统计学会(Manchester Statistical Society)　211

曼彻斯特学派(Manchester School)　9,16,17,149,206,422

毛里求斯(Mauritius)　370,371,379,390,415

毛利人(Maori)　385,388

茅屋税(Hut Tax)　423

茅屋学校(Cottage Homes)　301

贸易保护主义(Trade Protectionism)　19,73,92,148,167,381

贸易部(Board of Trade)　18,174

贸易部大臣(President of the Board of Trade)　127

梅林税则(Meline Tariff)　19

梅森科学学院(Mason College of Science)　297

梅森学院(Mason College)　297

梅特涅(Metternich, Klemens Wenzel von)　308—311,313

门罗主义(Monroe Doctrine)　315

门罗总统(President Monroe)　315

蒙茅斯起义(Monmouth Rebellion)　119

蒙特利尔(Montreal)　56

孟加拉(Bengal)　296,376,378,433

米德尔伯勒(Middlesbrough)　222

米德尔顿镇(Middleton)　109

米德兰银行(Midland Bank)　53

米尔纳(Milner, Alfred)　210,259,402,404,405

米格尔(Miguel)　316,322,323

米格尔一世(Miguel Ⅰ)　322

密谋与财产保护法(Conspiracy and Protection of Property Act 1875)　153,508

棉纺工厂法案(Cotton Mills and Factories Act)　217,505

缅因州(State of Maine)　330

民事诉讼程序法(Civil Procedure Act 1833)　187

明古连(Bencoolen)　389

模范住房(model dwellings)　236

摩尔多瓦(Moldavia)　327,328

摩根(Morgan)　18,54,56,74,186,220,240,246,249,383,423

摩洛哥(Morocco)　359,360,509

摩西(Mose)　286

莫尔伯勒（Marlborough） 229,293

莫莱-明托改革（Morley-Minto Reform）
433

莫桑比克（Mozambique） 397,424

墨尔本（Melbourne） 59,160—162,371

墨西哥（Mexico） 57,315

N

拿破仑（Napoléon Bonaparte） 108,
111,307—309,313,369,394,477

拿破仑三世（Napoleon Ⅲ） 327,328,
336,381

拿破仑战争（Napoleonic Wars） 14,
28,55,64,80,81,107,111,133,135,
143,211,252,307—309,313,321,
324,336,342,369,383,389,423,446,
473

那不勒斯（Naples） 311

那格浦尔（Nagpur） 375,378

纳尔逊（Nelson） 388

纳塔尔（Natal） 398—401,403,405,
406,426,428

纳瓦里诺海战（Naval Battle of Navarino）
318

南北战争（American Civil War） 330

南部联盟（Confederate States of
America） 330,331

南方和北方（North and South） 226,
457

南非共和国（South African Republic）
401

内政部（Home Office） 174,179,180,
184

尼泊尔（Nepal） 373

尼古拉一世（Nicholas Ⅰ） 321,327,
472

尼克尔森爵士（Sir Nicolson, Arther）
360

尼亚萨湖（Lake Nyasa） 398

尼亚萨兰（Nyasaland） 398,406

黏土（heavy lands） 82,83,93,94

牛津大学神学院（Christ Church,
Oxford） 170

牛津剑桥（Oxbridge） 283,294,299

牛津运动（Oxford Movement） 290,
291,464,475,478,479,481,482,506

纽芬兰（Newfoundland） 359,387,414,
415,426,428,429

纽卡斯尔（Newcastle） 201,224,238,
239,259,299,302

纽约（New York） 56,59

农业部（Board of Agriculture） 94,96,
174

女王学院（Queen's College） 277

女子公学公司（Girls' Public Day School
Company） 298

女子公学信托基金（The Girls' Public
Day School Trust） 298

女子教育全国同盟（National Union for
the Improvement of the Education of
Women of all Classes/Women's
Education Union） 298

诺贝尔街（Noble Street） 228

诺丁汉（Nottingham） 110,115,134,
221,222,238,239,252

诺福克（Norfolk） 82,204

诺里奇（Morwick） 222

诺森伯兰郡（Northumberland） 270

诺森布里亚（Northumbria） 249

诺斯科特-屈维廉报告（Northcote-
Trevelyan Report） 178,179,507

O

欧洲协调（Concert of Europe） 332,
337,341,348,349

P

帕默斯顿（Temple, Henry John, 3rd
Viscount Palmerston） 121, 170,
179, 319—328, 330, 331, 334, 337,
349,381,382,384,390,507

潘克赫斯特夫人（Mrs. Paneline） 280

炮舰外交（Gunboat Diplomacy） 319,
320,323,325,326,328,331

佩德罗（Pedro） 316,322

佩德罗一世（Pedro Ⅰ） 322

彭特里奇（Pentridge） 110

皮埃蒙特（Piedmont） 311

皮博迪（Peabody） 56,236

皮尔派（Peelite） 121, 148, 163, 164,
167,170,325

皮由兹（Pusey, Edward） 290,481

漂白剂协会（The Bleachers' Association）
44

贫民卫报（Poor Man's Guardian） 137,
138

平炉炼钢法（Open-hearth process） 23

评论季刊（Quarterly Review） 383

朴次茅斯（Portsmouth） 224

普奥战争（Austro-Prussian War） 328,
333,335

普法战争（Franco-Prussian War） 329,
335,336,342

普雷斯顿（Preston） 221, 224, 227,
272,273

普利茅斯（Plymouth） 224,388

普鲁士（Prussia） 59, 307, 308, 315,
321, 322, 325, 328, 329, 332—336,
363,478

普通法诉讼程序法（Common Law
Procedure Act） 188

普通学位考试（Ordinary Degree） 298

Q

七月革命（The July Revolution） 136

七月王朝（July Monarchy） 320

乞儿学校（Ragged School） 302

乔治四世（George Ⅳ） 113,160,321,
505,506

切尔滕纳姆女子学院（Cheltenham
Ladies College） 297,505

切尔西（Chelsea） 298

切斯特（Chester） 459

寝宫危机（Bedchamber Crisis） 161

青年英格兰（Young England） 169

圈地总法案（General Enclosure Act）
84,505

权利丧失说（Doctrine of Lapse） 375

全国大团结工会联合会（Grand National
Consolidated Trades Union） 151

全国妇女选举权联合会（the National
Union of Women's Suffrage Societies）
131,279,509

全国各业劳工保护协会（National
Association for the Protection of
Labour） 151

全国矿工联合会（The National Union of
Miners） 152,507

全国宪章派协会（National Charter
Association） 140,142,506

全国政治同盟（National Political Union）
137,138

R

人民宪章(People's Charter)　138,139,
506

人身保护法（Habeas Corpus Act）
109,110

若昂六世(João Ⅵ)　316,322

S

撒丁王国(Kingdom of Sardinia)　308,
311

萨德伯里(Sudbury)　126

萨福克郡(Suffolk)　488

萨克森－科堡亲王（Prince of Saxe-
Coburg）　321

萨克森王国(Kingdom of Saxony)　308

萨拉热窝事件(ssassination of Archduke
Franz Ferdinand of Austria）　363,
509

萨默塞特郡(Somerset)　52,93,103

萨默维尔学院(Somerville)　299

萨塔拉(Satara)　375

萨英战争(Anglo-Satsuma War)　329,
382

塞蒂瓦约(Ceteshwayo)　400

塞尔维亚(Serbia)　324,328,339,362,
363

塞拉里昂(Sierra Leone)　416,422

塞浦路斯(Cyprus)　340,343,383

塞汶河(Severn)　266

三国同盟(Triple Alliance)　348—351,
356,361

三皇同盟(The Three Emperors' Alliance)
311,323,342,348

桑德兰(Sunderland)　224

桑给巴尔(Zanzibar)　352,353,398

沙夫茨伯里(Shaftesbury)　289

沙河协定（Sand River Convention）
507

上层阶级(Upper Class)　198,251

绍森德(Southend)　225

设得兰群岛(Shetland Islands)　379

社会民主联盟（Social Democratic
Federation）　156,158

神圣同盟宣言(Declaration of the Holy
Alliance）　309

圣安德鲁斯(St. Andrews)　297,380

圣安妮(St Anne)　300

圣彼得堡(St. Petersburg)　56,223,
360,361

圣海伦(St Helena Place)　228

圣赫勒拿(St Helena)　415

圣卢西亚(Saint Lucia)　371

圣乔治(St George)　299,491

圣斯特凡诺条约(Treaty of San Stefano)
339,340

圣徒团(Saints)　289

圣约翰(St. John)　380,445

圣詹姆士(St James)　299

施罗德(Schroeder)　56

十小时工作日法（Ten Hour Act）
218,507

食盐联盟(Salt Union)　44

世界政策(Weltpolitik)　351

市长（Mayor）　9,19,127,168,181,
190,234,238,410,461,508

市镇自治机关法(The Municipal
Corporations Act 1835）　168,181,
243,506

市政街(Corporation Street)　238

收费公路信托公司(Turnpike Trusts)
33

首都政治同盟（Metropolitan Political Union） 136

书册运动（Tractarianism） 291,454, 481

枢密院（Privy Council） 179,180,253, 286,303,347,506

衰败选邑（Rotten Boroughs） 102, 104,114,116,117

双开计划（Cape to Cairo Railway） 352,406

双强标准（Two-Power Standard） 356, 357,362,425,509

双议席选区（two-member constituencies） 128

双重控制（Dual Control） 395

司法法案（Supreme Court of Judicature Act 1873） 170

司法权法（Criminal Jurisdiction Act） 188

司库（Treasurer） 181

私立学院（Private Academy） 296

斯迈尔斯（Smiles,Samuel） 246

斯彭斯博爱主义者协会（Society of Spencean Philanthropists） 109

斯坦福郡（Stanford） 224

斯托布里奇（Stourbridge） 253

斯托克波特（Stockport） 110,211,221

斯旺西（Swansea） 221

斯温顿（Swindon） 224

四国同盟条约（Treaties of the Quadruple Alliance） 309,310

松土（light lands） 82,87

苏丹（Sudan） 324,325,327,339,340, 352,360,372,396,397,406,414,509

苏格兰工党（The Scottish Labour Party） 155

苏格兰皇家银行（Royal Bank of Scotland） 49

苏格兰银行（Bank of Scotland） 49, 52,53

苏伊士运河（Suez Canal） 77,174,317, 338,340—342,383,394,396,415, 418,508

索尔兹伯里勋爵（Lord Salisbury） 127

索马里（Somalia） 352,397,398,406

T

塔夫谷案（Taff Vale Case） 155

塔列朗（Charles Maurice de Talleyrand-Périgord） 308

塔姆沃思宣言（Tamworth Manifesto） 162,506

塔斯马尼亚（Tasmaniab） 379,426

太平洋舰队（Pacific Squadron） 426

泰恩塞德（Tyneside） 224

泰晤士报（The Times） 231,249,354

坦噶尼喀（Tanganyika） 352,397,406

坦焦尔（Tanjore） 372

汤顿委员会（Taunton School Inquiry Commission） 278,297

汤普森（Thompson, E. P. ） 107,199, 200,211,212,529

特顿（Turton） 272

特立尼达（Trinidad） 370,371

特伦特号（Trent） 330

特洛波（Troppo） 311

天赋人权（natural right） 114

天主教解放法（Roman Catholic Relief Act 1829） 112,113,135,146,506

贴现行（Discount Houses） 49,55

铁路大王（The Railway King） 242

铁路员工联合会（Amalgamated Society of Railway Servants） 156

统计学会(Statistical Society)　301

统一诉讼程序法(Uniformity of Process Act 1832)　187,506

突尼斯(Tunisia)　340,390

土埃战争(Turko-Egyptian War)　325, 326

土邦(Princely State)　372—375,377, 378,424

土地联盟(Irish National Land League)　407,408

土耳其海峡(Turkish Straits)　325, 340,350

托利党(Tory)　17,111—116,120, 121,123,133,143,146,148,150,160, 162,164,166,170,175,188,212,216, 217,290,309,312

托伦法(Torren's Act)　237

W

瓦拉几亚(Wallachia)　327,328

外交部(Foreign Office)　174,179,180, 336,365,390,425

外侨(Uitlanders)　403—405

王后学院(Queen's College)　298

威尔明顿(Wilmington Place)　228

威尔斯(Wills)　474

威根(Wigan)　211

威廉四世(William Ⅳ)　113,115, 160—162,506

威灵顿公爵(the Duke of Wellington)　111,112,116,140,143,146,148,160, 162,312,318

威尼兹伯里(Weinysbury)　221

威斯敏斯特(Wesminster)　111,225, 292,429,491

威斯敏斯特大教堂(Westminster Abbey)　229

威斯特费尔德学院(Westfield)　299

韦伯斯特－阿斯伯顿条约(Webster-Ashburton Treaty)　329

韦尔斯利(Wellesley, Richard Colley)　372,373

韦克菲尔德(Wakefield)　134

韦洛尔(Weiluoer)　375

维多利亚女王(Queen Victoria)　140, 145,162,170,171,320,321,338,340, 351,379,396,405,411,418,425,427, 490,506,508,509

维罗纳会议(Congress of Verona)　312

维也纳体系(Vienna system of international relations)　309

卫生部(General Board of Health)　174,184

卫生法(Sanitation Act)　240

卫斯理宗(Methodism)　206,283,288, 468

委内瑞拉危机(Venezuelan crisis)　354

温哥华(Vancouver)　426

文官制度(Civil Service System)　10, 177—180,203

文官制度委员会(Civil Service Commission)　179

文学士荣誉学位考试(Classics Tripos)　295

沃波尔(Sir Walpole, Robert)　202

沃尔弗顿(Wolverton)　224

沃尔索尔(Walsol)　221

沃什湾(Wash)　266

沃特帕克勋爵(Baron Waterpark)　204

乌代普尔(Udaipur)　375

乌干达(Uganda)　352,374,398,434

乌隆迪(Urundi)　400

无记名投票（secret ballot）　103，110，
　121，122，125，126，136，138，203

无记名投票法（The Ballot Act 1872）
　125—127，170，202

无形帝国（Informal imperialism）　348，
　352，384，389，391—393，419

伍尔弗汉普顿（Wolverhampton）　221，
　222

伍斯特郡（Worcester）　95

X

西米德兰（West Midlands）　224

西区银行（West End banks）　48

西西里（Sicily）　409

西约克郡（West Yorkshire）　224

希尔顿（Shilton）　224

悉尼（Sydney）　15，16，18，20，45，75，76

锡兰（Ceylon）　296，370，371，379，383，
　390，414，415

下层阶级（Lower Class）　252

下关（Shimonoseki）　382

下关战争（Shimonoseki Campaign）　329

宪法知识会（Society for Constitutional
　Information）　108

宪章运动（The Chartism）　118—120，
　138，139，141—145，149，151，209，
　212，255，456，457，529

萧伯纳（Shaw，Bernard）　271，454，
　460，474

小杜丽（Little Dorrit）　242

小亚细亚（Asia Minor）　350

小英格兰人（Little Englander）　422

谢尔本勋爵（Petty，William，2nd Earl
　of Shelburne）　14

谢菲尔德（Sheffield）　194，222，223，
　239

谢普斯通（Sir Shepstone）　400

新不伦瑞克（New Brunswick）　330，
　380，387

新加坡（Singapore）　383，389，390，
　415，505

新拉纳克（New Lanark）　151，210，
　235，471

新模范工会（New Model Trade Unions）
　152

新南威尔士（New South Wales）　370，
　379，387，388，426

新斯科舍（New Scotia）　380，387

新西兰宪法草案（New Zealand
　Constitution Act）　388，507

新自由主义（New Liberalism）　10—
　12，20，153，165，256，470

信贷银行（Credito Italiano）　56

兴业银行（Societe Generale）　56

选举权法（The Franchise Act，1884）
　128

选举舞弊和非法行为禁令（The Corrupt
　and Illegal Practices Prevention Act，
　1883）　126，127，508

学位考试（Senate House Examination）
　295，298

学校委员会（School Board）　302，303

雪莱（Shelley，Percy Bysshe）　442，
　447—450

巡回法庭（circuit judge）　135

巡夜人（night police）　189

Y

牙买加政府法案（The Jamaica Act of
　1839）　161

雅茅斯（Yarmouth）　126，224

亚得里亚海（Adriatic Sea）　350

亚杜兰洞派（Adullamites）　123

亚拉巴马号（Alabama）　331

亚历山大二世（Alexander Ⅱ）　328

亚历山大港（Port of Alexandria）　324，395

亚历山大一世（Alexander Ⅰ）　307，311

亚罗号事件（Arrow Incident）　326

耶路撒冷（Jerusalem）　326

耶稣会（Jesuits）　293

夜店（Lodging-house）　227，253

一神派（Unitarism）　284

伊比利亚半岛（Iberian Peninsula）　313，322

伊顿公学（Eton College）　170，312，450

伊斯坦布尔（Istanbul）　338，352

已婚妇女财产法（Married Women's Property Act）　278，279，508

已婚妇女财产委员会（Married Women's Property Committee）　279

议长（Speaker of the House of Commons）　174，175，310，354，386

议会改革（Parliamentary Reform）　101，106—108，110—113，123—125，127—129，131—133，135，137，138，142，153，159，162—164，166，169，170，172，175，180，181，202，203，205，206，209，211，212，290，319，324，333，347，460，465，466，506—508

议席重新分配法（The Redistribution Act, 1885）　128

意大利战争（Second War of Italian Independence）　328

意土战争（Italo-Turkish War）　362

银行家公会（Institute of Bankers）　54，508

印度参事会法（Indian Councils' Act）　378

印度立法会议法（Government of India Act）　433

印度民族大起义（Great Rebellion of 1857, Indian Mutiny）　376，433，507

印度女皇（Empress of India）　338，379，426，508

印度事务部（India Office）　174，466

印度土兵（Sepoy）　375，376，378

印度政府法（Act for the Better Government of India）　377

印度总督（Governor-General of India）　344，345，374，378，389

英德协定（Anglo-German Agreement）　353，356，509

英帝国同盟（British Empire League）　509

英俄协议（Anglo-Russian Convention）　360

《英法通商条约》（《伊顿条约》）（Anglo-Frenchcommercial treaty of 1786）　14

英法协议（Entente Cordiale）　359—361，509

英格兰麻业公司（British Company）　49

英格兰银行（Bank of England）　48—52，55—58，116，506

英国缝纫棉线公司（English Sewing Cotton Company）　44

英国妇女杂志（English Women's Journal）　276

英国南非公司（British South Africa Company）　352，403

英国治下的和平（Pax Britannica）　365

英吉利海峡（English Strait）　335，363，369

英日同盟（Anglo-Japanese Alliance）
357—359,509

英土反俄防御同盟条约（Convention of Defensive Alliance between Great Britain and Turkey）340,508

英印银行（Anglo-Indian banks）55

英属北美事务报告（Report on the Affairs of British North America）386

英属北美洲法（British North America Act of 1867）387

樱花同盟（Primrose League）280

犹太教（Judaism）169,284,285,287

幼儿监护法（Infant Custody Act）278,508

鱼条店（fish & chips）260

院外救济（outdoor relief）182,256,257

约克郡（Yorkshire）28,93,102,103,105,106,134,135,139,221,222,249,297,300

Z

泽西伯爵（Earl Jersey）426

詹姆森袭击（Jameson Raid）404

掌玺大臣（Lord Privy Seal）201,347

政治纪事（Political Register）108

殖民大臣（Secretary of State for the Colonies）170,201,356,385,394,399,403,410,427,428,509

殖民事务部（Colonial Office）174

制砖机（tilemaking machinery）83

治安法官（Justice of Peace）180,185,187,188,205,217,287

中等阶级（Middle Class）11,107,108,111,114,115,118—121,123,124,128—131,135—138,141—145,158,161,169,185,196,203,205—210,212,231,250—252,258,260,264,265,270,272,274—277,292,293,297,322,441,453,454,458,460,463,471,479,484

中等阶级妇女移民协会（Female Middle Class Emigration Society）277,507

中央卫生委员会（Central Board of Health）184

重商主义（Mercantilism）3,4,13—16,18,370,380

主仆法（Master and Servant Act）153,154

主日学校（Sunday School）109,289,300,301

注册处（Registry Office）58

自由党（Liberal Party）10,20,21,121—129,131,148,153,155,156,158,161—173,175,202,280,334,337,341,358,360,364,372,384,387,389,393,395,407,408,410,412,424,430,431,507—509

自由放任（Laissez-faire）3,5,6,9—12,20,21,41,135,143,149,165,231,232,419,470

自由-劳工联盟（Liberal-Labour）129,153,155

自由贸易（Free Trade）3,7,9,10,13—15,17—21,73,74,76,143,144,146,148,149,170,205—207,319,326,337,338,353,370,380—382,384,385,393,410,412,422,428,436,506

祖鲁兰（Zululand）348,400

祖鲁人（Zulu）398,400

最高法院规则（The Judicature Acts and Rules of the Supreme Court, 1883）188,508

后　记

　　本卷作者分工如下：

　　刘成撰写第二篇"政治"、第四篇"外交"，胡传胜撰写第六篇"思想与文化"，陆伟芳撰写第三篇"社会"（第四章除外）、第五篇"帝国"，傅新球撰写第一篇"经济"、第三篇"社会"第四章，刘成统稿，钱乘旦对内容和文字进行了修改。